유 통 관 리

[제4판]

이수동 · 여동기 공저

法 文 社

제4판 머리말

2001년 초판을 출간한 이래, 거의 매 5년의 간격으로 2판과 3판을 출간하다가, 3판 출간 이후 6년 이상의 시간이 지나서야 4판을 출간하게 되었다.

그동안의 글로벌 유통분야에서 가장 두드러지게 진행된 현상은 아마도 아마존, 알리바바 등 IT를 기반으로 하는 온라인 유통업체들이 더욱 시장지배력을 확대하고 있는 점과, 4차 산업혁명의 진행으로 인한 다양한 융합기술들이 물류분야에 투입되어, 그야말로 듣도보도 못한 초유의 물류혁명이 진행되고 있다는 점이다.

물류혁신을 기반으로 하는 온라인 유통은 해마다 비약적인 성장을 이어가고 있고, 전통적인 오프라인 유통은 업태별로 기복이 있기는 하지만 전체적으로 침체 또는 잠재력이 현저히 떨어지고 있는 상태이다.

제조업의 유통지배력은 갈수록 약화되고 있고, 유통전문업체는 특히 IT 기반 서비스업체들의 유통지배력이 급격히 강화되고 있다. 4차 산업혁명의 최첨단에 유통분야가 서 있으며, 다양한 융합기술들이 유통분야에 적용되고 있다.

과거 많은 고용의 기회를 제공해 온 유통산업이 최저임금, 근로시간 제한 등 여러 사회적 요인으로 인해 일부 유통업태는 심각한 위기국면에 놓여 있고, 일부 오프라인 유통업체들 역시 융합기술 채택을 통해 무인점포, 무인배달 등을 추구하는 새로운 형태의 영업방식을 채택함으로써 전형적인 노동집약산업이던 유통이 기술집약산업의 중요한 영역으로 탈바꿈하고 있기도 하다. 빅데이터기술을 활용한 온라인과 오프라인의 결합을 추구하는 옴니유통채널은 이미 진화하여 다양한 형태로 전개되고 있으며, 유통의 기술자본적 경영추세가 강화되면서 생계형 독립유통업체들은 그야말로 차별화와 고객고정화에 치중하지 않으면 생존이 불가능한 지경에 접어들었다.

제4판은 이러한 거시적, 기술적 변화를 최대한으로 반영하여 개정하려고 노력하였다.

각 장의 들어가는 사례와 유통뉴스들을 시사성과 유의성을 강조하여 선정하였다. 본문 내용 중에서도 새로운 내용을 발굴하여 다소 진부한 내용들과 교체하였다.

제4판을 간하는 데는 많은 분들의 도움을 받았다.

법문사의 편집 담당이신 김용석 과장님과 기획영업 담당이신 유진걸 대리님께 깊이 감사드린다.

오랫동안 봉직해 온 국민대학교 경영대학의 여러 교수님들과 아름다운 사제지간의 애정과 격려를 베풀어 준 국민대학교 학부와 대학원의 많은 제자들에게도 깊이 감사드린다. 바쁘게 살고 있는 저자들에게 항상 신뢰의 마음으로 지켜봐 주고 격려해 주는 가족들에게도 사랑을 전한다.

2019. 2.

李守東, 呂東基

제3판 머리말

2006년에 제2판이 출판된 지 다시 6년의 세월이 흘렀다. 2001년에 이 책의 초판이 발간될 때만 해도 제조업체 주도의 유통이 대종을 이루고 이제 막 대형 소매기관을 중심으로 하는 신유통이 활력을 찾아가는 시기였다.

제2판이 출간된 2006년에는 특히 소비재 산업에서 소매업체의 주도력이 현저히 강화되어 실질적으로 소매유통이 유통채널의 핵심으로 자리잡게 되는 시기를 배경으로 하고 있었다. 즉, 유통시장 개방 이후 외국계 대형 유통업체들과 국내 업체들이 할인점 시장에서 치열한 다점포화 경쟁을 벌이면서 그들이 확보한 구매력을 바탕으로 과거에 비해 한층 강화된 유통기능의 수행을 통해 경로지배력을 강화하였다.

제2판 출간 이후, 제조업체가 맡아왔던 상품 기획, 생산, 홍보, 판매 등 상당 부분의 기능과 역할을 소매업체들이 직접 수행하게 되면서, 소비자들과의 일차적 접촉에서 오는 소비자 정보를 기반으로 각 소매업체가 자체 브랜드를 개발하여 제조업체 브랜드 제품을 대체하는 양상을 보이게 되었다.

소매업체들이 이처럼 힘을 얻게 된 배경은 유통업체들의 대형화와 집중화 현상이 가장 중요한 요인임에 틀림없다. 또한, 충동구매 대신 계획구매를 하는 소비자들이 늘어가고, 자신들이 작성한 구매 리스트에 올라있는 품목을 모두 구비하고 있는 대형 매장을 찾아 일괄구매를 추구하는 소비자의 구매패턴이나 쇼핑추세의 변화가 가속화되어 대형 유통업체에 유리한 환경으로 작용하였다. 그러나 지난 제2판 출간 이후 진행된 가장 큰 변화는 모바일유통의 현실화라고 할 것이다. SNS로 표현되는 새로운 시대와 조류가 나타남에 따라 이 편리하고도 강력한 수단을 활용하려는 유통 기법이나 채널이 일반화되고 있다. 이러한 여러 환경이나 추세의 변화를 담아내는 책을 만들어보려는 것이 제3판의 출간 목적이다.

우선 제3판의 가장 큰 변화는, 유통에서의 정보기술의 의존도가 강화되는 추세를 반영하고, 갈수록 격화되는 경쟁과 저성장 경제추세에 따른 전략적 고객관리의 중요성을 강조하기 위해 SCM과 CRM을 분리하여 2개의 장으로 나누었다. 그리고 매 장마다 현장감 있는 최신 도입사례를 추가하였고, 유통관련 사진을 전면 교체했으며, 내용 중간중간에 SNS 등 최신 유통조류와 관련되는 내용과 사례 및 사진 등을 교체·보완하였다.

제품 또는 상품으로 표기되던 것을 모두 상품으로 통일하고, 애호도를 선호도로, 중간상 상표를 유통업체 상표로, 전국상표를 제조업체 상표로 하는 등 유통 관련 용어를 모두 교체하고 통일하였다.

기존의 제9장 내용 중의 유통정보시스템에 대한 내용을 제3판에서는 물류관리에 배치하는 등 일부 내용을 재배치하였다.

이 책을 저술하는 데는 많은 분들의 도움을 받았다. 법문사 편집부 김제원 부장님, 기획영업부의 장지훈 차장님께 감사를 드린다. 또한 신뢰와 배려를 다해주시는 국민대학교 경영대학의 여러 교수님들과, 항상 사제간의 신의와 애정으로 이 책을 쓰기로 결심하게 하였을 뿐만 아니라 많은 집필상의 도움을 준 국민대학교 대학원의 최근 3년 간 클래스멤버들과 학부의 북악마케팅연구회 멤버들에게도 지면을 빌려 심심한 사의를 표한다.

마지막으로 항상 바쁘게 살고 있는 저자들에게 삶의 의미를 느끼게 해 주며, 항상 가까이에서 지켜봐 주는 가족들에게 고마움과 사랑을 전한다.

2012년 8월

李守東·呂東基

제2판 머리말

올해로 유통시장 개방 10년과 유통관리 초판을 발행한 지 5년의 세월이 흘렀다. 초판을 발행할 당시만 해도 제조업체 중심의 유통관리가 주류를 이루고 있었으나 그 동안 유통채널의 진화 과정에서 알 수 있듯이, 채널에서의 소매업체의 영향력은 갈수록 커지고 있다. 가장 눈에 띄는 예를 보면 무엇보다도 소비재 산업에서의 소매업체의 영향력 증대를 꼽을 수 있다. 우리나라의 경우, 유통시장이 전면 개방된 1996년 이전에는 제조업이 유통채널을 장악하고 있었다고 해도 과언이 아니다. 제조업 지배의 유통채널에서는 제조업체가 거대한 생산규모를 바탕으로 상품기획에서부터 포장, 제품 광고 등 생산에서 판매에 이르는 전 과정에 직접 관여하고 심지어는 소비자 구매 패턴 조사까지도 담당함으로써 소비자 수요 파악이 가능한 유일한 채널 주체의 역할을 맡아왔다.

최근 소비재 산업의 유통체제가 지금 근본적인 전환 국면에 들어서고 있다. 즉, 유통시장 개방 이후 외국의 다국적 유통업체들과 국내 업체들이 할인점 시장에서 치열한 다점포화 경쟁을 벌이면서 구매력을 확보하게 된 유통업체들의 목소리에 힘이 실리기 시작한 것이다. 이제 유통업체들은 그들에게 주어진 영향력을 바탕으로 이전과는 다른 역할을 수행하기 시작할 것으로 보인다. 즉, 생산업체가 맡아왔던 상품 기획, 생산, 홍보, 판매 등 상당 부분의 기능과 역할이 유통업체의 손에 넘어 오게 되었으며, 소비자들과의 일차적 접촉에서 오는 소비자 정보를 소매업체가 축적, 활용하고 있기 때문이다. 더 나아가 각 소매업체가 자체 브랜드를 개발, 시장 점유율을 높임으로써 소비자들이 이제까지 주로 사용해 왔던 생산업체 브랜드 제품은 강력한 도전을 받는 상황이 연출되고 있다.

소매업체들이 이처럼 힘을 얻게 된 배경은 유통업계의 대형화와 집중화 현상이 가장 주요한 요인임에 틀림없다. 또한, 소비자의 구매행동이 대형 유통업체에 유리한 방향으로 변하고 있다. 충동구매 대신 계획구매를 하는 소비자들이 늘어가는 가운데 이들은 자신들이 작성한 구매 리스트에 올라 있는 품목을 모두 구비하고 있는 대형 매장을 찾아 일괄구매를 추구하는 경향을 보이고 있다. 특히, 최근 들어 정보기술의 발달도 유통업체의 영향력 증대에 한몫을 하고 있다. 재고관리, 상품배송, 주문 등 유통의 여러 분야에서 기술 혁신을 이룬 결과 점포 운영비를 대폭 낮추고 기업 경영의 효율성을 배가시킬 수 있게 되었기 때문이다. 정보처리 기술의 발달은 유통업체들의 정보 수집 능력을 키워주었고 유통업체들은 자신들이 지닌 막강한 소비자 데이터를 기반으로 공급업체 및 소비자들과의 관계를 구축해 나감으로써 제조업체에 비해 유리한 고지를 점할 수 있게 되었다.

이와 같이 소매유통업체들의 역할이 현저히 강화되고, 소매업체 중심의 유통경로가 많이 나타나고 있음에도 불구하고 그 동안 유통관리에 대한 경영학적 관점은 제조업체 입장에서 4P를 중심으로 한 마케팅적 입장을 견지해 온 것이 사실이다. 따라서, 본서에서는 기존 제조업체의 유통경로 관리에 대해서는 기존의 이론들을 재정리하였고, 소매유통 부분에 대해서는 최근의 변화양상에 부합하기 위해 소매유통업태의 발전 이론과 소매유통 관리전략에 대한 부분을 보강하였다.

이 책은 크게 3부 13장으로 구성되어 있는데, 먼저 제1부 유통경로 개관 및 제조업체의 유통관리에서는 제1장 유통경로에 대한 개관과 제2장에서 제6장까지의 제조업체의 유통관리에 대해서 설명하였다.

제조업체의 유통에서는 유통경로구조설계, 경로구조와 경로통합, 경로파워, 경로리더쉽, 경로갈등 등을 먼저 다루고 이어서 유통과 타 마케팅 변수와의 조화 및 유통경로성과평가에 대하여 살펴보았다.

제2부에서는 유통전문업체의 유통관리라는 제목으로 유통전문기관, 특히 소매기관의 유통관리활동에 대해 설명하였다. 제2부는 제7장에서 제10장까지 4개의 장으로 구성되는데, 소매상과 소매업의 주요 이슈, 소매업태의 발전 및 특성, 소매업체의 유통관리, 도매상과 도매업의 관리 등을 다루고 있다.

제3부 유통관리에 있어서의 전략적 이슈라는 제목으로 제조업체나 유통전문업체에서 공통적으로 관심을 가질 수 있는 전략적 이슈를 다루었다. 제 11장에서 13장까지의 3개장으로 구성되는데, 공급체인관리(SCM) 및 고객관계관리(CRM), 물류관리(logistics), 서비스산업의 유통관리 등을 다루고 있다.

각 장에는 우선 해당하는 내용과 관련되는 도입사례를 제시하고, 학습목표를 미리 밝힘으로써 독자들이 문제의식을 가지고 본문에 접할 수 있도록 하였다. 본문에도 가능한 범위 내에서 최대한 현장감 있는 사례를 많이 다루려고 노력하였다.

이 책을 저술하는 데는 많은 분들의 도움을 받았다. 경제성 여부가 불확실한 책을 출판할수 있도록 허락해 주신 법문사의 배효선 사장님, 전충영 상무님 그리고 영업부의 고영훈 과장님께 감사를 드린다. 또한 편집부의 김제원 부장님께서도 많은 수고를 하셨다.

항상 밝은 직장분위기와 신뢰로 격려해주신 국민대학교 경영대학의 여러 교수님들과, 항상 사제간의 신의와 애정으로 이 책을 쓰기로 결심하게 하였을 뿐만 아니라 많은 집필상의 도움을 준 국민대학교 대학원의 최근 3년간 클래스멤버들과 학부의 북악마케팅연구회 멤버 및 자료의 정리 및 사례 수집, 내용편집에 많은 시간과 수고를 아끼지 않은 많은 조교들에게도 지면을 빌려 심심한 사의를 표한다.

마지막으로 항상 바쁘게 살고 있는 저자들에게 삶의 의미를 느끼게 해 주며, 항상 가까이에서 지켜봐 주는 저자들의 부모님과 아내, 그리고 자식들에게 고마움과 사랑을 전한다.

2006년 2월

李守東 · 呂東基

머리말

최근에 들어 우리나라의 유통업계는 급격한 환경의 변화를 보이공 있다. 1996년 유통시장의 개방 이후 이미 예견되어오던 일이기는 하지만 그 변화의 속도와 범위가 예상을 초월하는 면이 한두 가지가 아니다.

IMF체제를 맞아 유통업계가 다소 주춤한 모습을 보이기는 했지만 지금 이 순간에도 빠른 변화와 신속한 대응의 순환이 그 어느 경제분야보다 왕성히 이루어지고 있다고 볼 수 있다. 현재 우리나라의 유통업계가 직면하고 있는 화두는 크게 2~3가지 정도인 것으로 생각된다. 우선 할인점 등으로 대표되는 소위 신유통이 백화점, 슈퍼, 재래시장 등 기존 유통업계를 얼마나 잠식해나갈 것인가 하는 것과 그 동안 유통분야까지 사실상 지배해왔던 대형 제조업체들의 유통경로상 파워가 어느 정도까지 약화되고 그 파워의 공백을 신유통업체들이 얼마나 채워갈 것인지 하는 문제, 마지막으로 디지털 지식기반하에서 On-line 유통이 전통적인 Off-line 유통을 얼마나 대체할 것이며, 또 어떻게 양자가 조화롭게 결합할 수 있을 것인지 하는 문제가 아닌가 한다. 이 책은 이러한 두세 가지 현상에 대한 인식과 이러한 인식의 중요성을 고려하면서 집필된 것이라 할 수 있다.

유통경로는 수도관이나 가스관과 같은 파이프라인으로 비유할 숭 있다. 유통이란 상품이나 서비스를 사람에게 전달하는 것이므로 유통경로는 소비자나 최종 사용자에게 상품이나 서비스의 전달을 가능하게 하는 통로가 된다. 유통경로는ㄴ 생산과정을 통하영 얻어진 제품의 사용가치에 시간효용, 장소효용, 소유효용, 형태효용, 등의 가치를 부가함으로써 제품의 교환가치를 높여 완전한 제품이 되게 하고, 시장에서 상품으로 거래될 수 있도록 한다. 완전한 제품을 제공해준다는 것은 소비자가 원하는 시간에 원하는 장소에서 원하는 형태의 상품이나 서비스를 소유할 수 있게 해주는 것을 의미한다.

이러한 역할을 담당하는 유통경로는 두 가지 방향에서 형성되고 변화해 가는데, 그 하나는 유통경로의 진화(channel evolution)이고 다른 하나는 유통경로의 설계(channel design)이다. 그리고 이 책의 입장은 어디까지나 마케팅 관리론적 입장에서 유통을 다루는 것이므로 당연히 경로진화보다는 경로설계를 주로 다루려고 한다. 좋은 경로를 설계하는 것이 효과적이고 효율적인 유통관리의 기초가 될 수 있는 것이다. 경로설계가 주로 경로구조와 관련이 있다면 경로관리는 그 구조를 관리해나가는 행동과 관련이 있다.

그러면 과연 누가 경로를 설계하고 관리해나가야 할 것인가 하는 문제가 남는데, 이는 경로파워와 밀접한 관련이 있다. 가장 파워가 센 경로구성원이 그 주체가 되어야 함은 지극히 당연하다. 본서에서는 아직도 경로설계와 경로관리의 주체는 제조업자라는 관점에서 저술되었다. 그러나 경로목표가 효과적, 효율적으로 달성되기 위해서는 제조업자와 중간상간 협력이 없이는 불가능하므로 그 구체적인 내용은 제조업자뿐만 아니라 도·소매업체에 종사하는 독자에게도 도움이 되도록 최대한 배려하였다.

이 책은 총 5부 12개 장으로 구성되어 있다.

제1부는 유통과 유통산업, 유통경로, 도·소매업, 물적유통과 그 수행기관, 그리고 디지털 지식기반하에서의 유통을 다루는 총 5개의 장으로 구성되어 있다.

제2부에서는 경로설계과정, 경로 커버리지 및 경로구조 결정, 수직적 마케팅 시스템 등을 다루는 2개 장으로 구성되어 있다.

제3부에서는 설계된 경로를 관리하는 과정에서 발생하는 경로파워, 경로리더쉽, 경로갈등 등을 다루고, 이어서 유통관리와 여타 마케팅믹스와의 조화와 연계를 다루었다.

제4부에서는 경로시스템의 성과를 평가하는 다양한 관점과 기법을 다루었고, 제5부에서는 최근들어 보다 관심이 높아지고 있는 서비스산업에서의 유통, 중소기업의 유통, 국제시장에서의 유통문제를 다루었다.

매 장에는 우선 해당하는 내용과 관련되는 도입사례를 제시하고, 학습목표를 미리 밝힘으로써 독자들이 문제의식을 가지고 본문에 접할 수 있도록 하였다. 본문에도 가능한 범위 내에서 최대한 현장감있는 사례를 많이 다루려고 노력하였다. 그리고 각 장의 뒷부분에는 관련되는 용어의 설명, 연습문제, 참고문헌 등을 제시하였다.

이 책을 저술하는 데는 많은 분들의 도움을 받았다. 경제성 여부가 불확실한 책을 출판할 수 있도록 허락해주신 법문사의 배효선 사장님, 전충영 이사님 그리고 영업부의 고영훈 님에게 감사를 드린다. 그리고 더 나은 모습으로 발간될 수 있도록 편집의 김제원 차창님께서 많은 수고를 하셨다. 산뜻한 표지를 디자인해 주신 김현영 차장님께도 고마움을 전한다.

항상 밝은 직장분위기와 신뢰로 격려해주신 국민대학교 경영학부의 여러교수님들과, 항상 사제간의 신의와 애정으로 이 책을 쓰기로 결심하게 하였을 뿐만 아니라 많은 집필상의 도움을 준 국민대학교 대학원의 최근 3년간 클래스멤버들과 학부의 북악마케팅연구회 멤버들에게도 지면을 빌려 심심하 사의를 표한다.

특히 자료의 정리 및 사례의 수집, 내용의 편집에 많은 시간과 수고를 아끼지 않은 주성식 석사와 대학원의 안석훈 조교, 김석환, 이상곤 군에게 큰고마움을 느낀다.

마지막으로 항상 말없이 지켜봐주시고 더 없는 애정으로 후원하시는 부모님의 은혜를 다시 한번 새기며, 아내 정애에게 사랑을 전한다. 그리고 형탁, 지현이의 내일이 항상 풋풋하면서도 향긋하게 펼쳐지기를 기원하며 사랑을 전한다.

2001년 2월
이 수 동 씀

차 례

제1부 유통경로개관 및 제조업체의 유통관리

제2부 유통전문업체의 유통관리

제 1 부

유통경로개관 및 제조업체의 유통관리

제 1 장　유통경로에 대한 개관

1. 유통경로의 의의와 기능
2. 중간상인이 필요한 이유와 유통경로의 성립조건
3. 경로 수준과 유통기관
4. 유통경로구조의 결정요인
5. 유통경로의 통합화 추세
6. 이 책의 구성과 체계

01 유통경로에 대한 개관

제 1 부

유통경로에 대한 개관(제1장)

제조업체의 유통관리

유통경로구조 설계(제2장)
경로구조 및 경로통합(제3장)
경로파워, 경로리더십, 경로갈등(제4장)
유통과 타 마케팅변수의 조화(제5장)
경로성과 평가(제6장)

제 2 부

유통전문업체의 유통관리

소매상과 소매업의 주요 이슈(제7장)
소매업태의 발전(제8장)
소매업체의 유통관리(제9장)
도매상과 도매업의 관리(제10장)

제 3 부

유통관리에 있어서의 전략적 이슈

공급체인관리(SCM)(제11장)
물류관리와 제3자물류(제12장)
전략적 고객관리(CRM)(제13장)
서비스 산업의 유통관리(제14장)

유통 뉴스 '불황 무색' 백화점 매출 '고공행진'…양극화 그 이상

20~30대 젊은층 '명품 투자', 백화점 명품관 '신상'으로 차별화
대형마트는 온라인에 고전, 양극화로는 설명 안 되는 '가심비' 소비

소비가 이상하다. 마트는 장사가 안 되는데 백화점은 호황을 누리고 있다. 패밀리 레스토랑은 줄줄이 문을 닫는 반면 최고급 호텔 뷔페는 항상 만석이다. 인천국제공항은 연휴 때면 해외여행을 떠나는 이들로 북새통이다. 전문가들은 현재 국내 소비는 단순히 '양극화'로 설명하기 힘들다고 지적한다. 온라인 구매 급증과 가성비가 아닌 '가심비'를 추구하는 현상 등이 맞물린 결과라는 설명이다. 국내 시장에 몰아치고 있는 소비패턴의 변화를 짚어봤다.

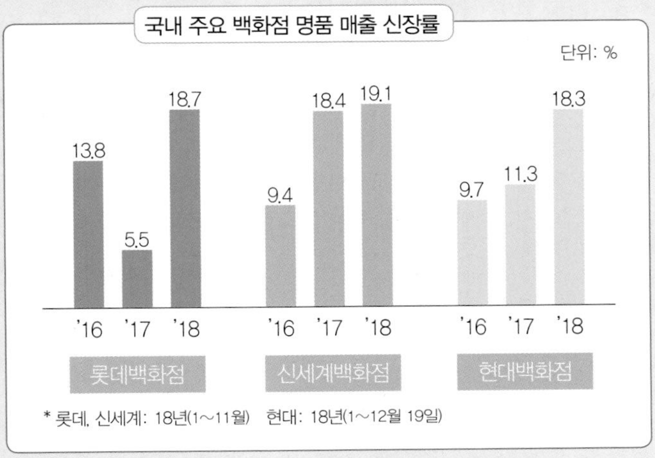

자료: 각 사

경기 불황과 소비 침체에도 불구하고 국내 주요 백화점이 '명품족'에 힘입어 거꾸로 호황을 누리고 있다. 특히 20~30대 젊은층이 명품을 찾기 시작한 덕분이다.

반면 대형마트는 울상이다. 소비침체에다 온라인몰에 고객을 대거 빼앗긴 탓이다. 여기에 영업규제까지 발목을 잡고 있다. 고가 명품 제품은 없어서 못 팔지만 같은 카테고리의 중저가 제품은 고전을 거듭하는 소비 양극화 양상이 두드러진다.

◆20~30대 젊은 VIP 고객 잡아라…백화점 명품 매출 18~19% 신장

1일 유통업계에 따르면 올해 11월 말까지 신세계백화점의 명품 매출은 지난해 같은 기간보다 19.1% 증가했다. 2016년 9.4%였던 신세계의 명품 매출 증가율은 2017년 18.4%로 눈에 띄게 증가했다. 같은 기간 국내 경제성장률이 2.9%와 3.1%였던 것을 감안하면 놀라운 성적표다.

특히 젊은 20~30대가 명품 매출을 끌어올린 주역이었다. 신세계백화점의 올해 연령대별 명품 매출 신장률을 보면 20대가 78.6%, 30대 16.7%로 40대(12.9%)와 50대(13.0%)를 크게 앞선다. 60대는 오히려 2% 감소했다.

이에 따라 20대가 명품 매출에서 차지하는 비중은 30% 선으로 2년 전 8.4%에 비해 3.6배 높아졌다. 30대도 16%가량을 차지해 20~30대 매출 비중이 약 47%에 달한다.

전체 매출 중 명품 장르 매출 비중도 커지고 있다. 이 기간 동안 신세계백화점 전체 매출에서 명품이 차지하는 비중은 16.2%에서 16.7%로 상승했고 올해는 다시 16.9%까지 높아졌다.

29일 서울 중구 소공동 롯데백화점 본점에서 모델들이 스위스 명품 시계 브랜드 '로저드뷔'의 다이아몬드 시계 '벨벳 리본 하이 주얼리'를 선보이고 있다. 총 631개, 54.24캐럿 다이아몬드가 박힌 이 시계의 가격은 16억4천만원으로, 전 세계에 8점뿐이다.

현대백화점의 올해 1월부터 12월(19일까지) 명품 매출 신장률도 18.3%로 전년 11.3%에 비해 큰 폭의 증가세를 나타냈다. 명품이 현대백화점 전체 매출에서 차지하는 비중도 작년 20.4%에서 올해는 20.9%로 올랐다.

현대백화점 관계자는 "자신의 만족을 위해 고가품 소비를 망설이지 않는 '가치소비' 트렌드가 확대되고 있다"며 "중고가 상품에 만족하지 않고 남들이 쉽게 살 수 없는 고가 명품을 찾으면서도 소셜네트워크서비스를 통해 접한 가성비가 높은 브랜드를 선호하는 등 가치소비에서도 양극화 현상이 벌어지고 있다"고 설명했다.

이어 "기존에는 가방 등 여성 잡화 위주 일부 상품군 중심으로 수요가 형성돼 있었다면 최근에는 남성, 밀레니얼 세대 등 다양한 고객층이 유입되고 있다"고 덧붙였다.

롯데백화점의 올해 1~11월 명품 매출 신장률도 18.7%로 지난해(5.5%)보다 큰 폭으로 증가했다.

이 같은 추세에 따라 백화점 업계의 VIP 고객 유치 경쟁도 뜨겁다. 신세계백화점이 연간 400만원 이상 구매 고객에 VIP 자격을 부여하는 VIP 레드 등급의 고객이 올해 77% 증가했다. 이 중 20~30대 고객 비중은 약 65%다.

압구정에 명품관을 운영 중인 한화갤러리아백화점의 경우 지방 VIP고객을 대상으로 한 별도의 마케팅을 올 11~12월 진행하고 있다. 이에 힘입어 지방 VIP 고객 중 연간 1억원 이상 구매하는 고객들의 매출이 올 11월 누계로 지난해 같은 기간보다 16% 늘었고, 고객수도 16% 증가했다.

롯데백화점 관계자는 "명품은 주로 오프라인 백화점 매장을 통해 신상품이 출시되기 때문에 백화점이 온라인보다 경쟁력을 갖출 수 있는 카테고리"라며 "이들 명품 구매 고객을 대상으로 한 VIP 마케팅을 비롯해 세분화한 관계지향형마케팅(CRM)을 강화하고 있다"고 말했다.

◆차별화 실패 대형마트, 온라인 강세에 고전…객수 · 객단가 모두 하락

백화점은 마트나 온라인몰 등 타 유통업태와 차별화를 위한 고급화 전략으로 경기에 따른 매출 변동폭을 줄여가고 있다.

고가 가전이 대표 사례다. 롯데백화점의 올해 1~11월 가전 매출은 11.3% 증가했다. 이는 고전하고 있는 잡화나 의류보다 눈에 띄는 매출 증가율이다.

롯데백화점 관계자는 "고급 가전을 찾는 이들이 최근 부쩍 늘었다"며 "고급 가전은 명품과 마찬가지로 온라인이나 여타 오프라인 매장과는 확실히 차별화된 카테고리"라고 설명했다.

이 같은 추세는 정부 통계에서도 확인된다. 산업통상자원부가 파악한 백화점 상품군별 매출 비중을 보면 2016년 18.7%에 달했던 잡화의 매출 비중은 올해 3분기에 14.1%로 낮아졌다. 반면 해외 유명브랜드 비중은 13.5%에서 19.6%로 상승했다. 가전이 포함된 가정용품도 2016년 10.1%에서 12.8%로 비중이 높아졌다.

이마트의 2018년 3분기까지 매출은 10조125억원으로 지난해 같은 기간보다 7.8% 늘었지만 영업이익은 12.5% 줄었다. 롯데마트의 2018년 3분기까지 매출은 4조8439억원으로 지난해 같은 기간보다 3.4% 줄었고,1818억원의 영업적자를 냈다.

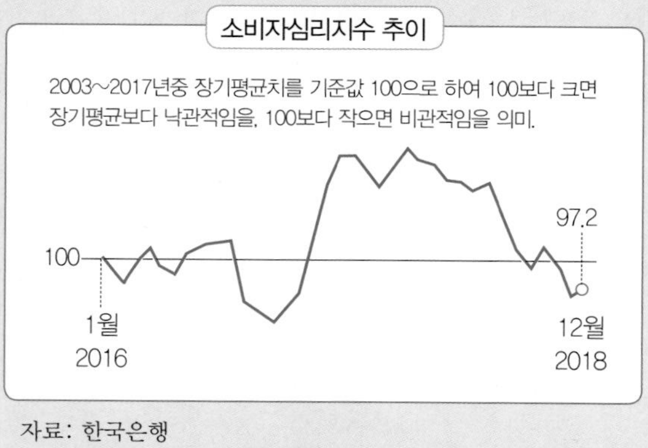

자료: 한국은행

이는 대형마트가 온라인보다 가격에서 밀리는 데다 온라인과는 차별화한 상품과 타깃 고객층을 확보하지 못하고 있기 때문으로 분석된다.

산업부가 집계한 2018년 10월 오프라인 부문 구매건수 단가 증감률을 보면 대형마트는 전년 같은 달 대비 구매건수가 11.4% 줄었고, 구매단가도 3.3% 감소했다. 반면 백화점은 구매건수는 4.3% 줄었지만 구매단가는 5.8% 상승했다. 대형마트는 온라인에 집객과 가격 모두 고전하고 있다.

◆ 국민소득 3만 달러 시대, '가심비' 중시 소비 성향 갈수록 뚜렷

외식업은 불황을 겪고 있는데 편의점 도시락은 판매가 늘어나고, 해외여행은 증가하는 등 단순한 소득 격차에 따른 양극화로만은 설명할 수 없는 소비 현상도 최근 두드러진다.

한국은행이 발표한 소비자심리지수는 12월 97.2, 11월 96으로 100을 밑돈다. 소비자심리지수는 소비자의 체감 경기를 보여주는 지표다. 2003년~2017년 장기평균을 기준값 100으로 잡고 산출하는데 지수가 100을 밑돌면 장기평균보다 소비자 심리가 비관적임을 의미한다.

지난 9월 관련 지표가 개편된 후 소비자심리지수는 지속해서 하락하다 12월에 들어서야 소폭 반등했다.

그런데도 전체적인 유통업 매출은 증가세를 보인다. 산업부에 따르면 올 10월 유통업체 매출은 지난해 같은 기간보다 6.7% 증가하는 등 올해 들어 11개월 연속 증가세를 보였다. 오프라인은 3.6% 감소했지만 온라인이 28.3% 늘어났기 때문이다.

온라인은 가격 경쟁력이 있는데다 바쁜 일상에서 소비시간을 절약할 수 있다는 뚜렷한 장점이 있다. 기존 온라인 쇼핑 기업인 이베이, 11번가, 쿠팡, 위메프, 티몬 등 기존 온라인 기업 간 경쟁이 치열하고 롯데, 신세계, 현대백화점 등 기존 오프라인 유통 강자들도 투자를 강화하고 있다.

오프라인에서는 편의점이 도시락 등 신선식품 매출 비중을 늘리며 지난 10월 매출이 4.7% 증가하는 등 성장세에 있지만, 내년 최저임금 인상 출점제한 자율규약 등으로 성장세가 한풀 꺾일 가능성이 높다.

※ 자료원: 뉴스1, 2019.1.1

학 | 습 | 목 | 표

1. 유통이 창출하는 효용과 이러한 효용을 창출하기 위한 유통기능을 이해한다.
2. 유통경로상에서 중간상인이 필요한 이유와 경로형성의 단계를 이해한다.
3. 유통기관의 의미를 광의의 개념과 협의의 개념으로 나누어 비교해 본다.
4. 유통경로 내의 제반 흐름에 대해 알아본다.
5. 유통경로구조를 결정하는 3가지 요인을 이해한다.
6. 유통경로의 통합화 추세, 특히 관계 마케팅에 대해 이해한다.

01 유통경로의 의의와 기능

기업은 간혹 그들의 유통경로에 신경을 쓰지 않음으로써 파국적인 결과를 맞게 되는 수도 있고 반면에 효과적인 유통경로를 구축함으로써 지속적 경쟁우위를 확보해 나갈 수도 있다. 개인 소비자나 기업구매자는 수많은 상품과 서비스들을 다양한 유통경로를 통하여 구매하고 있다. 그러나, 개인 소비자나 기업구매자들은 그들이 사용하거나 소비하는 상품이나 서비스의 유통경로 구조, 유통관련 기관, 중간상 등이 얼마나 복잡하게 이루어져 있는지에 대해서는 구체적으로 알지 못하는 경우가 대부분이다. 최종 소비자의 상품이나 서비스에 대한 욕구(need)를 효과적으로 충족시키기 위해서는 생산자, 도매상, 소매상, 그 밖의 유통관련 기관의 적절한 조합을 통한 기관간의 상호협조가 원활하게 이루어져야 한다. 그래야만 유통관련 기관들의 적합한 구성이 '최종 사용자의 요구'를 효과적으로 만족시킬 수 있음을 알 수 있다.

유통경로는 수도관이나 가스관과 같은 파이프라인으로 비유할 수 있다. 유통이란 상품을 사람에게 전달하는 것이므로, 유통경로는 소비자나 최종 사용자에게 상품과 서비스의 전달을 가능하게 하는 통로가 된다. 마케팅에서 말하는 유통경로란 '상품과 서비스가 생산자로부터 소비자 및 최종 사용자에게로 이전되는 과정에 참여하는 모든 개인 및 기업'이라고 정의할 수 있다.

유통경로는 생산과정을 통하여 얻어진 상품의 사용가치에 추가적인 효용

그림 1-1 생산과 유통, 유통기능

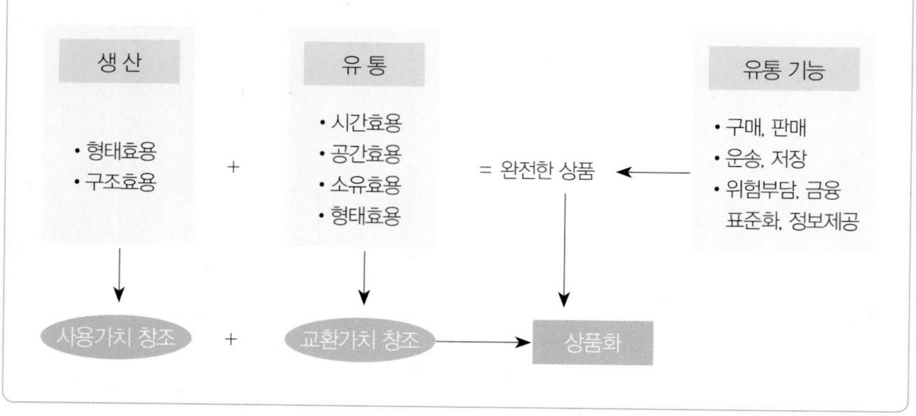

표 1-1 유통경로상에서 수행되는 유통의 기능

A. 거래기능	소유권의 이전과 관계되는 기능
① 판매기능: 잠재고객에 대한 판매촉진, 거래의 성립, 계약조건의 확정 등 ② 구매기능: 재판매를 위해 여러 공급업자들로부터 상품을 구입, 재생산을 위한 원자재 구입	
B. 물류기능	**상품의 시간적·공간적 이전에 관계되는 기능**
③ 보관기능: 생산시점과 소비시점의 괴리를 연결함으로써 시간효용을 창조하는 기능 ④ 운송기능: 생산지역과 소비지역의 괴리를 연결함으로써 장소효용을 창조하는 기능	
C. 조성기능	**거래 및 물적 유통이 원활히 이루어지도록 보조하는 기능**
⑤ 위험부담기능: 재고유지 및 상품의 진부화를 포함한 여러 위험을 부담함으로써 거래 및 물류가 원활히 되도록 하는 기능 ⑥ 금 융 기 능: 소비자 또는 생산자에게 소비자금 또는 생산자금을 대부함으로써 거래의 원활화를 보조하는 기능 ⑦ 표 준 화 기 능: 상품을 품질수준에 따라 분류하거나 규격화함으로써 거래 및 물류가 원활히 되도록 하는 기능 ⑧ 정보제공기능: 예상판매량, 가격정보, 소비자정보 등을 생산자에게 제공하고, 상품정보, 생산정보 등을 소비자에게 제공함으로써 거래를 조성하는 기능	

(시간효용, 장소효용, 소유효용, 형태효용)을 부가함으로써 상품의 교환가치를 높여서 완전한 상품이 되게 하고, 시장에서 상품으로 거래될 수 있도록 한다. 완전한 상품을 제공해 준다는 것은 소비자가 원하는 사이에 원하는 장소에서 원하는 형태의 상품이나 서비스를 소유할 수 있도록 해주는 것을 의미한다.

이러한 효용을 창출하기 위해서 유통경로는 [그림 1-1]에서 알 수 있듯이 여러 가지 기능을 담당하고 있다. 그리고 유통기능이란 앞에서 말한 네 가지 추가적 효용을 창조하기 위해 유통경로상에서 수행되는 제반기능을 말하는 것으로 〈표 1-1〉에서 보는 바와 같은 8가지 기능을 말한다.

02 중간상인이 필요한 이유와 유통경로의 성립조건

왜 유통경로가 필요한가? 왜 모든 제조업체들이 그들이 생산한 상품이나 서비스를 최종 사용자에게 직접 유통시키지 않는가? 왜 유통경로가 계속 변하고 새로운 유통경로가 나타나는가?

생산자와 소비자가 중간상인을 거치지 않고 직접 거래할 경우에는,

① 생산량과 수요량의 불일치 및 구색의 불일치에 따른 불편

② 생산지역과 소비지역의 불일치, 즉 공간적 불일치에 따른 불편

③ 생산시점과 소비시점의 불일치, 즉 시간적 불일치에 따른 불편

④ 생산자와 소비자 상호간의 정보의 불일치에 따른 불편

등과 같은 여러 문제점이 뒤따르게 된다. 이 네 가지의 문제점을 해결하기 위해서는 우선 중간상인이 개입하여야 하며, 다음과 같은 여러 단계를 거쳐 유통경로가 형성되어야 한다.

2.1 중간상인의 개입

위의 네 가지 문제점 가운데 특히 공간적, 시간적 불일치를 해소하기 위해서는 우선 중간상인이 개입하여야 한다. 중간상인의 개입은 공간효용, 시간효용을 창조함으로써 생산자, 소비자 모두에게 공간적, 시간적인 불편 해소를 가능하게 한다.

또한 중간상인의 개입은 다음 설명에서 보듯이 생산된 재화가 최종 소비단계까지 유통되는 데 필요한 거래횟수를 감소시킴으로써 거래의 효율성을 높일 수 있게 한다. 중간상인이 너무 많으면 유통의 효율성이 떨어지는 것은 아닐까 하는 의문이 생길 수도 있다. 그러나 적정한 숫자의 중간상인은 오히려 불필요한 거래횟수를 줄이고 유통의 효율성을 높일 수 있는 바탕이 된다.

만약 m명의 생산자와 n명의 소비자가 직접 거래를 한다면, 아래 [그림 1-2]의 A에서 보듯이 mn회의 거래가 이루어지게 된다. 그리고 이 경우 거래 1회에 b원의 거래비용이 발생한다면, 중간상인이 없을 경우 총 거래비용은 bmn원이 되고, 생산자 1인이 부담하는 거래비용은 $\frac{bmn}{m}=bn$(원)이 된다. 한편 중간상인이 1명 개입한다면 거래회수는 $m+n$이 되고, 이 경우 1회에 소요되는 비용을 p라고 한다면, 중간상이 1명 있을 경우에는 $p(m+n)$원의 총 거래비용이 발생하게 된다. 따라서 생산자 1인이 부담하는 거래비용은 $\frac{p(m+n)}{m}$원이 된다.

결국 $bn>\frac{p(m+n)}{m}$이라는 조건하에서는 생산자와 소비자가 직접 거래하기보다는 중간상인이 1명 개입하는 것이 더욱 유리함을 알 수 있다. 이때 수식을 간단히 하기 위해 b와 p가 같다고 $(b=p)$ 가정한다면 $mn>m+n$인 조건하에서는 중간상인이 1명 있는 것이 유리하다는 뜻이 된다. 그런데 만약 중간상이 2명 개입한다면 [그림 C]에서 보는 바와 같이 거래횟수는 $2(m+n)=12$회

그림 1-2 생산자와 소비자 사이의 거래횟수

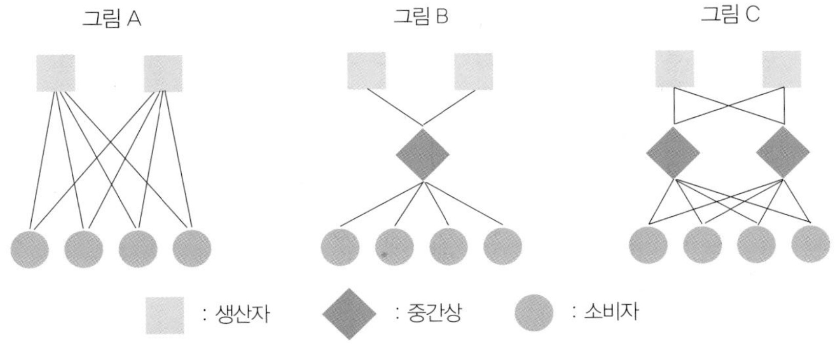

의 거래가 발생하게 되어, 중간상인이 개입하지 않을 경우의 $mn=8$회의 거래보다 오히려 더욱 많은 거래가 발생하게 됨을 알 수 있다. 따라서 최적 숫자의 중간상인은 어느 정도인가 하는 문제가 생긴다. 생산과 소비를 최적으로 연결시키기 위해 필요한 중간상인의 숫자를 W^*라 할때, $W^*(m+n)=mn$의 조건이 성립되면 W^*는 최적이 된다.

왜냐하면 이 조건 하에서는 중간상인이 개입하였지만, 중간상인이 개입하지 않았을 경우보다 거래수가 증가하지 않았으며, 따라서 중간상인 개입에 따른 거래횟수의 증가 없이도 생산자, 소비자에게 공간효용, 시간효용을 극대화하여 제공할 수 있기 때문이다. 그러므로 중간상의 최적 숫자는

$$W^*=\frac{mn}{m+n}$$

이 된다.

그러나 실제로 생산자, 소비자가 직접 거래할 경우의 거래비용(b)과 중간상인을 통하여 거래할 경우의 비용(p)이 같을 수 없으므로(즉, $b\neq p$), 이를 고려하면

$$W^*=\frac{bmn}{p(m+n)}$$

이 된다.

위 식을 근거로 하여 생각할 때 과거에는 사회간접자본 등 유통을 위한 기반시설이 부족하였기 때문에 생산자와 소비자 사이의 직접거래비용(b)이 중간상인을 이용한 간접거래비용(p)보다 훨씬 높았기 때문에 최적의 중간상인 숫

자가 많아야 했지만, 사회기반시설 및 통신의 발달은 이 차이를 현저히 줄일 수 있게 되었기 때문에 상당한 수의 중간상인을 배제할 수 있게 되었고, 따라서 최적의 중간상인 숫자도 훨씬 줄어들 수 있는 직접 마케팅이 강화되고 있는 것이다.

2.2 구색 및 수량 불일치의 해소를 위한 중간상인의 분화

생산자는 기본적으로 소품종 대량생산을 원하겠지만, 소비자는 다품종에서 소량씩 소비하기를 원할 것이다. 유통경로는 중간상인의 개입만으로 성립되는 것이 아니라, 생산과 소비 사이의 구색 및 수량의 불일치가 해소될 수 있도록 구색형성과정(sorting process)이 뒤따라야 하고, 그 결과로 중간상인의 분화가 이루어져야 한다. 구색은 〈표 1-2〉와 같은 과정을 통하여 형성된다.

표 1-2 구색형성과정

	산 개(散開)	집 중(集中)
이 질 적	① 분류(分 類) (sorting out)	④ 구색형성(具色形成) (assortment)
동 질 적	③ 배분(配 分) (allocation)	② 집적(集 積) (accumulation)

분류란 생산과정에서 이질적인 생산물을 동질적인 단위로 나누는 과정을 말하는데, 이 기능은 통상적으로 생산자가 직접 수행하며, 흔히 생산자의 표준화기능이라고도 한다.

집적은 동질적인 것끼리 다시 모으는 과정이며, 이를 수집기능이라 하고 이 기능은 수집기구라는 중간상인이 개입하여 수행하는데, 대개 이 기구를 수집도매상이라 한다.

배분은 동질적으로 쌓여진 것을 다시 나누는 과정이며, 중계기구라고 불리는 중간상인들이 이 기능을 수행한다. 이런 중계기구를 중계도매상이라 한다.

구색이란 이질적인 것이 모두 다시 모이는 단계로, 분산기구라고 불리는 중간상인들이 이 기능을 수행한다. 분산기구에는 분산도매상(소비지의 도매상)과 소매상 등이 포함된다.

이와 같이 구색형성을 위해서는 각각의 기능을 달리하는 중간상의 분화가 뒤따라야 하며, 생산자는 일정한 수량의 제한된 품종을 생산하지만, 소비자가 다양한 품종의 다양한 수량을 소비할 수 있기 위해서는 중간상인이 다시 수집, 중계, 분산의 기능에 의해 분화되어야 함을 알 수 있다.

2.3 거래의 일상화

중간상인의 개입여부에 관계없이 모든 거래는 공급되는 재화 및 서비스에 대한 대금지불 또는 가치평가가 선행되어야 한다. 따라서 판매자와 구매자는 가격결정, 대금지급의 시점, 대금지급의 형태 등에 대해 거래를 할 때마다 협상하고 합의하여야 하는데, 이는 여러가지로 불편하기 짝이 없다. 만약 거래가 일상화(routinization)되고 있어 이러한 거래비용을 현저히 감소시킬 수 있다면 거래에 따르는 여러 불편함과 비효율을 현저히 개선할 수 있다. 거래의 일상화는 우연에 의한 거래가 아니라 시스템에 의한 거래가 가능하게 한다.

거래의 일상화는 거래조건, 거래시기, 거래방법 등의 표준화를 가져올 수도 있다. 결국 보다 효율적인 유통경로가 되기 위해서는 거래의 일상화와 이에 따른 거래조건의 표준화가 선행되어야 할 것이다. 예를 들어, 엿장수, 보부상, 시골 5일장 등은 거래의 일상화와 거래조건의 표준화가 이루어져 있지 않은 거래방식이므로 이런 것들을 유통경로라고 보기에는 문제가 있는 것이다.

2.4 탐색과정의 효율성 제고

만약 판매자와 구매자 개개인이 서로 가장 최선의 거래조건을 제시할 상대방을 탐색하는 데 있어 정보의 부족이나 시간적, 공간적 불편을 많이 느끼고 있다면, 효과적인 유통경로가 형성되어 있다고 보기 어려울 것이다. 상대방에 대한 정보의 부족으로 인해 생산자는 소비자에 대해 불확실성을 느끼게 되고, 반대로 소비자는 생산자에 대해 불확실성을 느끼게 된다. 따라서 효과적인 유통경로가 성립되기 위해서는 소비자와 생산자 모두가 거래 상대방에 대한 정보를 얻는 탐색과정(search process)이 용이해야 한다. 실제로 탐색과정이 용이할 때만이 앞에서 이야기한 구색형성이나 거래의 일상화도 완전한 것이 될 수 있다.

지금까지 살펴본 내용들은 유통경로가 형성되어가는 단계에 대한 설명이기도 하지만, 아울러 효과적인 유통경로가 갖추어야 할 몇 가지의 성립요건이라고 보아도 무방할 것이다.

03 경로 수준과 유통기관

유통경로 내에서는 [그림 1-3]과 같은 몇 가지 유형의 경로 흐름이 있다. 즉, 상품과 서비스 및 이의 소유권이 생산자로부터 재판매업자를 통하여 소비자에게로 이전되어 가는 물류의 흐름(physical product flow)과 소유권의 흐름(title flow)이 있고, 고객이 은행이나 기타 금융기관을 통해 대금을 지급하는 대금의 흐름(payment flow)이 있고, 경로구성원 사이의 정보가 교환되는 정보의 흐름(information flow)이 있으며, 마지막으로 여러 유통기관들 사이에 영향력을 행사하고자 하는 활동(광고, 인적판매, 판매촉진, 공중관계 등)인 촉진의 흐름(promotion flow)과 같은 다섯 가지 흐름이 있다. 이러한 흐름 역시 간단히 이루어질 수도 있지만, 매우 복잡하게 진행될 수도 있다.

이러한 흐름을 움직이기 위해서는 앞에서 말한 8가지의 유통경로상 유통기능이 수행되어야 하며, 이러한 흐름과 기능을 수행하는 주체들을 통틀어 유통기관이라 한다.

유통기관은 다시 광의의 유통기관과 협의의 유통기관으로 나눌 수 있다.

그림 1-3 유통경로상에서의 제반 흐름

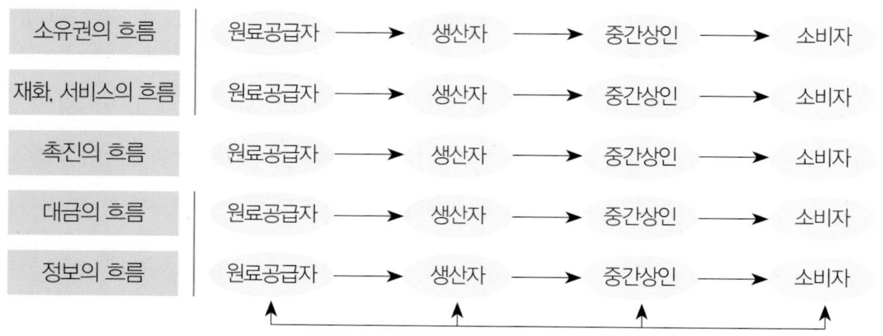

광의의 유통기관이란 위에서 말한 여러 가지 유통기능과 유통 흐름에 관계하는 모든 주체를 의미하고, 협의의 유통기관이란 광의의 유통기관 가운데서도 특히 거래기능, 즉 소유권 이전기능 또는 소유권의 흐름에 직접 관계하는 기관만을 의미한다. 흔히 말하는 유통기관이란 협의의 유통기관을 말하지만, 유통조성기관들도 유통기능의 원활한 수행을 위해서는 필수불가결하다는 것을 간과해서는 안 된다.

유통경로와 최종소비자 사이에 중간상인이 전혀 개입하지 않는 경로를 0수준(zero level)이라 하며, 이를 직접마케팅 경로라고 한다. 하나의 중간상인이 개입하면 1수준(single level)이 된다. 이 경로수준은 경로의 길이와 관계되며, 일반적으로 농(수)산물이 공산품보다, 소비재는 생산재보다 경로수준이 높고 따라서 경로의 길이가 길어진다.

04 유통경로구조의 결정요인

이제부터는 생산자들이 경로와 관련되어 직면하고 있는 몇 가지의 결정요인에 대해 검토해 보기로 한다. 유통경로를 설계함에 있어서 생산자들은 이상적인 것과 현실적으로 가능한 것 사이에서 고민하게 된다. 유통경로구조의 결정에 영향을 미치는 요인으로서는 ① 서비스 수준, ② 마케팅 비용, ③ 부가적인 요인 등을 들 수 있으며, 이에 대한 의사결정이 어떠하냐에 따라 유통경로가 다양하게 형성된다.

4.1 서비스 수준

유통경로구조에 영향을 미치는 첫 번째 요인으로 서비스 수준을 들 수 있는데, 이것은 여러 표적고객들이 유통경로에서 추구하는 서비스의 수준을 발견함으로써 보다 효과적인 경로를 구축하고자 하는 것이다. 버클린(L. Bucklin)은 경로구조를 결정짓는 핵심적 요인들을 설명하기 위해서, 경로구조의 근원에 대해 요약된 정교한 이론을 개발했다. 버클린은 경로구성원들은 서비스 결과물을 원하는 수요에 부합케 하기 위해서 다양한 시장기능을 수행한다고 주장하였다. 경로구성원들은 장기적인 생존을 유지할 목적에서 소비자 탐색활동의 편리, 대기시간의 감축, 운송 및 저장 비용의 감소와 관련된 일련의 의사결정을 하고 이 결정에 따라서 경로흐름 속에서 필요한 제반 기능을 수행하게 된다. 가격조건 등 그 밖의 모든 상황이 동등하다고 가정할 때, 최종 소비자는 높은 수준의 서비스를 제공하는 유통경로와의 거래를 선호할 것이다. 가장 일반적인 4가지 유형의 서비스 수준으로는 공간적 편의(또는 시장분산), 1회 구매량, 대기 또는 상품 인수에 소요되는 시간, 상품의 다양성(또는 구색의 깊이와 넓이) 등을 들 수 있다.

도매상이나 소매상에 의해서 제공되는 공간적 편의는 운송비용이나 탐색비용을 줄여줌으로써 고객의 만족을 증가시킨다. 주거지 인근의 수퍼마켓, 편의점, 자동판매기, 주유소 등은 공간적 편의를 필요로 하는 고객의 수요를 만족시켜주기 위해 설계된 경로형태의 전형적인 예이다.

매 거래시점에서 구매되는 1회 구매량은 산업 고객 또는 최종 소비자의 구매가격에 상당한 영향을 준다. 마케팅 경로시스템이 소규모의 1회 구매량을 고객에게 제공할 수 있다면, 구매의 이동이 빈번하게 발생하겠지만, 고객이 대량으로 구매해야만 하는 상황에서는 구매빈도는 낮아지는 대신, 구매자가 상품의 저장과 유지에 따르는 비용을 직접 부담하게 된다. 결과적으로 마케팅 경로에 의해서 제공된 1회 구매량의 크기가 작을수록, 마케팅 경로에 의해 제공된 서비스 수준은 높아지겠지만 통상적으로 가격 수준 또한 높아질 것이다.

대기 또는 상품인수에 소요되는 시간은 산업 고객 또는 최종 소비자가 상품을 주문하고 수취하는 동안 기다려야 하는 시간으로 정의된다. 다시 말해, 대기시간이 길어질수록 선금을 제공하고 소비를 계획했던 고객의 불편이 커지게 된다. 기다림을 흔쾌히 받아들이는 고객은 흔히 낮은 가격에 구입할 수 있는 보상을 받을 수 있는데, 카탈로그를 통한 주문 및 통신판매 경로가 한 예라고 할 수 있다.

마지막으로, 고객이 이용할 수 있는 구색 또는 상품의 다양성이 많을수록 마케팅 경로가 고객에게 제공하는 서비스 성과가 높아지지만 유통비용도 같이 높아진다. 이는 구색이 다양하고 많아질수록 재고가 많아지기 때문이다.

이와 같은 4가지 서비스 수준에 대한 의사결정의 중요성은 고객이 원하는 서비스 품질의 전달과 이에 따른 서비스 제공비용 또는 유통비용 사이의 관련에 있다. 서비스 품질은 고객의 기대 수준과 지각된 수준 간의 차이로 정의된다. 즉, 서비스가 고객의 기대 이상으로 전달될 때 서비스 품질은 높게 평가될

그림 1-4 유통경로가 제공하는 서비스에 대한 고객의 기대 수준

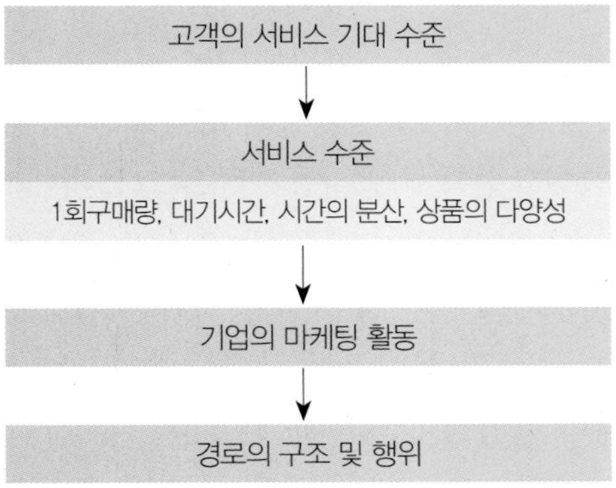

것이지만, 고객의 기대에 부합되지 않을 때에는 낮게 평가될 것이다. 그리고 고객의 기대에 부응하는 서비스 수준을 제공하기 위해서는 상당한 수준의 비용상승 요인이 발생하게 된다.

[그림 1-4]에서 보듯이, 각 서비스 요소들을 설계할 때 산업 고객 또는 최종 소비자의 기대를 고려한 서비스 품질을 제공할 수 있는 경로서비스 시스템을 설계하여야 한다. 이와 같은 서비스 수준의 제공은 다양한 유통기능과 유통흐름의 성과를 통해서 이루어진다. 경로구성원에 의해 전달될 서비스 수준에 대한 의사결정은 다양한 마케팅 기능을 수행하는 경로구성원의 자원기반 및 수용능력, 그리고 최종 사용자가 바라는 서비스 결과의 종류에 의해 직접적으로 영향을 받는다. 경로구성원의 자원과 최종 소비자의 요구조건 간의 상호작용의 결과가 바로 유통경로의 구조로 나타난다. 즉, 경로구조는 경로구성원과 고객 양측 모두의 욕구를 만족시키는 능력이라 할 수 있다.

최종 사용자가 요구하는 서비스 수준이 높을수록, 보다 많은 중간상인이 경로구조에 포함되어야 한다. 즉, 최종 사용자가 1회 구매량을 소량으로 하여 구매하려 한다면, 대량 생산자와 최종 사용자 사이에서 유통기능을 수행하는 많은 숫자의 중간상인들이 필요하게 될 것이다. 만약 최종 소비자가 대기 및 상품인수에 소요되는 시간을 최대한 감소시키려 한다면 소매상의 분산이 필수적으로 요구되며, 이에 따라 보다 많은 중간상인이 경로구조에 포함되어야 한다.

똑같은 논리적 이유가 4가지 유형의 서비스 수준에 모두 적용될 수 있다. 제공되는 서비스 수준이 높을수록, 서비스 제공 비용은 반드시 증가하며, 이

같은 고비용은 소비자에게 높은 가격으로 상품 및 서비스를 제공할 수밖에 없게 한다. 따라서 소비자는 서비스 수준은 상대적으로 낮지만, 비교적 저가격으로 제공하는 경로구조와 서비스 수준과 가격이 모두 높은 경로구조 중에서 선택하여야 한다. 유통기능과 유통흐름 속에서 최종 사용자가 서비스 생산에 많이 참여할수록 최종사용자들은 그들의 노력에 상응하는 더 낮은 가격으로 구매할 수 있다. 즉, 제공되는 서비스 수준이 낮은 경로구조에서는 최종 사용자들은 구매에 따른 추가적인 노력을 직접 수행함으로써, 상대적으로 낮은 가격으로 상품 및 서비스를 구매할 수 있을 것이다. 이의 좋은 예로서, 최근 각종 형태의 할인점이 성공하고 있는 이유를 들 수 있는데, 소비자들이 비교적 큰 1회 구매량, 먼 구매 이동거리, 직접 운반, 비교적 얇은 구색 등과 같은 낮은 수준의 서비스를 감수하는 대신 낮은 가격이라는 혜택을 추구하는 구매행동을 보이기 때문이다.

최적의 유통경로구조는 서비스 수준을 적절히 조정함으로써 경로구조의 총비용을 최소화시키는 것이다. 경로 내 구성원들은 최소한의 비용으로 최대한의 서비스 수준을 제공하기 위해서, 유통경로 내에서 그들 각각의 참여수준을 경쟁이 되는 다른 유통경로의 그것과 차별화될 수 있도록 변화시키기도 하는데, 이와 같은 변화는 경로구성원간에 상당한 수준의 조정과 협력을 요구한다. 유통경로구조의 관리가 중요한 이유가 바로 여기에 있다.

4.2 마케팅 비용

각 기업의 유통경로구조와 경로흐름이 어떠하냐에 따라 경로기능의 수행에 따른 비용곡선이 상이하게 나타나게 되며 수익 수준도 달라지게 된다. 만약 수익증대에 큰 영향을 미치는 활동이나 흐름이 높은 성과를 보이며 잘 수행되었다면 경쟁사보다 높은 수익을 실현시킬 수 있을 것인데, 통상적으로 경쟁이 심한 산업에서 제한된 자원을 지니고 경쟁하여야 하는 기업들은 유통기능과 흐름을 전문화시킴으로써 차별적 수익을 실현할 수 있게 된다. 예를 들면, 충동수요, 긴급 수요, 기타 편의추구형 수요를 충족시키려는 편의점 체인들은 과학적인 재고관리 및 주문시스템을 도입하여 최소한의 재고기능만 수행하고 그 이상의 재고기능은 보다 재고기능을 잘 수행할 수 있는 독립도매상 또는 제조업체에 떠넘김으로써 수익을 실현하고 있다.

따라서 경로상에서 수행되어야 하는 모든 기능을 특정 경로구성원이 혼자서 다 수행할 것이 아니라 그 기능을 최소의 비용으로 가장 효율적으로 수행할 수 있는 경로 내의 다른 구성원에게 그 기능을 위양함으로써 경로 전체의 효율을 높이고 경쟁력을 향상시킬 수 있게 된다. 그러나 시장의 규모가 커지고 그 기능을 직접 수행하기에 충분할 정도의 규모의 경제가 가능하다고 판단되면 위양하였던 기능을 다시 통합하기도 한다. 특정 기능을 수행하는 데 소요되는 마케팅 비용에 따라 경로기능이 이와 같이 수직적으로 분화되고 통합되는 현상을 기능 위양(functional spinoff)이라고 하는데 이에 대해서는 제3장에서 자세히 설명하기로 하고 여기서는 간단히 예를 들어보기로 한다.

사업규모가 작은 중소 제조업체들은 그들의 상품을 유통시키기 위해서 필요한 많은 기능을 경제적으로 직접 수행하기에는 자원의 한계가 있기 때문에 판매, 구매, 운송, 보관, 금융 등의 제 기능을 특화된 다른 구성원에게 위양하는 경로구조를 유지하지만, 사업 규모가 커지고 활성화되면 판매원을 채용하고, 구매 부서를 신설하고, 운송 및 보관 시설에 투자하는 등의 활동을 통해 위양하였던 제 기능을 통합하여 직접 수행하는 경우가 많은데, 이는 경로기능의 수직적 분화와 통합을 보여주는 좋은 예라고 생각된다.

4.3 부가적인 요인

경로구조를 결정할 때는 마케팅 비용과 같은 경제적 요인 외에도 기술적, 문화적, 사회적, 정치적 요인들도 함께 고려하여야 한다. 예를 들면, 신선 식품을 포함한 식료품 유통을 주로 하는 수퍼마켓의 출현 및 성장은 매스미디어를 통한 매스커뮤니케이션 기술의 발달, 금전등록기의 등장, 포장기술과 냉장시설의 발달, 자동차보급의 확대 등과 같은 요인과 밀접한 관련이 있다. 저개발국가에서는 높은 문맹률, 식품구매를 하기 전에 미리 조금 맛보는 습관, 점포 내에서 판매원에게 상품정보를 물어보는 습관, 낮은 수준의 냉장고와 자동차 보유율 등과 같은 문화적 요인들 때문에 수퍼마켓이 발달하기 어렵다. 자동판매기를 통한 유통은 과자, 음료, 그 밖의 식료품 유통이 기술적, 문화적 영향을 받은 좋은 예이다. 즉, 편의지향적인 문화를 지닌 풍요로운 사회의 소비자들은 편리한 자동판매기에서 상품 또는 서비스를 구매하기 위해 지불하여야 하는 추가비용을 기꺼이 감수하겠지만 저개발국가에서는 그렇지 못할 것이다.

복잡한 정보시스템의 출현과 지속적인 발전은 제조업체와 중간상으로 하여금 유통비용을 정확하게 평가할 수 있게 할 것이며 그들이 이용하고 있는 여러 개별 경로를 재설계할 수 있게 할 것이다.

지리적 위치, 시장의 규모, 생산 입지, 인구의 밀집도 등과 같은 물적 요인들도 경로구조를 결정하는 데 중요한 역할을 한다. 생산은 어느 지역에 집중되어 있는 반면 인구와 시장은 지리적으로 분산되어 있을 때 유통경로의 길이는 길어진다. 개발도상국에서는 도시지역에는 백화점과 할인점, 수퍼마켓 등 매우 다양한 소매업태에 의해 서비스가 제공되는 반면에 지방에서는 일반 잡화점이나 재래식 시장만이 서비스를 제공하는 것을 흔히 볼 수 있다.

또한 사회적, 행동적 변수는 경로의 구성에 영향을 미친다. 예를 들면, Galbraith는 경로구조의 형성과 운영에 영향을 미치는 요인에 대한 설명의 한 방법으로 대항력(countervailing power)의 개념을 제시하였다.

유통경로구조에 관한 대항력 효과의 표출형태는 다음과 같은 예에서 찾아볼 수 있다.

- 대규모 제조업자에 대항하는 대규모 소매상 또는 파워있는 구매자의 출현
- 제조업자 상표를 소유한 파워있는 제조업자에 대항하는 체인소매상에 의한 중간상 상표의 사용
- 대규모 기업형 체인의 파워에 반발하는 임의 연쇄점 또는 소매상조합의 출현
- 체인과 제조업자의 파워에 반발하는 소규모 소매상 연합회활동

05 유통경로의 통합화 추세

유통경로상에서 이루어지는 경쟁은 어느 한 제조업체와 다른 제조업체, 한 유통업체와 다른 유통업체 간의 경쟁으로만 이해해서는 안 된다. 예를 들어 CJ제일제당과 LG생활건강 간의 경쟁을 양 제조업체간의 경쟁으로만 보아서는 안 되고, CJ제일제당이 그들의 상품을 생산하여 최종 소비자에게로 유통시키는 과정에 개입하는 모든 경제주체, 즉 원료공급업자, 내부 종업원, 마케팅 조사기관과 광고 대행사와 같은 정보 서비스업체, 정부기관, 각종 유통업체에 이르는 상호 관련된 전체 시스템과 LG생활건강의 전체 시스템 간의 경쟁으로 인식하여야 한다. 마찬가지로 신세계백화점과 롯데백화점의 경쟁도 이를 단순히

그림 1-5 경로구성원간 관계유형

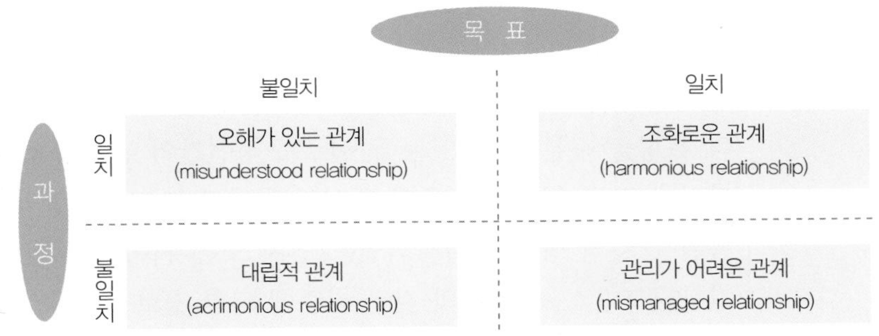

양 유통업체간의 경쟁만으로 이해하기보다는 양 유통업체의 전체 시스템간의 경쟁으로 이해하여야 할 것이다.

따라서 전체 시스템의 효율성을 높이기 위해서는 시스템을 구성하는 각 구성원간의 관계를 단순히 일회성의 거래(transaction)관계로 볼 것이 아니라 지속적인 협력과 신뢰를 바탕으로 공동의 이익과 경쟁력 향상을 추구해 가는 관계(relationship)지향적인 마케팅 활동이 필요하게 된다.

5.1 경로구성원간의 관계 유형

흔히 관계마케팅은 거래마케팅, 파트너십, 전략적 제휴 등의 용어와 같은 뜻으로 사용되고 있는데, 기업의 범위 밖에 있으면서 기업의 운영에 영향을 미치는 여러 거래주체들과의 관계를 유기적으로 조정·관리하여 상호 유익한 성과를 장기적으로 확보하려는 마케팅 활동을 말한다.

유통경로상의 거래주체들간의 관계는 상호 우호적이고 조화로운 관계로 형성될 수도 있지만 반대로 서로 상충되는 이해관계 속에서 대립적인 관계로 나타날 수도 있다. 경로구성원간의 관계는다양한 형태로 나타나는 경로구성원간의 목표와 과정의 일치 여부로 그 유형이 구분될 수 있다. 경로구성원간의 경로목표와 경로활동과정이 얼마나 수렴적으로 일치하고 있는가 하는 것은, 결국 관계마케팅을 통해 최종소비자에게 얼마나 효과적·효율적으로 서비스를 전달할 수 있는가를 의미하는 것이다. 위의 그림은 경로구성원간 목표와 과정의 일치여부에 따른 경로구성원간의 관계적 특성을 나타내고 있다.

5.2 관계마케팅의 유형

경로구성원들간의 관계형성목표와 구축된 관계의 성격에 따라 관계마케팅의 유형을 구분할 수 있는데, 경로구성원간의 관계형성목표가 전략적 수준의 것인지 또는 운영적 수준의 것인지에 따라 관계마케팅의 유형이 달라지며, 구축된 관계의 성격이 일시적인 것인지 또는 지속적인 것인지에 따라서도 달라진다. [그림 1-6]은 이와 같은 기준에 의한 경로구성원간 관계마케팅의 유형의 분류이며 크게 네 가지의 유형으로 구분할 수 있다.

먼저 거래관계는 일시적인 상황 하에서 거래를 효율성을 높이기 위해 운영적 수준의 협력을 목적으로 형성되는 관계를 말하며 구매자와 공급자가 가격경쟁이 심한 필수품을 적시에 교환하고자 할 때 발생한다.

협력관계는 운영적 수준의 협력을 목적으로 하지만 보다 지속적인 형태를 보이는데, 효과에서는 거래관계의 틀을 크게 벗어나지는 못한다.

그리고 전략적 파트너관계는 장기적인 관점에서 경로구성원간의 지속적인 거래관계를 유지하면서 사회 경제적인 포괄적인 차원에서 서비스와 기술의 결합을 통해 전략적 효과를 달성하려 할 때 발생한다. 이러한 전략적 파트너관계는 경로에 적합한 가치를 높이고, 총체적 비용을 낮춤으로써 경로구성원간의 상호 이익을 달성하는 데 그 목적이 있다. 전략적 파트너관계를 형성하기 위해서는 경로구성원간의 충분한 의사소통, 협력, 신뢰, 관계 몰입 또는 결속이 선행되어야 하며, 그들의 목표와 정책 등 전략적 의사결정에 속하는 부분에서부터 상품의 주문처리 시스템과 물류 시스템 등과 같은 운영적 차원의 의사결정

그림 1-6 관계마케팅의 유형

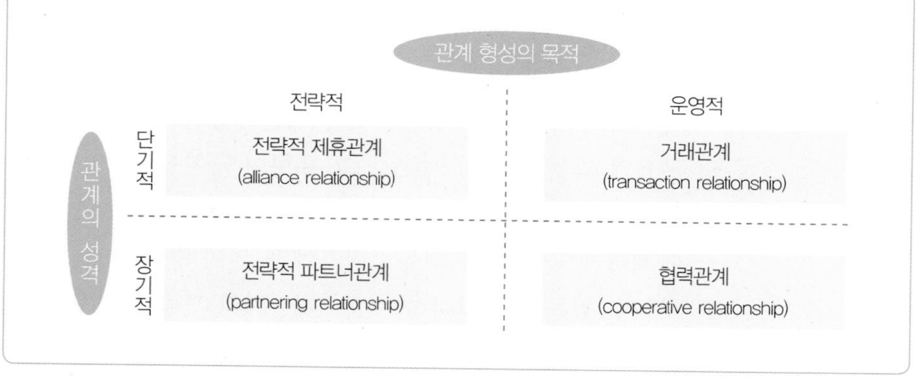

에 이르기까지의 제반 내용에 대한 포괄적 이해와 동의가 있어야 한다. 또한 전략적 파트너관계는 주문처리, 재고관리, 판매, 구매, 사후 서비스에 관한 의무와 책임을 함께 공유하는 협력체계를 수용하고 있을 뿐 아니라 환경의 변화가 있을 때는 신속히 공동대응하는 모습을 보이고 있다. 일반적으로 관계마케팅이라고 할 때는 경로구성원간에 전략적 파트너관계를 형성하고 이 관계를 바탕으로 하여 이루어지는 마케팅을 말하는데, 전략적 파트너관계를 통하여 형성된 경로구성원간의 통합된 활동이 큰 성과를 보이게 되면서 과거 공급업자의 유통구성원에 대한 push-pull 전략을 중심으로 하는 거래마케팅 패러다임의 변환을 요구되고 있다. 따라서 앞으로 전략적 파트너관계를 통한 유통경로의 통합이 유통경로관리의 매우 중요한 측면이 될 것이다.

마지막으로 전략적 제휴관계는 전략적 파트너관계보다는 관계의 성격이 다소 일시적인 현상을 보이는 협력관계를 말하는데 그 효과면에서는 전략적 파트너관계와 유사하다.

전략적 제휴와 파트너관계로 목표를 달성하기 위해서는 몇 가지 조건들을 갖추어야 하는데 경로구성원간 상호의존성에 대한 인식과 경로구성원간 친밀한 협력, 경로구성원들간 역할과 기능에 대한 면밀한 구분, 공통의 목표에 초점을 맞춘 조정된 노력, 경로구성원간 신뢰와 의사소통 등이 그것이다.

06 이 책의 구성과 체계

이 책은 크게 3부 14장으로 구성되어 있는데,

먼저 제1부 유통경로 개관 및 제조업체의 유통관리에서는 제1장 유통경로에 대한 개관과 제2장에서 제6장까지의 제조업체의 유통관리에 대해서 설명하였다.

제조업체의 유통에서는 유통경로구조설계, 경로구조 및 경로통합, 경로파워, 경로리더십, 경로갈등 등을 먼저 다루고 이어서 유통과 타 마케팅 변수와의 조화 및 경로성과 평가에 대하여 살펴보았다.

제2부에서는 유통전문업체의 유통관리라는 제목으로 유통전문기관, 특히 소매기관의 유통관리활동에 대해 설명하였다. 제7장에서 제10장까지 4개의 장으로 구성되는데, 소매상과 소매업의 주요 이슈, 소매업태의 발전 및 특성, 소매업체의 유통관리, 도매상과 도매업의 관리 등을 다루고 있다.

제3부는 유통관리에 있어서의 전략적 이슈라는 제목으로 제조업체나 유통전문업체에서 공통적으로 관심을 가질 수 있는 전략적 이슈를 다루었다. 제11장에서 제14장까지의 4개 장으로 구성되는데, 공급체인관리(SCM), 물류관리(logistics) 및 제3자물류, 전략적 고객관리(CRM), 서비스 산업의 유통관리 등을 다루고 있다.

그림 1-7 본 교재의 구성 및 흐름

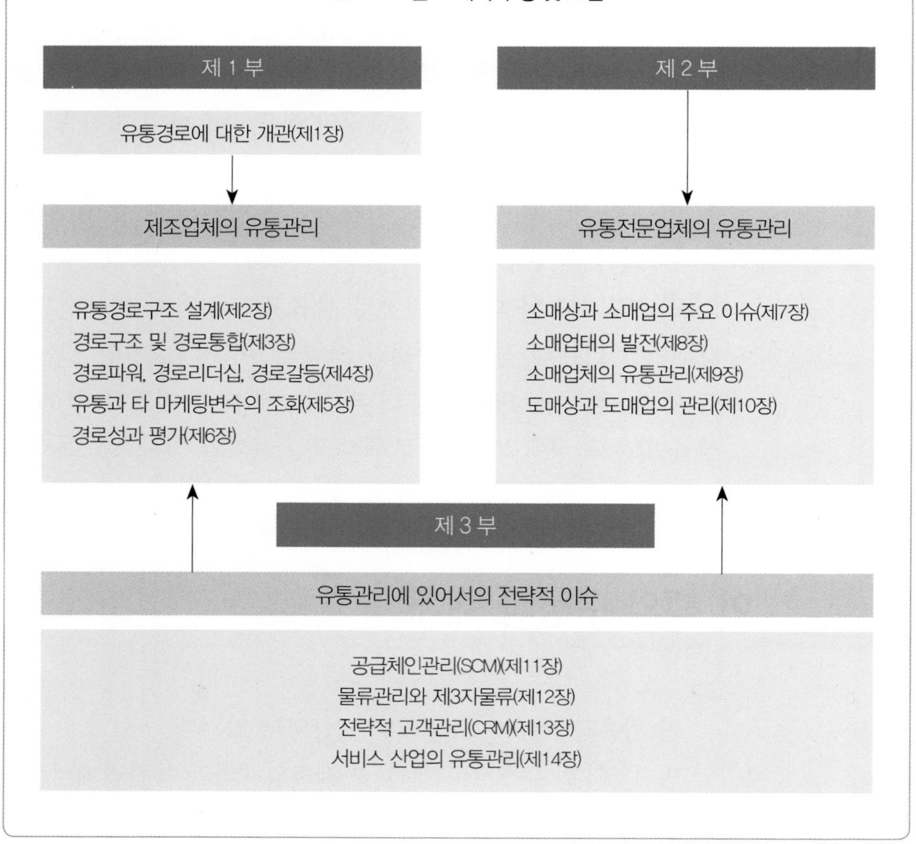

연습 문제

1. 유통이 창출하는 효용과 이러한 효용을 창출하는 유통의 8가지 기능에 대해 설명하시오.
2. 유통경로상에서 중간상인이 필요한 이유와 경로형성의 단계에 대해 설명하시오.
3. 유통기관의 의미를 광의의 개념과 협의의 개념으로 나누어 비교 설명하시오.
4. 유통경로구조를 결정하는 3가지 요인 중 서비스 수준에 대해 설명하시오.
5. 관계 마케팅 측면에서 유통경로의 통합화 추세에 대해 설명하시오.

제 2 장 제조업체의 유통관리(Ⅰ): 유통경로구조의 설계

1. 유통경로설계 단계
2. 경로전략의 수립
3. 경로구조설계

02 제조업체의 유통관리(Ⅰ): 유통경로구조의 설계

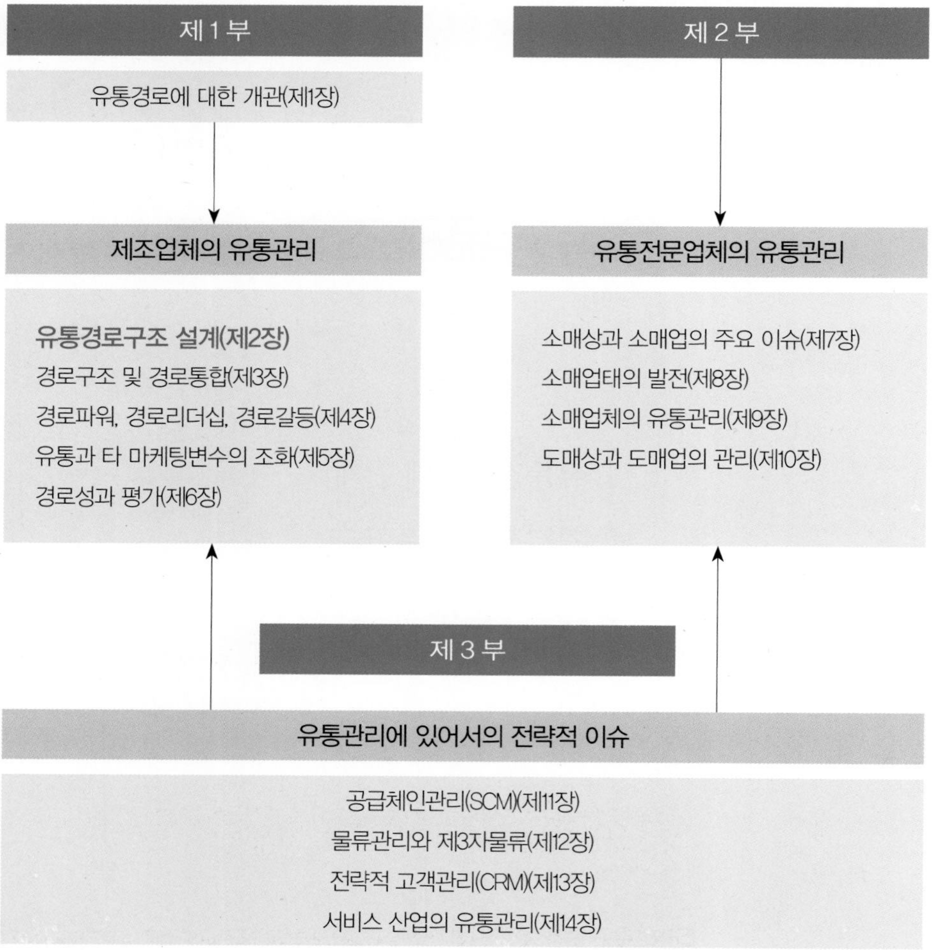

유통 뉴스

'아마존'에서 잘 팔리면 그만일까?…디지털 고객 붙잡을 'D2C'(DTC) 전략 세워라

'What are the dangers of selling on Amazon?(아마존에서 판매를 할 때 어떤 위험이 있나요?)'라는 문장을 구글로 검색하면 자그마치 2억3500만건에 달하는 검색 결과가 노출된다. 디지털은 기존 브랜드 제조사에 중간 유통업체 없이도 아마존과 같은 플랫폼에서 직접 고객과 만나는 'D2C(Direct to Consumer · DTC · 소비자 직접 판매)' 비즈니스를 가능케 했다.

◆디지털 시대…고객과 직접 만나는 브랜드가 경쟁 우위

한국에선 유전자 검사 시장 위주로 쓰이는 용어가 돼버렸지만 전 세계에서 D2C(DTC) 전략을 실천하는 기업은 나이키, 델, P&G(프록터&갬블) 같은 기성 브랜드부터 와비파커(Warby Parker), 달러셰이브클럽(Dollar Shave Club) 같은 신생 브랜드를 넘나든다. 나이키는 DTC 채널에 집중해 해당 채널 매출을 2015년 66억달러에서 2020년까지 160억달러 규모로 성장시키겠다고 공언했고 유니레버는 2022년까지 '경험 플랫폼과 전자상거래'로 발생하는 매출이 전체의 3분의 1을 차지할 것으로 기대한다고 밝힌 바 있다. D2C(DTC) 대표 사례인 달러셰이브클럽으로 인해 2010년 미국 남성 면도기 시장 70%를 점유하던 질레트는 2016년께 54%로 점유율 하락을 경험했다.

D2C(DTC) 판매 방식을 도입한 기업들은 이제 소비자 구매와 특성 데이터를 곧바로 확보해 브랜드 관리와 고객 경험 개선에 활용하고 있다. 과거 도매상과 소매상을 거쳐 제품이나 서비스를 공급하던 방식과 달리 공급망 전체를 아우르는 고객 경험과 판매 전술을 실천할 수 있게 된 덕분이다. 불필요한 유통마진도 줄여 보다 저렴한 가격에 판매하는 일도 가능해졌다.

◆브랜드가 D2C(DTC)로 고객과 직접 만날 때 주의점

그러나 D2C(DTC) 방식이 디지털 시대 비즈니스를 위한 만능 해결책은 아니다. 고객 직접 판매에 앞서 기업은 고객 경험을 향상시킬 역량을 갖추고 고객에 대한 이해가 선행돼야 한다. 특정 물건을 아마존에서 파는 경우에도 최적화된 물류 시스템과 효율적인 소셜미디어 홍보, 자체 애플리케이션 플랫폼 등이 필요하다.

무엇보다도 D2C(DTC) 방식은 기존 도소매 유통 채널을 통한 판매 채널에 심각한 피해나 위험을 야기할 수 있다. 유통 파트너와 관계를 악화시켜 새로운 손실을 입는 대신 신중한 D2C(DTC) 전략이 요구되는 이유다.

성장 전략 컨설팅 기업 '이노사이트(Innosight)'의 네드 캘더(Ned Calder) 파트너와 샤리아 파르바란데(Shahriar Parvarandeh) 매니저, 마이클 브래디(Michael Brady) 매니저는 최근 하버드비즈니스리뷰(HBR) 디지털판 기고를 통해 기존 유통업자들을 돌아서게 만들지 않게 하면서도 D2C(DTC) 전략을 구축할 수 있게 하는 방법을 소개했다.

이들에 따르면 점점 많은 회사와 브랜드들이 기존 유통 파트너사를 우회하고 최종 소비자와 직접 관계를 맺기 위해 디지털 기술을 사용하고 있다. 디지털로 맺은 관계는 새 판매 채널과 강력한 고객 피드백 메커니즘을 창출하거나, 전혀 다른 새 비즈니스 모델을 잠금해제할 수 있다. 그러나 기존 핵심 비즈니스에 오랫동안 의존하고 있는 파트너사를 소외시킬 위험이 있다.

자동차 산업 역시 이 같은 위험에 처해 있다. 포르쉐는 월정액 차량 구독 서비스 '패스포트(Passport)' 프로그램을 통해 다양한 차량을 스마트폰 앱을 통해 탈 수 있다. 소비자는 보험과 유지관리비는 물론 무제한 마일리지까지 포함된 포르쉐 차량을 집으로 배달받을 수 있다. 이 아이디어를 포르쉐 기존 딜러가 좋아할 리가 없다. 이제 볼보, 링컨, BMW, 메르세데스-벤츠도 비슷한 구독 서비스를 제공하려 든다는 점을 고려해야 한다.

이런 D2C(DTC) 방식은 역사적으로 고객 네트워크를 갖고 있는 딜러들의 생계를 위협했다. 최근 미국 캘리포니아주 신차딜러협회는 '차량 구독'을 딜러를 통해서만 신청할 수 있도록 의무화하는 법안 상정을 위해 주의회에 로비했다.

자동차 산업은 디지털과 D2C(DTC)를 둘러싼 빙산의 일각에 불과하다. 이 문제는 대부분의 제조업체나 서비스 회사가 새 유통 채널을 만들 때 직면하는 딜레마이기도 하다. 결과적으로 많은 기업 간 거래(B2B) 기업들이 교착 상태에 빠져 있다.

최근 제럴드 케인(Gerald Kane) 보스턴대 교수는 '슬로언 매니지먼트 리뷰(Sloan Management Review)'를 통해 공개한 자체 실시한 CEO 설문조사 결과, 경영진 87%가 디지털 기술이 산업을 파괴적으로 혁신할 것이라 지적했지만 정착 파괴적 혁신에 회사가 잘 대비하고 있다고 응답한 비율은 절반 미만에 그쳤다.

디지털과 함께 재평가받고 있는 유통 전략(D2C · DTC)의 잠재력은 이해되지만 그 실천 방안은 여전히 애매하다. 기회는 매력적이지만 기존 유통 파트너를 뒤엎고 핵심 비즈니스를 손상시킬 가능성도 있다. 불만을 가진 유통 파트너는 경쟁사가 되거나 경쟁 제품을 취급하거나 입법화를 위해 로비하는 방식으로 보복할 수 있다.

기고자들은 현재 비즈니스를 위험에 빠뜨리지 않고서도 D2C(DTC) 전략으로 포지셔닝을 할 수 있는 세 가지 디지털 유통 전략을 제시한다.

① 은밀하게 도입하기

과거에는 새 비즈니스 모델을 테스트하려는 회사가 조용하고 자유롭게 새로운 시장에 진출해볼 수 있었다. 기존 지역 내 진출 확대를 제한하던 유통 계약상 금지사항이 없었기 때문이다. 그러나 디지털 시대에는 고객과 유통 파트너가 어디서든 온라인에서 쉽게 당신이 무엇을 하는지 볼 수 있기 때문에 과거처럼 하기는 어렵다.

그 대신 회사는 기존 유통업체에서 제대로 제공되지 않거나 무시하던 고객 세그먼트를 겨냥해 은밀하게 시범사업을 운영할 수 있다.

최근 미국 통신사 버라이즌(Verizon)은 조용히 40달러 정액 요금으로 의무 계약 사항이 없는 스마트폰 구독 서비스를 'Visible'이란 신생 업체를 통해 앱으로만 구매할 수 있게 했다.

이 모델은 주로 소규모 브랜드의 중저가 스마트폰 제공 업체와만 경쟁할 뿐, 수익성 높은 서비스를 판매하는 버라이즌 소유 파트너와 공인 리셀러(re-seller) 매장에 대한 직접적인 위협을 가하지는 않는다.

경우에 따라서 완전히 새로운 제품이 적합한 진입 포인트를 제공하기도 한다. 2011년부터 메르세데스는 스마트 브랜드 아래 전기자전거 판매를 위한 직접 유통 능력을 개발하기로 결정했다. 메르세데스의 전략은 자사 주요 차종에 대한 전통적인 유통망을 유지하면서 혁신적인 유통 전략을 지원하는 데 필요한 역량과 인프라스트럭처 구축을 돕는 걸 골자로 한다. 전통적인 판매대리점을 통해 파는 게 아니라 소비자에게 판매한다.

② 갈고리로 걸어버리기…이도저도 못하게 만들기

기업이 유통 파트너들에게 협상을 강요하거나 이들을 약화시키는 '갈고리(후크)'를 만들 수 있다면, 유통 파트너들의 보복 의지를 최소화할 수 있다.

제품 묶어 팔기, 카테고리 독점 또는 일부 고객에게 없어서는 안 될 필수 기능 개발 등 갈고리를 걸어버리는 방법에는 여러 가지가 있다.

Cree는 2010년 초 저렴한 소비자용 LED(발광다이오드) 전구를 출시했고 이후 수년간 Cree는 소비자용 저가 LED 전구 카테고리에서 가격과 성능 면에서 선도 업체였다. 이 덕분에 Cree는 인테리어 · 건자재 창고형 대형매장 '홈디포(Home Depot)' 매대 상당 부분을을 차지하면서도 동시에 소비자 직접 판매 사업을 구축할 수 있었다.

이 기간 동안 홈디포는 어쩔 수 없이 Cree 제품을 유통해야 했다. 이런 이중 유통 전략은 소비자와 투자자 모두의 공감을 샀고 Cree의 주가는 2011~2013년간 3배나 뛰어올랐다.

2012년 초경량 노트북 컴퓨터 '서피스(Surface)' 시리즈가 출시되면서 마이크로소프트(MS)는 수십 년간 유통 파트너였던 컴퓨터 제조사와 주문자상표부착생산(OEM) 업체들과 직접 경쟁하기 시작했다. 이는 MS가 PC(개인용 컴퓨터) 운영체제(OS) 시장을 거의 독점하기 때문에 가능했다. 에이서(Acer), 레노버(Lenovo), HP, 델(Dell) 같은 기존 파트너들은 이미 윈도 OS에 푹 빠져 있었고 MS의 D2C(DTC) 전략을 수용하는 것 외에는 선택의 여지가 거의 없었다.

사실 MS 파트너 중 많은 곳에서 공개적으로 서피스 시리즈를 지지하기도 했다. 2012년 에이서 설립자 Stan Stinh은 서피스가 "시장 수요를 자극하기 위한 목적일 뿐 아니라 일단 목적이 실현되면 MS는 더 많은 모델을 제공할 것"이라고 말했다. 오늘날 서피스 제품군은 미국 PC 시장에서 에이서보다 더 많이 팔리고 있다.

③ 피해 최소화하기

다운스트림 유통 파트너 비즈니스를 지원하면서도 보복 위험을 줄일 수도 있다. 예를 들어 중장비 제조사인 '캐터필러(Caterpillar)'는 고객에게 장비 활용도, 내구도, 위치에 대한 정보를 제공하는 장비 관리 플랫폼을 도입했다. 이 플랫폼은 고객에게 직접 판매되고 판매 프로세스에서 다운스트림 파트너를 자주 없애버린다. 그러나 궁극적으로 플랫폼은 파트너에게도 이득이 됐다. 플랫폼이 고객들이 언제 장비를 필요로 하는지 로컬 파트너사에 알려주기 때문이다.

미국 내 최대 건강보험사 가운데 하나인 '유나이티드헬스그룹(United Health Group)'은 이제 자회사 Optum 아래서 기존 의료 서비스 공급자를 자극하지 않으면서도 D2C(DTC) 역량을 구축하기 위한 공격적인 인수 · 합병(M&A) 전략을 추진해왔다.

예를 들어 Optum은 자체 시설 전반에 걸쳐 80가지가 넘는 건강보험 서비스를 수용했고, 동시에 유나이티드그룹 건강보험 소비자들을 Optum 직영 기관으로 제한하는 것에서도 벗어날 수 있었다. Optum의 정교한 전략은 비록 업계의 관심을 끌었지만, 현재까지 의료기관들은 직접적인 보복 행동에 나서지는 않고 있다.

디지털은 많은 B2B 회사에 중요한 기회일 뿐 아니라 리스크다. 실행하지 않는 건 경쟁자와 신규 업체 진입을 허용하지만, 실행한다면 기존 파트너로부터 보복 위험에 처한다. 이 같은 교착 상태를 깨기 위해 리더십은 D2C(DTC) 전략 실행의 리스크를 인식하고 앞으로 나아갈 수 있는 올바른 전략을 파악하는 게 필수적이다. 회사의 장기 파트너는 DTC 방식이 침략 행위가 아닌 성장 계획으로 받아들일 때 지지를 보낼 가능성이 더 크다.

※ 자료원: 매경프리미엄, 2012.5.28

학 | 습 | 목 | 표

1. 유통경로구조의 설계가 필요한 이유를 살펴본다.
2. 경로설계시 분석되어야 하는 요인들에 대해 정리해본다.
3. 경로전략 수립시 필요한 여러 정책들에는 무엇이 있는지 알아본다.
4. 경로구조의 설계과정에 대해 살펴본다.

01 유통경로설계 단계

유통경로설계는 유통경로전략에서 매우 중요한 단계이다. 유통경로를 설계하기 위해서는 영리 조직이든 비영리조직이든 관계없이 고객욕구를 반영하여야 하며, 다음과 같은 3가지 사항을 잘 반영하여야 한다. 먼저 유통경로가 최종고객이 원하는 모든 서비스를 만족시킬 수 있도록 설계되었는가, 다음으로 고객이 원하는 모든 서비스가 보다 잘 제공될 수 있도록 유통경로의 활동 및 기능이 잘 배분되었는가, 마지막으로 이러한 유통기능이 보다 효율적·효과적으로 수행될 수 있도록 자격을 갖춘 경로구성원이 적절히 선정되었는가 하는 것이다. 따라서 최적의 유통경로가 설계되기 위해서는 고객지향적 차원에서의 접근방법이 고려되어야 할 것이다. 유통경로가 잘 설계되기 위해서는 지금부터 설명하려 하는 절차를 밟아가는 것이 요구된다. 이러한 접근방법은 그리 쉽거나 간단하지 않을 뿐 아니라 시간이나 비용도 많이 소요될 것이다. 그렇다고 어떠한 단계도 생략하거나 무시할 수 있는 성질의 것은 아니다. 따라서 보다 효율적이고 효과적으로 유통경로를 설계하기 위해서는, 각 단계를 순차적으로 수행하기보다는 동시진행이 가능한 단계는 동시다발적으로 시행하여 시간 및 비용을 절약하고, 그 이외의 단계는 순차적으로 시행하는 것이 바람직할 것이다.

유통경로설계를 위하여 우선 거시환경분석 및 경쟁분석이 선행되어야 할 것이다. 거시환경분석을 통해 유통경로와 관련하여 존재하는 제반 자료와 연구들을 검토하고 현재의 유통경로를 이해한 후, 거시환경에 영향을 미치는 여러 영향요인들을 분석하여야 한다. 경쟁분석을 위하여 경로구성원에 대한 의견을 수렴하고 경쟁업자의 경로를 분석하여야 한다. 이어서 고객욕구분석과 산업분석을 통하여 접근을 시도할 표적시장을 선정한다. 그런 다음 경영자들이 요구하는 가장 이상적인 유통경로를 발견하고, 기존의 유통경로분석을 통하여 몇 가지 경로 대안을 개발하고, 각 대안과 이상적인 유통경로간 차이를 분석한다. 그리고 끝으로 유통경로설계시 제반 제약요인을 검토하여 최적의 유통경로를 선택함으로써 경로설계를 완료한다.

1.1 거시환경 분석 및 경쟁분석

새로운 마케팅 기회를 찾기 위해서는 유통환경의 변화를 사전에 파악하고 그러한 변화가 고객 욕구와 유통경로설계에 미치는 영향을 면밀히 분석하여야 한다. 이를 위해서는 먼저 거시환경의 변화양상을 분석하여야 하는데, 이러한 변화는 새로운 고객욕구를 창출하거나 기업의 유통전략에 많은 영향을 미친다. 따라서 유통경로설계에 있어 의미있는 환경적 요소들을 보다 심층적으로 다루어야 하며 특히 환경변화가 심할수록 그 불확실성에 대한 통제가 요구될 뿐 아니라 변화에 적응하기 위한 유연성이 강조된다. 거시환경이 기업의 의사결정, 특히 유통경로설계에 어떠한 영향을 미치는지를 알기 위해서는 산업집중도, 거시경제지표, 기술환경변화, 규제의 정도 및 경향, 진입장벽, 경쟁업자의 행동, 고객 충성도의 강도, 고객의 지역적 분포, 상품수명주기의 단계, 시장의 변화 등이 충분히 검토되어야 한다. 이러한 요소들은 기업이 유통경로를 통하여 무엇을 해야 하고 또한 무엇을 할 수 있는지에 대한 기회와 위협을 제공해 준다.

또한 경쟁분석도 유통경로설계에 많은 영향을 미치게 되는데, 여기서 경쟁업자란 특정시장에서 고객들의 욕구나 그와 비슷한 욕구를 충족시킬 수 있다고 여겨지는 현재 혹은 잠재적 기업들을 말한다. 대체로 경쟁업자는 같은 시장에 소구하는 경쟁기업으로만 규정되어지지만 상황에 따라 그 영역은 매우 넓어진다. 우선 산업 내 경쟁분석은 그들 경쟁업자들이 수익-비용 차원에서 어떻게 경로를 설계하였는가를 알 수 있게 해준다. 이는 경로상에서 마케팅 프로그램이나 수요창출 면에서 마케팅 전략을 시험하는 아주 중요한 요소이다.

따라서 경쟁업자들의 경로구성원이 어떠한 관계를 유지하느냐에 따라 그 성과에 많은 영향을 미칠 수 있다. 따라서 경쟁분석은 경쟁업자들과 그들의 경로구성원과의 관계를 분석하고, 가장 성과가 높은 경쟁업자를 선정하여 그 기업의 유통경로를 보다 면밀히 검토하여야 할 것이다. 한 예로 미국 컴퓨터 시장에 진입하려 하는 기업은 가장 강력한 경쟁업자인 컴팩, HP, IBM 등의 유통경로를 대상으로 마케팅 프로그램의 유용성 및 비용 등을 분석하여 가장 우수한 기업을 선정하고, 그 기업의 세부적인 유통경로를 분석하여 향후 자사의 유통경로설계에 반영하면 업계 내에서 경쟁력있는 유통경로를 구축하는 데 도움을 얻을 수 있을 것이다.

앞에서 본 거시환경분석과 경쟁분석은 향후 자사의 유통경로설계에 많은 시사점을 안겨줄 것이다. 예를 들어 경쟁업자의 촉진 프로그램은 자사의 경로 구성원 지원책에 많은 도움을 줄 것이며 경쟁사 유통경로가 갖는 약점을 파악하면 자사의 유통경로가 어떤 방향으로 보완되어야 하는지에 대한 기회를 파악할 수 있다.

1.2 고객 분석

최종 사용자(고객)가 원하는 것이 무엇인가? 특히 실제 구매상에서 기대하는 고객욕구가 무엇인지를 파악하는 것이 매우 중요하다. 먼저 특정상품에 대해, 모든 세분시장에서 최종 사용자가 구매과정상에서 공통적으로 원하는 것이 무엇이며, 이러한 욕구들이 각각의 세분시장에서 어떠한 차이가 나는지에 대해 알아야 한다. 특정상품에 대한 최종 사용자는 그 상품의 특성을 고려한 특정 구매욕구를 갖게 된다. 개인용 컴퓨터에 대한 예를 들면 상품의 실연, 상품보증, 신속한 배달, 지불방법의 융통성, 사용상의 조언, 설치 및 수리, 기술자문 그리고 기타 서비스 제공여부 등에 관심을 가질 것이다. 구매과정상 최종 사용자가 원하는 서비스를 유통경로상에서 제공하기 위해서는 세분시장간 구매욕구의 공통점을 찾아 이를 제공하거나, 혹은 정반대로 세분시장 각각의 독특한 구매욕구를 만족시키기 위한 구매서비스를 제공하는 것이다. 예를 들어 〈표 2-1〉에서는 통신장비에 대한 최종 사용자의 구매서비스 기대 수준을 나

표 2-1 통신장비에서의 최종 사용자의 구매서비스 기대 수준

구 분	세분시장				
	상표다양성/실연	지원정도	관계성	가격 민감성	상품다양성/조언
관계 지속성	13	8	30	6	11
상품/조언 정도	13	8	13	7	29
지원/유지/신뢰성	23	58	29	33	32
상표 다양성	14	8	8	8	6
저 가격	20	9	10	37	12
상품 실연	17	9	10	9	10
군집 내의 수익률	21%	26%	25%	15%	13%

타내고 있다.

위의 표에서 나타난 바와 같이 다섯 개의 세분시장이 존재하게 되는데 공통적으로 지원/유지/신뢰성과 관련된 서비스에서 높은 기대 수준을 나타내고 있다. 여기서의 시사점은 어떠한 유통경로를 설계하더라도 지원/유지/신뢰성과 관련된 서비스를 충족시킬 수 있는 유통경로를 택하여야만 한다는 것이다. 즉 기존의 유통경로와의 비교가 아니라 최종 사용자의 구매서비스 기대 수준에 초점을 맞추어야 한다.

1.3 산업 분석

산업분석은 고객 분석에 의해서 찾아낸 여러 세분시장 중 하나의 세분시장에 초점을 두고 분석하여야 한다. 예를 들면 가전상품의 구입에 있어 어떤 고객집단이 저가격, 셀프 서비스, 다양한 구색, 다양한 상표 등에 강한 긍정적 태도를 갖는다면, 이들은 그 상품을 파격적인 저가격으로 구매할 수 있는 경우에 고수준의 서비스 및 편의성은 기꺼이 포기할 것이다. 그러므로 이들은 백화점보다는 할인점을 선호할 것이라는 결론에 도달할 수 있다. 산업재의 예를 들면, 특정 고객이 적절한 가격, 신속한 납기, 신용거래기간의 확대, 상품의 다양성 및 구색, 간소한 주문절차 등의 서비스를 원하고 있다면, 제조업자의 영업지점보다는 완전 기능을 제공하는 전문 유통업자를 더 선호할 것이다.

이상적인 소매점포를 설계하기 위해서는 유통목표 중 효과성 차원의 목표 즉 표적고객에게 제공할 주요 서비스의 수준과 구체적 유통기능의 내용을 확인하여야 한다. 이를 위해서는 소매점포가 어떠한 특성을 갖는지 정확하게 분석하여야 한다.

〈표 2-2〉는 신차 판매를 위한 소매점포의 특성을 파악하기 위하여 조사된 사항들을 요약하고 있다. 우선은 기존의 내외적 환경여건에 대한 고려없이 이 자료를 바탕으로 가장 이상적인 소매점포 형태를 설계한 후, 다음 단계에서 현실적인 내외적 제약조건을 검토하여 최적의 유통경로를 설계하여야 할 것이다. 또 다른 예로 소비내구재 전자상품에 있어 이상적 소매형태를 찾기 위한 것의 예로 〈표 2-3〉에서 설명되고 있다.

산업분석에서 중요한 것은 고객 분석에서 고객에 대한 자료가 매우 중요한 역할을 하고 있다는 것이다. 고객이 원하는 구매서비스와 이를 충족시킬 수 있

표 2-2 신차 판매를 위한 소매상 선정시 고려사항

점포 형태	상표 유형	모델 유형	장 식	보유 재고	부수서비스	편 의 성	가격전략
백화점	다양성	모든 모델	고품위	적정 재고	다양한	보통	적정가격
대중양판점	단일상표	모든 모델	보통	대량 재고	제한된	보통	적정가격
고가전문점	고품위	제한된 모델	고품위	주문	부가	보통	고가격
수퍼마켓	유명상표	고회전	보통	적정 재고	제한된	보통	저가격
편의점	선택적	고회전	보통	적정 재고	제한된 A/S없음	고편의	고가격
창고형 할인점	유명상표	고회전	무장식	적정 재고	제한된 A/S없음	저편의	최저가격
카탈로그 전시장	유명상표	고회전	보통	주문	제한된 A/S없음	보통	저가격
할인점	유명상표	저가격 모델	무장식	적정 재고	제한된 A/S없음	보통	저가격
기존 소매상	단일상표	모든 모델	보통	대량 재고	다양한	보통	적정가격
부상하는 소매상	다양성	모든 모델	보통	적정 재고	다양한	저편의	적정가격

는 적합한 소매점포의 도출은 매우 밀접하게 연계되어야 한다. 만약 이 두 단계에서 근시안적으로 접근하게 되면 이후의 모든 단계는 실패할 가능성이 크게 되므로 각별한 주의가 요망된다.

표 2-3 소비내구재 전자상품에 있어서 이상적 점포형태

세 분 시 장	가격지향형 고객	가격 및 부가서비스 지향형 고객	관계 지향형 고객
유통경로특성	저가격 저지원	저가격 교육훈련 신속한 유지보수 다양한 상표	조언/관계성 상품정보 신속한 유지보수 교육훈련
유통경로목표 및 필수조건	가격민감성 욕구충족 가격과 관련없는 부가적인 서비스수행	저가격 제공 잠재고객에게 상품의 특성제공 고수익성상품의 'push'판매 교육훈련 및 유지보수가능	상품정보 및 조언 제공 판매 후 교육훈련과 지원 제공 인간적 관계형성 다양한 상품제공
이상적 소매형태	텔레마케팅 할인점	강력한 교육훈련/유지보수 가능한 저가격 소매점포	고지원 관계지향적 소매점포

1.4 경로 설계: 시장 세분화(segmentation)

마케팅의 근본적인 원리 중 하나는 시장의 세분화이다. 세분화(segmentation)란 유사성을 가진 소비자들을 같은 그룹으로 묶고 각 그룹끼리는 차별화가 최대화될 수 있도록 시장을 구분하는 것이다. 하지만 어떠한 기준을 지니고 최대의 유사성과 최대의 차이점을 구분할 것인가? 경로 관리자에게 있어, 세분화란 마케팅 경로가 수행하여야 할 서비스 기대 수준에 대한 수요를 기준으로 정의되는 것이 가장 바람직하다. 마케팅 경로란 단지 상품을 보관하고 판매하는 것만을 의미하는 것은 아니라 추가적인 부가서비스를 창출하는 활동이다. 즉, 마케팅 경로는 상품 생산이 이루어진 후, 생산된 상품을 어떻게 판매할 것인가에 관한 부가적이고 보조적인 서비스를 창출하는 또 다른 생산 라인을 의미하는 것이다. 이런 부가가치 창출 서비스는 경로구성원에 의해 창출되고 최종 사용자에 의해 소비되는 것으로 서비스 생산(service output: SO)이라 하며, 이에는 소량 분할(bulk-breaking), 공간적 편리성, 대기시간과 배달시간, 구색과 다양성 등이 포함된다.

최종 사용자(최종 소비자 혹은 기업 구매자)들은 이런 서비스 생산(SO)에 대해 다양한 서비스 기대 수준(expected level of service output: ELSO)을 지닌다. 예를 들어, 두 가지 다른 유형의 소프트드링크 사용자에 대해 살펴보자. 사무실 근무자들과 가정에서의 휴식시간 동안의 소비를 위해 가족들이 소프트드링크를 찾고 있다고 하자. 〈표 2-4〉는 이런 두 종류의 사용자들의 서비스 생산(SO)에 대한 수요의 차이점을 요약하였다. 〈표 2-4〉에서 보듯이, 사무실 근무자들은 구색(assortment)과 다양성을 제외한 모든 서비스 생산(SO)에 대해 높은 수요(ELSO)를 지니고 있다. 반면에 가족 단위의 소비자들은 서비스 생산(SO)에 대한 수요가 사무실 종사자들과는 다른 상반된 패턴을 지니고 있다. 이런 두 분류 고객들의 욕구를 잘 충족시키기 위해서는 분명히 다른 마케팅 경로를 설계하고 구축하여야 한다. 사무실 근무자들은 그들의 휴식시간에 소프트드링크 한 캔을 사기 위해 식료품가게에까지 가지는 않을 뿐더러 한꺼번에 대량으로 음료수를 구입하기를 원치 않는다. 그들은 약간 높은 가격을 주더라도 자신들의 편리함을 위해 자신의 사무실에서 가까운 곳에 들려 낱개로 사기를 원할 것이다. 자동판매기는 그들에게 있어 가장 이상적인 구매 장소이며, 이 경우에는 무점포 경로가 가장 바람직한 경로가 될 것이다. 반면에 가족 단위 소비

표 2-4 서비스 생산(SO)에 대한 수요(ELSO) 차이(소프트드링크 시장 사례)

	가족시장		사무실 종업원 시장	
서비스생산	시장의 요구 특성	ELSO 수준	시장의 요구 특성	ELSO 수준
소량 분할	나는 가족을 위해 주마다 식료품을 구입하고 우리 모두는 음료를 좋아한다.	low	나는 휴식시간에 단지 한 can의 소프트드링크를 마실 시간밖에 없다.	high
공간 편리성	나는 쇼핑을 위해 수퍼마켓까지 운전하여 간다.	low	나는 휴식시간이 15분밖에 없다. 그래서 가까이에 있는 것을 살 필요가 있다.	high
대기, 배달시간	우리는 보통 집에 여분의 음료수를 가지고 있다. 그래서 나는 이번 쇼핑에서 원하는 음료수를 찾지 못한다면 다음 기회에 살 것이다.	low	만약 내가 나의 휴식시간이 시작되는 3시에 음료수를 얻지 못한다면 나중에 가서 그것을 얻을 기회를 결코 가지지 못한다.	high
구색, 다양성	나의 남편과 나는 coke와 pepsi를 좋아한다. 그러나 우리 우리들은 카페인이 들어 있는 음료수를 마시는 것이 금지되어 있다. 아이들은 카페인이 없는 과일 음료수를 좋아한다.	high	나는 내가 어떤 음료수를 선택하는지에 관해 너무 특별할 수 없다. 그것이 카페인을 가지고 있는 한, 하나를 얻는 것이 나에게는 중요하다.	moderate

자들은 자동판매기를 찾지 않고 좀 더 매력 있는 상점을 찾는다. 자동판매기는 가족 단위의 구매자에게 적합한 구색과 다양성을 제공하지 못한다. 그리고 구색과 다양성을 제외한 나머지 서비스 생산(SO)은 이 고객들이 지불하기를 원하는 가격보다 더 높은 단위당 소비자 가격을 지불하여야 하기 때문에 가족 단위의 소비자들은 이런 수준의 서비스 생산을 원하지 않을 것이다. 인근의 수퍼마켓은 음료수에 대한 가족 단위의 서비스 생산(output) 수요를 충족시킬 수 있는 최적의 장소라는 것을 이 예는 보여준다. 이러한 사례는 같은 상품이 어떻게 폭넓고 다양한 서비스 생산(SO)과 합하여 다른 수요를 충족시킬 수 있는지를 보여주고 있으며, 최종 사용자의 유형에 따라 상품+서비스 생산(SO)의 결합에 대해 매우 차별화된 욕구를 가지고 있음을 보여주고 있다.

1.5 경로설계: 포지셔닝(positioning)

시장을 서로 다른 서비스 output에 대한 수요(ELSO)를 가진 여러 최종 소비자 집단으로 세분화한 후 경로 관리자는 ELSO를 충족시킬 수 있는 최선의 경로를 규정하여야 한다. 이 단계를 경로 포지셔닝 또는 경로 확인이라고 한다. 마치 상품 포지셔닝이 특정 세분시장의 수요를 가장 잘 충족시킬 수 있는 상품의 속성, 가격, 촉진 믹스 등을 결정하는 것을 뜻하듯이 경로 포지셔닝은 세분시장의 수요를 가장 잘 충족시킬 수 있는 유통경로를 설계하는 것을 의미한다. 이 작업은 그 경로가 특정 세분시장의 욕구를 충족시키지 않는 것으로 결정되더라도 전체적으로 모든 세분시장을 대상으로 수행되어야 한다. 이후에 이루어지는, 타게팅(targeting) 단계에서 표적시장을 정할 수 있기 때문이다. 각각의 세분시장을 위한 최적의 경로를 규정하지 않고서는 어떤 세분시장을 표적으로 선정할 것인가에 대한 철저한 의사 결정이 불가능하기 때문이다. 이런 이유로 경로설계단계에서는 타게팅보다는 포지셔닝이 먼저 이루어지게 된다.

유통경로설계에서의 포지셔닝 단계는 결국 각 세분시장별로 가장 이상적인 유통경로가 어떤 것이어야 하는가를 파악하는 단계라고 볼 수 있다.

이상적 유통경로를 파악하려 할 때는 다음의 중요한 요소들에 대한 검토가 선행되어야 한다. 먼저 소매점포가 현실적으로 가능한 것인지를 확인하는 것으로 주로 전문가들의 의견을 참고하여 판단한다. 전문가들이 생각하기에 실현 불가능하거나 시도하기 어려운 방법으로 속성들을 결합한 점포는 현실적으로도 불가능하다. 가격은 저렴하면서 서비스 또한 높은 수준을 유지해야 한다면 두 가지 기준 중 어느 하나에 소홀해지기 쉬운 것이다.

다음은 이상적인 소매점포의 개념이 실제로 작용할 수 있는 경로구성원을 확보하는 것이 가능한가 하는 것이다. 소매점포가 아무리 고객의 구매욕구를 충족시킬 수 있도록 잘 설계되었다고 하더라도 특정 소매점포가 단독으로 유통기능을 수행하기 매우 어려우며, 다른 경로구성원들과의 상호작용 및 긴밀한 협조가 이루어졌을 때 유통기능 수행이 수월해질 수 있다. 이는 소매점포가

표 2-5 유통경로상 제반 흐름과 관련된 비용

유통경로상 흐름	관련비용
물류	보관 및 배달 비용
소유권	재고 및 운송 비용
촉진	광고, 판매촉진, 공중관계, 홍보, 인적 판매 등 촉진비용
협상	시간 및 법적 비용
위험	가격보증, 품질보증, 보험, 시설, 유지보수 및 사후관리비용
재무	신용기간, 판매기간 및 조건과 관련된 비용
주문	주문과정상 발생하는 비용
지불	수집, 회수불능 비용

유통경로 전체의 최종 접점이므로, 최종 사용자를 위한 소매점포를 실현하기 위해서는 전체 유통경로에 대한 설계가 유기적으로 이루어져야 함을 의미한다. 소매점포를 지원할 수 있는 유통경로의 설계를 위해서는 유통경로상에서 수행되어야 할 기능을 살펴보고 이 기능을 누가, 어떻게 수행할 것인가를 결정하여야 한다. 〈표 2-5〉는 유통경로상 제반 흐름과 이에 관련하여 발생되는 비용을 표로 나타낸 것이다.

유통경로설계에 있어서 한 가지 더 고려해야 할 것은 경로 조직형태와 관련된 문제이다. 즉 경로상의 기능을 외부에 맡길 것인지 아니면 내부화된 조직을 이용하여 자체적으로 수행할 것인지를 결정하여야 한다. 이러한 결정을 'make or buy' 의사결정이라고 하는데 거래비용의 감소, 효과적인 경로 통제의 필요성, 경로기능의 원활한 수행 등을 고려하여 외부 조직을 이용하는 것이 바람직한 것인지, 아니면 내부화를 통한 유통경로가 보다 바람직한 경로인지를 판단하여야 한다. 경로통제나 경로기능의 일관성있는 수행을 위해서는 내부화된 경로가 더욱 바람직하지만, 현실적으로 유통기능을 내부조직을 통하여 모두 수행하는 데는 관련비용이 지나치게 많이 소요되고 수행능력에도 한계가 있기 때문에 외부조직을 이용하여 경로상의 기능을 수행하도록 설계되는 것도 바람직하다고 볼 수 있다.

1.6 경로설계: 타게팅(targeting)

경로 포지셔닝이 이루어진 후 경로 관리자는 표적이 될 세분시장을 결정하여야 한다. 이 말은 표적이 될 세분시장을 선택한다는 뜻이기도 하지만 오히려 진입하지 않은 세분시장을 결정한다는 뜻에 더 가깝다. 어느 세분시장을 포기할 것인가 하는 것은 기본적으로 유통경로의 수익성을 결정짓는 핵심 요인이므로 경로 관리자에게 있어 매우 중요한 의사 결정이다. 경로 관리자는 경로를 둘러싼 내적·외적 환경 요인 때문에 경로 포지셔닝 단계에서 확인하고 검토하였던 모든 세분시장을 표적시장으로 선정하여서는 안 된다. 물론 우월한 경쟁 요소를 한 두 세분시장의 ELSO의 충족에만 투입할 경우 기회비용이 발생할 수 있으므로 경로 관리자는 기존의 표적으로 선정하지 않은 신규 세분시장을 향하여 새로운 경로를 추가로 구축할 수도 있다. 그러나 이는 기존 시장에서의 강력한 시장 지배 지위를 바탕으로 추진되어야 위험하지 않다.

1.7 기존 유통경로분석

타게팅이 이루어지면, 표적으로 선정한 시장의 이상적인 유통경로가 이미 포지셔닝 단계에서 이루어졌기 때문에, 이제 기존의 유통경로를 점검하여야 한다. 기존의 유통경로를 점검하는 과정은 이상적인 유통경로설계와 함께 실행할 수도 있을 것이다. 기존 유통경로에 대한 주요 분석 내용은 기존 유통경로구조의 현황 및 과제, 즉 시장점유율 및 성장률, 상대적 경쟁력, 관련 시너지 여부, 유통경로상의 제반 기능, 기업과 외부조직과의 관계, 기존 유통경로의 경제성(비용, 수익 등), 그리고 고객욕구와의 부합 정도 등이다. 특히 이 중에서 가장 중요한 항목은 유통경로가 고객욕구에 얼마나 부합되는가이다. 따라서 경쟁업자나 산업에서 일반적으로 사용되는 경로를 검토하는 것도 필요할 것이다.

예를 들면 통신장비산업에 있어 기존의 유통경로는 크게 세 가지로 구분될 수 있는데 장비회사 대리점, 서비스회사 대리점, 소매상이다. 〈표 2-6〉은 통신장비산업에서의 기존 유통경로를 분석한 것이다. 이 표에서 장비회사 대리점은 구매 후 서비스에서 높은 평가를 받고, 서비스회사 대리점은 지속적 관계구축면에서, 그리고 소매상은 차별적 상품 및 서비스, 저가격, 상품실연 등에서 각각 높은 평가를 받고 있다. 낮은 평가를 받은 항목에서는 최종 사용자의 욕구를 충족시켜줄 수 있는 여지가 많이 남아있음을 의미하므로, 낮은 평가를 받은 항목에서 새로운 경로기회가 있음을 알 수 있다. 그러나 본 자료는 고객 전반에 관한 것으로, 보다 세밀한 점검을 위해서는 각 세분시장별로 이러한 분석이 추가적으로 수행되어야 한다.

표 2-6 통신장비산업의 기존 유통경로분석

특 성	장비회사 대리점	서비스회사 대리점	소 매 상
지속적 관계구축	4.0	5.1	2.7
구매 후 서비스	6.3	5.5	3.7
차별적 상품 및 서비스 제공	2.0	3.1	5.0
저가격 제공	3.2	4.6	4.9
상품 실연 제공	4.1	2.8	5.9

1.8 차이분석

지금까지 고객욕구를 파악하여 도출한 이상적 유통경로와 기존의 유통경로에 대해 알아보았다.

여기에 하나의 대안을 추가할 수 있는데, 그것은 경영진의 필요에 의한 유통경로, 즉 관리지향적 유통경로이다. 관리지향적 유통경로란 경영진이 조직목적에 합당하며, 경로의 통제나 관리상의 편의를 유지하기에 용이하다고 판단하여 선호하는 경로를 말한다. 따라서 이 세 가지의 유통경로를 비교하여 각 대안간의 차이를 분석할 필요성이 있을 것이다. 세 가지 유통경로의 관계를 살펴보면 거의 일치하거나 또는 부분적으로 일치하거나 또는 전혀 일치하지 않

그림 2-1 유통경로 대안 간 차이분석

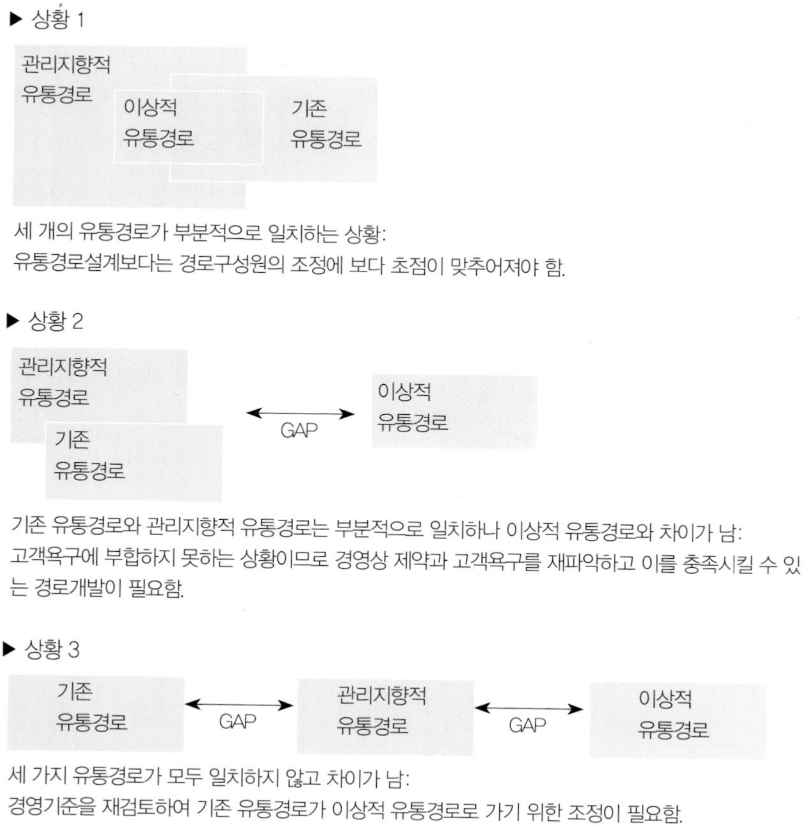

는 경우 등 다시 세 가지로 나눌 수 있으며 이와 같은 관계는 세 가지 유통경로 대안과 함께 조합을 이루어 수많은 상황이 존재하게 된다. 그중 가장 의미있는 세 가지 상황을 살펴보면 [그림 2-1]과 같다.

때로는 이러한 세 가지의 유통경로를 모두 고려하기보다는 그중 의미있는 두 가지의 경로만을 고려하는 것도 바람직할 수 있다. 즉 이상적 유통경로와 기존 유통경로만으로 차이분석을 하는 것도 실무적으로 유용하며 큰 의미를 지닌다.

여기서 강조해 둘 것은 이상적 유통경로 즉, 고객욕구에 가장 부합하는 유통경로가 기준이 되어야 한다는 것이다. 제약조건을 고려하되 제약을 극복하고자 하는 노력이 적으면 이상적 유통경로를 포기하는 것이며 이는 고객욕구를 무시하여 시장기회를 상실하는 것임을 명심해야 한다. 따라서 차이분석을 통해서 이상적인 구조와 기존 구조와의 차이가 극복 가능한 것인가를 확인하고, 가능하다면 단계적 극복방안을 도출하여야 한다. 만약 그것이 불가능하다면 그 원인이 무엇인지 확인하고, 나아가 구조적인 문제인지 아니면 운영상의 문제인지를 확인하여야 한다.

1.9 최적의 유통경로설계

유통경로설계 과정에서 마지막으로 수행해야 하는 것은 경영목표와 제약조건들을 검토하여 최적의 유통경로를 완성하는 것이다. 최종적인 유통경로를 결정할 때는 구체적이고 집중적인 실행계획도 함께 첨부되어야 한다. 왜냐하면 이 시점에서 완성되는 유통경로는 경로설계 과정을 통해 이미 검토되어온 모든 것을 고려한 최적의 유통경로라고 할 수 있기 때문이다. 최적의 유통경로는 가장 이상적인 유통경로는 아니지만, 고객의 욕구, 가용 능력, 성과에 관한 경영자의 기준, 효율성, 효과성 그리고 적응력에 대한 현실적 제약조건이 모두 포함된 것이어야 한다.

02 경로전략의 수립

유통경로는 표적고객에게 일정한 서비스를 제공하기 위해 다양한 기능을 수행하는 경로구성원들로 구성되는 하나의 시스템이다.

경로전략을 수립하기 위해서는 고객이 기대하는 서비스가 무엇이며, 그와 같은 서비스를 어떻게 충족시킬 것인가 하는 경로목표가 결정되어야만이 그에 따른 경로대안을 모색할 수 있을 것이다. 다음의 그림은 경로설계 과정에서 경로전략의 수립단계를 나타낸 것이다.

경로목표를 달성하기 위한 경로전략에는 고객이 기대하는 서비스를 제공하기 위한 경로구성원에 대한 결정과 이를 지원하기 위한 정책들이 포함되어야 한다. 구체적으로 경로전략의 수립은 ① 경로 커버리지 정책(market coverage policies), ② 고객 커버리지 정책(customer coverage policies), ③ 가격결정 정책(pricing policies), ④ 상품계열 정책(product line policies), ⑤ 경로구성원의 선별과 결정 정책(selection and termination policies), ⑥ 경로 소유권 정책(ownership policies)을 내포하고 있으며 이에 대하여 살펴보기로 한다.

그림 2-2 경로구조설계 과정

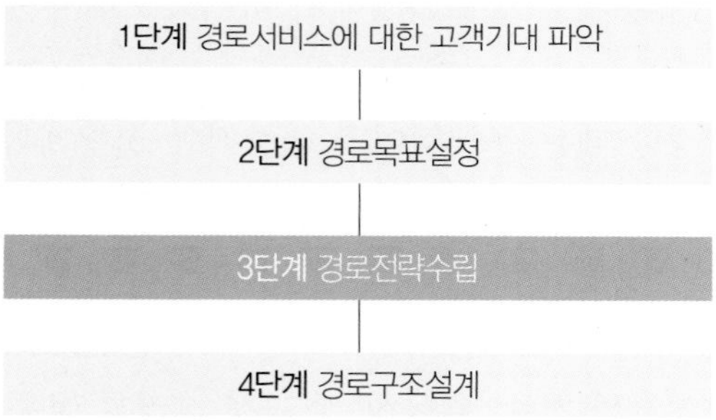

2.1 경로 커버리지 정책(market coverage policies)

경로관리에서 핵심적인 관점 가운데 하나는 얼마나 많은 수의 점포를 특정 지역에 설립해야 하고, 경로흐름에서 어떤 유형의 경로구성원이 필요한지를 결정하여 이를 통해 실재고객과 잠재고객의 욕구를 실현하는 것이다. 즉, 경로 커버리지 정책은 특정지역에 얼마나 많은 수의 판매망을 확보할 것인가, 그리고 이들이 어떠한 기능을 수행하게 함으로써 시장을 확보할 것인가에 대한 정책이다.

경로 커버리지 정책의 3가지 기본적인 대안은 ① 집약적 유통, ② 선택적 유통, ③ 전속적 유통으로 분류된다.

집약적 유통(intensive distribution)은 특정 상품이나 상표를 가능한 한 다수의 판매자에게 공급하는 정책이며, 선택적 유통(selective distribution)은 지정된(defined) 지역에서 제한된 소수의 판매자에게만 특정 상품이나 상표를 제공하는 정책이며, 전속적 유통(exclusive distribution)은 특정(specific) 지역에서 하나의 판매자에게 일임하여 특정 상품이나 상품을 제공하는 정책을 의미한다. 즉, 경로 커버리지 대안은 상권의 범위와 판매자의 수에 따라 결정된다. 이와 더불어 경로 커버리지 대안은 수직적 통합시스템 또는 수평적 통합시스템을 함께 적용시켜 정책대안에 활용한다.

소비자가 추구하는 상품의 특성과 관련된 관점에서, 상품특성에 적합한 합리적인 전략대안들을 모색해볼 수 있는데 소비자의 구매노력이 낮고 자주 구매되는 상품에 대해서는 집약적인 유통이 합리적 전략대안이다. 예로서 소비재로는 담배, 청량음료, 비누, 신문, 껌, 휘발유, 전문 과자점 등이 이에 적용되고 산업재의 경우 유지, 보수, 운영(M.R.O) 상품 또는 서비스를 나타내는 윤활제, 천공기 날, 백열전구 등이 이에 적용된다.

반면 소비자가 상품을 구매하기 위해 상당한 정도의 노력을 기울이는 상품의 경우 선택적 유통이 적합한 전략대안이며 집약적 유통대안과 전속적 유통대안의 중간에 해당된다. 특정 상표의 가전상품, 매트리스, 화장품, 산업재 부속품, 전기용구, 의류 등이 이에 적용된다.

전속적 유통은 제조업체와 재판매업자 사이에 강한 파트너십 형성이 필요하기 때문에 파트너십 형성을 목적으로 할 때 적합한 전략대안으로서 흔히 에어컨, 유명상표 정장, 고가격의 집안가구 및 사무실 가구, 건설장비와 농기구,

고급승용차 등이 이에 해당된다.

경로구조는 특히 경로의 노출 정도와 관련되는 경향이 있다. 즉, 집약적 유통과 같은 다수의 도매상을 활용하는 경로의 길이가 긴(long) 경로구조는 폭넓은 분산된 시장을 획득할 수 있는 반면 경로구조가 짧은 직접경로의 유통은 시장을 유지하는 데 적합하다.

1) 집약적 유통대안의 고려사항

제조업체의 상품을 집약적 유통 쪽으로 강화시킬수록(지역적으로 폭넓고 다수의 경로구성원이 자사상품을 취급하는 경로일수록) 단기적으로 판매성과가 높을 것이라는 생각을 하기 쉬우나, 장기적으로는 역의 결과가 초래될 가능성이 높다. 그러한 결과는 다음과 같은 몇 가지 이유에서 그 원인을 찾아볼 수가 있다.

첫째, 장기적으로 시간이 흐르면서 다수의 경로구성원(소매업체)들은 경쟁적으로 제조업체의 상품을 손실유도품(loss leader)으로 취급하여 제조업체 상품의 소매가격을 경쟁적으로 낮추기 시작할 것이다. 더군다나 전문 소매업체들은 다수의 경로구성원들이 가격경쟁을 일으킨 결과로 마진폭이 서로 비슷해져감에 따라 특정 제조업체의 상품을 계속 판매하는 것에 대해 재검토하려 할 것이다.

두 번째, 서비스의 품질이 저하될 것이다. 다수의 경로구성원들은 소비자들이 제조업체 상품의 판매 후 품질보증에 대한 서비스 시설이나 수리업무를 적극적으로 수행하려 하지 않을 가능성이 높다. 품질보증 서비스는 소매업자에게 있어 크게 수지맞는 사업이 아니며 또 다른 문제에 휘말릴 가능성이 있기 때문에, 제조업체의 상품에 대한 서비스 업무는 소매상에게 점차 불평의 대상이 될 것이다.

세 번째, 다수의 경로구성원을 내포하는 집약적 유통전략을 취하는 제조업체가 겪게 되는 또 다른 문제점은 광고, 점포 내 판매원 고용, 시각적 전시 등을 통해 자사의 상품촉진에 적극적이었던 소매업자들이 어느 시점부터는 더 이상 그와 같은 촉진활동을 할 만한 여유가 없다는 이유로 촉진활동을 줄이게 되며, 그 결과로 발생할 수 있는 판매재고의 부담을 덜기 위해서 경쟁상표로 전환할 가능성이 높다는 데 있다. 이러한 문제점을 해결하기 위해서 제조업체는 소매업의 촉진비용을 대신 부담해 주어야 하며, 심지어는 소매업의 재고부담을 떠맡아 판매되지 않은 상품에 대해서는 반품(return)을 받아주어야 하는 일도 발생할 수 있다. 심지어 최종 소비자에게 아무런 판매 후 서비스를 제공하지 않는 할인점이 자신의 금전적인 부담은 전혀 없이 서비스지향적인 소매업자의 서비스 활동을 무료로 활용하기도 한다. 할인점에서 판매된 TV 또는 노트북도 일반 대리점에서 애프터 서비스를 받을 수 있는 것이 좋은 예가 된다.

정리하면, 경로 커버리지는 상품의 특성(편의품, 선매품, 전문품) 및 그 밖의 마케팅믹스 요인과 상호관련이 있으며, 또한 장기적인 관점을 갖지 않고 단기적인 시각에 따른 판매량 획득을 목표로 한 집약적 유통대안은 상당히 위험하다는 점이다.

제조업체에 의해서 통제되지 못하는 집약적 유통경로는 아래와 같은 연쇄적인 문제를 야기할 수 있다.

그림 2-3 집약적 유통경로의 문제점

제조업체가 집약적인 유통경로를 활용하는 경우, 시간이 흐를수록 다수의 경로구성원에 대한 통제가 불가능해짐으로써 결국 제조업체 스스로가 손실을 입게 되는 과정을 나타낸 것이다. 반면, 유통경로 구성원과 소비자의 욕구에 부합하는 적절한 집약적 유통경로의 설계를 위해서는 다양한 상품의 특성에 적합한 적절한 지역적 설계를 고려해야 한다. 즉, 경로 커버리지의 전략적 대안을 선정할 때에는 점포와 상품특성 사이의 관계를 고려하여 최선의 방안을 찾아야 한다.

2) 점포와 상품특성을 고려한 경로 커버리지의 다양한 선택대안

Bucklin은 특정지역에서 경로 커버리지의 전략대안에 대한 의사결정을 쉽게 판단할 수 있도록 하기 위해 전통적인 소비재의 분류(편의품, 선매품, 전문품)와 소비자의 애용동기에 따른 점포의 분류(편의점, 선매점, 전문점)를 결합해서 〈표 2-7〉에서 보는 바와 같이 설명한 바 있는데, 이는 궁극적으로 경로 커버리지의 유통집약도(특정지역 내의 경로구성원의 수)의 결정요인이 소비자의 행동에 대한 이해와 관련된다는 것을 보여주고 있다.

표 2-7 상품유형과 점포유형 간 관계에 기초한 적합한 경로 커버리지의 선택대안

분 류	소 비 자 행 동	적합한 유통경로의 형태
편의점 / 편의품	가장 가까운 점포에서, 가장 쉽게 사용할 수 있는 상표를 구매하려는 소비자	집약적 유통경로
편의점 / 선매품	가장 가까운 점포에서, 다양한 상품구색을 갖춘 진열대에서 상품을 선택하는 소비자	집약적 유통경로
편의점 / 전문품	재고품목을 지니고 있으며 가장 가까운 점포에서 자신이 선호하는 상표를 구매하는 소비자	선택적/전속적 유통경로
선매품점 / 편의품	구매하고자 하는 상품의 상표에는 차이는 없지만, 보다 나은 소매 서비스 또는 소매가격을 찾기 위해 차별된 점포를 선택하는 소비자	집약적 유통경로
선매품점 / 선매품	소매상이 제공하는 요소와 상품특성 요소들을 비교하여 구매하려는 소비자	선택적/전속적 유통경로
선매품점 / 전문품	특정 상표에 대해서 강한 선호감을 갖고 있지만, 상표에 대한 최고의 서비스 또는 가격을 취하려고 많은 점포를 탐색하는 소비자	선택적/전속적 유통경로
전문점 / 편의품	특정 점포에서만 구매하기를 선호하면서도, 구매하고자 하는 상품의 상표에는 차별을 두지 않는 소비자	선택적/전속적 유통경로
전문점 / 선매품	특정 점포에서만 구매하기를 선호하면서도, 자신이 구매하고자 하는 상품에 대해 반신반의하기 때문에 최상의 구매를 위해 점포의 다양한 상품구색을 탐색하려는 소비자	선택적/전속적 유통경로
전문점 / 전문품	특정 점포에서 특정 상표만을 구매하려는 소비자	선택적/전속적 유통경로

3) 유통 커버리지 정책의 선택에서 상쇄관계(trade-off)

경로 커버리지 정책의 선택은 여러 대안간의 상쇄관계를 내포하고 있다. 즉, 제조업자의 집약적 유통정책을 받아들이기로 결정한 경로구성원은 제조업자가 서비스 흐름에 대한 통제권을 갖고 있기 때문에 경로상에서 그들의 상품과 관련된 마케팅활동에 있어 제한을 받게 된다. 이와 같은 경우, 경로구성원이 마케팅 활동에 대한 통제권을 얻을 수 있는 대안은, 경로흐름에서 경로구성원의 숫자가 상당히 줄어서 제한적 구성원만 경로에 참여시키는 선택적 유통경로일 때 가능하다. 제조업자와 경로구성원 사이에서 집약적 유통과 선택적 유통 그리고 전속적 유통 중 어떤 대안을 결정하는가에 따라서 상호간 이해득실이 달라진다. 이러한 관계에서 볼 때 제조업자는 경로 커버리지 정책시 유통경로의 집약도와 쌍방간의 권리와 의무를 나타내는 통제권의 관계를 면밀히 검토하여 경로 커버리지 정책의 여러 대안들을 검토하여야 한다. 일반적으로 시장 커버리지를 결정할 때 고려되거나 논의되어야 할 사항들은 다음과 같다.

① **취급상품과 경로구성원의 유형:** 전속적 유통경로의 도매상이나 소매상에 의해 판매되는 상품 항목은 명확하게 명시하여야 한다. 고도의 기술적인 특성을 지닌 상품의 경우에는 제조업자가 중간상을 배제시키고 직접 제조업자의 판매대리점을 통해 판매하려 한다. 이러한 제조업자와 경로구성원 간에 앞으로 일어날 갈등을 사전에 예방하기 위해서 제조업체와 중간상은 유통경로상에서 취급할 수 있는 품목을 사전에 명확히 설정할 필요가 있다. 또한 계약상에 중복되지 않도록 경로구성원의 유형에 따라 상이한 역할·책임을 부여함으로써 앞으로 일어날 제조업자와 경로구성원간 갈등을 미연에 방지할 수 있다.

② **상권의 범위:** 경로구성원의 적정한 상권을 결정하는 것은 매우 중요한 문제로서, 상권경계에 대한 계약은 제조업자의 상품을 운영하는 경로구성원들간의 관할지역 논쟁을 미연에 방지할 수 있다.

③ **재고부담의 책임:** 재고품을 유지하고 소유하는 부담과 관련한 문제로서 누가 얼마나 많은 재고품을 유지하고, 어느 장소에 저장해야 하는가에 대한 문제이다. 가격이 급변하는 상황에서 재고부담에 대한 문제는 쌍방간 첨예하게 대립될 수 있다.

④ **설치, 수리 등 서비스 기능의 부담:** 주로 산업재와 소비재 분야의 내구재와 관련된 협상 쟁점으로서, 품질보증의 운영과 관련하여 제조업자와 경로구성원 간의 권한과 의무를 명백하게 명시하여야 한다. 유통업자는 서비스 요원의 훈련에 소모되는 비용을 제조업자에게 요구할 것이며, 제조업자는 유통업자의 서비스 기능에 위탁하려 할 것이다. 이러한 쌍방간의 갈등을 고려하여 설치와 수리서비스의 역할에 대한 충분한 명세서를 작성해야 한다.

⑤ **판매가격:** 전속적 유통경로 상황에서, 제조업자는 시장가격의 하락시에 가격형성과 마진보장을 위해 경로구성원이 요구하는 가격책정에 동의할 것이다. 그러나 이러한 제조업자와 유통업자 간 담합은 공정거래법에 저촉될 가능성이 많다.

⑥ **판매할당:** 비현실적인 판매할당은 쌍방간의 심각한 갈등을 일으킨다. 양자간에는 할당량을 초과하거나 못 미친 경우 어떤 보상이나 불이익이 따르는가를 사전에 협의해야 한다.

⑦ **광고 및 판촉지원 의무:** 카탈로그, 판매지원, 디스플레이, 지역광고 및 촉진과 관련된 책임에 대해서 협의과정에서 구체적으로 명시되어야 한다.

⑧ **전속적 거래**(exclusive dealing): 제조업자들은 많은 경우에 유통업자에게 자신의 상품만을 판매하도록 강요하는 전속적 거래를 원하는 경우가 많다. 전속적 거래는 상품지향적(product oriented)인 성격을 갖는 반면 전속적 유통은 지역권 지향(geography oriented)적이다. 일반적이지는 않지만 때때로 두 가지를 결합한 정책을 갖기도 한다. 전속적 거래는 폭넓은 상표 중에서 선택하려는 성향을 지닌 소비자들이 특정 유통업자를 전문적 업체로 생각하고 이러한 유통업체에서 기꺼이 구매하려고 할 때 제조업체에게 적합한 형태이다.

⑨ **거래지속기간, 갱신, 종료**: 전속적 유통경로를 취할 경우, 상기에서 서술된 8가지 내용은 매우 중요한 요소들이다. 이러한 요소들은 쌍방간 갈등이 일어날 수 있는 또 다른 사건과 상황에 부딪칠 때 충분히 유연하게 처리할 수 있도록 하는 사전적 조치의 성격을 갖는 것이다. 따라서 거래기간의 지속, 갱신시점, 거래의 종료시점에 대한 결정은 전속적 경로에 매우 중요한 의미를 갖는다.

2.2 고객 커버리지 정책(customer coverage policies)

앞에서 설명한 경로 커버리지 정책이 주로 특정 지역범위 내에 얼마나 많은 수의 중간상을 둘 것인가 하는 지리적 범위와 관련된 의사결정이라면, 고객 커버리지 정책은 어떤 욕구를 지닌, 어떤 유형의 고객에게 접근할 것인가 하는 의사결정을 말한다.

우선, 제조업자는 특정 도매상이나 소매상이 자신의 상품이나 서비스를 재판매하는 활동을 용이하게 할 수 있는 정책을 결정하여야 할 것이다. 하나의 예로, 제조업자가 "가계이익"을 최우선적으로 고려하는 가정주부들을 주고객으로 결정하였을 경우, 주부들이 애용하는 이마트나 롯데마트 같은 대형 소매업체와 밀접한 관계를 유지하려는 정책을 채택할 수밖에 없다.

다음으로, 제조업체는 그들의 상품과 서비스가 표적 소비자에게 구체적인 서비스성과를 제공해주는 중간상의 능력에 따라 판매여부가 결정될 수 있다는 인식을 갖고 있다. 따라서 제조업체는 그들의 상품이 오직 충분한 자격을 갖춘 재판매업자에 의해서만 판매될 수 있도록 하는 고객 커버리지 정책을 수립한다. 이와 같은 정책은 제조업자 상표의 저작권을 소유하지 않고 불법으로 재판매업자에 의해 판매되는 "불법시장"을 방지하려는 상당수의 제조업체들에 의해 활용되어 왔다.

2.3 가격결정 정책(pricing policies)

유통경로를 통한 가격과 가격 수준을 결정하기 위한 다양한 방안들이 있는데, 이 가격결정 정책은 그 특성상, 경로 커버리지 정책과 고객 커버리지 정책에 맞물려 논의되어야 한다.

1) 가격유지 정책(price maintenance)

유통경로상에서의 가격유지 정책은 제조업자에 의해서 명기된다. 유통업자는 특정상품이 판매업소에 따라 높고 낮은 서로 다른 가격으로 판매된다면 이 제조업자의 상품을 판매하려 하지 않을 것이다. 제조업자는 이를 위해 자신의 가격을 유지하려고 노력하는데 이를 "재판매가격유지(resale price maintenance: RPM)"라고 부른다.

재판매가격유지(resale price maintenance)를 하려는 몇 가지 경영상의 이유는 다음과 같다.

① 경로구성원의 신용을 얻기 위해
② 자사 상품을 손실유도품(loss-leader)으로 사용하려는 유통업자의 시도를 방지하여, 자사 상표의 가격-품질 이미지를 유지하고 지원하기 위해
③ 상표를 할인하지 않는 우수한 소매점포를 통한 판매로 소비자에게 품질 증표를 제공하기 위해
④ 상표를 진입시키기 위한 방안으로써 경로구성원들을 촉진시키기 위해
⑤ 할인경쟁에서 생존할 수 없는 전국망의 전문점을 지원하기 위해

2) 차별가격 정책(price discrimination)

차별가격이란 판매자가 구매자에게 동일한 상품에 대해 차별적인 저가격으로 제공할 때 즉, 판매자가 금전적 보상을 구매자에 따라 차별적으로 제공하는 것을 의미한다. 경로상에서 실제로 가격, 서비스, 상품특성 등을 통한 차별적인 활동은 구매자에게 풍부한 의미를 제공한다. 경영관리적인 관점에서 볼 때, 수요탄력성이 높은 구매자에 대한 차별가격 정책은 매우 유용할 것이다.

2.4 상품계열 정책(product line policies)

경로관리자는 경로구성원이 판매하는 상품구색의 폭과 깊이를 통제하고자 한다. 경로관리자가 경로를 통제하기 위한 목적으로 사용하는 상품계열 정책으로는 전속적 거래, 상품묶음, 전 계열 강제제공 등을 들 수 있다.

1) 전속적 거래(exclusive dealing)

전속적 거래는 오직 특정 상품이나 상표만을 판매 또는 리스하거나, 적어도 자사의 상품과 직접적인 경쟁 관계에 있지 않은 상품이나 상표만을 판매하게 하려는 제조업자의 상품계열 정책이다. 중간상인이 이에 응하지 않는다면, 제조업자는 거래를 단절하려는 강제력을 취할 것이다. 이와 같은 제조업체의 전속적 거래는 중간상이 자신이 취급하는 구색을 자유롭게 선택하려는 행동에 대해서 구속력을 갖게 한다. 전속적 거래를 통해 제조업체가 누릴 수 있는 몇 가지 경영관리적 혜택들을 살펴보면 다음과 같다.

① 재판매업자가 제조업자에 종속될수록 제조업자는 재판매업자의 노력에 의한 전속적인 편익을 누릴 수 있을 것이며, 선택적 유통경로에서 자사 상품의 손실유도품 처리를 미연에 방지함으로써 상표이미지 손상에 대한 우려를 줄일 수 있다.

② 유능한 재판매업자를 전속 거래처로 확보함으로써 경쟁자들에 비해 유통의 우위를 지킬 수 있다.

③ 제조업체는 장기적인 전속적 관계를 통해서 판매예측을 보다 쉽게 할 수 있고, 보다 정밀하고 효율적인 생산과 물류관리를 이룰 수 있다.

④ 재판매업자는 보다 안정된 가격을 유지할 수 있다.

⑤ 제조업자와 재판매업자 간 거래의 빈도가 적어지는 반면 단일 거래수량이 커진다.

⑥ 제조업자와 공급업자는 서로가 특화된 자산과 장기적 재무조달을 확보할 수 있다

2) 상품묶음(tying)

상품묶음은 판매자가 묶음으로 판매하는 것을 구매자가 구매하려 하지 않을 때는 판매를 거절하는 형태로 나타난다. 대다수 기업들의 상품묶음 정책의

원인은 전속적 거래를 사용하는 정책과 유사한 특성이 있다. 이와 같은 두 정책의 직접적인 목적은 제조업자의 특수한 상표를 구매하도록 구속하게 하며, 반면 경쟁상표 구매를 제한하려는 데 있다.

이외에도 상품묶음에 대한 몇 가지 추가적인 이유는 다음과 같다.

① 묶일 수 있는 상품(tied product)에 묶음상품(tying product)을 결합시켜 사전에 계획된 시장수요를 사전에 확보하기 위해
② 묶일 수 있는 상품을 묶음상품의 사용상황에 결합시키기 위해
③ 고마진의 묶일 수 있는 상품판매에 저마진의 묶음상품을 결합시켜 사용하기 위해
④ 포장판매를 통한 비용절약을 얻기 위해,
⑤ 묶음상품의 구매협약 결과에 따라 어쩔 수 없이 묶일 수 있는 상품을 구매해야 하는 경우

3) 전 계열 강제제공(full-line forcing)

이는 특별한 형태의 상품묶음 정책으로서, 구매자에게 자사의 전 상품계열을 구매하도록 강요하는 보다 강화된 상품묶음 정책이다. 이와 같은 정책은 경쟁자의 상품을 판매하려는 구매자를 방해하려는 비합법적인 형태이다. 이러한 사례는 특히 농기계 제조업체에서 많이 목격되며, 미국에서는 이러한 행위에 대한 법적인 노력이 활발하게 이루어지고 있다.

2.5 경로구성원의 선별과 결정 정책(selection and termination policies)

제조업체와 경로구성원들은 상당한 시간과 관심, 노력, 그리고 금액을 투자해서 그들의 유통시스템을 설계하고 관리해야 한다. 이와 같이 유통경로를 성공적으로 성취하기 위해서 경로관리자들은 잠재적인 경로파트너를 찾을 수 있는 선별기준을 설정해야 하며, 유통시스템으로 승인된 경로구성원의 성과를 구체적으로 파악하고 있어야 한다. 심지어 집약적 유통시스템의 경우에서도, 선택된 경로구성원들이 자사의 상품을 충분히 판매할 수 있는 능력과 동기를 갖고 있다고 보장할 수 없기 때문에 선별과정의 절차는 필수적인 요소이다. 일반적으로 경로구성원의 선별과 결정 정책에는 ① 잠재 경로파트너 선정기준, ② 경로구성원의 능력 평가기준이 포함된다.

표 2-8 제조업자의 관점에서의 경로구성원 선정시 평가기준

1. 경로파트너의 재무적 능력과 전망 a. 세금, 수익, 손실 b. 재무제표 2. 매출능력 a. 판매 대리점의 수 b. 판매 및 기술적 능력 3. 상품구색의 수 a. 경쟁상품 b. 호환상품 c. 보완상품 4. 평 판 a. 리더십 b. 안전도 c. 지역사회에서의 지위 d. 핵심관리자의 배경 e. 전문적 수준 5. 시장확보범위 a. 지리적 커버리지: 지역당 점포 수 b. 산업의 커버리지 c. 방문빈도와 커버리지의 집약도 6. 판매성과 a. 관련계열의 성과 b. 일반적 판매성과 c. 성장전망 d. 거래처 확보능력 e. 목표시장의 도달 성공률 f. 판매 후 관리 7. 관리능력 a. 계 획 b. 종업원 관리 c. 마케팅 지향성 d. 전략 방향	8. 광고 및 판촉프로그램 9. 교육 프로그램 a. 자기관리 b. 공급자 참여 허용의지 10. 판매 보상 프로그램 11. 공장, 설비, 숙련성 a. 수송 / 배달방법 및 기록 b. 재 고 ① 종류 및 크기 ② 재고의 최소화: 안전재고 ③ 서비스 수준 c. 보 관 ① 현장 공급 ② 선적능력의 효율성 12. 주문 및 지불 처리절차 13. 설치 및 수리 서비스 a. 판매 후 관리 b. 보증 업무 14. 실연 프로그램의 품질수준 15. 개별상품 또는 상표에 대한 자원결속의지 16. 관계결속 프로그램의 결합의지 17. 자료 공유의 의지 a. 고객자료 b. 판매원자료 c. 재고자료 d. 배송자료 18. 할당수용에 대한 의지

2.6 경로 소유권 정책(ownership policies)

경로기능을 경로구성원간 배분하는 과정에서 경로의 소유권에 대한 문제가 함께 고려되어야 한다. 즉 경로의 기능을 소유하고자 하는 동기를 갖게 되며 이를 통해 수직적 통합의 경로가 형성된다. 기업이 수직적 통합을 통해 경로구성원을 소유하게 되면 해당기업은 ① 규모의 경제와 범위의 경제 등을 통해 물적 유통이나 재고관리 등에서 비용상의 효율성을 제고할 수 있으며, ② 경로구성원의 활동과 기능에 대한 직접적인 통제가 가능하고, ③ 안정된 공급이나 시장을 확보할 수 있으며, ④ 경쟁업체의 시장진입을 방지할 수 있다는 장점을 가지게 된다.

반면 해당기업은 ① 막대한 투자가 요구되고, ② 경험과 지식이 부족한 경우 오히려 경로효율성이 떨어질 수 있으며, ③ 독립된 경로구성원이 지니고 있는 장점(가령 사업가적인 의식의 저하)이 결여되거나, ④ 환경변화에 대한 신축적인 적응이 어렵다는 단점도 지니게 된다.

따라서, 경로설계자는 각각의 방안이 지니고 있는 장·단점을 분석하고 경로구성원을 소유하지 않더라도 이들의 기능을 수직적으로 통합할 수 있는 방안을 모색하는 것이 바람직하다.

03 경로구조설계

유통경로 서비스에 대한 고객기대(ELSO)를 파악하고 이에 부합하는 경로목표를 설정하여 경로대안에 대한 전략을 수립한 후에는 경로구조의 결정과 경로파트너를 선정하는 경로구조설계를 집행하게 된다.

그림 2-4 경로구조설계 과정

경로구조설계

경로의 길이와 폭에 대한 평가

경로길이의 영향요인인 시장, 상품, 기업, 경로구성원에 대한 검토

경로구성원에 대한 경로과업의 할당

구체적인 경로구성원의 선정

경로의 재평가

경로구조설계의 내용은 다음과 같은 단계를 포함하고 있으며 이는 [그림 2-4]와 같다.

3.1 경로의 길이(length)와 폭(width)에 대한 평가

경로설계의 핵심적인 요인은 경로의 길이와 폭 그리고 각 경로 수준에서 사용되는 상이한 중간상의 유형이다. 경로의 길이는 공급업자의 목표를 충족시키는 경로단계의 수를 의미하며, 경로의 폭은 각 경로단계에서 요구되는 중간상의 수를 의미한다. 경로의 폭과 관련한 문제는 각 경로단계에서 경쟁의 정도를 나타내며 이는 상이한 유형의 중간상을 상이한 단계의 경로에서 사용할 것인가를 결정하는 과정이다. 이는 바로 경로 커버리지 대한 고려를 의미하며 제조업체는 경로목표에 따른 경로의 길이와 폭 그리고 각 경로단계에서 필요한 중간상의 유형을 결정함에 있어 경로 커버리지를 함께 고려해야 한다.

3.2 시장, 상품, 제조업자, 경로구성원에 대한 검토

유통비용을 최소화시킬 수 있는 유통시스템을 고려해야 하며 이는 유통경로길이와 관련한다. 유통경로의 길이는 시장, 상품, 제조업자, 경로구성원의 요인들에 의해 영향을 받으며 경로길이의 결정시 이에 대한 검토가 요구된다.

〈표 2-9〉에서 서술된 바와 같이 시장 요인, 상품 요인, 제조업자의 요인, 중간상의 요인은 경로길이를 결정하는 데 있어 고려해야 하는 요인들이다.

표 2-9 경로길이와 시장, 상품, 제조업자, 중간상의 요소 간 관계

	Direct Channel	Long Channel
시장 요인		
고객기반의 크기(size of customer base)	small	large
지리적 분산(geographic dispersion)	low	high
고객밀집도(customer density)	high	low
판매형성기간(sales gestation period)	long	short
고객의 수준(level of customer)	high	low
평균주문량(average order size)	large	small
상품 요인		
부피(bulk)	high	low
부패성(perishability)	high	low
단위가치(unit value)	high	low
상품표준화(product standardization)	low	high
기술적 특성(technical nature)	high	low
총마진(gross margin)	low	high
제조업자 요인		
크기(size)	large	small
재무적 능력(finance capability)	high	low
통제의 욕구(desire for control)	high	low
경영관리적 전문성(managerial expertise)	high	low
고객에 대한 지식(customer knowledge)	high	low
중간상 요인		
이용가능성(availability)	low	high
비용(cost)	high	low
품질(quality)	low	high

※ 자료원: *Marketing Channels,* Barry Berman 외(1996), p.488.

3.3 경로구성원에 대한 경로과업 할당

경로구성원에 대한 경로과업 할당이란 유통경로에서 수행되어야 할 과업 목록(task list)을 결정하고, 이를 제조업자가 수행할 것과 각 재판매업자가 수행하여야 할 것을 할당하는 작업을 말한다. 유통경로에서 경로구성원의 과업목록은 판매, 경로지원, 물리적 유통, 상품수정과 판매 후 서비스, 위험부담인수 등이 포함되며 이러한 경로과업은 경로 참여자들에게 할당되어야 한다. 다음은 경로구성원의 과업에 대한 목록이다.

제조업자의 관점에서 경로구성원에게 경로과업을 할당하는 기준을 살펴보면 다음과 같다.

표 2-10 경로과업목록

판 매
신고객 확보
기존 고객과의 관계 강화
최종 고객에 대한 촉진
소매점 고객 유지
가격 및 판매조건 협상
경로지원
시장조사
지역시장 상황에 대한 지식의 공유
고객에게 정보 제공
최종 고객과의 협상
재판매업자 추가 확보
재판매업자의 판매원에 대한 교육훈련
물류관리
재고 저장
주문 처리
상품 운송
최종 고객에 대한 신용 조회
계산서 발부
선적 및 하역
상품 수정 및 판매 후 서비스 제공
기술적 서비스의 제공
고객의 구체적 욕구에 적합한 상품수정(customization)
유지, 보수
반품 취급
상품 리콜(recall) 취급
위험관리
재고에 대한 금융
최종 고객에 대한 신용 제공
진열된 재고자산의 소유권
창고 보관 재고의 소유권

※ 자료원: *Marketing Channels*, Barry Berman 외(1996), p.494; The broad headings are from E. Raymond Corey, *Industrial Distribution System*(Boston: Harvard Business School, 1989), p.7.

- 유통비용의 축소
- 시장점유의 극대화, 판매에 따른 세금과 이윤
- 유통에 대한 ROI 위험의 최적화
- 고객의 욕구에 부합하는 상품기술정보, 상품 이용가능성, 상품의 고객 맞춤, 판매 후 서비스
- 시장정보의 원천 보유 및 유지

3.4 구체적인 경로구성원의 선정

경로구성원의 선정과정은 재판매업자의 이용가능성 결정(determining the availability of channel reseller), 재판매업자 평가(evaluating resellers on a preliminary basis), 재판매업자에 대한 포괄적 분석(conducting a comprehensive analysis of reseller)의 3단계로 나누어 수행된다.

1) 재판매업자의 이용가능성 결정

제조업자가 잠재적으로 활용가능한 모든 재판매업자를 직접 파악하기 어려운 경우가 많기 때문에 전문적인 협회기관을 통해 경로 재판매업자의 이용가능성을 알아볼 수 있다. 협회의 기록은 상품범주에 따라 분류된 자료를 갖고

그림 2-5 경로구성원의 선별과정

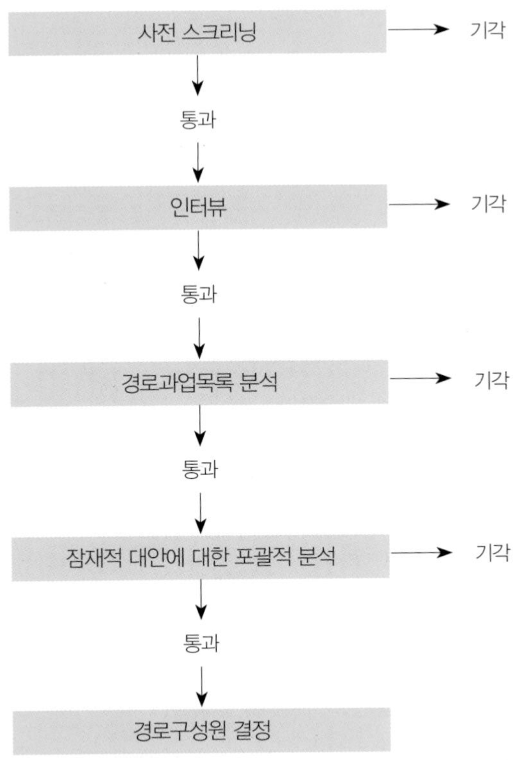

자료원: *Marketing Channels*, Barry Berman 외(1996), p.499.

있어 쉽게 잠재적 경로파트너를 확인할 수 있다.

2) 사전대안으로서 재판매업자의 평가

사전검사(preliminary screening), 인터뷰, 체크리스트를 통한 재판매업자의 평가를 집행하는 단계로 [그림 2-5]와 같은 4단계를 거쳐 경로구성원의 선별 과정을 거친다.

사전검사의 내용은 경로파트너의 기술진의 규모, 신용등급, 능력, 규모, 현행 취급상품 등을 파악해야 하며, 인터뷰 단계에서는 재판매업자의 미래의 안전성을 평가하기 위해 최소한의 기준을 가지고 분석해야 한다. 경로파트너간 인터뷰의 평가기준내용은 〈표 2-11〉과 같다.

3) 재판매업자에 대한 포괄적 분석

재판매업자의 사전분석 결과와 인터뷰 결과를 비교하여 최종적인 결정을 내리기 위해서는 보다 더 체계적인 분석이 필요한데, 이를 위해서 아래와 같은 추가적인 몇 가지 중요한 의사결정기준이 필요하다.

• 상이한 판매수준 하에서의 중간상의 비용

제조업자는 상이한 판매량 상황 하에서 상이한 경로구성원의 비용을 평가해야 한다. 이러한 분석은 제조업자의 입장에서 직접경로와 브로커 간 비용의 차

표 2-11 잠재적 경로구성원 인터뷰시 평가기준

인터뷰시 유력한 도매상 확보를 위한 제조업자의 평가기준	인터뷰시 유력한 공급업자 확보를 위한 도매상의 평가기준
1. 도매업자의 규모(wholesaler size) 2. 도매업자의 성장패턴 (growth patterns of wholesaler) 3. 상권(territory) 4. 상품계열(product line) 5. 시설과 장비(facilities and equipment) 6. 기업정책(company policies) 7. 고객(customer) 8. 규칙(principals) 9. 마케팅과 판매촉진 능력 (marketing and sales promotion abilities) 10. 특별한 서비스 능력 (special services abilities)	1. 상품정보(production information) 2. 가격정보(pricing information) 3. 시장점보(market information) 4. 고객정보(customer information) 5. 경쟁정보(competitive information) 6. 판매정보(sales information) 7. 생산상황(production situation) 8. 광고와 판매촉진 정보 (advertising and sales promotion information) 9. 판매의 수위(sales leads) 10. 도매상/공급업자 관계 (wholesaler/supplier relationship) 11. 계약상의 동의(written agreement)

※ 자료원: *Marketing Channels*, Barry Berman 외(1996), p.500.

이점을 비교하는 경우를 말한다. 비용분석에서 주요하게 고려해야 할 점은 직접경로의 인건비는 고정비용으로 볼 수 있지만, 브로커의 판매커미션은 변동비에 속한다는 것이다. 이와 같이 직접경로, 상인도매상이나 브로커 활용시의 비용에 대한 비교분석에서 경로관리자는 중간상의 총마진 및 재고저장, 고객접촉, 신용보장, 상품리콜, 기타 등의 중간상의 기능들을 함께 고려해야 한다.

• 판매에 영향을 주는 중간상의 능력

특정 지리적 상권의 확보, 보완상품의 판매, 특정 표적시장에 대한 전반적인 판매 등과 관련된 재판매업자의 능력을 평가해야 한다. 특정지역에서 도매상의 상권확보 능력에 대한 평가는 특정지역상권 내에서 제조업자의 이익으로 평가될 수 있다.

3.5 경로의 재평가

장기적인 안목에서 유통경로의 의사결정을 이루었다고 하더라도 경로구조의 변화가능성은 항상 존재한다. 보다 효과적인 경로시스템을 결정하기 위해서는 소비자 구매행동의 변화와 특정 경로의 상대적 중요성, 그리고 기업의 현행 상품믹스의 변화 등을 반영할 필요가 있다.

연습 문제

1. 최근 유행하고 있는 부페식당, 고급일식집 등 다양한 형태의 외식업체에서의 구매서비스 기대 수준을 설명하시오.
2. 경로 커버리지 정책의 3가지 기본대안에 대해 설명하시오.
3. 상품계열 정책 중 전속적 거래에 대해 설명하시오.
4. 경로구성원의 선별과정에 대해 설명하시오.

제 3 장 제조업체의 경로관리(II): 경로구조 및 경로통합

1. 경로구조 결정이론

2. 전통적 경로와 수직적 경로

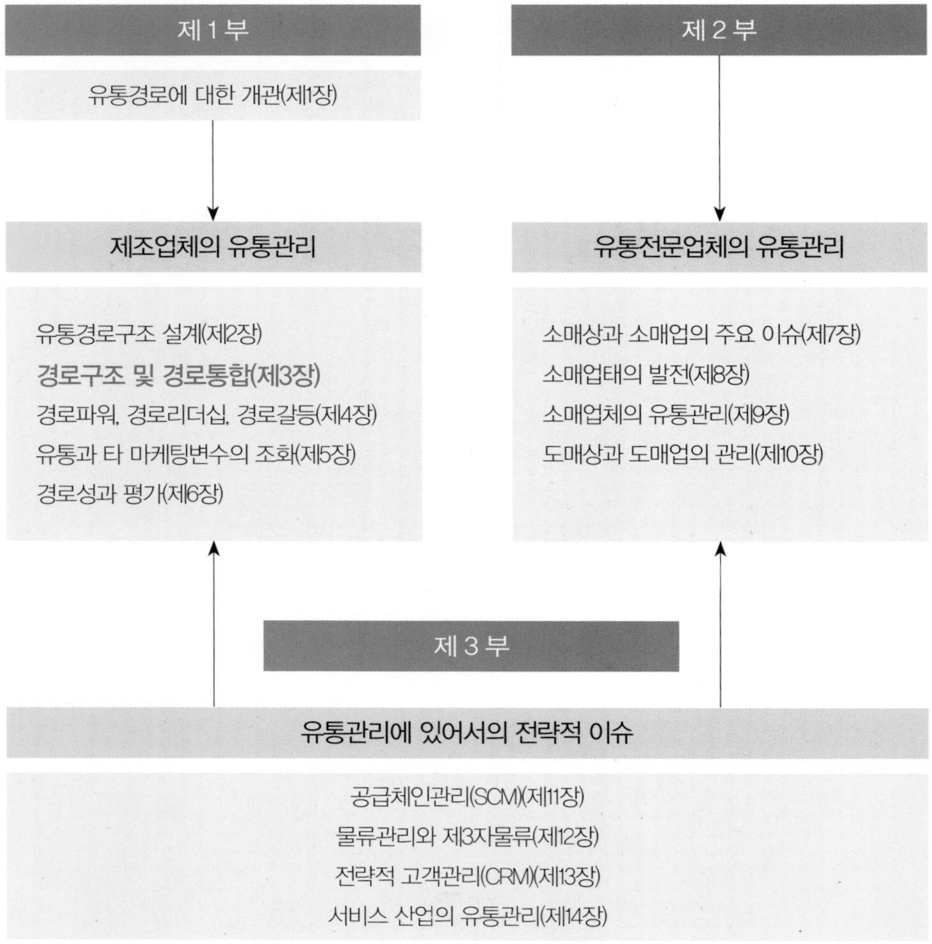
제 1 부
유통경로에 대한 개관(제1장)
제조업체의 유통관리
유통경로구조 설계(제2장)
경로구조 및 경로통합(제3장)
경로파워, 경로리더십, 경로갈등(제4장)
유통과 타 마케팅변수의 조화(제5장)
경로성과 평가(제6장)
제 2 부
유통전문업체의 유통관리
소매상과 소매업의 주요 이슈(제7장)
소매업태의 발전(제8장)
소매업체의 유통관리(제9장)
도매상과 도매업의 관리(제10장)
제 3 부
유통관리에 있어서의 전략적 이슈
공급체인관리(SCM)(제11장)
물류관리와 제3자물류(제12장)
전략적 고객관리(CRM)(제13장)
서비스 산업의 유통관리(제14장)

유통 뉴스 e커머스 100조 시대…롯데 · 신세계까지 온라인 빅뱅 참전

온 · 오프라인 유통업계는 사업 모델 다각화, 대규모 투자유치, 인수합병(M&A) 등에 나서며 신시장 개척에 드라이브를 걸었다.

e커머스는 정보통신기술(ICT) 발달, 4차 산업혁명 기술 등장, 물류 고도화가 맞물리면서 급성장했다. 통계청에 따르면 지난 1~9월 누적 온라인쇼핑 거래액은 79조7554억원이다. 월평균 9조원 수준인 것을 감안하면 올해 사상 처음 100조원을 넘어설 전망이다.

▲ 지난 10월 31일 신세계그룹 온라인 신설 법인 신주 인수 계약 체결 발표식. 정용진 신세계그룹 부회장(가운데), 이철주 어피니티 부회장(왼쪽), 윤관 BRV 대표(오른쪽)

롯데는 지난 8월 'e커머스 사업본부'를 출범시켰다. 그동안 축적한 마케팅 노하우와 인프라를 기반으로 기존 e커머스 업체를 압도하는 초대형 플랫폼 구축을 노린다. 7조원 안팎이었던 온라인부문 매출을 2022년까지 20조원으로 확대한다.

▲ 세븐일레븐 시그니처 4호점 울산시티호텔점

신세계그룹은 새해 신규 온라인 법인을 설립한다. 백화점과 이마트로 구분했던 사업부를 통합해 시너지를 노린다. 2023년 매출 10조원을 목표로 제시했다. 시장 상황에 따라 인수합병(M&A)도 추진할 계획이다.

기존 e커머스 업체는 공격적 마케팅 전략으로 덩치를 키우는 한편 신규 투자를 유치하는 데 주력했다. '스마일' 브랜드를 앞세워 공격 마케팅을 펼친 이베이코리아는 올해 역대 최대 연 거래액 15조원이 유력하다. 쿠팡은 소프트뱅크벤처스에서 20억달러(약 2조2570억원) 투자를 유치하며 '로켓배송'을 위한 '연료'를 보충했다.

오프라인 유통업체는 최저임금 인상에 따른 인건비 부담을 완화하고 기술 발전에 발맞추기 위해 미래형 매장과 무인매장 구축에 적극 나섰다. 신기술로 소비자 편의성을 극대화하고 제품 관리 등 운영 효율성을 높이는 전략이다.

최초 무인편의점 '세븐일레븐 시그니처'는 올해 4호점까지 확대됐다. 8월에는 자판기형 편의점 '세븐일레븐 익스프레스'를 새롭게 선보였다. 인공지능(AI) 결제로봇 '브니'도 공개했다. CU는 무인형 셀프결제 편의점 6곳을 운영 중이다. GS25는 테스트를 위한 '스마트GS25' 무인점포를 선보였다. 이마트24는 현재 15개 무인점포를 구축했다.

대형마트도 미래형 매장 구축에 속도를 냈다. 이마트는 디지털 쇼핑환경을 구축해 종이가격표를 없애고, 디지털 사이니지와 AI 로봇을 도입했다. 롯데마트에서는 QR코드로 결제부터 배송까지 끝낼 수 있다. 무인 추천 매대와 지능형 쇼케이스, AI 청소 로봇, 무인 계산대로 효율을 높였다.

해외 진출과 M&A도 활발했다. 롯데그룹은 베트남, 인도네시아 등 동남아시아 진출에 나섰다. 중국의 사드(고고도미사일방어체계 · THAAD) 배치 보복으로 사업이 축소되자 동남아로 눈을 돌렸다.

CJ는 미주 지역을 공략하기 위해 그룹 사상 최대 규모인 총 18억4000만달러(약 2조원)에 현지 냉동식품회사 '쉬완스'를 인수했다. 이마트는 미국 서부지역을 거점으로 운영 중인 '굿푸드 홀딩스'를 2억7500만달러(약 3075억원)에 사들였다.

※ 자료원: 전자신문, 2018.12.27.

학 | 습 | 목 | 표

1. 경로구조의 결정에 관한 여러 이론들에 대해 살펴본다.
2. 전통적 유통경로와 수직적 유통경로에 대해 알아본다.
3. 수직적 유통경로의 유형에 대해 살펴본다.
4. 프랜차이즈 시스템에 대해 구체적으로 생각해본다.

01 경로구조 결정이론

유통경로구조의 결정은 여러 가지 요소에 대한 결정이라고 볼 수 있다. 제조 및 구매(make or buy), 경로의 길이(length), 유통기능의 직접수행 정도, 상권범위의 넓고 좁음 등의 변수에 의해서 유통경로의 구조는 결정된다. 경로구조가 왜 다양한 형태로 존재하게 되는가는 경로구조의 결정이론들을 살펴보면 이해가 될 것이라 생각되므로, 경로구조 결정요인을 설명하는 이론들의 특징 및 내용을 살펴보기로 한다.

1.1 연기-투기이론(postponement-speculation perspective)

연기-투기이론은 경로구성원들 중 누가 재고보유에 따른 위험을 감수하느냐에 의해 경로구조가 결정되는 것으로 보고 있다. 여기서 연기는 경로구성원이 재고보유에 따른 위험을 다른 구성원에게 전가하는 행위를 말하며, 투기는 연기의 정반대 개념으로 재고보유에 따른 위험을 스스로 부담하고자 하는 행위를 말한다. 보다 상세히 살펴보면 경로구조는 종종 어떤 경로구성원이 재고를 보유하는가에 의해 결정된다.

연기-투기이론은 재고의 위치와 관련되는데, 고객이 요구하는 시점까지 최종상품의 생산공급을 가능한 한 연기시킴으로써 경로효율성을 확보할 수 있다. 일반적으로 상품은 차별화가 심할수록 재고자산 보유에 따른 위험과 불확실성이 증가하게 된다.

연기에 의해 경로효율성이 증가하는 이유는 수요가 보다 확실해지는 시점까지 재고를 보유하지 않음으로써, 재고보유에 따른 위험과 불확실성에 따른 비용을 감소시키기 때문이다. 즉 경로의 최후단계(the latest possible point)까지 상품의 형태와 속성을 변화시키지 않고 연기시킴으로써 효율성의 제고를 꾀하는 방법이다. 수요가 확실해질 때까지 차별화 및 재고부담을 하지 않기 때문에 연기는 한 경로구성원이 재고보유에 따른 위험과 불확실성을 다른 구성원에게 전가하는 방법이라 할 수 있다. 예를 들어 특수한 산업용기계의 제조업자는 주문받은 것 이외의 생산을 하지 않는다든지, 중간상인의 경우 더 빠른 배달을 해주는 공급자에게서만 상품을 구입함으로써 구입을 최대한 연기할 수 있다. 이 연기전략이 효율적인 이유는 ① 수요가 보다 확실할 때 구입하거나 재고부담을 하므로 위험과 불확실성이 감소한다는 점, ② 상품이 큰 덩어리로 유통되고 비교적 분화되지 않은 상태로 유통되기 때문에 물류비용이 감소한다는 점 등을 들 수 있다.

투기는 연기의 정반대 개념으로 처음 생산단계에서부터 차별화를 꾀하는 전략이다. 즉 상품형태의 변화와 상품의 전방재고로의 이동이 가능한 한 빠른 시점(the earliest possible point)에 이루어지게 한다. 투기에 따른 위험은 재고를 보유하고자 하는 경로구성원 자신이 부담하며 이를 통해 유통경로상의 비용은 감소할 수 있다. 투기는 연기와는 상반된 개념이지만, 이 또한 규모의 경제를 실현하고, 소비자의 다양한 욕구를 충족시킴으로써 유통비용의 절감을 꾀할 수 있는 전략이다. 투기의 장점으로는 ① 대량생산에 의한 규모의 경제가 가능하고, ② 주문횟수를 줄이고 대량주문 및 대량수송에 따른 물류비용과 재고부족으로 인한 부가비용을 감소시킬 수 있으며, ③ 재고의 부족으로 인한 소비자의 불만 또는 상표전환(brand switching)의 가능성이 줄어든다는 점이다. 투기가 성공하기 위해서는 정확한 수요예측이 필요하며, 대부분 소비재의 경우에

그림 3-1 연기-투기이론(비용 및 서비스 수준 차원)

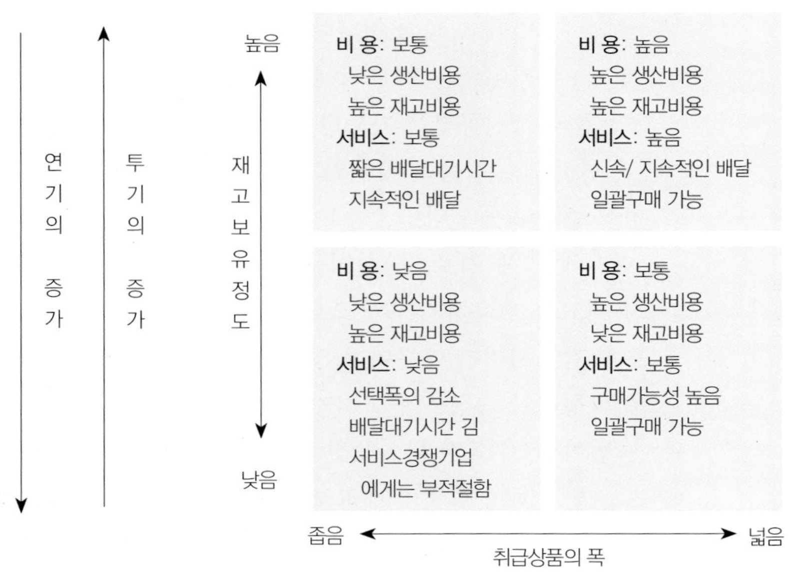

는 정확한 수요예측에 근거하여 투기전략에 의한 경로구조를 갖게 된다.

[그림 3-1]은 연기-투기의 정도와 취급상품의 폭에 따라 비용 및 서비스 수준이 달라지고 있음을 보여주고 있다. 유통경로 내 원자재의 재고가 전혀 없는 상태에서부터 중간상에게 분산된 완상품의 재고가 많아질수록 즉 투기행위가 증가할수록 재고비용은 증가한다. 그러나 서비스측면에서는 배달대기시간이 짧아지고 안정된 구매가 가능하다는 장점을 가지게 된다.

한편 취급상품의 폭이 좁은 경우에는 상품생산비용은 감소하나 구매자의 상품선택 폭은 좁아지고 일괄구매가 불가능해진다. 예를 들면 중간상에게 분산된 완상품재고가 많아지고 취급상품의 폭이 넓을수록, 상품비용은 증가하지만 신속하고 안정적인 배달이 가능하다.

이에 반해 중간상들이 재고를 보유하지 않고 취급상품의 폭이 좁아질수록 상품비용은 감소하지만 고객의 상품선택의 폭은 작아지고 배달대기시간은 길어진다.

1.2 기능위양이론(functional spin-off perspective)

유통경로구조는 기능수행의 경제적 효율성 여부 즉, 기능을 얼마나 효율적으로 수행하는가의 여부에 의해 결정된다. 기능위양이론의 핵심은 경로구성원들 가운데서, 어떤 기능을 가장 저렴한 비용으로 수행하는 구성원에게 그 기능이 위양된다는 것이다. 따라서 경로구조의 설계는 각 경로구성원이 경로기능을 수행하는 데 드는 상대적 비용을 파악함으로써 여러 유통경로 대체안 중 최적안의 선택이 가능해진다는 것이다. [그림 3-2]는 기능위양이론을 설명하고 있다.

[그림 3-2]에 나타난 바와 같이 어느 기업이 이용가능한 두 가지의 경로대안을 가지고 있을 경우 두 경로에서 유통비용이 동일한 수준의 매출규모가 있을 것이다. 이와 같이 유통비용 수준이 동일한 시점을 기능전이점(Q^*)이라고 하며 따라서 매출규모가 Q^* 이전까지는 자사판매원을, Q^* 이상부터는 판매대리점을 이용하는 것이 유통비용을 절감하는 가장 적합한 경로선택일 것이다.

그러나 기능위양이론의 실제 적용에는 다음과 같은 문제점이 있다. 첫째, 전체 유통비용을 기능별로 분리하는 것이 어려우며 둘째, 기업이 여러 상품을 생산하여 동일한 유통경로를 통해 판매할 경우 상품별로 유통비용을 적절히

그림 3-2 기능위양이론

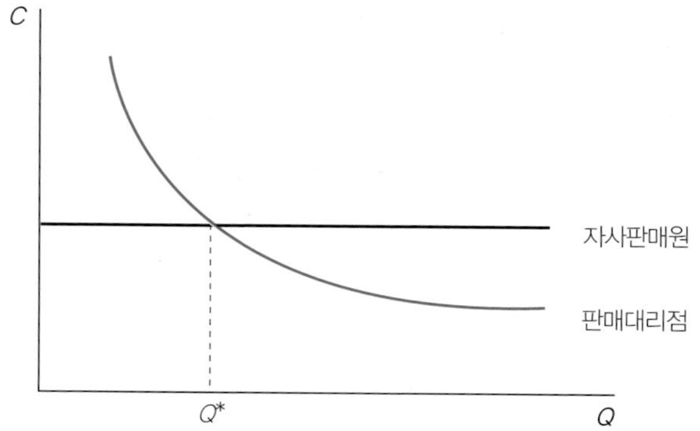

C: 단위당 유통비용, Q: 매출액, Q*: 기능전이점

할당하는 것이 어렵다는 것이다. 또한 유통경로를 유기적으로 전환시키는 것도 여러 제약조건이 따를 것이다.

1.3 거래비용이론(transaction cost analysis)

1980년대에 들어와 유통경로구조를 설명함에 있어 가장 폭넓게 활용되고 있는 이론이 거래비용이론(transaction cost analysis: TCA)이다. 거래비용이론은 유통경로구조의 수직적 통합여부를 설명함에 있어 가장 널리 사용되는 이론이다. 우선 수직적 통합과 관련하여 거래비용이론의 기본개념을 설명하고 이들 개념을 경로구조와 관련하여 설명하기로 한다.

어떤 기업은 유통경로상에서 공급업자나 중간상을 배제하고 모든 경로활동을 직접 수행하지만, 다른 기업은 경로활동의 일부를 다른 경로구성원들에게 위양하여 독립된 거래관계를 유지한다. 기업이 수직적 통합에 의한 내부화와 시장거래 중에서 하나를 선택하는 과정을 설명하는 이론이 거래비용이론이다. 거래비용이론의 핵심은 기업이 시장을 통해 독립된 경로구성원들과 거래관계를 맺는 것보다 모든 경로활동을 직접 수행함으로써 시장에서의 거래비용을 줄일 수 있는 경우가 있다는 것이다. 즉 어떤 상황에서는 시장거래가 오히려 불리하여, 시장에 맡기는 것이 오히려 비경제적인 '시장 실패(market failure)'가 발생할 수 있기 때문에 거래관계를 내부화할 필요가 있다는 것이다. 거래비용이론에서는 시장실패를 설명하는 주요개념으로 거래관련변수인 자산특유성, 거래빈도, 불확실성을 들고 있고 인간행동에 대한 기본 가정으로는 제한된 합리성과 기회주의를 제안하고 있다.

자산특유성(asset specificity)은 특정거래만을 위해 투자가 전문화된 정도를 의미한다. 다시 말해 투자된 자산의 가치를 희생시키지 않고 그 자산을 다른 용도로 활용할 수 있다면 자산특유성은 낮다고 할 수 있다. 예를 들어 다른 공급자로부터 대체가 가능한 비전문화된 상품의 거래는 자산특유성이 낮다. 자산특유성은 거래에서의 지배구조(governance structure)를 결정짓는 가장 중요한 변수가 된다. 자산특유성이 낮은 거래는 시장거래가 가장 효율적인 지배구조가 되지만 자산특유성이 높아지면, 시장실패가 나타날 수 있어, 구매자나 공급자 모두 일정기간 동안 쌍방간의 교환관계를 지속적으로 유지하기 위해 노력을 기울이게 된다. 그 결과 거래당사자들은 시장거래보다는 내부화된 거래를 선택할 가능성이 높아진다.

거래빈도란 구매자와 공급자 간의 거래되는 횟수를 의미하며, 거래량과도 관련이 있는데, 거래의 빈도(frequency)가 높을수록 내부화된 거래가 선호된다. 수직적으로 통합된 지배구조를 운영할 것인가에 대한 의사결정은 이의 구축과 운영에 소요되는 비용과 이로 인해 감소되는 단위당 거래비용의 상대적 크기를 비교하여 이루어진다. 반복적 거래가 이루어질 경우에는 통합적 지배구조가 독립된 지배구조에 비해 거래비용이 낮을 수 있기 때문에 수직적 통합이 촉진된다. 그리고 기업은 수직적 통합을 통해 관리기술의 개발, 유지 및 활용과 판매원이나 기타 마케팅 비용지출에 있어 규모의 경제를 실현할 수 있다.

불확실성(uncertainty)이란 환경변화의 예측 불가능성 내지는 복잡성을 말한다. 불확실성은 수행되어야 할 과업의 설정 및 수행방법을 결정하기 어렵게 만든다. 불확실한 환경에서 기업은 사후에야 어떤 기업활동이 잘못되었다는 것을 발견하게 되며, 예기치 못한 환경변화에 적응하기 위해 수시로 기업활동의 목표와 평가기준을 변경하게 된다. 불확실한 환경 하에서 수직적 통합은 거래상대방에 대해 많은 통제력을 발휘하고 기회주의를 방지하는 데 있어 효율적이지만 불확실성을 극복하는 데 필요한 유연성을 희생해야 하는 문제점을 지니고 있다. 이에 반해 독립된 외부대리인을 이용한 시장거래에서는 공급자가 거래상대방에 대한 강한 통제력을 행사하기는 어렵지만 불확실한 환경에 유연하게 대처할 수 있는 이점을 가진다.

그러나 불확실성은 특유자산투자가 어느 정도이냐에 의해서도 달라질 수 있다. 거래상대방에 대한 특유자산투자가 많은 경우에는 설령 불확실한 환경이라 할지라도 수직적 통합이 촉진되는데, 이는 거래처에 대한 특유자산투자가 많을수록 거래처의 기회주의적 행동에 의한 손실발생가능성이 높고, 거래처를 대리인으로 대체하는 데 따른 비용이 높아지기 때문이다. 따라서 불확실성과 거래상대방에 대한 특유자산투자 수준이 동시에 높은 상황에서는 유연성을 위해 수직적 통합을 포기하는 것보다는 특유자산투자를 보호하기 위해 수직적 통합을 모색하는 것이 경제적으로 유리할 수 있다.

거래비용분석에서는 인간의 제한된 합리성(bounded rationality)도 가정한다. 즉, 인간은 모든 문제를 완벽하게 처리할 수 있는 능력을 지니지 못하고 있다는 것이다. 만약 인간에게 제한된 합리성이 없다면 모든 경제적 교환은 계약에 의해 효율적으로 이루어질 수 있다. 그러나 제한된 합리성으로 인해 거래와 관련된 모든 복잡한 상황을 다루는 것은 불가능하며, 결과적으로 불완전한 계약이 발생하게 된다. 이와 같이 인간의 제한된 합리성은 불확실하고 복잡한 환경에서 거래를 어렵게 하거나 많은 거래비용을 초래한다.

그리고, 기회주의(opportunism)란 속임수로 자기이익을 추구하는 것(self-interest seeking with guile)을 의미한다. 기회주의 역시 시장거래를 어렵게 만드는 요인이 된다. 거래비용 연구자들에 의하면 인간은 누구나 기회주의적 행동에 의해 이윤의 획득이 가능하다면 이러한 행동을 취할 가능성이 높다는 것이다. 따라서 기회주의는 거래관계에 있는 쌍방이 모두 취할 수 있는 행동양식으로 볼 수 있다. 기회주의는 거래관련 정보를 제공하지 않는다거나 이를 왜곡하는 행위, 계약사항을 자신에게 유리하게 해석하는 행위, 책임을 회피하거나 의무를 다하지 않는 행위 등 다양한 형태를 포함한다. 무임승차(free-riding)효과는 기회주의의 한 형태로 어느 집단이 자신의 노력없이도, 다른 집단의 노력에 의해 이윤을 획득할 수 있을 때 발생하며 무임승차의 가능성이 있는 경우 기업은 자신의 명성이 무임승차에 의해 훼손되는 것을 방지하기 위하여 수직적 통합을 꾀하게 된다. 일반적으로 무임승차 가능성은 외부대리인에 의한 서비스를 크게 필요로 하는 프랜차이즈 시스템에서 발생할 가능성이 크다. 이 경우 유통경로의 수직적 통합은 무임승차 가능성을 줄이는 동시에 기업의 명성을 유지할 수 있게 해준다.

Anderson과 Weitz는 거래비용분석에 근거하여 유통경로의 수직적 통합모형을 [그림 3-3]과 같이 제시하고 있는데 수직적 통합모형이 지닌 특징은 다음과 같다.

첫째, 기업은 거래의 순효과를 증가시키기 위해 수직적 통합을 모색한다. 공급자 시장에서의 경쟁감소, 환경의 불확실성, 성과측정의 어려움, 무임승차 가능성 등은 거래에서의 순효과를 감소시키는 요인으로 작용하며 이 경우 수직적 통합은 순효과의 감소를 방지하는 데 효과적인 방안이 된다.

둘째, 경로구성원들의 기회주의는 수직적 통합에 영향을 미치는 중요한 변수이다. 자산특유성과 규모의 경제가 발생될 가능성이 높은 거래에서는 외부대리인의 기회주의적 성향이 증가하므로 거래의 순효과가 감소된다. 가령, 기업의 외부대리인이 기업 혹은 판매인 고유의 특유자산을 지니고 있는 경우 기업은 판매원 대체비용이 크기 때문에 판매원의 기회주의적 행동을 허용하게 된다. 또한 거래규모의 확대에 의한 판매 및 생산비용에서의 절감효과가 큰 경우, 외부대리인의 기회주의적 행동을 허용할 가능성이 높아지게 된다. 기업특유자산과 규모의 경제가 공급자 시장에서의 경쟁감소를 가져오고, 상대방의 기회주의적 행동을 유발함으로써 순효과가 상당수준으로 감소하는 경우에 해당기업은 이를 타개하기 위한 방안으로 수직적 통합을 모색하게 된다.

셋째, 불확실성을 환경 불확실성과 성과측정의 난이도로 나누어 설명하고 있다. 기업이 시장구조를 통하여 외부대리인의 성과를 정확하게 측정할 수 없을 때는 성과보다는 행위로 측정하는 것이 더욱 효율적이다. 따라서 기업이 독립된 외부대리인보다는 내부고용인을 활용할 때 판매행위를 보다 정확하게 측정할 수 있으므로 성과측정이 어려운 경우 수직적 통합을 적극적으로 고려하게 된다.

그림 3-3 Anderson & Weitz의 수직적 통합모형

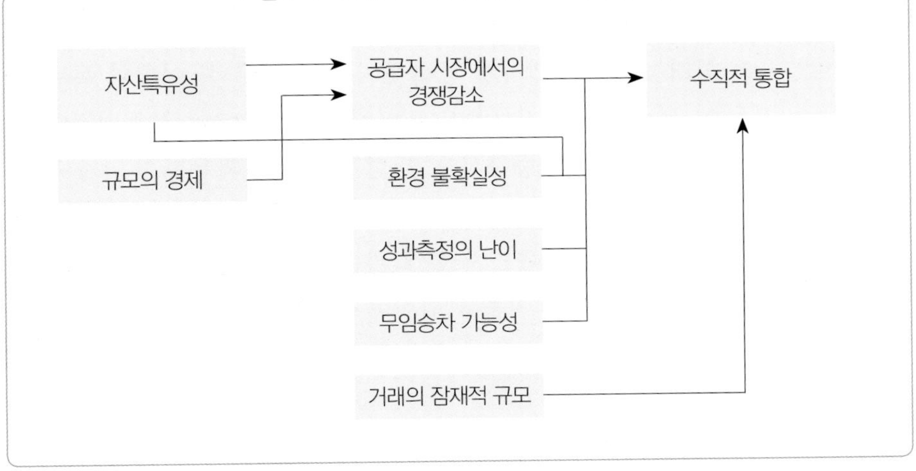

마지막으로 거래의 반복발생빈도라는 개념을 확장하여 규모의 경제와 거래의 잠재규모를 구분하고 있다. 규모의 경제는 시장진입을 억제하여 경쟁을 감소시킴으로써 거래쌍방으로 하여금 보다 많은 이익을 실현할 수 있다는 기대를 갖게 해준다. 규모의 경제는 통합구조를 유발하는 직접적인 원인은 되지 못한다. 규모의 경제가 단순히 판매량의 증가에 의해 달성되는 것이라면 통합구조보다는 외부대리인을 활용하는 것이 더 바람직할 수도 있다. 그러나 일반적으로 외부대리인에 의해 규모의 경제를 달성하고자 하는 경우에는 외부대리인의 기회주의적 행동에 의해 거래의 순효과가 감소할 수 있으므로 이 경우 수직적 통합이 적극적으로 모색된다. 한편, 거래의 잠재규모는 수직적 통합이 이루어진 후, 통합구조를 계속 유지하는 데 필요한 비용의 충당이 가능한가를 결정짓는 요인으로 제시되고 있다. 만약 잠재적 거래규모가 작은 경우에는 거래단위당 관리비용이 커져 통합구조를 유지하는 것이 어렵다. 반면 거래의 잠재규모가 커 관리비용의 충당이 가능하고 거래구조의 효율성이 높을 경우에는 수직적 통합구조의 유지가 가능해진다.

1.4 게임이론(game theory)

1980년대 들어 경로구조를 설명하기 위해 도입된 게임이론은 힘의 구조에 관한 가정을 토대로 경로구조의 결정을 설명한다. 게임이론은 수직적으로 경쟁관계에 있는 제조업자와 중간상이 각자 자신의 이익을 극대화하기 위해 자신과 상대방의 행위를 조정하는 과정에서 유통경로구조가 결정되는 것으로 보고 있다. 즉 게임이론에서는 중간상의 기능을 수직적으로 통합하여 생산과 유통기능을 제조업자가 동시에 수행할 것인가, 아니면 독립된 중간상을 이용하여 생산과 유통기능을 분리시킬 것인가, 그리고 독립적인 중간상을 이용한다면 어떤 형태의 중간상을 몇 단계에 걸쳐 활용할 것인가 등을 경쟁업체들간 힘의 구조를 토대로 설명한다. 게임이론은 수리적 모형이 지니는 제약으로 인해 지나치게 가격 혹은 수량에 의존하여 유통구조를 설명하는 한계를 지니고 있다. 분석학적 모형은 복잡하고 다양한 유통현실을 수학적으로 모형화하는 데 한계가 있으며 도출된 결과를 실증연구에 의해 뒷받침하고 있지 못해 실질적인 활용이 어렵다.

1.5 대리이론(agency theory)

대리이론은 대리인(agent)과 의뢰인(principal) 간의 대리관계, 즉 의뢰인을 위해 대리인이 취하는 행동에 의뢰인이 의존하는 관계로부터 출발한다. 그러나 대리관계는 교환관계를 본질로 삼고 있는 유통분야에서도 적용 가능하다. 예를 들어 유통경로구조상 도소매상이나 프랜차이즈 가맹점은 제조업자나 프랜차이즈본부의 상품과 서비스를 판매하기 위해 활동하는 대리인으로 볼 수 있으며, 동시에 소비자를 대신하여 상품정보를 입수하고 소비자가 원하는 상품을 공급자로부터 구매한다는 점에서 소비자의 대리인으로도 볼 수 있다. 대리관계는 어느 일방이 상대방에게 자신의 활동을 위임하는 계약과 유사하다. 이런 점에서 대리이론은 바로 특정한 관계를 지배하는 가장 효율적인 형태의 계약이 무엇인가를 설명하는 것이라고 할 수 있다. 대리이론에 있어 효율성에 대한 판단은 대리인 관점에서가 아니라 의뢰인 관점에서 이루어진다. 따라서 효율적인 계약이란 주어진 상황 하에서 의뢰인에게 최선의 성과를 가져다 주는 계약을 의미한다.

대리이론에서는 대리인과 의뢰인 사이에 계약 전과 계약 후의 정보 불균형이 존재한다고 보고 있다. 이 때 계약 전의 정보불균형이란, 대리인이 과연 의뢰인이 원하는 능력을 제대로 갖고 있는가 하는 것으로 대리인은 자신이 그 능력을 갖추고 있는지를 잘 알고 있지만 의뢰인으로서는 그것을 제대로 판단하기 어렵다는 것이다. 그리고 계약 후의 정보불균형이란, 대리인이 의뢰인을 위해 제대로 일을 수행하고 있는가 하는 문제로 이 역시 대리인을 정확히 알고 있지만 의뢰인으로서는 판단하기가 어렵다는 것이다.

의뢰인이 대리인을 선정하는 기준은 이와 같은 계약 전 또는 계약 후에 발생하는 정보 불균형을 극복하는 데 소요되는 비용 즉, 정보수집, 감시 및 평가와 관련된 비용이 적게 드는 대리인을 선택하게 된다고 설명하고 있다.

유통분야에 있어 대리이론은 유통경로구조가 어떻게 결정되고 경로구성원 간의 행위가 어떻게 이루어지는가를 설명하는 데 유용하다. 대리이론을 적용하여 경로구조를 설명하려는 연구에서는 주로 프랜차이즈 경로가 다른 형태의 경로에 비해 보다 효율적인 것이 되기 위한 조건을 밝히는 데 초점을 두고 있다.

1.6 정치–경제관점 이론(political–economy perspective)

정치–경제관점 이론이란 정치–경제관점을 내·외적 환경 및 과정·구조와 복합적으로 관련지어 경로구조를 결정하고자 하는 것이다. 따라서 이를 기초로 여러 가지의 구조모형이 성립될 수 있는데 내부구성원간의 권한 및 의존, 갈등 및 협력 관계구조, 소유구조, 의사결정 과정, 외부이해관계자와의 관계, 외부 환경요소 등을 고려하여 경로구조를 결정하게 된다.

지금까지 살펴본 연기–투기이론, 기능위양이론, 거래비용이론, 게임이론, 대리이론, 정치–경제관점 이론 등은 모두가 유통경로구조의 결정요인으로 경제적 효율성을 강조하고 있다. 단지 이들 이론은 경제적 효율성 기준으로 어디에 초점을 두고 있느냐에 차이가 있을 뿐이다. 예를 들어 연기–투기이론은 재고비용에, 기능위양이론은 기능수행에 따른 비용에, 거래비용이론은 거래비용에, 대리이론은 대리비용에 초점을 두고 있다. 또한 이들 이론은 유통기능을 보다 경제적으로 수행하는 경로구성원이 경로구조에 포함되고 비효율적인 경로구성원은 경로구조에서 배제됨을 시사하고 있다.

02 전통적 경로와 수직적 경로

유통경로관리는 크게 경로구조설계와 경로기능관리의 문제로 구분할 수 있으며, 경로설계자는 경로구조를 결정한 다음 경로구성원의 활동을 어떻게 조직하고 관리할 것인가를 결정해야 한다. 유통경로 조직 및 관리형태는 크게 전통적 경로(conventional channels)와 수직적 경로(vertical marketing system: VMS)로 구분할 수 있으며 [그림 3–4]와 같이 비교할 수 있다.

전통적 경로는 독립적으로 소유되고 관리되는 기업들이 독자적으로 경로기능을 수행하는 경로형태를 말한다. 전통적 경로의 구성원들은 거래처의 선택에서부터 거래관계의 유지에 있어 거래처보다는 자신의 이익을 추구하는 방향으로 행동하며 거래처가 수행하는 기능이나 활동에 대한 관심의 정도가 낮다. 또한 경로시스템 전체의 목표에 관심이 없고 의사결정도 독자적으로 이루어진다. 전통적 경로에는 경로기능의 분업을 위한 공식적인 의사결정구조가 존재

그림 3-4 전통적 경로와 수직적 경로의 특성 비교(1)

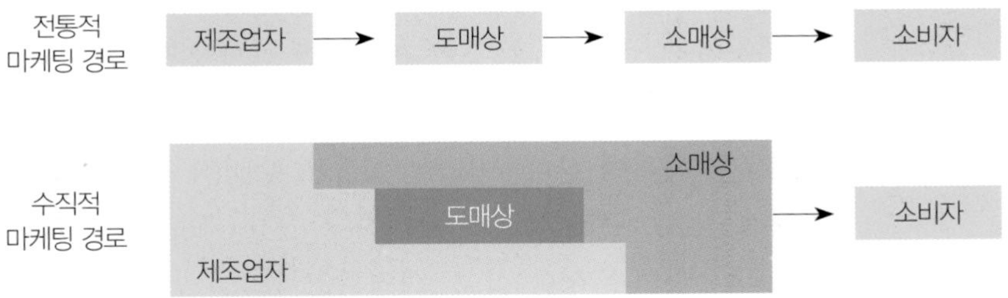

하지 않으며, 구성원의 경로구조에 대한 몰입수준도 낮다고 할 수 있다.

전통적 경로와 달리 수직적 경로는 경로구성원 상호간의 연계성을 인식하고 있는 경로선도자에 의해 형성된다. 수직적 경로는 경로구성원의 기능을 전문적으로 관리하는 본부의 마케팅프로그램에 의해 움직이는 네트워크이다. 유형별로 정도의 차이는 있지만, 수직적 경로는 경로 내의 권한이 경로구성원간의 기능분업과 조정, 갈등의 관리와 통제를 가능하게 해준다. 수직적 경로가 추구하는 궁극적 목표는 경로구조 전반에 걸친 효율성 제고에 있으며, 경로선

표 3-1 전통적 경로와 수직적 경로의 특성 비교(2)

특 성	전통적 경로	수직적 경로		
		관리형	계약형	기업형
구성원과 경로목표와의 관계	전반적인 경로목표가 없음	개별 구성원의 목표는 있지만 전반적 경로목표를 달성하기 위해 비공식적으로 협력	개별 구성원의 목표가 있으며 전반적 경로목표를 달성하기 위해 공식조직을 형성	전반적 경로목표달성을 위하여 개별 구성원을 조직화함
경로의사결정자	개별 구성원	구성원간의 상호작용에 의함	경로조직구조 내의 상위기구	경로조직구조 내의 상위기구
권한의 위치	개별 구성원에 배타적으로 존재	개별 구성원에 배타적으로 존재	개별 구성원에 주로 존재	공식적 경로조직 구조의 상위계층
개별 구성원간 분업여부	구조화된 분업이 존재하지 않음	개별 구성원이 필요시 분업동의	경로에 영향을 미칠 수 있는 경로기능의 분업 동의	개별 구성원간 분업의 공식적 구조화
경로리더의 경우 시스템에의 몰입	거의 없음	낮은 몰입 수준	중간 수준의 몰입	높은 수준의 몰입
개별 구성원의 집단지향성	거의 없음	다소 낮음	다소 높음	높음

도자는 생산에서부터 최종소비에 이르기까지의 마케팅 흐름을 통합, 조정함으로써 기술, 관리, 촉진에서의 경제성을 달성하게 된다. 소비자 관점에서 볼 때 수직적 경로는 서비스산출의 표준화와 일관성을 제공하며, 경영자의 관점에서는 규모의 경제와 범위의 경제를 달성하고 경로구성원의 비용과 기능에 대한 통제를 가능하게 한다. 이러한 이유로 수직적 경로는 전통적 경로를 대체하는 지배적인 유통구조 형태로 자리잡고 있다. 〈표 3-1〉은 전통적 경로와 수직적 경로의 유형별 특성을 비교·설명하고 있다.

2.1 전통적 경로(conventional channels)

전통적 경로는 유통경로의 각 단계별로 독립적인 구성원들에 의하여 형성된다. 일반적으로 이들 구성원은 유통기능을 수행하는 데 있어 다른 구성원의 활동에 관심을 가지고 있지 않다. 전통적 경로에서는 제조업자, 중간상, 소비자 간의 관계가 시간이 지남에 따라 변화하며 경로구성원의 활동이 가격 및 시장메커니즘에 의해 조정된다. 다시 말해 전통적 경로에 있어 취급상품의 형태와 다양성, 촉진수준, 소매점의 입지 등은 제조업자와 중간상 간의 거래시점에서 상호작용에 의해 결정된다. 따라서 경로구성원이 수행하여야 할 기능에 대한 조정은 세부적이고 목표지향적인 계획에 의존한다기보다는 주로 교섭이나 협상과 같은 단기적 수단에 의해 이루어지게 된다. 시장구조가 지배하고 있는 전통적 경로에서는 경로구성원의 거래상대방에 대한 충성도가 결여되어 있으며 공동의 목표를 가지고 있지 못하다. 또한 거래관계에서의 의사결정이 상관습에 기초하는 경우가 많다. 경로구성원간의 관계가 형성되어 있지 않기 때문에 구성원의 진입과 철수가 비교적 자유로운 반면 경로구조는 전반적으로 불안정하다고 할 수 있다. 이에 전통적 경로, 즉 각 경로구성원이 독립적으로 소유, 운영되는 유통체계가 총유통에서 차지하는 비중은 점차 감소하고 있으며 이는 전통적 경로가 유통구조의 효율성 측면에서 볼 때, 다양한 형태로 결합된 수직적 경로보다 열위에 있기 때문이다. 또한 전통적 경로에서는 하나의 경로구성원이 다른 경로구성원을 동반자로 인식하지 않고 단순한 거래상대로 인식하기 때문에 장기 협력관계에 의한 거래의 효율성을 추구할 수 없다. 전통적 경로는 비록 수직적 경로에 비해 효율성이 떨어지고 효과적이지 못하지만 현지 시장여건의 변화에 대한 적응능력이 높다는 강점을 지니고 있으며 표준화되지 않은 상품의 마케팅에 있어서는 보다 효과적이기도 하다.

2.2 관리형 경로(administered VMS)

1) 관리형 경로의 의의 및 요건

관리형 경로는 하나 또는 제한된 수의 경로선도자가 개발된 프로그램에 의해 경로구성원들의 경로활동이 조정된다. 관리형 경로는 공급업자가 주도하거나, 소매상이 주도하는 경우로 나눌 수 있는데 관리형 경로상의 경로구성원들은 일방적으로 각자 독립된 목표를 추구하고 있고 이들을 하나로 묶는 공식적인 조직이 없다는 점에서 전통적 경로와 유사하다. 그러나 경로구성원의 활동이 프로그램화된 시스템에 의해 조정되고 이를 통해 경로구성원들이 비공식적으로 협력하고 있다는 점에서 전통적 경로와는 차이가 있다. 〈표 3-2〉에서 보듯이 관리형 경로는 전통적 경로와 비교할 때 경로구성원간의 계약의 성격이나 활용되는 정보, 거래참여자와 이들의 목표, 성과평가의 성격에 있어 상이한 특징을 지니고 있다. 관리형 경로는 비록 독립적으로 소유·운영되고 있는 경로구성원에 의해 구성되지만 이들은 사안에 따라 서로 과업을 분담 및 수행하고자 하는 의지를 가지고 있다. 경로구조 전체에 대한 경로구성원의 몰입수준은 전통적 경로와 마찬가지로 비교적 낮지만, 전통적 경로와 달리 경로구성원들은 최소한의 구조지향적 사고를 지니고 있다.

관리형 경로를 구축하는 데 있어 경로선도자가 지녀야 할 가장 중요한 권한의 원천은 전문력(expert power)과 보상력(reward power)이라고 할 수 있다. 경

표 3-2 전통적 경로와 관리형 경로의 특징 비교

특 징	전통적 경로	관리형 경로
계약 성격	개별주문에 의한 교섭	개발된 장기적 계약
고려되는 정보	공급업자의 판매자료	유통업자의 머천다이징 자료
공급업자 거래담당자	공급업자의 지역판매원	판매원과 담당관리자
유통업자 거래담당자	구매자	다양한 경영층(최고경영층)
유통업자 목표	판매이익과 마크업 (mark-up)	프로그램된 전체수익성
공급업자 목표	주문량의 규모	지속적인 우호관계
성과평가	판매량과 관련된 단기적 성과	프로그램에 따른 특정한 성과

로선도자는 경로구성원에게 자신이 신뢰할 수 있고 경로구성원의 상황에 대해 충분히 이해하고 있다는 확신감을 주어야 한다. 동시에 경로구성원이 따를 수 있도록 보상도 제공해야 한다.

2) 관리형 경로의 유용성

관리형 경로를 활용하는 경우, 공급업자와 유통업자는 상호혜택을 보게 된다. 특히 부분적인 기능이 아니라 전반적인 기능에 대한 관리프로그램이 제공되는 경우 거래쌍방이 얻게 되는 혜택은 더욱 커지게 된다. 전반적인 유통기능의 프로그램화에 의해 공급업자와 유통업자는 다음과 같은 혜택을 보게 된다.

우선 공급업자가 얻을 수 있는 혜택으로는,

① 잠재매출액이나 이익극대화를 할 수 있는 기회를 가질 수 있다.
② 보다 경제적으로 생산과 유통을 조정하여 촉진과 판매활동을 지속적으로 수행할 수 있다.
③ 제조와 유통계획에 있어 보다 향상된 판매예측능력을 가질 수 있다.
④ 중간상을 활용하여 최소의 비용으로 자사상품을 최대한 노출시킬 수 있다.
⑤ 최종고객에게 접근하기 위해 전체적으로 조정, 계획, 통제된 접근방법을 활용할 수 있다.
⑥ 중간상이 보유하게 될 재고가 명확하게 설정되어 있어 재고관리와 통제에 있어 효율성을 기할 수 있다.

또한 유통업자도 혜택을 누릴 수 있는데,

① 상품을 적기적량으로 확보하는 것이 가능해진다.
② 공급업자로부터 우선적 고려 및 상품구색과 상품통제에 있어 지원을 받을 수 있다.
③ 적절한 가격으로 상품을 공급받을 수 있고 상품의 품질 및 고객유지와 관련된 고도의 서비스를 공급자로부터 받을 수 있다.
④ 주문기능 등을 공급자에게 이전시킴으로써 비용절감과 효율성이 높아질 수 있다.

2.3 계약형 경로(contractual VMS)

계약형 경로는 경로구성원의 활동을 조정함에 있어서는 관리형 경로와 크게 다를 바가 없다. 그러나 계약형 경로는 관리형 경로와 달리 공식적이고 명시적인 계약에 의해 경로구성원의 권리와 의무가 주어진다는 점에서 구분된다. 계약형 경로는 경로구성원이 자신이 처한 상황에 따라 추구하는 목표를 달리 할 수 있으나, 유통구조 전체의 목표를 추구하는 공식적인 기구에 의해 경로구성원들의 행위가 조정되는 하나의 네트워크로 볼 수 있다. 공식기구의 경영자는 주요 의사결정을 수행함에 있어 반드시 구성원의 승인을 필요로 한다. 계약형 경로에 있어 구성원은 각자 독자적인 권한을 가지고 있으나, 개별 구성원은 기본구조를 변화시키지 않는 범위 내에서 자율성을 지니게 된다. 결국 계약형 경로구성원은 자신의 자율성을 어느정도 희생하는 대가로 규모의 경제나 시장지배에 의한 경제적 보상을 얻는 것으로 볼 수 있다. 계약형 경로에는 〈표 3-3〉과 같이 다양한 형태가 있는데 주로 도매상지원 임의연쇄점(Voluntary chain)과, 소매상 협동조합, 프랜차이즈 시스템 등으로 구분한다.

표 3-3 계약형 경로의 유형

◈ 전방통합에 의한 계약형 경로

- 도매상 지원 임의연쇄점(wholesaler-sponsored voluntary groups)
- 도매상 지원 프로그램화된 체인(wholesaler-sponsored programmed groups)
- 개별상표 및 특정부문의 공급업자 중심 프랜차이즈 시스템(supplier franchise programs for individual brands and specific departments)
- 라이센스 사용의 공급자 중심 프랜차이즈 시스템(supplier franchise program covering all phase of the licensee's operation)
- 비영리 운송조합(nonprofit shipping association)
- 리스협정(leased department arrangements)
- 생산자 협동조합(producer marketing cooperatives)

◈ 후방통합에 의한 계약형 경로

- 소매상 지원 임의연쇄점(retailer-sponsored cooperative groups)
- 소매상 또는 도매상 지원하는 구매조합(retailer/wholesaler-sponsored buying groups)
- 소매상 지원 촉진조합(retailer-sponsored promotional groups)
- 비영리 운송조합(nonprofit shipping associations)
- 소매상 또는 도매상의 구매사무소(retailer/wholesaler resident buying office)
- 산업재 제조업자, 도소매상간 조달계약(industrial, wholesale & retail procurement contracts)
- 생산자 구매협동조합(producer buying cooperatives)

1) 임의연쇄점(voluntary groups)과 소매상 협동조합

임의연쇄점은 도매상을 중심으로 여러 소매상들이 자발적으로 체인을 형성하고 있는 경로유형을 말한다. 임의연쇄점은 가장 널리 알려진 유통경로이며 소매상 협동조합도 하나의 자발적 기구로 볼 수 있다. 그러나 소매상 협동조합은 그 주체가 소매상이지 도매상이 아니라는 점에서 앞서 기술한 도매상이 지원하고 주도하는 임의연쇄점과 차이가 있다. 소매상협동조합의 경우에는 도매기능을 수행할 수 있는 도매상을 소매상이 공동으로 출자하여 설립 운영한다. 이들은 출자회사에 대해 구매, 상품개발, 품질통제, 포장, 다양한 자체상표에 대한 촉진 등의 기능을 수행한다.

소유의 주체가 누구냐에 의해 차이가 있을 뿐 임의연쇄점과 소매상 협동조합 간에는 조직의 운영측면에서는 큰 차이가 없다. 회원사들은 취급상품의 상당부분을 본부로부터 구매하며 소매광고, 로고 및 간판, 운영절차 등이 표준화되어 있다. 임의연쇄점과 소매상 협동조합은 거대한 기업형 체인점의 출현에 대응하기 위해 이미 1930년대에 등장하였으나 당시에는 공동구매에 의한 구매력 응집에 목적을 두고 있었다. 그러나 시간이 지남에 따라 임의연쇄점은 공동구매뿐만 아니라 중앙집중식 소비자광고와 판매촉진, 상점입지와 점포 내 배열, 교육훈련, 자금조달, 회계 등 다양한 기능을 수행하게 되었다.

이론적으로 도매상 지원 임의연쇄점은 소매상이 중심이 된 소매상 협동조합에 비하여 보다 효과적이라고 할 수 있다. 그 이유는 임의연쇄점의 경우 소매상이 자신의 권한을 어느 정도 희생하고 도매상의 전문성에 의존하기 때문에 도매상은 자신이 거느리고 있는 소매상들을 대표해 강력한 선도력을 발휘할 수 있다. 그러나 소매상 협동조합은 공동출자한 소매상간에 힘이 분산되기 때문에 역할분담에서부터 자원배분에 이르기까지 완전한 합의에 이르기가 어렵다. 일반적으로 소매상 협동조합을 형성하고 있는 소매상은 자발적 집단에 속한 소매상에 비해 자율성에 대한 요구가 보다 크다고 할 수 있다.

2) 프랜차이즈 시스템(franchise system)

프랜차이즈 시스템은 1850년대 미국의 Singer Sewing Machine사가 자사상품의 판매에 처음으로 도입하였다. 그 후 프랜차이즈 시스템은 거의 모든 산업에 걸쳐 빠르게 확산되었으며, 최근 들어서는 가장 중요한 유통형태로 부각되고 있다. 프랜차이즈 시스템이 이렇듯 놀라운 성장을 하게 된 것은 다음과 같은 배경이 있다. 먼저 경제가 상품 중심에서 서비스 중심으로 옮겨가는 추세에 있었고, 소비자는 편의성과 품질의 일관성을 선호하고 있었는데, 프랜차이징은 이들 두 가지 속성에 있어 강점을 지니고 있다. 그리고 전문품목에 대한 수요가 증가하고 있으며 해외시장에서도 프랜차이징이 증가하고 있었다.

프랜차이즈 시스템에 대한 정의는 사용분야에 따라 의미가 약간씩 다르기는 하지만 "특정사업에 대한 사업권, 판매권, 경영권 등의 권리를 제공받고, 사업자의 영업표지를 사용하여 사업자의 경영지도와 통제하에서 특정사업을 배타적으로 영위할 수 있는 권리"이거나 "어떤 상인(본부)이 일정지역의 다른 상인(가맹점)에 대하여 자기의 상호, 상표 등 영업을 상징하는 표지를 사용하여 상품 또는 서비스를 판매하거나 기타 영업을 할 수 있는 권리를 부여함과 동시에 영업에 대한 일정한 지원, 통제를 하는 한편 선택적으로 그 영업에 관한 노하우를 제공하거나 상품을 공급하고, 가맹점은 본부에 대하여 그 대가로서 가맹비, 보증금 또는 로열티나 상품대금 등을 지급하는 계속적 채권관계"라고 법률적인 근거로 정의내릴 수도 있다.

하지만 일반적으로 "본부가 가맹점의 사업에 대하여 노하우 제공이나 연수 등을 통해 계속적으로 이익을 제공하거나 유지하고, 그 기간 중 가맹점은 본부가 보유 내지 통제하는 공동의 상호, 양식, 기타 절차에 따라 영업을 하며, 자기의 사업에 대하여는 가맹점의 자기자본을 투자하는 계약관계"로 정의하고 있다. 프랜차이즈 시스템은 본부가 프랜차이즈계약에 의해 시장을 철저히 통제하며 자본을 달리하는 독립된 사업자간 계약에 의해서 기능을 분담하고 상호 협력함으로써 직영점과 같은 경영효과를 얻는 데 있다. 프랜차이즈 시스템이 지니고 있는 특성은 판매와 관련된 단순한 권리만 부여하는 것이 아니라 영업권의 설정과 더불어 상호, 상표, 로고, 이미지 등 영업표지의 사용허가와 라이센스 부여, 상호간에 권리와 의무관계의 설정 및 기능과 역할의 분담, 지도와 통제의 수반 등 경영과 영업 전반에 걸치는 포괄적인 복합계약으로서의 특성을 지니고 있다. 프랜차이즈 시스템은 〈표 3-4〉에서 보는 바와 같이 다양한 유형이 존재하고 거의 모든 산업에 걸쳐 운영되고 있으며, 본부가 단순히 상품이나 서비스만을 제공하는 것이 아니라 점포의 외관에서부터 종업원의 교육에 이르기까지 거의 모든 부분을 통제하는 형태로 발전하고 있다.

프랜차이즈 시스템의 여러 유형중 대표적인 세 가지 유형은 다음과 같다.

① **상품-등록상표 프랜차이징**(product-trade name franchising): 가맹점이 본부의 상품을 본부의 등록상표에 의해 판매하는 형태를 말하며

Coca–Cola는 이러한 유형의 대표적인 기업이다.

② **사업형 프랜차이징**(business format franchising): 1950년대 이후 프랜차이즈 시스템의 성장을 주도하고 있는 형태로서 본부가 상품/서비스, 등록상표, 운영방식, 지속적인 경영지도 등 사업에 필요한 모든 요소를 가맹점에게 제공하는 형태를 말하며, 패키지 프랜차이즈(package franchise)라고도 한다. 사업형 프랜차이징은 많은 산업에 확산되고 있으나 특히 레스토랑, 패스트푸드, 서비스산업 부문에서 활발히 운영되고 있다.

③ **전환 프랜차이징**(conversion franchising): 독립적으로 운영되던 점포를 프랜차이즈 시스템에 끌어들여 형성된 프랜차이징 형태를 말한다. 프랜차이즈 시스템은 본부가 가맹점에 대해 지속적으로 상품과 서비스를 제공함으로써 유지되며 가맹점은 사업경험이나 노하우가 부족하기 때문에 본부는 가맹점에 대해 교육, 판매, 서비스, 촉진, 재정지원, 시장정보 등

표 3-4 프랜차이즈 시스템 유형

유 형	내 용
지역 프랜차이즈	프랜차이즈가 일정한 지역을 통해서 형성되는 형태로서 본부는 지역 내의 가맹점 설립과 교육에 책임을 지며 매출액에 대한 수수료를 받는다.
운영 프랜차이즈	개별 독립가맹점들이 자신의 프랜차이즈를 운영하는 형태로 가맹점들은 프랜차이즈본부와 직접적으로 거래를 한다.
이동 프랜차이즈	가맹점 또는 본부의 자동차를 이용하여 상품을 판매하는 프랜차이즈이다.
총 판	가맹점들이 다양한 상품을 보유하며, 하위가맹점에게 상품을 배분하는 형태이다. 분배업자인 가맹점들은 광범위한 지역에서 배타적 권리를 가지며 하위 가맹점에 대하여 공급자로 행위한다.
공동소유	가맹점과 본부가 투자와 이익을 공유하는 제도이다.
공동운영	본부가 투자의 주요한 부분을 관리하며, 가맹점들은 자신들이 관리하는 부분에 비례적으로 이익을 공유하는 형태이다.
임 대	본부가 가맹점들에게 토지, 건물, 장비 등을 임대하는 형태이다.
라이센싱	본부가 가맹점들에게 상표와 사업기술의 사용을 허가하여 주는 제도로 본부는 상품을 공급하거나 승인된 공급업자목록을 가맹점에게 제공한다.
제조 프랜차이즈	본부가 가맹점들에게 특정한 재료와 기술을 이용하여 상품을 제조하는 것을 허락하는 제도로 본부는 상품을 분배하여 유통비용을 절감할 수 있다.
서비스 프랜차이즈	본부가 고용대리인 같은 가맹점들에게 전문적인 서비스를 제공할 수 있도록 하는 시스템이다.

을 제공하고 가맹점은 주어진 시장에서 일정한 스케줄과 프로그램에 의해 영업을 한다. 프랜차이즈 시스템이 기존의 유통경로와 다른 점은 이들 상품과 서비스의 품질이 표준화되고 일관성을 지니고 있으며, 강력한 촉진활동에 의해 뒷받침되고 있다는 점이다.

그리고, 프랜차이즈 시스템에서의 프랜차이즈 본부(franchisor)와 프랜차이즈 가맹점(franchisee)과의 관계는 [그림 3-5]와 같다.

그림 3-5 프랜차이즈 시스템에서의 본부와 가맹점의 관계

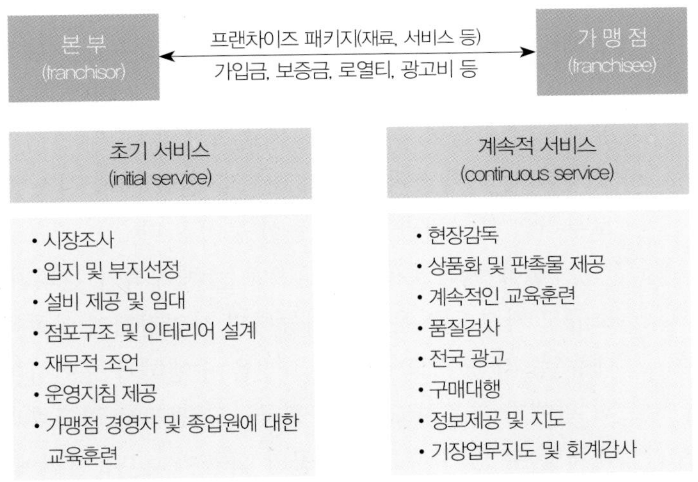

프랜차이즈 시스템이 광범위한 산업에 걸쳐 효율적인 유통경로 형태의 하나로 부각되고 있는 이유는 프랜차이즈 시스템에 의해 경로구성원 모두가 혜택을 볼 수 있기 때문이다. 그러나 프랜차이즈 시스템의 장점을 살리기 위해서는 몇 가지 기본요건을 갖추고 있어야 하며 이들 요건이 충족되어 있지 않거나 본부의 운영미숙이 따르는 경우에는 오히려 전체 시스템의 효율성이 낮아지는 결과를 초래하게 된다.

프랜차이즈 시스템은 소비자를 포함한 전체경로의 효율성을 증대시킬 수 있는 경로형태로서 다양한 관점에서 그 장·단점을 살펴보면 다음과 같다.

소비자 관점에서의 장점은 본부의 우수한 경영기법을 통해 소비자에 대한 서비스수준이 상승하며 표준화된 양질의 서비스와 상품을 제공받을 수 있고

판매원가가 통제되어 저가격으로 고품질의 상품서비스를 받을 수가 있다. 이와 같은 장점을 얻기 위해서는 무엇보다 특색있는 상품이나 서비스, 경영기법을 제공하는 본부가 존재하여야 하고, 이를 중심으로 많은 가맹점이 참여하여 규모의 경제가 실현될 수 있어야 한다. 그러나 단점으로는 본부에 모든 힘이 집중됨으로써 가맹점은 소비자 욕구에 신축적으로 부응하지 못하게 되며 이로 인해 소비자는 불이익을 받을 수도 있다. 본부의 강력한 권한 때문에 가격이나 서비스에서 소비자에게 불이익이 전가될 수 있고 영업상 책임소재가 불분명하여 소비자 불만의 해소가 어렵다.

본부 관점에서의 장점으로는 효과적인 자본과 인력의 운영, 임의연쇄점이나 협동조합에서 볼 수 없는 영업레버리지 효과 등을 얻을 수 있다. 단시간의 판매망 확보, 가입금과 로열티 등의 고정수입을 통해 사업안정화, 일관성있는 이미지 확보, 환경변화에 따른 신축적인 경영이 가능하다. 그러나 다음과 같은 문제점이 발생할 수 있는데 지속적인 투자, 관리범위의 확대로 인한 효과적인 통제불가, 가맹점의 수동적 태도로 인한 전체 시스템의 경쟁력 약화, 가맹점으로부터의 부실채권 발생가능성 등이 있다.

가맹점 관점에서의 장점으로는 체계적인 관리가 가능하여 실패율이 낮고 소규모 자본으로 운영이 가능하며 사업경험이 부족해도 본부의 교육프로그램, 매뉴얼, 각종 지도에 의해 사업을 수행하기 용이하며 점포인지도가 높아 효과적 판매가 가능하고 일괄·전국규모 광고로 광고효과가 크고 시장변화에 적극 대처할 수 있기 때문에 성공할 확률이 높다. 반면에 가맹점은 본부에 대한 의존도가 높아져 스스로 문제해결이나 경영개선의 노력을 게을리하기 쉽고 표준화되고 획일화된 운영으로 시장변화에 적극 대응하기 어려우며 본부와 가맹점의 이해가 상반되는 경우 모두 독립사업자이기 때문에 본부가 자신의 이익만을 고집할 수 있고 하나의 가맹점이 실패하는 경우 전체 가맹점의 이미지와 신용을 훼손할 수 있고 본부의 주요 의사결정에 가맹점이 참여할 수 없다는 단점을 가진다.

이상의 장·단점을 통해 프랜차이즈 본부는 가맹점의 활동을 조정하고 운영의 일관성을 유지하기 위해 다양한 통제방식을 활용한다. 통제방식은 크게 경제적, 법적, 관리적 방식의 세 가지 유형으로 구분할 수 있는데 경제적 통제방식이란 본부가 가맹점에게 매출액에 비례한 로열티를 부과함으로써 가맹점의 매출의욕을 높이고, 경영지도비, 촉진비, 소모품비용을 부과함으로써 품질 및 경영에서의 일관성을 지니게 하는 방식이다.

법적 통제방식은 본부가 자사의 등록상표를 보호받을 수 있는 권리를 지니고 있으며, 가맹점이 자사의 품질기준에 미흡한 상품이나 서비스를 판매하지 못하도록 통제하는 것을 말한다. 일반적으로 전환 프랜차이징의 경우에는 법적 통제가 거의 이루어지지 않는 반면에 상품-등록상표 프랜차이징이나 사업형 프랜차이징의 경우 법적 통제가 강하게 이루어지고 있다. 프랜차이즈 본부의 법적 통제는 계약사항에 명시되어 있으며 가맹점의 시설 및 재무상태를 정기적으로 감사할 권리를 가지고 있고 본부의 가맹점에 대한 가장 강력한 통제는 계약파기이다. 가맹점의 프랜차이즈 권리는 보통 일정기간(보통 10년) 동안으로 국한되어 있다. 또한 프랜차이즈 본부는 재무성과가 미흡하거나 운영방침과 절차를 준수하지 않는 가맹점과의 계약을 종결할 수 있으나 대규모 사업의 경우 프랜차이즈 본부의 가맹점에 대한 법적 통제는 독점금지법에 의해 제약을 받기도 한다.

관리적 통제방식은 주로 회계 및 재고시스템에 의해 이루어지는데 대다수 사업형 프랜차이징은 가맹점이 갖추어야 할 시스템장비를 구체적으로 명시하고 있다. 본부와 가맹점 간의 신뢰는 관리적 통제에 있어 가장 핵심요소로서, 신뢰는 원활한 의사소통에 의해 가능하다. 프랜차이즈 본부가 제공하는 교육프로그램은 신뢰형성에 크게 기여하며 대다수 프랜차이즈 본부는 사업개시 전 가맹점에 대해 교육 프로그램을 제공하고 사업수행 중에도 교육을 통해 시스템 전체의 목표성취와 구성원간의 일체감을 형성하고자 한다.

2.4 기업형 경로(corporate VMS)

기업형 경로는 유통경로상 상이한 수준에서 수행되는 경로기능들을 하나의 기업이 직접 수행하는 경로형태를 말한다. 기업형 경로는 일부 혹은 전체 경로기능이 수직적으로 통합된 경로유형을 말하며, 따라서 기업형 경로에 대한 분석은 경로기능별로 이루어져야 한다. 예를 들어 제조업자가 물류센터를 운영하면서 이를 통해 자사상품을 소매상에게 공급하는 경우는, 제조업자가 전통적으로 유통기능 중 하나인 보관기능을 자신이 수행하는 경우가 된다. 그러나 물류센터를 운영하고 있더라도 자사의 차량으로 운송하는 것이 아니라, 독립적인 운송업자를 활용하는 경우에는 배달기능을 수직적으로 통합하였다고 할 수 없다. 기업형 경로가 왜 존재하는가 즉, 유통기능의 수직적 통합이 왜 이루어지는가에 대한 이론적 설명은 거래비용분석과 같은 다양한 이론에 의해 가능하다.

앞에서 경로구조를 결정짓는 요인에 관한 여러 이론들을 종합하여 수직적 통합이 이루어지는 경우를 정리해 보면 다음과 같다.

① 특정한 경로활동을 만족스럽게 수행할 수 있는 독립된 외부인이 존재하지 않거나
② 유통기능을 제대로 수행하지 못하는 기존의 경로구성원을 새로운 구성원으로 대체하는 데 소요되는 시간이 너무 길거나 교체비용이 매우 높을 때,
③ 사업의 특성상 교육훈련이 많이 요구되는 경우,
④ 구매결정이 복잡하고 관여도가 높을 때,
⑤ 마케팅활동 수행에 있어 긴밀한 조정이 필수적인 경우,
⑥ 구매자가 기업보다는 판매원에 대해 충성도를 보이는 경우,
⑦ 마케팅활동의 성과에 규모의 경제가 존재할 때,
⑧ 환경이 매우 불확실한 경우,
⑨ 외부인의 성과를 감시하는 것이 매우 어려울 때,
⑩ 하나의 경로구성원이 다른 경로구성원의 노력에 무임승차할 가능성이 높은 경우,
⑪ 거래규모가 크고 거래가 자주 발생하는 경우,
⑫ 상품의 수명주기상 도입기에 있는 경우,
⑬ 구매자가 요구하는 서비스수준이 높은 경우,
⑭ 상품이 해당기업의 핵심사업과 밀접한 관련을 맺고 있는 경우 등이다.

이와 같은 수직적 통합의 장점으로 유통경로를 통합함으로써 유통비용을 절감하고 공유자원에 의한 시너지를 발생시킬 수 있다. 그러나 수직적 통합이 반드시 시너지효과를 가져오는 것은 아니며 상이한 유통경로를 수직적 통합을 통하여 시너지효과를 얻기 위해서는 〈표 3-5〉에 열거된 항목을 객관적으로 평가해야 한다.

경로관리자는 기업형 경로를 선택하기 전에 수직적 통합의 장·단점을 파악하고 있어야 한다. 실제로 경로구성원들이 자신의 권한을 독창성으로 활용할 수 있다면 굳이 수직적 통합을 하지 않더라도 이와 동등하거나 높은 성과를 달성할 수도 있다. 수직적 통합의 결정과 관련하여 다음과 같은 점을 고려하여

표 3-5 수직적 통합에 의한 시너지 점검항목

문제영역	주 의 사 항
유통경로	상품과 시장이 유사해도 경로는 다를 수 있고 유통경로가 유사하다고 할지라도 최종시장은 다를 수 있음.
주문조정	주문은 반드시 공동으로 하거나 발주 전 내부적으로 통합되어야 함.
가격책정	가격은 운송조건, 대금지불조건, 가격 수준, 최소주문규모, 재고협정, 그리고 중간상 상표 협약 등에 의해 달라질 수 있음.
조직통합	고도로 집권화된 유통조직과 고도로 분권화된 유통조직은 쉽게 통합될 수 없음.
재고통제	재고수준과 배치, 소유권에 대한 합의가 어려움.
신용, 송장발송, 외상매출계정	신용의 획득가능성, 송장의 조정, 그리고 수금에 대한 합의가 심각한 문제로 대두될 수 있음.
유통업무	공동유통에 있어서는 창고와 운송업무가 가장 쉽게 조정가능한 유통요인임.
비용할당	비용할당기법이 갈등의 원인이 됨.

야 한다.

첫째, 지나친 투자에 신중을 기해야 한다. 투자요구가 커지는 경우 수직적 통합에 따른 수익성이 저해될 수 있다.

둘째, 소유에 의한 수직적 통합 이외의 대안을 고려하여야 한다. 장기계약과 장기거래관계의 형성이 수직적 통합에 비해 보다 많은 이익을 제공할 수 있는 경우가 많다.

셋째, 요구되는 규모를 면밀히 검토하여야 한다. 많은 경우 수직적 통합은 생산이나 유통단계의 범위를 좁히기 때문에 독립된 공급자나 고객과 경쟁적으로 거래할 수 없다는 위험을 지니고 있다.

유통 뉴스 오프라인 유통업체 0.5% 감소, 온라인 12.7% 증가

2018년 11월 주요 유통업체 매출은 오프라인 부문(△0.5%)은 다소 하락하고, 온라인 부문은 12.7% 성장하면서 전년동월 대비 4.6% 증가했다.

산업통상자원부에 따르면, 편의점·SSM의 성장에도 불구, 대형마트 매출 감소 추세의 영향으로 전체 오프라인 매출은 늘지 않았다.

다양한 해외 할인행사에 맞서 기업 자체 할인행사를 강화함에 따라, 전체 온라인 매출은 두 자리 수 증가율을 유지했다.

서비스(13.1%)와 가전/부문(10.8%)부문의 성장을 중심으로 패션(△7.9%) 등을 제외한 대부분 상품군 매출이 많아졌다.

전년동월 대비 매출이 비교적 크게 증가한 온라인과 편의점의 비중이 확대되고, 나머지 업태의 비중은 소폭 줄었다.

2017년 11월 업태별 매출구성비

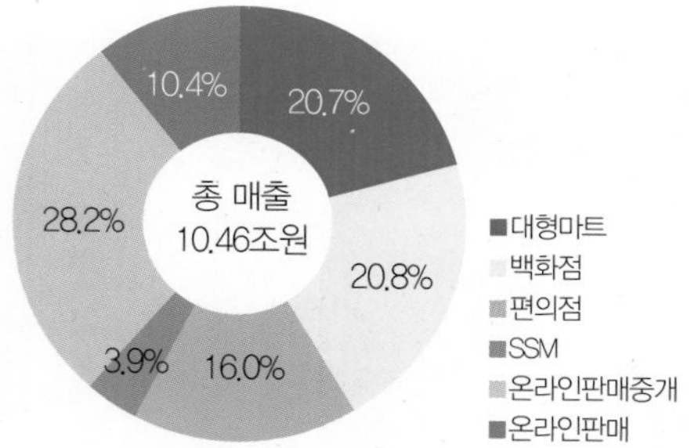

2018년 11월 업태별 매출구성비

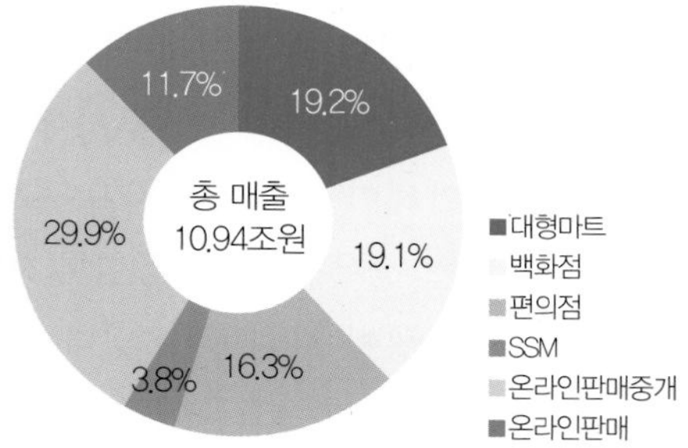

※ 자료원: 산업뉴스, 2018.12.31

연습 문제

1. 연기-투기이론을 사례를 통해 설명하시오.
2. 전통적 경로와 수직적 경로를 비교하여 설명하시오.
3. 프랜차이즈 시스템의 유형에 따른 사례를 찾아 이를 정리하시오.
4. 4가지 선험연구에서 제시하고 있는 수직적 통합의 장·단점 중 공통적인 요소를 도출하고 이를 설명하시오.

제 4 장 제조업체의 경로관리(Ⅲ): 경로파워, 경로리더십, 경로갈등

1. 경로행동관리의 체계
2. 경로파워의 원천과 유형
3. 경로구성원의 리더십
4. 경로갈등의 유형과 원인, 결과
5. 경로갈등의 해소와 관리

제 1 부

유통경로에 대한 개관(제1장)

↓

제조업체의 유통관리

- 유통경로구조 설계(제2장)
- 경로구조 및 경로통합(제3장)
- **경로파워, 경로리더십, 경로갈등(제4장)**
- 유통과 타 마케팅변수의 조화(제5장)
- 경로성과 평가(제6장)

제 2 부

↓

유통전문업체의 유통관리

- 소매상과 소매업의 주요 이슈(제7장)
- 소매업태의 발전(제8장)
- 소매업체의 유통관리(제9장)
- 도매상과 도매업의 관리(제10장)

제 3 부

유통관리에 있어서의 전략적 이슈

- 공급체인관리(SCM)(제11장)
- 물류관리와 제3자물류(제12장)
- 전략적 고객관리(CRM)(제13장)
- 서비스 산업의 유통관리(제14장)

유통 뉴스 e커머스 춘추전국시대…플랫폼 경쟁 치열

◆2019 경제기상도◆

올해 유통업계 키워드는 온라인이다. 백화점과 대형마트 등 성장을 주도해왔던 오프라인 업체들이 부진해 소매시장 성장률은 크게 둔화될 것으로 보인다. 이경희 이마트 유통산업연구소 팀장은 "소매구조가 온라인과 소형 포맷 중심으로 빠르게 재편돼 올해 소매시장 성장률 둔화가 예상된다"며 "2018년 소매시장은 5.6% 성장한 반면, 올해에는 3.9% 성장이 전망된다"고 밝혔다.

이마트 유통산업연구소의 2019 유통키워드

Effort-free	무노력 AI 이용한 맞춤 추천, 음성주문 등
Border-free	무경계 하이브리드 매장의 출현
Staff-free	무인화 첨단기술 기반 무인매장
Cash-free	무현금 모바일페이, 신용카드 결제 등
Additive-free	무첨가 건강식 소비 트렌드 확산

오프라인 매장 대신 온라인으로 구매하는 온라인 쇼핑이 대세로 자리 잡으면서 온라인 선점 경쟁에는 불이 붙는다.

지난해 소셜커머스 쿠팡이 소프트뱅크에서 2조원의 추가 투자를 유치하고, 오픈마켓 11번가가 국민연금 등에서 5000억원의 자금을 끌어오면서 시작된 투자 경쟁이 올해 실전에서 본격화된다. 투자를 등에 업은 업체들이 공격적인 마케팅을 펼치고, 물류 창고 등을 신설해 배송 서비스를 혁신하면 온라인 쇼핑 경쟁이 더 치열해질 전망이다. 롯데쇼핑은 3조원 투자를 예고했고, 신세계는 1조원을 투자받아 오는 3월 이커머스 신설 법인을 출범한다.

오프라인 매장 중에서는 편의점 등 집에서 가까워 손쉽게 들르는 '스몰 포맷' 매장이 경쟁력을 유지할 가능성이 높다.

대한상공회의소가 발간한 2018 유통산업 통계집에 따르면 2017년 기준 편의점(14.1%) 다음으로 무점포 소매(13.3%)의 판매액 증가율이 높았고 수퍼마켓(2.4%)과 백화점(-2.0%), 대형마트(1.7%)는 부진했다. 다만 최저임금 인상 여파로 편의점 출점 속도는 작년에 이미 크게 둔화됐다. 최저임금 인상분이 상품 가격에 반영되면 물가 상승폭도 다소 커질 수 있다. 편의점 업계 관계자는 "편의점 자체브랜드(PB) 상품 대다수가 중기 납품 상품이라 인건비 상승을 제품 가격에 반영하게 되면 가격이 오를 수밖에 없다"고 말했다.

※ 자료원: 매일경제, 2019.1.1

학 | 습 | 목 | 표

1. 유통경로관리란 무엇인가를 알아본다.
2. 경로관리를 위한 경로파워가 어디에서 오며, 어떤 현태들이 있는가를 알아본다.
3. 경로구성원 각각의 리더십이 어떤 형태로 발휘될 수 있는지를 알아본다.
4. 경로갈등이란 무엇이며 어떻게 분류되며, 그 원인과 해소책에는 어떤 것들이 있는지 알아본다.

01 경로행동관리의 체계

최적의 고객지향적인 경로를 달성하기 위해 경로구성원들이 법적·경제적 독립성을 유지하면서도 경로 전체의 경쟁력과 공동목표를 추구해가는 유통경로는 비록 경로구성원간 경로이익의 분배를 둘러싸고 갈등을 겪을 수도 있지만 전반적으로는 협력적인 행동을 유지해 간다. 유통경로구성원간의 관계는 상호의존관계로 볼 수 있지만 그중에서도 상대적으로 보다 큰 파워를 갖고 행사하는 경로리더의 조정과 통제 하에서 협력행동을 보이게 되며, 그 과정에서 발생하는 다양한 유형의 갈등 역시 경로리더의 리더십을 바탕으로 해소되거나 관리된다.

유통경로의 목표를 효과적·효율적으로 달성하고 경로 전체의 성과를 극대화하기 위해서는 ① 원활한 의사소통, ② 통합된 공동의 경로목표를 추구하는 협력행동, ③ 하위연계(subordinate)와 권한, 책임에 대한 명확한 정립, ④ 경로구성원에 대한 동기부여 등에 대한 관리가 필수적이다.

유통경로는 상호 독립적이면서도 상호 의존적인 여러 기관들로 구성된 시스템이므로 유통경로관리는 조직간 행동관리(interorganizational behavior management)라고 할 수 있다.

하나의 기업이 여러 마케팅 기능을 모두 수행하기가 어려울 뿐만 아니라 기업의 목표가 상이하고 자원이 제한되어 있으므로, 각 기업은 관계를 맺어 유통경로상의 위치(position), 역할(role), 영역(domain)의 전문화를 형성하게 한다. 위치전문화란 유통경로상에서의 생산, 도매, 소매와 같은 단계를 전문화하는 것이고, 역할전문화는 경로상에서 필요한 기능을 전문화하는 것이며, 영역전문화는 취급하는 상품, 표적으로 하는 고객 및 상권 등을 전문화하는 것이다. 이러한 위치, 역할, 영역의 전문화는 필연적으로 경로구성원들간 상호 의존관계를 형성하게 한다. 다음 [그림 4-1]은 경로행동관리의 체계를 도식화한 것이다.

상호 의존관계를 형성함에 있어 상대적으로 의존의 정도가 낮은 경로기관이 경로리더(channel leader)의 기능을 하게 되며, 이 경로리더가 전체 조직간 행동 관리의 주체가 된다. 경로리더는 유통경로에서 발생하는 갈등을 관리하고 협력을 증대시킬 수 있도록 파워를 행사하여야 한다.

그림 4-1 경로행동관리의 체계

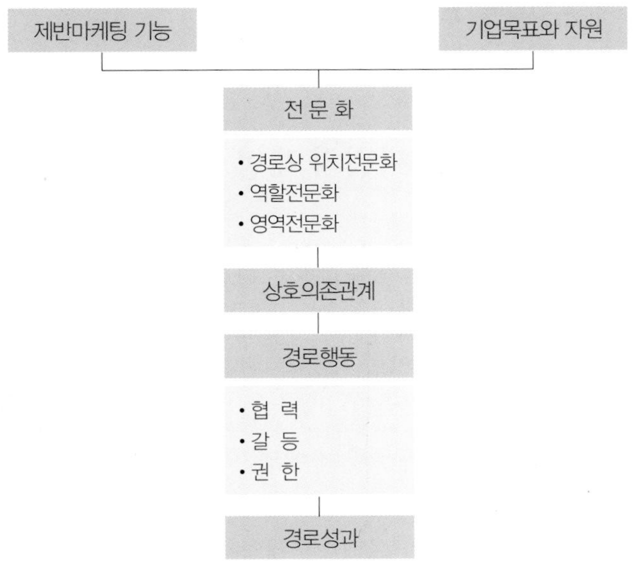

뒤에서 다시 자세히 살펴보겠지만 전통적으로 제조업자가 경로리더의 역할을 하는 경우가 많았다. 제조업자가 강력한 경로리더의 역할을 하였던 예로는 우리나라의 경우 LG전자나 삼성전자, 미국의 경우 제너럴일렉트릭사나 폴라로이드사 등을 들 수 있다. LG전자는 자사가 원하는 중간상만을 골라 자기에게 유리한 거래조건을 제시하고도 유통경로를 선도해 나갔다. 최근에 들어, 소매상이 경로리더의 역할을 하는 경우가 늘어나고 있는데, 그 예로는 미국의 월마트사나 우리나라의 신세계백화점이나 이마트, 롯데백화점이나 롯데마트 등을 들 수 있다.

02 경로파워의 원천과 유형

2.1 경로파워의 개념

경로파워는 경로상에서 다른 경로구성원의 행동을 통제하거나, 영향력을 행사하는 경로구성원의 능력이다. 경로에서 강력한 파워를 지닌 경로구성원은 다른 경로구성원의 행동을 변화시킬 수 있거나 또는 다른 경로구성원이 관례적으로 수행할 수 없는 활동을 가능하게 하기도 한다.

이에 대한 예로써 소매업자가 특정 제조업자의 우수한 어떤 상품에 관심을 가지고 취급하기를 원할 때, 제조업자는 경로파워를 사용하여 소매업자로 하여금 그 상품 이외의 전 계열 상품(full-product line)을 취급하도록 강요할 수 있다. 물론 소매업자 또한 제조업자에 대해 경로파워를 사용할 수 있다.

경로파워는 경로구성원이 다른 경로구성원에게 의존성을 가질 때 존재한다. 즉, A라는 경로구성원이 B라는 구성원에 대해 경로의존성(channel dependency)을 지닐 때, A는 B에 의해 행동에 영향을 받는다. 경로구성원들은 성과를 달성하기 위해서 판매, 경로지원(channel support), 물류, 상품수정 및 사후서비스, 그리고 위험감수 등과 같은 유통활동을 서로 의존한다. 다시 말해서 경로의존성은 경로파워와 따로 분리시켜서 논의될 수 없으며 양자간에는 역의 관계를 가진다. 즉, 소매업자(B)가 제조업자(A)에게 의존할 때 제조업자(B)는 소매업자(A)를 통제할 수 있는 상당한 크기의 경로파워를 갖게 된다.

경로파워와 관련된 또 다른 중요한 개념은 경로파워의 범위(range of power)이다. 경로파워의 범위는 특정 경로구성원이 다른 경로구성원의 행동에 대해 명령하거나 통제할 수 있는 영역을 의미한다. 이의 예로서, 프랜차이즈 본부(franchisor)가 프랜차이즈 가맹점(franchisee)에게 특정한 상품이나 서비스만을 취급하도록 강요할 수는 있지만 가맹점주의 영업사원 고용에까지 파워를 행사하기는 어렵다. 대조적으로, 자사상표를 소유한 대규모 도매업자는 소규모 공급업자와 비교해 볼 때 총체적 마케팅(total marketing)을 개발하고 집행할 수 있는 포괄적인 파워(wide range of power)를 가지고 있다.

파워를 측정할 수 있는 두 가지 형식은 잠재력(potential power)과 실행력

(exercised power)이다. 잠재력은 다른 경로구성원의 행동을 조정할 수 있는 경로구성원의 능력을 말하며, 실행력은 경로구성원 행동의 실제 변화를 의미한다.

2.2 경로파워의 원천과 유형

일반적으로 경로파워의 원천은 강제력, 보상력, 합법력, 준거력, 전문력, 정보력의 6가지로 분류할 수 있는데, 이 6가지 유형의 경로파워 원천을 다시 강제력(coercive power)과 비강제력(noncoercive power)의 2가지로 크게 분류하기도 한다. 이 경우에 비강제력의 영역에는 강제력을 제외한 나머지 5가지의 경로파워들이 모두 포함된다.

① **강제력**(coercive power): 공급업자의 강제력은 재판매업자가 공급업자의 요구대로 행동하지 않을 경우, 재판매업자를 처벌할 수 있는 능력을 말한다. 강제력의 강도는 처벌이 지닌 부정적 효과의 크기에 비례한다. 강제력은 보상력과 마찬가지로 공급업자가 재판매업자의 보상이나 처벌의 강도를 조절할 수 있다는 점에서 공통점을 지니고 있으나, 재판매업자의 입장에서 보상력은 대체로 공급업자의 매력을 증가시키는 반면, 강제력은 공급업자의 매력을 감소시키는 경향이 있다.

② **보상력**(reward power): 공급자와 재판매업자 관계에서 공급업자가 재판매업자에 대해서 보상을 줄 수 있는 능력을 말한다. 보상력은 재판매업자가 자신의 보상을 조정할 수 있는 능력을 가지고 있다고 인식할수록 증가하며, 공급업자의 보상력은 재판매업자에 대해 공급업자가 직접 긍정적 보상을 제공하거나 부정적 요인을 제거 또는 감소시킬 수 있는 능력이 클수록 증가한다.

③ **합법력**(legitimate power): 합법력은 공급업자가 재판매업자에 대해 어떠한 행동을 요구할 수 있는 합법성 혹은 정당성(legitimacy)을 지니고 있다고 인식하는 정도로서, 합법성은 법률이나 계약과 같이 정당한 권리에 의해 발생되거나 조직 내 권위 혹은 전통, 상관습 등과 같이 문화적 가치기준으로부터 발생하기도 한다. 처벌이나 보상은 그 자체가 부정 혹은 긍정적인 영향을 미치기도 하지만 이들이 합법성을 가지고 있는가에 따라 그 효과가 정반대로 나타날 수 있다. 합법적인 처벌은 긍정적 태도와 복종을 가져올 수 있는 반면, 비합법적인 처벌은 부정적 태도와 반발을 가져올 수 있다.

④ **준거력**(referent power): 준거력은 재판매업자가 공급업자에 대해 일체감을 갖거나 갖게 되기를 바라는 정도를 말한다. 따라서, 이는 공급업자의 의지와는 무관하게 재판매업자가 자신을 공급업자와 동일시함으로써 발생하게 된다.

⑤ **전문력**(expert power): 전문력은 공급업자가 특별한 지식이나 전문성을 가졌다고 재판매업가 인식하는 정도에 의해 결정되며, 이때 재판매업자는 자신의 지식과 관련하여 공급업자의 전문성을 평가한다. 공급업자의 전문력은 공급업자가 전문지식을 갖고 있다고 재판매업자가 인식할 뿐 아니라 재판매업자에게 진실을 전달해 준다고 인식할 때 발생한다.

⑥ **정보력**(informational power): 정보력은 공급업자가 중요한 정보를 지니고 있다는 재판매업자의 인식에 기초하여 발생하는데 이는 전문적 힘의 특수한 형태라 할 수 있다. 전문지식도 정보의 하나라는 점에서 전문력과 정보력은 유사한 성격을 가지고 있으나, 정보력의 원천인 정보는 그 자체가 객관적으로 명백한 사실(self-evident facts)이고 정보를 제공하는 당사자의 특성과 독립

표 4-1 경로선도자의 파워 원천

제조업자가 경로선도자인 경우	도매상이 경로선도자인 경우	소매상이 경로선도자인 경우
• 강력한 규모의 경제 보유 • 시장점유가 크다 • 상표충성도가 높다 • 프랜차이징 사용 • 지정 도·소매업자와의 거래회피 • 유통협동기관의 위협 • 수직적 통합의 사용 • push자금의 활용 • 재판매업자 지역에 유통업태 출현 • 잘 팔리지 않는 상품의 판매를 위해 전 계열(full-line) 강요 • 잘 팔리지 않는 상품의 판매를 위해 묶음상품으로 조정 • 선별된 도·소매업자에게 단기적 공급 • 소매업자가 주요상표구매에 집중하도록 수량할인된 대량판매 • 상품계열 확대를 통해 소매업자의 입점(shelf) 공간을 지배 • 전통적인 도매상을 회피한 대규모 제조업자의 거래	• 강력한 규모의 경제 보유 • 자사상표전략 사용 • 불공정(gray)시장전략 사용 • 높은 상표충성도 개발 및 유지 • 잘 팔리지 않는 상품의 판매를 위해 묶음상품으로 조정 • 전·후방통합 사용 • 소매업자가 주요상표구매에 집중하도록 수량할인된 대량판매	• 점포충성도 사용 • 높은 시장점유 통한 교섭력 증가 • 집중적인 구매활동 • 자사상표전략 사용 • 특정상표를 비교시키는 판매 • 전속거래 요구 • 이익권이나 세금요구 • 강력한 소매업협회구축

※ 자료원: *Marketing Channels*, Barry Berman 외(1996), pp.563-565.

적인 반면, 전문지식은 다분히 주관적인 평가에 기초하며 평가자 자신과 분리할 수 없다는 점에서 차이가 있다.

지금까지 살펴본 파워의 원천들은 유통분야의 연구에 있어 몇 가지 유형으로 구분되어 분석되고 있다. 이들 유형에는 강제력과 비강제력(coercive power *vs.* noncoercive power), 경제력과 비경제력(economic power *vs.* noneconomic power), 가중력과 비가중력(weighted power *vs.* unweight power), 직접력과 간접력(direct power *vs.* indirect power), 확정력과 불확정력(contingent power *vs.* noncontingent power), 중재력과 비중재력(mediated power *vs.* nonmediated power)이 포함된다.

03 경로구성원의 리더십

유통경로에서 경로구성원간의 활동에 있어 향후 어느 구성원의 리더십이 강화될 것인가에 대한 관심이 높아지고 있다. 현재의 유통경로(제조업자, 도매상, 소매상, 물류기관)상에서 누가 경로리더가 될 것이냐는 질문에 대해 아직도 명확한 결론을 내리기는 어렵다. 왜냐하면 이론적인 고찰뿐 아니라 현실상황에서 업종에 따라 처한 환경이 상이하므로 이를 일반화시켜서 결론을 내리는 것이 쉽지 않기 때문이다. 본 절에서는 우리는 제조업자, 도매상, 소매상, 물류기관을 중심으로 이들 경로구성원들이 경로리더가 되기 위해 어떻게 변화하고 있는지에 대해 살펴보기로 한다.

3.1 제조업자에 의한 경로리더십

제조업자 또는 공급자는 전통적으로 경로리더로 간주되고 있는데, 경로리더가 되기 위해서는 경로구성원들보다 우월한 경로권한을 소유해야 한다. 대규모 제조업자들은 그들이 경쟁하고 있는 시장에서의 규모와 지배력 때문에 일반적으로 잠재적 경로리더가 된다. 또한 대규모 제조업자들은 풍부한 자금력을 가지고 우수한 상품들의 부단한 연구개발, 소비자들이 원하는 상품구색의 제공, 시장에서 필요한 정보의 제공, 중간상에 대한 적극적인 지원, 시장에서의 상품흐름 통제 등을 유지함으로써 경로상에서의 권한을 행사할 수 있었다. 반면 소규모 제조업자는 그와 같은 권한을 행사할 자원이 부족하기 때문에, 시장에서 좋은 인식을 얻고 있는 상품을 보유하거나, 조직간 경로네트워크를 이용하여 경로를 선도하기도 한다. 자원이 제한되어 있다는 약점은 제약조건이 되지만, 훌륭한 상품을 보유하고 있다면 그 약점을 보완할 수 있어 보다 효과적인 권한을 행사할 수 있는 기초를 제공한다. 따라서 훌륭한 상품을 보유한 제조업자는 상품의 판매방법, 중간상에 대한 자사상품의 공급량과 공급시기의 조정 등을 통하여 경로에서의 권한을 가지게 된다.

제조업자 지배 유통경로의 개념은 기본적으로 상호신뢰와 상호이익을 기초로 하고 있다. 이는 제조업자가 상품을 개발하고 생산하며 소비자에게 전달하는 전반적인 네트워크를 설계하는 주체이며, 다른 경로구성원들에게 그들의 마케팅정책과 경로활동의 방향을 제시하고 통제를 행하는 주체이기 때문이다. 따라서 많은 경로가 이러한 이유로 인해 제조업자 지배적이지만, 경로리더십에 대한 문제는 그리 간단한 것이 아니어서 항상 제조업체가 경로리더가 되는 것은 아니다. 많은 경로구성원들이 제조업자를 경로리더로 인정하기 위해서는 다음과 같은 여러 요인들이 고려되어야 한다.

첫째, 제조업자들이 항상 경로관리를 용이하게 할 수 있는 것은 아니다. 제조업자들도 제한된 마케팅능력과 자원을 가지고 있기 때문에 1차적으로 그들의 노력을 시장조사나 상품 연구개발에 집중하는 것을 선호한다. 따라서 제조업자들은 자신의 목표달성에 도움이 되는 경로구성원에게만 관심을 가질 여력이 있을 뿐, 모든 경로구성원의 문제에 관해서 관심을 가지기는 어렵다는 것이다.

둘째, 제조업자들이 다른 경로구성원과의 관계에서 그들이 원하는 모든 정책을 행사하기에 충분한 권한을 보유하기가 쉽지 않다. 이러한 상황은 제조업자들이 대규모 도매상이나 대형 소매상을 이용하는 경우에 더욱 그러하다. 대규모 중간상들은 상품의 대체가능성이 높을 때 자신들이 원하면 기존에 거래하던 제조업자의 상품취급을 중지하고 경쟁상표를 취급할 수도 있다. 많은 소매상들은 제한된 진열공간과 저장능력뿐만 아니라 즉각적인 현금흐름의 요구에 직면해 있기 때문에 자신들이 보유한 진열공간을 파워의 근간으로 하여, 자신에게 보다 유리한 조건을 제시하는 제조업자를 선택할 수 있다. 이러한 경우, 제조업자들은 그들 상품을 소매상들이 재고로 보유하고 보다 적극적으로 판매하도록 보장받기 위해서 중간상의 요구에 부응하여야 한다. 더군다나 소매상들은 소비자들이 그들이 수행하는 상품보다는 그들 상점에 대한 보다 높은 점포선호도를 갖게 할 수도 있는데 이는 다시 말해서 소비자들이 제조업체가 아니라 소매상을 믿고 그 소매점에 방문하게 할 수 있다는 뜻이다. 요약하면, 유통경로에서의 제조업자 지배력은 여러 가지 이유에서 절대적으로 보장되는 것은 아니며, 제조업자가 강력한 소비자 수요를 가진 상대적으로 상표선호도가 높은 상품을 보유하고 있거나 소매상이 상대적으로 취약한 경우일 때 경로리더십을 행사하기가 용이하게 된다.

제조업자가 유통경로를 지배하기 위해 사용하는 많은 방법들이 있는데 그중 가장 일반적인 방법은 자사 상품에 대한 강력한 상표선호도를 구축하여 최종사용자의 흡인력을 높이는 데 있다. 이것은 판매지원이 거의 없거나 미미한 경우에 편의점을 통해 판매되는 상품이거나 소매점의 지역밀도가 높은 곳에서 판매되는 상품일 경우 더욱 중요하다. 만일 제조업자가 여러 촉진활동을 통해서 보다 강력한 상표이미지를 구축할 수 있다면 소매상의 권한은 상대적으로 매우 미약해질 것이다. 왜냐하면 소매상은 상점에서의 소비자 구매의사결정에 거의 영향을 미치지 못하며 강력한 제조업자의 상표이미지가 그 상품에 대한 수요를 창출하고, 따라서 그 상품을 취급하는 소매상에게 이익을 보장해 줄 수 있기 때문에 제조업자의 권한은 강화될 수 있다.

제조업자들은 보다 강압적인 방법이나 정책을 사용할 수도 있다. 제조업자들은 또한 재판매업자의 판매방식을 제한하거나 특정한 판매방식을 요구할 수도 있다. 이러한 경우는 합법적인 범위 내에서 재판매업자가 제조업자의 강압적인 리더십을 관용하고서라도 뛰어난 상표이미지와 상표독특성, 상당한 보상기회를 누릴 수 있는 그 상품을 취급하기를 원하는 경우에만 파워가 행사될 수 있다.

제조업자의 경로지배를 위한 다른 방법으로는 수직적인 전방통합을 사용하는 방법이다. 만일 제조업자들이 강력한 전문력, 준거력, 합법력을 확보할 수 있다면 그들은 경로를 선도할 수 있다. 경로리더십을 확보한 제조업자들은 결정적인 시장정보를 지속적으로 수집하고 제공해 주어야 하고, 상품과 관리의 혁신을 장기적으로 계속 수행할 수 있어야 하며, 그 결과 그들의 리더십을 수용하는 다른 경로구성원들에게 상당한 경제적 이익을 제공할 수 있어야 한다.

만일 다른 수준에 있는 경로구성원들이 그러한 요구사항들을 받아들일 수 있다면 리더십은 당연히 제조업자들에게 주어질 것이다. 몇몇 산업에서의 경로는 제조업자보다는 도매상이나 소매상들에 의해 선도되는 경우가 있는데 그 이유는 이러한 중간상들이 그들의 경로구조 내에서 상당한 양의 권한을 축적하여 보다 효과적으로 과업을 수행하기 때문이다.

3.2 도매상에 의한 경로리더십

현대 유통경로에서 도매상의 역할은 과거보다 상당히 줄어들었다. 미국에서 경제개발 초기단계(1800년대 중반) 동안 상인도매상들은 경로를 선도하는 위치에 있었는데 그 이유는 그들이 일반적으로 소규모 제조업자와 소규모 소매상 사이에 위치하고 있었기 때문이다. 그러나 1800년대 후반 빠른 산업성장이 이루어진 동안에 대규모 제조업자와 소매상들이 도매상들에게 압력을 가하기 시작했다. 제조업자들은 그들의 증가된 생산능력을 통해 도매상의 도움없이 그들 자신의 상품들을 보다 효과적으로 시장에 진입시킬 수 있는 방법을 발견하게 되었고, 소매상들은 그들의 규모가 성장함에 따라 제조업자로부터 직접 상품을 구매할 수 있다는 것을 알게 되었으며, 도매상에게 주어지던 각종 할인 및 공제혜택을 제조업체로부터 직접 얻어낼 수 있었다.

일반적으로 도매상들은 제조업자와 소매상이 소규모이거나 지리적으로 분산되어 있는 경우 그리고 제조업자가 경로상의 권한이 없거나 재무적으로 취약할 때, 보다 지배적인 위치를 유지할 수 있었다. 그러나 이러한 경우는 미국, 일본 등의 유통 선진국은 물론이고 우리나라에서도 그리 흔치 않다. 하지만 유통에 있어 도매상이 아직 중요한 역할을 수행한다는 사실은 간과할 수 없으며 적어도 어느 정도까지는 변화된 환경에 재적응하면서 성공을 거두고 있다.

경로리더십에 대한 다소 불확실한 상황에도 불구하고 도매상들이 강력하고 효과적인 리더십을 발휘할 수 있는 몇 가지 상황들이 주어지고 있다. 도매상들이 그들의 리더십을 강화하고 포지셔닝을 성공적으로 수행해왔던 경로조직의 한 유형은 특히, 식료품 유통분야에서 볼 수 있는 도매상지원 임의연쇄점(wholesaler-sponsored voluntary chain)이다. 도매상들은 주로 계약형 경로에서 경로리더가 될 수 있었는데 연쇄점에 속해 있는 소매상들은 본부인 도매상의 중앙 집중구매, 자체상표개발, 집단의 정체성 확보, 대규모 촉진, 그리고 다른 경영자원의 혜택을 제공받을 수 있으며 도매상들은 경쟁적 시스템과 관련된 전반적 성과를 향상시킬 목적으로 그들의 자원을 연쇄점에 지원함으로써 성공을 거둘 수 있었다.

도매상들이 지배력을 강화하기 위하여 사용하는 다른 방법은 그들 자신의 자체상표를 개발하는 것이다. 도매상 상표는 상품이 상대적으로 차별화되어 있지 않거나, 빈번히 구매가 이루어지거나, 혹은 상품의 수요가 이미 충분히 창출된 성숙기 상품의 분야에서 주로 성공적으로 나타난다. 그러나 상대적으로 상품이 비차별화되어 있다는 사실은 제조업자가 그들의 상품을 판매하기 위한 기본적인 소구수단으로 가격을 이용한다는 뜻이므로 도매상들이 자체상표를 개발한다고 해서 차별적으로 큰 수익을 얻기는 어렵다. 뿐만 아니라 자체상표의 개발은 상대적으로 고품질의 상품뿐만 아니라 상당한 자본과 촉진활동이 요구되므로 경로지배력을 확보하기 위해서 자체상표를 사용한다는 것은 그리 쉬운 일은 아니다.

EDI 시스템(electronic data interchange system)의 개발은 도매상이 특정경로에서 지배적인 위치를 확보할 수 있는 또 다른 수단이 될 수 있다. 독립적인 소매상과 도매상 관계에 있어 도매상은 EDI를 개발함으로써 경로를 선도하고 소매상과의 연계를 강화할 수 있다. 그러나 EDI를 지탱할 만큼 충분한 고객을 확보하지 못한 도매상은 실패할 것이며 그 결과, 소규모 도매상은 사라지고 대규모 도매상에 의해 시장이 재편될 가능성이 있다. 도매상을 중심으로 한 강력한 EDI의 개발은 경제적인 측면에서도 제조업자와 소매상 간의 의사소통 비용을 절감하는 효과를 지니고 있기 때문에 유통경로의 경제적 효율성을 높이는 데 기여하게 된다. 도매상이 모든 산업에서 경로를 이끌어 나가는 것은 어렵다 할지라도, 만약 그들이 다루고 있는 상품이나 제조업자와 소매상에 대한 충분한 지식을 갖고 있다면 충분히 경로리더십을 발휘할 수 있다. 도매상의 리더십은 구색갖춤, 취급하는 상품계열의 다양성, 그리고 소비자가 신뢰할 수 있는 상품 공급의 원천으로서의 역할을 경쟁기업보다 얼마나 잘 수행하는가에 달려있다고 할 수 있다.

3.3 소매상에 의한 경로리더십

상당히 많은 수의 소매상들은 거대한 제조업자에 대항하여 규모 면에서 많은 성장을 이룩해 왔다. 이러한 소매상들은 그들이 관여하는 경로에 대해 권한을 행사해 왔다. 그리고 대규모 소매상들은 경로에서 도매상의 기능을 통합하여 왔고 제조업자에 대해서도 후방통합을 하기도 했다. 대규모 제조업자와 유사하게 소매상들은 그들이 속한 경로를 조정하기 위해 상당한 강제력, 전문력, 보상력 등을 행사해오고 있다.

이것은 첫째, 소매상들이 시장근접성으로 인해 소비자들의 욕구에 대한 정보를 지속적으로 축적할 기회를 많이 가질 수 있기 때문이다. 경로의 다른 구성원들도 그 같은 정보를 찾기 위해 노력하지만 소매상들에 비해서는 많은 비용을 투자해야 하고 상대적으로 전문성이 떨어진다. 둘째, J.C.Penny, Sears, Wal-mart, 이마트, 롯데백화점 등과 같은 대규모 소매상들은 제조업자가 접근하고자 하는 대규모 시장에 쉽게 접근할 수 있기 때문에 그들은 일종의 정보제공자(gatekeeper)가 되는 것이다. 그들이 추구하고 있는 대규모 시장은 제조업자에게는 더욱 중요하며 그로 인해 소매상들은 제조업자에 대해 권한을 행사하고 경로의 리더가 되기도 한다. 셋째, 이러한 대형 소매상들은 대안적인 제조업자를 가지고 있어서, 제조업자들이 더욱 더 소매상에게 의존하게 되며 특히, 공급하고자 하는 상품계열에 대한 총체적인 수요가 있을 때는 더욱 그러하다고 할 수 있다.

그러나 경로관리는 소매상들이 필요한 권한을 가지고 있을 때라도 항상 대규모 소매상에 의해 이루어지는 것이 아니다. 그들은 경로 전반에 걸쳐 신상품개발이나 촉진, 그리고 재고정책에 대해 강한 영향력을 행사하는 대신에, 그들이 수행하여야 하는 서비스의 품질을 제고하고 재고유지 및 고객관리에 노력을 집중하기도 한다. 그러므로 경로선도자의 영역에서 고려될 수 있는 두 가지 가장 중요한 기능은 상품개발과 수요자극이 될 것이다. 그들은 최종고객들과 얼마나 접촉하고 얼마나 가까이 있느냐에 따라 고객들의 선호가 무엇인지를 정확하게 파악할 수 있는 가장 좋은 위치에 있는 것이다. 그렇지만 그들은 전반적인 경로에 있어 이런 기능들을 그 자신의 능력만으로 수행하는 데 너무 몰두하는 경향이 있어 경로지배력은 대체로 제조업자에게 귀속되는 경우가 많다.

대규모 소매상들은 그들의 의사대로 경로를 지배할 수 있는 다양한 수단들을 가지고 있다. 제조업자들과 마찬가지로 가장 현저한 수단들은 광고, 판매촉진, 상표화를 통한 고객 프랜차이즈를 구축하는 것이다. 미국의 Sears, Richway, Safeway, Hudson's, Filene's, Bullock's와 같은 대형 소매점포들은 그들의 표적고객에게 적절한 상품구색과 서비스를 제공하고 정확한 촉진을 함으로써 그에 따르는 점포선호도를 구축하고 있다. 다시 말해서 성공적인 소매상 운영은, 제조업자들이 독자적인 방법으로 다양한 유통수단들을 결합하여 성공을 이룩하듯이, 효과적인 소매점믹스 요소들의 관리를 통해 그 시장 내에서 권한을 제고하는 것이다.

또한 많은 대규모 소매상들은 고객들의 강력한 점포선호도를 구축하고 경로통제를 이루기 위해 개별수준의 마케팅 프로그램들을 개발할 수 있다. 그렇지만 도매상과 마찬가지로 소매상들의 상표는 시장이 그 상품을 폭넓게 수용할 때에만 경제적으로 의미가 있다.

제조업자가 그들의 상표에 대해 강력한 상표선호도의 구축에 실패하게 되면 권한은 대규모 소매상에게 돌아가는 것이다. 그렇지만 이런 소매상들이 항상 경로선도자의 역할을 수행하는 것은 아니며 다양한 경로구조상의 자원을 배분하는 역할이 다른 구성원에게 맡겨질 수도 있다. 경로상에서 이런 상황을 이해하는 것은 매우 어려운 일인데 그것은 첫째, 강력한 권한을 가진 경로구성원들은 경로업무를 조정하고 역할을 규정하는 데 활동적인 역할을 수행하려 하지 않기 때문이며 둘째, 이런 구성원들은 경로 전반에 걸쳐 자원들을 재할당하려는 다른 구성원들에 대해 거부권을 행사할 정도로 충분한 권한을 가지고 있기 때문이다.

편의품을 생산·판매하고 있는 제조업자가 광고를 통해 상표이미지를 개발할 수 없을 때 소매상은 매우 강력한 파워를 가지게 될 것이다. 왜냐하면 이와 같은 상황에서는 제조업자가 상품차별화를 성공시키기가 매우 어려우며 많은 제조업자의 시장커버리지의 효율적인 집약도를 성취하기 위해서는 반드시 소매 점포들이 충분한 상품재고를 갖고 있어야 하기 때문에 제조업자의 소매상에 대한 의존도가 높아지게 된다.

선매품의 경우 소매상은 다음과 같은 몇 가지 방법으로 소비자의 구매의사결정에 상당한 영향을 미친다.

첫째, 소매상은 소비자가 추구하는 몇 가지의 경로서비스를 관리한다. 소매상들의 평판, 이미지, 물리적인 쾌적함, 그리고 부수적인 서비스(신용, 운송, 품질보증, 수리 등)를 통해 소비자의 구매의사 결정에 영향을 미친다.

둘째, 소매상은 판매정보를 제공하여 점포를 통해 판매되는 상품에 영향을 미칠 수 있다.

이와 같이 소비자 의사결정에 영향을 미치는 소매상의 영향력은 소매상과 제조업자 간의 협상력을 증대시킬 수 있다.

그리고 체인화된 소규모 소매상들은 공동으로 경로활동을 수행함으로써 유통경로관리에 상당한 영향을 미치는 것으로 알려져 있다. 그들은 경쟁을 회피하거나 변화에 부응할 수 있는 능력을 획득하기 위해 지방자치단체나 중앙정부에 규제를 마련해주도록 노력할 수 있다. 또한 그들은 협회를 구성하여 생존을 위협할 수 있는 유통을 막을 수 있도록 공조를 취하기도 하며, 법적이고 집단적인 활동을 통해 경쟁의 충격을 약화시키거나 혹은 회피할 수도 있다. 그러나 이러한 형태의 경로리더십은 바람직한 것이 아니다. 많은 상황에 있어 이런 활동은 단기적인 효과를 가질 뿐이며, 유통에 있어 수많은 혁신을 제한하지는 못한다.

이와는 반대로 소규모 소매상들은 소매상지원 협동조합을 통해 긍정적인 경로리더십을 확보하려고 시도하고 있다. 소매상 협동조합은 소규모 소매상들이 규모의 영세성과 구매상의 불이익을 극복하기 위하여 결합된 형태들이다. 그렇지만 소매상 협동조합은 소매상들의 권한이 분산됨으로써 성공적으로 경쟁에 필요한 제반 조치를 취하는 데 한계가 있으며, 집중화된 조직에 대해 그들의 자율성이나 독립성을 포기하게 되는 경우가 많다.

우리는 지금까지 소매상의 경로리더십을 갖기 위한 여러 측면의 관점에서 살펴보았다. 앞에서도 언급하였듯이 최근에 나타나는 소매상의 추세가 양극화(전문화, 대형화)되어가면서 보다 강력한 권한을 가진 소매상들이 생겨나기 시작하였다. 따라서 소매상들은 유통경로상보다 강력한 리더십을 갖기 원할 것이며 이는 가장 효율적인 소매점믹스를 통해 가능할 것이다.

먼저 상품변수에 있어 보다 강력한 상품구색을 갖출 수 있는 상품 계획을 수립하여 제조업자나 도매상을 선도해 나갈 것이며, 가격결정에 있어서도 과거의 원가 중심 일변도의 가격 개념에서 탈피하여 고객 중심, 경쟁자 중심, 원가 중심의 접근방법이 종합된 가격계획으로 소비자의 구매가능성을 높이고 소매상도 생존할 수 있는 가격전략을 수립해야 하며, 이를 위해서 소매상은 제조업자에게 적정한 납품가격을 요구할 수 있을 정도의 권한을 가져야 할 것이다. 또한 최종 소비자에게 대한 접근가능성을 높이기 위하여 소매상들간의 관계마케팅을 강화해나가야 하고, 제조업자 광고에 의존하지 않고 소매상 자신의 점포이미지를 향상시키기 위한 자체광고를 하거나 인적판매를 강화한 접점관리의 극대화로 점포선호도를 구축해 나가야 할 것이다.

3.4 물류기관에 의한 경로 리더십

비록 경로관계에 있어 정상적으로 고려될 수 있는 잠재적인 요소는 아니더라도 일반 운송업자들도 그들의 의도대로 효과적으로 힘을 사용할 수 있다면 경로리더의 역할을 수행할 수 있을 것이다. 실제로 모든 형태의 물류기관들은 각각의 독립적인 위치를 구축해나가고 있다. 왜냐하면 많은 경로정책의 수행에 있어 중립적인 이점을 가질 수 있고 그들의 주요한 활동이 제조업자, 도매상, 소매상과 관련을 가지기 때문이다. 물류기관은 그들의 활동영역이 좁은 관계로 자신의 공급자와 고객들을 벗어나서 다른 상대를 찾는 데 많은 어려움을 가지지만 경로문제에 대해 보다 넓은 관점을 가질 수 있다.

경로리더십은 각각의 유통흐름에 분리되어 나타나거나 모든 흐름이 통합되어 나타나기도 한다. 물류기관들은 물적소유 흐름에 관련하여서는 경로를 이끌어 갈 수 있지만 나머지 흐름에 대한 그들의 영향은 미약할 것이다. 다시 말해서 일반적인 운송업자들의 권한의 영역은 그들의 활동이 직접적으로 관련되는 활동으로 제한되어 있는 것이다. [그림 4-2]는 일반적인 경로배치에서 그들이 이용 가능한 권한을 바탕으로 운송업자가 차지하는 지위를 설명하고 있다.

이와 유사하게 유통센터가 만약 전문적인 지식과 정보의 원천이 된다면 경로관리에 있어 중요한 역할을 할 수 있다. 유통센터 관리자는 그들의 고객뿐만 아니라 그들 고객들의 시장에 관련된 목표와 유통형태에 익숙하다. 그리고 유통에 있어서 다른 기구들 즉, 도매상이나 소매상의 형태나 목표에도 익숙해 있다. 따라서 유통센터 관리자는 그들이 원하는 것과 운영적인 면을 알고 있어야 한다. 그리고 이런 서비스를 실행함으로써 사용자는 유통센터에 더 의존하게 되고 유통센터는 더욱 권한을 가지게 된다.

모든 유통경로가 모두 특수한 상황 하에서 이루어지기 때문에 우리는 누가

그림 4-2 다른 경로구성원에 대한 운송업자의 영향범위

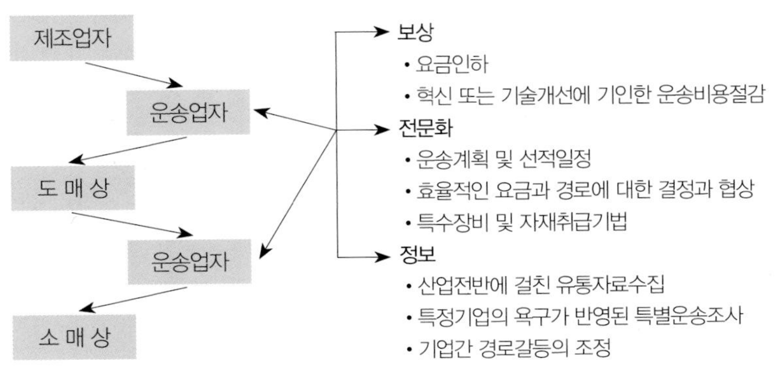

경로리더가 될 것이냐라는 질문에 명확한 결론을 얻어내기 위하여 관련된 문제들을 면밀히 검토하여야 하고 유통흐름과 관련된 경로구성원의 영역이 정의되어야 한다. 또한 보다 적절한 분석을 위하여 유통경로를 보다 세분화하는 것이 필요할지도 모른다. 예를 들어 물적소유 흐름은 상품의 운송과 보관을 결합한 것인데 어떤 경로구성원은 운송에 보다 적절한 기능을 보유하고 있는 반면, 어떤 경로구성원은 보관에 보다 적절한 기능을 보유하고 있을 수도 있다. 따라서 명확한 해답을 얻기 위해서는 경험에 기초한 사례연구를 바탕으로 보다 면밀한 검토가 이루어져야 할 것이다.

04 경로갈등의 유형과 원인, 결과

4.1 경로갈등의 배경과 개념

경로갈등의 근원은 경로구성원간 상호의존성에 있다. 유통경로에서 제조업체는 생산과 전국적인 촉진활동의 전문화를 시도하려는 반면, 소매업체는 머천다이징, 유통, 지역적 촉진활동의 전문화를 시도하려 한다. 이와 같은 각 경로구성원의 전문화는 상호의존성을 유발시켜 경로구성원들에게 협력적인 조직을 형성하게 하지만 각 경로구성원들은 협력적인 조직 내에서 서로의 이익을 추구하기 위해서 자치권을 극대화시킨다. 즉, 경로구성원들은 그들간 경로성과를 성취하기 위해서 상호의존성을 기반으로 협력적 조직을 형성하지만 추구하고자 하는 목표가 서로 다르고, 추구하고자 하는 영역이 서로 다르며, 상대방을 이해하는 과정이 서로 다르기 때문에 갈등이 나타나게 되며 이는 바로 경로갈등이 일어나게 되는 원천이 된다.

경로갈등은 학자에 따라 상이하게 정의하고 있으나, 일반적으로 "경로구성원이 자신의 목표를 성취하는 데 있어서 다른 경로구성원이 방해하거나 해롭게 하는 행동을 하고 있다고 지각하는 상황"으로 정의하고 있다.

4.2 경로갈등의 유형

경로갈등은 두 가지 범주에서 나누어 분류되고 있는데, 첫 번째 유통경로 수준에서의 분류방법과 두 번째 경로갈등의 생성단계에 따른 분류방법이 있다.

1) 유통경로 수준에 의한 분류

유통경로상에서 발생하는 갈등은 크게 수평적 갈등, 수직적 갈등, 업태간 갈등이 있다. 유통경로상에서 발생하는 갈등은 크게 세 가지 유형을 보인다.

첫째, 수평적 갈등(horizontal conflict)으로서 유통경로에서 동일한 계층에 있는 중간상 사이에서 발생하는 갈등을 의미하며, 이는 종래에는 주로 경쟁(competition)과 동일시되었으므로 미시경제학의 주요 연구분야였으나, 좀 더 자세히 살펴보면 전통적 의미의 경쟁과는 약간의 차이가 있다고 할 수 있다.

다음으로 업태간 갈등(intertype conflict)은 유통경로상 동일계층에 있는 상이한 업태의 중간상인들간 경쟁에서 기원하는 갈등으로, 이러한 업태간 갈등은 변화하는 시장현장에 반응하여 효율적으로 존속하는 방법을 보여주기도 하며 수직적 갈등의 잠재적인 원인으로 작용하기도 한다.

마지막으로 수직적 갈등(vertical conflict)은 유통경로 내의 상이한 계층에 종사하는 유통기관들 사이의 갈등을 말하는 것으로서, 다시 경로 내의 상이한 계층의 유통기관들이 동일한 시장을 대상으로 경쟁하는 데서 기원하는 수직적·경쟁적 갈등과 상이한 계층에서 목표 및 상황의 인식 방향을 달리하는 구성원간의 조직적·관리적 활동의 차이에서 기원하는 수직적·비경쟁적 갈등이 있다.

이 세 가지 유형의 갈등 가운데 마케팅경로에서 특히 문제가 되는 것은 수직적 갈등이다. 경로관리의 본질은 적절한 경로설계(channel design)를 개발하고, 구성원에게 동기부여를 하고 경로선도자의 통제에 순응하는 목표와 역할에 대한 구성원간의 협상을 유도하며, 의사소통이 원활히 되는 경로 의사소통 시스템을 개발하는 데 있다. 이러한 경로관리의 하나인 갈등관리의 목표는 경로 내의 갈등을 제거하는 데 있는 것이 아니라 건설적인 방향으로 갈등을 관리하는 데 있다.

2) 갈등의 생성단계에 의한 분류

갈등은 또한 그 생성단계에 따라 다음과 같은 다섯 단계로 분류할 수 있다.

① **잠재적 갈등**(latent conflict): 내재된 갈등상태로 갈등이 표출되기 이전의 상태를 의미한다.

② **지각된 갈등**(perceived conflict): 상대방에 대해 적대감이나 긴장을 지각하는 것을 말한다.

③ **감정적 갈등**(affective conflict): 상대방에 대해 적대감이나 긴장을 감정적으로 느끼는 것으로 갈등의 느낌(felt conflict)이라고 한다.

④ **표출된 갈등**(manifest conflict): 상대방의 목표달성을 방해할 정도의 갈등으로, 밖으로 드러난 상태의 갈등을 의미한다. 이 단계에서는 상대를 견제하고 해를 끼치기 위해 법적인 수단을 이용하며 경로를 떠나거나 상대를 쫓아내기 위해 힘을 행사하게 된다.

⑤ **갈등의 결과**(conflict aftermath): 갈등의 행동이 표출된 이후에 갈등이 해소되었거나 잠정적으로 억제되고 있는 상태를 나타낸다.

4.3 경로갈등의 원인

경로갈등은 경로단계에서 경로구성원간의 목표 불일치, 영역 불일치, 지각 불일치에 의해 발생하며 경로갈등은 불일치의 심화 정도(intensity), 횟수(frequency) 그리고 지속기간(duration)에 따라 그 정도가 달라진다.

① **목표 불일치**(goal divergence): 경로구성원간 서로 다른 목표는 양립될 수 없다. 즉 제조업체는 시장점유율을 증가시키기 위해 소매업체의 진열공간에 해당상품을 진입시키려고 노력하지만 이와는 대조적으로 소매업자는 판매에 공헌할 수 있는 신상품에 대해서만 관심을 갖는다. 이와 같은 경로구성원간 목표의 불일치는 갈등을 야기하는 원인이 되며 구성원간 만족스러운 목표를 성취하기가 어렵게 된다. 또한 관계마케팅을 방해하는 원천이 되기도 하는데, 경로의 수직적 통합은 이와 같은 목표 불일치를 사전(ex ante)에 방지할 수 있다.

② **영역 불일치**(domain dissensus): 영역 불일치에 관한 갈등은 경로구성원간 상권과 역할에 대한 견해 차이에서 발생하는 것으로, 상권의 범위, 토지나 건물의 소유여부, 점포운영의 자율성 확대 등의 역할에 대해 경로구성원간 인식이 서로 다르기 때문에 갈등이 나타나며 따라서 일정한 역할을 원활하게 수행할 수 있는 경로구성원간 권리와 의무가 수반될 때 갈등이 감소될 것이다.

③ **지각 불일치(differing perceptions of reality):** 실체(reality)에 대한 서로 다른 지각(perceptions)은 갈등의 중요한 원천 중 하나이다. 어떤 동일한 실체에 대해 서로 상이하게 지각하게 되는 원인은 상호간 활동배경이 근본적으로 다르며, 또한 상호간 의사소통의 전달과 부족에서 기인한다. 유통경로상에서 볼 때 소매업체가 제조업체의 유통기능을 오해하거나 잘못 인식함으로써 갈등을 유발하게 되는 경우가 많은데, 예를 들어 경로기능의 비효율성에 대해서 제조업체는 소매업체가 적정 수준의 안전재고를 유지하지 않은 것으로 인식하는 반면, 소매업체는 제조업체가 시장성있는 상품을 제때에 재공급하지 못했기 때문이라고 여긴다. 이러한 지각의 불일치는 정보의 형태나 양, 정보의 확산과정, 정보의 정확성 등 상호간 잘못된 이해와 이를 통해서 형성된 상이한 신념이나 가치, 태도가 갈등을 일으키는 원천이 된다.

경로갈등의 수준은 경로구성원간 분쟁(disagreements)의 심각성(intensity), 빈도(frequency), 갈등을 야기한 이슈의 중요성(importance)의 정도에 따라 3가지 유형으로 분류될 수 있다.

갈등의 심각성은 무심히 넘기려는 사소한 분쟁에서 파국(terminations), 소송(lawsuits), 이의신청(counter sanctioning) 등으로 표출된 갈등의 행동을 의미하며, 갈등의 빈도는 갑작스런 분쟁에서 빈번한 분쟁, 심지어는 격렬한 분쟁으로의 범위를 나타낸다. 갈등의 중요성은 제3의 영역을 나타낸 것으로 갈등을 야기한 계기가 된 이슈의 비중을 의미한다. 이와 같은 3가지 요인의 조합 정도에 따라서 경로구성원간 경로갈등의 저-중-고 수준이 분류될 수 있다.

4.4 경로갈등의 결과

경로갈등의 결과는 경로성과에 대한 부정적인 영향과 긍정적인 영향을 의미한다. 초기의 연구에서는 경로갈등의 결과를 부정적인 입장에서 보았으며, 경로갈등이 경로의 협조적인 관계를 저해하여 성과에 부정적인 영향을 주는 것으로 해석했다. 반면 최근의 연구에서 경로갈등의 결과를 긍정적인 입장에서 바라보고 경로갈등이 경로구성원간 유대감을 향상시켜 준다는 긍정적인 입장도 나타나고 있다.

① **경로갈등의 부정적 영향:** 경로갈등은 경로구성원들에게 비생산적이고 역기능적이기 때문에 경로성과에 부정적인 영향을 미치게 된다. 갈등의 가장 큰 역기능은 비용과 시간, 노력이 낭비된다는 것이다. 여기서 갈등은 경로구성원으로 하여금 독자적인 기능으로 수행하려는 원인을 제공하며 그에 따라서 전체 유통시스템을 비효율적으로 만든다. 또한 갈등이 심화되면 경로구성원간 신뢰수준이 떨어지게 되며 상호간 정보의 공유를 기피한다. 이러한 갈등에 의한 신뢰감소는 상호간 기능을 조정하는 수단으로 경로파워를 행사하게 한다.

② **경로갈등의 긍정적 영향:** 갈등이 반드시 역기능적인 것만은 아니며 기능적으로 경로성과에 긍정적인 영향을 주기도 한다. 즉, 적절한 수준의 갈등은 경로구성원들에게 건설적인 경로성과의 효과를 갖도록 하며 아래와 같은 경우가 이에 속한다.

첫째, 갈등의 원인을 찾기 위해 서로 과거행동을 비판적으로 검토하고 이를 시정하는 조치를 취함으로써 경로성과에 긍정적인 영향을 준다.

둘째, 경로구성원간 의사소통의 기회를 늘림으로써 정보교환을 활발하게 한다.

셋째, 갈등해결의 공식절차와 표준절차를 마련하는 데 도움을 준다.

넷째, 갈등해결을 위한 협회 등과 같은 기구를 통해서 경로구성원간 힘의 균형을 이루게 해준다.

경로갈등의 또다른 긍정적인 영향은 갈등 해결과정에서 상대방 경로구성원에 대해 이해할 수 있으며, 경로의 구조적 문제점을 검토하여 갈등의 원인을 파악할 수 있게 한다.

05 경로갈등의 해소와 관리

5.1 경로갈등의 해결방안

유통시스템의 성과를 높이기 위해서 경로구성원간 갈등은 해결 및 관리되어야 한다. 경로갈등의 해결방안은 먼저 경로구성원간 상호의존성 정도에 따른 기본적인 갈등 해결방안이 정립된 연후에 이를 실행할 수 있는 보다 구체적인 해결방안이 선별된다. 먼저 기본적인 갈등 해결방안은 해결방안의 수준에 따라 구분되는데, 상호의존성이 높은 경우 거래쌍방간 상위목표를 설정하여 현재의 갈등을 극복하는 초조직적(suppra-organizational)방법과 상호의존성이 중간정도일 때 인력을 상호 교환함으로써 지속적인 의사소통을 증가시키는 상호침투(inter-penetration)방법, 그리고 상호의존성이 낮을 때 협상(bargaining)이나 교섭(negotiation)을 통한 방법이 있다. 학자들은 기본적인 갈등 해결방안의 수준을 정보-집약적인 방법과 정보-보호적인 방법으로 구분하고 있다. 정보 집약적인 방법은 개방된 정보교환을 통해서 갈등해결을 모색하는 방안으로 정의하고 있으며, 구체적인 갈등 해결방안으로 경로외교관, 유통협회 가입, 인력교환, 호선 등을 제시하고 있다. 반면, 정보-보호적인 방법은 계약이나 위협 등과 같은 양보할 수 없거나 완고한 상태에서 갈등해결을 모색하는 방안으로 정의하고 구체적인 갈등해결방안으로 중재나 조정 등을 제시했다.

1) 정보집약적인 방안(information-intensive strategy)

① **경로외교관(channel diplomat)**: 경로갈등을 방지하거나 해결하는 방안으로, 고객서비스를 위해서 특정지역을 관할하는 유통관리자에게 전담시키는 방안이다. 이 경우 제조업체는 이들에게 품질결함에 대한 비용을 자사에 정산하도록 하고 모든 상품에 대한 완전한 품질보증을 위임한다.

② **유통협회 가입(joint membership in trade associations)**: 이는 문제해결 접근방안으로서, 주문이나 계산서 발송과 같은 갈등쟁점을 해결하기 위해서 범세계적인 상품코드를 개발하는 협회를 구성한다.

③ **인력교환(exchange of person)**: 정기적인 기간 동안 쌍방거래에 관여하는 인력을 파견하는 것으로 이를 통해 상호간 의사소통을 원활하게 함으로써 갈등을 방지할 수 있다. 제조업체는 자사의 이사를 소매점에 파견 근무시켜 소매점의 애로사항을 파악할 수 있으며 이는 특히 국제시장의 초국가적 기업들에게 많이 나타난다.

④ **호선(co-optation: 경로의사결정에 대표선임 참여)**: 이는 특정상품이나 서비스의 개발에 다양한 경로구성원들을 참여시켜 책임을 공유하는 방안이다.

2) 정보보호적인 방안(information-protecting strategy)

① **중재(mediation)**: 중재는 제3자가 조력가(helper) 또는 자문가(consultant)

로서 갈등해결에 개입하는 방법으로, 당사자들에 의해 해결되기 어려운 상황에 처하면 제3자는 당사자들에게 끝까지 협상을 계속할 것과 절차상의 혹은 실질적인 권고를 수용하도록 설득하게 된다. 즉, 중재에 나서는 제3자의 역할은 당사자들이 수용가능한 해결 방안에 합의할 수 있도록 도움을 주는 데 있으며 중재자는 당사자들의 목표와 그들이 공유하고 있는 정보 등을 이해하고 있어야 한다.

② **조정**(arbitration): 조정은 중재와 달리 제3자가 내리는 결정을 거래 쌍방이 의무적으로 수용하도록 하는 갈등 해결방안이다. 조정을 통한 해결은 긍정적인 면과 부정적인 면을 모두 지니는데, 갈등의 해결에 대한 평가시 객관성과 공정성의 유지 및 건설적인 입장에서 긍정적인 효과를 갖지만 갈등을 근본

표 4-2 경로구성원의 상황적 특성과 갈등 해소 방안

경로구성원의 상황적 특성[a]	갈등해소 방법[b]	
	쌍방 파워의 균형 상태	쌍방 파워의 불균형 상태
쟁점특성		
전례로 남을 가능성	Info-Protecting	Info-Protecting
상당한 이해관계	Info-Intensive	Info-Protecting
복잡성	Info-Intensive	Info-Protecting
갈등의 높은 순기능	Info-Intensive	Info-Intensive
관계특성		
긴밀한 관계지향	Info-Intensive	Info-Intensive
높은 의존성	Info-Intensive	Info-Protecting
높은 신뢰감	Info-Intensive	Info-Protecting
상당한 접촉빈도	Info-Intensive	Info-Intensive
경로구성원의 개성특성		
상당한 수준의 자치권 추구	Info-Protecting	Info-Protecting
강한 자부심	Info-Intensive	Info-Intensive
높은 유사성	Info-Intensive	Info-Intensive
환경적 특성		
넉넉한 풍요로움	Info-Intensive	Info-Intensive
높은 불확실성	Info-Intensive	Info-Protecting
구조적 특성		
강한 관료주의	Info-Protecting	Info-Protecting
상당한 수준의 조직적 통합	Info-Intensive	Info-Protecting

a 기술된 특성들은 갈등해결방법의 선별능력을 지닌 경로의 어느 한 당사자가 어떻게 시도하는가를 나타낸 것이다.
b "Info-Protecting"은 정보를 보호하는 갈등해결전략(Dant와 Schul의 저-위험 전략)이며, "Info-Intensive"는 정보 집약적 갈등해결방안(Dant와 Schul의 고-위험 전략)이다.

적으로 해결하지는 못하며 조정이 자주 사용될 경우 오히려 갈등이 증폭될 수 있다.

3) 경로갈등 해결방안의 선택

갈등과 관련하여 경로구성원들이 접하는 상황적인 특성은 ① 갈등의 쟁점 특성, ② 관계특성, ③ 경로구성원의 개성특성, ④ 환경적 특성, ⑤ 구조적 특성의 범주로 나누어지며, 각 특성의 요인과 경로구성원간 경로파워의 균형 또는 불균형적인 상태에 따라 정보집약적인 방안과 정보보호적인 방안으로 경로갈등 해결방안의 선택이 달라진다. 〈표 4-2〉는 경로구성원의 갈등과 관련한 상황적 특성과 경로파워의 균형 정도에 따른 경로갈등 해결방안을 제시한 것이다.

5.2 경로갈등의 관리

1) 경로파워

경로파워의 행사는 경로구성원에게 바람직한 경로행동을 유도하게 하고 이를 통해 경로갈등을 관리할 수 있으며 위협, 법률적 제소, 계약, 요구, 제안, 정보교환 등 설득적 의사전달 수단으로 경로갈등을 관리하는 데 유용하다. 경로파워는 파괴적인 특성을 지니기 때문에 경로갈등의 관리수단으로서 반드시 필요불가결한 것은 아니며 이는 바로 경로파워를 행사하기 이전에 갈등의 원천과 경로파워의 원천 간 관계를 고려해야 함을 의미한다. 예를 들어, 제조업자와 유통업자 간 목표 불일치에 의한 갈등은 인센티브를 활용하는 보상력을 통한 유인책으로 갈등을 효과적으로 감소시켜 경로성과에 긍정적인 영향을 줄 수 있다. 그리고 영역 불일치에 의한 갈등은 합법력을 행사함으로써 관리될 수 있다. 특정 상권에서 복수의 판매대리인을 활용함으로써 영역 불일치에 의한 갈등이 일어날 때, 제조업체는 합법력을 통해서 이를 수용하는 소수의 판매대리인을 선택할 수 있다. 또한 지각 불일치에 의한 갈등은 특별한 지식의 개발과 사용을 통한 전문력을 집행함으로써 해결할 수 있다.

이상의 예들은 파워원천의 유형에 따른 경로갈등 관리를 시사하는 것으로 파워의 원천을 유형적 파워원천(강압적, 보상적, 합법적 파워원천)과 무형적 파워원천(정보적, 준거적, 전문적 파워원천)으로 구분하여 각각의 원천유형을 적절히

그림 4-3 파워 원천별 경로갈등 관리

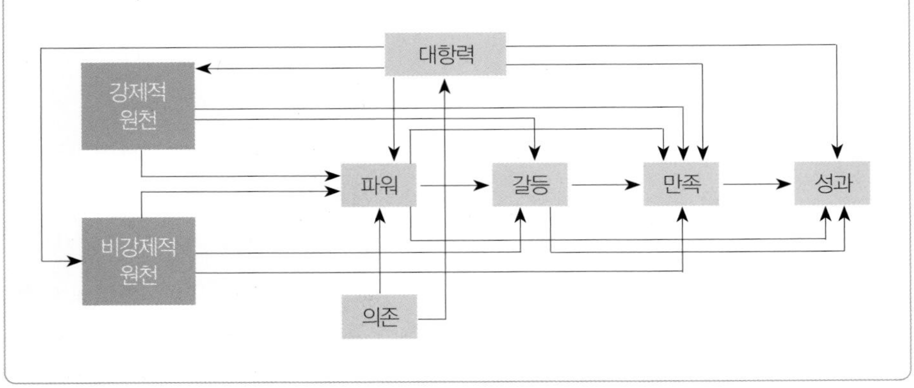

자료원: John F. Gaski, "The Theory of Power and Conflict in Channels of Distribution," *Journal of Marketing*, Vol.48, pp.9-24.

행사함으로써 경로갈등을 조절할 수 있다. 유형적 파워원천은 단기적인 경로행동을 수행하는 데 효과적이지만 높은 갈등을 야기할 수 있다는 점에서 경로성과에 부정적인 영향을 줄 수 있으며 반면, 무형적 파워원천은 경로구성원간 협력의 증대, 낮은 갈등 등을 가져올 수 있으므로 장기적인 측면에서 보다 효과적이다.

이와 같이 경로파워는 그 영향력을 통해 경로상에서 일어나는 경로갈등을 관리할 수 있으며 경로구성원의 만족을 통해 궁극적인 경로성과를 달성하는 데 직·간접적인 영향을 행사한다. [그림 4-3]은 경로파워의 원천을 강압적 파워원천과 비강압적 파워원천으로 구분하고 각각의 원천으로부터 나온 경로파워의 행사를 통한 경로갈등관리를 종합적으로 정리한 모델이다.

2) 리더십과 효과적인 경로관리

경로리더는 다른 구성원들의 마케팅 의사결정을 통제할 수 있는 경로구성원이다. 그러므로 경로 전체의 성과는 경로리더가 다른 경로구성원들을 얼마나 통제할 수 있느냐에 달려 있다. 그러나, 경로리더에게 다른 구성원에게 영향력을 행사하기 위해서 모든 마케팅기능에 대한 통제가 필요한 것은 아니다. 일반적으로 유통경로 내의 개별 경로구성원은 특정기능에 대해서만 전문성을 가지므로 경로리더는 소수의 마케팅기능에 대해서만 파워를 행사함으로써 효과적으로 경로구성원들을 통제할 수 있다.

3) 갈등과 협력

갈등과 협력의 균형을 유지하는 것은 매우 어려운 일이지만, 경로성과를 극대화하기 위해서는 반드시 필요하기 때문에 경로관리의 핵심이라 할 수 있다. 일반적으로 갈등을 적절히 관리하여 파국적 갈등을 해소하고 협력관계를 유지하기 위해서는 아래와 같은 세 가지 방법을 들 수 있다.

① **비강제적인 권한의 사용:** 경로구성원끼리 상호의존 관계에 있게 되면 상대방에 대해 어떤 종류의 힘을 행사하느냐에 따라 갈등보다는 협조적인 분위기를 창출할 수 있다. 협력을 유발시키는 즉, 상호도움이 되는 활동은 강제적인 힘보다는 비강제적인 힘과 관련이 있다.

② **갈등을 승화시키고 해결하는 제도적 장치의 마련:** 먼저 갈등을 승화시키기 위해서는 갈등 발생시 이를 해결할 수 있는 제도적 장치를 마련해 두는 방법이 있다. 이러한 장치로는 쌍방이 신뢰할 수 있는 제3자, 단체, 정부기관 등을 들 수 있다.

③ **협력적인 분위기의 조성:** 비강제적인 힘의 사용이나 갈등 승화 및 해결의 제도적 장치를 마련하는 것 등은 간접적인 협력방안이다. 이제는 보다 적극적인 협력방안에 대해 논의하기로 한다. 이는 쌍방 중 어느 쪽이 리더십을 발휘하여 보다 적극적으로 협력방안을 모색하는가를 의미한다. 경로선도자가 경로구성원들의 협력을 유도하기 위해서는 다음과 같은 분위기를 마련하는 것이 필요하다.

- 경로전반적인 정책이나 절차 등을 결정할 때는 다른 구성원들의 의견을 충분히 수렴하고 아울러 의사결정에 참여시킨다. (participative leadership)
- 경로선도자로서 다른 구성원에 대한 배려가 있어야 한다. 예컨대 구성원간의 신뢰, 상호존중, 복지 등과 구성원의 욕구를 고려하여 이를 달성할 수 있도록 해야 한다는 것이다. (supportive leadership)
- 구성원들이 맡아야 될 역할이나 기능이 불분명할 때는 이를 적절히 할당하고 의사소통의 통로를 설치하는 것이 필요하다. (directive leadership)
- 경로구성원들의 공헌과 보상이 일치하도록 해야 한다. 여러 주체가 같이 일을 하게 되면 공헌과 보상에서 흔히 불만족이 생기는 경우가 많다. 목표에의 공헌정도를 정확히 측정하지 못하면 그 다음부터는 책임을 회피하는 기회주의(opportunism)에 노출되게 되어 상호 의존관계 그 자체를 위태롭게 할 수 있음을 명심해야 한다.

5.3 제조업체와 소매업체 간의 갈등

근래에 인터넷을 이용한 온라인 채널이 등장하면서 기존의 오프라인 유통경로와 온라인 유통경로 간의 경쟁이 치열해지고, 이들간에 갈등이 생성됨으로써 양 경로를 모두 이용하는 업체들에게는 양자간의 갈등을 관리하는 것이 매우 중요한 이슈가 되고 있다. 기업이 새로운 유통채널인 인터넷과 기존에 보유하고 있는 유통채널 간의 갈등을 해결하기 위한 전략을 수립할 때 당면하는 네가지 이슈가 있다.

첫째, 새로운 인터넷 채널과 기존 유통채널 간의 사업영역의 구분이다. 기존 유통업체와의 갈등을 최소화하기 위해 유통업체가 판매하는 상품이나 서비스와는 차별화된 새로운 상품과 서비스를 인터넷에서 제공할 것인가, 또는 기존 유통업체가 목표로 하지 않는 새로운 고객이나 지역을 대상으로 인터넷 사업을 모색할 것인가 하는 문제이다.

둘째, 브랜드에 관한 결정으로, 기존 상품과 서비스의 브랜드명을 유지할 것인지, 아니면 다른 새로운 인터넷 브랜드를 시작할 것인지, 또는 새로운 브랜드로만 구성된 순수 인터넷 업체를 설립할 것인가에 대한 문제이다.

셋째, 가격책정에 관한 것으로서, 인터넷 채널에서 제공하는 상품과 서비스의 가격을 기존 업체보다 낮은 가격, 혹은 높은 가격을 설정함으로써 가격차별화를 통한 유통채널간 갈등을 최소화하는 문제이다. 마지막으로, 기존 유통업체와의 관계설정이다. 새로 시작하는 인터넷 사업을 기존 유통업체의 서비스를 보완하기 위한 것을 목적으로 할 것인지, 인터넷 사업을 제조업체가 추진하지 않고 대규모 유통업체를 통해 추진할 것인지, 아니면 기존 유통업체의 유통채널과 직접적인 경쟁관계의 인터넷 채널을 추진할 것인지 등에 관한 것이다.

장기적인 관점에서 현재 나타나고 있는 인터넷 채널과 기존 유통 채널 간의 갈등은 앞으로 새로운 협력단계로 발전하게 될 것이다. 이런 견지에서 새로운 유통채널로 인터넷 사업을 진행할 때 가장 중요하게 고려해야 할 점은 기존 판매채널과의 갈등을 최소화하기보다는 채널간 시너지 효과의 극대화에 중점을 둬야 한다는 사실이다. 어떻게 하면 유통업체와의 협력을 통해 고객에게 더 많은 가치를 제공할 수 있느냐에 전략적 비중을 옮겨야 한다는 것이다. 기업과 유통업체들은 현재 당면하고 있는 채널간 갈등의 해결보다는 양 채널이 보유하고 있는 고객정보, 상품 및 서비스의 가격정보, 브랜드와 같은 무형자산의 공유를 통해 더욱 현명해지고 강해진 소비자를 확보하고 만족시키기 위한 고객위주의 접근 방식을 취해야 한다.

유통채널 갈등을 해결하기 위해 인터넷을 통해 새로운 판매 및 마케팅 채널을 시작하고자 하는 기업은 세 가지 전략적 선택을 고려할 수 있다. 선진기업들은 이러한 유통채널 갈등을 해결하기 위한 전략적 방법을 시도해 새로운 형태의 인터넷 사업을 정착시켜 나가는 중이다. 이러한 갈등을 잘 극복한 선진기업들의 몇 가지 사례를 살펴본다.

① **포드-두 채널의 상호 보완:** 기존 유통채널을 보완하는 방식으로 인터넷 채널을 전개하는 방법이다. 인터넷을 기존 유통채널에서 제공하는 서비스를 보완하는 부가적인 새로운 채널이라는 입장에서 접근함으로써 현재 고객을 유지하기 위한 전략적 측면을 강조한다. 제조업체는 인터넷 채널을 이용해 기존 유통업체의 서비스를 보완, 강화하는 충분한 정보를 제공하고 또 상품에 대한 광고도 실시한다.

포드는 야후와의 전략적 제휴를 통해 기존 유통업체인 자동차 판매상의 서비스를 보완, 또는 강화하는 인터넷 전략을 실행하고 있다. 포드는 야후의 자동차 사이트와 포드닷컴에서 포드 자동차 소유자와 신규 고객에게 정비서비스 예약, 자동차에 대한 정보제공, 포드 엔지니어들과의 온라인 대화, 자동차 여행계획, 대도시 교통정보 등의 인터넷 서비스를 제공한다. 이를 통해 기존 유통채널의 서비스를 보완, 강화시키고 있다. 그러나 포드는 인터넷 채널을 통한 직접 판매를 실시하고 있지는 않으며, 인터넷에 유통업자를 연결시켜 유통업자가 직접 판매하게 하고 있다. 기존 자동차 판매유통업체들의 인터넷 채널에 대한 강한 반발로 인한 손실이 인터넷 판매로 인한 이익을 훨씬 능가하기 때문이다.

② **나이키-두 채널의 차별화:** 기존 유통업체들이 제공하는 것과는 차별되는 다른 새로운 상품, 서비스, 고객을 대상으로 인터넷 사업을 추진해 새로운 인터넷 시장을 형성하는 것이다. 기존 상품과 서비스보다 부가가치가 높은 상품을 기존 고객이 아닌 새로운 특정 고객을 대상으로 인터넷을 통해 직접 판매하면서 새로운 인터넷 시장을 구축하는 것이다.

나이키는 운동화를 포함한 스포츠 용품을 인터넷을 통해 판매하기 시작하면서 기존 유통업자들의 강력한 반발로 인터넷 사업부문에 치명적 악영향을 받을 것이라고 판단했다. 따라서 나이키는 기존 유통업자들이 제공하는 상품,

서비스와는 차별화된 새로운 틈새시장을 공략하는 인터넷 채널 전략을 구사하기 시작했다. 나이키의 홈페이지에 접속하면 인터넷 고객은 구매하고자 하는 운동화의 색상과 디자인, 자신만의 ID를 선택할 수 있으며, 구매하기 전에 자신의 운동화가 어떻게 생겼는지를 인터넷 화면상에서 직접 확인할 수 있다. 나이키는 또한 가격 차별화 전략을 채택해 상품 가격을 기존 유통업체의 판매가격보다 10달러 이상 높게 책정했다. 디자인 비용과 배달비용을 포함해서다. 즉, 나이키는 기존 유통업체와 갈등을 겪지 않을 수 있는 상품과 서비스를 인터넷을 통해 증대해 나가고 있다.

③ **뱅크원-두 채널간 경쟁 전략:** 인터넷 채널과 기존 채널과의 경쟁을 통해 기존 채널의 저항을 극복하는 것이다. 인터넷을 통해 성장 가능성이 있고, 기존 채널과의 갈등이 심하지 않은 경우 이런 전략을 선택할 수 있다. 뱅크원은 인터넷 금융서비스를 강화하기 위해 2가지의 인터넷 브랜드를 만들었다. 먼저, 뱅크원닷컴이라는 인터넷 서비스를 실시해 기존 고객 중 뱅크원으로부터 인터넷뱅킹 서비스를 원하는 고객을 목표로 부가적인 서비스를 제공하기 시작했다. 또한, 뱅크원은 새로운 브랜드로 독립적인 인터넷 금융서비스 기업인 윙스팬닷컴을 설립해 뱅크원에서 제공하지 않는 다양한 종류의 금융상품 및 서비스를 제공한다. 윙스팬닷컴은 현재 인터넷상에서 은행업무, 자산관리, 주식거래 중개, 보험대리인 업무 등의 종합금융서비스를 제공하고 있다. 기존의 뱅크원이 제공하는 서비스나 상품과는 차별되는 인터넷 전략을 채택한 것이다.

연습 문제

1. 경로행동관리의 체계에 대해 설명하시오.
2. 경로파워의 6가지 유형을 비교하여 설명하시오.
3. 최근 국내 소매업태에서 강력한 경로리더십을 갖는 업태 및 업체를 지적하고 설명하시오.
4. 경로구성원의 상황적 특성과 갈등해소 방안을 설명하시오.

제 5 장　제조업체의 유통관리(Ⅳ): 유통과 타 마케팅 변수의 조화

1. 유통경로의사결정과 상품관리
2. 유통경로의사결정과 가격관리
3. 유통경로의사결정과 촉진관리

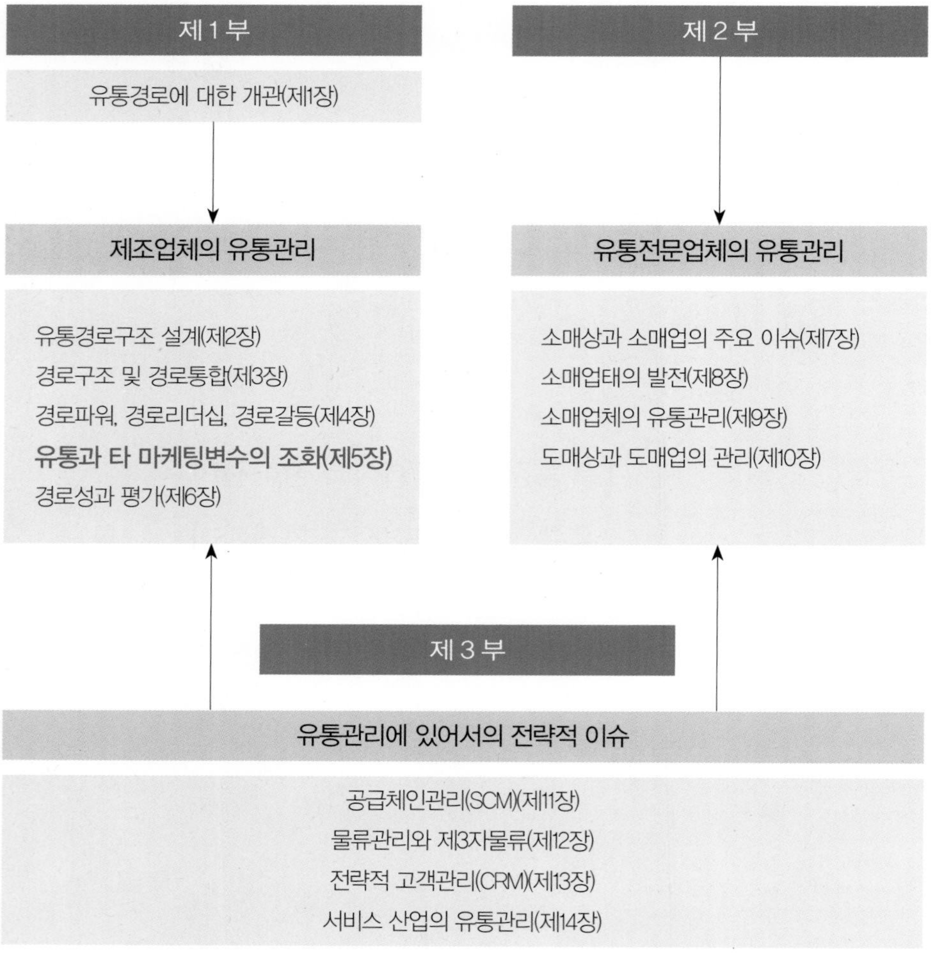
제 1 부
유통경로에 대한 개관(제1장)
제조업체의 유통관리
유통경로구조 설계(제2장)
경로구조 및 경로통합(제3장)
경로파워, 경로리더십, 경로갈등(제4장)
유통과 타 마케팅변수의 조화(제5장)
경로성과 평가(제6장)
제 2 부
유통전문업체의 유통관리
소매상과 소매업의 주요 이슈(제7장)
소매업태의 발전(제8장)
소매업체의 유통관리(제9장)
도매상과 도매업의 관리(제10장)
제 3 부
유통관리에 있어서의 전략적 이슈
공급체인관리(SCM)(제11장)
물류관리와 제3자물류(제12장)
전략적 고객관리(CRM)(제13장)
서비스 산업의 유통관리(제14장)

유통 뉴스 [백화점] 美 오프라인 부활 성공, 우리는?'

백엔드 혁신으로 옴니채널 구현

온라인 유통공룡 '아마존'에 맞서 '타깃' '노드스트롬' '월마트' '콜스' 등 미국 대표 오프라인 유통이 화려하게 부활했다. 이들 기업들의 올해 상반기 성적표를 들여다보면 그동안의 매출 부진을 씻고 괄목할 만한 성장을 일궈냈다. 대형마트 '타깃(Target)'은 매장 트래픽 6%, 매출 7%, 동일매장 성장률 5%, 디지털 판매 41%, 수익 7% 증가 등 눈에 띌 만한 지표를 쏟아냈다.

월마트 역시 10년 만의 기록 경신으로 동일매장 매출 5%, 전자상거래 매출 40% 성장을 일궈냈다. 백화점인 '노드스트롬'의 경우 매출 7%에 순이익은 무려 47%나 증가하는 놀라운 성과를 만들어 냈고 '콜스' 역시 매출 3%, 동일매장 실적 5% 신장을 만들어 냈다.

반면 미국 최대 소매기업으로 한 시대를 풍미한 132년 역사의 '시어스'는 결국 10월15일자로 뉴욕법원에 파산보호 신청을 냈다. 카탈로그 쇼핑으로 미국 중산층의 소비문화를 주도했던 시어스는 과거의 영화를 뒤로하고 현재 1500억원이 넘는 빚더미에 허덕거리고 있다.

제대로 된 이커머스 & 풀필먼트 → 재고 최적화

파산으로 무대 위에서 내려온 시어즈와 달리 이들 미국 오프라인 기업들이 화려하게 부활할 수 있던 비결은 무엇일까? 기존 사업의 트랜스포메이션, 즉 백엔드(Back End)단의 혁신을 통해 기업 성장을 일궈낸 공통점을 갖고 있다. 급성장하고 있는 이커머스 시장에 효율적으로 대처해 궁극적으로 옴니채널(Omni Channel)을 구현한 것이 적중한 셈이다.

일례로 '타깃'은 창고와 매장의 재고가 통합돼 있어 온라인 구매 시 매장 픽오더의 95%가 1시간 내에 대응하는 수준까지 올라왔다. 매장 최적화 작업을 위해 소형 포맷매장 7개에서 테스트를 진행 중이며 상품 최적화를 위해 PB상품을 집중 개발하고 있다.

'노드스트롬'은 납품업체와 재고 데이터 통합으로 온라인 주문 시 즉시 업체에서 직배송하는 시스템을 구축했다. 평효율을 끌어올리기 위해 쇼룸형 매장을 늘려 가는 중이며, 인스타그램 등에서 뜨는 브랜드는 바로 전략 브랜드로 유치하는 등 발 빠르게 움직이고 있다.

평효율 추구 → 작은 매장 지향+매장 재배치

'메이시스'는 상품 생산 시 RFID를 도입해 재고흐름을 한눈에 파악할 수 있도록 하고 있으며, '콜스'는 기존 스토어를 소규모로 줄이는 작업을 통해 매장 보유 재고 효율 증대와 평당매출 7% 증가라는 결과물을 만들어 냈다.

오프라인 중심이던 이들 기업들은 백엔드단의 변화를 적극 모색한 결과 이커머스가 제대로 작동하고, 자연스럽게 오프라인 매장으로도 트래픽이 늘어나는 선순환 효과를 만들어 냈다. 그 결과 전자상거래는 40%대의 폭발 성장을 이루고, 동일 오프라인 매장은 5%대 매출이 늘면서 두 자릿수의 순이익 증가라는 놀라운 지표를 만들어 낸 것이다.

IT솔루션 업체인 커머스랩의 김준태 대표는 시장의 판이 바뀌는 변혁기에는 시장의 위기를 헤지(hedge)하는 데 우선 투자해야 한다고 강조한다. 특히 한국 패션시장이 성숙기 내지 쇠퇴기에 진입한 만큼 신규 브랜드 론칭과 같은 기존 성장 모델보다는 기업 내부 백엔드 영역에 대한 투자가 좀 더 적극적으로 이뤄져야 한다고 덧붙인다.

상품 최적화 → 전략 브랜드 발굴, 마케팅 집중

그는 "백엔드단의 변화를 위해서는 3대 실행전략이 필요합니다. 첫 번째로 창고와 매장의 재고 정보가 하나로 통합돼야 합니다. 현실은 전혀 그렇지가 못해요. 매장은 둘째치고 오프라인과 온라인의 재고도 각각 분리돼 있어 서로 헤게모니 싸움만 하고 있어요. 가장 중요한 고객 밀착 대응을 못하고 있는 거죠. 두 번째로 인건비와 보유재고를 줄이고, 지역 맞춤 상품 구성을 위한 매장 최적화 작업이 이뤄져야 합니다. 과거에는 매장 대형화가 '선(善)'이었지만 지금은 최적화해야 합니다. 세 번째로 각자의 전략 브랜드를 발굴하고 여기에 마케팅 및 판매를 집중해야 합니다. 온라인 전용상품의 개발이 대안이 될 수 있겠죠"라고 강조한다.

백엔드단의 변화와 더불어 고객 체험과 소통을 강화하면서 오프라인의 부활을 이끈 곳은 '애플스토어'와 '노드스트롬' 등을 손꼽을 수 있다. 애플은 매장을 제품 진열이 아니라 제품 체험으로 콘셉트를 바꾸면서 고객과 소통하는 공간으로 변화를 꾀했다. 쾌적한 인테리어는 기본이고, 다양한 최신 제품을 직접 체험해 볼 수 있어서 언제나 고객 발길이 끊이지 않는다.

과잉생산과 공급량 조절 실패 → 비효율 양산

국내에도 서울 강남구 가로수길점에 1297㎡ 규모로 첫 직영 매장이 오픈했다. 이곳 매장은 판매만을 전담하는 다른 리셀러숍과 달리 애플 본사에서 직접 관리하며 상품 판매부터 A/S까지 원스톱 서비스를 제공하고 있다.

이곳 애플스토어의 힘은 실로 대단했다. 4~5년 전부터 '사스' '사드배치' 등 이런저런 악재로 가로수길을 찾는 유동인구가 확 줄었으나 올해 애플스토어 오픈 이후 다시 활기를 띠는 분위기다. 올해 들어서만 이곳 가로수길에는 '메종키츠네' '스케쳐스엔젤스' '그리니티' '디스커버리' 등이 속속 둥지를 틀면서 다시금 핫 스폿으로 주목받고 있다.

'노드스트롬'은 쇼룸형 매장 오픈으로 고객 체험과 소통을 강화하는 전략을 실행에 옮기고 있다. 기존 백화점 규모의 1/50 면적에 샘플로만 구성된 쇼룸형 매장에서 고객들은 온라인에서 구매한 상품을 입어 보고 마음에 안 들면 바로 환불하는 '드롭 & 고(Drop & Go)' 정책을 도입한 것. 스타일리스트와 재단사가 상주해 맞춤옷 제작이나 수선도

가능하다. '노드스트롬'의 이러한 노력은 고전하는 미국 백화점 사이에서 단연 빛을 발하며 주요 백화점 중 유일하게 매출이 늘어나는 추세다.

'미래 기회'보다는 '위기 분산'에 우선 투자를

이들 미국 오프라인들과 달리 국내 패션업계는 과잉생산과 공급량 조절 실패로 리스크가 커질 대로 커져 있다. 과당경쟁 과열경쟁으로 비효율만 양산한 셈이다. 이제 기업 내부와 외부의 네트워킹을 디지털화해 속도와 효율을 높여야 한다. 신사업 발굴과 원가절감으로 기업 성장을 도모하는 전략도 중요하지만, 앞서 언급한 미국 오프라인 기업들의 사례처럼 백엔드단의 변화와 고객에게 새로운 가치제공을 통해 기업의 양적 · 질적 성장을 도모할 수 있는 기회를 찾아야 한다.

미래학자 최윤식 박사가 강조한 '미래의 기회는 우리의 생각보다 늦게 오고, 미래의 위기는 생각보다 빨리 온다'는 말처럼 지금 우리는 빠른 속도로 다가오는 미래의 위기를 분산하기 위한 트랜스포메이션이 절실하다. 미래 투자에서 대부분의 실수는 이것을 거꾸로 적용해서 발생하고 있다.

지금 국내 패션기업들은 4차 산업혁명이라는 거대한 파도에 휩쓸리지 않기 위해 미래의 기회를 찾는 것보다 미래의 위기를 헤지(hedge)하기 위해 더 빨리 움직여야 한다. 백엔드단의 디지털화에 최고경영자의 투자나 혁신의 의지가 그 어느 때보다 절실한 시점이다.

학 | 습 | 목 | 표

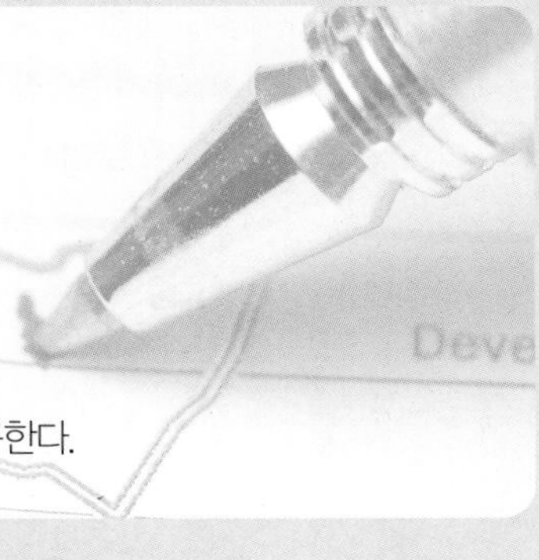

1. 마케팅믹스의 전반적인 개념에 대해 우선 학습한다.
2. 유통경로 의사결정과 상품관리의 관련에 대해 알아본다.
3. 유통경로 의사결정과 가격관리의 관련에 대해 이해한다.
4. 유통경로 의사결정과 촉진관리의 관련에 대해 살펴본다.
5. 유통경로 의사결정과 전반적인 마케팅믹스 간 유기적 통합방안에 대해 연구한다.

01 유통경로의사결정과 상품관리

유통관리활동은 기업의 마케팅전략의 모든 면과 관련을 가지며 연계되어 있고 더욱이 상품을 다루는 전략과 그에 대한 의사결정은 경로구조의 설계에 결정적인 역할을 한다. 이에 여기서는 특히 상품속성, 신상품개발, 상품수명주기, 그리고 상표전략 등이 유통전략에 미치는 영향에 대해서 살펴보기로 한다.

1.1 상품속성

한 상품은 실제로 어떤 속성들의 묶음이고 그런 속성은 경로설계에 중요한 함축성을 가지고 있다. 단가, 부패성(perishability), 취급특성, 기술적 복잡성, 그리고 표준화는 적절한 경로설계의 핵심적 결정요소이다.

① **단가:** 낮은 단가를 가진 상품은 일반적으로 다양한 유통수준을 통해서 이동하며 보다 긴 유통경로를 지닌다. 이러한 상품은 제조업자가 경로를 통제할 수 있는 직접적인 유통방식을 취하기 어려운데, 이는 단가가 낮음으로 인해 충분한 이윤을 확보하기가 어렵기 때문이다. 그러므로 식료품, 건강/미용 보조식품과 같은 소비재들은 많은 중간상들이 개입되어 있다. 이와 마찬가지로 사무기기나 유지·보수 부품과 같은 산업재들도 산업재 유통상을 거쳐 최종소비자에게 도달하게 된다. 반대로 높은 단가를 가진 상품은 보다 직접적인 유통경로를 이용할 수 있을 정도로 충분한 이윤을 낼 수 있다.

이와 같은 경우에 있어서는 유통비용이 전체 상품가치에 비해 낮은 비율을 가지게 됨으로써 제조업자가 쉽게 그 비용을 흡수할 수 있다. 또한 단가는 비록 많은 예외가 존재한다 할지라도 유통경로의 커버리지 전략과 밀접한 관계를 가지고 있다. 일반적으로 낮은 단가의 상품들은 고객들에 의해 편의품으로 여겨지는 경우가 많고, 이에 개방적인 유통경로(intensive distribution channel)가 필요하다. 보다 높은 단가를 지닌 상품은 선매품이나(shopping goods) 전문품으로 취급되는 경향이 있고, 선택적 유통경로(selective distribution channel)나 전속적 유통경로(exclusive distribution channel)를 이용하는 경우가 많다.

② **부패성:** 부패성은 경로설계에 영향을 주는 또다른 상품속성이다. 신선한 농산물이나 생선과 같은 높은 부패성을 지닌 상품은 이동과 취급을 지연할수록 부패의 위험이 증가하므로 대개 직접적인 유통경로가 필요하다. 부패성은 물리적인 퇴화에만 한정되는 것이 아니라 상품수명주기가 단기적인 상품과도 관련을 가진다. 즉, 고급 패션의류, 고급 수입자동차와 같은 상품들은 직접유통를 이용하게 된다.

③ **중량:** 중량이 많이 나가고 깨지기 쉽고 부피가 크거나 혹은 취급에 따른 어려움이 있는 상품은 대부분 보다 직접적인 유통경로를 이용하게 된다. 그와 같은 상품은 취급의 어려움 때문에 각각의 회전율에 따라서 비용이 기하급수적으로 증가하게 된다. 또한 유통단계가 길어지면 빈번한 선적과 하역의 과정을 거쳐야 하므로 손상을 입을 위험성이 커진다. 따라서 유통단계를 줄임으로써 유통비용이 감소될 수 있는 상품의 경우는 직접 유통경로를 이용하는 것이 바람직하다.

④ **기술적인 복잡성:** 기술적으로 복잡한 상품은 정확한 서비스, 혹은 상품의 전시에 있어서 고도로 훈련된 판매원이 필요하며 이로 인해 직접적인 유통경로가 요구된다. 산업재뿐만 아니라 일부 소비재도 이러한 범주에 넣을 수 있다. 예컨대, 1980년대 초 PC 제조업자들이 겪은 심각한 문제 중의 하나는 소매점 판매원들의 기술적인 능력이 부족하다는 것이었다. 이런 이유 때문에 제조업자가 그들이 생산한 컴퓨터를 직영점포를 통하여 판매하거나 혹은 고객들에게 보다 정확한 정보나 기술서비스를 제공할 수 있는 점포를 찾아야만 했다. 즉 선택적인 유통경로 전략을 사용할 수밖에 없었던 것이다.

⑤ **표준화:** 상품표준화는 종종 기술적인 복잡성과 관련을 가지고 있으며, 표준화의 정도가 낮을수록 유통경로에서 보다 많은 기술적인 지식과 서비스의 제공이 요구된다. 고객들이 차별적이고 독자적인 욕구를 가지면 가질수록 상품은 그들의 욕구에 적합하도록 만들어져야 하고, 보다 특성화된 서비스를 제공할 수 있는 직접 유통경로가 요구되는 것이다. 그러므로 산업재 장비들이나 패션의류 등은 제조업자와 구매자 간에 보다 직접적인 접촉이 요구된다. 그러나 고객의 욕구가 표준화되어 있고 고객별로 특수한 욕구를 충족시킬 필요가 없는 경우에는 상품 및 서비스의 표준화가 가능하고, 유통기능을 중간상에게 충분히 위양할 수 있는 간접 유통경로를 이용할 수 있다.

1.2 신상품 개발

어떤 경로구성원에 의해 수행될 수 있는 신상품 개발활동은 경로구성원들의 구조와 판매성과에 중요한 영향을 준다. '신상품'이라는 단어가 몇 가지 의미를 가질 수 있지만 일반적으로 아직까지 시장에 진입하지 않는 새로운 상품에 적용되는 단어이다. 아래에서는 제조업자와 중간상의 신상품 개발노력과 유통경로 설계와의 상호관련성에 대해 알아보고자 한다.

1) 제조업자 측면

매년 각 산업의 제조업자들은 수천 가지의 신상품을 개발한다. 식료품산업의 경우 매년 2,000개 이상의 신상품이 시장에 소개되는 것으로 추정된다. 이런 신상품의 소개는 유통경로에 중요한 영향을 주고, 유통경로구성원 또한 제조업자의 노력이 성공하는 데 중요한 영향을 준다. 대부분의 제조업자에게 있어 기존의 유통경로는 신상품의 진입에 있어 중요한 성공요인으로 작용한다. 만약 기존의 유통경로와 다른 새로운 유통경로 구조를 이용하여 유통시키려 할 때는 신상품 개발과정에서 미리 대안적 유통경로 구조를 고려하여야 한다.

신상품이 기술적으로 우수하고 고객욕구 충족능력이 뛰어나다 하더라도, 상품개발시에 유통경로에 대한 충분한 고려를 하지 않으면 시장에서 실패하는 심각한 결과를 초래할 수 있다. 이 점은 신상품이 기존 상품과 기술적인 면에서나 수요측면에서 밀접하게 관련을 갖고 있는 상품이라 하더라도 마찬가지이다. 신상품이 기존 상품에 비해 크기가 다르거나 색상, 디자인 등 기타 기존 상품과의 미세한 차이조차도 기존경로의 반발을 야기하거나 취급을 하지 않으려 하는 등 강력한 경로반발을 초래할 수 있다. 식료품산업의 경우, 일부 소매상들은 몇몇 제조업자들에게 이른바 신상품을 신규로 진열대에 진열하는 것에 대한 대가로 이른바 '선반진열비(slotting allowance)'를 요구하기도 한다. 게다가 몇몇 소매점들은 신상품들을 전시하는 대신에 기존 상품을 모두 수거해 가도록 요구하기도 한다.

신상품 개발에 따라 기존 유통경로를 변경하여야 하거나 새로운 유통경로가 필요한 경우에는 제조업자는 이에 매우 조심스럽게 대처해야 한다. 많은 제조업자의 경우 상품을 확산시키거나 경로를 다양화하는 데 어떤 한계를 가질 수 있으며, 그들이 익숙하지 않은 유통경로에서는 전문력이나 정보력을 가지기가 어려워 경로관리를 위한 충분한 경로파워를 가질 수 없기 때문이다.

2) 중간상 측면

도매상과 소매상 역시 신상품 개발에 어느 정도의 영향력을 가질 수 있다. 취급상품의 구색에 있어서 폭과 깊이를 확장시키고자 하는 경우 레이아웃과 진열의 수정을 필요로 한다. 즉, 상품의 공급원천이 재조정되어야 하고 새로운 관계형성이 이루어져야 하며 기존의 구색에 있는 상품이 제외되거나 최소한 어느 정도는 제한되어야 한다. 여기에서 제조업자나 중간상 사이에는 양립할 수 없는 목표의 상반성이 존재하게 되고 이는 양자간 잠재적 갈등의 원인이 되기도 한다. 제조업자는 그들의 상품만이 도소매상의 구색에 추가되기를 원하겠지만 도매상과 소매상들은 기본적으로 여러 공급업자들의 상품으로 구성된 포트폴리오에 더 관심을 가지고 있기 때문이다.

또한 중간상들은 제조업자의 신상품개발에 있어서 아이디어의 원천으로 기능할 수도 있다. 유통경로에 있어서 그들의 고객에 대한 근접성이 이러한 것을 가능하게 하고 종종 상당한 피드백과 정보를 제조업자에게 제공하기도 한다.

1.3 상품수명주기(product life cycle)

상품수명주기는 각 상품들이 시간의 경과에 따라 진행되어가는 단계를 설명해 주고 있다. 이것은 또한 도입기, 성장기, 성숙기 그리고 쇠퇴기에 걸쳐 상품의 판매와 수익성이 어떻게 변하는지를 보여주기도 하고 더 나아가 각 수명주기의 단계에 있어 유통전략을 수립하는 데 상당한 분석의 틀을 제공한다.

① **도입기:** 신상품의 도입기는 유통경로에서 상당한 저항을 일으키는 것으로 일반적으로 알려져 있다. 집중적인 개방경로 정책을 통해 시장 커버리지를 확대하기를 원하는 제조업자들은 중간상들이 그들의 상품구색 때문에 여기에 저항할 경우 목표를 달성하기가 어려워질 것이다. 따라서 많은 제조업자들은 이 기간 동안에는 특정한 지리적 범위 내로 시장 커버리지를 제한하는 것이 보다 바람직할 것이다. 그러나 수요가 갑자기 치솟을 경우에는 경로를 혼란시킬 수도 있다. 질레트 센서 면도기의 경우, 질레트가 새로운 센서 면도기와 날을 소개했을 때 고객들의 수용속도가 예상보다 매우 빨랐는데 충분한 커버리지를 확보하지 못해 도입기에 상당한 경로 혼란을 경험한 바 있다. 그리고 생

산량도 도입기를 전제로 한 것이어서 심각한 물량부족을 경험하였고, 시장에 도입되자마자 곧 새로운 생산공장이 필요하게 되었다. 고객들의 강력한 수용은 소매점들이 그들의 최초의 재고를 빨리 소진시킨다는 의미와 같은 것이다. 질레트는 가능한 모든 생산라인을 가동시켰지만 재공급에 대한 주문을 충족시키기가 불가능하였다. 이런 문제들 때문에 경로관계는 심각한 손상을 입었고 몇몇 소매점들로 하여금 이 상품을 포기하게끔 만들었다.

가정용 컴퓨터가 처음 시장에 나왔을 때, 컴퓨터 전문점이나 장난감점포 혹은 취미상품을 취급하는 상점에서 유통되었다. 가정용 컴퓨터를 구매하는 대부분의 혁신자와 초기 채택자들은 이런 점포에서 효과적으로 구매를 할 수 있었다. 상품의 도입기에서 대규모로 유통을 하는 것이 아주 효과적이지 않을 수 있다. 왜냐하면 더 많은 구전효과(word-of mouth)가 이런 상품을 구매하고자 하는 후발 구매자에게 필요하기 때문에 시간이 좀 더 지나야 대규모 유통이 필요하게 된다.

② **성장기:** 신상품의 도입이 성공적인 것으로 나타나면 시장의 성장이 빨라지고 경쟁자들이 그 시장으로 진입하기 시작하며 전체적인 시장수요가 증가하게 된다. 유통구조는 새로운 지역으로 확대되고 증가된 수요 강도는 경쟁적인 상황으로 이끌게 된다. 이 단계에서의 핵심적인 유통업무는 상품의 이용가능성(availability)을 높이는 것이고, 보다 높은 시장침투를 달성해야 하는 것이다. 만약 시장의 성장이 늦어질 경우 증가되어가는 경쟁 때문에 중간상에게 가격과 촉진의 혜택을 더 주어야 하며 다양한 경쟁자들이 유통망 확보를 위하여 서로 싸우게 된다. 따라서 이 단계에서는 도입기에 선택적 경로 정책을 이용하던 기업도 시장 커버리지를 확대하고 이용가능성을 높이기 위해 개방경로 정책으로 바꾸어야 할 것이다.

③ **성숙기:** 성숙기에는 판매가 안정되고, 경쟁이 심화되기 때문에 중간상들의 마진이 감소하게 되며, 따라서 중간상들은 가격할인과 촉진증대와 같은 마케팅믹스의 수정을 제조업자에게 요구하게 된다.

이때 유통경로의 핵심적인 목표는 경로에 참가하고 있는 구성원들의 요구를 만족시킴으로써 적절한 수준의 유통강도(channel intensity)를 유지하는 것이다. 이 단계에서는 또한 수많은 기업들이 새로운 시장을 찾거나, 그 상품에 대한 새로운 용도를 개발하거나 사용빈도를 제고하기 위한 다양한 노력들을 기울이게 된다. 이러한 노력들의 결과로 기존의 유통경로를 변경하거나 새로운 유통경로가 개발될 필요가 있다. 수많은 기업들은 이러한 경로 재설계를 통해 안정적인 시장에서의 성장을 추구하게 된다.

④ **쇠퇴기:** 상품이 쇠퇴의 조짐을 보이기 시작하면 기존의 유통강도를 유지하는 것은 매우 어렵게 된다. 몇몇 경로구성원들은 그 상품의 취급을 포기하거나 수요가 높은 다른 상품을 취급하는 전략을 취하게 된다. 제조업자들이 그 상품의 취급을 원하더라도 판매량이 점차 감소하게 된다면 기존의 유통경로를 유지하는 데 별다른 이점이 되지 못할 것이다. 이럴 경우 모든 경로구성원들은 적절한 전략을 찾기에 부심하게 되는데, 저비용 경로의 유지가 점차 중요해지게 되고 가격경쟁이 매우 심화된다. 몇몇 중간상들은 그 상품을 구색에서 제외하여 비용을 절감하려 할 것이고, 몇몇 중간상들은 아예 특정 경쟁사의 상품만 취급함으로써 협상력을 높이려 한다. 그러나 궁극적으로는 제조업자의 시장철수와 수요자들의 지속적인 이탈로 인해 모든 경로 수준에서 오히려 경쟁이 감소하는 현상이 나타나므로 그 상품을 계속 취급하는 경로구성원들을 중심으로 새로운 구조가 나타나게 된다.

석유는 상품수명주기상의 쇠퇴기에 있는 전형적인 예이다. 1970년대의 석유파동은 자동차구매자들로 하여금 상표보다는 가격의식적으로 만들었다. 이에 1981년에 이르러 게티(Getty), 모빌(Mobile), 유니온(Union), 그리고 텍사코(Texaco)와 다른 정유업자들은 상표를 사용하는 마케팅전략을 실행하는 것을 포기하였다.

1982년에는 또 다른 정유사인 아코(ARCO), 펜조일(Pennzoil)이 그들의 고객에 대한 신용카드 프로그램을 그만두었다. 그 반면 다른 정유사인 아모코(Amoco)와 텍사코(Texaco)는 요금을 부과하여 신용카드 거래를 계속하였다. 이와같이 많은 정유사들은 신용거래카드를 없애거나 그것에 대해 요금을 부과함으로써 그들의 석유브랜드를 지원할 수 있는 다양한 마케팅노력을 포기하였다.

1.4 상표전략

유통에 대한 상품의 영향 중 또 하나의 중요한 것은 경로구성원들에 대한 상표전략이다. 상표전략에 대한 의사결정은 제조업자 상표와 유통업자 상표에 관련된 것이다. 제조업자의 상표는 제조업자에 의해 개발되고 소유권을 그들이 가지는 것을 의미하며, 유통업자 상표는 재판업자(도매상 혹은 소매상)에 의해 개발되고 소유되는 것을 의미한다.

많은 제조업자들에게 있어서 제조업자 상표의 이점은 매우 크다. 촉진노력과 상품의 질을 통제함으로써 고객의 선호도를 형성할 수 있기 때문이다. 중간상들은 제조업자가 마케팅노력을 기울이는 상품을 취급하는 데 매력을 가질 것이다. 제조업자의 효과적인 상표전략의 결과로 형성된 좋은 이미지는 다른 상품으로 확장되어 성공적인 신상품도입의 가능성을 높일 수 있다. 켈로그, 나비스코, 질레트는 잘 알려진 제조업자 상표의 성공적인 예이다. 한편 유통업자 상표도 많은 중간상들에 의해 매우 효과적으로 사용되고 있다. 식품산업에 있어 아이지에이(IGA), 슈퍼발루(Super Valu)와 같은 도매상과 하드웨어산업에 있어 트루밸류(Tru-Value) 같은 도매상들은 성공적으로 유통업자 상표를 사용하고 있다. 중간상들이 사용하는 유통업자 상표도 중간상들에게 상당히 많은 이점을 제공한다. 유통업자 상표는 그들의 점포에 대해 선호도를 높이게 한다. 왜냐하면 이런 상표들은 고객들이 다른 소매점에서 구입하는 것이 불가능하기 때문이다. 전형적으로 보면 중간상들은 제조업자 상표를 만드는 생산업자보다 유통업자 상표를 만드는 제조업자에게 더 낮은 가격을 지불하게 된다. 왜냐하면 후자의 경우는 그들의 상품에 광고비, 판촉비 등의 촉진에 소요되는 비용을 포함시킬 필요가 없기 때문이다. 그러므로 중간상은 전형적으로 자가상표에 보다 높은 이폭을 챙기게 되고 제조업자의 상표보다 낮은 가격을 유지할 수 있게 되는 것이다.

비록 몇몇 제조업자들은 유통업자 상표를 생산하는 것을 거절하기도 하지만 그런 기회를 상실할 경우 어려움에 봉착할 수도 있다. 즉, 만약 하나의 제조업자가 거절을 하게 되면 경쟁적인 제조업자가 그 일을 맡게 된다. 최근에는 제조업자 상표(national brand: NB)와 유통업자 상표(private brand: PB) 사이의 상표경쟁은 갈수록 심화되고 있는 실정이다. 이러한 "상표의 전쟁(battle of the brands)"은 제조업자가 유통업자 상표를 거절하고 또한 중간상이 제조업자의 상표를 거절하는 현상으로 나타난다. 앞으로는 이런 경쟁이 더 심해져 상표전략의 의사결정에 관련하여 유통경로구성원간의 더 많은 스트레스와 갈등을 초래하는 원인이 될 것이다.

1980년대 초 P&G는 그들의 성숙상품 계열(세척제, 종이타월, 화장실휴지 그리고 치약 등)에서의 판매 둔화로 인해 어려움에 봉착하게 되었다. 이런 정체된 판매신장률을 극복하기 위해 P&G는 그들의 엄격한 거래방식을 보다 완화시키는 경로정책을 채택하게 되었다. 예컨대, 중간상으로 하여금 상품주문시 먼저 촉진에서 P&G가 부담해야 하는 비용을 공제하도록 하였다. 그 이전의 정책에서는 도매상과 소매상들이 자신의 점포 내에서의 디스플레이, 소매가격할인, 협동광고에 대한 상환을 제조업자에게서 상환받기 위해서 45일에서 65일까지 기다려야만 했다. 이러한 정책의 전환으로 P&G는 성숙기 동안 자사의 정책을 이와 같이 개선함으로써 다른 상품들과의 경쟁에서 유통경로를 유지할 수 있었다.

02 유통경로의사결정과 가격관리

유통경로상에서의 가격결정은 마케팅믹스의 다른 요소들과 마찬가지로 최종소비자와 경로구성원들에게 적절한 이미지를 창조하고 전달하는 데 중요한 역할을 한다.

경로상에서 가격결정은 수행해야 할 유통기능, 유통경로상에서의 경쟁환경, 가격이 경로관리에서 차지하는 영향력의 크기 등 3가지 요소를 고려하여 이루어져야 한다. 이에 본 절에서는 명세가격(list price: 정가라고도 함), 할인 및 계약가격, 가격의 경쟁측면, 경로구성원들을 보호하기 위한 가격, 경로상에 가격변화의 효과, 경로상에서 가격이 중요한 이유 등에 대해 논의할 것이다.

2.1 가격의 개념

가격은 "판매자가 제공하는 상품 및 서비스에 대해 구매자가 지불하는 화폐량"으로 정의될 수 있지만 각 경로구성원이 부과하는 상품가격은 그들이 수행하는 경로기능이 상품이나 서비스에 미치는 영향에 달려 있다. 경로구성원 간에는 많은 유형의 거래가 이루어지며 거래과정에서 다양한 경로기능이 수행되므로, 가격 수준은 경로구성원이 얼마나 많은 경로기능을 수행하느냐에 달려 있는 것이다.

대부분의 제조업체들은 도매가격 또는 소매가격이 되는 명세가격을 제시하지만, 사실상 중개상들이 명세가격을 그대로 이용하는 경우는 드물다. 즉, 제조업체는 좀 더 좋은 매장위치를 점유하거나 도소매업자들의 재고부담을 덜어주기 위해서 가격할인이나 지원금 등을 사용하는 것이다.

다음에서 제조업체나 중간상들과의 거래에서 흔히 사용하는 가격할인이나 계약 등에 대해 살펴보기로 한다.

2.2 가격할인의 유형

명세가격의 할인은 구매자와 판매자 사이의 협상 과정에서 일상적으로 일어난다. 할인의 가장 일상적인 형태에는 현금 할인, 거래 할인, 판매촉진, 지원금, 수량 할인, 계절 할인, 상품 지원금 등이 있다.

① **현금 할인**(cash discounts): 현금 할인은 판매자가 운영상의 위험을 감소시키기 위해서 신용거래 대신에 현금으로 거래를 하는 고객들에게 제공된다. 하지만 실제거래에서 현금으로 거래를 하는 경로구성원은 거의 없는 것이 현실이다. 따라서 현금 할인은 신속한 지불을 촉진시키는 수단으로서 상품을 현금으로 구매하거나 대금을 만기일 전에 지불하는 경우, 제조업자는 판매대금의 일부를 할인해주게 되는 것이다. 예를 들어 전형적인 현금 할인과 판매기간에 대한 표기로 '2/10/net 30'은 30일 이내에 상품대금을 지불해야 하나 중간상인이 대금을 10일 이내로 앞당겨 지불하면 2% 할인을 해준다는 의미이다. 이 경우 현금할인율 2%는 연리로 환산하면 24%가 되므로 자금력이 있는 구매자에게는 매우 매력적인 지불방법이다.

현금 할인의 크기와 할인이 적용되는 기간, 현금 할인이 적용되는 시기를 선택하는 방법 등은 산업마다 다양하며 심지어 동일한 산업 내에서의 기업들 사이에서도 차이가 있다. 현금 할인과 관련된 기간은 경로구성원 사이의 협상에서 중요한 역할을 한다.

② **거래 할인** (trade discounts): 거래 할인은 제조업자가 일반적으로 수행해야 할 업무(유통기능)의 일부를 중간상인이 대신 수행할 경우 이에 대한 보상으로 경비의 일부를 제조업자가 부담하는 것으로서 각 수행하는 기능에 따라 다른 할인율을 제시하게 되며, 기능 할인(functional discounts)이라고도 한다.

유통마진은 일반적으로 "%" 형식으로 주어지는데, 만약 소매상-도매상-브로커에게 33%-15%-5%가 주어진다면 각 거래에서의 상품가격은 다음과 같다.

	명세가격 $100.00	
−33%	33.00	소매상 할인(마진)
	67.00	소매상 구입가격
−15%	10.50	도매상 할인(마진)
	56.95	도매상 구입가격
− 5%	2.85	브로커 수수료
	$54.10	제조업자 판매가격

각 중간상에게 주어지는 할인율(마진율)은 대체로 수행하는 경로기능에 따라 정해지지만 유통경로상의 복잡성 때문에 어떤 특정한 기업이 거래할인 혜택을 받아야 하는지 혹은 받지 않아야 하는지는 경로구성원의 시장파워에 따라 다르게 나타난다.

③ **판매촉진 지원금**(promotional allowances): 판매촉진 지원금은 중간상이 제조업자를 위해 지역광고를 하거나 판촉을 실시할 경우 이를 지원하기 위해서 지급되는 보조금이다. 이 지원금은 중간상이 제조업자에게 물품대금을 지불할 때 그 금액만큼을 공제하는 것이 보통이다.

판매촉진 지원금의 형태에는 물량비례 보조금, 머천다이징 보조금, 리스팅 보조금, 소매점 재고보호 보조금, 리베이트 등 여러 가지가 있다. 물량비례 보조금(case allowance)은 특정기간 내에 구매하는 상품의 양에 따라 지원금을 지급하는 형태이며, 머천다이징 보조금(merchandising allowance)은 점포 내에 판촉물을 전시하거나 소매점 광고에 자사상품을 소개하는 경우에 지급되는 형태이다. 또한 리스팅 보조금(listing allowance)은 신상품을 구매하거나 특별 전시하는 경우에 지급되는 보조금이며, 소매점 재고보호 보조금(floor stock protection allowance)은 제조업자의 판촉기간 동안 소매업자가 구입한 상품의 재고위험성을 보상하기 위한 것이다. 리베이트(rebate)는 소매업자의 구매량을 늘리고 소비자가의 할인을 유도하기 위해서 사용되는데 판매 후 구매영수증을 비롯한 증명서를 제조업자에게 보내면 제조업자가 판매가격의 일정률에 해당하는 현금을 반환해주는 것을 말한다.

④ **수량 할인**(quantity discounts): 수량 할인은 일시에 대량구매를 하는

중간상들에 제공되는 현금 할인을 말한다. 수량 할인은 연간구매량 사후할인(annual volume rebate)과 기본계약 지원금(base contract allowance)이 있다.

연간구매량 사후할인은 연간 총 구매량에 따라 주어지는 수량 할인으로서 누적할인(cumulative discount)이라고도 한다. 예를 들어 자동차 판매상들은 1년 동안 판매한 자동차의 양과 가격에 따라 자동차를 더 싼 가격으로 생산자로부터 제공받을 수 있는 할인율이 결정된다. 일반적으로 연간구매량 사후할인은 구매자들이 더 많은 할인 혜택을 받을 것을 기대하면서, 일정기간 동안 특정상품을 계속적으로 구매하도록 하는 기능을 한다.

기본계약 지원금은 최소한의 구매량을 초과한 주문에 대해 주어지는 가격할인으로서 非누적 할인(noncumulative discount)이라고도 한다. 기본계약 지원금은 각각의 주문량에 기초한 할인방식으로서 지속적인 재구매를 하도록 이끌지는 못하지만, 구매자들이 판매자의 비용을 줄일 수 있도록, 한번에 대량구매를 하도록 하는 기능이 있다.

수량 할인은 소매점들이 생산자로부터 직접적으로 상품을 구매하는 것보다는 도매상들이 생산자로부터 직접 상품을 더 많이 구매하도록 유인하는 효과가 있다. 이는 도매상이 소매상들과는 비교할 수 없을 정도로 많은 양을 구매하기 때문이다. 그리고 이런 수량 할인방식은 소매점들이 수량 할인을 받을 목적으로 소매점끼리 연합하여 협력하는 이유가 된다.

⑤ **계절 할인(seasonal discounts)**: 계절 할인은 경로구성원들이 특정 계절이 지난 상품을 구매하도록 유도하기 위해서 사용된다. 이와 같은 계절 할인은 생산자가 1년 동안 계속적으로 상품을 생산할 수 있도록 보장해주는 역할을 하는데 예를 들어 모피, 난방용품 등의 겨울상품들은 봄·여름 기간 동안에는 할인된 가격으로 판매되며, 수영복, 냉방기구 등의 여름상품들은 가을·겨울에 할인되어 판매된다. 종종 기업들은 상품을 한 시즌 앞서 일찍 구매하여 재고로 보유하는 창고형 도소매점이나 기타 할인점에게도 이런 할인 혜택을 준다.

⑥ **상품 지원금(product allowances)**: 상품 지원금은 중간상이 하자있는 상품, 생산된 지 오래된 상품, 질이 떨어지는 상품 등을 구매할 때 이를 보상하기 위해 지급되는 지원금이다. 의류산업에서 재고품이나 하자품을 처분하기 위해서 자주 사용되고 있다.

2.3 유통경로에서 가격전략의 경쟁적 측면

경로구성원들은 대체로 두 가지 형태의 경쟁환경에 처해 있다. 첫 번째 형태는 상표간 경쟁(interbrand competition)으로 예를 들어 코카콜라와 펩시콜라 간의 경쟁과 같은 것을 말한다. 두 번째 형태는 동일한 기능을 수행하면서 동일한 상표를 취급하는 서로 다른 경로구성원들 사이의 상표 내 경쟁(intrabrand competition)으로, 예를 들어 농심라면 판매를 둘러싼 CU와 GS25 간의 경쟁을 예로 들 수 있다.

상표간 경쟁은 소비자의 시각에서 경쟁상표를 얼마나 대체할 수 있느냐에 달려 있다. 만일 소비자들이 코카콜라와 펩시콜라를 매우 유사한 상품으로서 인지한다면(즉, 대체성이 높은 것으로 인식한다면) 상표간 경쟁은 매우 치열해질 것이다. 반면에 소비자들이 각 브랜드에 대해 다른 브랜드 충성도(brand loyalty)를 갖는다면(즉, 대체성이 낮은 것으로 인식한다면) 소비자들은 코카와 펩시를 다른 콜라음료로 인지할 것이고 상표간 경쟁은 낮아질 것이다. 상표간 경쟁이 심한 경우 제조업자는 중간상들에게 경쟁업체에 비해 경쟁력있는 가격을 제공할 수 있어야 한다. 또한 경쟁사들의 가격변화를 늘 주시해야 하며, 자사 상품의 가격변화에 대한 경쟁사의 대응책을 예상할 수 있어야 한다.

한편 서로 다른 유통경로를 통해 동일상표품이 판매되는 상표 내 경쟁의 경우에는 동일상표에 대한 유통경로구성원간의 가격경쟁력이 달라질 수 있다. 예를 들어 'Big pens'의 경우 약국, 백화점, 수퍼마켓, 편의점, 서점 및 문방구, 할인점 등을 통해 유통되고 있다. 백화점이나 수퍼마켓체인 같은 대형 소매업체는 도매상을 통하지 않고 직접 제조업체로부터 상품을 구매하는 경우가 흔하다. 따라서 이들은 도매상에게서 상품을 구매하는 것보다 싼 가격에 공급을 받을 수 있으므로 동일상표를 둘러싼 여러 중간상간의 경쟁에서 우위를 점할 수 있다.

2.4 유통경로를 보호하기 위한 가격

유통경로상에서 가격은 2중의 문제를 가지고 있다.

첫 번째, 가격은 상품 또는 서비스가 최종 소비자의 관심과 수요를 이끌어

내는 데 도움이 될 수 있도록 책정되어야 한다.

두 번째, 가격은 중간상들이 기꺼이 그 상품을 취급하고 관련 서비스를 고객에게 제공하게 하는 유인수단이 될 수 있어야 한다.

가격을 통해 경로기능을 유지하는 가장 기본적인 단계는 적절한 시장 커버리지를 제공하는 것과 함께 경로구성원들이 충분히 흥미를 느끼게 할 수 있을 정도로 마진폭을 강화하여 주는 것이다.

제조업자들은 경로구성원들에 영향력을 행사하고 경로를 선도하기를 원하는데 이는 제조업자들이 자기상표간의 가격경쟁이 벌어져서 자신의 상품을 취급하는 중간상들이 피해를 보게 되는 상황을 원하지 않으며, 가격경쟁으로 인하여 최종 소비자에게 지나치게 낮은 가격으로 판매되면 자사상품의 품질이미지가 크게 피해를 입게 된다고 믿기 때문이다.

따라서 제조업자들은 다음과 같은 가격수단을 통해 경로구성원들에게 합법적으로 영향을 미치기를 원한다. ① 제조업자와 도매업자들은 흔히 명세가격을 정하고 취급점포들이 이 가격을 지켜나가도록 영향력을 행사한다. ② 예를 들어 패스트푸드 프랜차이즈 시스템과 같은 일부 공급업체들은 그들의 가격을 직접적으로 소비자들에게 광고한다. ③ 공급업자들은 상품을 출하할 때 미리 희망하는 최종 소비자가격표를 정하여 상품 전면에 부착하는 방법이 있다. 중간상들은 다른 상품가격표로 바꾸거나 아니면 그대로 제조업체가 부착한 가격표를 이용하면서 제한된 수준으로 가격인하를 추구할 것이다. ④ 경로구성원들에게 지역적인 독점가격을 부여하는 것이다. 이러한 독점가격은 동종상표간 경쟁(intrabrand competition)을 불가능하게 한다. ⑤ 가격인하를 원하는 중개상들에게 판매를 거부하고 대신 관리나 마케팅 차원에서 지원을 해줌으로써 결과적으로 수익성을 강화하려는 업체들을 위해 가격인하와는 다른 방법을 제공한다. ⑥ 변형 브랜드(branded variants)를 이용하기도 하는데, 주기능은 동일하나 보조기능을 변형시킨 비슷한 모델을 경로별로 다르게 유통시킴으로써 소비자가 가격비교를 하지 못하게 하는 방법이다.

2.5 가격변경이 경로구성원에게 미치는 효과

가격은 마케팅믹스 중에서 가장 변하기 쉬운 요소이다. 가격변경은 마케팅 활동에 있어서 언제나 필수불가결한 요소이고, 가격변경이 아주 심각한 정도가 아니라면 가격변경은 모든 경쟁상대에게 상대적으로 동일한 수준의 영향을 준다. 가격의 잦은 변경은 유통경로의 설계에 영향을 미치는 중요한 요소가 될 수도 있다.

가격을 변경하기 전에 제조업자 또는 도매업자는 가격변화로 인한 영향을 아래와 같은 몇 가지 차원에서 평가해 보아야 한다.

- 실제가격의 변경이 마진율에 얼마나 영향을 미칠 것인가?
- 가격이 변경된 상품의 유통기능을 담당하는 경로구성원의 수는 얼마나 되는가?
- 경로구성원 중 가격변경으로 인해 이익을 얻는 구성원은 누구이며, 손실을 입은 경로구성원은 누구인가?

1) 장기적 가격변화

인건비, 재료비, 기타 비용의 상승은 결국 제조업자의 가격인상 요인이 되고 이는 궁극적으로 소비자의 부담으로 이전된다. 제조업자가 가격을 인상하면 중간상들은 인상된 상품을 계속 취급할 것인지, 도소매 가격을 얼마에 책정할 것인지, 그리고 자신들의 마진이 얼마나 될 것인지 등을 재평가해 볼 것이다.

종종 공급업자들은 가격을 변경하기 전에 구매자들이 기존의 낮은 가격으로 상품을 살 수 있도록 미리 알려주곤 한다. 이러한 관행은 단기간에 주문이 쇄도하여 이를 효율적으로 처리하지 못하거나 가격인상 후에 오랜기간 동안 주문이 없기 때문에 재고부담, 생산스케줄 조정의 어려움 등의 결과를 초래할 수 있다.

2) 단기적 가격변화

모든 경로구성원들이 당면하게 되는 가장 어려운 문제는 공급업자 할인과 판촉을 위해서 상품의 가격을 단기적으로 자주 변경하는 것이다. 전략적으로 잘 고안된 세일이나 가격인하는 단기적 매출증대를 가져올 수 있고 재고처분 등의 효과가 있지만, 이의 남용은 수요의 집중화, 소비자의 가격에 대한 불신 등을 초래하게 되고 장기적으로도 부정적 결과를 초래할 가능성이 크다. 즉, 중간상들은 가격촉진에 습관화가 되어 제조업자의 지원 없이는 움직이지 않으려는 수동적인 자세를 보이며, 소비자들도 가격할인 없이는 상품을 구입하지 않으려 할 것이다. 따라서 경로구성원들은 전략적·논리적 근거 하에서 아래와 같은 경우에 한정하여 가격변화를 구사할 필요가 있다.

- 계절성이 있는 상품의 시즌 말 재고처분을 위한 가격인하

- 신상품도입시 의구심을 갖는 소비자들의 수용을 촉진하기 위한 특별 도입가격
- 생산스케줄의 조정을 위한 재고처분 목적의 가격인하
- 상품개량이 이루어진 경우 소비자에게 이를 설득시키기 위한 보조수단으로서 단기적 가격인하
- 소매점의 고객내점 빈도를 높이기 위해 몇 개의 특정상품들을 파격적인 가격에 판매하는 경우

공급자들이 자주 가격을 변동시키면 매장들은 자신들의 전략을 활용하기가 힘들어진다. 공급자들이 할인과 판촉을 위해서 단기적으로 시도하는 가격변경 때문에 월마트나 시어즈와 같은 소매점들은 자신의 매장에서 일관된 가격정책을 펴기 힘들다. 앞으로는 소매점들이 공급업자에게 일관된 가격정책을 펼 것을 요구하고, 만약 그렇지 않은 경우에는 거래를 끊거나 공급처를 바꿀지도 모른다.

03 유통경로의사결정과 촉진관리

유통경로의사결정에 있어서 촉진전략은 또 다른 중요한 핵심 고려사항 중의 하나이다. 다른 마케팅믹스 변수와 마찬가지로 촉진과업도 제조업체, 도매상, 소매상에 의해서 분리 수행된다. 이 절에서는 여러 경로구성원에 의해서 수행되는 촉진활동들을 설명하고자 한다. 우선 푸시전략과 풀전략에 대해서 설명하고, 제조업체의 촉진활동, 도·소매상의 촉진활동을 설명할 것이다. 그리고 도·소매상등의 경로구성원들이 기꺼이 촉진활동을 수행하게 하는 동기부여 요인이 무엇인가에 대해서 살펴볼 것이다.

3.1 푸시(push)전략과 풀(pull)전략

제조업체는 푸시와 풀의 기본적인 촉진전략을 활용할 수 있다.

풀전략이란 제조업체가 최종 소비자에게 직접 광고를 통하여 소구하고, 소비자들이 중간상인을 방문하여 그 상품을 유구하며, 중간상인이 제조업체에게 주문을 내도록 하는 방식의 촉진전략을 말한다. 반면에 푸시전략이란 최종 소비자에게 직접 광고를 하기보다는 판매원활동, 협동광고, 구매시점(point of purchase)진열, 중간상의 판매원 훈련 등과 같은 방법으로 중간상인에게 직접 접근하는 촉진방식을 말한다. 대부분의 제조업체들은 두 방식의 촉진전략 중에 어느 하나에만 전적으로 의존하기보다는 양 방식의 적절한 결합을 통하여 촉진활동을 수행한다. 그러나, 두 방식 중에 상대적으로 어느 방식에 주로 의존하는가 하는 것은 뒤에서 다시 자세히 살펴볼 것이다.

3.2 중간상의 촉진활동

유통경로의사결정과 촉진활동에 관련해서 제조업체의 가장 큰 관심은 어떻게 중간상인들이 촉진활동에 더 많이 관심을 갖도록 협력을 유도할 수 있느냐 하는 것이다. 도매상과 소매상들이 제조업체를 대신하여 수행하는 촉진활동에는 다음과 같은 것들이 있다.

1) 인적판매원

도매상의 판매원들은 소매상 등의 자신의 고객에 대해 재고수준의 파악, 상품진열 개발, 판촉물 제공, 카탈로그 제공, 고정처리, 기술지원 등과 같은 촉진활동을 수행한다.

한편, 소매상 판매원들의 촉진활동은 소매업태에 따라 매우 다양하게 나타나는데, 수퍼마켓과 같은 셀프서비스 소매상의 경우에는 정보수집, 탐색, 운송 등의 서비스를 소비자에게 위임하기 때문에 거의 촉진활동을 수행하지 않는다. 이 경우에는 소매상이 소비자에게 상품정보를 제공하는 것이 아니라, 제조업체가 직접 소비자에게 제공하게 된다. 반면, 백화점과 같은 소매상의 판매원들은 시연, 정보제공, 주문수취, 탐색 등의 촉진활동을 직접 수행하곤 한다.

2) 광 고

도매상의 광고는 기본적으로 두 가지 형태를 취한다.

첫째, 특정상품 계열의 광고라기보다는 도매상의 시설이나 취급하고 있는 구색의 종류, 고객에게 제공할 수 있는 서비스 등을 알려줌으로써 도매상 판매원들의 판매활동을 지원하는 형태를 띤다.

둘째, 도매상 광고의 또 다른 형태는 도매 카탈로그 광고이다. 취급상품을 제시하고, 각 상품별 상세한 특성을 기재함으로써 고객들에게 완벽한 상품정보를 제공하는 것을 목표로 하고 있다. 일반적으로 도매상들은 고객별로 상이한 가격을 부과하는 경우가 많기 때문에 도매상 카탈로그에는 가격정보가 제시되지 않는 경우가 많다.

소매상 광고는 ① 특정 점포의 특성에 관한 정보, ② 특정 제조업체의 상품에 관한 정보를 최종 소비자에게 전달하는 것 등을 목적으로 수행되지만, 전자에 보다 큰 비중을 두고 있다.

3) 샘플과 진열

도매상 판매원활동을 지원하기 위해 샘플이 제공되는 경우가 많다. 도매상의 경우에는 최종 소비자를 대상으로 하지 않기 때문에 진열에는 그다지 신경을 쓰지 않지만, 소매상의 경우에는 고객을 유인하고 내점빈도를 높이기 위해 점포 내 진열을 매우 중요시하고 있다. 효과적인 구매시점 진열은 제조업체의 필요와 소매상 필요의 균형을 이루는 수단으로 활용된다. 제조업체들은 자신의 상품이 소매점에서 가장 눈에 띄는 위치에 진열되기를 원하는 반면, 소매상들은 특정 제조업체에 구애받지 않고 점포이미지와 수익성 강화에 도움이 되는 상품을 가장 좋은 위치에 진열하기를 원한다. 이 양자의 필요가 균형을 이루게 될 때, 특정 소매상의 진열에 대한 협조를 얻어낼 수 있다.

3.3 유통경로 내 제조업체의 촉진활동

〈표 5-1〉은 제조업체가 유통경로상에서 수행할 수 있는 촉진활동을 정리한 것이다. 각각에 대해 자세히 살펴보기로 한다.

표 5-1 유통경로상에서 제조업체가 수행할 수 있는 촉진활동

협동광고	판매원 인센티브
구매시점 진열 및 지원	판매원 경연
시연	보조판매원(missionary sales force) 제공
쿠폰 취급	소매점 판매원 훈련
판촉물 제공	가격 촉진

1) 협동광고(cooperative advertising)

일반적으로 협동광고란 기업들간에 공동으로 광고비용을 부담하는 형태의 광고를 말한다. 위에는 수평적인 것과 수직적인 것의 두 가지 형태가 있는데 수평적 협동광고란 소매업자들이 특정상표의 매출을 전개시킬 목적으로 공동으로 광고하는 것을 말하고, 수직적 협동광고는 소매업자가 특정상표에 대해 광고를 하고, 제조업체가 그 비용을 전적으로 부담하든지 혹은 소매업자와 분담하여 부담하는 형식을 말한다. 일반적으로 협동광고라 할 때는 후자를 일컫는다.

협동광고는 다양한 상황에서 사용되고 있는데, 특히 제조업자가 푸시전략을 채택하여 중간상에게 많이 의존할 때 중요한 촉진수단이 된다. 〈표 5-2〉는 협동광고가 중요한 촉진수단으로 작용하는 몇 가지 상황을 제시한 것이다.

제조업체가 시행하는 소비자광고(일반적으로 전국광고)와 협동광고(일반적으

표 5-2 협동광고의 상대적 중요성을 결정하는 상황

협동광고가 마케팅믹스에서 중요한 역할을 수행하는 경우: 소매점 의존적 마케팅	협동광고가 마케팅믹스에서 중요한 역할을 수행하지 못하는 경우: 제조업체 지배적 마케팅
선매품	편의품
빈번히 구매되지 않는 상품	빈번히 구매되는 상품
상대적으로 고가의 상품	상대적으로 저가의 상품
신중히 구매하는 상품	충동적으로 구매하는 상품
자아관여도가 높은 상품	편의와 기능만 강조되는 상품
상품속성 파악이 쉽지 않은 상품	상품속성 파악이 쉬운 상품
상표선호도가 낮은 상품	상표선호도가 높은 상품
인적서비스가 중요한 상품	셀프서비스로 구매되는 상품
제한적 경로 전략을 채택하는 상품	개방적 경로 전략을 채택하는 상품

로 지역광고)는 상호보완적인 역할을 한다. 소비자광고는 소비자들의 자사상표에 대한 인지 및 태도를 형성하는 데 도움을 주며 실제 구매상황이 발생했을 때 소비자가 자사상표를 고려집합군(consideration set)에 포함시키는 것을 목표로 한다. 반면에 협동광고는 자사상표가 어느 점포에서 취급되며 얼마의 가격에 판매되고 있는지에 대한 정보를 제공하는 보조적인 역할을 한다.

이와 같이 협동광고는 소비자광고를 보완하는 기능을 하지만, 제조업체는 협동광고 수행과 관련하여 다음과 같은 몇 가지 문제에 직면할 수 있으며, 이는 제조업체와 소매상 간의 잠재적 갈등원인으로 작용할 수도 있다.

첫째, 제조업체와 소매상이 협동광고에서 추구하는 목표가 다를 수 있다. 소매상은 협동광고를 통해 점포이미지를 향상시키고, 어떤 상표든 관계없이 점포 전체의 매출이 증대되기를 기대하는 반면에 제조업체는 자사상표의 매출 증대를 목적으로 협동광고에 참여하게 된다. 이러한 목표의 상충은 협동광고의 내용, 사용되는 카피(copy), 광고되는 상표의 수와 관련해서 갈등의 원인으로 작용할 수 있다.

둘째, 소매상간에 경쟁이 심해질수록 소매상은 더 많은 협동광고를 실시하려 하지만 광고비용의 상당부분을 제조업체가 부담해야 하므로, 제조업체의 촉진비용 부담이 증대되며 이 또한 잠재적 갈등의 원인이 될 수 있다.

이런 문제에도 불구하고 제조업체들은 소매상들의 적극적인 협력을 얻어내기 위해 협동광고에 의존하게 되며 소매상 역시 비용의 상당부분을 제조업체로부터 보조받을 수 있으므로 협동광고를 선호하는 경향이 있다.

2) 보조판매(missionary selling)

제조업자들은 간혹 보조판매원(missionary sales force)을 통해 중간상의 인적 판매 노력을 지원한다. 보조판매원들은 중간상에게 정확한 재고유지, 신상품 소개, 디스플레이 지원, 판매에 대한 조언 등을 하기 위해 도매상이나 소매상을 방문하는 판매원을 말한다. 보조판매원의 핵심적인 기능은 경로구성원으로 하여금 제조업체에 대해 보다 큰 호감을 갖도록 하는 데 있다. 보조판매원은 도매상이나 소매상의 판매원들을 압도해서는 안 되고 보완적인 역할에 한정하는 것이 바람직하다.

일반적으로 도·소매상은 다음과 같은 두 가지 이유로 보조판매원을 꺼리는 경우가 많다.

첫째, 도매상이나 소매상은 제조업체가 보조판매원을 이용해서 궁극적으로 도·소매상 기능을 통합하려 한다는 의심을 갖는 경우가 많다.

둘째, 보조판매원이 중간상 판매원들의 활동을 제약하고, 제조업체의 이익을 위해 자사브랜드만을 주로 취급하도록 유도하려는 의도가 있다고 생각하는 경우가 많다. 이러한 이유 때문에 종종 보조판매원의 활용이 경로갈등의 원인으로 작용하기도 한다.

3) 고객쿠폰

제조업자는 신문이나 직접우편(direct mail)을 통해 최종고객에게 쿠폰을 제공하고, 소매상으로 하여금 이를 상환하게 한다. 그러나 고객쿠폰은 제조업자와 소매상 간 갈등의 원인으로 작용하는 경우가 많은데, 예를 들어 만기날짜가 없는 쿠폰, 다중구매용 쿠폰 등은 판매시점에서 상당한 주의를 기울여야 하며, 따라서 소매상들이 이를 처리함에 있어 업무효율성이 떨어지게 되어 갈등이 생기기도 하는 것이다.

3.4 촉진활동 수행에 대한 중간상의 동기유지

중간상이 여러 촉진활동을 수행할 능력이 있다 하더라도 기꺼이 촉진활동을 수행하고자 하는 동기가 없다면 제조업자의 경로성과에는 별 도움이 되지 못할 것이다. 중간상의 촉진활동 수행에 영향을 미치는 요인들은 다음과 같은 것들이 있다.

첫째, 제조업자의 경로에 대한 촉진프로그램은 중간상의 경로목표와 일치되어야 한다. 중간상들은 제조업자의 촉진프로그램이 점포의 매출액이나 점포이미지 개선에 도움이 된다고 판단될 때에만 적극적으로 촉진활동을 수행할 것이다. 즉, 중간상은 제조업자에 의해서 제공되는 마진뿐 아니라 구매시점 진열, 협동광고, 샘플제공, 교육훈련 등과 같은 촉진지원이 크면 클수록 그러한 지원을 하는 제조업자 상품의 촉진에 더욱 노력할 것이다.

둘째, 도·소매상들간 경쟁의 정도가 촉진활동 수행동기에 영향을 미친다. 예를 들어 특정상품을 취급하는 중간상의 숫자가 많을수록 중간상은 그 상품의 판매를 위한 촉진활동을 적게 하려고 할 것이다.

셋째, 이중유통구조 즉, 제조업자가 서로 다른 유통경로를 통해서 상품을 유통시킬 경우 마진이나 촉진정책의 차별화가 뒤따르게 되며, 이 경우에는 중간상들 간의 갈등으로 인해 촉진활동에 적극적으로 참여하지 않게 된다.

연습 문제

1. 상품이 갖는 속성에 대해 설명하시오.
2. 최근 각광받고 있는 PB를 상품수명주기와 연계하여 설명하시오.
3. 유통경로에서 가격전략의 경쟁력 측면을 살펴보고 이를 설명하시오.
4. Push 전략과 Pull 전략의 차이점을 비교하여 설명하시오.
5. JIT의 특성을 유통경로 측면에서 설명하시오.

제 6 장 제조업체의 유통관리(V): 경로성과 평가

1. 경로성과의 여러 측면
2. 경로성과의 측정 및 평가
3. 경로구성원의 공헌도 평가
4. 경로감사

06 제조업체의 유통관리(Ⅴ): 경로성과 평가

제 1 부

유통경로에 대한 개관(제1장)

제조업체의 유통관리

유통경로구조 설계(제2장)
경로구조 및 경로통합(제3장)
경로파워, 경로리더십, 경로갈등(제4장)
유통과 타 마케팅변수의 조화(제5장)
경로성과 평가(제6장)

제 2 부

유통전문업체의 유통관리

소매상과 소매업의 주요 이슈(제7장)
소매업태의 발전(제8장)
소매업체의 유통관리(제9장)
도매상과 도매업의 관리(제10장)

제 3 부

유통관리에 있어서의 전략적 이슈

공급체인관리(SCM)(제11장)
물류관리와 제3자물류(제12장)
전략적 고객관리(CRM)(제13장)
서비스 산업의 유통관리(제14장)

유통 뉴스 소비시장 新풍경, '어르신 시장 · 나홀로 가구 · 가치소비' 공략해야

대한상공회의소, '인구변화에 따른 소비시장 신(新) 풍경과 대응방안 연구' 보고서 발간
- 저출산 · 고령화로 국내 소비시장이 빠른 속도로 재편 · · · '어르신 · 나홀로 · 가치 소비'
- 어르신 친화적 환경 조성, 개인 맞춤형 전략, 가치와 감성 자극 등을 제시

저출산과 고령화로 급변하는 국내 소비시장에 대응하려면 어르신과 나홀로 가구, 가치소비 세대 등을 집중 공략해야 한다는 분석이 나왔다.

대한상공5회의소는 23일 발간한 '인구변화에 따른 소비시장 신(新) 풍경과 대응방안 연구' 보고서에서 급격한 저출산 · 고령화로 인해 국내 소비시장이 빠른 속도로 재편되고 있다고 진단했다. 우리나라에 앞서 저출산과 고령화로 인한 변화를 먼저 겪은 일본 사례를 바탕으로 변화를 예측하고 기업들이 대응방안을 마련해야 한다고 밝혔다.

보고서가 꼽은 첫 번째 변화는 '어르신' 시장의 확대다. 지난해 우리나라 60세 이상 은퇴 연령 인구는 1,042만 명으로 집계됐다. 처음으로 1,000만 명을 넘어 2000년의 2배 수준으로 늘어나면서 이들이 새로운 소비 주역으로 부상하고 있다. 특히 소비 여력이 크지 않았던 옛날 어르신과는 달리 이들은 구매력과 지출의향이 높은 것은 물론 온라인 쇼핑에도 능하다고 강조했다.

표 1 전체인구 및 고령인구 변화 추이

구분	2000년	2005년	2010년	2015년	2017년
전체인구(만명)	4,598	4,704	4,799	5,106	5,142
60세 이상 인구(만명)	516	625	760	943	1,042

▲ 전체인구 및 고령인구 변화 추이 ⓒ대한상공회의소

일본 사례를 살펴보면 고령자들이 의료 · 간병산업 등 전통적 어르신 소비뿐 아니라 은퇴 전 현역시절과 비슷한 소비행태를 보이며 시장에 변화를 가져오고 있다. 이는 고령층 인구의 증가와 인생관과 가치관 변화, 풍부한 구매력 등에 기인한 것으로 분석된다. 실제 일본은 70세 이상 고령층이 가계 금융자산의 60% 넘게 보유하고 있다는 조사도 있다.

두 번째 변화는 소비의 단위가 과거 가족 위주에서 이제는 '나홀로 소비'로 바뀌고 있다는 것이다. 2000년 15.5%에 불과했던 1인 가구 비중은 지난해 28.6%(562만 가구)로 확대됐다. 대규모 점포에서 대량으로 구매하는 식의 전통적 가족소비가 외식과 조리식품을 선호하는 나홀로 소비로 대체되고 있다. 젊은 세대를 중심으로 가격이 중요한 선택 기준이 되고, 독신세대의 생활패턴을 반영한 편의점 간편식 같은 품목의 수요도 늘어날 것으로 보인다.

표 2 전체가구 및 1인가구수 변화 추이

구분	2000년	2005년	2010년	2015년	2017년
전체 가구수(만 가구)	1,431	1,589	1,734	1,911	1,967
1인 가구수(만 가구)	222	317	414	520	562

▲ 전체가구 및 1인가구수 변화 추이 ⓒ대한상공회의소

일본은 1인 가구 비율이 지난 2000년에 이미 27.6%에 달했고 최근에는 34.5%로 높아지면서, 가족구조의 변화가 소비시장에 영향을 미쳤다. 가족소비가 주로 이뤄지는 대형소매점(백화점, 수퍼마켓) 매출은 줄어든 반면, 독신소비와 연관성이 높은 편의점 매출은 급증한 것으로 나타났다. 특히 편의점 간편식 매출액은 2007년 2조7,086억엔에서 지난해 4조4,231억엔으로 증가했다.

세 번째 변화는 자기 만족 · 경험을 중시하는 '가치소비'의 확산이다. 이른바 '소확행(소소하지만 확실하게 실현 가능한 행복)', '가심비(가격 대비 마음의 만족을 추구하는 소비 형태)'와 같은 신조어에서 확인할 수 있듯이, 남들 하는 대로 따라 하는 소비를 거부하고 나만의 만족을 추구하는 트렌드가 형성되고 있다는 것이다. '작은 사치' 관련 시장이 확대되고, 물건을 소유하기보다는 경험 가치를 중시하는 소비가 늘어날 것이라는 전망이다.

일본의 경우 불황기 마케팅 전략으로 채택됐던 '작은 사치'가 젊은 세대에서 고령 세대까지 확산되고 있으며, 친구나 지인과 함께 즐기는 트렌드로 분화되고 있다. 물건소비를 대체하고 있는 경험소비는 구매현장에서의 즉각체험을 중시하는 시간소비로까지 세분화되었고, 소매유통업에서는 체험형, 견학형, 인스타형, 시간체제형 경험소비가 패턴으로 자리잡았다.

보고서는 이런 소비시장의 변화에 대응한 전략으로 ▲어르신 친화적 환경 조성, ▲개인 맞춤형 전략, ▲가치와 감성 자극 등을 제시했다.

먼저 어르신시장은 편리함의 정도가 중요한 선택기준이다. 어르신에 맞춰 상품을 진열하고 응대하는 것은 물론 찾아가는 서비스도 검토해야 한다. IT 친화적인 어르신들이 늘어나는 만큼 편리한 온라인 쇼핑 환경을 만드는 것도 중요하다. 일본의 세븐일레븐은 소형트럭이 집앞까지 방문하는 이동판매서비스를 하고 있고, 세이코마트는 고령자들이 한곳에서 편하게 쇼핑할 수 있도록 만물상 형태의 매장을 기획해 성과를 냈다.

1인 시장 공략은 가격과 상품 전략은 물론 독신고객에 다가갈 수 있는 거리와 시간도 고민해야 한다. 일본 편의점 로손은 소포장 상품을 늘려 독신고객이 선택할 수 있는 범위를 넓히고 가격부담도 줄였다. 재미있는 쇼핑몰로 잘 알려진 일본 돈키호테의 성공 요인으로 1인 가구를 주요 타겟으로 한 '가장 저렴한 매장' 컨셉과 심야영업 전략이 좋은 사례로 꼽힌다.

가치소비에 대응하는 전략으로는 단순한 물건이 아닌, 독특한 가치를 가진 상품을 팔고 그 과정에서 체험 · 경험을 부가해 만족을 줘야 한다. 오키나와 변방의 류보백화점은 전통공예 · 도자기 · 유기농 화장품 등 지역특화 상품을 앞세워 매출이 큰 폭으로 늘었다. 또 작은 음반 대여점에서 일본 대표 라이프스타일 기업으로 성장한 츠타야 서점은 평범한 서점에 '취향의 설계'를 결합했다. 오프라인 상점의 불황 속에서도 일본 전역 1,400개 매장에서 연 2,000억엔의 매출을 올리고 있는 이 서점은 음반과 서적, 각종 생활용품과 전자제품, 여행은 물론 숙박까지 다루며 서점을 넘어 지적 자본이 결집한 공간의 미래를 보여주고 있다.

기존의 서점들은 책의 카테고리에 따라 진열하지만 츠타야 서점은 라이프스타일을 바탕으로 책을 진열한다. 책의 카테고리와 상관없이 도서관 식이 아닌 한 코너에 소설, 에세이, 예술, 역사책 등 주제와 관련된 모든 책을 진열하고, 그와 관련된 영화와 음악까지 한 눈에 살펴볼 수 있는 공간을 마련해 차별화된 가치를 제공하고 있다. '물건'이 아니라 '가치'를 판매한다고 하는 마스다 무네아키 CEO는 "현대사회의 스타일이 점점 고도화, 다양화, 세분화되고 있기 때문에 개개인에게 적절한 라이프스타일을 제안하는 것이 중요하다'고 말한 바 있다.

▲ 츠타야 서점 ©츠타야 서점 홈페이지

※ 자료원: SR타임즈, 2018.12.24

학 | 습 | 목 | 표

1. 유통경로의 성과가 가지는 몇가지 측면에 대해 알아본다.
2. 경로성과를 측정하는 방법에 대해 살펴본다.
3. 경로구성원의 공헌도를 평가하는 기준에 대해 생각해본다.
4. 경로대안 평가를 위한 경로감사에 대해 알아본다.

01 경로성과의 여러 측면

유통경로는 그것이 추구하는 경로목표가 있고 그 목표를 달성하기 위해 경로 내 경로구성원의 활동이 계획되고 실행된다. 하나의 시스템으로서 유통경로가 산출하는 성과는 일정한 수준의 목표를 달성하기 위해 여러 경로구성원들이 얼마나 경로기능을 잘 수행했느냐 하는 결과이다. 그러므로 경로성과는 전체 시스템에 의해 경로목표가 달성된 정도와 이러한 성과달성에 있어 각각의 경로구성원이 공헌한 정도의 두 단계에 의해 평가되어야 한다.

경로성과에 대한 평가는 표적시장에 대한 유통경로의 성과가 비용/수익 관점에서 얼마나 만족스럽게 이루어지고 있는가에 관심을 둔다. 즉, 해당경로를 활용하는 데 얼마나 많은 비용이 소요되며 현재의 유통경로에 의해 서비스가 제공되지 않는 소외된 시장은 없는지, 생산성과 같은 성과평가 척도에 있어 해당경로가 다른 경로와 비교할 때 어떠하며 생산성은 얼마나 증가하였지를 성과평가와 관련하여 확인해야 할 것이다.

1.1 경로성과 측정의 여러 차원

[그림 6-1]은 유통경로의 평가와 관련된 여러 차원을 제시하고 있는데 이는 단순히 개별기업의 성과보다는 경로 전체의 성과와 관련된 것으로 유통경로에

그림 6-1 유통경로 성과측정의 여러 차원

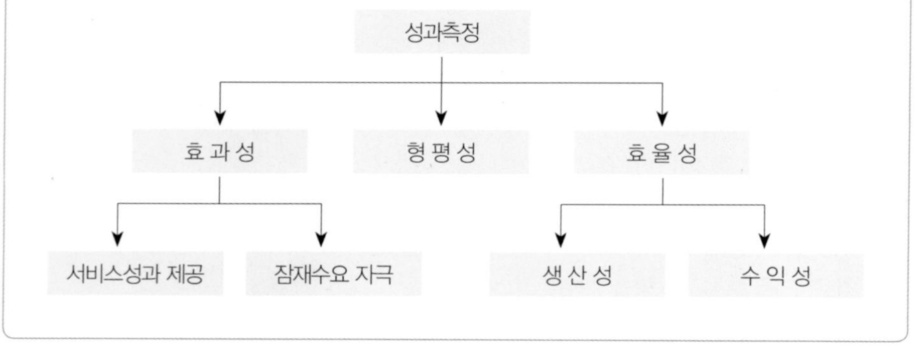

대한 보다 거시적 차원에서의 평가가 이루어져야 할 것이다.

1) 효과성

효과성(effectiveness)은 목표 지향적인 성과측정치의 하나로 유통경로가 표적시장에서 요구하는 서비스성과를 얼마나 제공하였는가를 말한다. 효과성은 원래 비용이 얼마나 투입되었는가보다는 목표로 하는 서비스성과가 과연 얼마나 달성되었는가를 평가의 기준으로 삼는다. 거시적인 평가척도로서, 효과성은 표적고객이 요구하는 서비스 성과의 제공 정도와 잠재수요에 대한 자극 정도에 의하여 평가가 가능하다. 유통경로는 최종 구매자가 요구하는 서비스 성과를 경로구성원이 목표 수준 이상으로 제공하고, 장기적으로 서비스 성과에 대한 표적고객의 잠재수요를 자극할 수 있을 때 보다 효과적이라고 할 수 있다. 일반적으로 효과적이지 못한 유통경로는 해당경로를 통해 표적고객에게 제공되는 상품이나 서비스의 품질이 소비자가 원하는 수준에 미치지 못하거나, 상품정보가 불충분하고 구색이 제대로 갖추어져 있지 못하며, 표적고객이 지불하는 비용이 너무 높은 경우 등이 포함된다. 유통경로가 효과적인지를 판단하기 위해서는 무엇보다 서비스 성과에 대한 고객욕구를 파악하는 것이 중요하며 이러한 서비스 성과를 누가 어느 정도 제공하였는가를 평가하고, 필요한 경우 조정을 통해 경로성과를 높일 수 있는 개선책을 강구하여야 한다.

2) 형평성

형평성(equity)은 해당 유통경로에 의하여 제공되는 혜택이 세분시장들에 어느 정도 골고루 배분되었는가를 말한다. 만약 특정한 유통경로가 특정 세분시장에게 불이익을 제공한다면 그 유통경로는 형평성이 결여된 것이다. 예를 들어 도심지역의 물가가 교외지역보다 높다면 이는 대형 할인점과 수퍼마켓 등 가격 중심 소매상이 주로 교외에 위치하고 있기 때문이며 그 결과 주로 도심지역에 거주하고 있는 빈민층은 낮은 소득 이외에도 높은 물가에 시달린다. 형평성은 개별기업이 해결하기에는 매우 어려운 문제이며 따라서 형평성의 문제는 정부정책(도심지역 상권의 재개발, 대형 할인점 유치를 위한 지원 등)에 의해 해결방안이 모색되어야 한다.

3) 효율성

효율성(efficiency)은 투입(inputs) 대 산출(outputs)의 비율로 정의되며, 일정한 비용에 의하여 얼마나 많은 산출이 발생하였는가 혹은 일정한 산출을 얻기 위하여 얼마나 많은 비용이 투입되었는가를 말해 주는 척도라고 할 수 있다. 따라서 효율성은 일정한 비용으로 가능한 한 많은 산출을 획득한다거나, 일정한 산출을 얻기 위해 소요되는 비용을 가능한 한 줄임으로써 달성될 수 있다. 효율성의 하위 차원으로는 생산성과 수익성을 들 수 있는데 생산성(productivity)은 자원의 투입에 의해 생산되는 서비스 성과의 양을 말하며 노동력이나 기계장비 등의 물리적 효율성을 나타내기 위해 종업원 1인당 부가가치나 노동장비율 등의 지표를 사용한다. 수익성(profitability)은 재무적 효율성을 나타내는 지표로서 여기에는 투자수익률, 유동성, 영업레버리지, 이익증가율 등이 포함된다.

1.2 경로성과 측정변수

유통경로의 성과를 여러 측면에서 평가하기 위해서 많은 변수가 활용될 수 있다. 〈표 6-1〉은 각각 일반적으로 경로성과에 대한 평가를 위해 활용될 수 있는 두 가지 변수인 정성적 측정변수(qualitative measures)와 정량적 측정변수(quantitative measures)를 보여주고 있다. 경로성과 평가는 관련정보 분석에 근거한 정보기술의 발달로 크게 변화하고 있다. 정보기술 발전에 의한 자료의 확보와 분석이 용이해질수록 유통경로의 효과성, 효율성, 그리고 환경변화에 대한 적응성이 향상될 것이다.

표 6-1 경로성과 측정변수

정성적 측정변수	정량적 측정변수
1. 경로조정의 강도	1. 단위당 총 유통비용
2. 경로협력의 정도	2. 단위당 수송비용
3. 갈등수준	3. 단위당 창고비용
4. 영역의 불일치정도	4. 단위당 생산비용
5. 조직 목표의 인식	5. 재고부족 방지비용
6. 경로리더십의 개발 정도	6. 재고부족 단위비용
7. 기능 중복의 정도	7. 진부화된 재고비율
8. 경로결속수준	8. 악성부채비율
9. 경로통제능력	9. 상품별/시장별 고객서비스 수준
10. 기능이전에서의 신축성	10. 판매예측의 정확성
11. 아래 정보의 획득가능성	11. 주문처리에서의 오류 수
(1) 물리적 재고	12. 새로운 세분시장의 수
(2) 상품특성	13. 새로운 시장에서의 판매비율
(3) 가격구조	14. 가격인하비율
(4) 촉진자료	15. 단절된 중간상의 수와 비율
① 인적판매 지원	16. 새로운 유통업자의 수와 비율
② 광고	17. 손상된 상품 비율
③ 구매시점(POP)진열	18. 선적오류 비율
④ 특별촉진	19. 주문규모
(5) 시장상황	20. 신 기술에의 부응가능성
(6) 이용가능한 서비스	21. 선적비율
(7) 조직변화	22. 에너지비용
12. 신 기술의 독특성	23. 고객불평건수
13. 경로내 혁신	
14. 동종 상표간 경쟁	
15. 경로과업의 반복화 수준	

02 경로성과의 측정 및 평가

경로성과 평가에서는 전체 시스템의 경제·사회적 성과에 대한 거시적 평가뿐만이 아니라 미시적 평가 즉, 개별 경로구성원이 수립한 경로목표가 얼마나 달성되었는가에 대한 평가가 동시에 이루어져야 한다. 경로구성원에 대한 평가는 재무성과 분석과 경제적 가치분석을 포함한다.

2.1 재무성과 평가

소매상이나 도매상, 제조업체 등 개별 경로구성원의 재무성과에 대한 평가는 경영성과의 평가에서 활용되고 있는 다양한 재무적 지표에 의해 이루어질 수 있다. 이들 재무적 지표는 크게 경영규모, 성장성, 수익성, 활동성, 생산성, 안정성 등의 여섯 가지 부문으로 구분되고 각 지표간 상호연관성이 높기 때문에 단순히 하나의 부문만을 보고 경영성과를 평가하는 것은 잘못된 의사결정을 가져오기 쉽다. 또한 산업 또는 업태에 따라 재무적 지표의 산출에 포함되는 계정과목과 산출방식이 상이하기 때문에 산업 또는 업태간의 단순비교 역시 잘못된 평가가 될 가능성이 높다고 할 수 있다.

일반적으로 도·소매상의 경우에는 매출보다는 수익성에 관심을 두고 있기 때문에 여타 재무적 지표에 비해 수익성관련 지표에 의한 평가가 중요하다고 할 수 있다.

전략적 이익모형(strategic profit model: SPM)은 수익성의 평가와 관련하여 도·소매상이 가장 많이 활용하고 있는 모형이다. [그림 6-2]의 전략적 이익모형을 보면 기업의 총자산 이익률은 총자산회전율과 순매출이익률을 곱한 값이고, 총자산이익률에 레버리지 비율을 곱하면 투자수익률이 된다는 점에 착

그림 6-2 전략적 이익모형(SPM: Strategic Profit Model)

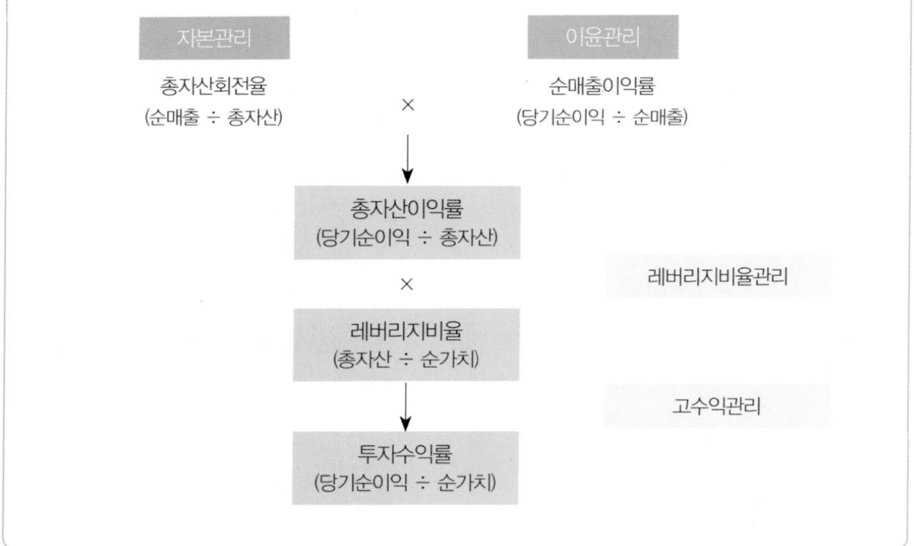

안하여, 재무성과의 평가를 자본관리(capital management)와 이윤관리(margin management), 레버리지비율관리(leverage-ratio management)와 고수익관리(high yield management)의 네 분야로 나누어 다루고 있다. 전략적 이익모형을 구성하고 있는 주요 재무적 지표를 약술하면 다음과 같다.

1) 순매출이익률(Net Profits/ Net Sales)

순매출이익률은 당기순이익을 순매출로 나눈 비율로, 경영자가 상품 혹은 서비스의 구매원가, 영업비와 감가상각비, 금융비용 등의 비용을 상환할 수 있는 능력을 나타낸다. 한마디로 순매출이익률은 영업활동의 원가대비 가격의 효과성(cost/price effectiveness)을 의미한다고 할 수 있다. 순이익의 실현에 있어서는 매출 총이익(gross margin)과 영업비용(operating expense)이 핵심요소이며 따라서 순이익을 높이기 위해서는 매출 총이익을 높이거나 영업비용을 낮추는 것이 중요하다. 매출 총이익은 기업의 비용구조와 밀접한 관련을 맺고 있으며, 기업이 가격경쟁력을 상실하지 않으면서 이를 높이기 위해서는 보다 효과적인 구매, 가격 인하의 통제, 적절한 재고측정과 통제, 高 마진품목 중심의 상품믹스, 가격조정 등을 활용할 수 있다.

소매업의 경우에는 영업비용이 매출 총이익에 비해 지나치게 높을수록 투자수익률은 크게 감소한다. 즉, 소매업과 같이 자산회전율이 높은 사업의 경우에는 자산회전율이 향상된다 하더라도 투자수익률이 크게 영향을 받지 않으므로 자산회전율의 향상을 통한 투자수익률의 제고는 바람직하지 않다고 할 수 있다. 한편 도·소매업의 경우에는 기업이 성장할수록 고객에 대해 다양한 서비스를 제공할 필요성이 커지고, 보다 많은 서비스를 제공하기 위해 기업은 종업원의 수를 증가시키는 경향이 있다. 따라서 이들 산업의 경우에는 영업비용을 감소시키는 것이 매우 어렵고, 1인당 생산성과 같은 재무적 지표가 타 산업에 비해 낮다고 할 수 있다. 순매출이익률은 일정한 매출 수준에서 기업이 얼마나 높은 성과를 올리고 있는가를 나타내주는 지표로서 활용될 수는 있으나, 이를 통해 기업이 보유하고 있는 자원이 얼마나 효율적으로 활용되고 있는가에 대한 정보를 얻을 수는 없다. 따라서 자산의 활용 정도를 나타내는 활동성 지표와 연계하여 분석하는 것이 바람직하다.

2) 총자산회전율

총자산회전율(net sales/total assets: asset turnover)은 일정한 매출을 얻기 위

해 경영자가 자금을 얼마나 효과적으로 활용하고 있는가를 나타내 주는 척도로 도·소매업에 있어 낮은 총자산회전율은 재고자산이나 외상매출금과 같은 자산항목이 매출에 비해 지나치게 많음을 나타내 준다.

3) 총자산이익률

순매출이익률이나 총자산회전율은 영업활동의 효율성을 나타내주지는 못한다. 즉, 순매출이익률은 자산의 활용 정도를 무시하고 있으며, 총자산회전율은 수익성을 무시하고 있다는 문제를 지니고 있다. 이러한 문제는 총자산이익률(net profits/total assets: return on assets or earning power)에 의해 해결될 수 있는데 총자산이익률은 회전율이 증가하거나 순매출이익률이 증가하면 함께 증가한다. 따라서 두 기업이 동일한 총자산이익률을 보이고 있더라도 상이한 회전율이나 순매출이익률을 가질 수 있다.

4) 레버리지비율

레버리지비율(total assets/not worth: leverage ratio)은 기업이 장단기차입금에 의존하고 있는 정도를 나타내 준다. 레버리지 비율이 낮을수록 차입금보다 자기자본에의 의존도가 높고 재무구조가 안정되어 있음을 말해 주지만 이 비율이 낮다는 것은 기업경영이 보수적이고 위험을 회피하는 경향이 있어 성장가능성은 낮다.

5) 투자수익률

투자수익률(return on investment or return on net worth)은 투자에 따른 배당이 얼마나 이루어질 것인가를 판단하는 지표이다. 따라서 투자수익률은 기업이 성공적으로 운영되고 있는가를 판단하는 지표로 투자수익률이 낮다는 것은 기업경영이 성공적이지 못함을 단적으로 나타내 주며 이는 구매, 재무, 영업 등의 관리가 비효율적이거나 비효과적일 때 발생한다.

전략적 이익모형은 경로상의 재무성과 평가에 있어 다음과 같이 중요한 의미를 지니고 있다.

첫째, 기업의 기본적인 재무목표는 순자산으로부터 적절한 목표수익률을 얻는 데 있으며 둘째, 기업이 이용가능한 수익경로인 총자산이익률, 레버리지비율, 투자수익률을 높임으로써 성과를 높일 수 있음을 보여주고 있고 셋째, 기업의 재무 의사결정 영역인 자본관리, 이익관리, 레버리지비율관리를 통한 고수익관리가 가능함을 보여주며 넷째, 순가치에 대한 목표수익률을 달성하기 위한 전략을 평가하는 데 있어 유용한 지침을 제공한다.

2.2 경제적 가치 분석(economic value analysis: EVA)

전략적 이익모형에 초점을 둔 변수들 이외에, 경제적 가치분석이라고 불리는 기법을 사용하기도 하는데 여기에서 경제적 가치는 다음과 같이 정의된다.

경제적 가치(EV) = 세후영업수익 − 총 자본비용

전략적 이익모형과 같은 성과기법이 자본비용을 고려하지 않고 있기 때문에 자본비용에 초점을 맞춘 경제적 가치분석을 사용하는 경우가 늘어나고 있다. 기업이 사용하는 자본은 부채 또는 자산으로 구성되는데 부채자본비용은 부채에 대한 이자를 지급하는 것이며, 이자지불에 대한 과세공제를 차감한 것을 의미한다. 그러나, 자산자본비용은 잘 정의되지 않는다. 여기에서, 기회비용의 개념이 나타나는데 기업의 자산자본에 대한 기회비용은 자산투자가가 비슷한 위험상황을 지닌 기업에 대해 자신의 돈을 투자함으로써 잃어버릴 수 있는 이윤이다. 바로 그 특정기업의 총 자본비용은 기업의 부채자본과 자산자본의 가중 평균비용이다. 물론, 총 자본비용은 기업에 의해서 사용된 자본 총량을 가중 평균한 비용이다. 과거 전통적인 회계실무상 판매원의 훈련비용을 비용으로 처리하였으나, 경제적 가치분석에서는 이를 투자로 처리하게 한다. 총 자본비용이 추정되면 세후영업수익과 총자본비용 간 차이를 정확하게 계산하여 실제 기업의 경제적 부가가치를 측정한다. 경제적 가치분석은 기업의 주식가격과 밀접하게 관련되어 있는데 왜냐하면 자산투자가가 투자를 위한 성과측정방법으로 많이 사용하기 때문이다.

경제적 가치분석은 기업들(제조업체, 도매상, 소매상 등)의 관리자에게 많은 도움을 준다. 투자수익률에만 초점을 둔 경영은 자본의 과잉투자를 초래할 수 있고, 생산과 유통에 있어서의 효율성은 떨어질 것이다. 경제적 가치분석의 활용을 통해 자본의 보다 효과적인 사용을 유도할 수 있을 뿐만 아니라 유통경로 성과를 극대화시킬 수 있다.

어떤 학자들은 경로대안의 상대적 수익성을 평가하기 위한 방법으로 잔여수입(residual income)패러다임을 제안하였다. 이들의 모의실험연구에 의하면,

납기, 공급자의 서비스수준, 송장비용, 수량할인 분기점, 판매정책상 금융조건에서의 할인율, 이자율 등이 잔여수입에 직접적으로 영향을 미치는 변수인 것으로 나타나고 있다. 여기서 잔여수입이란 자본금에 대한 순수입 초과분을 말하며, 이는 다음과 같이 계산된다.

$$RI = GM + QD - PICC - FICC - TE - SE - OE$$

RI: 잔여수입	FICC: 재고유지 운반비용
GM: 매출총이익	TE: 수송비용
QD: 구매수량할인	SE: 서비스비용
PICC: 물리적 재고유지비용	OE: 주문비용

경제적 가치분석은 경로구성원들이 그들의 전반적인 경제적 효율성을 극대화시킬 수 있는 방안을 제공한다. 게다가 특정 경로구성원이 잠재적 경로파트너의 능력을 평가하기 위한 기법으로 사용할 수 있으며, 경로효율성과 효과성을 개선시킬 수 있는 방안을 제시하는 기법이다. 보다 거시적인 중요성을 갖는 측면에서 경제적 가치분석은 전반적인 경로성과를 평가하는 입장에서 각각의 경로활동의 성과에 대한 실제비용을 측정하는 데 필수적이다.

03 경로구성원의 공헌도 평가

대부분의 기업에서는 개별 경로구성원이 해당기업에 얼마나 공헌하는가에 관심을 가지게 된다. 경로구성원의 공헌 평가에 있어 기업들은 매출액과 같은 가시적인 재무통계치에 의존하는 성향을 보이고 있다. 본 절에서는 보다 발전된 평가방법으로 활동기준 비용평가(activity-based costing: ABC), 직접상품 이익평가(direct product profit: DPP)를 소개하기로 한다.

3.1 활동기준 비용평가(activity-based costing: ABC)

활동기준 비용평가는 상품을 생산하는 데 필요한 활동을 통해서 상품관련 비용을 배분하는 방법을 제공한다. 활동기준 비용평가 개념은 1988년 Robin

Cooper와 Robert Kaplan에 의해 최초로 소개되었으며, 그 이후에 수많은 제조, 유통, 서비스 기업들에 의해 응용되었으며 상품과 관련한 속성에 대한 모든 비용들이 계산되어야 한다는 기본적인 개념을 세우고 있다. 이는 물류, 생산, 서비스, 기술, 마케팅, 판매, 관리, 그리고 정보원천 비용을 포함한다. 생산수준에서 이와 같은 비용이 고려될 때, 관리자는 생산비용보다 더 많은 부분에서 비용이 존재한다는 것을 알 수 있다.

특정 경로구성원이 상대 구성원에 대한 경로활동의 생산성을 비교하기 위해서는 특정상품의 판매 생산성 대비 특정경로를 통한 판매생산성을 비교할 수 있다. 즉, 총비용의 확인과 동시에 이와 같은 비용을 구체적인 경로기능과 흐름의 성과에 배분하여야 한다. 이래야만 각각의 경로구성원이 과연 어느 정도의 수익성을 올리고 있고 이를 향상시키기 위해 어떠한 노력을 하여야 할 것인가를 판단할 수 있는 정보를 제공받을 수 있다.

활동기준 비용평가를 수행하기 위해서는 우선 손익계산서에 나타난 회계자료를 유통기능별로 재구성하고 재분류할 필요가 있는데 여기에서 가장 어려운 부분은 비용을 기능별로 적절히 배분하는 것으로, 기업활동에서 발생하는 모든 비용을 기능별로 배분하기란 많은 어려움이 있다. 비용배분의 두 번째 단계는 각각의 경로대안별로 기능비용을 할당하는 것이다. 상이한 경로대안에 대해 비용을 할당함에 있어서는 다양한 기준이 활용될 수 있으며, 이들 기준은 〈표 6-2〉에 제시되고 있다. 세 번째 단계는 경로대안별로 비용/수익을 분석하는 것이다. 모든 경로대안에 있어 공헌이익이 발생하고는 있으나 경로대안별로 공헌이익의 정도가 상이하게 나타날 것이다. 따라서 가장 공헌이익이 높은

표 6-2 제조업체의 기능비용 할당기준

기능비용군	경로대안별 할당기준
완상품저장	창고점유면적
주문처리	송장라인의 수
포장 및 선적	선적단위의 무게와 수
수 송	선적단위의 무게와 수
판 매	판매요청 수
광 고	고객광고비용(면적 등)
판매촉진	촉진비용
주문입력	주문 수
대금청구	송장라인의 수
신용연장	평균 미결제금액
외상매출	발송된 송장의 수

경로대안을 선택하는 것이 바람직하다.

활동기준 비용평가를 활용하면 다음과 같은 혜택을 얻을 수 있다. 활동기준 비용평가는 의사결정에 필요한 우수한 정보를 제공함으로써 각 수준별 명확한 경로대안을 제시할 수 있으며 표적고객을 확인할 수 있고 자본투자의 상대적인 효율성을 극대화시킬 수 있다. 또한 기업으로 하여금 전략적인 개선방향을 제공해 준다.

3.2 직접 상품이익 평가(direct product profit: DPP)

직접 상품이익 평가는 구매자의 입장에서 특정공급자의 개별품목 혹은 재고관리단위 각각에 대한 평가를 하는 데 이용된다. 원래 직접 상품이익 평가는 McKinsey사가 General Foods를 위하여 개발한 것으로 개별 취급상품에 대한 손익계산이 가능하도록 개발한 평가모형이다. 직접 상품이익 평가는 거래비용분석에 기초하고 있으며, 이를 활용하기 위해서는 상세하고 방대한 자료를 필요로 하기 때문에 실제 활용에 많은 어려움이 있었으나 컴퓨터기술과 스캐너기술의 발달로 자료수집과 분석이 매우 용이해지고 있다. 직접 상품이익 평가는 전통적으로 상품평가에 있어 중요한 척도로 여겨지고 있는 단위 면적당 매출이나 단위당 이익보다 더 많은 정보를 제공해 준다. 또한 상품평가에 있어 고정비용을 제외하는 대신 상품별 영업활동이나 상품 머천다이징활동에 의해 발생하는 직접비용만을 분석대상으로 삼고 있다. 〈표 6-3〉은 직접 상품이익 평가에 의한 상품평가의 예를 보여주고 있다.

여기서 보면 상이한 두 상품의 공헌이익이 매우 다른 것으로 나타나며, 단순히 매출 총이익만을 비교하는 것이 잘못된 평가결과를 가져올 수 있음을 보여준다. 실제로 많은 상품에 있어 매출 총이익은 높으나 공헌이익이 적고, 매출 총이익은 낮더라도 공헌이익이 높은 경우가 있다.

직접 상품이익 평가가 자주 이용되는 이유는 직접 상품이익 평가에 대한 지식을 토대로 제조업체와 유통업자 간의 협력을 통한 개선을 제시할 수 있고 시장정보를 제공함으로써 제조업체와 유통업자 간의 관리프로그램 등에 활용될 수 있으며 제조업체는 유통업자의 비용파악을 통해 이들에 대한 촉진 등에 활용할 수 있다.

또한 제조업체는 직접 상품이익 평가를 향상시키기 위해 다각적인 방안을

표 6-3 직접 상품이익 평가에 의한 상품평가

계 정	A 품목	B 품목
매출액	100.0%	100.0%
(−) 매출원가	79.5%	76.5%
매출총이익	20.5%	23.5%
(+) 현금할인	1.6%	0.0%
(+) 에누리/보조금	2.0%	1.2%
(+) 선구매이익	1.3%	0.0%
(+) 소비자 픽업수입	0.8%	0.0%
조정된 매출총이익	26.2%	24.7%
창고비		
(−) 인건비	1.1%	1.6%
(−) 공간비	1.0%	1.2%
수송비		
(−) 인건비/장비사용비	1.2%	1.5%
재고비용		
(−) 하적 인건비(stocking labor)	2.6%	2.9%
(−) 재고확인 인건비(checkout labor)	1.7%	1.9%
(−) 공간(에너지, 점유)	2.2%	2.7%
본부비용		
(−) 재고유지비	0.7%	0.4%
총 직접상품비용	10.5%	12.2%
직접상품이익	15.7%	12.5%

모색할 수 있는데 상품규격의 통합화, 포장의 간소화 및 활용도 제고, 고객에 의한 상품집배, 상점까지의 운송, 상품계열의 축소, 케이스단위의 상품화, 통합선적 프로그램, 판매부진 상품의 소규모 포장 등이 포함된다.

04 경로감사

본 절에서는 여러 경로대안이 수행하고 있는 기능과 서비스품질, 경로환경, 구조, 정책에 대한 감사를 중심으로 경로대안의 평가를 설명하기로 한다.

4.1 경로기능 감사

경로구조를 설계하는 단계에서 경로대안에 대한 선정은 경로대안이 수행하여야 하는 기능에 의하여 결정된다. 따라서 경로대안에 대한 감사는 이들 대안이 수행하는 경로기능이 적절한가를 검토함으로써 이루어지게 된다. 경로기능 감사는 일상적 경로와 과업환경 내 경로구성원이 각각 어떠한 기능을 수행하는가에 대한 확인작업으로부터 시작한다. 이들 구성원들은 경로목표를 달성하기 위해 상호작용을 통해 필요한 기능을 수행하며 이들간의 관계를 면밀히 검토하는 것은 경로구조를 체계적으로 이해하는 데 도움을 주게 된다.

경로구성원의 기능감사 영역으로는 조직내부감사(개별기업에 대한 내부감사), 조직간 감사(경로구성원간의 상호작용 감사), 외부환경감사(경로구성원과 과업환경요소 간의 상호작용 감사)로 구분할 수 있다.

4.2 서비스품질 감사

유통경로의 일차적인 기능은 고객을 대상으로 다양한 서비스를 제공하는 것이기에 경로구성원이 제공하는 서비스 품질에 대한 감사는 경로감사에서 중요한 의미를 지니고 있다. 또한 서비스 품질은 이를 제공받는 고객의 입장에서 평가되는 것이 보다 의미가 있기 때문에 경로감사에 있어 고객으로부터 입수한 품질관련 정보가 매우 중요하다고 할 수 있다. 서비스품질에 대한 고객평가는 다양한 기준에 의해 이루어지며 서비스 품질에 대한 다차원적 평가에 있어 가장 보편적으로 활용되고 있는 척도로 Parasuraman, Zeithaml과 Berry에 의해 개발된 SERVQUAL을 들 수 있다.

SERVQUAL은 〈표 6–4〉에 제시되어 있듯이 유형성, 신뢰성, 응답성, 확신성, 공감성의 다섯 가지 차원으로 구성되어 있으며 이 중 확신성은 능력, 예절, 신용도, 안전성의 네 가지 하위차원으로, 공감성은 접근가능성, 의사소통가능성, 고객이해 가능성의 세 가지 하위차원으로 구성되어 있다. 이상의 서비스품질 구성요소는 경로기능에 대한 고객욕구와 밀접한 관계를 지니고 있다. 서비스 품질의 차원들은 고객욕구를 기반으로 하고 있기 때문에 경로구성원의 서비스품질을 향상시킴으로써 고객욕구의 충족이 가능해진다고 할 수 있다.

표 6-4 서비스품질의 구성요소

차 원	하위차원	정 의
유형성		물적 시설, 장비, 사람, 의사소통도구의 외형적인 면
신뢰성		약속된 서비스를 정확하게 수행하는 능력
응답성		고객을 돕고 즉각적인 서비스를 제공하려는 의지
확신성	능 력	서비스 수행에 필요한 기술과 지식의 소유
	예 절	고객과 접촉하는 종업원의 친절과 배려, 공손함
	신용도	서비스제공자의 진실성, 정직성
	안전성	위험, 의심으로부터의 자유
공감성	접근가능성	고객과의 접근의 쉬운 정도
	의사소통가능성	고객의 말을 잘 청취하고, 고객에게 잘 전달하는 정도
	고객이해가능성	고객의 욕구를 파악하려고 노력하는 정도

따라서 고객이 기대하는 것을 파악하고 이를 충족시켜주기 위한 서비스를 개발하며 효과적으로 전달하기 위한 조직구조 및 관리체계를 수립하는 것은 고객만족을 위한 선행요건이 된다. 특히 프랜차이즈 시스템과 같이 가맹점이 제공하는 서비스의 일관성이 요구되는 경로에 있어서는 고객에게 혼돈된 이미지를 주지 않도록 가맹점의 서비스품질을 체계적으로 관리할 필요가 있다. 서비스 감사에서는 서비스 품질을 결정하는 조직내부의 구조 및 관리적 특성을 파악하여 서비스 품질의 개선방향을 제시하게 된다. 일반적으로 서비스 품질을 결정하는 조직내부의 구조적 특성은 서비스갭 모형에 의해 설명이 되는데 서비스갭(service gap)이란 고객의 서비스에 대한 기대와 실제 서비스 간의 차이를 말하며, 서비스갭이 발생하는 이유는 기본적으로 조직의 최고경영자가 고객이 기대하는 바를 알지 못할 때, 고객의 기대를 서비스명세에 제대로 반영하지 못할 때, 서비스명세를 제대로 수행하지 못할 때, 고객에게 약속한 수준에 실제 성과가 미치지 못할 때 발생한다.

Zeithaml, Bery과 Parasuraman은 이들 네 가지 서비스갭의 발생원인을 외부고객 혹은 조직내부 구성원간의 의사소통과 통제상의 문제로 파악하고 서비스갭 모형을 제시하였다. 이에 따르면 기업은 고객이 기대하는 서비스와 실제로 제공된 서비스 간의 갭을 줄이기 위해 유통경로 조직의 구조와 관리체계를 다음과 같이 갖출 필요가 있다.

첫째, 서비스갭이 발생하는 가장 원천적인 이유는 고객기대에 대한 경로설계자 내지는 경로리더(선도기업)의 인식이 잘못되었을 경우에 발생한다. 경로관리자의 잘못된 인식은 유통경로 내부 구조와 관리체계에서의 오류를 발생시킨다. 일반적으로 잘못된 고객인식이 발생하는 이유로는 경로관리자가 마케팅조사를 소홀히 하거나, 고객과 직접 접촉하는 대면집단인 소매상과 경로관리자 간의 의사소통이 제대로 이루어지고 있지 않거나, 소매상과 경로관리자 사이에 존재하는 의사소통 단계의 수가 너무 많은 경우에 발생한다. 따라서 고객기대에 대한 올바른 인식을 위해 경로관리자는 서비스의 투입부문보다는 항상 산출부문에 대한 마케팅조사를 정기적으로 실시할 필요가 있다. 또한 경로관리자는 가능한 한 자신의 의견을 경로구성원에게 전달하는 하향적 의사소통보다는 소매상의 의견을 주로 청취하는 상향적 의사소통이 활성화될 수 있도록 필요한 여건을 조성하도록 노력하여야 한다. 의사소통이 활성화되기 위해서는 소매상과의 정기적인 모임, 제안제도의 활성화, 의사소통단계의 단축 등을 하여야 한다. 경로구성원과 소매상 간의 지나친 갈등은 이들간의 의사소통을 차단하는 가장 중요한 요인이 된다.

둘째, 경로관리자가 고객기대를 올바르게 파악하고 있더라도 이러한 고객기대를 서비스 품질에 반영하지 못하는 경우에도 서비스갭이 발생한다. 고객기대를 서비스 품질명세에 반영하지 못하는 이유로는 서비스 품질을 고객욕구에 부합하고자 하는 경영자의 관심이 부족하거나, 공식화되고 명확한 서비스 목표가 없거나, 서비스 창출과 관련된 업무가 표준화되어 있지 못하거나, 실제로 고객기대가 무엇인지 알고 있다 하더라도 기업의 제반여건이 이를 충족시키기 어렵다고 경로관리자가 인식하기 때문이라 할 수 있다. 따라서 경로관리자는 서비스 품질명세가 고객욕구에 적절히 부합하고 있는가를 점검하는 데 많은 관심을 보여야 하며, 명확하고 실현 가능하며 객관적으로 측정가능한 서비스 목표수준을 설정하여 이를 달성하고자 노력해야 한다. 한편 효과적인 서비스 제공과 관리를 위해서는 서비스 청사진 등을 이용하여 서비스 업무를 표준화하는 한편 인적·물적 자원 등 서비스 제공에 필요한 시스템을 고객기대에 부합할 수 있도록 노력하여야 한다.

마지막으로, 서비스 차이는 경로관리자와 소매상 간 팀워크가 부족하거나 소매상의 조직특성과 경로 내 역할, 혹은 업무에 활용되는 기술과 업무가 효과적인 서비스 제공에 적합하지 않을 때, 소매상이 자신의 업무를 적절히 통제할 수 없고, 소매상에 대한 경로관리자의 성과평가가 소매상의 행위보다는 성과에만 의존할 때, 소매상의 역할에 대한 고객과 경로관리자의 기대가 다르고, 소매상이 자신의 역할과 관련된 충분한 정보를 가지고 있지 않을 때 발생한다. 따라서, 경로관리자가 설정한 서비스 품질명세가 고객에게 올바로 제공되기 위해서는 소매상에 대한 관리에도 각별히 주의를 기울여야 한다. 구체적으로 경로관리자는 소매상의 업무수행과 관련하여 다른 소매상이나 필요한 경우 도매상과의 팀워크를 활성화하고, 소매상의 업무와 기능에 대한 명확한 정의를 내리고 이를 주지시켜야 하며, 소매상을 선발하는 과정이나 업무수행에 필요한 장비와 기술을 조율시키는 과정에서 세밀한 주의를 기울여야 한다.

4.3 경로환경, 구조, 정책감사

경로대안의 성과는 각각의 대안이 처한 시장환경, 다른 경로대안의 행위와 성과, 유통경로 내 구성원들이 공통적으로 수용하고 있는 마케팅전략이 무엇인가에 의해 영향을 받는다. 따라서 경로구성원의 성과를 평가하기 위해서는 이들이 처한 경로환경, 구조와 정책, 그리고 이들간의 관계를 일정기간을 두고 정기적으로 분석할 필요가 있다. 경로성과에 영향을 미치는 각 변수들은 다음과 같은 특징을 가지고 있다.

첫째, 경로정책뿐만 아니라 경로구조와 관리변수도 유통경로의 성과에 영향을 미친다.

둘째, 경제상황, 기술, 법률, 경쟁수준 등 환경조건은 경로설계나 정책결정에 심각한 영향을 미친다.

연습 문제

1. 경로성과 측정의 여러 차원에 대해 순차적으로 설명하시오.
2. 전략적 이익 모형에 대해 설명하시오.
3. 활동기준 비용 평가 방식에 대해 구체적으로 설명하시오.
4. SERVQUAL의 개념과 구성요소를 설명하시오.

제 2 부

유통전문업체의 유통관리

제7장 소매상과 소매업의 주요 이슈

1. 소매상의 기능과 분류
2. 소매상의 주요 의사결정
3. 소매상의 주요 전략적 과제
4. 소매유통에 대한 중요 개념들
5. 유통경로구조의 변화와 시사점

07 소매상과 소매업의 주요 이슈

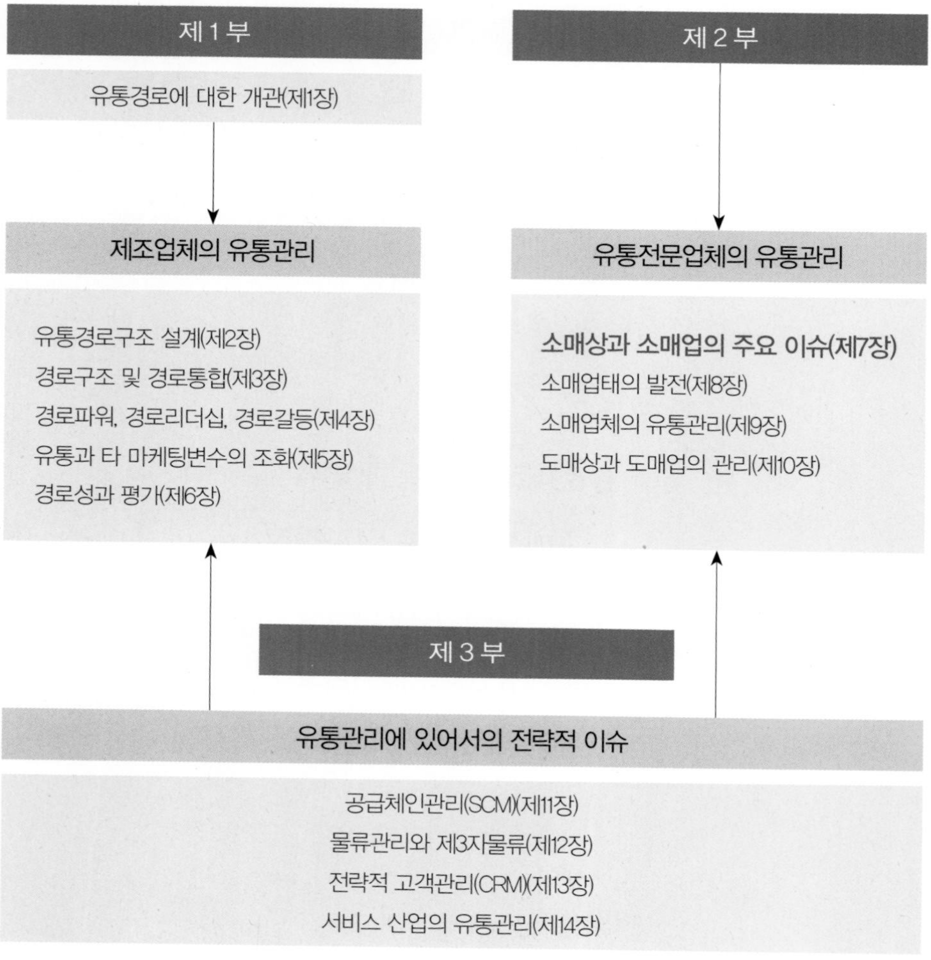

유통 뉴스 아마존효과 커지는데…공멸하는 오프라인시장

온라인 대세에도 유통 출점 규제…“손으로 하늘 가리는 격”

온라인쇼핑을 중심으로 도소매 시장이 급속도로 ‘탈경계화’되고 있다. 전통시장이든 대형마트든 파이를 뺏긴 전통적 도소매 업종이 힘들긴 마찬가지다. 그럼에도 전통시장을 보호한다는 목적으로 대형매장에 벽을 치는 낡은 규제엔 변화가 없다. 해외직구 시대가 고도화되는 와중에도 초라한 벽을 치는 데만 집착하는 규제가 생존 위기에 직면한 국내 유통산업을 벼랑 끝에 내몬다는 지적이 나온다.

유통업계 관계자는 “온라인쇼핑 100조시대를 맞은 태풍 앞에는 유통업계나 전통시장이나 고꾸라지기 직전의 한 배를 탄 처지”라며 “마트 규제로 인한 전통시장 부흥 효과가 불투명할 뿐더러 온라인이 오프라인 발길을 막아 일자리 감소마저 나타나는 마당에 전통시장을 보호하기 위해 온라인도 규제로 막을 것인지, 단순 진입 규제는 시대착오적 발상이며 포퓰리즘”이라고 비판했다. 또다른 관계자는 “대형쇼핑몰을 막는다고 4차산업, 글로벌 트렌드인 온라인 중심 소비층 변화는 막을 수 없다. 손으로 하늘 가리는 격”이라며 “복합쇼핑몰 입점 저지를 하더라도 일차원적 규제가 아닌 상생안을 내놓도록 한다거나 시장이 함께 살 길을 찾아야 한다”고 강조했다.

지난 20일 정부가 자영업자 대책으로 국회 계류 중인 유통산업발전법 개정안을 전폭적으로 지지하기로 해 유통업계 표정이 침통하다. 개정안은 복합쇼핑몰 허가 절차를 까다롭게 해 출점을 제한하고 대형마트처럼 월 2회 의무휴업도 시행하는 게 골자다. 업계는 쇼핑몰을 규제하는 게 과연 중소상공인, 전통시장을 살리는 길인지 의문을 제기한다. 복합쇼핑몰은 그 자체적으로 중소기업, 소상공인이 운영하는 매장 비중이 높아 ‘동족살인’이란 볼멘소리도 나온다.

이미 오프라인 시장은 온라인 확장으로 사양화 추세다. 한국은행에 따르면 국내 온라인거래를 통한 소매판매는 지난해 80조원으로 전체 소매판매액 18%를 차지했다. 주요 선진국에 비해서도 상당히 높은 수준이다. 이로 인해 전통적인 일자리 산업인 유통업계가 침체되면서 고용 타격도 현실화되고 있다. 한국은행이 2014년 이후 지난해까지 온라인 거래 확대가 도소매업 고용에 미친 영향을 실증 분석해본 결과, 연평균 약 1만6000명 감소 파장이 있는 것으로 추산됐다. 전자상거래로 인해 전통적인 오프라인 업체들이 타격을 입는 소위 ‘아마존효과’가 가시화되고 있다.

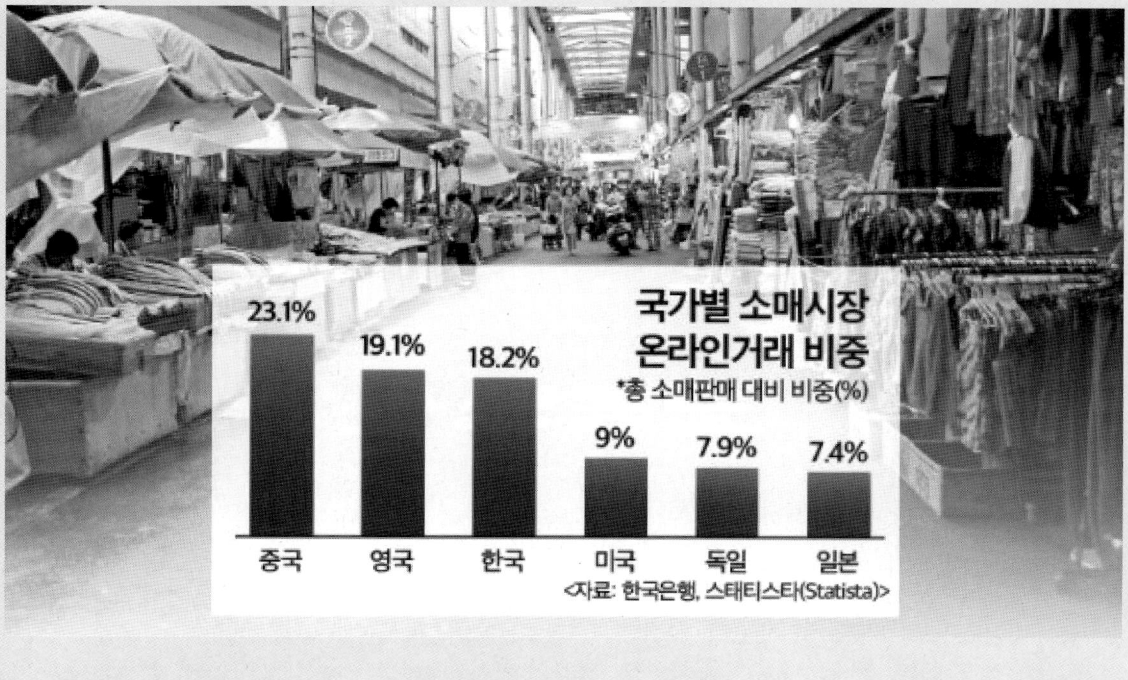

해외직구 등 유통 경계가 무너지면서 글로벌 침투로 인한 내수 감소도 나타난다. 해외시장에서 돌풍을 일으킨 글로벌 이커머스 메이저가 국내에 발 들일 날도 머지 않았다. 최근 국내 기자간담회를 연 알리바바는 한국을 포함한 해외확장계획이 있다고 밝히기도 했다. 업계는 해외직구 등 글로벌 마켓이 소매시장까지 확장되는 단계에서 정책당국이 이런 흐름을 고려해 대응방안을 마련해야 한다고 입을 모았다.

궁지에 몰린 유통업계는 오프라인과 온라인을 연계한 O2O 전략으로 해법을 찾고 있다. 오프라인 집객효과와 온라인 편의성을 결합해 새로운 경쟁력을 확보하려는 전략이다. 신세계 이마트의 경우 그런 전략의 연장선에서 키즈라이브러리, 상생스토어 등 전통시장에 젊은층 집객효과가 높은 매장을 내는 상생방안도 시도하고 있다. 일방통행식 규제는 그러한 노력에도 찬물을 끼얹는다고 업계는 우려했다.

※ 자료원: 뉴스토마토, 2018.12.21

학 I 습 I 목 I 표

1. 소매상의 정의와 분류방법에 대해 알아본다.
2. 소매상의 주요의사결정에는 어떤 것들이 있는지 알아본다.
3. 소매상의 주요 전략적 이슈가 무엇인지 학습한다.
4. 유통경로구조가 어떻게 바뀌며, 경로 내에서의 파워의 흐름이 어떻게 옮겨지는가를 학습한다.

01 소매상의 기능 및 분류

1.1 소매상의 정의

소매상이란 무엇인가? 우리들은 롯데백화점이나 GS25가 소매상이란 것은 잘 알고 있지만 삼성전자의 대리점이나 워커힐 호텔, 또는 환자를 치료하는 개업의사 역시 소매상이라는 것을 간과하는 경우가 많다. 유통경로에서 소매상(retailing)은 소비자와 가장 가까이 있는 경로구성원이다. 유통경로에서 이들이 하는 일은 대체적으로 제조업자나 도매상으로부터 상품을 구입하여 최종 소비자에게 판매하는 역할을 한다. 이러한 기능 때문에 소매상은 "상품이나 서비스를 개인적 혹은 영리를 목적으로 사용하려는 최종 소비자(ultimate consumer)에게 직접 판매하는 행위를 하는 경로구성원"이라고 정의된다. 여기에서 최종 소비자란 재판매를 위해서가 아니라 자신의 개인적인 사용을 위하여 상품이나 서비스를 구매하는 소비자를 의미한다.

그러나 소매상에 대한 정의는 사실 개념적으로 완전하지 못하다. 그 이유는 영리활동을 하는 조직체 또는 기업들 대부분이 도매상 또는 소매상 등과 같은 재판매업자(reseller)나 최종 소비자 모두에게 상품이나 서비스를 공급하고 있기 때문이다. 그러므로 특정 조직체가 소매상인지 아닌지를 판단하기 위해서는 다른 기준이 마련되어야 한다. 미국에서는 전체 판매액 가운데 최종 소비자에게 판매하는 비율이 50% 이상인 조직체를 소매상이라고 정의하고 있다.

유통경로 구성원들은 대체적으로 상품을 생산하는 생산자(producer), 생산자부터 상품을 구입하여 소매상에 판매하는 도매상(wholesaler), 도매상으로부터 상품을 구입하여 최종 소비자에게 판매하는 소매상(retalier), 그리고 소매상으로부터 상품을 구매하는 최종 소비자 등이 있다.

소매상이 유통경로상의 다른 구성원과 구분되는 것은 다음과 같은 특징들 때문이다.

첫째, 생산자나 도매상은 대량판매를 하고 있는 반면, 소매상은 소량단위로 상품을 판매한다.

둘째, 소매상은 주로 최종 소비자를 대상으로 판매한다.

셋째, 소매상은 소비자가 직접 점포를 방문하거나 온라인, 전화, 우편주문을 통하여 판매가 이루어진다.

넷째, 소매상은 다른 경로구성원보다 점포 내의 시설이나 인테리어 등을 중요시한다.

소매상은 제조업자나 도매상의 수보다 매우 많고, 고용인원에 있어서 우리나라에서 세 번째 높은 업종이다. 어떤 소매상의 규모는 거대기업이라 할 정도로 크며, 미국의 Wal-Mart나 Sears 등은 세계최대의 기업군에 속한다. 한편, 전국 각처에 입지한 소규모 소매상은 대형소매상들이 수행할 수 없는 개인적 서비스와 편리함을 소비자들에게 제공하기 때문에 이 역시 매우 중요한 기능을 수행하고 있다.

1.2 소매상의 기능

소매상은 제조업자 → 도매상 → 소매상 → 소비자로 구성되는 유통경로상의 마지막 단계로서 최종 소비자와 직접 접촉한다는 점에서 제조업자와 도매상의 판매성과에 큰 영향을 미친다. 소매상은 유통경로상에서 제조업자와 소비자 사이에서 여러 기능들을 수행한다. 소매상이 제조업자를 위해 수행하는 기능은 도매상이 제조업자를 위해 수행하는 기능과 큰 차이가 없다. 그 이유는 도매상이 없는 경우에는 소매상이 도매상의 기능을 대신 수행해야 하기 때문이다.

다음은 제조업자를 위한 소매상의 기능과 소비자를 위한 소매상의 기능이다.

제조업자를 위한 소매상의 기능은

첫째, 시장확대기능으로 새로운 고객을 창출하며,

둘째, 재고유지기능으로 고객의 욕구를 충족시키기 위하여 일정량의 재고를 유지하고,

셋째, 주문처리기능으로 점포 내 POS시스템을 활용하여 주문처리가 가능하도록 하며,

넷째, 정보제공기능으로 고객의 정보를 제조업자에게 제공할 수 있고,

다섯째, 고객서비스 대행기능으로 제조업자가 제공할 고객서비스를 소매

상이 대행한다.

소비자를 위한 소매상의 기능은

첫째, 소매상은 소비자가 원하는 상품구색을 제공하여 소비자들에게 상품 선택에 소요되는 비용과 시간을 절감할 수 있게 하고 선택의 폭을 넓혀 주며,

둘째, 소매상은 소비자에게 소매광고, 판매원 서비스, 점포 디스플레이 등을 통해 고객에게 상품관련 정보를 제공하여 소비자의 상품구매를 도와주고,

셋째, 소매상은 신용제공이나 할부판매를 통하여 소비자의 구매비용 부담을 덜어주는 금융기능을 수행하고,

넷째, 소매상은 소비자에게 애프터서비스, 배달, 설치, 사용방법의 교육 등과 같은 다양한 고객서비스를 제공한다.

1.3 소매상의 분류 방법

소매상은 점포의 유무, 취급상품의 다양성과 구색, 소유권의 유무, 사용하는 전략, 서비스 수준 등 다양한 기준에 의하여 분류된다.

표 7-1 소매상의 분류

구 분	분 류 기 준	유 형
점포 유무	일정한 형태의 점포 유무에 따라	점포 소매상, 무점포 소매상
상품 계열	상품의 다양성 및 구색에 따라	다양성 高/구색 高, 다양성 低/구색 高 등
소 유 권	소유 및 운영 주체에 따라	독립소매기관, 체인 등
사용 전략	마진 및 회전율에 따라	고회전-고마진, 고회전-저마진 등
서비스 수준	고객에게 제공되는 서비스 수준에 따라	완전서비스, 한정서비스, 셀프서비스 등

1) 점포의 유무에 따른 분류

점포의 유무에 따른 분류란 일정한 형태의 점포를 갖추고 있는가에 관한 것으로서 점포소매상과 무점포소매상으로 분류된다. 점포소매상은 일반적으로 우리가 흔히 접할 수 있는 소매상들로 백화점, 수퍼마켓, 편의점, 전문점, 음식점 등이 여기에 속한다. 무점포소매상은 최근 급증하는 추세로 통신판매(모

바일 매체를 이용한 소매업, 우편판매, 전화판매, 홈쇼핑, 인터넷마케팅), 방문판매, 자동판매기 등이 여기에 속한다. 무점포 소매상은 판매업자 또는 서비스 제공업자가 우편 등의 방법에 의하여 계약의 청약을 받거나 계약을 체결하여 상품의 판매 및 서비스를 제공하는 것을 말하고, 방문판매는 판매업자 또는 서비스 제공업자가 방문 등의 방법으로 점포 이외의 장소에서 계약의 청약을 받거나 계약을 체결하여 상품의 판매 및 서비스를 제공하는 것을 말한다.

2) 취급하는 상품계열에 따른 분류

소매상들은 그들이 취급하는 상품의 다양성(variety; width)과 구색(assortment; depth)에 따라 분류되기도 한다. 상품의 다양성이란 상품계열(product line)의 폭(수)을 의미하고, 구색이란 같은 계열 내에서의 상품의 깊이(가지 수)를 의미한다. 아래의 그림과 같이 취급상품의 다양성과 구색에 따라 소매상을 분류해 보면, 백화점은 다양성과 구색이 모두 높으며, 전문점은 구색은 높지만 다양성은 낮고, 할인점은 다양성은 높지만 구색은 낮은 소매상이라고 볼 수 있다. 그러나 일반적으로 다양성과 구색이 모두 낮은 형태는 소비자가 선호하는 형태라고 볼 수 없기 때문에 적당하지 않다고 볼 수 있다.

그림 7-1 상품계열에 따른 소매상의 분류

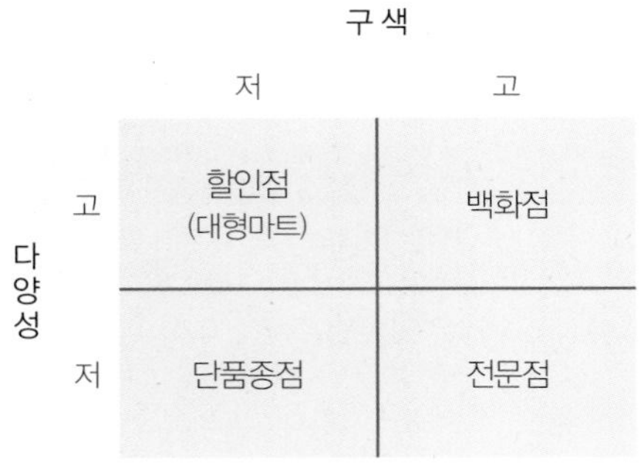

3) 소유권에 의한 분류

소유권에 의하여 소매상을 분류하는 것은 소매상을 소유하고 운영하는 주체가 기준이 되는 것이다. 대체적으로 크게 독립소매상과 체인(chain)이 있는데, 독립소매상은 유통경로상의 다른 구성원들과 전혀 관계없이 독립적인 소유자에 의하여 소유되고 운영되는 소매상이며, 일반적으로 주택가에 위치한 소규모소매상들이 이에 해당한다. 체인(다단위조직, multiunit organization)은 대체적으로 중앙집중구매를 하여 외형적으로 유사한 특성을 지닌 여러 점포를 통하여 유사한 상품을 판매하고, 공동으로 소유되는 특성을 가진 소매상이다.

4) 사용전략에 의한 분류

소매상의 전략에 의해서 소매상을 분류한다는 것은 소매상들이 추구하는 전략을 마진(margin)과 회전율(turnover)로 구분하여 어떠한 유형의 소매상이 존재하는가를 분석하는 것이다.

여기에서 마진이란 소매상이 상품을 판매함으로써 얻을 수 있는 이익의 양을 의미하며, 회전율이란 일정기간 동안 평균재고가 판매되는 횟수를 의미한다. 마진과 회전율에 의하여 소매상을 분류한다면, 고회전-고마진, 저회전-고마진, 저회전-저마진, 고회전-저마진의 네 가지 유형으로 구분할 수 있다. 고회전-고마진에는 편의점이나 구멍가게, 저회전-고마진은 보석판매점과 같은 전문점이나 백화점, 고회전-저마진은 할인점 등이 각 유형에 속하는 소매상들이다. 그러나 저회전-저마진의 경우에는 전략의 특성상 존립할 수 없는 소매상이라고 볼 수 있다. 왜냐하면 마진도 적고, 판매되는 횟수도 적다면 그 소매상은 적정한 이익을 남길 수 없기 때문이다.

5) 서비스 수준에 따른 분류

상품별로 필요한 서비스 수준이 다르고 또한 서비스에 대한 소비자들의 선호도 다양하다. 소비자들이 직접 매장에 가서 물건을 비교해 보고 선택하며, 본인이 집까지 운송하는 경우가 있는데 이를 셀프서비스 소매상이라 한다. 한정서비스 소매상은 소비자들이 많은 정보를 필요로 하는 선매품을 주로 취급하기 때문에, 상당한 수준의 판매서비스를 제공하며 금융서비스나 상품교환서비스를 제공하기도 한다. 또한 완전서비스 소매상은 판매원들이 고객이 필요로 하는 모든 서비스를 제공하는데 주로 전문점이나 고급백화점에서 행하는 서비스를 의미한다.

1.4 최근의 유통 이슈 및 성장률 추이

최근 국내 소매시장은 재고가 누적되면서 가격경쟁이 심화되는 가운데, 유통업태간, 카테고리간 실적 양극화 추세가 더욱 심화되어가고 있다.

그림 7-2 소매 재고액 지수

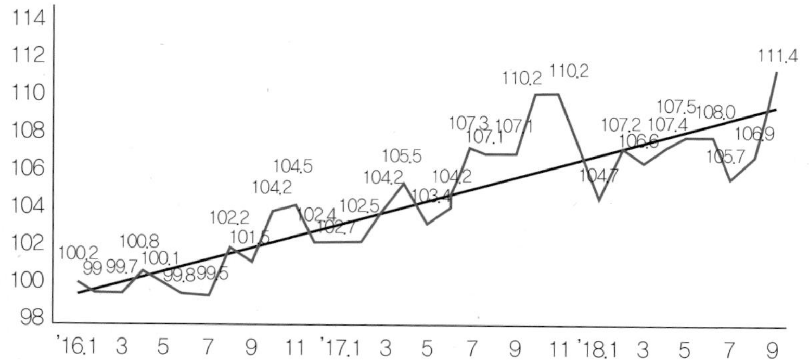

출처: 통계청/'18.8-9월은 잠정치

특히, 오프라인과 온라인의 신장률을 보면, 오프라인은 정체 단계로 진입했으며, 온라인은 지속적인 고성장세 추이에 있으며, 이 간격은 더욱 더 커질 것으로 전망된다.

그림 7-3 오프라인 對 온라인 신장률 추이

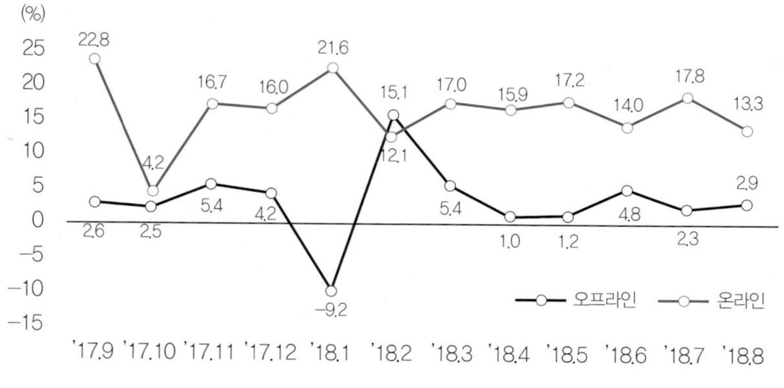

출처: 산업통상자원부

02 소매상의 주요 의사결정

2.1 소매상의 주요 의사결정 요소

소매기관이 그들의 경영활동을 위한 기본적 의사결정을 할 때는 영업활동에 있어 마진율(margin rate)을 위주로 할 것인지 아니면 재고회전율(inventory turnover rate)를 위주로 할 것인지, 취급 상품의 구색은 얼마나 다양하고 깊게 할 것이지, 입지와 공간적 편의성은 어느 정도로 제공할 것인지, 고객 서비스는 어느 수준으로 할 것인지에 대해 우선적으로 고려하여야 한다.

1) 마진율과 재고회전율

마진이란 소매점이 상품을 판매함으로써 얻을 수 있는 이익의 크기를 말하며, 재고회전율이란 일정기간 동안 평균재고가 판매되는 횟수를 의미한다.

① **저마진, 고회전율, 최소한의 서비스를 제공하는 소매상:** 운영의 효율성을 높이고 고객에 대한 서비스를 최소한으로 낮춤으로써 비용을 절약하고, 이를 통해 낮은 가격으로 고객에게 상품을 공급하여 비용의 절약만큼을 고객에게 되돌려 준다는 관점을 기본으로 하여 운영되는 소매상들을 말한다. 이-마트, Wal-Mart, 롯데마트, 킴스클럽 등의 다양한 할인점들이 이에 속한다. 그러나, 이는 고객에게 제공되어야 할 서비스를 고객이 직접 수행하게 하고 그 대가로 낮은 가격으로 구매할 수 있게 하는 것이므로, 비용의 절약이라기보다는 비용의 전이(functional spinoff)라는 주장도 대두되고 있다. 이들이 고객에게 전이하는 비용에는 상품선택 폭의 축소, 낮은 수준의 입지 편리성, 편안하고 쾌적하지 않은 점포분위기, 낮은 수준의 개인적 서비스 제공, 배달이나 신용과 같은 부수적 서비스를 제공하지 않는 것 등 여러 가지가 있다.

21세기에 들어서면서 정교한 정보시스템을 사용하여 저비용, 저마진, 저가격, 고회전율 등은 그대로 유지하면서도 개인적 서비스는 강화하여 차별화를 추구하려는 시도가 나타나고 있다.

② **고마진, 저회전율, 높은 수준의 개인 서비스를 제공하는 소매상:** 고객

에게 차별화된 고급 서비스를 제공하는 대신, 높은 서비스에 따른 고비용을 고가격으로 흡수하려는 소매상을 말하고, 가격이 높기 때문에 회전율은 낮아지게 되며 고급 백화점이나 고급 전문점들이 이에 속한다.

저마진/고회전율/낮은 서비스, 고마진/저회전율/높은 서비스의 두 가지 기본 형태 가운데서 어느 것을 따를 것인가를 결정하기 위해서는 아래와 같은 전략적 수익 모델(SPM: strategic profit model)을 활용하는 것이 좋다.

전략적 수익모델: SPM

$$\frac{\text{net profit}}{\text{net worth}} = \frac{\text{net profit}}{\text{total assets}} \times \frac{\text{total assets}}{\text{net worth}}$$

$$= \frac{\text{net profit}}{\text{net sales}} \times \frac{\text{net sales}}{\text{total assets}} \times \frac{\text{total assets}}{\text{net worth}}$$

즉, 소매업체들은 일차적으로 순자산이익률의 증가를 목표로 한다고 볼 수 있는데 레버리지비율이 이미 정해진 상태라면, 순자산이익률을 높이기 위해서는 총자산회전율(저마진/고회전율/낮은 서비스)을 높이거나, 매출액순이익률(고마진/저회전율/높은 서비스)을 높이는 두 가지의 기본적 접근방법 중에서 의사결정을 하여야 한다. 물론 이 두 가지를 모두 높이려는 의사결정을 할 수도 있으나 이 경우에는 상권의 범위가 매우 제한되고 고객당 1회 구매금액이 낮아지게 되므로 소규모의 점포로밖에 운영될 수 없게 된다.

전략적 수익모델의 두 가지 기준에 의해 소매상을 분류하면 [그림 7-4]와 같다.

그림 7-4 회전율과 마진에 의한 소매상의 구분

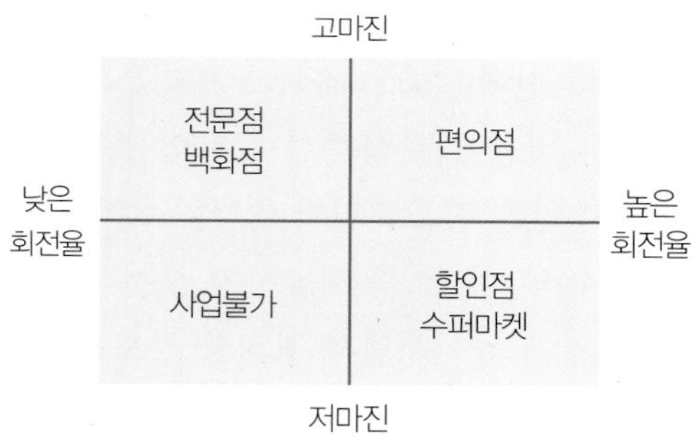

자료원: *Modern Retailing: Thoery and Practice*, J.B. Mason M.L. Mayer, 1978, p.27.

2) 취급상품의 다양성(variety)과 구색(assortment)

취급상품의 다양성이란 취급하는 상품이 얼마나 서로 다른 범주의 상품으로 구성되어 있는가 하는 것으로, 상품 라인의 넓이(width)를 의미한다. 롯데, 현대, 신세계 같은 백화점이나 이마트, 롯데마트, 월마트코리아 같은 대형 할인점들은 폭넓은 가정용품, 기성복, 화장품, 스포츠용품, 전자상품 등 매우 다양한 범주의 상품들을 비치해 두고 판매하고 있다.

반면에, 구색이란 각 범주안에서 얼마나 깊이(depth)있게 서로 다른 브랜드나 모델을 상품으로 갖추고 있는가 하는 것으로, 오피스데포, 세진컴퓨터 등의 대형전문점들이 이의 예이다.

소매점 운영에 있어 다양성과 구색은 그 소매점의 전체적 특징을 결정하게 되며, 취급상품의 다양성과 구색을 어떻게 하느냐는 소매점의 구매의사 결정을 어떻게 하느냐를 의미하므로, 어떤 상품을 누구에게서 얼마나 구매하며 납품업자와 어느 정도로 협력적인 관계를 유지할 것인가를 의미하는 구매관리 역시 소매점 의사결정의 중요한 부분을 차지하게 된다.

3) 입지(location)와 공간적 편의성(spatial convenience)제공의 수준

일반적으로 상품은 소비자가 상품선택시 기울이는 탐색(search) 및 여타 노력의 정도 즉, 구매패턴에 기초해서 〈표 7-2〉와 같이 분류할 수 있다.

세분시장 전반에 걸쳐 인구통계학적 특성과 라이프 스타일의 변화가 진행되고 있는 것과 마찬가지로 소비자의 탐색-쇼핑행동도 시간이 흐름에 따라 변화하고 있다. 현재의 경향은 탐색-쇼핑행동을 가능하면 줄이려는 방향으로 바뀌고 있다.

그 이유는 탐색-쇼핑활동을 줄임으로써 얻을 수 있는 시간의 절약이 돈의 절약 못지 않게 중요하다고 생각하는 소비자가 늘어나고 있기 때문이다. 더 나아가서, 멀티미디어에 대한 접근 가능성과 노출이 폭넓어짐에 따라 정보탐색 및 쇼핑에 대한 노력을 줄이려는 데 그치지 않고, 1회 구매량을 늘리는 대신

표 7-2 상품의 분류

	편의품(convenience goods)	선매품(shopping goods)	전문품(specialty goods)
구매계획의 정도	거의 없음	약간	상당 수준
브랜드선호의 정도	거의 없음	브랜드 비교	특정브랜드 고집
쇼핑노력의 정도	최소	중간	최대

쇼핑빈도는 줄이려는 경향도 나타나고 있다. 따라서 입지결정이 중요한 문제이기는 하지만, 소비자들이 점포 선택시에 중요하게 고려하는 사항이 접근의 용이성과 시간이라는 편의성으로 변화하고 있다고 할 수 있다. 예를 들어, 홈쇼핑이나 인터넷쇼핑이 완벽하게 실현된다면 점포의 입지는 별로 중요하지 않을 수도 있게 될 것이다.

점포의 입지를 어디에 두어 소비자에게 어느 정도의 공간적 편리를 제공할 것이며, 더 나아가 공간적 편리보다는 어느 정도의 접근용이성과 시간적 편의성을 제공할 것인가 하는 점이 소매경영에 있어 매우 기본적인 의사결정의 영역이 될 수 있다.

4) 고객에 대한 서비스(customer service)

대부분의 소매 혁신은, 정도의 차이는 있지만, 고객에 대한 서비스 변수를 차별적으로 적용하거나 조작하는 것에 의하여 이루어지고 있다. 점포 내에서의 고객에 대한 구매 지원(buying aid)의 여부와 수준에 따라 발생되는 비용 수준이 결정될 뿐만 아니라, 고객에게 차별적 이미지를 줄 수 있는 수단이 되기도 한다.

소매업자의 입장에서 볼 때 점포 내 구매지원을 없애고 셀프서비스 방식으로 변화시키는 것은 'push'전략에서 'pull'전략으로 전환하였다는 의미가 된다. 소매업은 대표적인 노동 집약적 산업 중의 하나로서, 점포 내 구매지원 등 개인적인 서비스를 제공하는 고가격/고서비스를 특징으로 하는 백화점의 경우에는 급여 지출이 판매액의 30%, 고급 전문점의 경우에는 판매액의 35%에 달하지만, 이런 서비스를 제공하지 않는 대형 할인점의 경우에는 급여를 포함한 총운영비용이 판매액의 20% 이하로 나타나는 것에서 볼 수 있듯이 점포 내 구매지원을 줄이거나 인력 감축의 결과로 얻어지는 생산성 향상을 통하여 소비자에게 돌아가는 절약을 상당히 크게 할 수 있다. 따라서 고객에게 어느 정도의 서비스를 제공할 것인가 하는 의사결정 역시 소매경영에 있어 매우 중요한 부분이라 할 수 있다.

2.2 소매상의 마케팅전략 수립

소매상은 보다 구체적인 전략변수들을 이용하여 소매마케팅전략을 수립하게 된다. 소매마케팅전략도 제조업체의 마케팅전략과 마찬가지로 환경분석을 통하여 표적시장을 선정하는 것으로부터 출발한다.

1) 환경분석

조직의 목표가 결정되면 기업이 설정한 사명 내에서 조직의 목표를 달성하기 위한 계획을 수립하여야 한다. 이러한 계획은 조직의 강점과 약점, 그리고 환경의 위협과 기회요인을 분석한 후에 수립되어야 한다. 이렇게 소매상 내부의 강점과 약점, 그리고 소매상 외부의 기회와 위협을 평가하는 것을 환경 분석이라고 한다. 환경 분석 가운데에서 내부요인은 대체적으로 소매상들이 통제할 수 있는 변수, 즉 조직이 보유하고 있는 자원들이며 내부자원들의 평가를 통하여 조직이 어떠한 일을 할 수 있으며, 어떠한 일을 할 수 없는가 하는 강점과 약점을 파악하게 되는 것이다. 소매상에서의 내적인 요인들이란 재무적 자원, 물리적 자산, 취급하는 상품, 제공하는 대고객 서비스, 경영기법, 판매원, 소매상의 명성, 조직에 대한 종업원의 태도 등이다. 환경분석에서 평가되는 소매상의 외적인 요인들은 대체적으로 소매상들이 통제할 수 없는 요인들이다. 여기에는 법적인 환경, 고객의 변화, 경쟁 환경, 기술 환경 등이 있으며 소매상에게 기회가 되는 것과 위협이 되는 것으로 나누어질 수 있다.

2) 표적시장 선정

분석의 가치는 기업으로 하여금 기업에 이용 가능한 기회를 확인할 수 있도록 해 주는 데 있다. 그러한 분석은 성장과 수익성 면에서 좋은 기회를 제공해 주는 시장을 확인하여 접근하게 해주며, 바람직하지 않은 시장을 회피하는 데에 도움을 준다. 환경 분석 이후에는 소매상의 자원과 기술, 그리고 외부환경의 기회에 적합한 표적시장을 선정해야 한다.

표적시장을 선정하기 위해서는 미래의 성장잠재력, 현재시장의 크기, 소요되는 투자액, 경쟁강도, 시장의 욕구를 충족시킬 수 있는 능력, 이익잠재력 등을 고려해야 한다.

3) 입지 및 점포계획

소매입지를 결정하기 위해서는 우선 소매상권을 분석하여야 하며 이후에 입지대안을 복수로 마련하고, 여러 선정기준에 따라 입지대안들을 평가한 후 최적대안을 선정하게 된다.

그림 7-5 소매상의 마케팅전략 수립모형

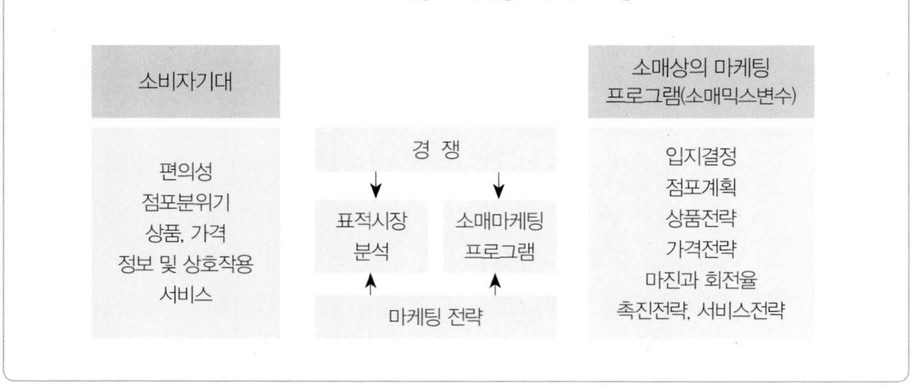

2.3 소매상권분석 및 입지 선정

1) 소매상권분석

상권(trading area)이란 소매상이 판매의 대상으로 삼고 있는 지역을 의미한다. 우연히 한 번 정도 점포를 이용한 고객이 살고 있는 지역은 상권에 속한다고 볼 수 없으며, 비교적 높은 빈도로 특정 소매상을 이용해야만 상권에 속해 있는 고객이라고 할 수 있다. 상권은 생산자의 입장에서도 정의할 수 있으며 도·소매상의 입장에서도 정의할 수 있다. 그러나 본 장이 소매상의 마케팅믹스 변수에 대하여 설명을 하고 있는 만큼 주로 소매상의 관점에서 정의를 하는 것이 바람직할 것이다. 상권을 정의한다는 것은 어려운 일이지만 몇 가지 통용되는 상권에 대한 정의를 살펴보면 미국마케팅학회(AMA)의 정의에 따르면 "상권이란 특정 마케팅단위 또는 집단이 재화 또는 영역을 판매함에 있어서 비용과 취급규모면에서 경제적이며, 취급규모가 어떤 경계에 의해서 결정되는 지역범위"라고 정의하고 있다.

상권은 크게 1차 상권, 2차 상권, 한계상권 등으로 나누어진다. 1차 상권(primary trading area)은 점포고객의 70~80%를 포함하는 지역으로 점포에 가장 가까우며 고객밀도가 가장 높다. 2차 상권(secondary trading area)은 점포고객의 추가적인 15~25%를 포함하는 지역으로 1차 상권의 외부에 위치하며, 고객들은 다소 분산되어 있다. 한계상권(fringe trading area)은 1, 2차상권을 제외한 나머지 지역을 의미하며, 점포고객들은 매우 분산돼 있다. 편의품의 경우 1차 상권은 걸어서 500m 이내이며, 2차 상권에는 약간의 고객이 존재하고 한계상권에는 거의 존재하지 않는다. 가구나 가전품 같은 선매품의 경우, 1차 상권은 버스나 승용차로 15~30분 정도 소요되는 지역이며 2차 상권은 30분~1시간 정도 걸리는 지역을 말하기도 한다.

상권의 규모는 다양한 요인에 의해서 영향을 받는다. 상권의 크기를 결정짓는 요인으로는 점포의 형태 및 크기, 경쟁점포의 위치, 거주자들의 주거형태, 소요시간, 그리고 교통장애요인(도로 사정, 하천 등) 등이 있다. 최근 신도시는 기존 상권의 부재 및 인구의 밀집 등으로 인해 최고의 상권으로 떠오르고 있다. 그러므로 그만큼 신업태의 집중 공략을 받고 있으며 기존 업태와 치열한 경쟁을 할 것으로 보인다.

소매상의 상권이 지리적으로 어디까지인가 또는 어느 정도의 크기를 가졌는가를 확인하는 방법은 크게 두 가지로 나뉜다. 기존 점포의 상권 확인에는 거주지 확인방법(spotting technique)을 이용하며, 새로운 점포의 상권 확인에는 정량적인 방법(quantitative procedures)을 이용한다. 거주지 확인방법이란 지도상에서 고객들의 거주지를 확인하는 단순한 방법이다. 이 방법을 통하여 소매상은 자신들의 점포를 방문하는 고객들의 거주지를 확인하여 자신들의 상권이 지리적으로 어디인가를 확인한다. 고객의 주소를 확인하는 방법에는 고객기록과 고객활동내역, 판촉활동, 고객조사들이 있는데 먼저 고객기록은 고객의 거래에서 발생하는 정보를 통하여 주소를 확인하는 것이다. 이에는 신용카드, 서비스, 상품배달 등의 기록이 있다. 고객활동내역은 판촉 등을 통하여 고객의 주소나 특성 등 정보를 파악하는 것이다. 판촉활동에는 콘테스트, 할인쿠폰 제공 등이 있으며 고객들이 이런 판촉물을 얻기 위해서 자신의 주소나 구매경험 등 고객정보를 제공하게 된다. 그리고 고객조사는 고객을 대상으로 설문조사를 실시하여 고객정보를 알아내는 방법이다. 이러한 조사에는 직접면접, 우편조사, 전화조사 등이 있다.

정량적 방법은 수학적인 모델을 이용하여 상권의 크기를 확인하는 방법이다. 이는 소매중력개념에 근거하는 라일리 모델, 허프 모델 등이 있다. 소매중력(retail gravitation)이란 각 점포 위치의 상대적인 흡인력(drawing power), 즉 고객 유인능력이 어느 정도인가를 나타내준다. 소매중력 모델은 경쟁점포보다 고객에게 더 가깝고 더 매력적인 점포로 고객들이 이끌려간다는 가정에 근거하고 있다.

2) 소매입지 결정

소매입지(retail site)란 소매사업을 행하는 소매점포의 구체적이고 물리적인 위치를 의미한다. 소매입지를 결정하는 단계는 크게 세 가지로 이루어져 있다. 먼저 잠재적인 입지의 대안을 확인한 다음 대안을 평가하고 마지막으로 그 대안 가운데에서 최적의 대안을 선택한다.

① **입지대안의 확인:** 소매입지를 결정하기 위해서는 우선 가능한 입지대안들을 확인해야 한다. 소매입지의 대안은 크게 두 가지 종류로 나누어 볼 수 있다. 하나가 독립적인 입지(isolated site)이며, 다른 하나는 군집입지(clustered site)이다. 독립입지는 다른 소매입지들과 지리적으로 격리되어 있는 장소를, 군집입지란 다른 소매입지들과 지리적으로 인접해 있는 장소를 의미한다.

② **입지대안의 평가:** 입지대안 평가의 원칙을 보면 첫째, 이용가능성(availability)이 있는데 이는 그 장소를 임대 또는 매입할 수 있는가 하는 것이다. 둘째, 적합성(suitability)이 있는데 이는 장소의 규모 또는 구조 등이 적합한가를 의미한다. 셋째, 수용가능성(acceptability)이 있는데 이는 그 장소를 임대 또는 매입할 만한 충분한 자원이 있는가의 문제이다. 넷째, 고객차단원칙(principle of interception)이 있는데 고객차단이란 입지가 고객이 특정지역에서 다른 지역으로 이동할 때에 고객으로 하여금 점포를 방문하도록 하는 입지적 특성을 의미한다. 대체적으로 이러한 특성을 가지고 있는 지역으로 평가되는 입지가 사무실 밀집지역, 상업지역, 쇼핑센터 등이다. 다섯째, 동반유인원칙(principle of cumu-lative attraction)이 있는데 동반유인원칙에 의하면 유사하거나 보충적인 소매상들이 군집하고 있는 경우가 분산되어 있거나 독립되어 있는 경우보다 더 큰 유인잠재력을 가질 수 있다는 것이다.

여섯째, 보충가능성의 원칙(principle of compatibility)이 있는데 소매업에서의 보충가능성이란 두 개의 사업이 고객을 서로 교환할 수 있는 정도를 의미한다. 즉 인접한 지역에 위치한 사업들 간에 보충가능성이 높으면 높을수록 점포의 매출액이 높다. 일곱째, 점포밀집의 원칙(principle of store congestion)이 있는데 점포밀집의 원칙이란 동반유인원칙이나 보충가능성의 원칙과는 반대로 나타나는 현상이다. 즉, 지나치게 유사한 점포나 보충할 수 있는 점포들이 밀집되어 있어서 고객의 유인효과를 감소시키는 현상을 의미한다. 이러한 현상은 지나치게 많은 고객으로 인해 쇼핑시의 교통혼잡 등으로 나타나며, 이러한 결과는 매출을 방해하는 요인이 된다. 끝으로 접근가능성의 원칙(principle of accessibility)이 있는데 고객의 입장에서 점포를 방문할 수 있는 심리적, 물리적 특성을 의미한다. 즉, 지리적으로 인접해 있다든가, 교통이 편리하다든가, 교통이 편리하지 않다고 하더라도 점포를 이용하는 시간의 소요가 적든가 하는 것들이 점포의 매출을 증대시키는 요인이 될 것이다.

입지평가원칙에 의거하여 입지를 평가하는 방법은 체크리스트법(checklist method)과 정량적 방법(quantitative method)으로 나눌 수 있다. 체크리스트법이란 항목별로 가중치를 주고 여러 개의 대안을 각 항목별로 평가하는 방법이다. 그래서 각 항목의 가중치와 평가를 곱하고 전체를 합산한다. 그 결과 가장 점수가 높은 입지를 선정하게 된다. 정량적 방법에는 크게 아날로그방법(analog method)과 회귀식을 이용하는 회귀법(regression method)이 있다. 아날로그방법은 기존의 소매점포를 중심으로 하여 새로 설립될 점포의 매출액(점포성과)을 추산하는 방법이다. 회귀법은 특정상권이나 입지와 관련된 여러 요인들을 개발하고 이들을 소매점포의 수익에 영향을 미치는 하나의 회귀함수로 만들어 각 입지를 평가하는 방법이다.

3) 점포계획

점포계획은 점포의 내부와 외부를 어떻게 설계할 것인가 그리고 점포 내에서 공간을 각 부문별로 어떻게 배분할 것인가를 계획하는 것이다. 점포설계란 고객들에게 적절한 이미지를 주기 위하여 점포의 외관이나 분위기를 만드는 작업을 의미한다. 즉, 점포의 입구, 윈도우 등과 같은 외부디자인은 물론이고, 내부의 조명, 색깔, 바닥, 부착물 등을 적절하게 설계하는 것까지 포함한다. 점포배열(layout)은 판매가 용이하도록 점포의 내부에 있는 부문의 배치를 조정하는 작업이다.

03 소매상의 주요 전략적 과제

소매상은 1980년대에 들어 급격한 변화가 있었다. 특히 북미 및 유럽에서의 변화추이는 타지역보다 더욱 심하게 변화했다. 이는 갑작스런 변화라기보다 미리 예견된 잠재력에 의한 변화라고 볼 수 있다.

3.1 파워 리테일러(power retailers)에 의한 시장지배력 심화

근래에 들어, 소비자들의 교육 수준이 높아지고 보다 세련돼 가며, 상품구매에서 가치를 중요하게 생각할 뿐 아니라 여가활동을 늘리는 방법에 대해 보다 많은 관심을 갖게 되었다. 이에 따라 소비자들은 그들의 이러한 욕구를 더 잘 충족시키는 대규모 소매상을 선호하게 되었는데, 이들을 파워 리테일러(power retailers)라고 부른다.

파워 리테일러란 업태에 상관없이 표적고객이 누구이며, 그들이 무엇을 선호하는지를 정확히 이해하고, 이를 토대로 잘 선정된 다양한 품목의 상품들을 공급하는 대형 소매업자를 말한다.

표적고객과 그들의 욕구를 정확히 정의하는 능력 이외에 파워 리테일러를 성공하게 만든 핵심요인들은 다음과 같다. 시장시험(market testing)과 추세분석을 통해 위험을 줄이고자 하는 적극적 의지, 재고비용을 줄여 총마진율을 높이기 위한 조기주문과 대량판매의 실현, 정보시스템 구축에 대한 대규모 투자, 고객지불가격과 동등한 가치제공(commitment to delivering value), 기존의 고객서비스를 더욱 부각하는 등 이러한 핵심 성공요인을 토대로 파워 리테일러들은 우수한 재무성과, 높은 생산성, 강력한 소비자, 지속적 경쟁우위를 실현하고 있다. 일부 파워 리테일러들은 특정상품범주에 집중된 상품구색을 제공한다.

파워 리테일러들은 집중화된 상품구색 프로그램 속에 강력한 유통업체 브랜드를 포함함으로써 프로그램을 보다 강화하는 경우가 흔히 있는데, 이는 표적고객들에게 제공되는 상품들에 독특성과 부가가치를 함께 제공하는 데에 그 목적이 있다. 사실 어떤 파워 리테일러들의 상품구색은 너무나 강력하여 이들은 흔히 카테고리킬러(category killers)로 불리고 있다. 이러한 카테고리킬러는 한 상품영역(장난감, 전자상품, 서적, 사무용품 등)에 전문화된 할인점으로, 넓고 깊은 상품구색과 상당한 수준의 가격할인을 함께 제공한다.

3.2 소매업(태)의 양극화 현상

최근의 소매업은 양극화 추세가 갈수록 심화되고 있다.

첫번째 추세는 전문점의 성장이다. 이러한 전문점들은 제한된 상품범주들에 대하여 깊은 상품구색을 제공하여 고객들의 개별적인 서비스욕구를 충족함으로써 파워 리테일러로 등장하였다. 이들을 고마진추구(high-touch) 소매상이라 하며 고마진-저회전을 추구한다.

고마진 추구 소매상(high touch retailer)의 성공 요인
① 우리 사회에서 증가하고 있는 복수주의와 유행 태도, 라이프 스타일, 구매동기에 의한 쇼핑객의 분열에 반응
② 계층, 최종용도, 라이프 스타일에 기초해서 정의될지라도 좁은 틈새시장 안에서 쇼핑객의 욕구를 사로잡을 수 있는 강력한 구색을 제시
③ 상품에 대해 높게 공감하게 하고 다소 강제적임으로써 구매시점에서 높은 상승효과를 가질 수 있도록 구색을 포장
④ 전통적인 소매업자에 의해 잘 개발되지 않거나 틈새시장을 개발하기 위하여 새로운 매매 매개물과 자신의 상표를 부착한 상품을 창조함으로써 위험 감수
⑤ 기업가적(중개업자적) 접근법 사용

두 번째 추세는 초대형점포의 성장이다. 이들은 흔히 매우 낮은 마진으로 대량의 상품을 판매하기 위해 창고형의 대규모점포를 운영하며 고도의 기술(high-tech)과 셀프서비스에 의존한다. 이들은 고회전-저마진을 추구한다. 회원제 도매클럽(MWC)과 사무용품 대형할인점은 처음에는 소규모 자영업자들을 주고객층으로 하였으나, 일반소비자들이 차지하는 비중이 증가하고 있다. 회원제 도매클럽은 각 상품영역에서 가장 인기있는 품목들만을 취급하여 회전율을 가능한 한 높임으로써(연 18~20회의 회전율) 낮은 마진을 보전하려고 한다. 창고형 도매클럽을 이용하는 도소매 고객들은 가격을 중시하므로 편의성, 상표애호도, 취급상품의 일관성, 개별품목에 대한 패키징 등에서 불만이 있더라도 저렴한 가격으로 인해 창고형 도매클럽을 선호한다. 대규모할인점 이외에 많은 전문점들도 소매시장에서 성공을 거두고 있다. 상품스타일과 질에 대한 엄

그림 7-6 소매상의 양극화 현상

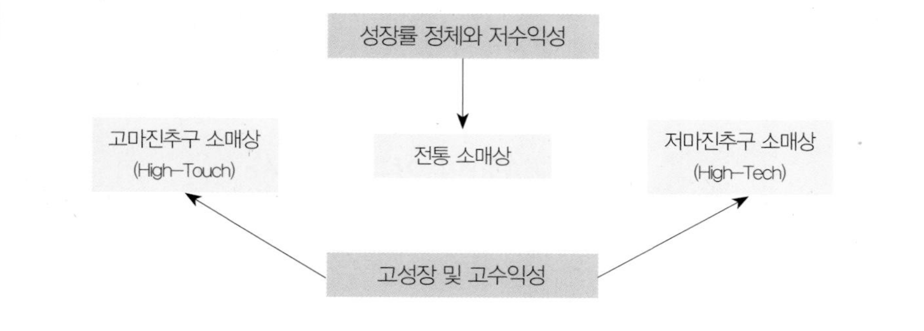

격한 관리로 시장에서 지속적으로 높은 성장을 보이고 있다. 이들은 잘 구성된 상품구색과 매력적인 점포설계를 토대로 리포지셔닝에 성공하였다.

3.3 패키지 소비상품 경로상에서 소매상 파워의 증가

파워 리테일러들은 유통경로 내 소매수준에서의 경쟁에서 지배적인 위치를 확보한 것은 물론 그들의 공급업자들에게 대한 영향력도 더욱 더 커지고 있다. 특히 패키지 소비상품(packaged consumer goods)시장에서 이러한 현상은 더욱 두드러지고 있다. 이러한 경로상에서의 소매상 파워의 증가요인은 다음과 같다.

첫째, 식품점, drug store, 그리고 양판점에서 주로 판매되는 대부분의 품목들이 완만한 매출성장을 보이고 있다. 만약 이들 파워 리테일러들이 지속적인 높은 성장을 추구한다면, 이는 전체 수요의 확대보다는 기존 소매경쟁업체 매출의 잠식을 통해 실현됨을 의미한다. 대부분의 소매점들이 취급하는 품목들간에 큰 차이가 없으므로, 결국 성장을 위한 이들의 전략적 경쟁수단은 가격이다. 이에 따라 많은 소매상들의 공급업자들에 대한 가격압력이 예상된다.

둘째, 가격이 전략적 무기로 대두됨에 따라 소매상들은 규모의 경제를 추구하게 되었다. 규모의 경제를 추구한다는 것은 대형매장 개장, 고정비용의 증가, 손익분기점의 확대 등을 의미하며, 이를 시현하지 못한 소매상들은 다른 대형소매상들에 의해 흡수·합병된다.

셋째, 소매업계 내의 경쟁이 갈수록 치열해짐에 따라 바이어가 부담해야 할 책임이 갈수록 가중되고 있다. 한때 바이어의 주업무는 상품구매와 적정재고유지였다. 그러나 이제는 이익센터의 중심이 되어 자본관리, 서비스제공, 회전율, 마진, 상품가격, 품질관리, 운영비용, 진열공간넓이와 높이관리 등을 모두 책임지게 된 것이다. 본부가 설정한 목표를 달성하기 위해, 바이어는 공급업자들에게 파격적인 가격할인 및 다양한 지원들을 요구하고 있다.

넷째, 정보기술의 발달로 대부분의 대형 소매상들은 품목별 자료를 확보하고 있다. 이에 따라서 소매상들은 개별품목별 수익성의 계산, 회전율이 높은 품목과 낮은 품목의 즉각적인 파악이 가능하게 되었고, 물량이동속도를 토대로 한 선물(先物)구매 및 공급업자와의 구매조건 협상 등을 실현하였다.

다섯째, 많은 소비상품시장이 성숙기에 들어섬에 따라 제조업자들은 지속적인 매출성장을 유지하기 위해 수많은 신상품들을 도입하였고, 이들에 대한 진열공간 확보를 위해 도·소매상들에 대한 판매촉진을 제공하였다. 이와 같이 저가격이 소매상들의 전략적 경쟁수단으로 대두되고 소매점이 대형화되어 소매상의 경로파워가 증가함에 따라 1980년대 후반에 들어 제조업자들이 지출한 중간상 판매촉진비가 매체광고비를 초과하기도 하였다.

3.4 유통업체 브랜드(private brand)의 비중 확대

전통적으로 대형소매상들은 유통업체 브랜드를 추가적인 이익의 획득을 위한 수단으로 활용하여 왔으나, 대체로 유통업체 브랜드는 제조업자상표보다 가격은 저렴하지만 품질은 높지 않은 것으로 인식되어 왔다. 그러나 최근 많은 소매상들이 유통업체 브랜드에 대한 지원을 강화하여 품질을 제조업자상표 수준으로 향상시키고 있다. 유통업체 브랜드는 소매상에 의하여 소유되거나 계약을 통해 통제가 가능한 상표로서 그 입지가 확고하지 못했으나 최근 들어 대형소매상이 개발한 유통업체 브랜드들은 상품구색 내에서 선도 브랜드로 자리잡고 있으며, 이들은 정상가에서 최대의 매출이 이루어지도록 상품가격이 책정된다. 유통업체 브랜드는 특정점포에서만 판매되는 독점성으로 인하여 치열한 가격경쟁을 피할 수 있다. 고급소비층 지향의 고품질 유통업체 브랜드 도입의 확대는 유통경로상에서의 소매상들의 파워를 더욱 확대시켰다. 일부 제조업자들은 중간상 상표의 성장으로부터 야기되는 문제를 극복하기 위하여 이중경로시스템을 구축하기도 한다. 미국의 의류제조업체들은 그동안 주요한 유통경로였던 백화점과 직접적인 경쟁이 이루어지는 쇼핑몰 내 전문점들을 통해 직접 판매하기 시작하였다.

3.5 편의성(convenience)에 대한 중요성 증가

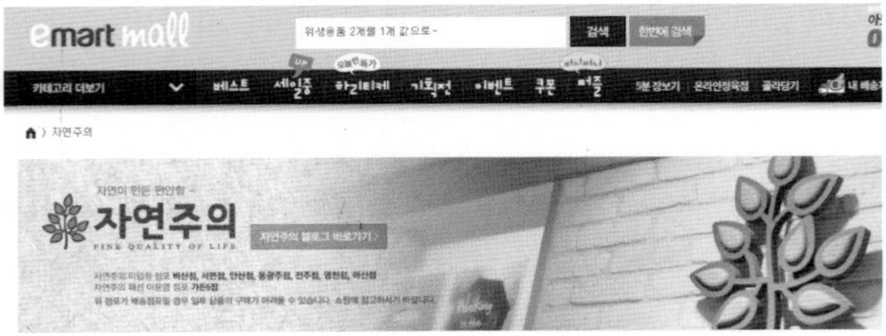

편의성은 구매에 소요되는 시간으로 측정되는데, 이에는 점포에 가고 오는 시간, 주차시간, 그리고 구입상품의 배달시간 등이 포함된다. 가격보다 서비스의 신속성과 편의성을 선호하는 소비자들이 증가하면서 셀프서비스를 자연스럽게 받아들임에 따라 자동현금출납기의 이용이나 자신의 컴퓨터를 이용한 데이터베이스의 접근 등과 같은 개인적 특권을 누리는 데 대해 추가비용을 기꺼이 지불하고자 한다. 즉 고객에 대해 별 신경을 쓰지 않고 매장에서 찾기가 힘든 영업사원에 의존하기보다는 기술혁신에 의해 이용가능해진 전자보조수단의 도움을 받는 것을 더 편안하게 생각하는 고객들이 늘어나고 있는 것이다. 이에 따라 편의성을 지향한 다양한 소매기업들이 출현하여 급속한 성장을 보이고 있다. 홈쇼핑, 홈뱅킹, 비디오텍스 서비스의 도입, 그리고 식품, 의류, 비디오 테이프 등으로 확대되고 있는 자동판매기, 직접마케팅(전화판매, 우편판매 등)의 급성장은 편의성에 대한 소비자욕구를 반영하는 예이다. 그러나 고객의 만족을 통해 이익을 달성하려는 소매상들을 어렵게 하는 것은 이처럼 소비자들이 편의성과 동시에 고품질을 함께 요구한다는 점이다.

3.6 정보기술(information technology)의 영향력 증가

정보기술의 도입은 소매상의 생산성을 높이고 소비자욕구에 즉각 대응할 수 있게 하였다. 정보기술은 편의성의 강화, 서비스향상, 재고부족 방지, 고객욕구에 맞는 상품구색의 개발 등에 유용하게 이용될 수 있다.

소매업계에서 가장 급성장한 대표적인 기업이 바로 Wal-Mart이다. Wal-

Mart가 성공할 수 있었던 중요요인들의 하나가 정보기술에 대한 과감한 투자이다. Wal-Mart가 구축한 소매정보시스템과 위성을 이용한 커뮤니케이션 시스템은 종업원 1인당 생산성을 높이면서 고속성장을 할 수 있었던 원동력이었다. 개별점포까지 하루 이내에 운송이 가능한 입지에 위치한 14개의 물류센터(distribution center)는 정보기술로 무장되어 있다. 각 센터는 매일 165개 지역점포들에게 상품을 공급한다. 물류센터는 레이저 스캐너를 이용하여 11마일에 이르는 컨베이어벨트(conveyor belt) 위로 상품들을 이동시키는데, 상품이동량이 많을 경우에는 190,000상자의 상품을 취급한다.

또 다른 성공사례로는 Arkansas주에 본사를 둔 Dillards백화점을 들 수 있다. Dillards는 신속반응시스템(quick response system: QR)이라는 컴퓨터시스템을 이용하여 미국 내 어떤 백화점체인들보다 매장에 상품을 신속히 공급할 수 있다. 남성용셔츠나 여성용란제리와 같은 기본품목들은 지난 주의 매출을 토대로 미주공급업자들에게 자동주문이 이루어진다. 과거에는 재주문을 통해 상품을 공급받는 데 1개월 이상이 걸렸으나 Quick Response의 도입으로 12일 내에 물품공급이 가능하게 되었다.

3.7 점포 포지셔닝(store positioning)의 중요성 증가

최근의 소비자의 관심사는 "누가 상품을 만드느냐?"라는 제조업자 중심의 사고에서, "누가 그 상품을 판매하느냐?"라는 소매상 중심의 사고로 전환되고 있다. 이는 곧 소매점에 대한 소비자 관심의 증대를 의미하며 따라서 점포 포지셔닝에 대한 중요성도 대두되고 있다. 전통적으로 소매상의 가장 중요한 성공요인이 점포입지임에는 이의가 없지만, 최근 소매점의 포지셔닝이 추가적인 핵심성공요인으로 대두되고 있는 것도 위의 내용을 대변하고 있다. 포지셔닝의 중요성은 앞에서 설명한 소매상들의 양극화현상이 표출된 것으로 볼 수 있다. 이는 패키지상품 제조업체들에게 이미 익숙한 마케팅개념인 표적마케팅(target marketing)과 매우 유사하다. 점포 포지셔닝을 성공적으로 실천한 대표적 소매기업으로 The Limited, Inc.이 있는데 The Limited, Inc.는 가격대와 스타일이 서로 다른 7개의 전문의류점 사업부를 거느리고 있다. 7개의 사업부에 소속된 모든 점포들은 주로 여성의류시장을 표적으로 한다. The Limited는 30대 전후의 여성들에게 스포츠웨어를 주로 판매하며, Limited Express는 보다

젊고 트렌드지향적 고객들을 표적시장으로 하며, Victoria's Secret는 란제리를 주로 판매한다. Lane Bryant와 Lerner Woman은 대형사이즈의 의류가 주력상품이며, Lerner는 저가격대의 상품을, Henri Bendel은 세련되고 고가격대 의류를, Abercombie & Fitch는 클래식하고 스포티한 의류를, 그리고 Brylane은 카탈로그 판매사업부로서 21세 이상의 여성을 대상으로 대중적인 가격대의 상품을 판매한다.

3.8 오프라인 소매점과 온라인 소매점 간 경쟁

최근 e-커머스 시장 구도가 새로운 국면을 맞이했다. 인터넷 플랫폼 기업들이 수익을 다각화하고, 소비자와의 접점을 늘리기 위해 e-커머스로의 진출을 앞두고 있다. 네이버는 개편되는 모바일 메인 화면에 e-커머스를 기존 대비 상위에 배치했고, 카카오 또한 e-커머스 사업 부문을 분리해, 2018년 12월 카카오커머스로 분사했다. 이와 동시에 2019년부터 이마트, 신세계 그룹의 온라인몰 전담 신규법인 설립, 롯데그룹의 e-커머스 사업 본격 투자 등 기존 유통업체의 온라인 사업 강화 또한 본격화되고 있다. 더불어 쿠팡은 일본 소프트뱅크의 비전펀드로부터 20억 달러를 투자 받아, 기존 온라인 커머스 업체들도 새로운 전략을 펼치고 있다.

따라서, 최근 인터넷 플랫폼들의 유통업 진입과 새로운 경쟁 구도가 가장 큰 이슈가 되고 있다. 2016년 소셜커머스와의 가격 전쟁, 2017년 신유통(new retail)의 부상, 2018년 리테일테크(retail tech)가 유통업 내 이슈였다면, 최근에는 상기 기술한 내용들이 업종 내에서 동시 다발적으로 진행되고 있다.

신세계그룹과 롯데쇼핑을 필두로 한 오프라인 독과점 유통기업의 본격적인 온라인 진격이 시작됐다. 신흥 채널 등장에 따라 오프라인 유통기업의 소매시장 내 점유율 하락이 이루어지고 있는 반면, 온라인 채널의 고성장이 지속되고 있기 때문이다. 독과점 오프라인 유통기업의 온라인 진출 본격화에 따라 향후 치열한 온라인 전쟁이 예상된다. 오프라인 독과점 유통기업 간의 전쟁, 그리고 더 나아가 오프라인 對 온라인 기업 간의 전쟁을 예상한다.

온라인 전쟁 승자는, 소매시장 내 높은 점유율을 가지고 있고, 포털사이트 가격 검색에서 자유로운 카테고리(예, 신선식품) 내 경쟁력 확보가 가능한 독과점 오프라인 유통기업이라고 판단한다.

향후 온라인 전쟁 최종 승자는 차별화를 바탕으로 자체 트래픽 유발이 가능한 기업이다. 자체 트래픽을 유발하고 거래 금액을 늘리기 위해서는 가격 검색에서 자유로운 카테고리에서 경쟁력을 확보하고, 소비자의 재방문을 유도할 만한 차별화된 컨텐츠를 제공하여 방문자의 충성도를 확보해야 한다.

오프라인 독과점 유통기업은 소매시장 내에서 높은 점유율을 차지하고 있으며, 이미 충성고객을 확보하고 있다. 또한, 가격 검색에서 자유로운 카테고리 내에서 이미 경쟁력을 확보하고 있으며(예, 신선식품), 기존 온라인 업체와 차별화된 컨텐츠를 제공할 여건을 갖추고 있다(예, 오프라인 매장, 유통 채널, 소매시장 내 영향력 등).

기존 온라인 플레이어들과 차별화를 바탕으로 독과점 오프라인 유통기업이 온라인 전쟁의 승자기업이 됐을 때 국내 소매시장 내 큰 변화가 일어날 것이라 예상한다. 그 변화는 ① 온라인 저침투율 카테고리 확대에 따른 온라인 시장 성장과 ② 검색 사이트 가격 검색 위력의 약화이다. 이에 따른 소매시장 변화가 예상되며 최종적으로 국내에서도 유통 체인(결제-플랫폼-제품 구매의 선순환)을 구축하고, 온/오프라인 충성 고객을 모두 확보하는 기업이 등장할 것이

표 7-3 유통 체인 구축시 필요한 요건

	플랫폼		물류		결제충성고객(로열티)		비고
	오프라인	온라인	오프라인(매장)	온라인	오프라인	온라인	
신세계그룹	○	△	○	△	○	×	
롯데쇼핑	○	△	○	×	○	×	
국내 소셜 커머스	×	○	×	×	×	×	
국내 오픈마켓	×	○	×	×	×	×	
월마트	○	×	○	×	○	×	
아마존	△	○	△	○	×	○	
알리바바	△	○	△	○	△	○	유통 생태계 근접

주1: 월마트의 경우 오프라인 소매시장 내 압도적인 점유율을 차지하고 있기 때문에 결제충성고객-오프라인은 해당한다고 판단
주2: 롯데쇼핑은 마트, 슈퍼 온라인 물류센터를 모두 갖추고 있으나 가동률이 낮고 가시적인 수익 개선이 없어 x로 표기
자료: 미래에셋대우 리서치센터

라 예상한다.

현재, 국내에서 유통 체인 구축 가능성이 높은 기업은 ① 오프라인 시장 내 높은 점유율과 충성 고객을 확보하고 있고,② 오프라인 유통 플랫폼을 구축하고 있는 오프라인 독과점 유통기업이다. 그중에서 온라인 시장 내 차별화를 이루었고(온라인 신선식품 시장 선점),) 오프라인 충성 고객을 이미 확보하고 있으며, 유통 인프라가 구축되어 있는 업체일수록 가능성이 높다고 판단한다.

04 소매유통에 대한 중요 개념들

4.1 업종과 업태의 차이점

종래의 유통산업은 생산자와 수직적으로 연결되어 유통활동을 수행하여 왔으므로, 생산자나 제조업자의 판매 대리기관으로 인식되어 생산구조에서 생산하는 상품을 중심으로 하는 업종개념에 의해 분류되었다. 그러나 산업혁명이후 대량생산으로 상품의 대중화를 이룩하였고, 또한 도시화에 따른 소비인구의 집중화는 대량 수요를 유발시켜 유통업체의 대형화를 촉진하였다. 그 결과 유통업체는 판매 대리기관으로 머물지 않고 소비자의 구매 대리기관화하게 되었다. 그리하여 소비자의 요구와 구매편리성 등에 입각하여 경영전략을 펴는 유통업체가 등장하게 되고, 업태의 개념이 등장하게 된 것이다. 즉, 동일한 상품을 취급하더라도 경영전략이나 고객에 따라 업태는 다양화되는 것이다. 다시 말해 소매기업을 분류하는 기준에는 크게 보아 업종과 업태에 의한 분류로

표 7-3 업종과 업태의 특성 비교

業種(kind of business)	業態(type of management)
상품을 만드는 방법을 중심으로 한 분류	상품의 사용방법을 중심으로 한 분류
상품 특성에 의한 분류 (무엇을 파는가)	판매방법, 경영방법의 차이에 의한 분류 (어떤 판매방법을 쓰는가)
제조업자 입장에서 특정 상품을 취급하는 차이에 의한 분류	소비자 라이프 스타일의 다양한 변화에 대응한 판매방법의 유형에 의한 분류
메이커를 기점으로 한 발상	소비자를 중심으로 한 발상

나누어 볼 수 있다. 지금까지 주로 사용해 왔던 업종에 의한 분류는 '무엇을 파는가(what to sell)' 관점에서 상점을 분류하는 것이나, 업태에 의한 분류는 '어떤 판매방법을 쓰는가(how to sell)' 관점에서 상점을 분류하는 것이다.

4.2 가격파괴에 대한 이해

1) 가격파괴의 어원

가격파괴라는 단어는 20여년 전에 시로야마 사부로라는 일본 작가가 자신의 소설 제목으로 가격파괴라는 단어를 처음 사용했다. 이 책의 줄거리는 약을 저렴하게 팔아 기반을 잡은 수퍼마켓의 경영주가 당시 재판매가격에 대한 엄격한 가격관리를 하고 있었던 제약메이커에게 대폭적인 가격인하로 맞서 싸우면서 갖은 고생 끝에 성공한다는 것이다. 여기에서 가격파괴는 당시 메이커 측이 자신이 정해 놓은 희망소비자가격을 지키려고 하는 가격관리에 대해 그와 같은 가격질서를 파괴하려는 도전을 가리킨다. 그러나 근래의 가격파괴는 이러한 유통과 메이커의 대립의 의미보다는 저가격지향의 성향을 강하게 띄는 소비자에 대응하여 유통업계와 메이커 모두가 원가 절감에 혁신을 도모함으로써 판매가격의 인하를 실현함을 의미하는 것이다.

2) 가격파괴의 개념

가격파괴란, 판촉의 한 수단으로 상품의 가격을 20% 또는 30% 할인해서 판매하는 것이 아니다. 이러한 행위는 가격파괴라기보다는 가격할인 또는 에누리 판매라고 하는 것이 타당할 것이다. 반면, 가격파괴, 즉 상시저가격(常時低價格 everyday low price: EDLP)은 소비자 입장에서 보다 합리적이고 낭비가 없이, 기존의 불합리적이고 낭비가 많은 원가 관련요인들을 생산성 높은 생산, 유통, 판매 방식을 도입하여 재창조하는 활동이다. 즉, 일회성 또는 단기성과적인 가격할인과 비교했을 때, 장기적이고 지속적인 마케팅 활동이라고 할 수 있다. 따라서 가격파괴 즉 EDLP는 상시저원가(常時低原價, everyday low cost: EDLC)가 선행되어야 함을 알 수 있다. 또한 EDLC는 기존의 생산, 유통, 판매 방식에 대한 재검토와 혁신이 선행되어야 한다. 즉, 생산, 유통, 판매 부분에 있어서의 혁신과 이에 따른 EDLC에 의한 EDLP의 달성만이 진정한 가격파괴라고 할 수 있을 것이다. EDLC를 구성하는 3가지 부문 중에 생산부문의 경우,

제조업에서 행하는 생산과 직접적으로 관련된 제조원가의 인하는 마케팅과 관련되었다기보다는 생산관리나 제조공정기술에 의한 것이다. 생산부문 중에서도 마케팅과 관련된 부분, 즉 수요예측 또는 QRS(quick response system) 등에 의한 재고의 감소나 물류비용의 감소 등은 유통업체에서 통제 가능한 것이다.

3) 가격파괴 유통업태의 의의

가격파괴 유통업태란 소비자에 대한 정확한 니즈의 파악으로부터 시작하여 상품공급자와의 상호 협동을 통해서 기존의 불합리적이고 낭비적인 원가관련 요인을 제거하고 상시저원가(EDLC)를 확립하여 결과적으로 상시저가격(EDLP)을 달성하는 것을 목적으로 전략적 경영을 수행하는 유통기관이라고 정의할 수 있다. 지금까지의 유통구조는 제조업체가 주가 되어 소비자에게 상품을 공급하고, 소매업은 소비자와의 사이에서 제조업체의 의사에 맞추어 상품을 분배하는 기능이 주 역할이었다. 따라서 상품의 전이(轉移)와 함께 전달되는 정보 또한 발주수량에 대한 정보나 재고수량에 대한 정보 정도가 대부분이었다. 결과적으로 메이커는 생산수준의 결정에 있어서 추정에 의한 방법이 주로 사용되었고, 유통구조 또한 추정생산형 유통구조의 형태를 띠게 되었다. 이러한 비효율적인 생산, 유통구조로 인해 원가가 상승하고 판매가격이 높았다고 할 수 있다. 그러나 가격파괴를 도입한 경영에 있어서는 유통업체가 주가 되어 소비자의 취향, 특성 등과 관련된 생생한 데이터를 메이커와 공유하여 생산계획의 결정에 활용하고, 상호 협동하여 필요한 상품을 필요한 시기에 필요한 수량만큼 제조하여 판매할 수 있다. 즉, 유통업체는 기존의 분배자의 입장에서 소비자의 구매대리인의 역할을 수행하게 되며, 이에 따라 재고비 등 불필요한 원가의 절감이 가능하게 되고, 결과적으로 판매가격을 인하하여 소비자에게 상품을 저렴하게 공급할 수 있다.

05 유통경로구조의 변화와 시사점

5.1 유통경로구조의 진화 과정

유통채널 또는 유통경로란 상품과 서비스가 생산자에게서 소비자에게 전달되는 과정을 말한다. 전형적인 유통경로구조는 제조업체가 상품이나 서비스를 도매업체에 판매하고 도매업체는 다시 그것을 소매업체에, 소매업체는 최종 소비자에게 판매하는 형태를 띠고 있었다. 그러나 유통업의 국제화와 정보화가 진전되고 특히 인터넷 쇼핑을 포함한 무점포 판매가 일반화되면서 이 전형적인 구조가 급격히 무너지고 있다. 전통적인 유통경로의 붕괴는 제조업체, 도매업체, 소매업체, 소비자 간의 관계와 각 경로 주체의 역할에 새로운 변화를 가져오고 있다. 유통산업이 국제화되는 단계까지 유통경로의 진화과정을 구체적으로 살펴보도록 한다.

전통적 유통경로구조가 점진적으로 변화하는 과정은 아래의 여섯단계로 나누어 살펴 볼 수 있다.

1) 전통시장 단계

제조업체와 소매업체 모두 소규모 형태이고 특정 시장 안에서 차지하고 있는 업체별 점유율도 매우 낮은 수준이다. 제조업체가 도매업체에게 상품을 팔고 상품을 구입한 도매업체가 다시 소매업체에게 판매를 하는 전통적 유통채널 구조에서는 제조업체와 소매업체를 효율적으로 연결시켜 주는 도매업체의 역할이 매우 중요하다. 만약, 도매업체가 없다면 제조업체와 소매업체가 일일이 직접 거래를 해야 하는 상황이 발생하고, 이 경우 제조업체가 생산한 상품이 시장에 제대로 전달되지 못할 수도 있기 때문이다. 이 단계에서는 제조업, 유통업의 규모가 양쪽 모두 너무 영세하기 때문에 유통산업의 국제화가 이루어질 가능성은 전혀 없다고 볼 수 있다.

2) 제조업체 우위 단계

높은 시장점유율을 차지하는 제조업체들이 생겨나면서 이들이 유통채널 구조 내에서 지배권을 행사하게 되고, 이로 인해 제조업체들이 상품의 가격 결정에 있어서 주도적인 역할을 하게 되는 시기이다. 소매재 시장의 경우를 보면, 미국 등 선진국 시장에서는 1960년대 초까지, 우리나라의 경우는 1980년대 후반까지 제조업체 우위의 유통채널을 가지고 있었다고 평가될 수 있다.

3) 소매업체 성장 단계

이 단계에서는 체인형 대형 소매업체들이 생겨남에 따라 소매업체들도 대규모화되어 가는 현상을 보인다. 대형화를 이룬 소매업체들은 제조업체들로부터 할인된 가격으로 대량의 상품을 구입할 수 있게 된다. 이는 결국 소비자들에게 저렴한 가격으로 상품을 제공할 수 있다는 이점을 마련해 주는 동시에 소매업체들로 하여금 시장을 확장할 수 있는 계기를 만들어 주게 된다. 이러한 상황이 지속되면서 소매업체들의 시장점유율은 계속해서 증가하게 된다. 미국과 유럽의 경우, 1960년대 초부터 급속히 성장한 할인점 업체들이 소매업체의 성장을 주도하면서 강력한 구매력을 가지게 되었고, 제조업체와의 유통채널 가격 결정권 다툼이 본격적으로 시작되었다. 우리나라의 경우, 1990년대 초부터 대기업들이 유통업에 신규진출하고 다국적 유통업체의 국내 진출이 본격화되면서 소매업들이 본격 성장하기 시작했다고 보인다.

4) 제조업체 국제화 단계

소매업체 성장단계와 동시에 또는 연이어 나타나는 현상으로 제조업체의 국제화 단계이다. 소매업체들의 규모가 점차 커지고 상품의 해외수출이 늘어남에 따라, 제조업체들은 공장을 해외로 이전시키는 등 국제적 규모의 운영을 펼치는 단계에 이르게 된다. 1970년대에 일본을 포함한 선진국 제조업체들이 국내에서 벗어나 해외 공장을 활발히 만들던 시기를 생각하면 되겠다. 우리나라의 경우, 재벌기업들이 동남아와 선진국에 해외 공장을 본격적으로 만들기 시작한 1980년대 후반부터의 시기를 말한다.

5) 소매업체 대형화 단계

제조업의 국제화가 진전됨에 따라 각 시장의 소매업체들도 연합하여 제조업계의 세력과 균형을 이루게 되면서 소매업체가 대형화되는 단계를 거치게 된다. 미국의 경우, 월마트의 급속한 성장이 계속되고 카테고리킬러가 본격적으로 성장하는 1980년대 중반 이후를 떠올리면 된다. 우리나라의 경우, 유통

◆ **체험형 유통의 부상 · 정착**

그동안 오프라인 매장은 제품 판매를 위해 존재했다. 그러나 소비자들은 '구매 행위'에서 벗어나 쇼핑을 통해 매력적인 경험을 추구하고 있다. 이 같은 '경험 쇼핑' 트렌드를 반영하지 않는 오프라인 매장이 문을 닫는 것은 시간 문제다. 2019년에는 3800개 이상 미 오프라인 매장(중소 브랜드 포함)이 문을 닫을 것으로 예상된다. 상점을 리노베이션하는 것만으로는 충분하지 않다. 세포라(Sephora)와 같은 화장품 유통 매장은 기존 상점에 모바일 앱 등을 결합시켜 매장을 재창조했다. 삼성전자도 미 전역에 '팝업스토어'를 열었지만 이 스토어에서 제품을 판매하지는 않는다. 가상현실, 증강현실 등 모바일 기술을 매장에 결합시킨 '순수 경험'만을 위한 매장이 생긴 것이다.

◆ **구독형 이커머스 급성장**

화장품에서부터 이불, 매트리스, 자동차에 이르기까지 구독형(subscription) 이커머스의 성장은 배달의 확산과 맥락을 같이 한다. 맥킨지 보고서에 따르면 2017년 기준 온라인 소비자의 15%가 구독형 서비스에 가입한 것으로 조사됐다.

체험형 유통과 구독형 이커머스 등이 성장한다고 해도 '오프라인 유통'의 중요성이 없어지는 것은 아니다. 온 · 오프라인 통합을 이뤄낸다면 오프라인 매장은 주요한 거점이 되고 있다. 멀티채널(옴니채널)은 소비자 첫인상에서부터 최종 판매시점까지 종합적으로 관리해주는 시스템을 만드는 것이다.

실제 월스트리트저널(WSJ)은 아마존이 인수한 수퍼마켓 체인점 홀푸드를 미 전역으로 확대해 상품을 2시간 만에 배송해주는 서비스를 도입할 예정이라고 최근 보도했다.

현재는 도시 및 부촌 중심으로 475개로 한정돼 있으나 아이다호, 유타, 와이오밍 등 현재 매장이 없는 교외 및 기타 지역으로 확장한다는 것이다. 미 전 지역에서 2시간 이내 아마존 상품 배송이 가능하도록 한다는 것이며 약국 체인, 편의점까지 영역을 확대하다는 것이다. 홀푸드에 아마존 제품을 판매해 오프라인 확산의 발판을 마련할 것으로 보도하기도 했다.

※ 자료원: 매일경제, 2019.1.3.

연습 문제

1. 소매의 기능 중 소비자를 위한 기능에 대해 설명하시오.
2. 소매상을 분류하는 여러 가지 기준을 중심으로 소매상을 분류해 보시오.
3. 소매상 의사결정의 다양한 변수들에 대해 설명하시오.
4. 소매상을 둘러싼 주요 전략적 이슈에 대해 설명하시오.
5. 업종과 업태의 차이를 설명하시오.
6. 근래에 들어 유통경로상에서 소매상의 파워와 영향력이 커진 이유를 설명하시오.

제 8 장 소매업태의 발전

1. 소매업태 발전에 관한 이론
2. 기존 소매업태의 특징
3. 가격파괴형 소매업태의 특징
4. 무점포 소매상의 종류 및 특성
5. 온라인 유통의 본격화

08 소매업태의 발전

제 1 부

유통경로에 대한 개관(제1장)

제조업체의 유통관리

- 유통경로구조 설계(제2장)
- 경로구조 및 경로통합(제3장)
- 경로파워, 경로리더십, 경로갈등(제4장)
- 유통과 타 마케팅변수의 조화(제5장)
- 경로성과 평가(제6장)

제 2 부

유통전문업체의 유통관리

- 소매상과 소매업의 주요 이슈(제7장)
- **소매업태의 발전(제8장)**
- 소매업체의 유통관리(제9장)
- 도매상과 도매업의 관리(제10장)

제 3 부

유통관리에 있어서의 전략적 이슈

- 공급체인관리(SCM)(제11장)
- 물류관리와 제3자물류(제12장)
- 전략적 고객관리(CRM)(제13장)
- 서비스 산업의 유통관리(제14장)

유통 뉴스 중국 유통가는 지금, 무인편의점 무인마트 태풍

중국 최대 전자상거래업체 알리바바의 마윈 회장이 지난 2016년 온 · 오프라인과 물류가 결합한 '신소매'라는 새로운 유통 개념을 내놓은 이후, 무인유통은 신소매의 핵심 분야로 자리잡았다.

알리바바, 징둥, 쑤닝 등 온라인 거대 유통 기업들은 제각기 특색을 달리한 무인 상점을 개설하며 바야흐로 무인유통의 르네상스를 열었다. 제 각기 특색을 달리한 3대 무인매장의 특징을 살펴본다.

◆ 알리바바의 무인마트 '타오카페'

알리바바가 지난 2017년 처음 선보인 타오카페는 쇼핑과 음식점을 하나로 합친 무인마트다. 약 200제곱미터의 규모로 약 50명 정도 동시 수용이 가능한 것으로 알려졌다.

먼저 매장에 들어가기 위해서는 타오바오 앱으로 매장 입구에 있는 QR코드를 스캔해야 한다. 그 다음 안면인식과 알리바바의 금융자회사인 앤트 파이낸셜의 사물인터넷(IoT) 지불 시스템을 이용해 결제하면 된다.

▲ 알리바바의 무인마트 '타오카페' [사진=바이두]

타오카페는 물건을 고를 때 고객의 표정과 몸짓을 분석해 상품의 인기도를 분석한다. 뿐만 아니라 고객이 상품 앞에서 머무르는 시간과 매장 내 이동 경로를 분석해 최적화된 상품 진열을 돕는다.

매장을 나설 때는 두 개의 문을 통과해야 한다. 매장을 떠나려고 하면 첫 번째 문이 자동으로 열리며, 몇 초 후 두 번째 문이 열린다. 고객이 문을 통과하는 사이에 모바일을 통해 결제가 진행되며, 옆 모니터 화면에 결제 완료라는 문구가 뜬다.

◆ 위챗 미니앱으로 한층 편리해진 징둥의 'X무인마트'

2017년 9월 베이징 징둥 본사에 첫 문을 연 'X무인마트' 1호점. 당초 안면인식, 자동결제시스템 등 첨단 기술로 무장한 징둥의 무인마트는 1년이 지난 지금 한층 간편화된 서비스를 선보이고 있다.

우선 출입 방식부터 편리해졌다. 이전처럼 따로 징둥 앱을 다운받아 인증과 연동 과정을 거쳐야하는 번거로움이 사라진 것이다. 대신 중국 메신저인 위챗에 있는 미니앱(별도의 앱 다운로드 없이 사용하는 서비스)을 이용하면 손쉽게 출입이 가능하다.

처음 징둥 무인마트를 이용하는 고객은 위챗 미니앱을 이용해 멘미즈푸(免密支付)를 개통한 뒤, 자신의 얼굴을 등록하면 된다. 맨미즈푸는 비밀번호 없이 자동 결제가 되는 시스템이다. 등록을 끝마친 후 미니앱에 있는 바코드만 스캔하면 바로 매장에 들어 갈 수 있다.

▲ 징둥의 'X무인마트' [사진=바이두]

또 이전에 RFID(무선인식 전자태그)가 담당하던 상품 식별 기능을 이제는 천장에 설치된 고해상도 카메라가 도맡아 처리한다. 천장에 빼곡하게 설치된 23개 카메라가 상품 구매 전 과정과 상품의 위치를 실시간으로 추적하고 기록한다.

징둥은 'X무인마트' 1호점 개설에 이어 올해 1월 산둥성을 시작으로 전국 각지에 무인마트를 속속 오픈하고 있다. 현재 20여 개의 매장을 보유하고 있으며, 5년 이내에 중국 1000곳, 해외 500곳을 개장한다는 계획을 갖고 있다.

◆ 나만의 스타일을 추천해주는 쑤닝의 '무인매장 뷰(Biu)'

▲ 쑤닝의 '무인매장 뷰(Biu)' [사진=바이두]

여타 무인마트가 편의점에 가깝다면 쑤닝의 무인매장 뷰(Biu)는 의류 무인매장이다. 총알이 날아가는 소리를 뜻하는 의성어 '뷰(Biu)'는 총알처럼 빠르게 자동 결제되는 쑤닝 무인매장의 장점을 강조하고 있다.

쑤닝의 뷰 매장의 특징은 스크린을 통해 고객이 온라인 전자상거래에서 구매한 구매 기록을 분석해 상품을 추천해 주는데 있다. 쑤닝은 무인 매장의 인건비 절감, 운영 효율을 추구하기보다 온라인 전자상거래 플랫폼에 있는 구매 기록과 무인매장과 연동해 고객에게 맞춤형 스타일을 제시하는 데 집중하고 있다.

작년 8월 난징에서 처음 선을 보인 뷰 매장 역시 징둥처럼 안면인식을 통해 결제된다. 쑤닝의 금융 앱에서 안면인식 기능을 이용해 자신의 얼굴을 등록한 뒤 물건을 고르면 자동으로 결제되는 시스템이다. 이로써 계산대 앞에서 줄을 서는 불편함을 없앴다.

※ 자료원: 뉴스핌, 2018.12.20

학 | 습 | 목 | 표

1. 유통업태의 의의에 대해 이해하고, 새로운 소매업태가 나타나게 되는 이유를 이론과 함께 학습한다.
2. 주요 유통업태별 정의, 영업방식, 특성 등에 대해 알아본다.
3. 근래에 일반화되고 있는 가격파괴형 업태의 주요특성과 차이점을 이해한다.
4. 무점포 소매업의 주요 유형과 특성을 알아본다.

01 소매업태 발전에 관한 이론

선진국의 유통발달사를 살펴보면, 기존의 소매업태 및 소매기관들이 다양하게 변화하는 유통환경과 소비자 행태에 대응하기 위하여 혁신적인 머천다이징 전략과 운영 방법 등을 가미한 소위 유통신업태를 꾸준히 발달시켜 왔음을 알 수 있다. 지금까지 유통신업태의 발달, 특히 소매업태의 혁신 과정은 다음의 이론들로 설명되어 왔다.

1.1 아코디언이론(accordion theory)

아코디언이론이 초점을 두고 있는 부분은 가격이나 마진이 아니라 상품믹스의 변화이다. 즉, 이 이론은 소매업태들이 다양한 제품계열을 취급하는 소매업태로부터 전문적이고 한정된 제품계열을 추구하는 소매업태로 변모해 간다는 것을 기본 전제로 한다. 그리고, 시간이 흐름에 따라 한정된 계열을 추구하

그림 8-1 소매기관 변화의 아코디언이론

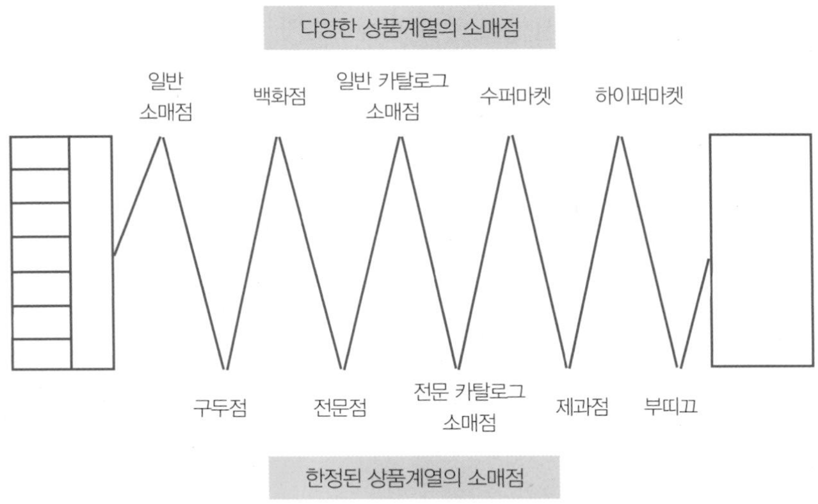

는 전문점들은 다시 다양한 제품 계열을 추구하게 되고, 이러한 경향이 아코디언 모양처럼 반복되어 간다는 것이다. 이 이론은 수퍼마켓과 하이퍼마켓의 등장을 부분적으로 설명해 주지만, 상품믹스에만 초점을 맞추어 업태 변화를 설명한다는 것은 그 한계가 뚜렷하다고 평가할 수 있다.

이 이론은 유통기관이 취급하는 상품계열의 성격, 즉 광협(廣狹)에 따라 설명하려는 것이다. 예컨대 종합상품계열을 가진 유통기관은 보다 전문화된, 즉 한정된 상품계열을 가지는 기관에 대체되고 이는 다시 차례로 종합상품계열을 가진 기관에 대체되어 순환적으로 반복된다고 본다. 그리하여 현재의 가격파괴 유통업태 중에서도, 할인점에 이어서 한정된 상품계열을 가지는 카테고리 킬러가 등장하고, 또다시 수퍼센터나 파워센터 등의 종합상품계열을 갖춘 기관이 번갈아 가며 등장하고 있음을 알 수 있다.

1.2 소매차륜이론(wheel theory)

소매기관의 변화이론 가운데에서 가장 널리 알려진 것은 소매차륜이론이다. 1958년 하버드 대학의 맥나이어(McNair) 교수가 주장한 이 이론에 따르면, 소매기관은 "다소 제한된 원" 안에서 변화하며, 그 원이라는 것은 매우 새롭고 혁신적인 개념으로 시작하여, 나중에는 쇠퇴하고 또 다른 새로운 아이디어를 가진 차세대 소매기관에 의해 끝나게 된다. 즉, 소매기관들이 처음에는 혁신적인 형태에서 출발하여 성장하다가 새로운 개념을 가진 신업태에게 그 자리를 양보하고 사라진다는 것이다.

소매차륜이론은 진입단계(entry phase), 성장단계(trading up phase), 쇠퇴단계(vulnerability phase)의 세 단계로 구성되어 있다. 우선 진입기에는 혁신적 형태의 소매업태가 최저 가격과 최저 비용 운영이라는 특징을 가지고 새로운 경쟁자로서 시장에 진입하게 된다. 이 새로운 경쟁자는 기존에 자리잡고 있는 소매업태들에 비해 저가라는 이점을 소비자에게 제공하게 된다. 이 신업태들은 고객에 대한 최소한의 서비스, 불충분한 부대시설, 저가부지에의 입점, 그리고 제한된 상품 구색과 높은 상품 회전율 등을 통해 점포의 운영비를 절감하여 높은 마진을 얻을 수 있기 때문에 절감된 비용에서 오는 이득을 고객에게 저가격으로 되돌려 주는 것이다.

이러한 새로운 형태의 소매업태가 고객들에게 수용되고 나면 본격적으로

그림 8-2 소매기관 변화의 소매차륜이론

성장기에 접어들게 된다. 성장기에서는 새로운 형태의 소매업태가 성공적으로 시장에 진입을 했기 때문에 경쟁자들과 모방자들이 출현하게 된다. 그러면 본래의 혁신적 소매업태는 경쟁자들과의 차별화를 꾀하기 위해 고객들에게 더 많은 서비스를 제공하려고 노력하게 된다. 성장기에서는 더 많은 서비스를 제공하고 충분한 부대시설과 고객편의성이 높은 고임대료 지역으로 이동하게 되어 낮은 회전율을 가진 다양한 상품을 제공하게 된다.

뿐만 아니라, 높아진 운영비를 감당하기 위해 마진이 높은 상품이나 패션상품 등을 구비하기 시작한다. 성장단계의 말기에 이르게 되면 저가격, 저지위와 같은 초기의 혁신적인 특징들은 사라지고, 고가격, 비싼 임대료의 지역이라는 특징을 가진 전통적인 형태의 소매업태로 발전하게 된다. 성장기를 거쳐 쇠퇴기에 접어들게되며, 투자수익률 또한 현저히 낮아진다. 결국, 초기에 혁신적 개념을 지녔던 소매업태는 경쟁력이 취약한 소매업태로 변화하여 저원가에 바탕을 둔 혁신적인 사고를 지닌 또다른 새로운 형태의 소매업태에 주력업태로서의 자리를 내주게 된다. 다른 형태의 소매업태가 출현한다는 것은 하나의 소매업태 형태의 주기가 끝났으며, 새로운 소매업태의 주기가 새로이 시작되었다는 것을 의미한다.

선진국의 사례를 보면, 과거 백화점이 소규모 전문점들을 대체하는 혁신적인 소매업태로 등장하였다가 할인점이 등장하면서 기존의 백화점은 소매바퀴에서 다소 취약한 업태 단계로 접어들었음을 알 수 있다. 선진국에서 1960,

1970년대 고도성장하였고, 우리나라에서도 1990년대 이후 급성장 중인 할인점도 이미 선진국에서는 포화상태에 접어 들어 창고형 클럽(MWC)이나 수퍼센터, 카테고리킬러 등에 의해 다시 취약한 상태로 접어 들고 있는데, 이 모든 현상들은 소매차륜이론으로 설명이 가능한 현상들이다.

이는 혁신적인 유통기관이라 하더라도 불가피하게 점차 경쟁력이 약화되는 성숙화의 과정을 밟지 않을 수 없으므로 다음의 혁신적인 소매기관에 의해 대체된다고 보는 설이다. 다시 말해서 저이윤, 저가격으로 영업활동을 시작한 새로운 업태의 유통기관이 재래기관과 경쟁하여 일단 성공을 하게 되면 그들은 점포시설을 격상하고 추가적인 서비스를 제공하여 코스트가 증가하게 되고 가격이 인상되어 결과적으로 그들이 대체시켰던 재래기관과 같은 운명이 된다는 것이다. 이 설은 백화점, 수퍼마켓, 창고점 등이 처음에는 성공하였다가 뒤에는 약체화된 것을 설명해 주기는 하나, 반면 처음부터 고이윤과 고가격의 영업활동을 영위한 교외쇼핑센터 등의 기관의 성장을 설명해 주지는 못한다.

1.3 변증법적 이론(dialectic theory)

변증법적 이론은 두 개의 서로 다른 경쟁적인 소매업태가 하나의 새로운 소매업태로 합쳐지는 소매업태 혁신의 합성 이론이라고도 할 수 있다. 변증법이란 이름은 소매업태가 발전해 나가는 모습이 마치 변증법의 정(正, thesis), 반(反, antithesis), 합(合, synthesis)의 논리에 따라 변화가 이루어짐을 설명하려는 것이다. 예컨대 정(正)은 이미 성립되어 있는 기존의 유통기관이고, 반(反)은

그림 8-3 소매기관 변화의 변증법적 이론

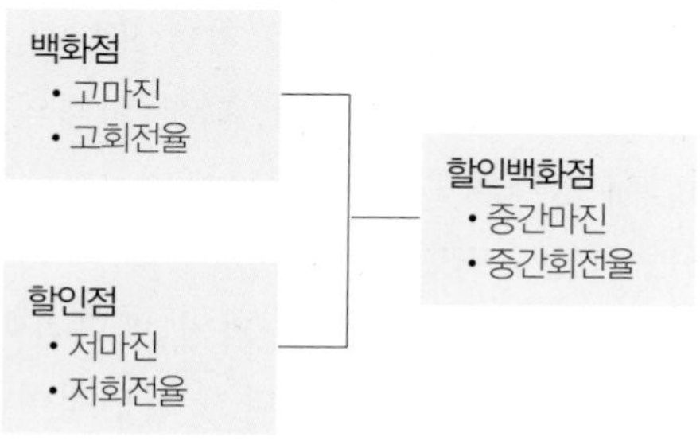

혁신적 유통기관으로 실제적인 것일 수도 있고 또는 개념적인 것일 수도 있다. 합(合)은 정(正)과 반(反)의 어떤 특징이 구체화된 것일 수 있다. 이 이론은 할인점의 발생을 설명해 주는데, 정(正)은 완전 서비스를 제공하는 비식품소매점이고, 반(反)은 셀프서비스의 수퍼마켓이다. 전자는 기존의 유통기관이고 후자는 혁신기관 또는 도전기관이다. 결과적으로 합(合)은 정(正)과 반(反)과는 다른 셀프서비스를 제공하는 교외입지형의 할인점이 된 것이다.

새롭고 좋은 장점을 가진 새로운 경쟁자가 출현하는 경우, 기존의 소매업태는 그 혁신적인 소매업태를 완전히 모방하는 것이 아니라 그 전략이나 전술만을 받아들이고, 새로운 혁신 소매업태도 변화를 거듭하게 된다. 두 형태의 소매업태가 서로의 장점을 받아 들인 결과, 두 소매업태가 제공하는 상품이나 부대시설, 보완적인 서비스, 가격 등에서 매우 유사해지거나 구분이 모호한 새로운 소매업태는 또다시 혁신적인 상품믹스를 가진 경쟁자를 접하게 되고, 또다시 계속하여 변증법의 단계를 거치게 된다.

1990년대 중반 미국에서 월마트가 주도하여 수퍼마켓과 할인점을 결합하여 개발한 수퍼센터라는 신업태는 변증법적 이론에 의해 설명될 수 있다. 수퍼마켓은 전통적으로 식품 부문에 강점을 지니고 있으며, 할인점은 비식품 부문의 생활용품에 저가격이라는 강점을 가지고 있다. 이러한 강점을 모두 갖춘 소매업태가 수퍼센터이다. 즉, 수퍼센터는 수퍼마켓(正)과 할인점(反)의 복합형태(合)로서 폭넓은 식품 부문의 제품구색과 생필품 등 비식품 부문에서의 가격할인을 특색으로 가진다. 요약하면 변증법적 발전 이론은 수퍼센터가 수퍼마켓과 할인점의 강력한 경쟁상대로서 향후 소매업의 주력업태로 등장하고 있는 사례를 통해 잘 설명될 수 있다.

1.4 진공지대이론(vacuum zone theory)

이 설은 소비자의 소매점의 선택에는 점포가 제공하는 서비스의 정도와 상품의 가격이 영향을 미친다는 가설을 설정하여 새로운 업태의 출현을 설명하는 것이다. 즉, 서비스의 양이 부가됨에 따라 상품가격이 높아짐과 동시에 소비자의 선호도도 증가하나, 어느 정도의 한계점에 도달하면 높은 가격에 대한 고객의 평가는 낮아지고 자연히 선호도도 떨어진다는 것이다. 예컨대 아래 그림과 같이 소비자의 점포평가를 나타내는 소비자선호분포곡선이 있다고 하자.

그림 8-4 소비자 선호분포곡선

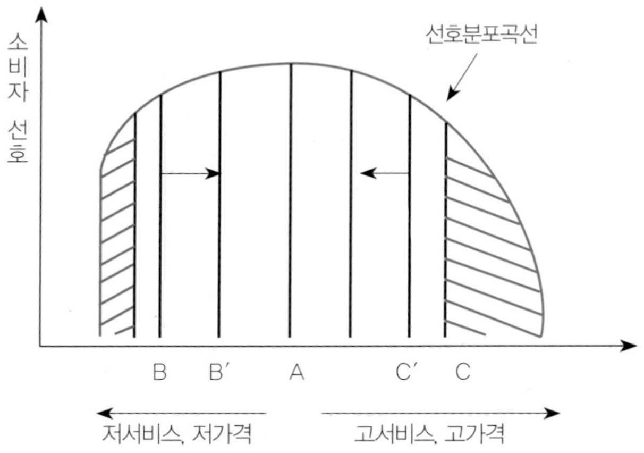

분포곡선상의 A가 소비자의 선호도가 가장 높은 유통업태이며, 이에 대응하기 위해 B와 C는 B'와 C'의 형태로 업태 전환을 꾀하게 되고, 이에 따라 자연히 양쪽 끝 부분에는 새로운 유통업태의 출현을 가능하게 하는 진공지대(점선부분)가 형성돼 새로운 업태가 출현한다는 이론인 것이다. 이러한 이론을 배경으로 하여 국내에서도 가격파괴의 선두주자격인 이마트 등이 유통업태의 진공지대를 파고드는 틈새전략으로 출범하여 상당한 점유율을 획득하고 있다.

1.5 소매수명주기이론(retail life cycle theory)

소매유통업의 수명주기란, 한 소매기관이 출현하여 사라지기까지의 전 과정이다. 대부분 초기 성장단계(innovation stage), 발전단계(development stage), 성숙단계(maturity stage), 쇠퇴단계(decline stage)의 네 단계를 겪으나, 최근 소비자 욕구의 다양화와 경쟁의 심화로 인해 이러한 수명주기가 점차 짧아지고 있다. 그 예로 창고형 클럽, TV홈쇼핑, 카테고리킬러 등 최근의 유통신업태를 보면 초기 성장단계에서 성숙단계로 불과 몇 년 안에 성장하고 있음을 알 수 있다.

초기 성장단계는 새로운 유형의 소매업태가 탄생하여 시장에 진입하는 시기이다. 이 단계에서는 매출액 성장률이 높고, 경쟁자의 수는 작지만, 초기 투자비용으로 인해 수익성은 낮거나 마이너스다. 이 시기의 소매업태들은 탄탄한 원가구조, 특징있는 제품구색, 좋은 입지, 차별화된 촉진방법 등으로 경쟁력이 있기 때문에 소비자들이 이 새로운 소매업태를 수용하게 되면 이 단계의 말기에는 매출액이 급격히 증가하게 된다. 우리나라의 경우, 할인점과 TV홈쇼핑, 인터넷 쇼핑몰 등이, 선진국 시장에서는 대규모 수퍼센터, 인터넷 쇼핑몰 등의 전자 쇼핑 형태 등이 현재 이 단계에 있다고 평가된다.

다음 단계인 발전단계는 새로운 유형의 소매업태가 시장 전체로 확산되는 시기이다. 초기 성장단계와는 달리 경쟁자가 다수 출현하게 되고 매출액도 급격히 높아진다. 이 단계에 들어선 성장업태들은 투자 비용이 감소되기 때문에 이익이 증가한다. 반면, 기존 경쟁업태들은 경영상의 어려움을 겪게 된다. 그러나 경쟁자나 모방자가 다수 출현하기 때문에 새로운 점포를 열고 기존의 점포를 새롭게 하거나 상품의 구색을 바꾸는 시도를 하기도 한다. 이 단계의 초기에는 규모의 경제를 실현하게 되고 이익은 최대가 된다. 우리나라의 경우 편의점과 일부 할인점이, 선진국 시장의 경우 홈쇼핑 네트워크, 창고형 클럽, 카탈로그 소매업체 등이 현재 이 단계에 있는 소매업태들이다.

성숙단계에서는 전체적으로 시장점유율이 안정되며, 규모의 경제 이상으로 규모가 커져 수익성은 감소하고 경영도 복잡하게 된다. 대체적으로 이때에 혁신적인 소매업태가 출현하게 된다. 이 단계에 있는 미국의 소매업체들로는 체인스토어, 백화점, 오프프라이스(off-price) 소매업태 등이 있고, 우리나라의 경우, 백화점과 일부 수퍼마켓을 들 수 있다.

쇠퇴단계에서는 새로운 유형의 소매업태에게 경쟁력을 잃게 되고 시장점유율, 이익 등 모든 면에서 급격한 하락이 있게 된다. 우리나라의 경우 전통적인 재래시장과 수퍼마켓, 지방백화점 등이 이 단계에 위치해 있다. 그러나 이들 중에서도 현재의 경쟁적인 환경에 살아 남을 수 있는 작고 강한 기업을 만들어 회생하는 경우도 있다는 것을 유념할 필요가 있다.

1.6 기존 이론의 한계점

이상 살펴본 소매업태 발전에 관한 이론들은 대부분 1960년대 미국 및 유럽에서 할인점의 급속한 도입과 성장을 설명하기 위해 개발된 이론들이기 때문에 유통국제화 시대를 맞이하여 선진국의 성장 또는 성숙업태가 개발도상국

시장으로 이동하는 경우에 발생하는 최근 현실과 사이버 쇼핑의 급속한 성장을 설명하기에는 그 한계가 뚜렷하다.

첫째, 1990년대에 급속히 가속되고 있는 유통산업 국제화에 따라 선진국의 할인점 업체들이 시장이 개방된 아시아와 남미 등 개발도상국 시장으로 빠르게 진출했는데, 이러한 발전을 보다 설득력있게 설명하기 위해서는 해외직접투자와 국제무역 등의 이론들과 유통발전에 관한 이론들의 접목이 절실히 필요하다고 생각된다. 둘째 기존 유통발전 이론들은 점포 소매업에 국한하여 설명하고 있기 때문에 최근 정보통신 및 디지털 기술 등의 발달에 힘입은 인터넷 쇼핑몰의 발전과 소위 네트워크 마케팅의 총아로 불리는 다단계 판매의 성장을 설명할 수 없다는 한계가 있다. 따라서 이상의 한계점을 극복하고 유통 국제화, 정보화 물결 속에서 21세기 유통의 발달을 설명하는 새로운 프레임워크(framework)의 개발이 필요하다.

02 기존 소매업태의 특징

소매유통은 백화점과 수퍼마켓의 양대 흐름으로 진행되어 [illegible]다. 즉, 백화점은 비식품 유통업태 부문을 지배했었고, 수퍼마켓은 식품 유[illegible]업태 부문을 지배했었다고 할 수 있다. 그러나 1950년대 후반과 1960년대어[illegible]어서면서 기존 업태의 문제점을 보완한 새로운 업태가 성장하였다. 창고점[illegible]양판점, 할인점이 백화점의 높은 가격 문제를 보완하였고, 편의점이 수퍼마[illegible]의 단점을 보완하며 성업하고 있다.

표 8-1 유통업태별 특성

	백화점	수퍼마켓	양판점	창고점	편의점
상품구성	고품질, 고가격의 하이패션 상품	식품 중심의 일용품, 회전율이 높은 상품	비식품 원칙의 생활대중품, PB상품 비율이 백화점보다 높음	식품/가구/의류 등의 일반적 상품 중 몇가지만을 한정하여 깊은 상품 폭 구성	[illegible]용품 중심, 다품[illegible]소량의 상품 구[illegible]일용잡화, 신문, [illegible] 등
가격대	대체로 고가격대	저가격대	중가격대	저가격대	수퍼마[illegible]보다 고가격대

점포양식	도심 중심 위치, 매장 대형화	주택가, 아파트 단지, 백화점 내 위치, 체인화 전략	부도심/교외지역 위치, 다점포화 전략	교외지역이나 물류가 편리한 지역 위치, 대형의 단층 창고형 매장	주택밀집지역, 유동인구 및 야간활동 인구 많은 지역, 프렌차이즈 형태
판매양식	대면판매	셀프 서비스	셀프 서비스 지향	셀프 서비스	셀프 서비스
경영전략	저회전/고마진 전략, 상품구색/머천다이징 중시, 재고위험의 메이커 부담	대량구매에 의한 저원가/저마진/고회전 전략, 체인에 의한 규모의 경제 추구	저마진/고회전/철저한 비용절감 전략, PB상품 개발에 주력, 재고위험 자체 부담	높은 상품회전율과 가능한 모든 서비스의 생략으로 인한 저원가 추구	체인화/표준화에 의한 경영효율 제고 및 원가 절감 추구, 구색/장소/시간의 편리성 추구

2.1 백화점(department store)

백화점이란 하나의 매장 내에 일괄 구매와 비교 구매가 가능하도록 상품 부문별로 구색을 갖추어 진열, 판매하는 대규모 소매업태를 뜻한다. 백화점은 대개 의류나, 생활용품 및 기타 가정용품 등 매우 다양한 제품계열을 취급하는 말 그대로 여러 부문(department)으로 이루어져 있는 소매상을 의미하는데, 취급되는 각 제품계열은 모두 전문구매자나 머천다이저에 의하여 독립 부문으로 운영되는 것이 보통이다. 구매, 판매, 촉진의 기본적인 기능들이 각 부문에서 이루어지며 회계 및 통제과정도 각 부문별로 조직화된다. 이러한 부문별 조직의 이점은 기능별로 또는 상품별로 전문화가 가능하다는 것이다. 백화점은 다양한 상품계열을 취급하며, 각 상품계열에 대해서도 합리적인 선택을 할 수 있도록 적당한 제품구색을 갖추고 있다. 백화점의 특징에는 다양하고 구색있는 상품, 부문별 조직, 다양한 부대시설과 서비스의 제공, 대규모 등이 있다.

잘 알려진 백화점으로는 신세계, 롯데, 현대백화점 등이 있으며, 신업태의 출현과 교통체증, 주차공간의 부족 등에 의해 주로 도심에 입지한 백화점에서의 구매를 기피하는 경향도 나타나고 있다. 그 결과 많은 백화점들이 도시외곽에 입지를 옮기거나, 지방에 지점을 여럿 두는 다점포영업(multi-store operation)을 시도하고 있다.

오늘날 백화점들은 여러 모로 재기를 위한 노력을 경주하고 있다. 상당수의 백화점들은 급속도로 성장하고 있는 고소득층에 맞도록 훨씬 좋은 시설과 주차시설을 갖춘 점포를 개설하고 있으며, 전문점들과 경쟁하기 위해 부띠끄(boutiques)코너를 개설하거나 점포진열을 새로 하는 경우도 있고, 우편판매나

전화판매 등과 같은 통신판매에 주력하기도 한다.

최근에는 백화점들이 할인점이나 전문점과 같이 경쟁을 하는 대신 이들을 흡수합병함으로써 다각화를 추구하는 방법을 택하고 있다.

백화점의 가장 큰 특징은 의식주에 걸친 여러 가지 상품을 일괄 구매형태로 소비자에게 제공하는 것이지만, 최근에는 다양한 상품 구색 이상으로 화려한 매장 분위기 등을 조성하여 소비자에게 쇼핑자체에서 즐거움을 추구할 수 있도록 하고 있다. 이렇듯 백화점 업태가 전문화 및 고급화의 방향으로 나아가고 있는 것은 상품구색의 다양화만으로는 더 이상 대형 할인점 등 신업태와의 경쟁에서 이길 수 없기 때문이다. 따라서 백화점은 소비자에게 생활 종합 산업이라는 인식을 심어주는 방향으로 업태를 전문화하고 있다. 하지만, 백화점은 보통 번화가의 중심에 위치하여 상업입지로서는 최고의 입지를 차지하여 다른 어떤 업태보다도 입지의 편의성이 뛰어나다. 또한, 반품의 자유, 상품배달서비스, 각종 문화시설 등에 있어서도 타 업태보다 우월한 위치에 있음을 알 수 있다. 또한 백화점은 고급화 추구와 동시에 일반 대중을 확보하기 위한 대중화 정책도 동시에 추구하고 있다.

2.2 수퍼마켓(supermarket)

수퍼마켓이란 식료품을 위주로 세탁용품 및 가정용품 등의 상품을 셀프서비스 방식을 최초로 도입해 판매하는 유통업태이며, "주로 식료품 및 일용잡화를 취급하며 소비자의 셀프서비스 방식에 의하여 판매하는 점포"로 정의되고 있다. 이러한 정의에 수퍼마켓이 지니는 운영상의 특징을 더하여 수퍼마켓을 "식품이나 일상품과 관련하여 소비자의 욕구를 충족시켜줄 수 있고, 비교적 규모가 적고, 저비용, 저마진, 대량판매 및 셀프서비스에 의하여 운영되는 점포"라고 정의하기도 한다.

최근 들어서 편의점이나 할인점 등과 같은 타 업태와의 경쟁, 소비자욕구

의 다양화 등으로 인하여 일상용품에서 벗어나 의류, 농축산물, 수산물 등도 취급한다든가, 영업시간을 확대하는 등 경쟁구조에 적응하려는 노력을 하고 있다.

수퍼마켓은 도매상 및 제조업자와 직거래를 하고, 구입량을 대량으로 하여 구입원가를 대폭적으로 인하하여 소비자에게 저가격으로 공급하며, 셀프서비스 채택에 따른 인건비 절감을 경영원칙으로 하여 운영되고 있다. 현재 수퍼마켓에서는 일반 소비재를 취급하는 대신 수퍼마켓과 경쟁관계에 있는 대형일반소비재 매장도 더 많은 식품류를 구비하고 있다. 하지만, 이러한 대형 회원제 도매클럽, 수퍼센터 등과의 경쟁에서 확고한 승자로 자리잡지는 못했지만 그들 고유의 영역을 유지하고 있다. 이러한 대형일반소비재 매장들의 장점인 저가격을 극복하기 위해, 수퍼마켓들은 그들의 가격을 인하함과 동시에 자체 상표를 부착한 고유상품을 개발하는 등 다각적인 전략을 구사하고 있다. 또한 이러한 대형매장들은 상대적으로 수가 적고 위치 또한 변두리에 자리하고 있어 오늘날의 바쁜 소비자들에게 상대적으로 수퍼마켓의 장점이 부각되기도 한다. 그리고, 1990년대의 수퍼마켓 성공의 주요인으로서 물류 부문의 경비 절감을 들 수 있겠다. 오랫동안 수퍼마켓의 물류비용은 상승해 가격경쟁력을 저하시키는 원인이 되어 왔다. 그 결과 유통의 모든 단계가 면밀히 검사되어 효율화되고 그룹간 합병 및 유통과정의 신기술이 도입되었다. 노동비의 절감 또한 총비용 절감 노력의 중추적인 역할을 했다.

2.3 양판점(general merchandise store: GMS)

양판점은 각국별로 생성경로가 달라서, 업태에 대한 정의나 상품구색에 있어서 차이를 나타내고 있다. 즉, 미국의 양판점은 다수의 점포망을 가지고 상품을 저렴하게 판매하며 물량 위주의 영업방식을 취하는 체인업체, 즉 전국적

중가백화점체인으로 백화점과 유사한 성격을 띤다고 할 수 있다. 그러나, 일본의 경우 수퍼마켓이 규모나 구색면에서 발전하여 이른바 종합수퍼로 변모하고 이것이 서구의 경영기법을 도입하여 일본식 GMS로 발전한 것으로 구색 면에서도 식품을 갖추고 있다. 한국의 경우는 미국의 백화점 개념에서 출발하기는 하나 전국적 체인망이 없고 일본식 상품구색을 갖춘 혼합형이라고 할 수 있겠다.

양판점은 실용성 위주의 상품과 스토어 브랜드에 중점을 두어 구색을 갖추고, 중가와 고가 사이의 가격대를 유지하여 백화점과 차별화를 꾀하였다. 또한 원가를 절감하기 위한 방안으로 지가(地價)가 낮은 부도심이나 외곽지대에 입주했으며, 부분적으로 셀프서비스 방식을 도입하여 저마진, 고회전, 규모의 경제를 달성해 성장하였으나, 가격파괴 신유통업태의 등장으로 경쟁력을 상실하고 있다. 양판점의 가장 큰 특성 중의 하나는 전국적인 체인의 형성이다. 즉 J.C.Penney는 1925년경 이미 700여개, Seras는 320여개, Montgomery Ward는 500여개의 체인점을 거느리고, 이 체계에 의한 규모의 경제로 양판을 실현하는 것이다. 또한, 중가격 정책을 실현하기 위해 자기상표의 비중이 백화점보다 높다는 것도 하나의 특성으로 말할 수 있다. 이러한 양판점의 특성으로 보아, 자기상표 비중이 높고, 전국적인 체인망을 갖추려는 한국의 백화점 업계에게 중요한 시사점을 줄 수 있다고 할 수 있다.

양판점은 의류 및 생활용품을 다품종 대량판매하는 대형소매점이다. 수퍼마켓과 백화점의 중간 정도이며, 상품구색, 서비스는 백화점에 가깝다. 다점포화를 통해서 중앙구매를 하여 원가를 절감시킨다는 점에서 백화점보다 가격적인 면에서 유리하다. 양판점은 다품종 대량판매를 목적으로 다점포화를 추진함으로써 매출증대를 꾀하는 업태로 중저가의 일상 생활용품을 주로 취급하며 초고가 상품은 취급하지 않는다. 백화점보다 낮은 가격대로 자체상표(PB)를 가지며 체인에 의해 다점포화를 추구한다.

양판점은 대체로 넓은 매장, 7만여 가지의 평균 취급품목수, 중간소득층을 대상으로 하는 중저가대 상품, 식료품을 제외한 대중실용품을 취급하는 특징이 있으며 이 중 50% 이상이 자체상표(PB)로 구성되어 가격경쟁력을 가지고 있다. 그리고 백화점과 달리 체인에 의한 다점포 형태이며 본부에서 일괄구매하므로 구입원가를 절감할 수 있고 그만큼 가격할인을 하게 된다.

국내에서는 1988년 롯데백화점이 잠실 롯데월드 내에 새나라 수퍼를 양판점으로 개점했다가 백화점으로 재개점하였고, 종합소매점 형태의 양판점은 한화유통의 잠실점이 효시이다. 유통업계 일부에서는 자체상품 개발에 적극적인

뉴코아백화점이나 가전랜드, 전자랜드 등을 한국형 양판점으로 보는 시각도 있다. 가전양판점은 가전분야를 중심으로 발전한 대표적인 사례로 가전제품을 대량구매해 싸게 파는 형태이다. 현재 국내 가전양판점은 롯데가 운영하고 있는 하이마트가 있으며, 일반 대리점이 규모를 늘려 양판점 형태를 갖추고 있는 경우도 있다.

2.4 편의점(convenience store: CVS)

편의점은 고객에게 편의를 제공하는 공간으로, 모든 업종의 상품을 편의성이라는 이름 아래서 통합 판매하는 유통업태이다. 편의점이란 통상 좋은 위치에 입지하여 장시간 영업을 하며 한정된 수의 품목을 취급하는 소매상으로, 1960년대와 70년대에 미국에서 급속히 발전한 업태이다. 편의점 운영상의 특징을 보면 24시간 영업, 연중무휴, 주거지 근처에 위치, 식료품이나 일용잡화 취급, 주로 독자적으로 개발된 유통업체 브랜드(PB)로 다양성 추구 등을 들 수 있다.

편의점은 수퍼마켓에 대한 대안으로서 발전했다고 볼 수 있다. 일찍이 미국에서 발전한 수퍼마켓의 대형화추구 및 영업시간 제한 등으로 소비자의 욕구를 충분히 충족시켜주지 못하자 이에 대한 반작용으로 편의점이 생겨났다고 볼 수 있다. 최초의 편의점은 1927년 세워진 세븐일레븐으로 주로 다른 점포들이 폐점한 오후 7시에서 11시까지 영업을 한다고 해서 붙여진 이름이다.

우리나라에서는 (주)뉴코아가 설립한 '뉴타운'이 편의점이 시초라고 보고 있으나 운영상의 여러 문제점과 인식부족으로 실패하였으며, 본격적으로는 세븐일레븐이 1989년 5월에 국내에 개점한 것이 시초라고 볼 수 있다. 국내 편의점으로는 세븐일레븐, CU, GS25가 대표적이다.

편의점 이용시간은 오후 4시에서 12시까지가 가장 많으며, 밤 12시에서 오

전 8시까지의 심야시간에도 많이 이용한다. 고객의 구성을 보면 20대가 가장 많고 30대, 10대 순으로 비중이 높다. 최근에는 50대 이상의 남성 고객이 늘어나고 있다. 편의점의 성공요인으로는 입지가 가장 민감하고 상품구색, 종업원의 태도, 품질, 점포분위기 등이다. 편의점 상품별 매출비중은 일반가공식품이 가장 높고, 주류, 음료, 잡화 순으로 높다.

편의점 업계는 과거처럼 가맹점 모집이 쉽지 않고, 직영점을 계속 확장하기에도 인력난 등의 어려움이 따르자 본부가 모든 투자비용을 들여 편의점을 개점하고 영업을 정상화시킨 뒤 개인에게 영업권을 넘겨주는 위탁경영 가맹제도를 적극 도입하고 있다. 현재 순수 가맹계약 이외에 위탁경영방식을 채택하고 있는 업체는 GS25, 세븐일레븐 등이 있다. 이 밖에 편의점은 상품분야에서 타업태와 차별화를 꾀하기 위해, 통신판매와 같이 신종 서비스상품의 개발과 유통업체 브랜드(PB) 개발에 주력하고 있다.

편의점은 고객에게 편의를 제공하는 공간이다. 따라서 편의점의 상품구색은 산업환경과 소비자의 구매성향에 따라 능동적으로 변화해야 하며, 편의점이 편의성의 우위를 잃어버리거나 소홀히 할 땐, 더 이상 편의점이 아니며 예상외로 쉽게 경쟁에서 낙오될 수 있다. 편의점은 이러한 소비자의 추구욕구를 만족시키기 위해, 기본적으로 시간의 편의제공을 위한 24시간 영업, 장소적 편의의 제공을 위한 체인화 등의 전략을 추구한다. 또한, 상품구색에 있어서도 많은 종류의 생활용품을 갖추며, 구매빈도가 낮더라도 취급대상에서 제외시키지는 않는다. 또한 소비자의 욕구를 미리 파악하여 신상품 개발에 노력하고, 물류시스템 구축으로 저원가를 실현하고 있다.

2.5 전문점(specialty store)

전문점이란 고객에게 제공하고자 하는 상품이나 서비스를 전문화한 소매상

표 8-2 소매상의 유형

유 형	의 미	특 징
백 화 점	다양성과 구색을 모두 추구	다양성, 대규모, 완전서비스
수퍼마켓	일괄구매	저비용, 저마진, 대량판매, 셀프
편 의 점	편리성 추구	24시간, 연중무휴, 인접입지
전 문 점	매우 깊은 제품구색	깊은 구색, 완전서비스
할 인 점	상시적 가격할인	창고형매장, 셀프, 저가격, 묶음단위
양 판 점	다품종 대량판매	중저가 상품구색, 다점포화
수퍼센터	수퍼마켓+할인점	상품의 다양화 및 구색
하이퍼마켓	초대형 가격할인	5천평~9천평 규모의 단층매장
회원제 도매클럽	회원제 도소매형 가격할인	창고형매장, 셀프, 연회비, 현금판매
카테고리킬러	특정품목의 전문화	상품구색, 가격할인
아 웃 렛	재고처리용 할인	초저가(50~80% 할인)
파워센터	할인업태를 종합해 놓은 대형점포	구매의 편리성: one-tour shopping

을 의미한다. 우리 주위에서 쉽게 접할 수 있는 것으로 컴퓨터전문점, 커피전문점, 보석전문점 등이 이러한 부류에 속한다. 전문점은 단 하나의 제품계열을 취급하기도 하고, 소수의 제한된 제품계열을 취급하기도 하는데, 어떤 형태든지 간에 전문점이 가지는 특징은 특정 제품계열에 대하여 매우 깊이 있는 제품구색(assortment)을 갖추고 있다는 것이다. 즉, 특정 제품계열에 대하여, 다양한 상표, 크기, 색깔, 스타일, 모델 등을 갖추고 있어 고객에게 최대한의 선택기회를 주고자 한다. 일반적으로 전문화가 될수록 그 전문점이 제공하는 제품구색은 많아진다. 전문점들은 특정 제품계열에 대하여 고객들에게 선택의 기회를 높이기 위하여 잘 팔리는 모델이나 색깔, 크기(회전율이 높은 상품)는 물론이고 잘 팔리지 않는 모델, 색깔, 크기(회전율이 낮은 상품) 등도 구비하고 있다. 그 결과 잘 팔리지 않는 저회전 제품들에 대한 재고유지비가 높을 수밖에 없고 이로 인해 상품의 마진폭은 일반적으로 높다고 할 수 있다.

03 가격파괴형 소매업태의 특징

3.1 할인점(discount store)

할인점은 의류품이나 가정용품, 일반잡화 등의 대중적이고 실용적인 상품을 저렴한 가격으로 판매하는 유통기관이다. 강력한 매일저가격정책(EDLP)을 추구하며, 주요 특징으로는 비식품류의 취급, 회전이 빠른 상품의 취급, 대량판매, 저가격, 최소한의 고객서비스, 최대한의 경비절감 등을 들 수 있다. 할인점의 효시는 1948년 2차 대전 이후 전반적인 호황국면이 도래하고 가정용품의 구입붐이 조성되고 있을 때, Ferfauf가 Korvette에서 상품을 백화점 가격의 40% 정도로 저렴하게 판매한 것이다. 1950년대에 급속히 성장했던 Korvette는 1960년대 들어와 과도한 성장정책이 원인이 되어 쇠퇴하게 되고, 오히려 다품종점(variety store) 체인으로 시작했던 K-Mart에 할인점 시장을 내주게 된다. 이렇게 하여 1960년대에 들어서면 많은 할인점 체인들이 치열한 경쟁을 벌이게 되며, 그 결과로 K-Mart, Wal-Mart, Target, Zayer 등이 성장하였다. 그리고, 1990년대에 들어와 Wal-Mart는 K-Mart를 제치고 할인점 업계 1위 자리를 차지하게 된다.

할인점이란 상품을 정상적인 가격보다 싸게 파는 점포를 의미한다. 특정의 제품을 일시적인 가격인하로 판매하는 것이 아니라 모든 제품을 상시적으로 싼 가격(EDLP: every-day low price)으로 파는 소매상이며 식품과 일용잡화 등 소비재를 중심으로 한 중저가 상품 중 고회전 상품을 취급하고, 묶음(bundle)이나 박스 단위로 판매하는 것이 특징이며 철저한 셀프서비스 하에 저가격으로 대량판매하는 업태이다.

할인점은 규모에 있어서 대형이라든가, 넓은 주차공간, 다양한 제품구색이라는 점에서 백화점과 비교될 수 있

는 소매업태이다. 하지만 백화점보다는 제품구색의 깊이가 약하며 낮은 마진을 보전하기 위하여 제한된 서비스, 낮은 시설투자비, 셀프서비스 등으로 점포 운영비를 낮추며, 상품의 구성에 있어서는 고회전의 제품을 주로 취급한다는 점에서 차이가 있다. 할인점은 비식품류 위주로 의류, 일용잡화, 내구소비재 등 표준화된 제품을 주로 취급하며, 매장면적은 2,000평 내외의 대형이다. 할인점이 일반소매점보다 가격을 30% 내외 할인할 수 있는 것은 저마진과 저비용정책을 쓰기 때문이다. 대량구매를 통해서 구입원가를 대폭 낮추고 시설비투자 등의 고정비용을 대폭 감소시키고, 인건비나 판촉비 등의 운영비용을 감소시킴으로써 저비용이 가능하게 된다. 그리고 물류합리화를 통해 물류비용을 더 감소시킬 수 있게 된다. 이를 통해 인하된 비용만큼 가격을 낮출 수 있다. 더불어 다른 업태보다 낮은 마진율(12~15% 정도)을 추구하게 되므로 가격인하 효과가 더 커지게 된다. 그리고 할인점이 저가격대의 자체상표(PB)를 개발하여 매출비중을 높이게 되면 저가격의 위력은 더 커지게 된다. 통상 할인점은 일반 소매점보다 30%의 가격할인을 하게 된다.

3.2 하이퍼마켓(hypermarket)

하이퍼마켓은 대형화된 수퍼마켓에 할인점을 접목시켜 저가로 판매하는 유통업태로서, 회원제 도매클럽(MWC)과 유사하지만 회원제 도매클럽과는 달리 취약한 식품의 비율을 절반으로 끌어 올리고 매장면적 역시 5,000평 이상의 규모에 비회원의 출입을 허용하는 전략을 취하고 있는 점에서 차이가 있다고 할 수 있다. 최초의 하이퍼마켓은 프랑스 제1의 소매기업인 까르푸(Carrefour)에 의해 1963년 파리 근교에서 개점한 후, 서유럽 각국에 빠른 속도로 도입되었다. 대부분 서유럽시장에서 하이퍼마켓은 소매업계에서 가장 큰 비중을 차지하고 있다. 이와 같이 유럽에서 크게 성장한 하이퍼마켓은 1980년대 들어와 미국에 도입되었으나, 미국에서는 별로 성장하지 못하였다.

미국에서의 할인점에 수퍼마켓을 결합한 형태가 수퍼센터라면 유럽형은 하이퍼마켓이다. 하이퍼마켓은 단층건물, 단층매장으로 구성된 5천~9천평 규모의 초대형 매장에서 모든 상품을 셀프서비스로 판매하는 소매점이다. 일반적으로 대도시 근교에 위치하며 취급품목은 수퍼에서 주로 취급하는 식품과 생활필수품 등이다.

하이퍼마켓은 수퍼마켓에서 발전된 형태로 식품과 비식품을 6 대 4의 비중으로 판매하며 상품의 종류가 전통적인 수퍼마켓의 9,000여 개에 비해 훨씬 많은 2~5만 가지에 달하고 있다. 초대형 수퍼마켓과 할인점의 혼합형태로 저가격의 장점까지 구비하고 있다. 매장의 규모는 5,000~9,000평까지로 수퍼센터보다 훨씬 큰 초대형이다.

3.3 수퍼센터(super center)

수퍼센터는 디스카운트 업태에 식품 부문을 첨가하여 운영되나 규모는 비교적 작은 편이다. 즉, 기존의 수퍼마켓 상품구성에 일용잡화 및 의류 부문을 강화시키고 매장규모를 2~3배 확장한 형태로 시작되었으며, 운영 방식은 하이퍼마켓의 그것과 유사하다. 즉, 미국형 하이퍼마켓이라고 할 수 있다. 하지만, 수퍼센터는 소비자 인식도, 점포내점 고객수 및 쇼핑의 횟수 면에서 하이퍼마켓을 앞서고 있는 것으로 나타나고 있다. 이러한 수퍼센터가 갖는 문제점은 모회사라고 할 수 있는 할인점의 매출을 잠식하고 있다는 것이다. 수퍼센터는 Wal-Mart에서 도시가 아닌 시골에 진출하여 실적이 저조한 디스카운트 스토어를 활성화시킨다는 계획으로 1988년에 미주리주에 1호점을 개점하였다.

할인점에 수퍼마켓을 결합한 형태인 수퍼센터는 1994년 디스카운트 업계에서 가장 빠른 성장세를 보였다. 수퍼센터는 할인점에 수퍼마켓을 도입한 점포로서, 기존의 할인점보다 더 깊고 넓은 상품구색을 갖추고 있으며 수퍼마켓 못지않게 1차 상품(식품)을 갖추고 있는 업태를 말한다. 이와 같이 수퍼센터는 폭넓은 상품구색, 저가격, 원스톱 쇼핑서비스 등의 강점으로 향후 미국 소매업계의 핵심 업태로 부상할 전망이다. 점포의 규모도 할인점보다 더 크며 평균 3,000~5,000평의 매장규모를 가지고 있다.

할인점이 막강한 판매력을 가지고 있으나 소비자들은 일상생활에 필요한 모든 상품을 한 번에 구매하지는 못했고 미국인 대다수가 여전히 매일 필요한 식품을 수퍼마켓에서 구입하고 있기 때문에 이러한 고객욕구에 따라 기존할인점에 1차 상품을 강화한(비식품과 식품의 비중 6:4) 수퍼센터가 등장하게 되었고 원스톱서비스를 중시하는 소비자의 특성변화에 초점을 맞춘 것이다.

3.4 파워센터(power center)

파워센터는 종래의 백화점이나 양판점과는 달리 할인점이나 카테고리 킬러 등 저가를 무기로 하여 강한 집객력을 지닌 염가점포들을 종합해 놓은 대형 소매점이다. 이 업태의 특징으로는 광대한 부지와 대형주차장, 그리고 각 매장별로 독립되어 점포를 운영하는 것이다. 미국에서 파워센터가 발전하기 시작한 것은 1980년대 중반이며, 파워센터의 전형으로는 1990년 로스엔젤레스시 북쪽에 오픈한 발레 센트럴이라는 파워센터인데 10만평의 부지에 2만평의 매장, 그리고 4,100대의 주차능력을 보유한 거대한 쇼핑센터이다.

기존의 쇼핑센터가 쇠퇴하면서 새로운 형태의 쇼핑센터인 파워센터가 발전하고 있다. 기존의 대형 쇼핑센터가 고전하는 이유는 쇼핑센터의 포화상태 때문이었다. 쇼핑센터의 증가에 의한 경쟁 격화와 매장효율의 저하가 쇠퇴의 요인이다. 또한 쇼핑센터의 핵점포(주력점포)로서 과거 집객력이 있었던 GMS와 백화점의 힘이 쇠퇴했으므로 쇼핑센터 전체의 매력이 저하된 것도 요인의 하나이다. 그리고 대형 쇼핑센터는 소비자의 시간절약 욕구와 크게 동떨어져 고객수가 줄어드는 원인이 되고 있으며 또한 쇼핑센터 간에 비슷한 구성을 하고 있어 쇼핑센터간 차별화가 어려워졌다는 것도 주요한 이유의 하나이다.

1990년대에 성장한 새로운 타입의 쇼핑센터인 파워센터는 기존의 업태가 one-stop shopping(한 장소에서의 일괄구매)만을 추구한 데 비해 최근의 쇼핑 개념이 one-tour shopping(한 번 쇼핑을 하면서 일괄구매)으로 전환되면서 그 진가가 더 발휘되고 있다.

파워센터는 11,000평 이상에서 20,000평까지의 초대형인 규모를 갖는다. 파워센터의 핵점포는 카테고리킬러가 4~5개점 들어서 전체 매출의 약 80%를 차지하고 있다. 파워센터는 종래의 백화점이나 양판점과는 달리 할인점이나 카테고리킬러 등 저가를 무기로 하여 강한 집객력을 가진 염가점들을 한곳에 종합해 놓은 초대형 소매센터를 의미한다. 파워센터의 특징은 광대한 부지, 대형 주차장, 각 매장의 독립적인 점포 운영 등이다. 파워센터는 각 점포 앞에 차가 주차할 수 있고 단시간에 쇼핑을 끝낼 수 있다는 점이 특징이다. 유명한 제조업자상표(NB) 주체의 상품구성이 소비자 욕구에 부합되고 있으며, 간소한 구조와 낮은 임대료로 EDLP(상시 저가격)를 실현하고 있다. 이와 같이 파워센터가 최근 미국 소비자에게 환영받고 있는 이유는 제조업자 상표를 저가격으로 판매하고 짧은 시간에 쇼핑을 가능케 하기 때문이다.

3.5 회원제 도매클럽(membership wholesale club: MWC)

회원제 도매클럽은 외형적인 형태는 중형 하이퍼마켓과 유사하며, 소매업처럼 보이는 도매업이라고 표현할 수 있겠다. 이 업태의 특징은 회원제, 현금 無배달제(Cash & Carry), 중소 소매점을 위한 상품 도매 등을 들 수 있다. 개별 상품별로 진열하여 판매하는 할인점보다 작업 비용이 절감되므로 최대한의 저가격으로 판매하며 대표적인 상품군을 한정해 취급하며 기존의 할인점보다 훨씬 싼 가격에 상품을 제공한다. 도매클럽은 원래 유럽에서 Cash & Carry 개념으로 발달하고 있었는데, 1976년 미국의 Sol Price라는 사람이 유럽 개념에 상품구색을 좀 더 확대하여 Price Club이라는 상호로 샌디에이고에 프라이스클럽 1호점을 미국에 오픈시켰다. 이후 회원제 도매클럽은 연평균 28%라는 경이적인 신장률을 보이고 있다. 이 업계의 4대 업체는 Sam's, Price Club, Costco, Pace이며, Sam's는 Wal-Mart의 자회사이며, Pace는 K-Mart의 자회사이다. 1993년 Price Club과 Costco가 합병하여 업계 최대의 회사가 되었으며, Sam's도 Pace가 합병하였다.

도매클럽(wholesale club)은 외형적인 형태로 볼 때 중형 수퍼마켓과 유사한 '소매점처럼 보이는 도매점'이다. 현금 무배달제를 추구하고 소매업뿐 아니라 중소 소매점을 위한 상품도매를 병행하는 것이 특징이다. 이 중 회원제 도매클럽(MWC)은 창고형 도소매클럽(membership warehouse club)이라고도 하며 회원으로 가입한 고객만을 대상으로 판매하는 업태이다. 매장은 거대한 창고형으로 꾸며지고 실내장식은 보잘 것 없으며 진열대에 상자채로 진열, 고객이 직접 박스단위로 구매함으로써 할인점보다도 20~30% 정도 더 싸게 판매하는 업태이다. 최근 국내의 신세계와 제휴한 바 있는 프라이스클럽이 1976년에 출점

표 8-3 할인점과 회원제 도매클럽의 비교

구 분	할 인 점	회원제 도매클럽
상 권	근린형 소상권	광역형 대상권
고 객	일반대중	회원인 일반대중, 법인(소매상 등)
할 인 율	30% 내외	30~50% 내외
판매 방법	셀프, 묶음, 일괄계산, 현금·카드 동시취급	셀프, 묶음, 일괄계산, 현금만 취급
수익 point	박리다매	박리다매, 연회비 등

시킨 클럽이 미국 도매클럽의 시초이다. 이로부터 출발한 회원제 도매클럽은 기존의 할인점들보다 식품류의 구성을 강화하여 구매빈도를 높이고 매장 안에 의약품 코너까지 설치하는 등 편리성을 도모한 결과 높은 성장률을 기록하였다.

회원제 도매클럽이 성공할 수 있었던 가장 큰 이유는 정상적인 상품을 시중가(市中價)보다도 약 30~50%나 싸게 판매한다는 데 있다. 이렇게 저렴한 가격으로 물건을 팔 수 있는 것은 철저한 저경비 운영과 8~9%의 낮은 판매 마진율, 현금판매, 대량판매와 함께 회원들로부터 받는 연회비를 자금운용에 활용할 수 있기 때문이다. MWC 대부분의 수익은 회비를 통해서 이루어지며 상품매출을 통해서는 거의 수익을 남기지 않고 있다. 그리고 주로 구전을 통해서 회원을 모집하며 대중광고를 대폭 축소하여 광고비를 절감하고 있다. MWC는 대형포장상품이나 묶음상품 위주로 구성되어 있고 납품된 상태 그대로 하역, 진열하며 셀프서비스 위주로 진행되는 단순화한 창고형태로서 여기서 발생하는 경비절감분을 가격인하로 전환한다. 도매클럽은 평균 매장규모는 2,500~3,500평의 대형이며 비즈니스 회원으로부터 60%의 매출을 올리며 나머지 40%는 개인 회원으로부터 얻어진다. 비즈니스 회원은 업무상 목적으로 구매를 하는 회원으로 소매업자 등이 해당되며 개인 회원은 직접 소비를 목적으로 구매하는 일반 소비자를 의미한다.

3.6 카테고리킬러(category killer)

카테고리킬러는 업종별 디스카운트라고도 하며, 대표적인 카테고리킬러는 완구점, 스포츠용품점, 가전용품점, 자동차용품점, 레코드점, 카메라점, 퍼스널 컴퓨터점, 사무용품점, 가정용품점 등이 있다. 취급상품을 한정하되 대상품목의 선택의 폭을 높일 수 있도록 다종다량으로 진열한다. 할인점보다 훨씬 낮은 가격에 판매하며, 매장면적의 대형화로 저가지역에 점포를 설치한다. 제한 품목을 취급하는 전문점은 할인점 등의 종합점과 함께 꾸준히 성장해 온 업태이다. 1980년대 들어와 전문점의 개념과 할인점의 운영 방식을 도입하여 카테고리킬러형 유통업태가 도입된 것이다. 이러한 카테고리킬러는 성공적으로 기존 할인점의 매출액을 잠식해 들어가서 양판점은 이에 대항해 기존의 영업방식을 특화 전문점 형태로 변형시켜 나가고 있다.

카테고리킬러는 '상품 카테고리의 모든 것을 갖춤'이라는 의미의 업종별 전문할인점이다. 취급상품은 한 가지 업종으로 한정하고 선택 폭을 높일 수 있도록 다종다량으로 진열한다. 할인점보다도 낮은 가격에 판매되며, 매장면적의 대형화로 저가지역에 점포를 설치한다. 특정상품에 대해 방대한 구색을 갖추고 저가격으로 판매하는 강점을 가지고 있다. 통상 시중가보다 20~30% 수준의 가격할인을 하며 매장규모도 대형을 이루고 있다.

우리나라에서는 아직 그러한 형태를 찾아보기 힘드나 미국에서는 매우 성업중으로 장난감을 전문적으로 취급하는 토이저러스(Toys'R'us), 사무용품을 취급하는 오피스데포(Office Depot), 전자제품 전문취급점포인 서킷시티(Circuit City) 등이 있으며, 최근 들어 DIY(Do it yourself, 본인이 직접 만드는)산업이 호황을 누리기 시작하면서 생긴 홈데포(Home Depot)는 주거공간을 자기 손으로 유지, 보수할 수 있는 소재나 도구 등을 판매하는 주택 개보수 자재 전문할인업체로서 카테고리킬러의 한 형태로 볼 수 있다.

3.7 아웃렛점(outlet mall)

아웃렛점은 원래 팩토리 아웃렛(factory outlet)으로 시작하였는데, 자사의 재고품이나 하자품을 메이커가 직영으로 판매하는 점포로 시작하여, 보통 여러 개의 점포가 모여서 운영함으로써 쇼핑몰을 이루는 경우가 많으며, 주로 재고상품이 집하되는 물류센터 주변에 위치하는 것이 대부분이다. 그리고, 기존의 유통구조와의 반발을 피하기 위해 주로 도심 외곽에 입지하게 된다. 아웃렛점은 1989년에 가장 열기를 뿜은 업태로서 1940년대 뉴잉글랜드 의류타운에서 잉여의류를 판매하는 Piperrack Operations으로부터 시작하여, 현재는 쇼핑센터 형태로 발전한 것이다.

표 8-4 가격파괴 유통업태별 특성

업태명	상품구성	가격대	점포양식	경영전략	기타
할인점	주로 비식품과 일용잡화 등 소비재를 중심으로 한 중저가 브랜드 중 유통회전이 빠른 상품, 보통 50,000~60,000 SKU 취급	백화점보다 10~20% 싼 가격에 판매	주로 교외지역/소도시에 위치, 내셔널 체인 구축	첨단물류시스템과 PB의 확대로 인한 저원가의 달성, 다점포 방식에 의한 강력한 구매력, 철저한 셀프서비스, EDLP 전략	미국 제1의 소매업태
하이퍼마켓	기존의 MWC 상품에서 취약했던 식품부문의 비율을 절반 이상으로 확대, 할인점과 비슷한 SKU 취급	할인점과 비슷한 가격대	초대형 매장으로 인해 일반적으로 대도시 근교에 입지, 대도시권과 대상권 위주	규모의 경제에 의한 경제성, 저마진/고회전 지향, 셀프서비스 방식 채택, MWC와 동일한 창고형태의 영업이나 비회원의 출입도 허용	대형화된 수퍼마켓에 할인점 접목, 서유럽 제1의 소매업태
수퍼센터	기존의 할인점 업태에 식품부문의 비중 확대	할인점과 비슷한 가격대	하이퍼마켓보다는 다소 작은 규모, 소도시 중심의 개발	하이퍼마켓의 판매 방식과 하이테크 활용에 의한 EDLP 확립, 시골에 입지한 이전의 할인점을 개조	할인점의 매출을 잠식
파워센터	할인점이나 카테고리킬러 등 저가를 무기로 하는 염가점들을 종합해 놓은 초대형 소매점으로 각 매장은 독립적으로 점포 운영	점포별 가격대	할인점이나 카테고리킬러 등 저가를 무기로 하는 연가점들을 종합해 놓은 초대형 규모	각 매장을 독립적으로 점포 운영	대규모 쇼핑센터와 유사
회원제 도매클럽 (MWC)	의류상품을 줄이고 식품을 보강한 생활필수상품, 높은 회전율의 4,000~5,000 SKU만 취급, 단품대량 위주	할인점보다 20~30% 싼 가격에 판매	점포는 거대한 창고로 점내장식은 단순하고 상품진열은 파렛트 이용, 교외지역에 위치	박스단위/창고식 디스플레이에 의한 작업 원가 절감, 회원제에 의한 치밀한 고객관리/구매율 향상, Cash & Carry	도매와 소매를 병행, 입회비에 의한 매출 확보
카테고리킬러	완구, 스포츠용품, 사무용품, 컴퓨터, 의류, DIY 상품 등 취급상품을 한정하여 깊은 상품폭을 구성	할인점보다 훨씬 낮은 가격에 판매	매장면적의 대형화로 저가지역에 점포 설치	우수한 상품구매능력을 바탕으로 해서 소비자의 다양화, 개성화, 고급화된 취향의 충족	홈센터도 포함
아웃렛	백화점과 제조업체에서 판매 후 재고상품, 하자상품 등을 자사명을 내걸고 직영판매	정상가 절반 수준의 초염가 판매(30~70%)	보통 수십개 또는 수백개의 점포가 모여 출점하여 쇼핑센터 형성, 물류센터나 창고단지에 입지	팔고 남은 상품위주이므로 구색이 불충분하고 입지조건도 불리하나 저가격의 장점으로 고객 흡입	기존 유통구조의 반발을 회피하기 위해 불리한 입지 선택
홈쇼핑	다양한 상품구성, 차별화 위해 중소기업의 우량상품을 적극 발굴/판매	정상가보다 최소 20% 할인 가격대	주로 CATV를 통한 전문프로그램, 라디오와 공중파 TV도 사용	생산자와 소비자를 직접 연결하여 중간마진의 최소화에 따른 저가격 정책	우리나라에는 1995년에 도입

팩토리 아웃렛은 당초에 제조업자 자신의 과잉 생산품을 공장에 인접한 점포에서 염가로 판매하는 소매점이었으나, 최근에는 다른 제조업자나 외국상품, 타 소매점에서 팔다 남은 물건도 할인판매하는 점포들이 몰려있는 아웃렛몰로 발전하였다. 미국에서 아웃렛몰은 백화점이 있는 지역에서 1백마일 정도 떨어진 관광지에 많이 출점해 있다. 이곳에서 메이커와 유명백화점 재고품, 불량품을 파격적인 가격으로 판매하고 있다. 아웃렛의 취급상품은 팔고 남은 것이 대부분이므로 구색도 충분치 않고 입지조건도 유리한 편은 아니나, 저가격(50~80% 할인)의 장점으로 많은 고객이 몰리고 있으며 불리한 입지를 택한 것은 입주점포의 메이커가 자사의 기존 소매망과의 경합을 회피하려는 목적 때문이다. 국내에서는 1994년에 이랜드가 '2001 아웃렛'을 개점하였으며 금강제화도 토털패션 아웃렛을 개점하여 자사의 재고상품(구두, 의류, 핸드백 등) 및 수입 잡화상품을 시중가보다 30~40% 할인판매하고 있다. 우리나라에서도 최근에는 롯데, 신세계, 현대 등을 중심으로 수도권 지역을 중심으로, 교외형 프리미엄 아웃렛의 개설이 이어지고 있다.

유통 뉴스 **초저가로 승부 vs 30분 내 배달 vs 전문매장 확대**

유통업계 오프라인 경쟁력 향상 총력

새해를 맞아 대형마트 업계가 오프라인 점포의 경쟁력을 높이기 위한 전략 수립에 총력을 다하고 있다. 특히 롯데, 신세계 등 각 그룹 오너들이 신년맞이 사업 비전을 내놓으면서 업체들도 이와 관련한 새로운 사업 모델을 구상하기 위해 고심하는 모양새다.

이마트는 오프라인 점포 경쟁력 제고를 위해 장바구니 물가에 큰 영향을 미치는 신선식품과 생활필수품 가격을 파격적으로 낮추는 새로운 가격 정책 '국민가격'을 내놓는다고 3일 밝혔다.

이에 따라 이마트는 앞으로 매달 1, 3주 차에 농 · 수 · 축산 식품을 각각 1개씩 선정해 1주일 동안 40~50% 할인할 예정이다. 가공식품과 생활용품은 사전 기획을 통해 매달 10대 상품을 선정해 한 달 내내 특가로 선보인다. 이 밖에도 점포형 할인점인 이마트 트레이더스와 상품을 공동 기획하는 'e-T' 프로젝트도 진행한다. 트레이더스의 인기 상품을 이마트에서도 판매하고 추후에는 공동으로 신상품도 개발한다는 방침이다.

정용진 신세계그룹 부회장이 주문한 '신세계만의 스마트한 초저가 모델' 구상에 시동을 걸고 나섰다는 분석이다. 앞서 정 부회장은 지난 2일 발표한 신년사에서 "중간은 없다"를 올해 경영 화두로 제시하고 "스마트한 고객이 빠르게 성장하면서 시장은 결국 '중간'은 없어지고 '초저가'와 '프리미엄'의 두 형태만 남게 될 것"이라면서 "아직 미지의 영역인 초저가 시장에서 새로운 기회를 찾아야 한다"고 강조했다.

롯데마트는 오는 3월 시범 도입을 목표로 업계 최단 시간 배송인 '30분 배송 서비스'를 준비하고 있다. 서울 및 수도권 일대의 점포 중 한 곳에서 시범운영한 뒤 순차적으로 확대해 나간다는 계획이다. 테스트베드로는 잠실점과 금천점 등이 거론된다.

30분 배송 서비스는 고객이 모바일앱이나 해당 오프라인 점포에서 쇼핑을 한 뒤 QR코드를 찍어 결제를 마치면 결제 시점부터 30분 이내에 점포 인근의 고객 집까지 상품을 배달해 주는 서비스다.

신동빈 그룹 회장이 꾸준히 강조해 온 온·오프라인의 경계를 허무는 '옴니채널'의 일환이라는 설명이다. 신 회장은 앞서 신년사에서도 "지속 가능한 성장을 위해 비즈니스 전환을 이룰 것"을 당부하면서 "사업 전반에 걸쳐 디지털 전을 통한 비즈니스 혁신을 이뤄야 한다"고 강조했다.

그런가 하면 홈플러스는 창고형 할인점부터 수퍼마켓까지 다양한 오프라인 유통 채널의 장점만을 결합한 자사의 새로운 점포 브랜드 '홈플러스 익스프레스'를 지난해 말부터 순차적으로 '신선·간편식 전문 매장'으로 본격 재편하는 작업에 나섰다. 지난달 27일 고양 행신2점과 분당 정자점을 시작으로 오는 24일 광명 소하점, 용인 죽전점 등ㄷ 대부분의 점포를 바꿔 나갈 계획이다.

지난해 8월 재개장해 시범 운영한 익스프레스 옥수점의 경우 9~11월 3개월 동안 과일 매출이 70%, 축산과 간편식이 각각 50% 성장하는 등 신선식품이 점포 매출을 견인하는 성과 냈기 때문이라는 설명이다.

※ 자료원: 서울신문, 2019.1.3.

04 무점포 소매상의 종류 및 특성

무점포소매상은 비교적 최근에 각광받는 소매업태로서 교통난, 맞벌이 등으로 쇼핑시간의 여유가 없는 소비자들에게는 시간을 절약해 주는 시간효용을 제공해주며, 소매업자 입장에서는 점포비용의 절감, 입지조건에 관계없이 목표고객에의 높은 접근용이성, 고객의 잠재수요 자극 등의 이점을 가진다는 점에서 앞으로 지속적인 성장이 예상된다. 무점포소매상은 직접마케팅(direct mar keting), 방문판매(direct selling), 그리고 자동판매기(automatic vending)등으로 분류되며, 직접마케팅은 다시 통신(우편)판매(direct mail), 텔레마케팅(telemarketing), 홈쇼핑(television marketing), 전자마케팅(electronic marketing) 등으로 나누어진다.

4.1 통신(우편)판매(direct mail)

통신판매란 공급업자가 광고매체를 통해 판매하고자 하는 상품 또는 서비스에 대한 광고를 하고 고객으로부터 통신수단(전화, 팩스, 편지 등)을 통해 주문을 받은 상품을 직접 또는 우편으로 배달하는 판매방식이다. 통신판매에서 성공의 관건은 목표고객의 선정과 자료수집 그리고 적절한 상품의 선정을 들 수 있다. 통신판매에서 취급하는 상품은 변질가능성이 있는 식료품 이외의 모든 제품이 가능하나 일반적으로 표준화·규격화된 제품, 그리고 고부가가치 제품이 주류를 이루고 있다. 통신판매는 19세기 후반 미국에서 최초로 등장하였고 대표적인 통신판매업체로는 1872년에 설립된 Montgomery Ward와 1886년 시계의 통신판매로 성장한 Sears를 들 수 있다. 국내에서는 1976년 신세계백화점이 카드고객을 대상으로 주문엽서에 의한 통신판매를 한 것이 최초의 통신판매이다. 1980년대 후반에 들어서면서 본격적으로 유명백화점과 우체국이 자체적으로 실시하거나, 개별기업들이 신용카드회사들과 연계하여 통신판매를 하고 있다. 요즈음에는 카탈로그를 이용해 판매를 하는 통신판매 전문회사들이 속속 등장하고 있다. 특히 우편통신판매는 제조업체, 농산물 생산단체 및 점포형 도·소매상들이 기존의 판매방식을 보완하는 수단으로 많이 활용하고 있다.

국내 통신판매는 미국에 비해서 부진한 상태라고 할 수 있는데, 이는 대부분의 국내 소비자들이 구매상품을 실제로 확인하고자 하는 성향이 지배적이고 시간가치의 중요성에 대한 인식이 아직 낮다는 점, 그리고 업체측면에서는 고객정보에 대한 수집, 분석능력이 미약하여 잠재고객의 통신판매에 대한 수요를 개발시키지 못하고 있다는 점과 통신판매용 제품에 대한 기획능력을 갖춘 전문가의 부족 등이 그 원인이라 하겠다.

4.2 텔레마케팅(telemarketing)

텔레마케팅은 전화로 표적 소비자층에 제품정보를 제공한 후 제품판매를 유도하거나, 고객이 TV, 라디오 광고나 우편광고를 보고 수신자부담 전화번호를 이용하여 주문을 하는 소매유형이다. 소비자는 전화로 제공하는 제품정보를 듣고 바로 주문을 하거나 또는 자동화된 텔레마케팅 시스템을 통해 주문을 한다. 자동화된 텔레마케팅 시스템이란 텔레마케팅 전문업체들이 자동다이얼장치에 의해 자동으로 특정고객의 전화번호를 돌린 후 제품정보를 들려주고 그 제품에 관심이 있는 고객으로 하여금 주문을 할 수 있도록 하는 장치이다.

1970년대부터 텔레마케팅이 보급되기 시작한 미국의 경우 1980년대 후반부터 성장을 보이고 있으며 수신자부담 서비스를 제공하고 있다. 국내에서도 텔레마케팅을 도입하는 기업들이 계속 증가하는 추세이다.

미국의 대형소매업체인 J. C. Penney사는 3,000만명 고객의 성명, 주소, 거래명세 등을 데이터베이스로 가지고 있으며, 고객으로부터 주문이나 제품에 관한 문의전화가 오면 오퍼레이터는 고객에 관한 정보와 문의제품에 관한 정보를 컴퓨터단말기에 호출하여 이와 함께 컴퓨터 화면에 나타나는 대화순서에 따라 고객과 대화를 할 수 있는 시스템을 도입하였다. 이 시스템을 통해 개별고객에 맞는 판매나 조언을 할 수 있으며, 새로운 고객정보를 데이터베이스에 추가하여 그 후의 판매에 활용한다. 우리나라의 경우 미국계 시티은행이 1986년 국내 최초로 이 기법을 도입한 후 은행, 보험, 호텔, 백화점 등 여러 서비스업에서부터 전자, 통신, 제약업계로까지 급속히 확대되고 있다. 텔레마케팅이 수동적으로 주문전화만을 기다리는 우편통신판매와 다른 점은 적극적으로 고객반응을 창출하는 데 있다. 즉 입수된 고객자료를 통해 표적고객을 선정한 다음 자사제품을 소개하는 엽서를 보내고, 이에 대한 응답(문의)이 있으면 잠재고객으로 선정하여 계속적인 전화접촉을 통해 적극적인 촉진활동을 전개한다.

4.3 TV홈쇼핑(television marketing)

홈쇼핑은 주로 케이블 TV의 가입자가 TV에 비춰진 상품을 선택하여 전화나 팩시밀리 등의 통신 수단을 통해 주문한 후 집에서 저가격에 편안히 배달받는 형식의 무점포 판매방식 중의 하나이다. 판매하는 상품은 의류에서 식품, 가전, 장신구, 주방용품까지 다양하나, 주문자의 가정까지 직접 배달해 주는 고유특성상 부피가 큰 대형가전이나 보관상 제약이 따르는 생식품 등 일부 상품의 취급이 어려울 뿐이다. 홈쇼핑은 생산자와 소비자를 직접 연결, 중간 마진을 최대한 축소한다는 기본판매전략을 취하고 있으며, 가격은 시중정상가보다 20%에서 50%까지 낮게 책정하고 있다. 1980년대 중반부터 본격적으로 확산된 홈쇼핑은 소비생활의 편의 수단으로 각광받고 있으며, 현재 전체 시장이 연간 20% 이상의 고성장을 지속하고 있다.

홈쇼핑(혹은 텔레비전마케팅)은 TV광고를 통해 제품구매를 유도하는 소매방식으로, 크게 직접반응광고(direct response advertising)를 이용한 주문방식과 홈쇼핑채널를 이용한 주문방식으로 나누어진다. 직접반응광고를 이용한 주문방식은 30초에서 1분 정도의 짧은 TV광고를 통해 간략한 제품소개와 주문전화번호가 제공되면 이를 시청한 소비자가 무료전화를 이용하여 제품을 주문하는 방식이며, 홈쇼핑 채널을 이용한 주문방식은 홈쇼핑 전문방송국이 Cable TV를 통해 상품들을 소개, 설명하면 TV시청자들이 전화로 주문을 하는 첨단 무점포판매 방식이다.

Cable TV를 이용한 홈쇼핑은 가정에서 편안히 앉아서 TV에 방영되는 상품 중에서 마음에 드는 것을 전화나 FAX 등으로 주문을 하면 집까지 배달해 주기 때문에 편리하고, 가격도 10~30% 정도 저렴하며, 시간을 절약할 수 있을 뿐 아니라 상품을 구매하지 않더라도 유익한 상품정보를 얻을 수 있다는 점에서 빠른 속도로 성장하고 있다. 미국은 1980년대 초에 홈쇼핑이 도입되어 1990년대에 이르기까지 높은 성장률을 보이고 있으며, 1994년에 약 40억 달러 정도의 시장 규모가 되었으며 2000년대 초에는 200억 달러를 훨씬 넘는 시장이 형성될 것으로 예상된다. 미국에서는 TV 수신가구의 65%가 홈쇼핑 전문채널을 이용하고 있으며, 대표적인 홈쇼핑 전용 cable 채널로는 약 6,000만 가구의 시청자와 하루 200만 통의 전화주문처리능력을 갖춘 HSN(Home Shopping Network)와 QVC(Quality Value Channel) 등이 있으며, 이외에도 10개가 넘는 홈쇼핑 전용채널이 있다. 우리나라의 경우 TV홈쇼핑은 가장 역사가 짧은 다이렉트 마케팅수단이며 1995년 10월 1일 본격적인 홈쇼핑채널 방송이 시작되어 급속도로 그 규모가 증가하고 있다. 짧은 기간에도 불구하고 1996년 들어 Cable TV 가입자가 이미 100만을 넘어섰으며 가입자의 지속적인 증가, 상품구색의 확대, Cable TV수신료인하 등으로 우리나라 TV홈쇼핑 시장은 크게 확대되고 있으며 쇼핑 호스트(쇼 호스트)라는 신종직업이 각광을 받고 있다.

현재 우리나라에는 CJ오쇼핑, GS홈쇼핑, 롯데홈쇼핑, 현대홈쇼핑, NS홈쇼핑, 홈&쇼핑 등이 운영중이다. 홈쇼핑 텔레비전의 경우 우수 중소기업 제품을 자체 브랜드(PB)로 개발, 시판에 나서고 있으며 장기적으로 환경보호 및 환경마크 부착상품을 적극적으로 소개하며, 소비자에게 다양한 상품정보를 제공하고, 고객의 성별, 연령별, 라이프

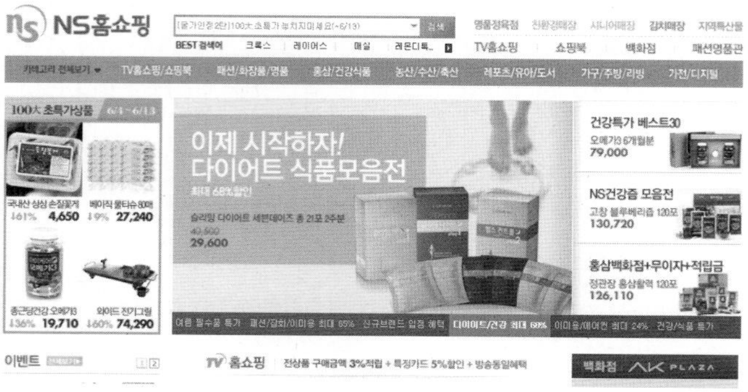

스타일에 따라 상품을 세분화하고 이에 맞추어 방송프로그램을 편성하고 있으며 고객만족과 소비자 신뢰구축에 경영의 초점을 맞추고 있다. 그러나, 최근 케이블 TV보급 가구수의 정체, 방송시간의 시간적 특성 등으로 정체를 보이고 있어 새로운 활로를 모색하고 있다.

4.4 인터넷쇼핑몰(internet shopping mall)

최근 들어 폭발적으로 보급되고 있는 PC통신과 인터넷의 WWW(World Wide Web) 서비스사의 증가에 따라 전자마케팅은 무점포구매 분야의 새로운 총아로 떠오르고 있다. 전 세계 어느 곳이든 시간과 공간을 초월해 해당 사이트를 방문, 마음에 드는 상품을 화면의 주문요령에 따라 주문하고 신용카드 번호를 통해 대금결제를 치르면 구매절차가 끝나는 이러한 가상현실(virtual reality) 속에서의 구매는 기존의 TV홈쇼핑과는 다른 특성이 있으며 최근 그 규모 또한 급격히 증가하고 있다.

인터넷쇼핑몰은, 최근 폭발적인 컴퓨터 사용대수의 증가에 힘입어 이 시장의 엄청난 잠재력을 보여주고 있다. 특히 고객과의 쌍방향(interactive) 커뮤니케이션이 가능한 인터넷의 웹을 이용한 마케팅과 광고는 기존의 전통적인 마케팅 매체와는 달리 고객들에게 자세하고 다양한 상품정보를 제공하고 그들과 상호관계를 유지할 수 있게 해주는 장점이 있어 최근의 새로운 마케팅수단으로 부상하고 있다.

이런 특성 때문에 월드 와이드 웹(WWW)은 광고, 홍보, 판매촉진, Direct Marketing 등에 이용할 수 있는 세계적 규모의 쌍방향 멀티미디어로서 종래의 인쇄 및 방송매체를 이용한 촉진보다 매우 낮은 비용으로 대량의 정보를 세계 전역으로 보낼 수 있다. 예를 들어 텔레비전 광고는 30초 광고에도 엄청난 비용이 들 뿐만 아니라 일방적인 정보전달 수단이기 때문에 즉각적인 고객반응을 확인하기 어려우나 웹을 이용한 인터넷마케팅 및 광고 활동은 제품정보를 전 세계의 고객들에게 저렴한 비용으로 전달할 수 있으며 고객들의 반응을 즉시 알아볼 수 있다는 특징을 가지고 있다. 즉, 신제품에 대한 고객의 반응, 고객의 의견이나 불만을 즉시 파악해 이에 대응할 수 있는 것이다.

유통 뉴스 이커머스 각축전, '한국의 아마존'은 누구?

국내 유통업이 오프라인에서 온라인 위주로 재편되며 국내 이커머스(전자상거래) 시장의 주도권 다툼이 치열해지고 있다.

이와 관련해 최근 가장 주목받은 업체는 쿠팡이다. 지난 11월 손정의 일본 소프트뱅크 회장이 조성한 비전펀드로부터 20억 달러(약 2조2천억 원)의 투자를 유치했다. 이는 국내 인터넷 기업 사상 최대 규모의 해외 투자다.

쿠팡은 2015년에도 손 회장으로부터 약 1조1천억 원을 투자받았다. 이를 바탕으로 공격적인 경영에 나서 현재 전국 10여 곳에 축구장 151개 넓이인 연면적 124만6천m^2(약 38만 평)의 물류센터를 구축했고, 약 1억2천만 종의 상품을 판매하는 중이다.

또 주문하면 다음날까지 배송하는 '로켓배송', 자정에 주문하면 다음날 아침 7시까지 배송하는 '새벽배송', 주문 후 몇 시간 만에 배송하는 '로켓프레시', 400만 종의 로켓배송 품목에 한해 당일 배송하는 '로켓와우' 등 획기적인 서비스도 속속 선보였다.

그 결과 쿠팡 매출은 2014년 3천484억 원, 2015년 1조1천337억 원, 2016년 1조9천159억 원, 2017년 2조6천846억 원으로 급증했고, 2018년 매출은 약 5조 원이다. 문제는 적자로, 2014년 1천215억 원이었던 쿠팡의 영업손실은 2015년 5천470억 원, 2016년 5천652억 원, 2017년 6천388억 원으로 늘었고, 2018년에도 전년보다 확대될 전망이다.

여느 회사라면 벌써 문을 닫았을 상황에 일각에선 이번에 유치한 대규모 투자금이 혁신적인 기술개발보다 재무구조 개선에 쓰일 것이란 시각도 많다.

그러나 쿠팡은 이번에도 물류망 확대, 결제 플랫폼 강화, 관련 소프트웨어 개발 등에 쓴다고 공언했다. 구체적으로는 물류센터 규모를 2019년 말까지 현재의 두 배로 늘리고, 상품 추천이나 챗봇 등 고객의 구매를 돕는 인공지능(AI) 개발에 힘을 쏟을 계획이다.

하지만 경쟁업체들의 반격도 거세다. G마켓과 옥션을 운영하는 국내 최대 온라인 쇼핑 업체 이베이코리아는 새해 상반기에 경기도 화성에서 축구장 18개보다 큰 규모의 물류센터를 가동한다. 고객이 다양한 판매자로부터 상품을 구매해도 이곳에서 한데 모아 보내는 통합배송 서비스를 선보일 방침이다.

SK그룹 계열사인 11번가는 2018년 6월 국민연금 등에서 5천억 원을 유치한 데 이어 9월에는 온라인 쇼핑 사업을 전담하는 법인으로 새롭게 출발하며 더 큰 성장을 예고했다.

대형 유통업체들도 이커머스 시장에 공세를 펼치고 있다. 국내 1위 유통기업 롯데는 2018년 8월 '이커머스 사업본부'를 출범시키고, 향후 5년간 3조 원을 투자해 2022년까지 온라인 매출 20조 원을 달성하겠다고 밝혔다.

이를 위해 백화점 · 마트 · 편의점 · 하이마트 등의 계열사가 각각 운영하던 7개의 온라인 쇼핑몰을 하나로 통합하는 작업에 들어갔다. 또 온라인 택배 시스템인 '메가 허브 터미널'을 구축하고 여기에 인공지능 기술을 적용하는 등 4차 산업혁명 시대의 물류망 구축에도 나선다.

신세계도 새해 초 출범하는 온라인 통합법인 SSG닷컴에 1조7천억 원을 투자하며 온라인 사업을 확대한다. 경기도 용인과 김포에 이어 수도권에 첨단 물류센터를 추가로 조성하고, 이를 통해 2023년까지 매출 10조 원의 법인으로 키우는 게 목표다.

이들 대형 유통기업은 기존 오프라인 매장을 물류 거점으로 활용할 수 있고, 기존 고객을 온라인으로 유입하기도 쉬워 경쟁력을 갖췄다는 게 관계자들의 중론이다.

이에 뒤질세라 최근에는 인터넷 기업들도 수익원 다양화 차원에서 이커머스 사업을 강화하는 중이다. 네이버는 지난 11월 쇼핑과 간편결제 등을 담당하던 조직 네이버페이를 사내독립기업으로 출범시켰다. 네이버 화면에서도 이커머스 메뉴를 눈에 잘 띄게 배치하고, 사용자 취향을 반영한 맞춤형 쇼핑서비스로 이커머스 시장에서 영역을 키워갈 방침이다.

카카오는 지난 12월 온라인 쇼핑을 총괄하는 자회사 카카오커머스를 설립했다. 이 회사는 모바일 메신저 '카카오톡'에서 이용하던 '선물하기' '스토어' '장보기' 등의 사업과 향후 신설되는 사업을 담당한다.

인터넷 기업의 경우는 포털이나 메신저 등 막강한 플랫폼을 기반으로 이용자와 판매자를 상대적으로 쉽게 연결할 수 있다는 점이 차별화된 강점으로 얘기된다.

수많은 기업이 이커머스 시장에 뛰어드는 이유는 국내 이커머스 시장의 가파른 성장세 때문이다. 통계청에 따르면 2014년 45조 원이었던 온라인 쇼핑 거래액은 2015년 54조 원, 2016년 65조 원, 2017년 78조 원, 2018년 90조 원(잠정)으로 확대되며 5년간 연평균 20%의 성장률을 보였다. 새해에는 100조 원이 넘을 전망이다.

김민정 하이투자증권 애널리스트는 "가격경쟁력뿐 아니라 고객 경험을 향상시키는 기술 경쟁력이 중요하다"며 "단기간의 수익 창출이나 자본력만으론 승리하기 힘들며, 구매 패턴과 수요 예측, 배송까지 신기술을 적용하는 업체 위주로 시장이 재편될 것"이라고 말했다.

※ 자료원: 연합뉴스, 2018.12.22.

4.5 방문판매(direct selling)

영업사원을 이용한 방문판매는 가장 오래된 역사를 가진 무점포형 소매업이다. 국내의 경우 조선시대에 집들을 돌아다니면서 신변잡화류를 판매하였던 방물장수도 여기에 해당되며 유제품의 한국 야쿠르트, 학습지의 판매와 교육을 동시에 하고 있는 웅진, 대교 등의 출판업계와 1980년대 중반까지 화장품업체들의 주된 판매방식을 대표적인 예로 들 수 있다. 미국의 경우 대표적 방문판매제품으로 Tupperware(플라스틱용기)와 Avon(화장품)이 있다. Tupperware는 집주인을 섭외하고 그들을 통해 사람들을 모아 Tupperware 파티를 개최하여 자사의 제품을 전시, 판매하고 집주인에게는 할인을 해주는 방식을 취하였다. Avon사는 지역별 책임판매원을 채용하고, 책임판매원이 여성영업사원을 고용하고 여성영업사원은 자신의 거주지를 중심으로 독점판매권을 부여받고 판매에 따른 수수료를 받는 방식으로 화장품업계에서 성공을 거두었다. 그러나 방문판매는 인건비의 증가, 판매사원에 대한 높은 마진율, 취업주부의 증가, 교통체증으로 인한 방문시간의 증가 등의 요인으로 인해 상당히 위협받고 있는 실정이다.

최근 방문판매의 유형 중에 크게 각광을 받는 것이 네트워크 마케팅(network marketing) 또는 다단계 판매(multi-level marketing)이다. 1995년 7월 개정된 방문판매법을 통해 다단계 판매방식이 법적으로 허용되고 피라미드 판매방식이 금지됨에 따라 많은 대기업들이 다단계판매로의 진출여부를 적극적으로 검토하고 있다. 다단계판매는 판매원 겸 소비자인 디스트리뷰터(distributor)가 회사로부터 구입한 제품을 소비자들에게 재판매하는 방문판매 유형이다. 외국업체들은 관련법이 개정되자마자 일찌감치 등록을 마치고 시장을 선도하고 있다. 다단계판매는 판매원 수가 성패를 좌우한다고 할 수 있는데 외국업체들은 외국에서의 성공사례 등을 토대로 수많은 판매원을 확보하는 데 성공했으며, 이는 급속한 매출증가의 핵심성공요인이 되었다. 더구나 외국업체들의 본사소재지를 보면 이들의 한국진출이 매우 치밀한 사전조사에 의해 이뤄진 것을 알 수 있다.

4.6 자동판매기(automatic vending)

미국의 경우 1950년대 후반 주로 저가의 편의품을 판매하기 위해 도입된 후 점차 확대되었으며, 한국에서는 1980년대 이후 급성장하는 무점포형 소매업의 하나이다. 점포를 통해 판매하기 어려운 장소와 시간에 제품을 24시간 구매할 수 있게 함으로써 소비자에게 편리함을 제공한다. 자동판매기는 담배, 음료, 스낵, 라면, 화장품, 서적, 레코드, 피자 등 다양한 편의품과 충동품을 주로 판매한다. 1980년대 들어 자동판매기의 수요가 급증한 이유는 편의성을 추구하려는 소비자욕구의 증대와 점포임대료 상승과 치열한 시장경쟁에서 자체 판매망을 구축하려는 기업의 요구가 부합되었기 때문이다. 대개의 자동판매기는 판매기 제조업체로부터 개인소비자나 판매망을 확보하려는 음료, 식품회사가 구매하여 직접 운영하게 된다. 국내 자동판매기는 커피, 음료, 담배, 스낵, 기타 일상용품이 주류를 이루고 있지만 일본, 미국에서는 다양한 자동판매기가 등장하고 있다.

05 온라인 유통의 본격화

오프라인 소매시장 성장 둔화 가속화와 온라인 쇼핑 편의성 확대에 따른 침투율 상승으로 오프라인 유통기업의 온라인 진출이 가속화되고 있다. 향후 오프라인 유통기업 간의 온라인 전쟁, 더 나아가 오프라인 對 온라인 기업의 온라인 전쟁이 예상된다.

소매 시장 내 온라인 침투율과 오프라인 유통 채널 성장 감퇴로 오프라인 유통기업의 온라인 진출이 본격화되고 있다. 신세계그룹과 롯데쇼핑 등 소매 시장 내 높은 영향력을 가진 오프라인 독과점 유통기업의 온라인 진출이 가속화되면서 일차적으로 오프라인 유통기업간 온라인 전쟁이 펼쳐지고 있다.

오프라인 채널 대비 온라인 채널 수익성이 크게 떨어짐에도 불구하고 오프라인 유통기업들이 온라인으로 진출하는 이유는 ① 신흥 채널 등장에 따라 소매시장 내 오프라인 유통기업의 점유율 하락이 이루어지고 있고, ② 온라인 채널의 고성장은 지속되고 있기 때문이다. 오프라인 유통기업은 성공적인 온라인 진출로 기업 가치 상승이 가능하다.

현재, 오프라인 유통기업 중 온라인 시장에서 두각을 보이는 기업은 신세계그룹과 롯데쇼핑이다. 신세계그룹과 롯데쇼핑이 타 오프라인 유통기업 대비

그림 8-5 소매시장 내 온라인 시장 침투율 對 유통 채널별 성장률

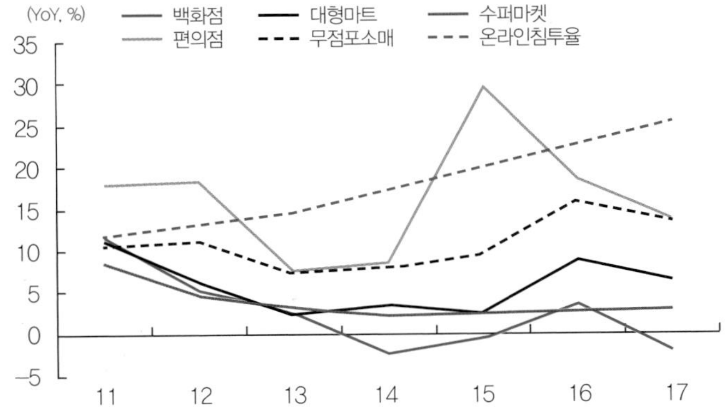

주1: 온라인 침투율은 소매시장 내 승용차 판매 제외
주2: 추이 파악을 위하여 과거 통계자료 사용
자료: 통계청, 미래에셋대우 리서치센터

그림 8-6 한국 소매시장 내 2대 유통기업(신세계그룹, 롯데쇼핑) 점유율 추이

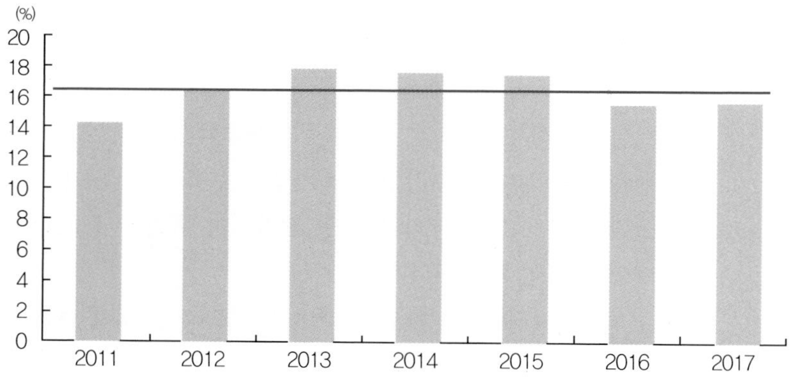

주1: 2대 유통기업은 롯데쇼핑과 신세계 그룹임, 롯데쇼핑과 신세계는 총매출액으로 산정, 이마트는 매출액으로 산정
주2: 소매시장은 자동차 및 연료 시장 제외한 값임
자료: 통계청, Dart, 롯데쇼핑 IR 자료, 미래에셋대우 리서치센터

두각을 보일 수 있었던 이유는 1) 소매시장 내 높은 점유율을 가지고 있는 독과점 기업이고, 2) 오프라인 채널 내 충성 고객을 확보하고 있기 때문이다. 롯데쇼핑의 경우 1) 선제적인 온라인 진출(롯데닷컴), 2) 다양한 온라인 유통 채널(8개 플랫폼, 롯데쇼핑 및 롯데그룹 내 유통 온라인 플랫폼)을 확보하고 있기 때문에 온라인 시장 내 점유율이 높다.

최근 1) 독과점 오프라인 유통기업의 온라인 진출 가속화와 2) 소매시장 내 온라인 침투율 상승으로 오프라인 유통기업간의 온라인 전쟁을 넘어 오프라인 유통기업과 온라인 기업 간의 온라인 전쟁이 예상된다. 이에 따라 온라인 시장의 점유율 파편화와 시장 재편 기회가 올 것이다.

향후, 온라인 전쟁에서 미국, 중국 등과 다르게 오프라인 유통기업이 승자가 될 가능성이 높다고 판단된다. 오프라인 유통기업의 온라인 점유율이 낮음에도 불구하고, 향후 약진을 예상하는 이유는 국내 온라인 플랫폼은 ① 미국, 중국 등과 비교시 트래픽 충성도가 굉장히 낮고, ② 차별화가 이루어져 있지 않기 때문이다. 반면, 오프라인 유통기업은 ① 오프라인 매장을 활용한 차별화된 서비스 제공(예, 픽업 서비스, 빠른 배송 서비스 등)이 가능하고, ② 소매 시장 내 큰 영향력(점유율)과 오프라인 충성 고객을 확보하고 있다.

미국, 중국과 다르게 국내 시장 내 독과점 온라인 플레이어가 없는 이유는 ① 국내 온라인 플레이어의 차별화 실패에 따른 검색 쇼핑의 대중화와, ② 소

수 오프라인 유통기업의 소매시장 독과점 때문이다. 소매시장 내 높은 점유율을 확보하고 있는 독과점 오프라인 유통기업이 기존 온라인 플레이어들과 차별화를 이룰 경우, 국내에도 가격 검색에서 자유로운 온라인 독과점 플레이어가 탄생 가능하다고 보인다.

연습 문제

1. 아코디언이론과 소매차륜이론을 설명하고, 양자의 차이점과 공통점을 찾아보시오.
2. 각 소매업태의 특성을 비교하고, 각 업태의 경쟁우위를 찾아보시오.
3. 가격파괴형 소매업태의 특성을 비교하고, 경쟁우위의 원천을 찾아보시오.
4. 무점포소매업의 앞으로의 발전전망에 대해 설명하시오.

제9장 소매업체의 유통관리

1. 상품관리 전략
2. 유통업체 브랜드(PB) 전략
3. 머천다이징(MD) 전략
4. 가격관리 전략
5. 유통 경영성과 방안

09 소매업체의 유통관리

제 1 부

유통경로에 대한 개관(제1장)

제조업체의 유통관리

- 유통경로구조 설계(제2장)
- 경로구조 및 경로통합(제3장)
- 경로파워, 경로리더십, 경로갈등(제4장)
- 유통과 타 마케팅변수의 조화(제5장)
- 경로성과 평가(제6장)

제 2 부

유통전문업체의 유통관리

- 소매상과 소매업의 주요 이슈(제7장)
- 소매업태의 발전(제8장)
- **소매업체의 유통관리(제9장)**
- 도매상과 도매업의 관리(제10장)

제 3 부

유통관리에 있어서의 전략적 이슈

- 공급체인관리(SCM)(제11장)
- 물류관리와 제3자물류(제12장)
- 전략적 고객관리(CRM)(제13장)
- 서비스 산업의 유통관리(제14장)

유통 뉴스 유통혁명 신소매 1년, 중국 마트 이렇게 달라졌다

빅데이터 모바일 결합 스마트 물류 배송
허마셴셩 배달되는 곳 '허취팡' 집값 급승
'유통=목 좋은 곳' 통념 무너뜨려

"2년 안에 신소매가 기존의 모든 소매 시장을 접수할 것이다"

2016년 마윈(馬雲) 알리바바(阿裏巴巴) 회장의 말이 현실이 됐다. 중국 유통 업계가 전통 마켓에서 신소매 중심으로 재편되고 있는 것이다.

신소매(新零售, New Retail)는 온·오프라인을 결합한 미래형 소매 유통 방식으로 4차 산업혁명의 주요 키워드 중 하나다. 인터넷 빅데이터 스마트물류 모바일결제 등 첨단 기술을 바탕으로 소비자 맞춤형 서비스를 제공하는 개념이다. 신소매에는 온라인과 오프라인의 경계가 없다.

신소매의 대명사인 허마셴셩(盒馬鮮生)의 경우 마트를 방문한 고객이 원하는 물건을 선택하기만 하면 장바구니가 천장에 달린 레일을 타고 이동한다. 따로 결제할 필요도 물건을 포장할 필요도 없다. 모든 것은 QR코드와 스마트폰으로 진행된다.

장바구니에 담긴 물건은 물류센터로 보내지고 최장 1시간 이내 고객의 집으로 배송된다. 고객의 편의를 위해 매장에는 해산물, 반조리 식품 등을 직접 조리해주는 공간도 준비돼 있다.

지난 2016년 마윈에 의해 처음 제기된 신소매는 중국 IT 공룡과 국내외 자본의 대대적인 참여와 유통 기업들의 폭발적인 투자로 2018년 본격 도약기를 맞이했다. 생소했던 이런 마트가 2019년부터는 우리 소비 생활에서 좀 더 익숙한 풍경이 될 전망이다.

◆신소매 어디까지 왔나, ATJ 대격돌

허마셴셩은 알리바바가 직접 운영하는 신선식품 마트다. 알리바바의 '실험장'으로 시작한 허마셴셩은 도시 부동산 가격까지 좌우할 정도가 됐다. 허마셴셩 배달 가능 범위인 매장 반경 3km내 지역은 '허취팡(盒區房, 허마셴셩 지역 부동산)'이라고 불리며 높은 주택가격을 보인다.

2018년 12월 기준 허마셴셩 매장은 1400여 개다. 주로 상하이(上海) 베이징(北京) 우한(武漢) 시안(西安) 항저우(杭州) 청두(成都) 등 1·2선 도시에 분포돼 있다.

제멘은 "허마셴셩 1호점은 비록 2016년에 만들어졌지만 본격적인 매장 확장은 2018년부터 진행됐다"고 설명했다. 지난 11월 허마셴셩은 우한 100호점 오픈과 함께 올해 목표(100호점)를 한 달 일찍 완성시켰다.

중국주요신소매브랜드 사업 현황

* 2018년 11월 30일 기준

브랜드명	기업	1호점 오픈 일자	분포지역	경영면적(m^2)	매장 수
허마셴셩(盒馬鮮生)	알리바바(阿裏巴巴)	2016.1	전국	4000+	100
차오지우중(超級物種)	융후이(永輝)	2017.1	전국	500~1000	61
7FRESH	징둥(京東)	2018.1	전국	5000	10+
샤오샹성셴(小象生鮮)	메이퇀(美團)	2017.7	베이징, 장쑤 등	2000~5000	7
디추강(地球港)	푸화(復華)그룹	2018.1	베이징, 칭다오	5000+	5개, 그러나 모두 영업중지
하이우후이(海物會)	신화두(新華都)	2017.5	푸젠	5000	1
셴스옌이(鮮食演義)	부부가오(步步高)	2017.6	후난	230	20+
sp@ce	톈훙(天虹)	2017.1	화남, 화중 지역	1000~4000	12

자료: 제멘(界面)

9월 허마셴셩이 발표한 보고서에 따르면 개점 1년 6개월 넘은 매장들의 1일 평균 매출은 80만 위안(약 1억3200만 원)이다. 이중 온라인 매출이 60% 이상을 차지한다.

고객의 편의를 위해 매장에는 해산물, 반조리 식품 등을 직접 조리해주는 공간도 준비돼 있다.

신소매 분야에서 알리바바의 대항마로 불리는 건 융후이(永輝)마트의 차오지우중(超級物種, Super Species)이다.

차오지우중은 중국 최대 수퍼마켓 체인 융후이마트가 직접 운영하는 신소매 마트다. 차오지우중은 O2O나 전자상거래 기업 중심으로 형성된 신소매 산업이 전통 마켓까지 확산된 증거로 중요한 의미를 가진다.

지난해 알리바바 최대 경쟁사인 텐센트(Tencent, 騰訊)가 협의양도 방식으로 융후이마트 지분 5%를 매수했다. 당시 다수의 전문가는 "알리바바 주도의 신소매 혁명에 정면으로 도전장을 내민 것"이라고 평가했다.

▲ 징둥(京東)의 신선식품 마트 7FRESH [사진=바이두]

2018년 12월 기준 차오지우중 매장은 61개다. 푸젠(福建) 베이징 광저우(广州) 선전(深圳) 등에 분포돼 있다.

징둥(京東) 역시 산하 신선식품 마트인 7FRESH를 선보이는 등 알리바바에 맞대응 태세를 갖추고 있다. 앞서 2015년 징둥은 융후이마트에 43억 위안(약 7050억 원)을 투자, 신소매 분야에 간접적으로 진출했다. 그러나 데이터, 물류체인 등 방면에서 기대만큼의 통합이 이뤄지지 않자 직접 운영에 나선 것이다. 후발주자인 만큼 7FRESH 매장 수는 허마셴셩 차오지우중에 비해 턱없이 적다. 2018년 12월 기준 7FRESH 매장 수는 10여 개로 베이징 시안(西安) 등 지역에 분포돼 있다.

올해 9월 징둥은 "16개 부동산 업체와 계약 체결을 완료했다"며 "향후 3~5년 내 매장 수를 1000개까지 늘릴 계획이다"고 밝혔다.

11월 징둥의 보고서에 따르면 7FRESH의 매장별 1일 평균 매출은 70만 위안(약 1억1500만 원)으로 온라인 매출이 40%에 달한다. 고객 1인당 평균 100위안(약 1만7000원)을 소비하는 것으로 나타났다.

업계 전문가는 "중국 IT 공룡 알리바바 텐센트 징둥의 경쟁이 전자상거래 영화 등 분야에서 신소매까지 확대됐다"고 밝혔다.

학 습 목 표

1. 카테고리관리와 단품관리의 의의 및 주요비용을 학습한다.
2. 유통업체 브랜드의 다양한 형태, 용도, 개발단계, 경쟁상 활용방안 등에 대해 학습한다.
3. 머천다이징의 다양한 방법과 경영 목표에 따라 달라지는 머천다이징 방법들에 대해 살펴본다.
4. 유통업체 가격관리의 핵심 체크포인트를 이해한다.
5. 유통정보시스템의 중요성과 구축 방향을 이해한다.
6. 유통업체 경영성과 개선을 위한 주요 관점들을 확인한다.

01 상품관리 전략

1.1 상품관리 활동

1) 마케팅믹스 전략

상품전략은 고객의 욕구파악, 상품계획(상품믹스의 결정), 그리고 상표개발로 이루어진다. 상품계획(merchandising)은 소매상의 목표를 달성하기 위해 상품믹스를 개발하고 확보, 관리하는 것을 말한다. 상품믹스란 소매상이 고객에게 제공하는 적절한 상품의 조합이며, 상품계획은 소매상이 어떤 종류의 상품과 서비스를 구비할 것인가를 계획하는 것을 의미하는 것이다. 그러므로 소매상이 상품계획을 수립하기 위해서는 먼저 소매상의 고객이 어떠한 필요와 요구를 가지고 있는지 파악하는 것으로부터 출발해야 한다. 최근에는 유통기관이 급속히 발전하여 상품개발, 가격결정, 상표부착 등과 같은 제조업자 고유의 권한을 넘겨받고 있다.

이러한 가운데 유통기관들은 전통적으로 제조업자가 결정하던 사항인 상표 및 상품개발 등을 독자적으로 하게 되었다. 이를 유통업체 브랜드(PB: private brand)개발이라고 한다. 상품믹스는 소매상이 표적으로 하는 고객의 욕구를 충족시킬 수 있도록 개발되어야 한다. 그러므로 우선 표적시장의 고객욕구를 파악해야 한다. 많은 상품들을 고객의 욕구에 맞도록 구성하는 것은 매우 힘든 일이다. 무한정 많은 수의 상품을 갖춘다고 해서 고객의 욕구를 모두 충족시키는 것은 아니다. 반대로 고객이 원하는 상품이 갖춰지지 않은 경우, 그 고객은 그러한 상품뿐만 아니라 다른 종류의 상품까지 일괄적으로 구매할 수 있는 다른 상점을 찾게 될 것이다. 그러므로 고객의 특성 및 구매행동을 정확히 파악하는 것은 매우 중요한 일이다.

상품믹스(product mix)란 소매상들이 그들의 고객들에게 제공하고자 하는 모든 상품이나 서비스를 의미한다. 그리고 상품믹스의 결정이란 상품의 다양성, 상품의 구색, 그리고 상품의 지원 등 구성요인을 결정하는 것을 말한다. 상품의 다양성(variety)은 상품계열(product line)의 수가 어느 정도 되는가를 의

표 9-1 제조업체 브랜드(NB)와 유통업체 브랜드(PB)와의 비교

구 분	유통업체 브랜드(PB)	제조업체 브랜드(NB)
상표주	중간상(주로 소매상)	제조업자
대 상	지역적 고객	전국의 고객
생산방식	주로 OEM방식	자체생산
장 점	저가격, 높은 마진	높은 인지도, 위험이 적다
단 점	낮은 인지도, 부정적 이미지(저품질)	가격이 대체로 고가, 낮은 마진

미한다. 상품계열이란 동일한 성능, 용도를 가지거나 동일한 고객층이나 가격대를 가진 상품군을 말한다. 상품의 구색(assortment)은 상품의 품목(item) 수를 말한다. 상품품목은 상품계열 내에서 크기나 가격, 형태 등에 따라 명확히 구분되는 상품이다. 상품의 지원(support)은 특정상품 품목의 매출을 위해 소매점이 보유해야 하는 수, 즉 상품재고단위의 수를 의미한다. 또한 소매상은 어떤 상표정책을 이용할 것인가를 결정해야 한다. 소매상은 제조업자가 부착한 제조업체 브랜드(NB: national brand)를 구입해서 판매할 수 있다. 이는 가장 보편적인 형태로 소매상의 독자적인 상품개발이나 상표정책은 존재하지 않게 된다.

또한 소매상은 유통업체 브랜드를 개발하여 상품개발까지 할 수 있다. 소매상의 힘이 커지면서 소매상이 제조업자에 효과적으로 대응하기 위해 그 중요성이 커지면서 이용이 점차 늘어왔다. PB는 유통업자의 가격파괴를 주도하는 것으로써, NB에 비해 가격이 더 저렴하다. 그러면서도 제조원가를 줄이기 위해서 인건비가 싼 저개발국가에 주문생산을 하며, 전국적인 규모의 광고도 하지 않는 등 비용이 대폭 절감되므로, 오히려 NB보다 마진폭은 더 높다. 하지만 PB는 싸구려라는 이미지와 NB에 비해 낮은 인지도를 가지고 있다. 그러므로 PB개발의 핵심은 이러한 부정적인 이미지를 최소화시키는 데 있다.

2) 카테고리관리(category management)

카테고리관리란, 유통업자와 상품공급업자가 새로운 정보기술을 사용해 보다 효과적으로 함께 작업을 추진, 머천다이징 전략과 구매의사결정을 공동으로 함을 말한다. 그리고 각기 분리되어 있는 머천다이징의 각 활동과 재고관리 등의 기능을 상품별로 모두 통합시킨 것으로, 이는 곧 이 시스템이 매입에서 판매까지 수직통합된 것임을 의미하는 것이다. 이는 또한 개개 상품의 카테고리를 하나의 전략적 단위로 관리하게 됨으로 해서 단품관리보다 발전된 경

영기법이라 할 수 있다. 카테고리관리의 도입에 있어서는 기업의 사명과 마케팅 전략의 수립이 전제되어야 하며, 카테고리 계획의 설정에 있어서는 기업 전반에 걸친 마케팅 전략 중에서도 카테고리에 대해 어떤 역할을 요구하는지를 확실히 해둘 필요가 있다.

전략적 카테고리의 역할에 대한 예로는 내점객의 증대, 이익공헌, 구매의 즐거움 창고 등이 있을 수 있다. 카테고리관리의 시작은 각각의 카테고리와 상품형태를 정확히 정의하는 과정이다. 따라서 유통업자와 상품공급업자는 量販이 가능한 중점 상품에 대한 카테고리 기준을 정하고, 개개의 카테고리에 대해 전략적 마케팅 계획, 즉 카테고리 계획(category plan)을 쌍방이 같이 만들어 설정해야 한다.

이러한 쌍방에 의한 계획이 성공적으로 수행되기 위해서는 유통업자는 카테고리 내의 모든 아이템의 매출액과 수익성에 관한 데이터를 준비해야 하며, 상품공급업자는 대상상품에 관한 시장의 흐름과 원가구성, 인구동태, 기타 구매력 조사 등에 관한 정보를 준비해야 한다. 다시 말하면 기존의 유통업자와 공급업자 간의 관계를 청산하고, 하이테크 정보의 공유와 상호신뢰를 기반으로 하는 이해관계 중심의 패러다임으로 전환시켜 유통업자와 공급업자가 쌍방이 믿을 수 있는 업무제휴에 의해 상호 이익증대를 도모하는 체제로의 전환을 의미하는 것이다. 이러한 유통업자와 공급업자 간의 새로운 관계 정립에 있어서 각각이 필요로 하는 자세를 갖추어야 할 것이다.

먼저, 유통업자는 사내의 재무상황이나 상품회전 데이터 등에 관한 정보를 공급업자와 공유하는 적극적인 자세가 필요하다. 특히, 상품정보에 있어서는 특정공급업자의 상품동향뿐 아니라 카테고리 가운데서 경쟁하는 타공급업자의 상품도 포함시킬 필요가 있다. 그리고, 공급업자는 유통업자 측에 정보를 보내기 전에 기본적으로 공급업자 자신의 상품정보나 프로그램을 정비하고 명확히 해 둘 필요가 있다. 이때 공급업자에게 요구되는 것은 카테고리 판매에 관한 모든 정보로 공급업자는 거래의 유무를 불문하고 공급업자가 가지고 있는 특정한 카테고리로 시장에 나와 있는 전 상품의 정보를 별도로 공급해야 한다.

1.2 단품관리(unit control) 전략

1) 단품관리의 정의 및 특성

단품관리란, 품목 하나하나의 움직임을 발주단계에서부터 고객에게 판매될 때까지 파악하는 것을 말한다. 또한, 품목 하나하나가 언제, 얼마나, 어떻게 판매되는가를 파악하여 상품준비를 계획적으로 하는 것을 말한다. 이를 통해 '왜?' 잘 팔리는지 또는 '왜?' 안 팔리는지 원인 분석을 통한 진열, 발주, 재고, 판매관리를 실시한다. 즉, 단품관리는, 상품의 사이즈, 색, 용량 등으로 더 이상 분류할 수 없는 데까지 분류하여 그 단위 품목을 정하고, 단위 품목별로 관리하는 방법으로 개발상품관리라고도 한다.

점포에서 상품이 판매되는 경우 통상적으로 단품으로 판매되는 것이므로 효율적인 재고관리 등을 위해서는 단품별의 움직임을 알아야만 한다. 이러한 단품관리의 중요한 요점은 점포에서 소비자의 니즈에 무한대로 접근하여 개별상품 하나하나에 대한 상품정보를 신속히 파악하여 납품처나 점포본부에 제공하는 것이다. 그리고, 다시 납품처나 점포본부는 점포의 개별상품정보를 신속히 상부구조인 메이커 등의 상품공급업체에게 전달하여 점포와 상품공급자가 유기적으로 결합되어야 한다. 그렇지 않으면, 점포가 소비자의 니즈에 부응하지 못하는 결과를 초래하게 되는 것이다.

여기에서 처음 소매점이 파악하는 개별상품정보는 단순한 발주정보에 그칠 수 있다. 그러나 이것을 소비자 욕구의 예측분석정보로 활용하고, 그렇게 분석한 정보를 기초로 새로운 사양서를 만들어 메이커로 하여금 신상품을 탄생케 하면 체인점으로서는 새로운 무기 하나를 더 얻는 셈이 되고, 이것을 기초로 판매력과 정보력을 배가시킬 수 있는 것이다. 또한, 가격파괴 유통업태는 이러한 개별상품정보의 가공을 통한 소비자의 선호상품관리에 의해서, 품절로 인한 기회비용 발생을 억제하고 사양상품관리를 통한 재고비용을 감소시켜 EDLP를 실현하고 있는 것이다. 이러한 사양상품 배제와 인기상품 품절방지를 위해선 POS 시스템의 도입에 의한 개별상품관리가 이루어져야 한다. 즉, POS 데이터를 활용해서 가설을 정하고, 이를 검증하는 작업을 통해 인기상품의 법칙과 사양상품의 법칙을 찾아내고, 이렇게 찾아낸 법칙을 적용하여 사양상품은 원칙적으로 구입하지 말고, 인기상품은 집중적인 재고관리로 품절을 막아야 한다.

이처럼 효과적이고 성공적인 단품관리를 위해선 상품공급업자와 점포 간의 원활한 정보교환과 이를 뒷받침해주는 정보기술의 발달이 필요한 것이다. 그러나 최근에 와서 상품공급업자와 유통업자 간의 일종의 전략동맹을 보다 구체적으로 추진하는 머천다이징의 한 방법인 카테고리관리(category management)가 각광을 받고 있다.

2) 단품관리의 필요성 및 이론적 접근

이러한 단품관리가 필요한 이유는 고객이 원하는 상품을 필요로 할 때 필요한 만큼 갖추기 위한 것이다. 이는 고객 지향적 사고 방식의 출발점이라 할 수 있다. 즉, 가능한 '넓고 깊게'라는 고객 요구가 증가하고 있고, '파는 상품', '팔리는 상품'의 적정한 배분으로 고객 욕구 및 매출을 동시에 실현할 수 있다. 또한 단품관리를 통해 점포 내의 상품진열, 매출, 이익, 작업 효율성을 향상시킬 수 있다. 이에 대한 이론적 접근은 Bathtub 이론과 20-80 법칙을 적용할 수 있다.

표 9-2 단품관리에 대한 이론적 접근법

Bathtub (욕조마개이론)	품목마다 진열량을 판매량에 비례시켜 두면 상품의 회전율이 일정화되어 재고의 수평적인 감소가 같아진다는 이론 Space 효율개선 → 품절최소화 → 상품보충 빈도 최소화 → 매대 생산성 증가
20-80법칙 (개미의 법칙)	매출 상위 20%의 품목이 전체 매출의 80%를 차지하고, 80%의 품목이 20%를 차지한다는 이론 20%의 Main Group(잘 팔리는 상품)을 중점 관리

3) 단품관리의 효과 및 추진 방안

단품관리의 효과는 매출증가, 비용감소 및 이익 증가, 작업 및 매대 생산성 증가, 책임 명확을 들 수 있다. 매출증가에서는 판매 데이터 분석에 의한 인기상품 발견 및 결품 최소화를 통한 매출 기회 증대를 꾀할 수 있으며, 또한, 비인기 상품 발견을 통한 재고 감소 및 발주 전산화를 통한 발주 업무 효율화를 통해 비용 감소와 이익 증가를 기대할 수 있다. 또한, 발주 및 재고작업을 계획적으로 수행할 수 있고, 최적 진열 면적 조합이 가능함으로 인해 작업 및 매대 생산성이 증가된다. 특히, 원인 규명이 명확해져 시행 착오가 감소되어 책임 소재가 보다 더 명확해지는 효과를 기대할 수 있다.

또한 단품관리를 추진하기 위한 방안은 다음과 같이 도입/실행기, 정착/발

표 9-3 단품의 위치(예시: 국내 백화점 사례)

구 분	분류	개 념	직능구분	상품 단위 예시	
				식품	의류
Group	부문	손익 관리 단위	팀, 파트	식품 (생식품, 공산품)	남성의류
Line	품군	매장 구성 및 상품구색 관리 단위	PC	음료	정장
Class	품종	중요 속성 관리 단위	코너	탄산음료	라이센스 (내셔널)
Item	품목	진열 결정 관리 단위	–	콜라	브랜드
Unit (SKU)	단품	발주 및 진열 관리 단위	–	코카콜라 슬림캔 255ml	컬러, 시즌, 스타일, 사이즈

전기, 완성기 등으로 구분할 수 있다.

표 9-4 단품관리 추진 방안

단계	도입/실행기	정착/발전기	완성기
목표	불량재고 추방	팔리는 상품 확대	팔려는 상품 확대
방법	상품별 팔리지 않는 상품 기준 만들기	잘 팔리는 상품 기준 만들기 상품 납품단위 소단위 POS 도입	다점포시 전점 확대 Vendor 도입
효과	비용 절감	매출/이익률 상승	자본/노동 생산성 향상

4) 국내 백화점의 단품관리 사례

국내 ○○백화점에서는 단품관리를 곤돌라와 Facing을 연계하여 실시하여 상당한 효과를 거두고 있다. 판매량에 비례한 Facing 수 배치, 종(수직) 진열, Grouping, 연관진열 등 상품에 따른 진열위치 변경과 이익공헌도와 판매 수량에 따라 상품배치를 달리 하였다.

이를 통해 곤돌라 양쪽 끝에 진열한 품목은 중간 진열시보다 138%의 매출 증가, Sign물 부착시 152%의 매출 증가, 하단에서 Golden Line으로 이동시 65% 매출 증가, 진열 위치 변경에 의한 재상품화시 15%의 매출 증가 효과를 보았다. 또한, 정성적 효과로는 업무자동화(OA) 및 업무 개선 Mind의 향상, 발주 수요 시간 감소로 담당자의 매장 지원 근무시간 증가, 이직률 감소, 정상 판매 품목 매출 비중 향상으로 이익률 성장 등의 효과를 보았다.

표 9-5 국내 백화점의 상품 진열 전략

진열 높이	Zone	진열 상품	상품군	진열 전략
160cm	시선고정라인	고객의 눈을 머물게 하는 신상품, 육성상품, 구색상품 진열	C군	잘 팔리지 않지만 다른 상품으로 대체할 수 없는 상품
140cm	골드라인	가장 보기 쉽고 만지기 쉬운 주력, 중점 상품 진열	B군	팔고자 노력하며 이익을 많이 내는 상품
110cm	실버라인	골드라인 다음의 유효 진열 장소	A군	잘 팔리며 판매량이 가장 많고 회전율이 높은 상품
80cm	디스카운트 차일드라인	할인 판매장소 어린이용 상품, 캐릭터 상품	A~C군	
10cm	클린라인	매장 바닥과 접촉부문 청결 유지	–	

표 9-6 국내 백화점의 Facing Decision Table

구 분		이익 공헌도		
		높음	보통	낮음
판매 수량	많음	중점 판매상품 중앙위치 진열량 확대	대량 판매상품 실버라인 진열량 늘림	박리다매 상품 불리한 위치 하단 진열
	보통	이익 상품 가슴 높이 판매 촉진	판매상품 중/상단 위치 일반 진열	구색상품 중/상단 위치 관련 진열
	적음	보여주는 상품 상단 판매촉진	구색상품 중/상단 위치 관련 진열	사양상품(삭제) 판매시 맨 상단에 진열

표 9-7 국내 백화점의 Facing 실시에 따른 정량적 효과(예시)

구분	재고 (백만원)	매출 (백만원)	회전율 (연간)	재고Loss (백만원)	진열 곤도라 (대)	취급 Item 수(개)	상품창고 (수)	결품률 (%)
기존	967	14,774	15.3	38	12	7,500	6	27
변경 후	347	16,419	47.3	20	5	2,800	3	5
차이	↓620 (64%)	↑1,645 (11.5%)	↑32.0	↓18	↓7	↓4,700	↓3	↓22

유통 뉴스 소비자가 달라졌어요…"착한 제품만 산다"

빅데이터로 살펴본 착한소비 열풍

동물학대 없는 RDS 제품 물건 하나 사면 하나는 기부 착한 소비 언급 4년새 122% ↑
성인 소비자 3명중 1명 "불매하는 브랜드 있다"
성능중심 '가성비'보다 심리적 만족 '가심비'따져

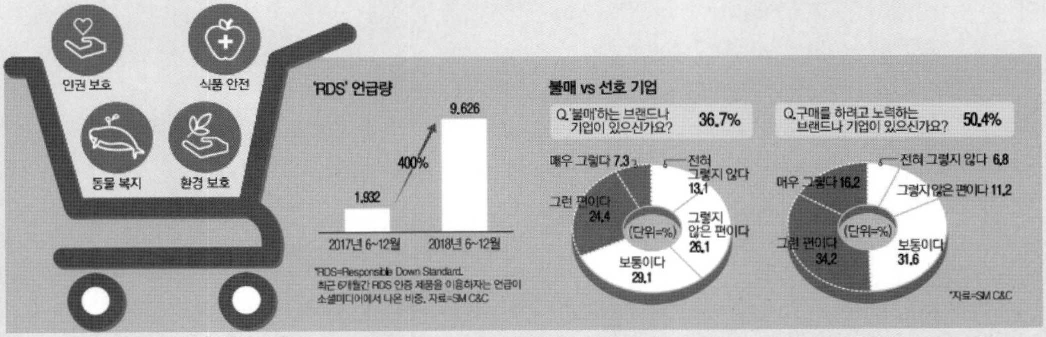

바야흐로 신년이다. 이맘때면 소외된 이웃을 위해 연탄을 나르거나 추위에 떠는 유기견 · 유기묘를 위해 후원금을 기부하기도 한다. 굳이 연탄을 나르거나 후원금을 기부하지 않아도 취약계층과 불쌍한 동물을 도울 수 있는 방법이 있다. 바로 '착한 소비'를 통해 일정 부분을 환원하고 기여하는 것이다.

제품을 하나 구매하면 다른 하나는 취약계층에 기부를 하거나, 동물 복지를 고려해 생산한 RDS (Responsible Down Standard) 인증 제품을 구매하는 방법 등이 있다. 올겨울은 이런 '착한 소비'가 유난히 더 활발해졌다.

착한 소비는 다양한 방법으로 이뤄진다. 친환경, 윤리적 생산, 공정무역 제품 구매 또는 수익 일부를 기부하는 제품 구매 등 종류가 매우 다양하다. '소셜매트릭스(트위터, 블로그, 뉴스 등 온라인상 버즈 분석)'를 통해 살펴본 인터넷상 착한 소비와 관련한 언급은 2015년 8만8393건에서 2018년 19만6624건으로 무려 122.4% 증가했고, 지난 4년간 꾸준한 증가세를 보여주고 있다.

올겨울 추위는 유난히 매서울 예정이라 롱패딩 열풍이 불고 있는데, 이번 겨울 패딩 구입에는 작년과는 다른 마케팅 포인트가 숨어 있다. 바로 앞서 언급한 RDS 인증이다. RDS는 농장, 도축, 세척, 가공, 유통까지 모든 생산 단계가 윤리적인 생산 제품에 부여하는 인증마크로, 이 또한 착한 소비 트렌드의 증거가 될 수 있다.

지난 여름 플라스틱 쓰레기 대란과 살충제 달걀 파동 이후 높아진 소비자의 '친환경 · 동물친화적' 요구에 응답하는 기업 태도로 보이는데, RDS 인증 제품을 이용하자는 소비자 움직임은 소셜 버즈에 바로 반영됐다. 최근 6개월간 RDS 언급량은 9626건으로 작년 같은 기간 언급량인 1922건 대비 400%나 증가한 것을 확인할 수 있다.

소비자들이 실제로 착한 소비를 얼마나 실천하고 있는지 알아보기 위해 최근 SM C&C 셀프 서베이 플랫폼인 '틸리언프로'를 통해 성인 남녀 1739명에게 착한 소비와 관련한 설문을 진행했다. 만 20세 이상~만 59

▲ 소비자가 신발 한 켤레를 구입하면 한 켤레가 기부되는 'TOMS' 슈즈 [매경DB]

세 이하 소비자들은 기업이 나쁜 행동을 했을 때 벌을 주는 것(36.7%)보다, 기업이 좋은 행동을 했을 때 상을 주는 것(47.8%)에 더 적극적인 것으로 나타났다. 10명 중 3.6명이 좋아하지 않는 기업의 제품을 불매하는 반면 10명 중 4.7명은 좋아하는 기업의 제품을 더 구매해주는 것이다. 재미있는 것은 선호하는 기업의 제품을 구매하려고 노력하는 비중은 연령대별 차이가 두드러지지 않지만, 불매하는 행동은 연령대별 차이가 분명했다는 것이다. 젊은 층인 20대는 50대 대비 10.2%포인트나 더 적극적으로 선호하지 않는 기업이나 브랜드 제품은 사지 않는다고 답했다.

또 20대가 50대 대비 더 예민하게 반응하는 이슈는 '성추행 · 성폭행 등 성관련 이슈'와 '동물실험 이슈'로, 20대가 주 타깃인 기업이 더 신경을 쓰면 좋을 부분이다. 전 연령대에서 '비위생적 · 비윤리적 생산을 통한 소비자 기만' 행동이 불매의 주된 이유였으며 2위로 '친일 행동', 3위로 '협력업체 갑질 이슈'가 비선호 이유로 나타났다.

반면 소비자들이 착한 소비와 관련해 더 선호하는 기업은 '창업자 · 경영자의 선한 경영 철학' '세금을 잘 내며 투명한 경영 유지' 그리고 '협력업체와 상생' '친환경 제품을 생산하거나 사용하는' 기업인 것으로 나타났다. 선호하는 이유 역시 경영철학이 선한 착한 기업 이미지가 적극적 구매 동기가 되는 것으로 보인다. 실제로 소비자들이 브랜드를 선택할 때 가장 많이 고려하는 부분이 '착한 기업 또는 갑질 기업이냐 등 브랜드 이미지'라고 한다. 친환경적 제품, 윤리적 생산, 수익금 기부 등 마케팅적 활동보다 평소 기업의 전반적인 경영 태도에 더 많은 영향을 받는 것으로 나타났다.

최근 소비시장은 이런 소비자 목소리를 빠르게 반영하고 있다. 앞서 언급한 RDS 인증은 올겨울 거의 모든 패딩 제품에 달려 있다고 해도 과언이 아니고, 이뿐만 아니라 갤러리아백화점은 최근 에코 프렌들리 위크를 통해 인조 퍼, 인조 가죽 제품 등 친환경 제품 위주의 콘셉트 매장을 운영하기도 했다. 커피숍은 앞다투어 플라스틱 빨대를 퇴출하고, 서브웨이는 샌드위치 하나를 사면 하나를 초록우산어린이재단에 기부하는 행사를 진행했다.

또 기업이 적극적인 마케팅을 하지 않았음에도 소비자들이 '착한 기업'임을 앞장서서 알려주고 선호하는 현상도 두드러진다. '착한 기업' 연관어를 살펴보면 LG, 교보생명, 유한양행, 동화약품, 오뚜기 등 유명 기업 이름이 상위권에 노출되는 것을 알 수 있다.

이들은 과거 목숨을 걸고 독립운동을 지원했거나 회사 내 비정규직이 없고, 서민들을 위해 최근 몇 년간 제품 가격을 동결하는 활동으로 유명해진 기업들이다.

기업 입장에서 적극적으로 기사를 내거나 블로그 마케팅 활동을 한 것도 아닌데 소비자들이 직접 찾아내어 현명한 소비 활동을 고취시킨 대표적인 사례들인 것이다.

가격 대비 성능을 뜻하는 '가성비'에서 가격 대비 심리적 만족을 뜻하는 '가심비'와 내가 만족하면 가격도 상관없다는 '나심비'까지 소비 심리와 관련한 신조어가 쏟아지고 있는 요즘 '착한 소비'가 바로 그런 '소비 만족' 심리가 반영되는 현상 중 하나로 보인다.

빅데이터와 소비자 조사를 통해 살펴본 '착한 소비' 현상은 소비자 스스로 만족감을 높이는 매우 간단하면서도 강력한 방법으로, 최근 들어 기업이 적극적으로 착한 소비와 관련한 마케팅을 진행하면서 소비자는 더 쉽게 사회 환원에 참여하며 가심비를 높이고 있었다.

하지만 여기서 그치지 않고, 선호하지 않는 기업의 제품을 구매하지 않음으로써 소비자의 힘을 보여주기도 했다. 이왕 쓰는 돈, 내 소비가 사회에 도움이 된다면 구매하는 소비자도, 물건을 파는 기업도, 도움을 받는 사회도 더 행복해지는 착한 소비, 이쯤 되면 안 할 이유가 없지 않을까.

※ 자료원: 매일경제, 2019.1.4.

02 유통업체 브랜드(PB) 전략

2.1 PB의 개념

국내 유통시장이 전면 개방된 이후 가격 경쟁력을 지닌 선진국형 유통업체들이 성장 잠재력이 큰 국내 유통시장에 연이어 진출하고 있고, 기진출한 국내외 유통기업들도 수도권 신도시에서 서울과 지방으로 신규 출점을 가속화하는 등 국내 소매유통시장의 경쟁이 날로 격화되고 있다.

PB는 흔히 NB(national brand: 유명 제조업체 브랜드)와 비교되는 개념으로 쓰이고 있다. NB는 대규모 제조업체가 개발한 상품으로 독자적인 상품명, 마크, 품질, 상품 컨셉 등을 설정하고 전국의 소비자를 대상으로 하여 제공되는 상품이다. 폭넓고 많은 소비자에게 판매되는 것을 목적으로 하기 때문에 대규모 생산과 대중매체를 통한 대대적인 광고, 충실한 사후서비스(A/S)를 행하는 것이 일반적이다. 광고를 통해 상품에 대한 소비자의 지명도 및 인지도가 높고 따라서 상품에 대한 신뢰도가 높은 것이 특징이다. 이에 반해 PB는 유통업체가 개별적으로 개발한 것이기 때문에 유통업체 독자의 상품 품질, 브랜드명, 마크, 로고, 포장을 가지고 있다. PB는 유통업체 스스로 상품을 기획하고 제조/가공하기 때문에 상당한 이윤을 남길 수 있는 반면 소비자에 의한 상품의 지명도나 신뢰도에서 일반적으로 NB보다 크게 떨어진다. 또한 재고에 대한 부담을 100% 유통업체가 부담해야 하기 때문에 철저하게 마케팅 지향적 머천다이징이 뒤따르지 않으면 큰 손해를 감수해야 하는 위험 부담도 안고 있다. 그러나 전문가들은 21세기 유통업체 대형화와 가격파괴의 흐름 속에서 PB는 소비자, 제조업체, 유통업체 모두에게 유망한 상품으로 위치를 굳히게 될 것으로 전망하고 있다.

전통적으로 NB는 고품질로써 소비자에게 소구하여 높은 명성을 유지해 왔고, 대부분의 유통업체들이 NB의 이러한 인지도를 자본화하여 매장 내 대부분의 선반을 NB로 가득 채움으로써 점포의 이익을 극대화시켜 왔다. 그러나 선진국의 경우, 대형 유통업체들은 팩토리 아울렛 등을 비롯한 '오프 프라이스(off-price) 유통업체'들의 대두로 그들과 경쟁하기 위해서는 상품 믹스를 바꾸어야 한다는 필요성을 깨닫게 되었고, 이러한 필요성에서 PB 개발을 더욱 가속화하기 시작했다.

일본의 노구치 토모오(1997)에 의하면, PB의 개념을 유통업체의 상품개발 기여도 및 독창성 발휘 정도에 따라 핵PB, 확대PB, 주변PB로 구분해 볼 수 있다. 핵PB란, PB를 가장 협의의 의미로 본 것이다. 이는 유통업체가 독자적으로 상품 개발서를 작성하고 이에 준하여 제조업체가 상품을 만드는 것이다. 따라서 상품의 품질, 브랜드명, 로고, 포장 등에 유통업체 고유의 특징을 발휘하는 것이 필요하다. 즉, 상품의 물적(物的) 특성은 물론이고 상품 컨셉을 만드는 것까지 유통업체가 완전히 주도권을 가지고 독창적인 상품을 개발하는 것을 핵PB라 한다. 핵PB보다 한 단계 넓은 개념이 확대PB이다. 확대PB는 No 브랜드(generic brand)와 스토어 브랜드(store brand)로 나누어지는데 지네릭 브랜드란 상품에 독특한 브랜드나 로고 등을 붙이지 않고 극히 간소한 포장으로 보통명사만을 사용하여 판매되는 상품으로서 상품의 품질에 관해 유통업체의 의향이 반영되기 때문에 어느 정도 독창성의 발휘가 가능하다. 동시에 극히 간소한 시스템을 취하므로 비용이 많이 들지 않아 저가격 판매가 가능하다.

그러나 PB에도 유통업체의 독창성이 브랜드명이나 로고 등에 나타나야 비로소 의미가 있는 것이라 볼 수 있기 때문에, 세제, 비누, 설탕 등의 경우처럼 보통명사가 겉포장에 표시될 뿐 브랜드명에 유통업체의 독창성이 발휘될 여지가 거의 없는 제네릭 브랜드(generic brand)는 광의의 PB에 속하나 핵PB와는 일치하지 않는다. 확대PB로 분류되는 또 하나의 개념으로 스토어 브랜드가 있다. 기본적으로는 브랜드명, 로고, 포장 등의 고유의 것을 설정하고 있어 핵PB와는 매우 유사하다고 할 수 있으나 유통업체가 독자적으로 상품개발서를 작성하여 그에 준하는 상품 품질을 정하는 것이 아니라 NB상품의 패키지만을 변경하여 그 점포의 독자적 상품으로 판매되는 것이다. 따라서 스토어 브랜드는 상품 품질 면에서 독창성이 없기 때문에 핵PB와는 구별된다.

마지막으로 유통업체의 상품개발에 관한 기여도와 상품의 독창성이 확대

PB보다 낮은 PB로 주변PB가 있다. 그리고 여기에는 더블 촙(double chop)과 라이센스 브랜드(license brand)가 포함된다. 우선 더블 촙은 기본적으로 NB 패키지 형식을 취하면서 동일 상품에 NB뿐만 아니라 유통업체의 이름도 같이 명기하는 경우이다. 어디까지나 NB 제조업체가 만든 것이므로 품질 면에서는 충실하나 유통업체의 독자적인 상품 개발서에 의한 발주가 아니므로 그 상품의 독창성은 낮다고 할 수 있다. 이러한 PB의 장점으로는 구매하는 소비자가 이 상품을 NB로 생각한다는 점과 대량 생산을 하기 때문에 NB 제조업체 입장에서 생산 설비의 가동률이 높아진다는 점을 들 수 있다. 단, 브랜드명, 포장 및 상품의 품질 면에서 유통업체가 참여할 여지가 거의 없기 때문에 유통업체 독자적 성격은 매우 낮은 PB라 볼 수 있다. 라이센스 브랜드란 해외 제조업체가 개발하고 있는 상품이나 해외 유통업체의 독자 브랜드에 대하여 국내에서 독점 판매권을 가지고 판매되는 브랜드이다. 판매를 행하는 국내 유통업체가 직접 개발하는 것이 아니라 어디까지나 독점 판매권을 가지고 판매에 있어서만 독창성을 발휘할 수 있을 뿐이다. 그러므로 PB의 범주에 넣는다면 그 정도가 가장 낮은 것으로 분류할 수 있다.

PB는 저가격 납입 시스템과 저가격 판매 시스템을 바탕으로 하여 중간 마진폭을 제거하고 동일한 품질의 상품에 비해 20~50%의 매출이익률을 얻을 수 있으며, 지극히 낮은 가격으로 비교적 좋은 품질의 상품을 제공함으로써 소비자에게 크게 어필할 수 있다. 그러나 기본적으로 NB는 균일한 품질과 다양한 품목으로 소비자들이 원하는 욕구를 충분히 충족시키고, 상품 촉진에 드는 비

그림 9-1 PB 개념도

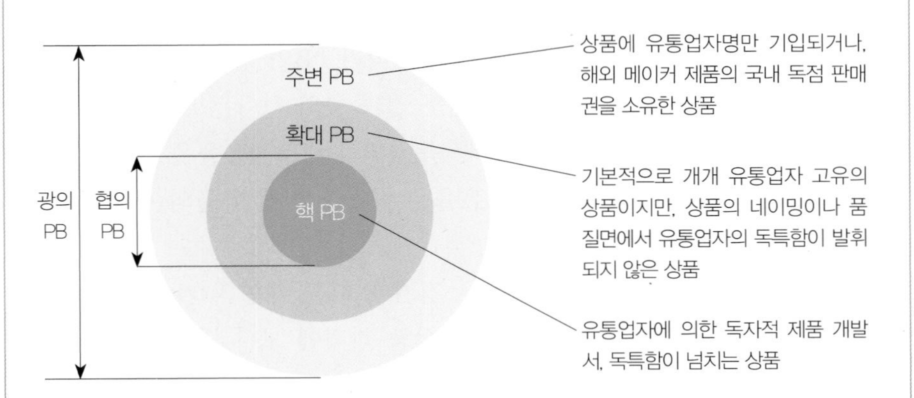

자료원: 노구치 토모오(1997), 저가격/고품질 비밀 PB 전략.

그림 9-2 PB의 발전 단계

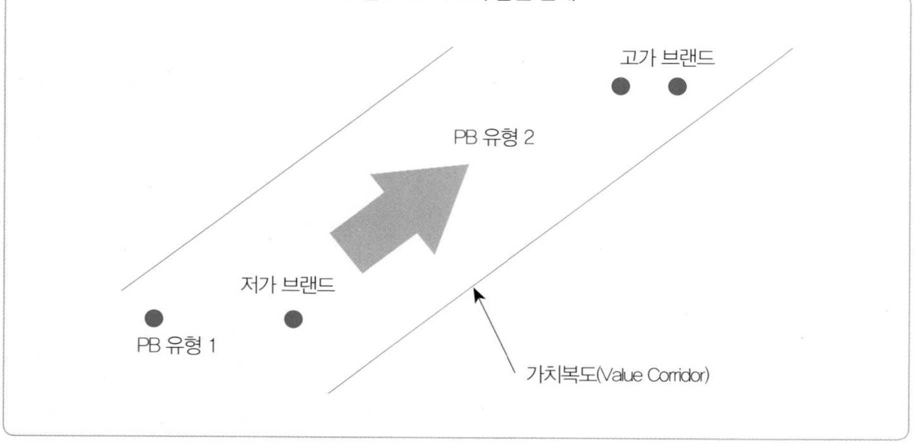

자료: Wileman & Jary(1997).

용의 일부 혹은 전체를 제조업체가 부담하여 유통업체에게는 이득을 제공하는 이점을 가지고 있기 때문에 PB가 단순히 앞에서 기술한 이유만으로 시장 점유율을 확대하고 있다고는 볼 수 없다.

위 [그림 9-2]는 PB의 발전 단계를 나타낸다. PB 개발 초기 단계에서는 다소 낮은 품질의 기능성 상품을 NB 대비 30~50% 저렴한 가격으로 제공하는 PB(PB유형 1) 상품이 생산, 판매되었다. 품질은 저가 브랜드와 비슷하나 가격은 그보다 훨씬 저렴한 것이 특징이었다. 그러나 PB의 시장성이 높아지면서, 가격에만 의존하는 상품보다는 품질도 좋으면서 가격도 고가 브랜드보다 약간 저렴한 PB(PB 유형 2) 상품이 생산되고 있고, 이제는 이러한 종류의 PB 상품이 활발히 생산, 판매될 것으로 보인다. 즉, PB 상품이 가치 복도(value corridor)를 따라 PB유형 1에서 PB유형 2로 점차 발전되어가고 있다. 선진국 시장에서 PB가 계속적인 성공을 거둠에 따라 PB의 성공 요인에 대한 연구가 활발히 진행되었는데, 이들 많은 연구 결과 중의 하나는 PB 점유율과 경기 침체가 밀접한 관계가 있다는 것이다. 즉, PB의 시장점유율은 경기와 밀접한 관계가 있다는 것으로 PB의 시장점유율은 경기와 밀접한 음의 상관관계를 가지고 있다는 것이 밝혀졌다.

PB의 시장점유율은 경기에 따른 개인의 가처분소득과 관련이 깊다. 경기 불황기에는 소비자들이 상품 가격에 보다 민감하게 된다. 즉, 이들은 수입이 줄어들게 되면 NB를 주로 구매하던 소비패턴을 보다 저렴한 PB 상품을 구매하는 패턴으로 바꾸게 된다. 그러나 오직, 가처분소득이 줄어서 NB보다 저렴한 PB에 대한 소비가 증가했다고 볼 수만은 없다. NB의 광고비는 지난해의 판매비율에 근거하여 책정되는 경우가 일반적이다. 이때 판매량이 줄어 수입이 줄어들게 되면 그만큼 다음해의 광고비는 줄어들게 된다. 그러면 당연히 NB의 중요한 촉진 수단인 광고비도 감소하게 되어 소비자에게 소구할 수 있는 기회가 줄어들게 된다. 이러한 점도 경기침체시 PB에 대한 소비가 증가하게 되는 원인이라고 볼 수 있다.

한편, 소비자들은 단순히 저가격 때문에 PB 상품을 구매하는 것은 아니다. 이는 최근 소비자들의 합리적 소비패턴, 즉 품질 대비 가격인 가치를 중시하는 구매 습관을 보이는 것에 더 유의할 필요가 있다. 곧 소비자들은 품질이 적정선 이상이 되면, 상품의 품질과 가격 간의 상충관계(trade-off)를 고려하게 되고, 가격이 품질에 비해 상대적으로 낮다고 판단되며 그 상품을 구매하게 된다. 결국, PB는 이러한 소비자의 변화된 구매태도와 일치하는 점이 많았기 때문에 성공하게 된 것이다.

이상의 논의를 바탕으로 유통산업의 개별 국가적 특성을 제외한 PB 자체 요인에 의한 발달 배경을 요약하면 다음과 같이 정리할 수 있다.

① 대형 유통업체는 점포 광고비 지출이 많기 때문에 자체 브랜드 촉진에 추가적인 비용이 많이 들지는 않는다. PB 촉진에는 기존의 광고 카피에 약간의 변화만 주면 되기 때문이다.

② 고객은 제조업체가 아니라 점포에 속하게 된다. NB는 제조업체 자사의 이익을 위해 판매되지만, PB는 점포의 이익을 위해 가격, 스타일, 품질이 책정된다.

③ PB 개발로 반품 거부나 끼워팔기 판매, 소매가격을 엄격히 책정하는 제조업체와는 거래할 필요가 없어진다. 즉 유통업체의 권한이 강화된다.

④ 유통업체가 브랜드를 통제하기 때문에 스타일과 품질의 변화, 상품믹스에 관한 통제를 전적으로 유통업체가 담당하게 된다.

⑤ NB는 취급하는 점포가 많아 그 점포들과 경쟁을 해야 하나 PB는 매장 방문 고객에 한해서는 독점적 지위를 가진다.

⑥ PB는 소비자들이 쉽게 비교하지 못한다. 경쟁 상품과 비슷해 보여도 브랜드명이 다르기 때문에 소비자들이 쉽게 자신들의 비교가 맞는 것인지를 확신하지 못한다.

⑦ PB는 말 그대로 그 점포를 찾는 특정 고객의 입맛에 맞도록 개발된다.

따라서 특정 점포를 찾는 소비자들을 대상으로 그들의 취향에 맞도록 개발된다. 따라서 특정 점포를 찾는 소비자들을 대상으로 그들의 취향에 맞도록 디자인된 것이기 때문에 판매 가능성이 높아진다.

⑧ 성공한 PB의 평균 마진율은 상당히 높고, 이는 곧장 점포의 이익이 된다.

⑨ 대형 유통업체는 직접 생산 시설을 갖춤으로써 이익을 극대화할 수 있다. 그러나 이러한 일반적인 성공 요인 외에도 PB가 각광을 받을 수 있었던 국가 경제의 거시 환경 요인도 무시할 수 없다.

2.2 PB의 개발

PB는 타점포 또는 메이커와의 차별화를 위하여 사전에 상품개발계획을 세우고 여기에 적절한 재료를 선택하고 구입한 후, 하청을 주어 생산하고 직접 판매하는 상품이라고 정의할 수 있다. 이러한 PB상품은 1920년에 미국에서 처음으로 시작되었는데, 체인 오퍼레이션에 기초를 둔 소매업의 대규모화가 진행되면서 판매력이 강화된 유통업자가 시장지배력을 강화해 나가고자 하는 대규모 제조업자에 대항하기 위해 만든 것이다. 일반적으로 유통업자에 의한 PB상품 개발의 초기에는 주로 저가격으로 공급한다는 측면이 강했으나 오늘날은 소비자의 니즈에 적응, 상품의 질 중시, 적정한 가격정책 등의 나름대로의 영역을 설정해 나가고 있다. 즉, 오늘날의 PB상품은 예전의 가격소구 중심에서 벗어나 NB상품에서 만족시키지 못하는 요인을 찾아서 상품화하고 있는 것이다. PB상품 이외에도 非 NB상품으로는 SB(store brand) 상품, DCB(double chop brand) 상품, No브랜드(generics) 상품 등으로 구분할 수 있다. 최근에 와서 PB상품에 대한 개념이 확장되고 있다. 즉, 기존의 PB상품은 자사가 생산하고 자사의 고유 상표를 붙인 오리지널 브랜드 상품만을 일컬어 지칭해 왔지만, 최근 유통시장의 개방을 맞아 직수입 상품이나 라이선스 상품까지도 PB상품의 개념에 포함시키고 있다.

일반적으로 PB상품의 개발은 아래의 10단계의 절차에 의해 수행된다. 또한 각 단계는 메이커측과 유통업체측의 세밀하고도 계속적인 타협과 협력에 의해 수행되어 나아간다.

① **기본구상 제안:** PB상품개발의 목적과 목표를 명확히 하고 기본 방침

표 9-8 非 NB상품의 특성

	정 의	특 성
PB 상품	자체적으로 상품개발계획을 세우고 여기에 적절한 재료를 선택하고 구입한 후, 하청을 주어 생산하고 직접 판매하는 상품	유통업체가 POS 데이터 등으로부터 얻은 소비자에 대한 자료를 이용하여 기존 상품의 특성이나 기능을 변경시키거나 또는 새로운 상품을 생산, 높은 수준의 상품개발 노하우가 필요
SB 상품	기존에 있는 상품을 유통업체가 매입하여, 그 상품에 자사의 상표를 부탁하여 판매하는 상품	강력한 구매력을 무기로 PB상품을 독자적으로 개발할 수 없을 때 주로 쓰이며, PB상품개발의 前단계 전략으로 인식
DCB 상품	메이커의 브랜드명과 소매업의 기업명을 함께 상품패키지에 표시하는 상품	PB상품을 독자적으로 개발할 능력이 없을 때 주로 쓰이는 방법으로 메이커의 협력이 필요
No브랜드 상품	유통업체나 메이커가 브랜드를 안 붙인 채 판매하는 상품	상품과 관련된 일체의 서비스에 비용이 들지 않으므로 저가의 상품 출시 가능

을 확립한 후, 현상의 문제점과 과제 등을 바탕으로 하여 될 수 있는 한 많은 아이디어를 아이템으로 구상한다. 고객제일주의의 관점에서 고객측의 입장이 되어 생각하는 것이 아이템에 있어 대전제이고 기본이다.

② **협력메이커의 선정:** PB상품개발에 대한 개념을 이해하는 것이 협력메이커 선정의 전제가 되지만, 기술력과 개발력, 생산체제나 상품관리체제의 정비, 재무상황 등에도 주의해서 선정해야 한다.

③ **개발계획:** 대상이 되는 客層을 비롯해 수요예측, 매출목표, 판매계획, 상품원료, 원가, 개발일정 등을 구체화시킨다. 먼저, 대략적인 발매일을 목표로 정하고 그것을 향해 각 공정의 구체적인 작업 일정을 세워 나간다.

④ **상품 컨셉 결정:** 상품의 근간이며, 출발점이기도 한 상품 컨셉을 확립시킨다. 상품 Concept이란 상품이 가진 기능, 특성, 효용, 사용목적 등을 짧은 말로 개념화시킨 것이다. Concept에는 개발하고자 하는 상품이 고객에게 어떤 가치를 초래하는지를 단적으로 표현해야만 한다.

⑤ **상품 사양 결정:** 사양이라 함은 상품개요를 구체화한 설계서를 말한다. 상품 컨셉에 근거하여 소재나 원료, 상품의 성능, 제조방법, 용량, 포장, 브랜드명, 디자인 등을 결정한다.

⑥ **상품 비용 산출:** 주로 메이커에 의해 제시된 상품원가에 목표이익을 더하여 판매가격을 설정하나, 저가격소구형 상품의 경우에는 유통업체측

이 희망가격을 설정하고 메이커측이 상품원가를 산출한다. 어쨌든 중요한 것은 상품의 가격이 얼마 정도이면 고객이 구입을 할까 하는 것이다.

⑦ **시상품 작성:** 이 단계에는 몇 번이라도 메이커와 샘플테스트를 할 필요가 있다. 즉, 품질 및 내구성을 조사하는 기술테스트나 실제로 고객이 사용하는 사용테스트, 안정성이나 사용 후의 폐기문제를 조사하는 종합평가테스트 등을 납득될 때까지 되풀이한다.

⑧ **제조, 물류공정 관리:** 상품의 시상품에 근거하여 생산라인을 조정하여 판매계획에 부합되는 생산이 가능한지 등에 대한 구체적인 검토가 실시된다. 이와함께 공장출하에서 점포까지의 물류체계는 물론 상품의 내구성, 수발주시스템, 최적경로, 리드타임, 반품처리문제 등에 대해서 메이커와 주도 면밀하게 타협한다.

⑨ **상품화 결정:** 쌍방의 합의하에 구체적인 판매방법을 검토하고 점두판매까지의 일정을 정한다. 동시에 납품가격, 판매가격, 매출목표, 물류방법, 반품문제 등 거래조건에 대해 서면상으로 정식계약을 한다.

⑩ **판매방법의 확립:** 발매 후의 광고나 선전방법의 구체화, 판매촉진수법, 특매방법, 점두진열 방법 등 최종단계의 과제를 검토한다.

PB상품은 상품군별로 분산된 매장에서 NB상품과 비교 전시되면서 그 염가성을 직접 확인시키는 방법이 중요시되었으므로, PB상품의 브랜드는 상품별

표 9-9 PB상품의 브랜드 정책

	다수 브랜드 정책	소수 브랜드 정책
개념	각 PB상품별로 특징을 부각시키기 위해 독자적인 브랜드를 채용	되도록 브랜드 수를 축소시켜 PB에 대한 신뢰도 제고
실시이유	PB상품을 개발하는 유통업체 상품부의 조직구조가 상품품목별로 구성되어 각 상품군마다 PB상품이 존재하므로 개별상품별 브랜드 정책이 효과적&효율적	PB도 NB와 똑같은 브랜드이므로, 단순히 NB와의 비교하던 정책에서 벗어나 브랜드 자체를 통해서 소비자에게 신용과 신뢰도를 얻기 위해 소수의 브랜드만이 필요
구체적 정책	상품군별로 분산된 매장에서 NB상품과 비교전시하면서 그 염가성을 직접 확인시키기 위해 그 상품 Concept를 정확히 전달할 수 있는 브랜드	기업명, 점포명을 브랜드로 사용 상품별 개별브랜드에 추가로 기업명과 점포명을 함께 표기 일상생활에서 하나의 새로운 생활 양식을 제안하는 브랜드

로 달랐고, 오히려 개별 상품의 특성을 강조하기 위해 다수브랜드 정책, 즉 상품별 브랜드 정책이 주로 실시되었다. 그러나 지금까지의 각 체인점들이 전개하고 있는 다수브랜드 정책으로는 브랜드를 통해서 소비자에게 신용과 신뢰도를 얻는 일이 어려워지고 있다. 따라서 유통업체는 되도록 브랜드 수를 축소시켜서 소비자가 자사 브랜드를 기억할 수 있도록 노력하고 있으며, 기업명과 브랜드명을 떠올릴 수 있도록 함으로써 상품에 대한 신뢰감과 안심감이 자리잡도록 정책방향을 바꾸고 있다.

2.3 PB의 성장이 유통경로에 미치는 영향

1) 유통단계 축소 및 유통비용 절감

소매업체가 제조업체와 직접 교섭하고 비용을 관리하여 브랜드를 창출해 내는 PB 상품을 개발하게 되면 유통단계를 축소할 수 있게 되어 유통비용을 크게 절감할 수 있게 된다. 그리고 최종 소비자와 직접 대면하여 그들에게 강한 영향을 미칠 수 있는 소매업체가 직접 생산자와 거래하게 됨으로써 전체 유통채널이 담당하고 있는 머천다이징, 상품 구색, 촉진 및 조사활동, 협상, 물류관리 등의 기능을 수행하기가 수월해진다. 즉, 여러 유통단계에 이르는 유통중간상을 배제할 수 있게 된다.

유통단계를 축소함으로써 기존 유통채널과의 마찰이 불가피할 수도 있겠으나, 중간상의 유통마진이 절감되어 전체적으로 유통채널상 총비용의 절감을 가져올 수 있다. 또한 마케팅 통제력 강화를 통해 차별적 이미지를 구축하게 되고, 고객 서비스의 효과적 제공이 가능해진다는 장점도 지니고 있다.

2) 유통의 제조업 지배

미국의 소규모 수퍼마켓에서도 PB를 취급하는 곳이 늘고 있다. 일본에서는 소규모 소매업자가 수평연대를 이룸으로써 PB 취급을 위한 움직임이 일고 있다. 미국에는 상품 내용은 기본적으로 같으나 라벨은 그 소매업자 독자의 것으로 바꿀 수 있는 전문 PB 제조업체까지 있다. PLMA라는 PB 전문 제조업계의 단체가 만들어져 중소 소매업체 단독으로는 좀처럼 취급할 수 없었던 PB를 만들 수 있는 기반이 정비되고 있다. 지금까지 중소 소매업의 경우, 체인점을 많이 소유하지 않기 때문에 판매 수량에 한계가 있어 대량 일괄 구입을 할 수 없

그림 9-3 유통업체의 제조업 우위 영향 요인

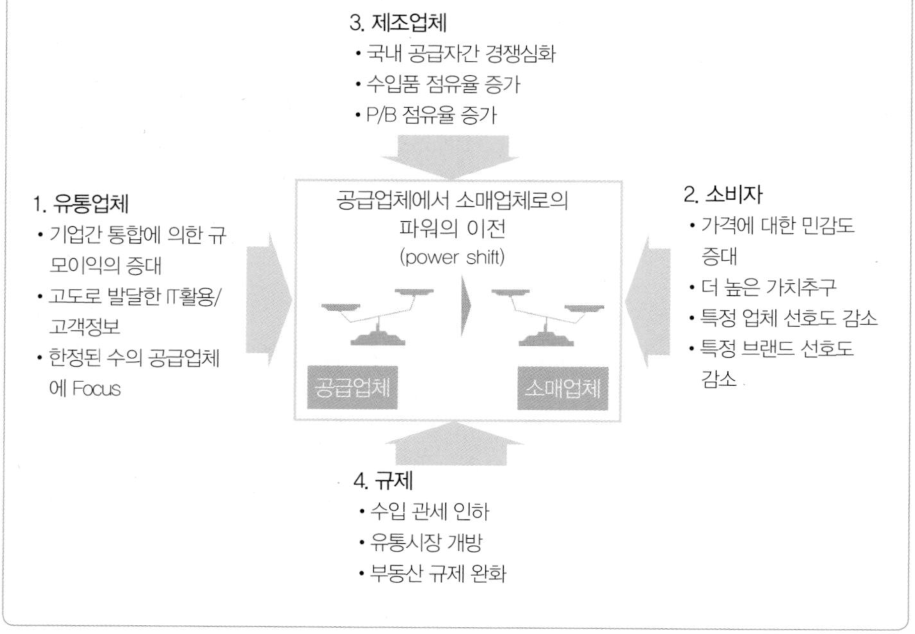

었다. 또 소량의 상품을 발주하면 그것을 제조해 줄 제조업체가 좀처럼 나타나지 않아 사실상 PB 상품의 개발은 불가능하였다. 이러한 상황이 PB 전문 제조업체의 등장에 의해 라벨만이라도 독자의 것을 만들어 이익을 올릴 수 있게 되었던 것이다.

예를 들어 미국 캘리포니아에 있는 식용유 제조업체인 휠 씨푸드(Wheel Seafoods)에서는 '유어 네임(Your Name)'이라는 상품을 만들어 상품의 내용은 같으면서 라벨을 개개 소매업자가 요구하는 것으로 바꿔 붙이는 형식으로 PB를 공급하고 있다. 이러한 PB 상품의 성장은 PB 상품이 소비자에게 어필하여 그 판매량이 증가하고 있고, 큰 마진을 남겨 주므로 유통업체에서는 개발에 박차를 가해야 한다는 것만을 의미하는 것은 아니다. PB가 성장을 하게 되면, 유통업체가 단순히 상품을 유통시키면 된다는 제한된 역할 수행에서 벗어나, 그동안 제조업체가 지니고 있던 유통채널에 대한 지배력을 얻을 수 있다는 것을 의미한다. 소비자의 니즈와 욕구를 파악하고 그것을 만족시킬 수 있는 상품을 개발함으로써 유통업체들이 제조업체보다 우위에 서게 된다. 더 나아가서는 유통업체들이 소비자의 기호와 취향에 기반한 상품을 출시하게 되고 가격도 소비자들이 원하는 바를 충분히 반영하도록 책정하게 되므로 제조업체로부터 유통업체에게 넘어온 유통 주권이 궁극적으로는 소비자에게 다시 이양될 것이라는 중요한 의미를 내포하고 있다는 것을 염두에 두어야 할 것이다.

3) 소비자의 가치추구 구매 행동

21세기 소비자자들의 전체적인 경향은 스스로 생각하고 타인에 의해 좌우되지 않으며, 자기의 개성이나 가치관을 소중히 하는 기질과 생활 스타일을 보일 것으로 예상된다. 동시에 가격에 보다 민감하고 구매가치(value for money)를 중시하는 계획 구매가 광범위하게 확산될 것이다.

결국, PB의 발달과 소비자들의 구매 행태와의 관련성은 크게 두 가지로 구분지을 수 있다. 하나는 합리성의 추구이고, 다른 하나는 가치의 추구이다. 먼저 합리성의 추구는 오늘날 저가격 지향에 뚜렷이 나타나듯이 물적인 기능만이 중요한 상품은 철저하게 저가격이 추구되는 구매스타일에서 찾아 볼 수 있다. 식품이나 일용잡화는 주로 물리적인 효용이 중요하며, 브랜드 이미지와 같은 무형 부문에 특별한 가치를 두지 않기 때문에 동등한 기능만 한다면 값비싼 NB를 고집할 필요가 없어 소비자는 저가격 PB를 선택하게 된다. 특히 세계화의 바람으로 인해 해외생산의 이점을 얻을 수 있어 저가격 상품군이 소비 생활 속에 깊이 침투할 수 있다.

가치 추구라는 면에서는 아직 NB가 강세를 보인다고 할 수 있다. 소비자가 자신의 가치관을 중시하여 그것과 일치하면 가격을 무시하고 구매하기 때문에 가격의 고저에 좌우되지 않고 소비자 한사람 한사람의 가치관에 부합되는지가 구매의 중요한 기준이 된다. 그러나 최근 프리미엄 PB와 같이 NB와 동등한 혹은 그 이상의 품질을 가지고 가격도 NB와 유사한 PB는 이러한 소비자의 구매 행태를 이해하여 그쪽으로 소구하는 전략을 사용한다면 PB 상품이 소비자들에게 보다 깊이 침투할 수 있을 것이고, PB 상품에 대한 소비자의 태도도 더 많은 변화가 있을 것이다.

2.4 해외에서의 상품 도입

최근 유통시장의 개방이 가속화됨에 따라 양질의 저가격 상품이 국내로 유입될 것에 대비해서, 해외 구매에 대한 관심이 높아지고 있다. 가격파괴 유통업체에 있어서의 해외에서의 상품도입은 양질 저가상품의 직수입과 라이선스를 통한 상품의 개발/수입으로 나누어 볼 수 있다.

1) 양질 저가상품의 직수입

먼저 양질 저가상품을 직수입하는 것으로 이는 지금까지 백화점 등에서 고가의 유명브랜드를 직수입하여 판매하는 전략과 유사한 면이 있기도 하다. 하지만, 유명브랜드의 직수입의 경우, 과소비의 조장이나 외상품 선호를 부추긴다는 부정적인 시각이 많았던 반면, 가격파괴 유통업체의 경우에는 외국의 양질의 상품을 몇 단계 걸친 유통경로를 줄이고 유통업체가 직접 판매를 함으로써 코스트를 절감, 이를 소비자들에게 저가격으로 판매한다는 면에서 어느 정도의 긍정적인 면을 보여주고 있는 것이다. 또한 이러한 전략은 외국의 양질의 상품을 소비자에게 소개하여 선택의 폭을 넓혀 주고, 국내 제조업자의 경쟁력 강화의 동기로 작용하고 있다.

2) 라이선스를 통한 PB상품의 개발/수입

미국의 가격파괴 유통업체에서 보편화되고 있는 라이선스를 통한 PB상품의 개발/수입은 유통업체의 기획하에 상품을 개발하고, 이를 제조할 메이커를 해외에서 선정하여 생산기술 등을 라이선스를 통해 이전한 후, 생산된 저가 양질의 상품을 수입하여 판매하는 것이다. 이는 지금까지의 백화점 등이 외국 유명업체로부터 라이선스를 받아 국내에서 상품을 제조하는 라이선스상품의 PB화와는 완전히 반대의 개념인 것이다. 가격파괴 유통업체가 PB상품의 개발/수입에 도전하는 것은 NB상품의 가격인하와 국내 PB상품의 가격인하에 한계가 있기 때문이다. 우리나라는 중국이나 동남아시아에 비해 원료나 인건비가 비싼 편이다. 따라서, 상품의 개발/수입은 해외상품의 직수입과 더불어 큰 매력이 있는 것이다. 그러나, 판매능력, 상품개발력, 관계조절능력 등 기업의 능력이 충실해야만 혜택이 주어지는 것이고, 해외 메이커와의 상호협조와 원활한 의사소통의 중요성은 국내 PB상품의 개발에서 보다 더 높아질 것이다.

03 머천다이징 전략

3.1 머천다이징(merchandision: MD)에 대한 이해

1) 머천다이징의 개념

머천다이징이란 유통활동의 객체가 될 소비자의 수요에 적응할 수 있는 상품을 공급하고자 하는 중간상의 활동을 말하며, 이를 상품화 계획이라고 하기도 한다. 그러므로 판매자 시장이 아닌 구매자 시장 하에서 중간상이 적극 개입하여 소비자의 니즈에 부응하여 상품의 구색을 맞추는 과정이라고 할 수 있다. 이러한 적절한 머천다이징의 결과로 소비자는 원하는 상품을, 원하는 가격에, 원하는 수량을, 원하는 시기에, 원하는 장소에서 구입할 수 있게 된다. 그런데, 원래 ① 협의의 상품화 활동으로서 상품계획 수립, ② 상품구매활동, ③ 가격설정활동, ④ 재고관리 및 ⑤ 판매활동 등의 5가지가 포함되어 있었으므

그림 9-4 머천다이징 활동의 체계

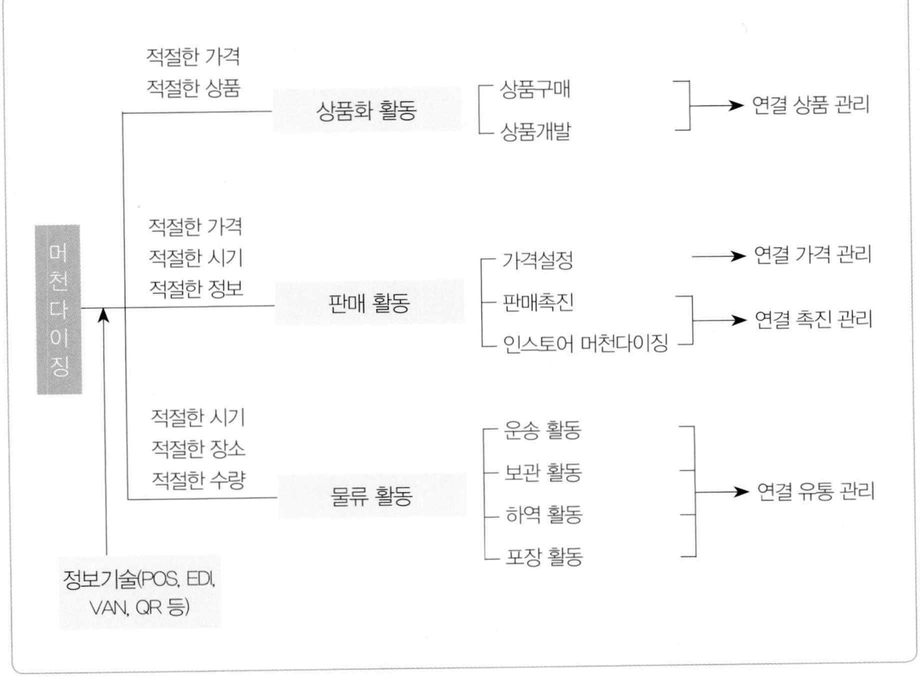

로, 이는 소매유통활동 그 자체를 총칭하는 소매업의 영업활동으로 이해되었다. 또한 미국마케팅학회(American Marketing Association)에서도 이를 '적절한 장소에서 적절한 시간에 적절한 가격과 수량으로 적절한 상품 또는 서비스를 판매하는 데 필요한 계획과 통제'라고 하였다.

이처럼 머천다이징의 정의는 협의와 광의로 나누어 볼 수 있는데, 여기서는 광의의 머천다이징 개념에 따라, 상품의 구색을 결정하는 상품계획 수립을 포함한 소매업체의 전반적인 경영활동을 머천다이징이라고 정의하고자 한다. 그리고, 광의의 머천다이징 활동을 상품화 활동, 판매활동, 그리고 물류활동으로 나누고, 이러한 각각의 머천다이징 활동에 발전된 정보기술이 막강한 영향을 미친다.

2) 머천다이징의 종류

머천다이징은 주로 상품구색활동에 따라 혼합식 머천다이징(scrambled merchandising), 세그먼트 머천다이징(segment merchandising), 선별적 머천다이징(selective merchandising), 계획적 머천다이징(programed merchan dising), 그리고 상징적 머천다이징(symbol merchandising)으로 나누어 볼 수 있다.

① **혼합식 머천다이징:** 소매점이 상품의 구색, 즉 구성을 확대하여 가는 유형의 상품화가 혼합식 머천다이징이다. 이러한 머천다이징, 즉 상품화에 의해 예컨대 자전거점이 사이클링용품에 속하는 의류나 식품을 취급함으로써 점포이미지를 청소년의 사이클링을 파는 점포로 변환하여 업태변혁을 도모할 수도 있다. 이처럼 종래의 소매점이 취급하지 않던 非전통적인 상품계열을 더 많이 취급하게 되는 혼합식 상품화는 업태간 경쟁 때문에 생겨났는데, 이 때문에 업태간 경쟁이 더욱 격화되고 있다.

② **세그먼트 머천다이징:** 세분시장 대응 머천다이징인데 동일한 고객층을 대상으로 하되 경쟁점과는 달리 그들 고객이 가장 희구하는 품종에 중점을 두거나, 가격대에 대응하는 상품이나 품질을 차별화하는 방향으로 전개하는 머천다이징이다. 따라서, 이를 중심으로 하는 경쟁전략은 경합점 상호간에 양립성을 생기게 하여 직접적인 경쟁을 회피할 수 있게 하여 준다. 왜냐하면, 동일한 가구점이라고 하더라도 한 점포는 침실가구 중심, 다른 점포는 주방가구 중심, 또다른 점포는 거실가구 중심으로 상품화하여 판매한다면 이 세 점포간에는 경합보다는 양립성이 생기고

한곳에 모여서 영업을 함으로써 오히려 집적 효과를 거둘 수도 있기 때문이다.

③ **선별적 머천다이징:** 소매업, 2차상품 제조업자, 가공업자 및 소재메이커가 수직적으로 연합하여 상품계획을 수립하는 머천다이징 방식인데, 이는 시장세분화를 통해 파악된 한정된 세분시장을 목표고객으로 하여 이들에 알맞은 상품화 전략을 전개하는 것이다. 이는 흔히 유행상품의 상품화, 즉 패션머천다이징(fashion merchandising)에 이용된다. 패션머천다이징은 혁신선도층을 목표고객으로 하여 최첨단의 고급디자인의 고가품을 중심으로 하는 하이패션 머천다이징(high fashion merchandising)과 광범위한 소비자를 대상으로 주로 기성복, 스포츠의류 등을 중심으로 대량생산, 대량유통시스템을 바탕으로 전개되는 대중패션 머천다이징(mass fashion merchandising)으로 나누어진다.

④ **계획적 머천다이징:** 대규모 소매업과 선정된 주요상품 납품회사(key merchandising resources) 사이에 계획을 조정 통합화시켜 머천다이징을 수행하는 것으로 특히 대규모의 소매점의 경우에 일반화되고 있다. 이때에는 소매점과 납품회사의 최고 경영자가 공통으로 머천다이징계획을 입안하고 문서화하는데 그 내용은 상품계획, 촉진프로그램, 판매훈련, 책임과 납품기한 등을 포함하여 광범위하며, 아주 구체적이다. 이 방법에 따르면 점포가 선호하는 납품업자에 구매가 집중되어 납품업자가 생산일정, 생산소요량 및 판매에 대한 계획을 보다 잘 짤 수 있다는 이점이 있다. 이러한 이점으로 인하여 선정된 납품회사는 소매점에 보다 나은 서비스를 전제로 납품을 집중시키게 된다.

⑤ **상징적 머천다이징:** 대형 수퍼마켓이나 지방의 백화점이 전문점이나 대형 도시백화점과 차별화하려는 입장에서 양판품목군(volume zone) 중심의 종합적인 구색을 갖추되 그중의 일부를 자점(自店)의 상징으로서의 구색을 정하여 중점을 두어 갖추면, 이러한 상징구색은 자점(自店)의 주장을 명확히 하여 점포의 매력을 증대시켜 준다. 이러한 구색은 경우에 따라 전문점이나 대도시형 백화점과 비슷한 가격 수준을 가질 수 있게 하여 주기도 하며, 다른 상품에도 개성적인 이미지가 파급되게 된다.

3) 유통업의 전략체계와 머천다이징

모든 사업영역에 있어서 기업의 일차적이고 가장 중요한 목적은 이익을 획득하는 것이다. 그리고 이익을 획득하기 위해서는 기본적으로 매출을 증대시키거나, 코스트의 감소가 필연적이다. 이러한 두 가지의 기본적인 이익창출을 위한 대안을 만족시키기 위해 제시되는 세부적인 방안은 제조업체와 유통업체가 서로 다를 수밖에 없을 것이다.

유통업태의 전략은 크게 가격 중심의 전략과 非가격 중심의 전략으로 구분할 수 있으며, 이러한 전략에 따라 서로 다른 머천다이징을 계획, 실시한다고 할 수 있다.

그림 9-5 유통업의 이익창출을 위한 전략 체계

① **가격 중심의 머천다이징:** 가격 중심의 머천다이징은 상품원가, 유통비, 투자비, 경비 등의 코스트를 최대한 줄여 소비자에게 저가격의 상품

을 제공하기 위한 상품계획, 구매, 가격설정, 재고관리, 그리고 촉진 및 판매활동이다. 따라서 판촉 등의 판매활동보다는 상품계획, 구매, 재고 분야에 집중적인 관리가 요구된다고 할 수 있다. 이러한 가격 중심의 머천다이징은 주로 최근에 선보이는 가격파괴 유통업태에서 사용됨을 알 수 있다. 그러므로 이익증가를 위한 매출증가와 코스트의 감소 중에서 코스트 감소에 중점을 두고 실시되는 머천다이징이라고 할 수 있다. 물론 가격 중심의 머천다이징이라고 해서 매출증가와 무관하다고 할 수는 없다. 즉, 저원가를 통한 저가격 중심의 머천다이징을 성공적으로 실시할 경우, 객수의 증가와 매출수량의 증가에 의한 매출의 증가가 실현될 것이다. 그러나, 매출증가는 저가격 머천다이징의 실현에 의해 부수적으로 실현되는 것이다. 만약, 매출증가를 위한 촉진전략이 수행된다 할지라도 이는 코스트 절감 전략을 지원하는 성격을 띠게 되는 것이다. 그리고, 이러한 저가격 중심의 머천다이징의 효율성은 상품을 공급하는 관계회사와의 관계에 의해 좌우된다고 할 수 있다. 따라서 가격 중심의 머천다이징을 중시하는 가격파괴 유통업태에 있어서는 對관계회사 연결 머천다이징이 이익증가의 주요 수단이 될 것이다.

② **비(非)가격 중심의 머천다이징:** 비가격 중심의 머천다이징은 매출량의 증가, 객수 증가 등을 통한 매출의 증가를 위한 촉진전략, 인스토어 머천다이징, 서비스 향상 등의 판매활동에 중점을 둔 머천다이징이다. 이러한 비가격 중심의 머천다이징은 주로 백화점이나 편의점, 그리고 전문점(specialty store) 등의 비가격 파괴 유통업태의 머천다이징 기법이다. 그러므로 이익증가를 위한 매출증가와 코스트 감소의 두 가지 대안 중에서 매출의 증가에 더욱 중점을 둔 머천다이징이라 할 수 있겠다. 앞에서도 언급했지만, 매출증가와 코스트의 감소가 무관한 것이 아니고 서로 어느 정도의 상관관계를 가지고 있으므로 코스트 감소를 배제한 매출의 증가만을 생각해서는 안 된다. 다만, 머천다이징을 실시함에 있어 코스트의 감소보다는 판매활동의 강화를 통한 고객의 니즈에 부응하여 매출을 증대시키는 측면에 더 중점을 둔 것이다. 그리고, 이러한 비가격 중심의 머천다이징의 성과 정도는 고객과의 관계를 어떻게 유지, 발전시키냐에 따라 좌우된다고 할 수 있다. 따라서 비가격 중심의 머천다이징을 중시하는 유통업태에 있어서는 對고객 연결 머천다이징이 이익증가의 주요 수단이 될 것이다.

표 9-10 유형별 머천다이징의 특성

	가격 중심 머천다이징	非가격 중심 머천다이징
개념	상품원가, 유통비, 투자비, 경비 등의 코스트를 최대한 줄여 소비자에게 저가격의 상품을 제공하기 위한 상품계획, 구매활동, 가격설정, 재고관리, 촉진 및 판매활동	매출량의 증가, 객수 증가 등을 통한 매출의 증가를 위한 촉진전략, In-store MD, 서비스 향상 등의 판매활동에 중점을 둔 머천다이징
주요 목적	투자삭감, 원가절감, 경비절감을 통한 코스트 감소	매출량의 증가, 객수의 증가 등을 통한 매출 증가
부수적 목적	매출량의 증가, 객수의 증가 등을 통한 매출 증가	투자삭감, 원가절감, 경비절감을 통한 코스트 감소
수단	對관계회사 연결 머천다이징 위주	對고객 연결 마케팅 위주
업태 例	대형할인점, MWC, Category Killer 등의 가격파괴 유통업태	백화점, 편의점, 전문점(specialty store) 등의 비가격파괴 유통업태

3.2 가격파괴 유통업태의 머천다이징

1) 매출증가를 위한 머천다이징

가격파괴 유통업태의 머천다이징은 주로 코스트의 감소를 그 목적으로 수행된다고 할 수 있다. 따라서 매출증가를 위한 머천다이징, 즉 비가격 중심의 머천다이징은 가격파괴 유통업태에 있어서는 부수적 활동이라 할 수 있다. 매출증가를 위한 머천다이징은 객단가 증가와 객수 증가를 위한 머천다이징으로 나누어지며, 객단가 증가를 위한 머천다이징은 다시 매출 수량의 증가와 상품단가의 증가를 위한 머천다이징으로 나눌 수 있다. 하지만, 상품단가의 상승이란 가격파괴 유통업태의 기본취지에 맞지 않는 것으로 이를 위한 머천다이징은 부적합하다고 볼 수 있다.

① **매출수량 증가:** 매출수량의 증가를 위한 머천다이징은 구매자의 구매에 대한 사전 의도의 유무에 따라 계획 구매 증가를 위한 머천다이징과 비계획 구매를 위한 머천다이징으로 나눌 수 있다. 계획적인 구매객수의 증가를 위해선 일반적으로 메이커나 유통업체에서 수행하는 소비자의 상품 필요성 부각과 상품의 브랜드 로열티 제고를 위한 촉진활동이 수행될 것이다. 하지만, 가격파괴 유통업태에 있어서는 광고에 의한 촉진보다는 판촉에 더 비중을 두고 수행될 것이며, 또한 이러한 촉진활

동도 비용절감을 위해 소극적으로 수행될 것이다. 비계획적인 구매객수 증가를 위한 머천다이징은 점포 내에서 상기구매, 연관구매, 충동구매를 유도하기 위한 점포 내 머천다이징(in-store merchandising)이 집중적으로 수행될 것이다. 인스토어 머천다이징이란 소매점두에서 시장의 요구와 일치하는 상품 및 상품구성을 가장 효과적이고 효율적인 방법으로 소비자에게 제시함으로써 자본과 노동의 생산성을 최대화하려는 활동을 의미하며, 소매점두의 가치공학(value engineering)이다. 소비자가 원하는 상품구성과 이의 효과적인 제시를 위해서는 POS 데이터 이외에도 매장의 상황과 소비자에 대한 데이터가 필수적이며, 對고객 연결마케팅의 개념 적용이 필요할 것이다.

② **고객 증가:** 객수 증가를 위한 머천다이징은 내점(來店) 횟수의 증가, 신규고객의 증가, 상권의 확대를 위한 머천다이징으로 나누어진다. 내점횟수의 증가를 위해서는 비용을 지불하고 회원으로 가입한 고객의 보상심리를 이용하여 지속적으로 고객화하는 회원제도의 적극적인 도입을 고려하고, 이외에도 광고 등을 통해 스토어 로열티를 제고시켜 내점의 빈도를 높이는 머천다이징 기법이 적합할 것이다. 또한 회원제로 인해 고객을 정확히 파악할 수 있으므로, 고객관리를 위한 비용에 있어서도 많은 절감효과가 있게 된다. 신규 고객의 증가를 위해서는 광고나 판촉활동 등을 통해 회원만의 특전이나 혜택을 강조함으로 해서 신규 고객을 유인하는 전략을 수행한다.

2) 비용감소를 위한 머천다이징

가격파괴 유통업태의 코스트 감소를 위한 머천다이징은 투자삭감, 원가절감, 경비절감을 목적으로 하는 머천다이징으로 나누어진다. 원가절감과 비용절감을 위한 머천다이징은 특히 연결 머천다이징 측면에서 고려되어야 한다.

① **투자삭감:** 투자삭감을 위한 머천다이징은 이외의 다른 코스트 감소를 위한 머천다이징과는 달리 관계회사와의 연결 마케팅의 개념이 큰 비중을 차지하지 못한다. 투자삭감을 위한 머천다이징은 점포투자삭감과 설비투자삭감으로 구분할 수 있는 데, 이들은 머천다이징 이전에 수행되는 전략으로 점포입지나 건축내용 등의 비교적 관계회사와의 관계없이 수행된다. 점포투자삭감을 위해서는 주로 도심외곽의 싼 입지에 점포를 건

축하며, 건축비의 절감을 위해 단층으로 지어진다. 또한 설비투자의 삭감을 위해서 내부의 벽이나 천정 바닥에 대한 인테리어는 가능한 수행되지 않으며, 주차장의 경비무인시스템의 도입이나, 매장 내의 별도의 진열대 대신 파렛트에 상품을 쌓아서 진열함으로 인해 비용을 최소화한다.

② **원가절감:** 원가절감을 위한 머천다이징은 매입원가, 재고비용, 물류비용절감을 위한 머천다이징으로 나눌 수 있다. 이 중에서 매입원가와 재고비용절감을 위해서는 상품화 활동과 관련, 메이커 등의 상품 공급업자와의 원활한 관계를 바탕으로 하는 전국적 또는 NB상품의 관리와 PB상품의 개발을 수행해야 할 것이다. 또한 물류비용의 절감을 위해서는 관계기업과의 연결에 의한 보관, 수송, 하역, 포장 활동 등의 물류활동이 수행돼야 한다.

표 9-11 가격파괴 유통업태의 머천다이징

가격파괴 유통업태의 추구목표					가격파괴 유통업태의 머천다이징	
이익증가	매출증가	객단가증가	매출수량증가	계획구매개수 증가	브랜드 로열티 제고, 상품의 필요성 부각 등을 위한 촉진활동, 보통 비용 절감 위한 소극적 촉진활동	
				비계획 구매개수 증가	상기구매, 관련구매, 충동구매를 위한 In-store Merchandising	
			상품단가 상승		부적합	
		객수증가	내점횟수 증가		회원제 등을 통해 내점의욕 제고, 스토어 로열티 제공	
			신규고객 증가		회원만 대상으로 하는 판촉활동 통해 신규 고객 유인	
			상권 확대		넓은 주차장을 두어 승용차 이용 고객을 유인하거나 대중교통이 편리한 지역에 입점	
	비용감소	투자삭감	점포투자 삭감		비용 절감을 위해 도심외곽에 주로 입점하며, 대부분 단층으로 건축	
			설비투자 삭감		매장 내에 진열대 대신 파렛트를 주로 이용하나, 인건비의 절감 위해 물류센터, 하역작업의 자동화 추구	
		원가절감	매입원가 절감		상품공급자와의 관계제고를 통한 NB 상품원가의 절감 소매업태 자체노력에 의한 PB상품 개발 Sourcing에 의한 상품 도입	상품화 활동과 관련
			재고비용 절감		단품관리를 통한 사양상품의 배제와 인기상품의 품절방지를 철저히 실행	
			물류비용 절감		도미넌트식 출점, 하역작업과 물류센터의 자동화 등을 통한 물류비용 절감	물류활동과 관련

04 가격관리 전략

4.1 유통업체 가격관리의 특성

가격은 소매상의 전략 가운데에서 가장 민감한 부분 중의 하나이다. 그러나 소매상에 있어서 가격이라는 것은 단순히 상품에 설정된 가격으로만 보기는 어렵다. 왜냐하면 상품이라는 것이 소비자에게 제공되는 만족의 묶음(a bundle of satisfaction)이라고 볼 때 부대서비스도 상품을 이루고 있는 한 부분이고, 가격은 그에 상응하는 화폐적 가치이기 때문이다. 그러므로 부대서비스의 수준이 높아지면 가격은 상승하기 마련이고, 부대서비스의 수준이 낮아지면 가격 수준은 따라서 낮아지게 된다.

가격을 설정할 때에는 가격설정의 목표가 있어야 한다. 대체로 소매상이 가격을 설정할 때에는 소매조직이 추구하는 방향에 따라서 시장점유율을 높이기 위한 것인지, 이익을 높이기 위한 것인지, 아니면 경쟁자를 압도하기 위한 것인지부터 설정하여야 한다. 가격설정의 목표가 설정되면 수요요인, 경쟁요인, 원가요인, 상품요인 등을 고려하여 가격결정을 한다. 즉 원가개념의 단순한 가격결정이 아니라 제반 요인들을 모두 고려한 가격이어야 한다는 것이다.

대체로 소매상이 이용하는 가격설정 방법에는 마크업 가격결정과 경쟁적 가격결정이 있다. 마크업(markup)이란 원가와 소매가와의 차이를 의미한다. 그러므로 마크업 가격결정(markup pricing)이란 원가에 일정한 비율의 마진을 붙여서 가격을 결정하는 것을 의미한다. 경쟁적 가격결정(competitive pricing)은 경쟁자의 가격을 기준으로 하여 가격을 설정하는 방법이다. 이때의 가격은 경쟁자보다 저가가 될 수도 있고 고가가 될 수도 있으나 각 전략에 대한 적절한 보완이 있어야 한다. 즉, 경쟁자보다 낮은 가격을 설정하는 경우 대량 상품구입 등과 같이 마진 차이를 보전할 수 있는 방법을 보충적으로 개발하여야 한다. 경쟁자보다 높은 가격을 설정하는 경우에는 소비자들의 총체적인 혜택이 경쟁자보다 우위에 있도록 부대서비스를 개발하여야 한다.

4.2 오픈 가격제

메이커는 체계적 생산비용의 절감에 의한 출하가격만을 제시하고, 유통의 각 단계에서 해당업체가 자율적으로 가격을 결정하는 것이 오픈 가격제이다. 지금까지는 메이커가 유통의 각 단계별로 희망가격을 제시하는 매매기준가격제와 유통업자의 판매의욕을 돋구기 위해 일정기간 안에 거래량이 초과되면 장려금을 주는 리베이트 제도가 함께 운용되어 왔다. 이러한 제도는 판매가격을 상승시키는 요인의 하나로 가격파괴 유통업태의 등장과 함께 개선되어가고 있다. 즉, 가격파괴 유통업체에 의한 메이커 희망가격의 인하로 지금까지 소비자에게 상품가치의 판단기준 중의 하나이었던 메이커 희망가격이 이중가격표시의 의심을 받게 된 것이다. 따라서 메이커는 오픈 가격제로 이행하여 이러한 의심에서 벗어나고자 하였으며, 유통업체는 메이커의 간섭없이 본격적인 저가격 경쟁을 수행하게 된 것이다.

이외에도 오픈 가격제로 인해, 메이커는 복잡하고 관리비용이 많이 들었던 리베이트 제도를 간소화시키고, 비용절감과 품질개선 등의 본연의 임무에 더욱 충실하게 되고, 유통업체는 시장상황에 맞추어 유통업끼리의 경쟁에 의해 비용감소와 가격할인을 수행할 수 있는 것이다. 그러나 이러한 오픈 가격제는 공급업자의 협조와 이해, 그리고 공급업자와 유통업자 모두에게 이익이 된다는 가정 아래에서 실시 가능한 것으로서, 우리나라에는 아직 미진한 분야이다. 하지만, 거래구조의 단순화를 지향하는 개혁바람은 시대적 요구에서 생긴 것으로 이러한 흐름은 진전을 촉구하면서 계속 이어질 것이다.

4.3 가격인하 계획

가격파괴 유통업태에서 실시하는 가격인하는 미리 제조 코스트나 구매가격을 인하해 두었다가 판매가격을 내리는 자주계획형(自主計劃型)과 경쟁사의 가격에 밀려 부득이 가격인하를 단행하는 미준비 추종형(未準備 追從型)으로 나누어 볼 수 있다.

1) 자주계획형

가격인하를 하는 경우에는 사전에 공급업체와 협의하고, 자체적인 원가절감을 통해서 코스트를 인하시켜 놓은 뒤에 자주적으로 실시하는 것이 원칙이라고 할 수 있다. 이처럼 계획에 의한 가격인하는 이로 인한 이익의 감소는 없게 되며, 판매확산효과도 향유할 수 있을 것이다. 또한 계획에 의해 앞장서서 실시하는 가격인하는 흔히 신문 등의 매스컴에도 등장하게 되어 높은 광고효과도 기대할 수 있는 것이다. 그리고 자주계획형의 가격인하를 다시 원가절감으로 인한 이익을 곧바로 판매가에 적용하는 방법과 원가절감으로 인한 이익을 흡수한 후, 적절한 시기에 가격인하에 적용하는 방법으로도 나누어 볼 수 있는데, 이러한 방법들은 상황이나 여건에 따라 결정하면 될 것이고, 다만, 경쟁사가 조만간에 가격인하를 단행할 조짐을 보일 때에는 선수를 치는 것이 유리함을 명심해야 할 것이다. 그리고, 경쟁사의 가격인하가 조만간에 어려울 것이라고 생각될 때에는 이익을 내부에 유보해 두는 것이 좋을 것이다.

2) 미준비 추종형

자사에서 아무런 대비책이 없는 상황에서 경쟁사가 가격인하를 단행할 경우에는 상품에 차별력을 부여하여 가격경쟁에 영향을 받지 않도록 하는 것이 가장 효과적인 대처방안일 것이다. 하지만, 이러한 방안도 여의치 않을 때에는 경쟁사의 가격인하에 대응해 가격인하를 단행하는 방안도 검토해야 할 것이다. 그러나 상대방에 따라 가격인하를 단행했을 경우에는 곧바로 이에 상응하는 원가의 절감을 하지 못할 경우에는 시장점유율은 유지하더라도 이익의 폭이 줄어 들어, 결과적으로 가격을 유지하는 것보다 부정적인 결과를 초래할 것이다. 어쨌든, 계속적인 코스트의 인하 능력은 가격파괴 유통업체의 가격관리에 가장 중요한 요인으로 작용할 것이다.

05 유통 경영성과 방안

효과적인 경영 성과 개선을 이룩하기 위해서는 유통업체는 다음과 같은 네 가지 분야에 주력해야 한다.

표 9-12 효과적인 운영 개선을 위한 핵심 개선 아이디어(특히, 할인점)

구 분	핵심 개선 아이디어
유연한 인력 활용	작업 프로세스 재설계를 통한 작업 활동상의 낭비 제거 인력 배치 일정의 재조정을 통한 서비스 인력과 고객 수요간의 최적 일치
철저한 재고관리	체계적이고 표준화된 주문시스템 구축과 엄격한 재고데이터 관리를 통한 최적 재고 유지 매장 내 할인(markdown)에 대한 엄격한 기준 적용 및 통제를 통한 Margin 극대화
효과적인 MD 수행	매장 배치 및 상품 진열의 개선을 통한 고객의 매장 경험 만족도 향상 일관되고 명료한 안내판 설치를 통한 고객 구매의 촉진 매장 내 점원의 효과적인 판촉 및 판매활동 수행
효과적인 성과관리	매장 운영 프로세스의 원칙수립과 체계적인 성과관리 및 보상체제 확립을 통한 매장 운영 개선의 실행력 확보 과제별 명확한 실행 주체의 확정과 성과주의 문화 정착을 위한 전사적 혁신과제 수행

5.1 유연한 인력 활용

인력활용의 비효율은 작업 프로세스를 재설계해 낭비 부분을 제거하고, 고객 규모에 따라 인력배치 일정을 재조정하여 해결가능하다. 또한 물류센터(distribution center)에서 매장 내에 이르는 전체 운영 프로세스에 걸쳐 인력 효율성을 대폭 개선해 인건비 절감이 가능하다. 작업 프로세스는 매장뿐 아니라 납품업체와 물류센터 차원에서 재설계하여 중복작업 또는 매장의 병목현상을 줄여야 한다. Receiving Area에서 Back Room까지의 프로세스상 다수의 적체와 비효율이 존재하는 경우가 많다. 매장 납품 상품이 물류센터에서 카테고리별로 사전 분류되지 않고 있으며, 가격표 부착 및 진열 절차가 분산되어 있어 매장에서의 인력 낭비가 초래되고 있다. 또한, 피크 시간대외 비 피크 시간대와 전체 판매 코너에 걸쳐 고객방문 패턴에 잘 대응할 수 있도록 인력 배치 일정을 보다 철저하게 수립해야 한다.

5.2 철저한 재고관리

부실화 재고관리에 기인하는 낭비 부분은 발주 프로세스와 데이터관리를 표준화, 체계화하고, PM(product manager) 선에서 자체 판단에 의해 시행됨으

로써 마진 잠식과 과다 재고를 야기하는 할인 판매를 더 엄격한 관리하에 운영함으로써 해결할 수 있다. 또한 효율적인 재고관리와 마진관리를 통해 상당한 절감을 기할 수 있다. 즉, 모든 품목의 과다 재고를 현격히 감소시키고 과다 재고로 인해 발생하는 할인판매를 엄격히 제한해야 한다.

5.3 효과적인 MD 수행

현재 국내 유통업체의 대부분은 상품 진열, 간판(signage), 판촉 및 영업 관

표 9-13 선진업체의 판매 촉진책의 원칙

구 분	선진업체에서 지켜지는 판매촉진책의 원칙
레이아웃 (layout)	**원칙 1. 고객 이동량(traffic) 및 지출을 극대화할 수 있는 상품 진열** 정리 정돈된 쾌적한 주변 분위기 조성 Cross-shopping을 유도하기 위해 관련 상품을 근접한 곳에 배열 고객들을 매장 안쪽으로 유인하기 위해 목적코너(destination departments)들을 매장 뒤편에 위치시킴 고객에게 좋은 인상을 주기 위해 상품을 깔끔하게 배열 고객이 상품을 직접 만져보고, 시험해 보고, 가져가서 바로 구매할 수 있게 함
표시/ 간판 (sign)	**원칙 2. 명확하고 일관적이며 잘 정렬되어 있고, 이해하기 쉬운 표시/간판 활용** 각 부분을 쉽게 찾아 갈 수 있음(e.g., 각 Section별 방향 표시) 각 통로 끝에 나열된 상품(end-of-aisle product)은 시각적으로 해당 통로에 있는 모든 상품을 대표적으로 보여 줌 표시/간판은 고객의 의사결정에 중요한 가격 정보를 명확하게 전달함(e.g., 상품 특징, 가격, 가치) 표시/간판은 정확하게 제시됨.(e.g., 표시된 가격이 실제 가격과 동일함, 표시를 실제 상품 옆에 두거나 고객 이동량이 많은 곳에 높이 부착) 표시/간판은 매장 전체에 일관된 시각적 효과를 유지함 표시/간판은 고객들의 고급 상품 구매 혹은 충동구매를 유도함
판촉 및 영업 (sales)	**원칙 3. 판촉 및 영업은 눈에 잘 띄고 도발적이며 접근 용이** 고마진 및 충동구매 상품은 입구 및 에스컬레이터 주변에 배열 판촉 대상 상품의 경우 눈에 잘 띄는 곳에 충분한 수량으로 배열 매장 내 기타 인기코너/목적지에도 판촉 상품 배열 End-cap Display는 핵심 Concept 혹은 판촉 행사가 잘 드러나도록 배열 광고 및 브랜드 이미지와 일관된 방식으로 판촉 추진 적극적이며 먼저 다가가는 고객 응대/Sales 활동 수행

련 성과에 있어서 상당한 개선의 여지가 있다. 특히, 고객 이동량 및 지출 극대화를 위한 장품 진열(layout), 명확하고 일관적이며 잘 정렬되어 있고, 이해하기 쉬운 표시 및 간판 설치, 눈에 잘 띄고 충동 구매를 유도할 수 있는, 접근이 쉬운 판촉 및 영업(sales) 활동 등에 대한 개선 필요성이 상당히 높다. 또한, 적극적이지만 부담을 주지 않는 고객 응대로 영업의 효과성 제고가 필요하다. 이러한 대부분의 MD 관련 이슈는 각 매장별 과제의 즉각적 수행을 통해 대규모 투자 없이 개선이 가능하다. 다음과 같이 세계적 수준의 유통업체들은 여러 단계에서 시간적 판매 촉진책을 실시하고 있다.

5.4 효과적인 성과 관리

현업 인력에 대한 효과적인 동기부여 및 성과 향상을 위한 방향 제시 등이 현재 현격히 부재하다. 이와 같은 비효과적인 성과관리체계는 불명확한 업무 분장과 연계되어 있지 않은 평가/보상 체제간의 악순환으로 인한 것이다.

표 9-14 세계적 유통업체의 성과관리체계의 Best Practice

구 분	세계적 유통업체의 Best Practice	국내 일반적 수준
조직 및 업무 구조	명확하게 정의된 관리자의 역할, 조직 구조에 대한 명확한 이해 및 핵심 역할을 중심으로 한 현업 대상의 성과관리 시스템 주요 역할별 명확한 업무분장 제시(예, 자격 요건, 업무상 책임, 성공의 정의 등) 모든 현업 직원에게 쉽게 사용할 수 있는 간단하지만 포괄적인 업무 내용(예, 프로세스 가이드, 할 것/해서는 안 될 것) 및 구체적 교육	"회사가 조직원에 대해 관심이 없기 때문에 조직원 역시 애사심이 없다."
성과 지표 및 목표	각 Performance unit별로 명확한 성과관리지표(KPI) 설정(예, 오전/오후 근무, 코너, 매장, 구역) 적절한 주기별 KPI 설정(예, 시간별, 일별, 주별) 총체적 성과 목표와 KPI 연계 Peer Group 분석에 기초한 성과 지표에 대한 상대적 및 절대적 평가의 동시 실행 주기적이고 가시적인 Reporting 방식을 통한 자동화된 지표 측정	"회사의 VISION이나 방향에 대해서 아는 사람이 아무도 없다." "나의 성과 목표가 무엇인지 혹은 나의 성과와 보상이 어떻게 연계되었는지조차 모르고 있다."

성과중심의 대화 (performing dialogue)	성과에 대한 논의를 정기적 및 반복적으로 실시 주력 분야(프로세스, 코너 등)에 대한 빨강/노랑/초록을 통한 통제 각 직급별로 체계적인 논의 일정 자료에 근거한 성과에 대한 논의	"우리 회사는 값싼 노동력을 매우 비효율적으로 활용해서 결국 조직 내에 성과의 중요성에 대한 인식과 사기가 매우 낮다." "경쟁사인 OO에 자리만 난다면 당장이라도 회사를 옮기겠다."
현업의 문제 해결 역량 강화	현업 직원을 상대로 직접 사용할 수 있는 기초 문제 해결 능력(예, Issue Tree)을 Field Manager에게 교육함 부진 성과의 특정 문제를 해결하기 위해 매장 네트워크 전체의 Best/Worst Practice를 활용함 성과 지표를 개선하기 위해 코너별 및 매장별 Action Plan을 주기적으로 개발함	"현업 직원은 본사에서 요구하는 열의를 참여보다는 희생으로 여기고 있다." "우리 회사에서는 혁신을 위한 열의를 보이는 사람이 조직에서 소외되는 분위기다."

연습 문제

1. 카테고리관리와 단품관리의 장, 단점을 비교 · 설명하시오.
2. PB상품의 특성과 PB가 유통경로에 미치는 영향에 대해 설명하시오.
3. 가격 중심의 머천다이징과 非가격 중심의 머천다이징을 비교 · 설명하시오.
4. 가격 파괴형 소매업체의 머천다이징 기본 방향에 대해 설명하시오.
5. 소매업체 가격관리의 주요 측면을 설명하시오.
6. 소매업체의 경영성과를 활성화시키기 위한 주요 분야에 대해 설명하시오.

제10장 도매상과 도매업의 관리

1. 도매상의 의의와 유형
2. 도매상의 기능과 마케팅 의사결정
3. 도매환경 변화에 따른 도매상의 대응
4. 도매상의 주요 전략적 이슈와 추세

10 도매상과 도매업의 관리

제 1 부

유통경로에 대한 개관(제1장)

제조업체의 유통관리

- 유통경로구조 설계(제2장)
- 경로구조 및 경로통합(제3장)
- 경로파워, 경로리더십, 경로갈등(제4장)
- 유통과 타 마케팅변수의 조화(제5장)
- 경로성과 평가(제6장)

제 2 부

유통전문업체의 유통관리

- 소매상과 소매업의 주요 이슈(제7장)
- 소매업태의 발전(제8장)
- 소매업체의 유통관리(제9장)
- **도매상과 도매업의 관리(제10장)**

제 3 부

유통관리에 있어서의 전략적 이슈

- 공급체인관리(SCM)(제11장)
- 물류관리와 제3자물류(제12장)
- 전략적 고객관리(CRM)(제13장)
- 서비스 산업의 유통관리(제14장)

유통 뉴스 (4차산업 테스트베드 떠오른 유통)5G 시대, 전파로 사고 파는 쇼핑매장

유통채널도 소비자도 편익 커질 전망…5G 기반 VR 활용도 높아

4차 산업의 핵심 기술로 꼽히는 5G(5세대) 시대가 도래해 근접통신망 기반 마케팅 비중이 커지고 있는 유통시장도 변화의 급물살을 탄다. 국내외 유통업체는 AI(인공지능), VR(가상현실) 등 5G 기술 기반의 플랫폼을 도입했거나 앞으로의 활용을 위한 준비 작업에 한창이다.

KT경제경영연구소가 발표한 '5G의 사회경제적 파급효과 분석' 보고서에 따르면 5G 기술 활용으로 오는 2025년 최소 2조원, 2030년 최소 2조5000억원의 경제적 가치가 발생할 것으로 전망된다. 우선 국내 소매판매액 추정액과 데이터 기반의 의사결정에 따른 판매증대 효과, 데이터 분석 기반의 5G 기여도를 바탕으로 2025년 1조3111억원, 2030년 1조5460억원의 전략적 편익이 발생할 것으로 추정된다.

우선 5G와 IoT(사물인터넷) 장비 등의 활용이 늘어나면서 물류 등 운영비 절감 효과가 기대된다. 연구소는 국내 소매판매액 추정액과 물류비 비중 수치, 데이터 활용 증가의 5G 기여도를 바탕으로 2025년 1조1800억원, 2030년 1조3914억원의 운영상 편익이 발생할 것으로 예상했다.

상품 정보에 대한 정확도를 높이면서 소비자가 얻는 편익도 커질 것으로 보인다. 연구소는 가격 비교에 따른 지출 감소와 가격 정보를 비교하는 소비자 비율, 실시간 연결 용량 강화를 통한 5G 기여도를 바탕으로 2015년 4546억원, 2030년 7379억원의 소비자 편익이 발생할 것으로도 전망했다.

5G 기술을 기반으로 한 판매는 유통 현장에서 현재 진행형이며, 이 시장을 선도하는 미국에서는 무인 매장 경쟁에 돌입했다. 미국의 인터넷 쇼핑몰 아마존은 지난 2016년 12월 미국 시애틀 본사에서 계산대 없는 식료품 판매점인 '아마존 고(Amazon Go)'를 시범으로 운영한 후 이듬해 1월 일반 고객을 대상으로 정식 영업을 시작했다.

아마존 고는 아마존 계정과 함께 스마트폰에 설치된 애플리케이션으로 이용할 수 있으며, 고객이 진열대에서 고른 상품이 실시간으로 인식돼 매장을 나가면 자동으로 비용이 결제되는 방식이다. 이와 관련해 최근 현지에서는 아마존이 오는 2021년까지 미국 내에 3000개의 아마존 고를 개설하는 것을 고려 중이고, 최상의 매장 형태를 찾기 위한 테스트를 진행하고 있다는 내용의 보도가 나왔다.

미국의 유통업체 월마트의 회원제 창고형 대형 할인점인 샘스클럽은 지난달 미국 댈러스에 아마존 고와 유사한 방식의 매장인 '샘스클럽 나우(Sam's Club Now)'를 오픈했다. 샘스클럽 나우는 전용 앱으로 구매할 제품의 바코드를 스캔한 후 제품을 가지고 매장을 나갈 때 QR 코드를 스캔하면 결제가 완료되는 방식이다.

편의점 세븐일레븐도 미국 댈러스 내 14개 매장에서 셀프 계산 서비스를 테스트하고 있다. 이 서비스 역시 고객이 전용 앱으로 구매를 원하는 제품의 바코드를 스캔한 후 결제하는 방식이다. 금융 서비스, 술과 담배 등 연령 확인이 필요한 제품은 제외된다.

국내 세븐일레븐도 셀프 계산대가 포함된 '시그니처' 매장 4곳을 운영하고 있다. 하지만 아직 테스트 성격이 강하다. 세븐일레븐 관계자는 "다른 편의점 브랜드도 비슷한 방식의 매장을 도입하고 있다"라면서도 "일반 고객에게 자유롭게 드나들 수 있는 곳은 제한되고 있는 등 아직은 테스트 수준"이라고 말했다.

5G와 결합해 고도화될 것으로 예측되는 VR 기술도 응용이 활발하다. KT는 지난 3월 국내 최초로 현대홈쇼핑, 신세계TV쇼핑과 '홈쇼핑 VR 피팅' 서비스를 론칭했다. 이 서비스를 통해 방송 중 고객이 성별, 키와 허리 등 신체 사이즈를 적용한 아바타에 상품의 사이즈를 맞춰볼 수 있다.

이케아는 고객이 직접 매장에 가지 않고도 가상으로 상황에 맞게 가구를 배치하면서 비교할 수 있도록 서비스를 제공하고 있다. 현대백화점은 판교점 매장 일부를 앱과 VR 기기를 통해 360도로 살펴볼 수 있도록 하고 있다.

현대백화점그룹 계열의 IT 전문업체 현대IT&E는 지난달 30일 국내 최대 규모의 VR 테마파크인 'VR 스테이션' 강남점을 열었다. 총 4개 층으로 운영되는 이 테마파크는 총 3960㎡(1200평) 규모다. 지하1층과 지상1층에는 일본의

▲ 지난해 4월 27일 미 워싱턴주 시애틀의 아마존고 가게 앞을 시민들이 지나가고 있다.

엔터테인먼트업체 ㈜반다이남코어뮤즈먼트의 콘텐츠로 구성된 'VR Z'가 들어섰고, 2층과 3층에는 국내 VR 게임 등 다양한 문화 콘텐츠를 선보인다.

현대IT&E는 강남점을 시작으로 현대백화점그룹의 오프라인 유통 채널을 비롯해 오는 2020년까지 전국 주요 광역 상권에 10개 이상의 VR 스테이션을 열 계획이다. 현대백화점그룹 관계자는 "VR이 아직 판매에 적용되지는 않고 있는 단계"라면서 "VR 기술을 활용도를 높여 사업을 진행해 나갈 것"이라고 말했다.

※ 자료원: 뉴스토마토, 2018.12.12

학 | 습 | 목 | 표

1. 생산자와 조직체 구매자 사이의 중개인인 도매상의 기능을 알아본다.
2. 도매를 정의하고 현대 도매상의 출현에 대한 이론적 근거를 설명한다.
3. 도매분야의 구조와 도매가 직면한 변화의 원동력을 고찰한다.
4. 제조업자, 소매업자, 산업사용자들이 도매상을 선택하고 이용하는 것에 대해 논의해본다.
5. 공급자와 소비자들에게 더 나은 서비스를 제공하기 위한 도매업자들의 전략과 구조, 경영방침의 새로운 길에 대해 논의한다.

01 도매상의 의의와 유형

1.1 도매상의 정의

도매상을 정의하는 것은 소매상을 정의하는 것과 마찬가지로 간단한 문제는 아니다. 그 이유는 도매라는 기능을 담당하는 유통경로 구성원들의 형태가 다양하고, 도매기능과 소매기능을 동시에 수행하는 경로 구성원도 많기 때문이다. 그러나 일반적으로는 "소매기관, 상인, 산업적 또는 상업적 사용자들에게 상품을 판매하는 사람이나 기관들에 관련된 행위 등을 의미하며, 최종 소비자에 판매하는 비중이 적어야 한다"고 도매를 정의하고 있다. 이러한 도매라는 정의에 기초하면 도매상이란 도매활동을 하는 사람이나 조직 등을 의미한다고 할 수 있다.

따라서, 이 책에서는 '도매상이란 최종 소비자가 아닌 산업사용자(industrial user)나 재판매업자(reseller)에게 판매하는 도매행위를 주로 하는 사람 또는 기업'이라고 정의한다. 이와 관련하여 도매상과 소매상은 다음과 같은 점에서 차이가 있다.

첫째, 도매상은 최종 소비자보다는 주로 기업고객과 거래하기 때문에 촉진, 매장분위기 등에 관심이 적다.

둘째, 도매상은 넓은 상권을 대상으로 하며 소매상보다 대규모 거래가 이루어진다.

셋째, 도매상은 소매상과는 상이한 법적 규제와 세제가 적용된다.

즉, 도매상은 주로 생산자로부터 구매하여 대개 소매상, 산업재 고객, 그리고 또다른 도매상에게 판매하지만 유통경로상 많은 기관들이 도매활동과 소매활동을 동시에 수행하는 경우가 많기 때문에 어느 정도 혼란이 있을 수 있다. 대체적으로 최종 소비자에게 판매되는 비중이 50% 미만인 경로 구성원들을 도매상이라고 할 수 있다.

1.2 도매상의 유형

도매상의 유형은 일반적으로 ① 상품에 대한 소유권의 여부, ② 서비스의 범위, ③ 취급하는 계열의 정도, ④ 재고의 유·무를 기준으로 구분된다. 이러한 기준으로 분류하면 [그림 10-1]과 같다.

도매상들은 주로 생산자로부터 구매하여 대개 소매상, 산업고객, 그리고 다른 도매상에게 판매한다. 그런데 왜 도매상이 필요한 것인가? 예컨대 왜 생산자는 소매상이나 소비자에게 직접 판매하지 않고 도매상을 이용하는가? 이에 대한 대답은 도매상들이 다음과 같은 유통기능 중에서 하나 이상을 효율적으로 수행하기 때문이다.

① **판매와 촉진:** 도매상은 생산자로 하여금 많은 소규모 고객들에게 도달할 수 있도록 판매망을 제공하며, 소비자에게 지리적으로 더욱 확고한 편의를 제공한다.

② **구매와 구색 갖춤:** 도매상들은 고객이 필요로 하는 구색을 갖춤으로써

그림 10-1 도매상의 유형

고객의 불편을 덜어 주고, 대량으로 구입하여 소량으로 판매함으로써 고객에게 이익을 준다.

③ **보관**(warehousing): 도매상들은 재고를 보유함으로써 재고비용과 위험부담을 덜어준다.

④ **수송**(transportation): 지리적으로 소매상 가까이에 위치하고 있으므로 고객에게 신속한 배달이 가능하다.

⑤ **금융**(financing): 도매상은 고객에게는 신용판매, 금융 서비스 등을 제공한다.

⑥ **위험부담**(risk taking): 도매상들은 소유권을 갖거나 도난, 파손, 변질, 진부화의 비용 등을 부담함으로써 위험을 흡수한다.

⑦ **시장정보**(market information): 도매상은 고객에게 경쟁사의 활동, 신상품, 가격변화 등에 관한 정보를 제공한다.

⑧ **경영서비스와 지도**(management service and counseling): 도매상은 영업사원을 교육·훈련시키고, 점포 배치와 전시를 도와주거나, 회계 및 재고관리 시스템을 만들어 줌으로써 소매업자의 영업을 향상시켜 주곤 한다.

그리고 다음의 〈표 10-1〉은 상기에 설명된 도매상의 유형과 기능 그리고 관여도를 중심으로 도매상을 분류하여 나타낸 것이다. 이 분류기준에 따른 도매상의 유형과 구체적인 활동을 살펴보도록 한다.

1) 상인도매상(merchant wholesaler)

상인도매상은 상품에 대한 소유권을 가지고 독립적으로 활동하는 사업체이다. 상인도매상은 완전기능 도매상(full service wholesaler)과 한정기능 도매상(limited service wholesaler)으로 구분될 수 있다.

완전기능 도매상은 재고유지, 판매원의 이용, 신용제공, 배달, 경영지도와 같은 종합적인 서비스를 제공한다. 이것은 다시 도매상인과 산업분배업자로 구분된다.

① **도매상인**(wholesale merchants): 도매상인은 주로 소매상을 상대하며 그들에게 최대한의 종합적인 서비스를 제공한다. 일반잡화 도매상

표 10 -1 유통경로에서 도매상의 유형에 따른 기능과 관여도

	물적흐름	소유권	촉진	협상	재무	위험	주문	지불
A. 상인도매상								
1. 완전기능 도매상								
일반잡화	H	H	H	H	H	H	H	H
일반계열	H	H	H	H	H	H	H	H
전문	H	H	H	H	H	H	H	H
2. 한정기능 도매상								
현금판매	H	H	L	H	NONE	L	H	H
트럭	L	L	L	H	L	L	H	H
선반	H	H	H	H	H	H	H	H
낙하	NONE	H	L	H	H	H	H	H
우편주문	L	H	L	H	H	H	H	H
원자재가공 도매업	L	H	L	H	H	H	H	H
3. 도매상연합 연쇄점	H	H	H	H	H	H	H	H
B. 소매상 협동조합	H	H	H	H	H	H	H	H
C. 거간과 대리인								
거간	NONE	NONE	H	L	NONE	NONE	H	L
제조업자 대리점	NONE	NONE	H	NONE	NONE	NONE	H	L
판매대리인	NONE	NONE	H	H	NONE	NONE	H	L
위탁상인	H	NONE	H	H	H	H	H	H

H: 높은 수준으로 관여함 L: 낮은 수준으로 관여함 NONE: 관여하지 않음

(general merchandise wholesale merchants)은 일반잡화 소매상과 단일계열 소매상 모두를 상대하여 여러 가지 상품을 취급한다. 일반계열 도매상(general-line wholesalers)은 한두 개의 상품계열을 깊이 있게 갖추고 있다. 예를 들면 철물 도매상, 의약품 도매상, 의류 도매상 등이 있다. 전문 도매상(specialty wholesalers)은 한 가지 계열 중 일부분만을 매우 깊이있게 취급한다. 예컨대, 건강식품 도매상, 해산물 도매상, 자동차부품 도매상 등이 있다. 이들은 고객에게 보다 깊이 있는 선택과 보다 많은 상품지식의 이점을 제공한다.

② **산업분배업자(industrial distributors)**: 이들은 소매상보다는 제조업자를 대상으로 상품을 판매한다. 이들도 재고유지, 신용제공, 배달 등의 서비스를 제공하며 여러 종류의 상품을 폭넓게 취급하거나, 선매품 또는 전문품에 한정하여 취급하기도 한다.

한정기능 도매상은 자신의 공급자나 고객에게 제한적 범위의 서비스만을

제공하는데 형태별로 구분하면 다음과 같다.

① **현금판매도매상**(cash and carry wholesalers): 이들은 회전이 빠른 한정된 계열의 상품만을 소규모 소매상에게 현금으로 판매하고 보통 배달은 하지 않는다. 예컨대 작은 생선가게 소매업자는 새벽에 이들 도매업자에게 가서 생선상자를 현금으로 지불하고 자기상점으로 직접 가지고 돌아온다.

② **트럭도매상**(truck wholesalers): 트럭 중개상(truck jobber)이라고도 하는데 주로 판매와 배달의 기능까지 수행한다. 이들은 우유, 빵, 스낵류 음식과 같이 변질되기 쉬운 한정된 계열의 상품만을 취급하고 직접 수퍼마켓, 소규모 채소점, 병원, 음식점, 공장의 식당과 호텔 등으로 돌아다니며 현금판매를 한다.

③ **낙하선적인**(drop shipper): 이들은 석탄, 목재, 중장비와 같이 부피가 큰 상품을 주로 취급하고 이들은 직접 재고를 유지하지 않으며, 일단 주문을 받으면 합의된 조건과 배달시간에 맞추어 고객에게 직접 상품을 선적 운반할 제조업자에게 연결한다. 낙하 선적인은 접수한 시각부터 상품이 고객에 배달되는 때까지의 위험을 부담하며 재고를 갖지 않기 때문에 비용을 절약할 수 있고, 따라서 비교적 낮은 가격으로 상품을 공급할 수 있다.

④ **선반중개인**(rack jobber): 이들은 대부분 비식품류를 취급하며, 잡화 및 의약품을 취급하는 소매상을 고객으로 한다. 예를 들어 선반 중개인은 완구류, 염가 서적류, 철물상품, 건강상품, 미용용품 등의 취급품을 직접 소매점까지 트럭으로 배달하고 선반에 쌓아주며 가격결정, 상품의 신선도 유지, 판촉물 진열, 재고기록 유지 등의 제반활동을 자신의 배달원으로 하여금 수행하게 한다. 따라서 소매상은 이 경우 선반 중개인의 상품을 위탁판매하는 형식이 된다. 또한 이들이 소매점에서 판매되는 상품의 소유권을 갖는다는 것이 특징이며, 소매상은 소비자에게 판매한 상품에 대해서만 판매수수료를 제하고 선반중개인에게 지불하면 된다.

⑤ **농산물생산자조합**(producer's cooperatives): 구성원이 농산물생산자인 이 조합은 지역시장에서 판매할 농산물을 수집하여 소매상들에게 유통시킨다. 이들의 사업이윤은 연말에 조합원인 농산물생산자들에게 분배

된다. Sun Maid 건포도, Sunkist 오렌지, 혹은 Diamond 호두 등은 농산물생산자조합이 도매기능을 수행하는 대표적인 농산물들로 이 상표들은 국제적으로도 널리 알려져 있다.

⑥ **우편주문도매상(mailorder wholesalers)**: 보석류, 화장품, 기타 부피가 작은 품목을 기록한 상품 목록표를 소매상, 산업 및 기업 고객에게 발송한 후 이 목록표에 표시된 고유번호를 기준으로 고객에게서 주문을 받는다. 고객을 방문하지 않으며 고객이 주문을 하면 우편, 트럭, 또는 다른 효율적인 운송수단으로 배달을 한다.

2) 거간 및 대리인(brokers and agents)

거간과 대리인은 두 가지 점에서 상인도매상과 다르다. 그들은 상품에 대해 소유권을 갖지 않으며 단지 몇 가지의 유통기능을 전문적으로 수행할 뿐이다. 그들의 주기능은 상품매매를 용이하게 하는 것이고 이에 대한 대가로서 판매가격의 일정비율에 달하는 수수료를 받게 된다.

① **거간(broker)**: 거간의 주기능은 구매자와 판매자를 같은 장소에 모이게 하여 거래협상을 도와주는 역할을 하는 것이다. 거간은 구매자, 판매자 쌍방에게서 보수를 받게 된다. 그들은 재고를 보유하지 않고, 금융에도 관여하지 않으며, 거래에 따르는 위험을 부담하지도 않는다. 가장 흔히 볼 수 있는 예로는 부동산 중개업자, 보험 및 증권중개인 등이 있다.

② **대리인(agent)**: 대리인은 거간보다는 시간적으로 지속적인 관계를 유지하면서 구매자나 판매자 중 한쪽을 대리한다. 이에는 몇 가지 유형이 있다. 제조업자 대리인(manufacturer's agents)은 가장 많은 대리인의 유형이다. 이들은 상품종류가 서로 다른 2명 이상의 제조업자들을 대리하고 이들은 각 제조업자들의 상품계열 등에 대해서 잘 알고 있으며 상품의 가격결정이나 영업지역, 주문처리 절차, 배달 서비스, 그리고 품질보증, 수수료율 등에 관하여 거래당사자간의 공식적인 합의서 작성에도 참여하며 이들이 갖고 있는 폭넓은 거래선을 통하여 판매한다.

그리고 판매대리인(selling agents)은 제조업자의 전 상품을 판매하기 위해 계약상의 권한을 부여받는다. 제조업자는 스스로가 판매기능에 관심이 없거나 혹은 판매능력이 없다고 느낄 때 판매대리인을 이용한다. 판매대리인은 제조업체의 판매부서 기능을 수행하고 가격, 기간, 그리고 조건 등에 대해 자신의 책임하에 직접 결정한다. 일반적으로 판매대리인은 상권범위에 대한 제약없이 영업하며 직물이나 산업기계류와 장비, 석탄과 코크, 화학상품, 금속상품 등의 유통경로로 판매대리인이 활용되는 경우가 많다.

마지막으로 구매대리인(purchasing agents)은 일반적으로 구매자와 장기간에 걸친 관계를 유지하면서 구매자를 대신하여 상품을 구입하고, 상품을 인수하고 검사하며 창고보관과 상품선적을 책임진다.

3) 생산자의 영업지점 및 사무소(manufacturer's branches and offices)

이 유형은 독립적인 도매업자에게 도매기능을 위임하는 것이 아니라, 생산자가 재고통제와 판매 및 촉진 관리를 향상하고자 하는 목적으로 자신들의 영업지점과 사무소를 통하여 도매기능을 직접 수행하는 형태이다. 대개 영업지점(sales branches)은 재고를 유지하지만, 영업사무소(sales offices)는 재고를 유지하지 않는 경우가 많다.

또한 많은 대형 소매업자들은 그들의 구색창출을 위해 구매기능을 담당하는 구매사무소를 따로 두기도 하는데, 구매사무소는 거간이나 대리인의 기능과 비슷한 역할을 담당하는 도매조직으로 볼 수 있다.

02 도매상의 기능과 마케팅 의사결정

2.1 도매상의 기능

도매상은 제조업체와 소매상을 고객으로 하여 유통기능을 대행하는데 그 기능은 제조업체를 위한 후방적 유통기능과 소매상을 위한 전방적 유통기능으로 나누어진다.

1) 제조업자를 위한 유통기능

① **시장확보 기능**(market coverage function): 제조업자의 상품시장은 지리적으로 넓게 분포하고 있는 다수의 소매상들을 대상으로 영업하여야 한다. 도매상은, 이와 같이 지역적으로 폭넓게 분포하고 있는 소매상들

에게 제조업체의 상품을 신속하게 유통시킴으로써 제조업자의 시장확보를 위한 노력을 대행한다.

② **판매계약 기능**(sales contact function): 제조업자가 지역적으로 폭넓게 분포하고 있는 고객과 판매계약을 성사시키기 위해 직영판매점을 설치할 경우, 상당한 비용을 들여야 하며 이는 결국 제조업자에게 판매계약 기능에 대한 부담을 가중시킨다. 이러한 제조업자의 과다한 직영판매점의 부담을 대행하는 것이 바로 도매상의 판매계약 기능이다. 제조업자는 지역적으로 널리 분포하고 있는 고객과의 판매접촉에 필요한 판매계약 기능을 소수의 도매상에게 위탁함으로써 과다한 판매직영점 관리비용을 감소시킬 수 있다.

③ **재고유지 기능**(inventory holding function): 도매상은 자신이 취급하는 제조업자의 상품에 대한 소유권 및 재고보유를 지속적으로 함으로써 제조업자의 재고부담에 따른 재무적 위험을 감소시켜 준다. 뿐만 아니라, 제조업자의 상품을 신속하게 유통시킴으로써 제조업자가 보다 나은 생산관리계획을 집행할 수 있도록 지원한다.

④ **주문처리 기능**(order processing function): 대다수의 제조업체 고객들은 소량 구매자들이다. 도매상이 없다면 제조업자는 수많은 고객들로부터 다수의 소량주문을 처리하여야 한다. 그러나 여러 제조업자 상품을 함께 취급하고 있는 도매상들은 그들의 주문처리비용을 상품구색을 통한 판매로 흡수함으로써 제조업체의 주문처리부담을 줄여주는 기능을

그림 10-2 도매상의 기능

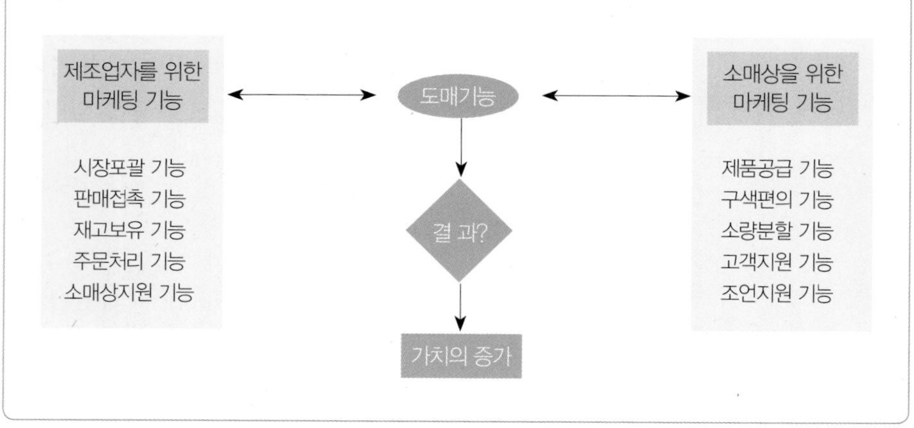

수행한다.

⑤ **시장정보 기능**(market information function): 도매상은 보통 지리적으로 볼 때 고객과 매우 가깝게 접하고 있으며, 고객에 대한 빈번한 방문을 통해 긴밀한 접촉을 갖는다. 따라서 도매상들은 상품과 서비스에 대한 고객의 요구를 제조업체보다 잘 파악할 수 있는 위치에 있다. 이러한 정보를 제조업자에게 제공함으로써 제조업체의 상품계획, 가격책정, 경쟁적인 마케팅전략의 개발에 유용하게 쓰일 수 있게 한다.

⑥ **고객지원 기능**(customer support function): 상품을 구매하는 것 이외에도, 고객들은 다양한 형태의 서비스 지원을 요구한다. 상품의 교환과 반품을 요구하거나 무료설치와 교육훈련을 요구하기도 한다. 뿐만 아니라 수리 및 기술적 지원이 제공되어야 할 경우도 있다. 수많은 고객들에게 이러한 모든 서비스를 제조업자가 직접 제공하기 위해서는 비용이 많이 들고 또한 비효율적일 것이다. 따라서 도매상은 제조업자의 고객지원 기능을 대신 수행함으로써 제조업자의 부담을 감소시켜 준다.

2) 소매상을 위한 유통기능

① **상품 이용가능성제공 기능**(product availability function): 아마도 도매상이 소매상을 위한 가장 기본적인 마케팅기능은 상품의 신속한 이용가능성을 제공하는 것이다. 어떤 경우에는 상품의 부품관리, 조립, 설치까지도 제공한다. 뿐만 아니라, 도매상과 소매상과의 밀접한 관계와 도매상의 소매상에 대한 민감한 대응은 소매상이 직접 획득하기 어려운 제조업체의 상품에 대한 이용가능성을 높일 수 있다.

② **구색편의 기능**(assortment convenience function): 앞의 기능과 밀접하게 관련된 것으로, 도매상은 여러 제조업체의 다양한 상품을 구색으로 갖출 수 있기 때문에 소매상의 주문을 매우 효과적으로 처리할 수 있다. 이러한 이유로 소매상들은 그들이 원하는 상당한 수의 상품을 제공할 수 있는 특정의 도매상이나 소수의 일반도매상 또는 전문적인 도매상과의 거래를 선호하게 된다.

③ **소량구매 기능**(bulk-breaking function): 대체로 소매상들은 대량구매를 필요로 하지 않는다. 그러나 대다수의 제조업자들은 소량주문 소매

상들에게 직접 판매하려 할 때 상당한 비용이 발생하게 됨을 알고 있다. 그러한 관계로, 제조업자들은 소량주문을 받지 않기 위해서 최소한의 주문조건을 제시하는 경우가 많다. 도매상들은 제조업자로부터 대량의 상품을 구매하고, 이를 소매상들이 필요로 하는 소량으로 분할하여 제공함으로써, 소매상에게 그들이 필요로 하는 수량만큼만 구매할 수 있도록 하는 기능을 제공한다.

④ **신용재무 기능**(credit and finance function): 도매상은 소매상에게 두 가지 방법으로 재무적인 지원을 제공한다. 첫째, 판매한 상품의 일정 부분에 대해 신용을 제공함으로써, 소매상들이 외상으로 상품을 구매하여 소비자에게 판매한 후에 대금을 지불할 수 있는 시간적 여유를 갖게 한다. 다음으로, 소매상들에게 필요한 다양한 상품들을 재고로 비축하고 있다가 소매상이 이를 필요로 할 때 신속히 제공함으로써, 소매상들이 그들 스스로 모든 상품을 재고로 비축하여야 하는 문제를 상당부분 줄일 수 있게 하여 재무적 부담을 줄여준다.

⑤ **고객서비스 기능**(customer service function): 소매상은 운반, 수리, 품질보증 등과 같은 다양한 서비스를 요구하는 경우가 있는데, 도매상은 이러한 서비스들을 소매상에게 제공함으로써 소매상의 노력과 비용을 덜어준다.

⑥ **조언 및 기술지원 기능**(advice and technical support function): 도매상은 잘 훈련된 인력을 활용하여, 기술적인 측면이 중요한 상품의 경우에는 기술적인 충고나 적절한 사용법에 대한 조언과 자문을 하며, 기술적 측면을 고려하지 않아도 되는 상품의 경우에는 판매 및 마케팅에 대한 자문 및 조언과 경영관리적인 지원을 제공한다.

2.2 도매상의 마케팅 의사결정

1) 표적시장 선정

소매상과 마찬가지로 도매상도 그들의 표적시장을 정확히 정의할 필요가 있다. 그들은 거래규모를 기준으로 하거나 고객의 유형, 특정 서비스 제공의 필요성(예: 신용이 필요한 고객) 등을 기준으로 하여 표적시장을 선택할 수 있다. 표적시장 내에서 그들은 보다 수익성 있는 고객들을 찾아내며, 보다 강력한 제공 가치를 설계하고, 또한 그들과 보다 나은 관계를 유지할 수 있는 프로그램을 개발할 수도 있다. 자동 재주문 시스템(automatic reordering system)을 갖추거나 관리자 교육훈련과 자문을 위한 시스템을 구축할 수도 있으며, 규모가 작은 고객들에겐 대량의 주문을 요구하거나 추가적인 요금을 청구함으로써 수익성이 낮은 고객들을 줄일 수도 있다.

2) 상품구색과 서비스 결정

도매상의 상품은 그들이 갖추고 있는 상품의 구색이다. 도매상들은 폭넓은 계열의 상품을 취급하며 갑작스런 배달 요구에 대비하여 충분한 재고를 유지하고 있어야 하는 압박을 느끼고 있다. 충분한 수준의 안전재고를 비치하고 있어야 하기 때문에 수익성에 타격을 받을 수도 있다. 오늘날 도매업자들은 얼마나 많은 계열들을 취급하여야 하는가를 재검토하고 있으며, 보다 더 수익성 있는 상품계열을 취급하기 위해 각종 정보화를 서두르고 있다. 도매상은 어떤 서비스가 고객과의 관계를 강하게 유지하는 데 있어서 가장 중요한가 하는 것과, 어떤 서비스는 제외시킬 것이며, 요금을 청구해야 할 서비스는 어떤 것인가를 검토하여야 한다.

3) 가격결정

도매상은 소매상에 대한 판매가격을 결정하기 위한 몇 가지 접근방법을 채택할 수 있다. 우선 제조업체에서 구입한 가격에 일정비율의 이폭(markup)을 부과하여 판매가격을 결정하는 원가 중심 가격결정(cost-oriented pricing)방법을 취할 수도 있고, 경쟁 도매상의 제공가격을 기준으로 하여 자신의 판매가격을 정하는 경쟁 중심 가격결정(competitor-oriented pricing)방법을 취할 수도 있다. 또한 소매점별로 협력의 정도, 거래빈도 및 거래량, 제공되는 서비스의 종류와 수준에 따라 소매점별로 다른 판매가격을 제시하는 고객 중심 가격결정(customer-oriented pricing)방법을 취할 수도 있다.

4) 촉진결정

대부분의 도매상들은 제조업체나 소매상에 비해 촉진에 대한 관심을 많이 갖고 있지 않으며 여전히 상업광고나 판매촉진, 홍보 그리고 인적판매 등의 활

동을 무계획적이고, 비체계적으로 수행하고 있다. 특히, 많은 도매상들이 인적판매에 있어서 아직도 진취적이지 못한 사고를 갖고 있는 경우가 많다. 즉, 그들은 판매행위를 주요 고객에게 접근하여 서로간의 신뢰구축을 통한 관계형성과 지속적인 서비스를 제공하는 것과 관련된 활동을 수행하는 팀(team)활동으로 보지 않고, 한 사람의 판매원이 한 사람의 고객과 개인적으로 이야기하는 것쯤으로 여기는 경우가 많다. 비인적 촉진에 관해서는 도매상들도 소매상들이 사용하는 몇 가지 이미지 형성기법을 사용함으로써 효과를 얻을 수 있다.

5) 입지결정 및 주문처리

도매업자들은 전형적으로 소매상에 비해 임대료가 싸고 세금이 낮은 지역에 자리를 잡고 그들의 사무실이나 시설에는 거의 돈을 들이지 않는다. 취급 및 주문처리 시스템에 있어서도 새로운 기술의 발달을 활용하지 못하는 경우가 많다. 원가상승에 대응하기 위해 일부 규모가 큰 혁신적인 도매상들은 자동창고와 온라인 주문시스템을 채택하고 있는데 이 경우 소매상으로부터의 주문은 바로 도매상의 컴퓨터에 입력되고, 자동적으로 그 품목들이 선적되는 물류창고로 정보가 전달되기도 한다. 많은 도매상들은 컴퓨터를 이용하여 회계, 계산서 발행, 재고통계, 수요예측 등을 실시하며, 보다 혁신적인 도매상들은 표적고객의 필요에 합당한 서비스를 제공하고 원가를 절감할 수 있는 사업방법을 개발하려고 노력하고 있다.

03 도매환경 변화에 따른 도매상의 대응

3.1 소매시장에 대한 대응

일반적으로 제조업자는 소매업자들이 그들 자신의 상품라인의 브랜드를 촉진하고 주로 팔아주기를 원하지만, 도매업자는 소매업자가 여러 제조업자의 다양한 브랜드를 구색으로 갖추기를 원한다.

전통적인 도매상을 이용하는 것이 소매상에게 이익이 되는 이유는 다음과 같다.

① 도매업자는 소매상에게 특정한 상품에 대한 특권, POS 촉진도구, 협력 광고 등의 형태로 직접판매에 상당한 도움을 주고 있다.
② 도매업자는 점포 내 레이아웃 계획, 실내디자인, 상품진열 등에 도움을 준다.
③ 도매업자는 소매업자에게 공중관계 또는 홍보, 장부정리 및 세무처리, 정보시스템, 관리 절차에 대한 지침과 충고를 제공한다.

예를 들어 미국의 Toys "R" Us는 도매상들이 ① 재주문을 빨리 처리해 주며, ② 판매를 보증하며, 팔리지 않는 품목은 완전신용으로 되돌려 받고, ③ 결함이 있는 상품은 즉시 교환해 주며, ④ 신용기간을 제조업자보다 많이 제공한다는 등의 이유로 제조업자와 직거래하기보다는 도매업자들을 통하여 상품을 구입하고 있다.

그러나 도매산업 전체를 놓고 볼 때, 1980년대에서 1990년대 후반에 걸쳐 대체유통경로의 출현, 소매상과 제조업체 간의 직거래 프로그램 확대, 국내 도매상을 경유하지 않는 직접수출경향의 확대 등의 요인으로 큰 어려움에 직면해 있다고 볼 수 있다. 도매유통의 가장 위협적인 대체경로는 체인화된 소매점포, 창고형 도소매 클럽, 디스카운트 스토어 등의 할인점 업태들에서 이루어지고 있는 제조업자와 소매상 간의 직접거래 형태이다. 그 밖의 대체경로는 우편주문이나 카탈로그 판매, 인터넷을 이용한 제조업체와 소비자 또는 소매상과 소비자 간의 직거래 경로 등이 있다. 따라서 도매산업의 현재 및 잠재시장의 규모는 대체경로를 통해 유통되는 다량의 상품들로 인해 상당히 축소될 상황에 처해 있으며 실제 상인도매상, 대리인, 제조업자의 판매사무소 등의 도매기관에 의해서 관리되었던 전체 유통물량의 1/4 정도가 대체경로를 통해서 유통되고 있는 실정이다.

1) 소매시장 고객과 관련한 도매상의 환경적 위협

도매상은 배제할 수 있지만 그들이 수행하는 도매기능을 배제할 수는 없다는 것이 마케팅의 자명한 이치이다. 도매상이 당면한 주된 문제는 제조업체가 직접 소유한 판매지점이나 창고시설과 같이 도매기능을 직접 수행하는 수직적으로 통합된 경로보다 도매상이 더 효과적이고 효율적으로 도매기능을 수행할 수 있는가 하는 점이다. 도매상의 주된 고객인 소매시장과 관련하여 도매상이 당면하고 있는 환경적 위협을 정리하면 다음과 같다.

① **제조업자와 소매상의 도매기능 수행:** 현재 유통산업이 직면하고 있는 매우 중요한 변화 중의 하나로 제조업자와 소매상들이 마케팅경로에서의 도매상의 역할을 재평가하고 있다는 점이다. 1980년대 후반과 1990년대에 걸쳐 유통산업은 도매상을 대체하는 유통경로의 출현, 제조업체와 소매상 간의 직접구매 프로그램의 발달, 소매상이 도매상을 거치지 않고 직접 외국의 제조업체와 직거래하는 수입패턴의 증가 등의 현상이 강화됨에 따라 도매상의 입지가 어려워지고 있다.

② **세분된 시장에 대한 대체경로의 대응:** 소매시장의 세분화가 더욱 진행됨에 따라 도매기능을 자체적으로 수행하는 각 대체경로들이 고객의 욕구와 규모에 따른 전문화를 더욱 강화함으로써 전통적 도매상과의 경쟁에서 우위를 점하고 있다.

③ **대량 구매자의 등장:** 창고형 도소매점(MWC), 프라이스 클럽, 수퍼센터, 카테고리킬러 등과 같이 대량으로 구매하는 대형 소매업태들이 등장함으로써 유통경로상에서 도매상의 파워를 현저히 약화시키고 있다.

④ **경제 저성장:** 경제의 저성장은 경로구성원이 비용을 줄이는 데 더욱 높은 관심을 갖도록 하였는바, 비용을 줄이는 하나의 큰 원칙은 더 적은 공급자에게 구매하되, 거래량을 증가시켜 규모의 경제를 얻고 동시에 대규모 구매자로서의 구매력을 바탕으로 유통경로상에서의 파워를 행사하는 것이다. 이 과정에서 관계가 형성된 소수의 주거래자가 생기는 반면에 대다수의 공급자, 즉 소매상의 입장에서 보면 대다수의 도매상이

표 10-2 소매시장에 대한 위협과 대응

위협	대응
제조업자와 소매상의 도매기능 수행 세분된 시장에 대한 대체경로의 대응 대량 구매자의 등장 경제 저성장	소규모 소매상들을 대상으로 역할 수행 수직적·수평적인 통합과 제휴를 통한 효율성 제고 제한된 상품과 니치시장으로의 전환 혹은 service merchandiser 로의 전환 관리와 마케팅에서 성공적인 도매상

산업에서 퇴출되는 현상이 나타나고 있는 것이다.

2) 소매시장에서의 역할 축소에 대한 도매상들의 대응

이러한 소매시장에서의 위협적 변화에 대응하는 도매상들의 행동은 아래와 같은 몇 가지로 정리할 수 있다.

① **소규모 소매상들을 대상으로 역할 수행:** 대형 소매상들은 물류 부문에서 매우 혁신적이었다. 그들은 매스 머천다이징 체인 조직으로 대규모의 구매저장배달체계를 이용하여 왔다. 그러나 소규모 소매상들은 이런 체계를 갖추기가 어렵기 때문에 대형소매점에 갈수록 시장을 빼앗기고 있다. 일부 도매상은 소규모 소매상의 이런 요구를 충족시키는 것으로 재빨리 움직였다. 여전히 수없이 많은 소형 제조업체와 소규모 소매상들이 존재하고 있기는 하지만, 시장에서의 이들의 위치가 갈수록 기울고 있기 때문에 근본적인 대응책이라고 하기는 어려울 것 같다.

② **수직적·수평적인 통합과 제휴를 통한 효율성 제고:** 한편 대규모의 도매상 주도 소매점체인(wholesaler-sponsored voluntary chain)의 운영으로 마케팅과 물류의 이점을 살리려는 도매상도 많이 등장하고 있다. 우리나라의 수퍼체인 본부들과 같이 자율적 도매체인, 프랜차이즈 시스템, 또는 관리형 시스템을 구축하여 중앙집중적 구매, 광고, 공동물류, 표준화된 회계처리 시스템과 재고관리 시스템 운영 등으로 가맹 소매점에게 경제적 이익을 주면서 경로상에서의 파워를 유지해 가기도 한다.

③ **제한된 상품과 니치시장으로 전환하거나 서비스지원도매상(service merchandiser)으로 전환:** 통합이나 제휴를 통하지 않고도 제한된 범위의 상품을 다루면서 니치시장에 진출함으로써 생존을 모색하거나 머천다이징, 컴퓨터 지원, 점포내 지원, 물류지원 서비스 등의 가치증가 서비스로 소수 특정고객과 관계를 강화함으로써 존립하고 있는 도매상도 있다.

④ **관리와 마케팅에서 성공적인 도매상:** 일반적이고 전체적인 포장소비재 라인을 가지고도 관리나 마케팅에서의 성공을 바탕으로 생존을 유지하고 있는 도매상도 있다. 예를 들어 의약품이나 화장품 도매상 가운데 일부는 소매점에 전산망을 연결하여 자동 재주문시스템을 구축함으로써 소매점의 재고관리 및 주문처리를 혁신적으로 개선해 주면서 기존의 고객을 지속적인 고객으로 유지하는 데 성공한 사례가 많이 있다.

3.2 산업사용자 시장에 대한 대응

산업사용자(industrial users) 시장이란 도매상으로부터 하부구성요소(sub-components)를 구매하여 완성품(components)을 만드는 제조회사와 도매유통업자에게서 MRO(maintenance, repair, operation: 유지, 보수, 운영관리) 제공품을 구매하는 사업자나 조직으로 구성된 시장을 말한다.

이는 다시말해 소매시장과 같이 재판매하기 위한 목적으로 도매상으로부터 상품을 구입하는 것이 아니라, 가공 또는 재생산의 목적으로 도매상으로부터 부품·원자재·산업서비스 등을 구입하는 고객을 말하는데 도매상으로부터 주로 MRO지원을 구매하는 사업자나 조직체를 이루고 있는 특정한 세분시장이다. 이들은 그들의 자원을 유통·마케팅 부문에 할당하기보다는 조사(research)와 생산 부문에 배분하는 데 더 큰 비중을 두고 있기 때문에 마케팅 지향적인 운영보다는 엔지니어링 지향적인 운영을 선호한다. 특히, 흔히 "다루기 어려운" 마케팅 문제점을 마케팅 전문가나 유통전문기업에게 위임하려는 의도를 갖고 있기 때문에, 전반적인 도매상의 위축에도 불구하고 이 세분시장에서의 도매상의 중요성은 더욱 강화되고 있는 실정이다. 더욱이 상품조달에 있어서의 수입의존도가 높은 산업재 유통에 있어서 통화가치의 변화에 따른 가격상승요인을 유통업자에게 전가시키려고 하는 제조업자의 욕구와 상표의 중요성이 상대적으로 낮기 때문에 유통업자가 고객과의 관계를 통제할 수 있는 상품화 가능성의 증대 경향, 그리고 부속품과 하청제조와 같이 유통업자가 특별한 서비스를 수행함으로써 상품을 보완하여 가치를 증대시킬 수 있는 가능성이 상존한다는 등의 몇 가지 이유에서 산업사용자 시장에 대한 도매상의 기능이 커져가고 있다.

현재 산업사용자에 대한 도매상의 전략적 대응방안은 ① 제조업자의 상품을 비축하는 최소한의 판매원 유지와 주문처리에 최대한 컴퓨터를 활용하여 비용을 절감하는 방안, ② 비축된 상품의 MRO지원을 강화하는 방안, ③ 제조업자의 최종상품 부품이 되는 볼트, 유압기어장치 부품, 유압 부품, 작은 고무부품과 같은 1차적인 부품들뿐만 아니라 수동연장기구, 유압연장기구, 컨베이어 등과 같은 사업운영에 사용되는 도구 그리고 최종상품에 투입되는 원자재와 중간재를 변환시키는 데 쓰이는 기계(OEM상품)들에 대해서 지원하는 활동을 강화하는 방안 등이 있다.

또한 많은 도매상들은 구매자들이 대량구매를 할 수 있는 상황을 제외하고는 반복관계를 유도하여 관계마케팅을 구축하기 위한 기술적인 지원을 강화하고 있다. 예를 들면, 기계시설과 보조설비를 보유한 도매상들은 종종 산업사용자에게 기계 및 시설의 사용기회를 제공하거나 산업사용자의 문제해결에 도움을 줄 수 있는 야금 기술자, 화학자, 설계사, 기계기술자 및 토목기술자 등과 같은 기술적으로 훈련된 전문가들을 확보하여 스텝기능을 제공하기도 한다.

뿐만 아니라 부가가치-재판매업자(value-added resellers: VARS)라고 불리우는 도매상들은 산업사용자가 직면한 특정한 문제를 해결하기 위한 소프트웨어 프로그램을 제공하고 있으며, 심지어 산업사용자에게 경영관리적 지원까지도 제공하는 경향이 늘어나고 있다. 예를 들어, 데이터베이스를 구축한 도매업자는 산업사용자의 수요특성이나 욕구를 분석하여 특정 산업사용자를 위해 재단된 부품운송 스케줄, 사전조정된 부품항목, 부품조립라인의 적합한 설계, 부품의 표준화까지 제안하고 추천함으로써 양자간의 관계를 강화하고 있다. JIT(just-in-time) 시스템은 산업사용자와 밀접하게 결합되어 있는 산업도매상에게 매우 필요하며 대다수의 도매상에게도 상당한 기회를 제공할 것이다.

과거 도매상의 기능은 1차적으로 현재 및 잠재 고객과의 접촉에 있었으며 상품이용가능성을 확보하고, 운반·신용·기술적 조언 등과 같은 필수적인 지원서비스를 제공하는 것이었다. 이러한 점에서 산업사용자 시장에 대한 다양한 도매상의 기능은 도매상들이 부가가치-재판매업자로 변신해가야 한다는 방향을 보여주고 있다. 실제로 앞서가는 많은 도매상들은 소비재 제조업자와의 직접적인 접촉보다는 산업재 제조업자와의 접촉이 더 수월하고 보다 많은 기회를 얻을 수 있음을 알고 있다.

산업재 제조업자의 전방통합에 대한 대응방안으로 산업재 도매상들은 가맹점(chains)을 형성하여 유통경로에서의 중요성과 존립기반을 강화하기도 하며, 일부 모험적인 도매상들은 다양한 형태의 소매상을 인수하거나 설립하는 등의 방식으로 소매산업에 직접 뛰어들어 전방통합의 주체가 되기도 한다. 그러한 결과로써 도매상들은 정교한 재고관리·구매·유통시스템을 구축함으로써 규모의 경제를 확보할 수 있었고 도매상 주도의 연쇄점은 소매상이나 산업구매자의 구매기능을 대행해 주는 효과를 제공하게 되며, 배송시간을 엄수하거나 보다 나은 할인을 제공하고 효율적인 자동재주문 시스템을 유지하고 취급상품 구색의 폭과 넓이를 강화하기도 한다. 또한 도매상도 개별상표(private brand: PB)를 이용하여 상표이미지를 구축하고, 이 상표를 근거로 하여 표준화 및 품질관리를 하기도 한다.

이상 도매상들이 산업사용자 시장에 대응해 가는 방향을 정리하면 아래와 같다.

① **경제적이고 효과적인 기술지원:** 화학, 기계분야와 같이 고도의 기술이 필요한 분야에서 경쟁사나 제조업체보다 더욱 효과적이면서도 저렴한 비용으로 기술을 지원함으로써 중요성이 더욱 높아지고 있는 산업사용자 시장에 대응하고 있다. 예를 들어 VARs(value-added resellers)를 지향하는 업체들을 대표적으로 꼽을 수 있다.

② **시스템 판매:** 가치가 낮고 상대적으로 MRO의 목적으로 주문하는 아이템을 주로 구매하거나 판매하는 산업사용자와 유통업자 사이의 장기 협력적 계약관계로서, 다양한 상품을 다루는 도매업자와 산업사용자가 구매와 판매에 따르는 높은 비용과 불필요한 서류작업을 줄이기 위해서 이루어진다.

③ **짧은 리드타임(lead time):** 리드타임은 산업사용자에게는 매우 중요한 고려요소이다. 생산의 유연성은 배달의 신속성에 좌우되며, just-in-time 계획은 공급자와 고객이 재고계획의 필요성을 함께 풀어야 함을 인식하게 하였다. just-in-time 계획은 제조업자인 산업사용자에게는 재고에 대한 부담을 주지만, 재무적 능력이 있는 도매상은 충분한 재고를 비축하고 고객인 산업사용자에게 최대한 짧은 리드타임을 제공함으로써 고객의 재고부담을 줄여줄 수 있다.

④ **유통체인의 형성:** 제조업자와 소매업자의 도매기능수행으로 수직적 통합 진행되고 있는 것과 마찬가지로 도매업자들도 경로에서 중요성을 유지, 강화하기 위해 체인화를 시도함으로써 재고관리, 구매, 유통시스템에서 규모의 경제를 이룰 수 있다. 개인 도매상보다 체인화된 도매상이 유리한 이유는 재고보유비용을 줄이면서도 다양한 재고를 갖출 수 있다는 점, 컴퓨터 시스템, 대량구매, 대량 재고 저장으로 낮은 단위당 창고비용을 유지할 수 있다는 점, 대량으로 구입할 수 있기 때문에 저가격으로 고객에게 제공할 수 있다는 점, 다양한 브랜드를 취급할 수 있기 때문에 고객확보가 용이하다는 점, 저가 상품이나 MRO, 베어링, 전기모터, 장비 등의 상품에 개별상표(PB)를 부착하여 유통시킬 수 있다는

점 등을 들 수 있다.

⑤ **최종비용 개념의 도입:** 최종비용이란 단지 상품을 구매하는 데 소요되는 비용만이 아니라 그 상품을 유지하고, 취급, 저장, 판매하는 데 소요되는 총비용을 말하는 것으로, 모든 요소를 고려할 때, 제조업자가 제공하는 양적 할인을 이용하지 못할 경우일지라도, 도매업자를 이용할 때의 최종비용이 제조업자와 직접 거래할 때의 최종비용보다 적다는 논리이다. 최종비용개념은 도매업자를 이용하는 것의 정당성을 주장할 때 활용되는 개념인데, 도매상은 고객인 산업사용자의 최종비용을 줄여주는 방법으로 고객과의 관계를 강화하기도 한다.

⑥ **채널에서의 협력강화:** 대규모 도매상들은 고객과의 강력한 협력관계를 구축함으로써 관계마케팅을 추구하는 데 소규모 도매상보다 이점을 가지고 있는데, 상당한 경로통제, 품질관리, 제조업자보다 더 우수한 마케팅 전문 기술의 시행, 광범위한 정보시스템네트워크를 구축할 수 있는 능력 등이 협력관계 구축을 위한 수단이 되고 있다.

04 도매상의 주요 전략적 이슈와 추세

도매상들은 수요창출의 문제에 직면하면서 동시에 경쟁자와 격돌하고 있지만, 수많은 도매상들은 사업을 회생시키고 보다 강력한 경로구성원으로서의 전략대안들을 출현시키고 있다. 이와 같이 도매상들이 적용하고 있는 핵심적인 전략들은 다음과 같다.

4.1 집중전략(focus strategy)

대다수 도매상들은 그들의 사업사명을 재평가하고 있다. 그의 사례로 그들의 목표와 일치하지 않는 한계사업이나 주변사업들에 대한 정리 또는 철수를 집행하고 있으며, 그들이 경쟁우위를 지닐 수 있는 상품구색과 세분시장에 그들의 역량을 집중시키고 있다. 예를 들어 캐나다의 거대한 도매업체인 Univa

사는 식료품 유통만을 그들의 핵심사업으로 재구성하고 기존의 일반 상품 도매업, 의약품 도매업, 스포츠와 레저상품 도매업에 대한 투자된 자산을 회수하는 계획을 집행하고 있다.

4.2 마케팅 지원 경영철학(marketing support philosophy)

1) 머천다이징 프로그램지원 도매상

최근의 일부 도매상들은 그들의 도매사업을 단지 유통사업으로써만 국한시키지 않고 "마케팅 지원 사업"으로 정의하고 있다. 도매상들은 효과적인 마케팅 프로그램을 개발하여 제조업자와 소매업자 양측 모두에게 도움을 제공하는 것을 가장 우선적인 목표로 하고 있다.

마케팅지원 지향적인 도매상들은 그들의 제조업자 또는 고객들에게 전체 유통경로상에서 효과적이고 효율적인 활동을 수행할 수 있는 특별과업 및 활동 또는 기능 등의 지원을 아끼지 않는다. 식료·잡화 도매업이나 하드웨어 도매업, 그리고 자동차부품 도매업 등과 같은 몇몇 분야에서 도매상들이 정교하게 구축한 머천다이징 프로그램을 활용하여 고객별로 재단된 마케팅지원 프로그램을 실시하고 있다. 예를 들어 미국의 Fleming사와 Supervalu사 같은 식료·잡화 도매상은 가맹 소매점별로 최적의 머천다이징 프로그램을 개발하여 지원하고 있는 최초의 도매상들이다. 이러한 프로그램에는 EDI 서비스에서 광고에 이르기까지 그리고 개별상표 부착에서 점포계획 및 진열, 전시에 이르기까지의 광범위한 내용을 담고 있다.

2) 제조업자와 고객들과의 전략적 제휴

도매상들은 그들의 중요성을 고객과 제조업자에게 제시하고 경로상에서 필수적인 연계를 유지하기 위해 기술집약적인 방안을 제시하고 이를 통해 전략적 제휴나 파트너십을 구축하여 특화된 서비스나 불필요한 잉여물을 감소시키는 데 관심을 갖고 있다.

지속적인 파트너십을 고려하고 있는 고객들과 제조업자들은 보다 효율적인 재고관리를 위해 상호조정 하에 서류없는 거래를 가능케 하는 소프트웨어와 기술에 상당한 투자를 하고 있으며 이러한 기술의 유용성은 1990년대 초 이후 상당수의 전략적 제휴를 형성시켰다.

4.3 국제시장의 진출(exploring international markets)

미국과 캐나다의 경제가 통합되어 가면서 미국의 도매상들은 캐나다에서 성장의 기회를 찾기 시작했다. 반대로 캐나다 기업들은 미국의 유통기업에 투자하기 시작했다. 미국의 1/3 이상의 도매상들은 캐나다에서도 운영되고 있으며, 캐나다 도매상의 대략 50%가 미국에서도 운영되고 있다. 덧붙여 280,000개의 미국 도매상들은 해외를 겨냥한 조인트벤처 또는 마케팅제휴를 통해 그들의 사업영역을 확대시키고 있다. 미국의 대형 약품도매업체인 McKesson사는 캐나다의 의약품 유통법규에 매우 익숙해 있어서 사업의 대부분을 오히려 캐나다에서 경영하고 있다.

이와 맞물려 NAFTA와 그 밖의 국제시장에 여러 단체기구에 의한 방침은 북미 도매상들의 눈을 해외로 돌리게 하였으며 이는 국제시장 영역을 캐나다와 멕시코에 국한하지 않고 서유럽과 동유럽 그리고 동아시아에까지 이르는 시장확대 목표로 두도록 하였으며 앞으로 10여 년 동안 지속적인 흐름에서 시장확대의 속도가 더욱 가속화될 것이다.

4.4 기술의 재정비(deployment of technology)

현재의 유통기술은 바코딩(bar-coding)과 스캐너(scanner)활용의 범위를 벗어나서 전자적 자료변환을 통한 의사소통 및 인공위성과 비디오텍스, 무선인터넷에 이르기까지 빠른 속도로 발달하고 있다. 기술은 원가를 절감시키고 생산성 및 정보관리를 강화시키며 고객서비스와 마케팅 기법을 발전시킨다. 정보시스템 기술의 발전은 보다 효과적, 효율적으로 고객에게 제공하는도매상의 능력도 또한 강화시켜 준다. 전자적 자료변환 또는 EDI는 이미 재고관리와 거래를 수행할 목적으로 제조업자와 소매상에 의해 폭넓게 사용되고 있지만 도매업자들도 공급업체의 주문을 집계하고 정보의 흐름을 원활하게 하며 원가절감을 위해 사용하고 있다.

이와 같은 기술의 활용과 효과적인 정보관리시스템은 모든 유통경로에서 잠재적으로 엄청난 변화의 세력이 되고 있다. 그리고 제조업자와 소매상의 직접적인 연계 가능성은 중간상을 경유하지 않고 정보의 흐름을 지속적으로 유지하게 한다.

4.5 총체적 품질관리(commitment to total quality distribution)

대다수의 도매업자들은 총체적 품질관리의 활용에 대해 연구하고 있다. 과거 도매상들은 그들의 성과를 측정하는 기준으로 판매량이나 판매금액·판매건수·수익 등으로 평가했으나 고객에 의해서 인지된 성과를 개선시키는 과정관리로의 변환을 의미하는 TQM으로 관심을 돌리고 있다. 또는 점차 총체적 고객만족에 대한 관심이 증대됨에 따라 유통에서 도매업자의 품질보증기능 확대가 중요하다는 것을 인식하고 있다는 의미이다.

산업보건 및 안전상품을 도매하는 Vallen사는 공급업자의 품질평가를 할 수 있는 Supplier Tracking and Measuring Process(STAMP)프로그램을 개발했다. Vallen사는 정시운반과 재고회전율의 개선을 통해서 프로그램의 신뢰를 받았으며 신규 고객이나 전국의 기존 고객 모두를 만족시키는 프로그램으로 인정받았다

결론적으로 도매상의 규모가 어떠한 경쟁우위도 보장해주지 않는다는 것을 잘 이해하여야 하며 기술과 운송 시스템의 개선은 소규모 도매상도 충분히 전국의 고객을 대상으로 서비스를 제공할 수 있다는 점을 시사해 준다. 즉 대규모 기업들이 향유해왔던 규모의 경제가 이제 더 이상 원가절감을 위한 전제조건이 될 수 없으며, 성장과 관련된 위험을 상쇄시켜주지 않는다는 것이다. 반대로, 대규모 기업들도 이제 기술과 전략적인 의사결정 기법을 가지고 소규모 틈새시장에서 경쟁을 도모할 수 있다. 지금까지 논의한 이러한 요인들은 향후 도매상의 생존을 위해 반드시 고려되고 검토되어야 할 사항들이다.

연습 문제

1. 도매상과 소매상의 차이점을 비교하여 설명하시오.
2. 도매상의 유형 중 상인도매상의 개념과 종류에 대해 설명하시오.
3. 소매상을 위한 도매상의 마케팅 기능에는 어떤 것이 있는지 설명하시오.
4. 도매상이 당면한 주요 위협적 요인에 대해 설명하시오.
5. 산업재 도매상이 나아가야 할 방향을 예를 들어 설명하시오.

제 3 부

유통관리에 있어서의 전략적 이슈

제11장 공급체인관리(SCM)

11 공급체인관리(SCM)

제 1 부

유통경로에 대한 개관(제1장)

제조업체의 유통관리

유통경로구조 설계(제2장)
경로구조 및 경로통합(제3장)
경로파워, 경로리더십, 경로갈등(제4장)
유통과 타 마케팅변수의 조화(제5장)
경로성과 평가(제6장)

제 2 부

유통전문업체의 유통관리

소매상과 소매업의 주요 이슈(제7장)
소매업태의 발전(제8장)
소매업체의 유통관리(제9장)
도매상과 도매업의 관리(제10장)

제 3 부

유통관리에 있어서의 전략적 이슈

공급체인관리(SCM)(제11장)
물류관리와 제3자물류(제12장)
전략적 고객관리(CRM)(제13장)
서비스 산업의 유통관리(제14장)

유통 뉴스 신세계의 신세계, 유통공룡들이 '물류'에 미친 이유

신세계와 롯데. 온라인을 직겨냥한 오프라인 유통공룡들의 행보가 '물류'에 모이고 있다.

신세계그룹은 31일 '어피니티', '비알브이' 등으로부터 1조원 규모의 투자유치를 확정했다. 신세계는 이와 함께 올해 연말까지 ㈜신세계와 ㈜이마트에서 온라인사업을 각각 물적 분할하여 내년 1분기 두 법인을 합병한 새로운 온라인 법인을 신설한다는 계획이다.

신세계가 밝힌 온라인 사업을 위한 투자 계획에는 '물류'가 포함돼 있다. 신세계그룹은 향후 온라인 신설 법인의 물류 및 배송 인프라와 상품경쟁력, IT기술 향상에 1조7000억원을 투자한다는 계획이다.

또 다른 유통공룡 롯데는 신세계에 앞선 지난 8월 기존 계열사별로 운영되던 인력을 통합한 '이커머스사업본부'를 공식 출범했다. 롯데 역시 '온라인 통합 플랫폼'을 목표로 우선 내년 상반기까지 기존 롯데 유통 7개 계열사의 서비스를 하나의 앱에서 이용할 수 있는 '투게더 앱'을 출시한다

롯데 또한 온라인 사업을 위한 핵심역량 중 하나로 '물류'를 꼽았다. 사내 관계자에 따르면 롯데 이커머스 담당 임원들 사이에서도 물류 시스템의 필요성을 분명 인지하고 있다. 하지만 오프라인 중심으로 성장한 롯데 내부의 이커머스 물류 역량은 상대적으로 부족하기에, 기존 임직원들에 대한 교육과 전문인력 충원으로 역량을 확충하고 있는 단계다.

온라인에 눈 뜬 오프라인 유통공룡들의 관심이 왜 '물류'에 모이게 됐을까. 25일 글로벌 컨설팅회사 베인앤컴퍼니의 신우석 상무가 〈첼로테크페어2018〉에서 발표한 내용에서 그 실마리를 찾을 수 있다. 신 상무는 베인앤컴퍼니에서 국내외 소비재·유통기업들의 DT(Digital Transformation), 옴니채널 전략과 관련된 다수 프로젝트를 맡아왔다. 다음은 신 상무의 발표를 엮어 정리한 내용이다. 신 상무가 최근 2~3년 동안 소비재유통 분야 기업들의 최고경영진들과 일을 하면서 느낀 경험담이다.

관심 없던 물류가 '뜨거운 감자'로

사실 베인앤컴퍼니가 물류, SCM(Supply Chain Management)에 관심을 갖고 심도 있게 다루는 회사는 아닙니다. 저도 감히 물류, SCM 분야의 전문가라고 칭할 수는 없습니다. 저는 주로 소비재 유통분야를 담당했습니다. 예컨대 이런 프로젝트를 했습니다. 어떤 상품을 출시해서 고객 수요에 대응할까. 어떻게 매장내 고객경험을 개선하여 소비를 늘릴 것인가. 지금까지 제가 수행한 프로젝트의 주제는 프론트엔드(Front-end)에 초점이 맞춰져 있다.

하지만 최근 2~3년 동안 분위기가 바뀌었습니다. 이커머스가 성장하면서 유통업체 최고경영진들의 핵심 화두 중 하나가 '물류'와 'SCM'이 됐습니다. 최고경영진들은 빠르고 변하는 유통환경에서 물류, SCM 경쟁력을 만드는 방법을 고민하고 있다.

오프라인이 '옴니'를 넘본 이유

편의점이든 백화점이든 국내 대다수의 유통업체들은 불과 10년 전까지만 하더라도 오프라인 중심의 '싱글채널' 사업을 하고 있었습니다. 특정채널에 특화된 가치사슬(Value Chain)을 운영하는 것이 일반적인 전략이었다.

물론 그 중에는 신세계와 같이 일찍이 멀티채널 전략을 시도한 곳도 있었다. 이커머스가 태동하던 당시 이마트가 이마트몰을 열어 점포에서 보유하고 있는 재고를 기반으로 근거리 배송을 시작하고 오프라인의 확장 버전으로 온라인을 운영한 것이다.

반대로 롯데백화점의 '엘롯데닷컴'은 오프라인과 별개로 초기부터 온라인을 시작한 모델이라 볼 수 있다.

그 당시 오프라인 기업들의 온라인 사업은 그저 구색을 갖추고 흉내 내는 정도에 그쳤습니다. 온라인은 온라인 사업부, 오프라인은 오프라인 사업부를 운영했다. 두 사업부는 별개의 사업부로 인지됐고, 두 개를 연계하면서 시너지를 모으자는 생각은 하지 않았다. 오프라인 사업에 기반을 둔 유통기업의 경영 초점은 여전히 오프라인에 맞춰져 있다.

그런데 변화가 찾아왔다. 오프라인 유통업체들의 온라인 운영 방식이 바뀐 것은 아니고 소비자들이 바뀐 것이다. 온라인과 오프라인을 넘나드는 소비 행태를 보이기 시작하였고, 오프라인 유통업체들은 뒤늦게 여기에 대응하기 시작하기 시작했다.

그렇게 만들어진 용어인 '옴니채널'은 이제 국내 대부분 유통업체들의 관심사가 되었고, 기업들은 고객에게 있어 가장 편리하고 만족스러운 구매 시나리오와 패턴을 상정하고, 그 위에 회사가 가진 온오프라인 채널을 하나의 옵션처럼 올려놓기 시작하였다.

어려운 옴니채널, '물류'에서 답찾기

지금까지 온라인과 오프라인 각각에서 분리돼서 운영되던 것들을 물리적으로, 화학적으로 통합시키는 것은 결코 만만치 않은 일이다. 특히나 오프라인으로 성장한 유통기업들의 문화와 경영진의 생각은 예부터 '오프라인'에 맞춰져 있는데, 이걸 바꾸는 게 쉽지 않다.

물류도 마찬가지이다. 기존 오프라인 유통업체는 간지선 B2B물류를 다뤄왔다. 공급자(Vendor)로부터 상품을 입고 받아 전국의 오프라인 매장까지 공급하는 방식의 물류인데, 온라인 시대의 물류관리 방식은 이와는 매우 다르다. B2B물류가 B2C물류로 바뀌고, 커머스 채널을 통해 고객에게 직접 배송해야 한다. 온오프라인 채널을 결합한 물류도 있다. '스마트픽업'이 대표적이다. 온라인에서 구매한 상품을 고객 동선 안의 오프라인 매장에서 찾아가고자 하는 니즈가 크게 늘어나고 있다.

옴니채널 시대의 물류는 현재 우리나라 유통기업들이 당면한 가장 중요한 화두이다. 오프라인 물류와 온라인 물류는 어떤 구획이나 구분 없이 최적의 형태로 합쳐질 필요가 있다. 이게 단순히 물류와 SCM 체계를 재설계하고 필요한 자산을 일부 더 추가하는 차원의 문제는 아니고 각 기능의 분절적인 개선이 아니라, 가치사슬 전체를 관통하는 관점의 개선과 변화가 필요하다.

궁극적으로 유통업체가 옴니채널을 통해 지향하는 것은 DT(Digital Transformation)이다. 전사 차원의 DT를 견인하는 방법을 찾는 것이 핵심 화두이며,물류와 SCM이 전사 차원의 DT를 가장 앞 단계에서 테스트하고 선도하는 역할을 맡기 시작하였다.

DT를 위해서는 데이터 관점의 고민이 필요하다. 온라인에서 고객들이 보여주는 구매 형태는 무엇인가. 고객은 어떤 페이지에서 가장 많은 시간을 체류하고 있고, 어떤 검색어를 가장 많이 입력하는가. 고객이 검색한 상품 중 우리 쇼핑몰이 보유하고 있는 구색은 얼마나 되는가. 특정 상품을 구매한 고객이 함께 구매하는 상품은 무엇인가. 이런 데이터를 기반으로 유통업체들은 특정 상품의 재고를 얼마나 확보할 수 있는지, 특정 배송타이밍을 맞출 수 있는 물류 인프라를 어디에, 얼마나 구축할 수 있을지를 고민하여야 한다.

돈쓰는 물류를 경계하라

물류로 경쟁하는 유통업체들이 경계해야 할 것이 있다. 빠른 배송에만 매몰되면 안된다. '수익성'을 함께 신경 써야 한다. 물론 고객 입장에서는 구매한 물건을 빨리 갖다 주면 무조건 좋겠지만 하지만 사업자는 그런 운영을 만들면서 돈을 벌어야 한다. 즉, 회사를 성장시키면서 고객만족을 동시에 만들어내는 것이 관건이다.

요컨대 유통업체들이 물류에 투자한다면 투자금과 빠른 배송 사이에서 균형을 찾는 게 중요하다. 예를 들어 '물류센터' 확충은 큰 투자비가 드는데, 조금 돈이 덜 드는 방식으로 오프라인 유통기업이 이미 보유한 '매장'을 피킹과 포장이 가능한 물류센터로 활용하는 방법이 있다. 매장보다 작은 형태의 허브, 혹은 이동하는 배송차량을 허브로 활용하면서 수요에 대응하는 방식도 있다. 각 유통기업의 물류 투자비용과 서비스에 맞는 적절한 '믹스(Mix)'를 어떻게 구축할 수 있는지 고민해야 한다. 시장 경쟁력, 고객 만족, 그밖에 주요변수를 적절하게 조합한 포트폴리오를 만드는 것이 핵심이다.

믹스 구성의 예시로 아마존을 들 수 있다.아마존은 '예측배송(Anticipatory Shipping)' 특허를 취득해 '이동형 거점'을 활용하는 방식의 물류를 실험하고 있다. 먼저 특정 상권, 특정 지역의 과거 주문 판매실적을 분석하고, 해당 데이터를 기반으로 특정 상권에서 어느 정도의 확률로 특정 상품의 주문이 발생할지 예측한다. 이제 해당 지역에서 판매될 가능성이 높은 상품만 탑재한 트럭이 인근을 돌면서 실제 고객주문이 발생하면 30분 안에 배송하는 방식이다. 다른 사례로 지난해 아마존이 인수한 홀푸드의 매장은 인접지역의 근거리 배송허브로 사용된다.

리테일의 미래가 물류인 이유 4가지

베인앤컴퍼니의 최근 조사〈고객들이 이커머스업체를 선택하는 요인〉에 따르면 '배송'은 가격과 품질 못지않은 3대 요인 중 하나다. 조사에 따르면 고객은 '빠른 배송'과 '무료 배송'을 원한다. 또 하나의 요인은 받고 싶을 때 받고자 하는 니즈, 즉 '정시성'이다.

첫째. 물류, SCM이 유통업체들이 온라인에서 차별적인 고객 경험을 만드는 원천이다. 경쟁 유통업체들이 배송에서 만들어내는 수준의 만족도를 고객에게 제공하지 않으면 기회는 오지 않는다. 유통업체들이 물류에 집중하는 가장 절실한 이유이다.

둘째. 고객만족만 보고 물류에 과도한, 무리한 투자를 해서 유통업체의 수익을 보존할 수 없다면 그 방식은 지속가능하지 않다. 때문에 유통업체들은 가장 높은 수준의 운영효율을 담보할 수 있는 믹스(Mix)를 구성해야 한다.

셋째. 물류, SCM 경쟁력 자체가 특정 상황에서는 회사에게 굉장히 매력적인 신규 사업 기회를 만들어준다. 예컨대 아마존의 FBA(Fulfillment By Amazon)를 예로 들면, 아마존은 미국 전역 120개가 넘는 풀필먼트 센터를 외부업체들에게 공유하고 있다. 물류에 자체 투자를 하기 어려운 중소업체들은 아마존에 입점하여, 아마존의 막대한 물류 네트워크와 운영 역량을 그대로 빌려올 수 있게 된다.

마지막으로. 물류, SCM 운영에서 겹치는 교차 영역에서 '데이터 분석'을 활용해야 한다. 물류 운영에 있어 '자동화'라는 큰 화두가 있습니다. 인공지능과 머신러닝을 어떻게 물류, SCM 고도화에 활용할까 고민해야 합니다. 그리고 자산으로 확보한 물류의 여러 거점과 네트워크들을 어떻게 하면 가장 최적화된 형태로 구축하고 운영할 수 있을지 고민해야 한다.

※ 자료원: 바이라인네트워크, 2018.10.31

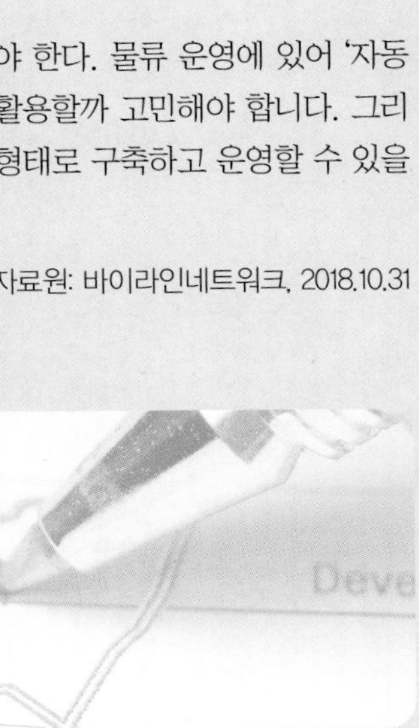

학 | 습 | 목 | 표

1. SCM의 개념과 중요성을 이해한다.
2. SCM이 성공하기 위한 요건을 학습한다.
3. SCM의 구축 프로세스를 학습한다.

01 SCM에 대한 이해

1.1 SCM 개념 및 중요성

1) SCM의 개념

Supply Chain이란 고객-소매상-도매상-제조업-자재공급자 간 공급활동의 연쇄구조를 나타내며 SCM(supply chain management)이란 불확실성이 높은 시장변화에 Supply Chain 전체를 기민하게 대응시켜 최적화를 도모하는 것이라고 할 수 있다. 즉, 공급망관리는 원재료의 수급에서 고객에게 상품을 전달하는 자원과 정보의 일련의 흐름 전체를 경쟁력 있는 업무의 흐름으로 관리하려는 관리시스템이라고 정의할 수 있다. 즉, SCM은 제조기업의 입장에서는 부품 조달에서 생산계획, 납품, 재고관리 등을 효율적으로 처리해 일련의 생산 프로세스 수준을 한 단계 끌어 올릴 수 있으며, 유통업체 입장에서는 생산자, 도매업자, 소매상인, 소비자로 이동하는 모든 상품과 정보의 진행과정을 개선할 수 있다. 결국 업무 프로세스 효율화를 통해 경쟁력을 높이자는 게 목적이다.

1990년대 이후에 ERP(enterprise resource planning)가 등장하였다. ERP가 보편성이 높은 분야에서 큰 효과를 발휘하였지만 뛰어난 생산성, 최대의 고객만족을 실현하기 위해서는 기업들이 자신들의 틀을 깨고 고객 위주의 비즈니스 프로세스를 실현하여야 되었고 획일적으로 ERP로 통합하는 것은 비현실적인 방법이 되었다. 기업은 풍부한 노동력확보, 원자재의 원활한 획득, 우수한 연구 개발자의 획득, 갈수록 심화되고 있는 무역장벽을 극복하기 위한 이유 등으로 점점 글로벌화되었고 이에 따른 약점은 정보기술이나 물류시스템으로 대신하고 각 지역의 강점을 통합하는 글로벌공급체인관리(global supply chain management)가 필요하게 되었다.

특히, 오늘날 기업 환경이 급변하여 공급 부문에서의 경쟁이 치열해지자 상품의 품질 향상, 비용 절감, 인력 교육, 유연한 생산공정, 신속/정확한 상품 공급 등을 통한 경영의 효율화와 경쟁력의 강화가 어느 때보다 강조되고 있다. 기업들은 경쟁력을 강화하기 위해 시장에서의 요구를 충족시킬 수 있는 방법을 끊임없이 찾게 되었고, 개별 기업 혼자만의 힘으로는 치열한 경쟁에서 한 걸음 앞설 수 없다는 것을 깨닫게 되었다. 이에 따라 기업들은 대내적으로는 자사의 핵심 역량 강화, 방만한 공정의 리엔지니어링, 품질관리 기술의 적용에 전사적인 노력을 기울이고, 대외적으로는 탁월한 경쟁 자원을 확보하기 위해 상품 공급 채널상의 파트너와의 제휴를 적극적으로 추진하게 되었다. 즉, 기업 경영의 패러다임이 전통적인 거래 중심에서 기업간 제휴를 맺고 공급 채널의 프로세스를 최적화하여 경쟁 우위를 확보하기 위한 전략 중심으로 바뀌고 있는 것이다. 이러한 전략이 구체화된 경영 패러다임이 바로 공급체인관리(SCM)[1]이다.

SCM은 원재료의 조달에서부터 완상품의 최종 소비에 이르기까지 상품, 서비스, 정보의 흐름을 통합 관리하여 고객을 위한 부가가치를 향상시키는 경영 프로세스이다. SCM은 물류(logistics)와 유사한 개념으로 받아들이기도 하지만, 요즘은 SCM을 로지스틱스의 확장된 개념으로 보고 있다. 미국의 로지스틱스 관리협회(Council of Logistics Management: CLM)에서도 로지스틱스를 SCM의 부분으로 정의하고 있다. 참고로 1998년 CLM은 "로지스틱스는 고객의 요구를 만족시키기 위해 상품의 발생지에서부터 소비지까지 상품, 서비스, 관련 정보의 흐름과 보관을 효율적이고 효과적으로 계획, 실행, 통제하는 SCM의 부분"으로 정의한 바 있다.

SCM의 구조는 아래 그림과 같이 원재료를 조달하여 생산하고 유통채널을 통해 최종 소비자에게 상품이 전달될 때까지 관련된 모든 정보가 원활히 흐르고 부가가치가 창출될 수 있도록 설계되어야 한다. 이를 위해서는 정보공학적인 개념이 전체 시스템에 도입되어야 하며, 정보의 분배가 실시간으로 원활히 이루어질 수 있는 구조여야 한다.

SCM은 기업 내부의 로지스틱스 기능의 통합과 기업간 전략적 제휴를 지속적으로 추진함으로써 구현된다. 기업 내부의 로지스틱스 기능 통합은 확장되어 마케팅, 생산, 재무 등 기업 내부 모든 기능의 통합을 추구한다. 기업 내부의 로지스틱스 기능들은 크게 4개의 그룹으로 분류할 수 있는데, 공정과정 전의 인바운드(in-bound) 로지스틱스, 공정활동, 공정 후 아웃바운드(out-bound) 로지스틱스, 전체 로지스틱스에 대한 지원활동이 그것이다. 내부 기능의 통합을 통하여 각 부서는 정보를 실시간으로 공유하고 신속하게 업무를 처

1) SCM은 공급체인관리, 공급사슬관리, 공급망관리, 공급연쇄관리, 공급연계관리, 유통총공급망관리 등 다양하게 불리우고 있으나, 본서에서는 공급체인관리(SCM)로 부르기로 한다.

그림 11-1 공급체인관리(SCM)의 기본 개념도

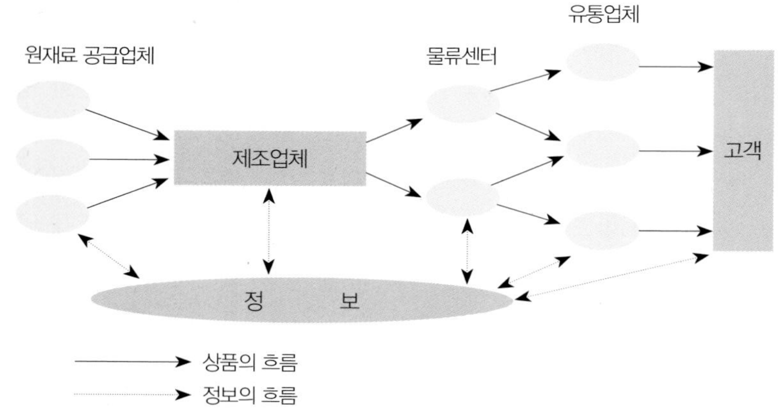

리함으로써 부가가치를 강화할 수 있다. 또한 이를 통하여 전체 기능의 최적화, 고객서비스를 위한 지속적인 가치창조, 부서별 목표 및 성과에 대한 유연성 확보 등을 이룰 수 있다.

기업 내부의 통합이 완성되면, 다음 단계는 공급 채널상의 전체 로지스틱스 기능에 대한 통합 과정으로 확장된다. 이 단계에서는 기업 내부의 통합된 로지스틱스 기능들이 공급채널상에서 다른 기업들에 의해 수행되는 로지스틱스 활동들과 밀접하게 연계된다. 기업간 연계는 오늘날 기업 환경 속에서 시장의 선두 자리를 지키기 위해서는 혼자만의 힘으로는 필요한 역량과 지식을 확보할 수 없고, 자신보다 더 나은 기능을 보유한 공급채널상의 파트너와의 협조

그림 11-2 기업 내부 로지스틱스(logistics) 기능

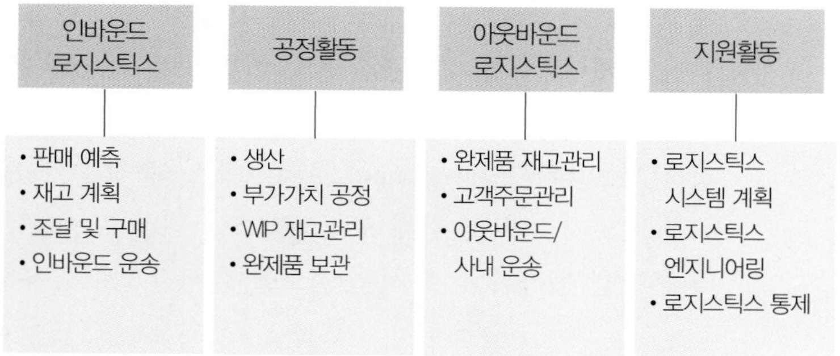

체계를 통해서 가능하다라는 사고에 바탕을 두고 있다. 이러한 기업간 연계는 궁극적으로 기업간 전략적 제휴의 형태로 발전하게 된다.

기본적으로 SCM은 공급 파이프라인상의 재고와 정보 흐름의 가속화, 전체 로지스틱스 기능의 최적화, 채널 전체의 비용 절감과 생산성 향상을 이룰 수 있는 메커니즘의 제공 등에 초점을 둔 운영 관리 활동의 관점에서 주로 수행된다. 그러나 이러한 운영 차원의 활동은 중요하기는 하지만, SCM의 개념 전체를 설명하지는 못한다. SCM에 대한 개념은 전략이 결정적인 요소로서 추가되어야만 제대로 이해될 수 있다.

SCM은 배송시간의 단축, 비용의 절감 등 운영 측면에 관한 것이기도 하지만, 시장에서의 요구를 분석하여 이를 만족시킬 수 있는 상품과 서비스를 적기/적소에 제공하도록 새로운 경영관리 방법 및 정보기술을 개발하는 과정이기도 하다. 운영의 관점은 시장에서의 경쟁 우위를 유지하기 위한 능력 배양에 있다. 반면, SCM에서의 전략적인 관점은 채널상의 파트너와 비전 공유, 상호 발전과 이익 추구, 그리고 혁신적인 기업 구조로의 변모를 통하여 시장에서의 경향을 주도하고 새로운 사업 분야와 영역을 개척하는 데 있다.

2) SCM의 발전 과정

SCM의 첫 번째 단계는 물류관리(physical distribution management, 이하 물류)로 볼 수 있다. 물류는 1963년 미국에서 NCPDM(National Council of Physical Distribution Management)이라는 기구가 설립되면서 체계적인 연구와 조사가 수행되었다. 당시의 연구는 운송과 창고관리 기능의 통합에 초점을 두면서 효과적인 운송 수단에 의한 재고의 감소, 비용 절감, 주문 리드타임(Lead Time)의 감소, 수요예측의 정확성, 창고 입지 선정의 최적화 등이 본격적으로 추진되었다.

SCM 발전의 두 번째 단계인 로지스틱스(logistics)의 개념이 정립되기 시작한 것은 1980년대이다. 이 시기에 로지스틱스가 발전한 배경은 미국과 유럽에서의 운송 시장의 진입 규제 완화, 전자문서교환(EDI), 인공위성, POS, 바코드 등 정보기술의 급격한 발달, 기업 환경의 급속한 변화 및 세계화에 따른 로지스틱스의 중요성 향상 등을 들 수 있다. 로지스틱스는 더 이상 단순한 물류를 의미하는 것이 아니라 주문, 조달, 생산, 배송에 이르는 상품 흐름 전 과정의 효율화와 정보의 공유를 통해 소비자가 원하는 상품을 적시, 적소에 공급하는 기업의 핵심 기능으로서의 역할을 담당하게 되었다. 그러나 이 당시까지만 해도 로지스틱스 관리는 기업 내부 프로세스 효율화와 부서 및 기능 간 통합을 추진하는 단계에 머물렀다.

세 번째 단계는, 1990년대의 경영에 본격적으로 도입되기 시작한 SCM이다. 이 단계에서는 기업 내부의 통합을 넘어 공급 채널의 처음부터 끝까지를 통합하여 과거의 물류관리의 단계에 비교하면 훨씬 복잡해졌다. 이러한 복잡성 때문에 정보통신, 전산화된 의사결정지원시스템, POS데이터, 전자자금이체(EFT) 등에 대한 기업의 의존도가 더욱 높아졌고, 직원들에 대한 교육이 중요한 요소로 부각되었다.

3) SCM의 중요성

기업들은 경쟁력 강화를 위해 생산성 향상, 주문주기의 단축, 원가 절감, 품질 향상, 정보화, 자동화 등의 필요성을 느끼고 있다. 근래에 이와 함께 SCM이 기업의 생존과 번영을 위해 선택이 아닌 필수로서 그 중요성과 필요성이 부각되고 있는 이유는 다음과 같다.

① 부가가치의 60~70%가 생산과정 이외의 공급체인상에서 발생한다. 일반적으로 고객 주문 후 납품까지의 주문 사이클타임(cycle time) 중에서 생산단계보다는 공급체인상에서 소요되는 기간이 훨씬 길다. 따라서 고객만족을 위한 부가가치 창출의 여지는 조달, 주문처리, 로지스틱스 관리 등에서 더욱 크다.

② 생산/운영 측면에서 기업이 불확실성에 대해 효과적으로 대처하기가 쉽지 않다. 예컨대, 부품, 자재의 납기 및 품질에 대한 불확실성, 수요/주문의 납기 및 수량에 대한 불확실성 등을 기업 내부에서 수동적으로 파악하여 생산계획을 수립하고 공정을 수행해서는 리드타임 단축과 적정재고 및 생산량 유지에 한계가 있다. SCM이 도입되면 낮은 비용으로 많은 정보를 획득, 분석하여 외부로부터의 변동을 감소시킬 수 있다.

③ 기업 경영의 세계화가 진전됨에 따라 공급체인상의 리드타임이 길어질 뿐만 아니라 기업들은 국가간 및 지역간에 존재하는 물류 제반 여건의 차이, 운송비, 인건비 등 비용의 차이, 관세/환율/수출입 관련 법규의 국가별 차이에 직면하고 있다. 이에 따라 세계화에 따른 공급체인의 합리적인 계획, 관리와 조정, 통제가 중요하게 되었다.

④ 표준화된 상품을 대량 생산하여 고객에게 밀어내던 방식(push)에서 탈피하여 대량 생산을 하면서도 고객의 다양한 요구에 맞추어 다양한 상품을

생산, 납품하는 대량주문생산방식(mass customization)이 보편화되고 있다. 이러한 추세에 따라 로지스틱스 관리, 주문관리, 생산계획, 정보 및 상품 추적관리가 더욱 어려워지고 공급체인의 효율이 급속히 저하될 가능성이 높다. 이에 대한 해결책으로서 SCM의 중요성이 부각된다.

⑤ 산업 기술의 발전, 세계화의 진전, 정보활용의 증가, 창조적인 기업의 지속적인 시장 진입 등으로 기업간 경쟁이 치열해지고 있다. 경쟁에서 뒤처지지 않도록 하기 위해 비용 및 납기의 개선과 시장요구에 대한 적정한 대응을 달성할 수 있도록 공급체인의 혁신에 대한 요구가 증가하고 있다.

⑥ 최종 소비자의 주문 및 수요 형태에 관한 정보가 소매상, 도매상, 유통센터, 생산자 등의 공급체인을 거슬러 전달되는 과정에서 지연 및 왜곡이 누적되어 과잉 재고, 납기 지연, 결품 등의 문제가 발생한다. 이와 같이 공급체인의 하류에서 상류로 갈수록 수요정보의 지연 및 왜곡이 확대되는 현상을 채찍효과(bullwhip effect, 또는 정보왜곡현상)라고 한다. 공급체인상의 채찍효과를 줄이기 위한 정보의 공유 및 전달, 상호 협력 및 조정이 중요한 과제로 부각됨에 따라 SCM의 효율적인 수행에 대한 중요성이 증가하고 있다.

요약하면, SCM은 비용 절감과 생산성 향상이라는 면에서 다른 정보시스템과 차이가 없어 보이지만 목적은 똑같지만, 구축 방법에선 차이가 크다. SCM은 철저한 "협업"시스템이다. 여러 업체가 동시에 추진해야 시너지를 낼 수 있다. 제조와 협력업체, 제조와 유통업체, 혹은 유통과 도소매업체가 일관된 프로세스의 동시구축을 이뤄야 한다. 반면 전사적 자원관리(ERP), 지식경영(KM), 고객관계관리(CRM) 등 다른 정보시스템은 기업 내부 정보화에 초점이 맞춰져 있다. 이들 시스템은 개별 기업의 정보화 수준을 올리는 것이 목적이지만, SCM은 산업계 전체의 정보화 수준을 한 단계 높일 수 있다. 하지만, SCM이 완벽히 구축되기 위해서는 먼저, 기업 내 정보시스템이 먼저 갖춰져 있어야 한다. 즉, SCM은 협업 솔루션이기 때문에 정보의 공유가 필수적이다. SCM으로 연동되는 모든 기업은 상당한 수준의 내부 기업 정보를 서로 공유해야 한다. 한마디로 SCM은 다른 정보시스템과 달리 기업 경영 입장에서 접근해야 한다. 국내에서 SCM 논의가 활발하지만 이렇다 할 성과를 내지 못하는 것도 이 때문이다. 경영관점에서 접근하려면 최고 경영자의 의지가 무엇보다도 중요한 데 정작 기업에서는 하나의 시스템 정도로 이해하고 있는 것이다. SCM을 통해 산업 전체의 정보화를 앞당기려면 경영자가 먼저 움직여야 한다.

유통 뉴스 인공지능 · 로봇 기반 무인 매장 시대 개막

새로운 유통 서비스가 우리 곁을 찾아온다. 유통가는 IoT, 스마트 원격 제어에 이어 음성인식 · 인공지능, 로봇과 가상현실 등 정보통신 기술을 매장과 서비스에 도입하고 있다. 영화가 현실이 될 2019년, 新유통가의 모습을 가늠해본다.

인공지능은 사용자의 정보를 얻고, 이를 토대로 생각하고 대답한다. 정보가 많을수록, 사용자가 늘수록 인공지능은 똑똑해진다. 인공지능을 탑재한 로봇은 안내 · 배송 · 추천 등 여러 방면에서 소비자를 돕는다.

인공지능 · 로봇 기술은 유통 부문의 변혁을 이끌 정보통신기술로 각광 받는다. 인공지능이 소비자의 취향과 쇼핑 습관을 분석해 상품을 맞춤 추천하고, 로봇이 안내와 쇼핑 편의 및 배송까지 담당하는 영화 속 광경이 현실이 된다.

◇ 인공지능 살 찌운 챗봇, 다음 단계로

유통가는 먼저 인공지능 기본 '챗봇' 서비스에 관심을 집중했다. 채팅(Chatting)과 로봇(Robot)의 합성어인 챗봇은 온라인 홈페이지, 모바일 앱 등 어디서든 구현할 수 있다. 친구와 대화하 듯 상담원에게 채팅으로 말을 걸면, 이에 알맞은 해답을 주는 식이다.

롯데, 신세계, 현대 등 국내 유통 대기업 3사는 모두 챗봇 서비스를 집중적으로 육성 중이다. 롯데쇼핑 샬롯, 현대백화점그룹 헤이봇, 신세계그룹 쓱톡 등이 그 주인공이다. 편의점 GS25도 챗봇지니를 선보인 바 있다.

이들 챗봇은 초기에는 사전에 지정된 질문, 날짜나 매장 위치를 비롯한 간단한 질문에만 대답하는 등 제한적인 역할만 수행했다. 하지만, 사용자와의 대화를 비롯해 상품 정보, 유행 등 데이터가 쌓일 수록 똑똑해지는 인공지능의 특성상 활동 영역이 급격히 넓어질 것으로 예상된다. 개인별 상품 추천에서 시작해 최신 유행 제안, 일상 대화까지 가능할 정도로 기능이 향상된 롯데쇼핑 챗봇 샬롯이 대표적인 예다.

2019년 인공지능 챗봇은 더욱 똑똑해질 전망이다. 먼저 챗봇의 활동 범위가 웹 페이지, 모바일 앱에서 SNS와 메신저, 스마트스피커 등으로 더욱 넓어진다. 특히 스마트스피커와의 연계가 기대된다. 채팅이 아닌 목소리로 챗봇을 이용할 수 있는 덕분이다. 이미 아마존 에코, 구글 홈 팟 등 스마트스피커에는 음성 챗봇 쇼핑 서비스가 적용됐다.

◇ 로봇이 안내, 배송하는 영화 장면 현실로

인공지능의 발전은 곧 로봇의 발전으로 이어진다. 인공지능을 탑재한 안내 로봇은 사용자의 목소리 명령에 따라 움직이고 질문에 대답한다. 주차 공간 유무, 시설 위치와 할인 정보를 안내 로봇에게 물어보면 사람처럼 대답한다. 센서를 탑재, 사용자를 따라다니면서 짐을 나르거나 상품 판매대로 이끄는 로봇도 곧 현실화된다.

편의점 세븐일레븐이 선보인 인공지능 안내 로봇 브니가 대표적이다. 브니는 사용자의 얼굴과 목소리 명

령을 인식, 질문에 대답하고 감정을 표현한다. 이 제품은 안내뿐 아니라 스마트 결제 솔루션도 갖췄다. 현대백화점은 한글과컴퓨터와 함께 쇼핑 도우미 로봇 쇼핑봇을 시범 운영한 경력이 있다.

신세계그룹 이마트는 2018년 일본 소프트뱅크가 만든 인간형 로봇 '페퍼'를 매장에 배치했다. 이마트는 페퍼를 두차례 도입해 음성과 이미지 인식 기술, 방문자 접대 기능 등을 실험했다. 이어 LG전자와 함께 스마트 카트 로봇 연구개발에 나선다.

2019년 상반기 실증 실험에 들어갈 이마트 스마트 카트 로봇은 2018년 4월 등장한 이마트 자율주행 카트 일라이의 성능 강화판이다. 이마트는 사용자를 따라다니는 자율주행 기능을 시작으로 음성인식, 결제 등 스마트 로봇의 필수 기능을 차례로 구현할 계획이다.

인공지능과 챗봇, 음성인식과 로봇 등 정보통신기술은 궁극적으로 '무인 매장'을 현실로 만든다. 주차 안내에서부터 층별 상품 소개, 상품 정보 상세 소개, 계산과 포장 · 배송 등 모든 절차가 무인 · 자동화된 새로운 유통 매장이 탄생한다.

▲ 이마트 자율주행 리테일 로봇 일라이 / 이마트 제공

이미 무인 · 자동화 유통 매장은 현실이다. 아마존이 운영 중인 '아마존 고'가 대표적이다. 현대백화점그룹은 아마존웹서비스와 2020년 미래형 유통 매장 구성에 관한 업무협약을 맺었다.

편의점 업계도 무인 매장 연구 · 개발에 열심이다. 세븐일레븐과 이마트24가 각각 무인 편의점을 시범 운영 중이다. 한국에서도 무인 매장이 새로운 유통 서비스로 각광 받을 날이 머지 않았다.

※ 자료원: IT조선, 2019.1.3.

1.2 SCM 성공 요건

불확실성이 높고 빠르게 변하는 경영 환경에서 기업이 살아남기 위해서는 무엇을 해야 할까. 해답은 지속적인 혁신이다. 기업 경쟁력을 확보하기 위해서는 새로운 상품과 서비스 개발, 이를 효율적으로 관리할 경영 혁신 기법이 필요하다. 이는 기업간의 정보공유와 밀접한 커뮤니케이션을 통해서 가능하다. 이 같은 변화와 기업 경영의 방향은 SCM이라는 새로운 공급체인 경영 패러다임을 탄생시켰다. 그러면, SCM 기법의 성공적인 도입을 위해서는 다음과 같은 몇 가지 사안을 고려해야 할 것이다.

① 최고 경영자의 확실한 이해와 의지다. 대부분의 경영진은 SCM 구축을 단순한 IT 솔루션 도입 정도로 생각하는 게 현실이다. 그러나 SCM은 새로운 경영 혁신 패러다임이어서 끊임없는 노력과 지속적인 관심과 이를 추진하려는 의지 그리고 적절한 변화 관리가 뒷받침돼야 성공적으로 정착될 수 있다.

② 기업 내부의 정보화가 전제되어야 한다. SCM 개념과 철학은 정보기술의 활용으로 실현될 수 있다. 즉, 공급사슬에서 필요한 수많은 의사결정은 방대한 정보의 실시간 수집을 기반으로 하며, 이를 지원하는 정보기술의 필수 요소다.

③ 공급체인에 연계되는 기업간에 신뢰를 바탕에 둔 업무 협조 체제가 구축돼야 한다. SCM이 최대의 효과를 누리기 위해서는 관련 정보의 공유가 필수적이다. 그렇지 않으면 정보왜곡과 불신으로 인한 '채찍효과'가 발생해서 SCM의 성과를 크게 저하시킨다.

④ 과감한 프로세스 혁신이다. 주지하다시피 SCM은 기업 내부뿐 아니라 기업 외부를 모두 대상으로 한다. 결국, 기업 내부와 다른 기업간의 연계를 고려해 현행 프로세스를 새롭게 혁신하는 것이 SCM 도입을 위해 바람직하다.

⑤ 데이터의 올바른 수집과 기업간 데이터를 표준화해야 한다. SCM 시스템이 포함하는 범위는 방대하다. 각 업체에 기록된 정보가 부실하거나 기업간에 사용하는 데이터의 표준화가 미비하다면 SCM시스템의 효용성도 그만큼 떨어질 수밖에 없다.

유통 뉴스 SCM 전략 공개 "전사 관점에서 '아웃사이드-인'"

"효율적 공급망관리 계획을 수립하려면 전사 관점에서 '아웃사이드-인' 전략을 잘 유지해야 한다." 가트너는 최근 한국에서 두번째 '공급망관리 브리핑' 행사를 개최하고 기업의 글로벌 공급망관리(SCM) 전략과 판매운영계획(S&OP) 방법론에 대해 강연했다. '수요 지향적'이면서 회사 목표와 일치된 SCM 전략을 마련하는 것이 핵심이라고 가트너는 강조했다. 이날 행사에는 삼성 · LG · 두산 · 현대 등 약 120명의 SCM 담당자가 참석했다.

◇ SCM 전략은 CFO 참여해 '전사 수익 관점에서'=가트너는 각 부서별로 다른 SCM 전략을 수립해서는 안된다고 권유했다. 구매 부서가 구매 비용을 낮추거나 재고를 줄이는 것이 부서만의 효율을 높일 것일 뿐 기업 목표를 달성하는 데 도움이 되지 않을 수도 있다는 경고다.

가트너는 "기업이 이루고자 하는 목표에 맞춰 전 부서의 공급망 전략을 매트릭스 형태로 정렬해야 한다"면서 "각기 다른 부서의 핵심성과지표(KPI)도 이에 맞춰 설계해야 한다"고 강조했다. 예컨대 기업의 목표가 '속도'에 초점을 뒀다면 구매와 물류 비용이 더 들더라도 빠르게 납품할 수 있는 조달력을 갖추는 데 집중하는 것이 수익 창출에 유리한 SCM 전략이란 것이다.

단, 일부 부서의 재무성과는 오히려 떨어질 수 있다. 기업의 전체적 재무 성과를 기준으로 어디에서 '손해'를 보는 게 가장 유리할지 판단하고 용인해야 하기 때문이다. SCM 고도화 전략에 최고재무책임자(CFO)의 참여가 필요한 이유다.

강연에 나선 데바시스 타라프다르 가트너 SCM 책임 연구원은 "경쟁력 있는 기업일수록 공급-수요-제품이 밀접하게 연계돼 하나의 목표를 향해 정렬해 있다"면서 "CEO와 CFO가 주도해 시장 지향적(Market-Driven) 관점에서 모든 전략을 짜야 한다"고 조언했다.

이날 세계 기업들의 SCM 전략을 분석한 '글로벌SCM 톱25 2012'를 발표한 가트너는 자사가 분석한 '리더' 기업들의 공통점이 바로 이 점이라고 강조했다.

타라프다르 연구원은 이를 위해 "주 단위 판매운영실행(S&OE) 프로세스와 3~24개월 단위 S&OP 운영을 통해 3~5년 단위의 장기적 전략 목표를 달성해야 한다"고 말했다. 이어 "수요 계획을 주 별로 하겠다고 하면 계획이 아닌 실행 결정이 되기 때문에 주 단위 S&OE가 된다"면서 "수요 계획을 세우는 적정 S&OP 간격은 3개월이 적절하다"고 제안했다.

가트너는 기업의 S&OP 운영 수준을 △조달 운영에 급급(1단계) △수요와 공급 일치 시도(2단계) △재무를 고려한 협업 전략 수립(3단계) △비즈니스와 연계해 재무 성과 도출(4단계) 4개 단계로 분류, 아직 많은 기업이 1~2단계에 머물러 있다고 평가했다. 3단계로 진입하기 위해선 CFO 등 경영진을 필두로 한 대단위 변화관리가 필요하지만, 이 점 때문에 많은 기업들이 2단계에 주저앉는다고 안타까워했다. 또 3단계에서 4단계로 진입하기 위해서는 '리스크관리' 역량이 핵심이라고도 덧붙였다.

◇ CEO가 열쇠…의사결정 효율화 중점=가트너가 강조한 또 하나의 요지는 의사결정 담당자의 역할이다. S&OP 과정을 거치면서 '누가 의사결정권을 갖는지'다.

예를 들어 글로벌로 제품을 판매하는 기업이 있는데 전사 차원의 제품 포트폴리오 관리를 글로벌 제품 관리팀이 한다. 또 현지 마케팅팀이 프로모션을 한다. 하지만 시장과 기업 전략간 간극을 줄이기 위해 마케팅 프로모션 담당자가 수요 리스크를 이해하고 포트폴리오를 짤 수도 있다. '트레이드 오프'를 결정하는 의사결정자를 달리할 수 있는 것이다. 다양한 제약과 지역적 차이, 고객 수익을 비교하고 누가 결정해야 가장 효과적으로 계획을 세울 수 있는지를 정하는 것이 매우 중요하다는 말이다.

타라프다르 연구원은 "공급망 담당자가 수익성을 고려하지 않고 수급 일치를 이야기할 수 있지만 이 경우 재무적 수치를 담당하는 의사결정자가 관여해야 하고 이러한 과정에서 반드시 경영진의 지원이 있어야 한다"면서 "기업 중 3분의 2는 S&OP 프로세스 재무를 고려하지 않는데 이 부분을 수정해야 한다"고 강조했다. 결국 CEO의 역할이 가장 중요하고, SCM 부문장이 손익과 관련된 책임까지 책임질 수 있는 직급이어야 한다. 가트너는 이렇듯 CEO가 깊이 관여한 단계를 높은 S&OP 성숙 단계로 봤다.

타라프다르 연구원은 "부서 별이 아니라 전사 차원으로 보고 이것을 토대로 문제가 어디서 발생하는지 드릴 다운 방식으로 접근해야 한다"면서 "최근 많은 기업이 예측 정확도에서 많은 문제를 갖고 있는데 매입품 및 재고 과잉 영향 분석과 이를 어떻게 수정해야 하는지를 잘 결정해야 한다"고 지적했다. 물류 창고 기준이 아닌 실제 매장 판매량에 근거해 수요 감지 능력을 높이는 것도 중요하다. 타라프다르 연구원은 "한 전자 기업은 유통 기업에 직접 시스템을 설치하고 판매 데이터를 받아 계획 수립에 활용하고 있다"고 예를 들었다.

회사 전략과 동떨어진 여러 부문의 측정 범위가 너무 넓은 것도 문제로 삼았다. 타라프다르 연구원은 "회사의 전략과 목표, 실천에 영향을 미치지 않는 것까지 측정하느라 시간을 낭비하는 기업들이 많다"면서 "고객이 무엇을 중시하는지 무엇이 우리 기업에 큰 재무적 영향을 가져오는지를 분석해 이에 집중해야 한다"고 조언했다.

예컨대 물류 부서의 수행 시간과 비용을 측정하는 기업이 있다고 치자. 이 기업에게 물류 중요도가 떨어지고 목표가 다른 곳에 있다면 잘못된 측정을 하고 있는 것은 아닌지 자문해봐야 한다는 것이다. 만약 고객에 납품하는 정확도가 높은 것이 중요한 지수라면 이 관점에서 더 상세하게 측정하고 목표치를 달성하는 데 주력해야 한다.

타라드라프 연구원은 "공동 매트릭스를 개발해서 어떤 것을 측정하고 현재 위치가 어디에 있는지, 또 다음 단계는 어떻게 접근하는지 고려해야 한다"면서 "과거 '인사이드-아웃' 전략은 기능 효율화가 중점이었다면, '아웃사이드-인' 전략은 교차되는 가치 사슬에 대한 가치, 지휘를 전사 공급망과 의사 결정 전략을 통해 하게 된다"고 말했다.

1. 프로세스를 분석하고 어떻게 하면 이를 수익성 있는 의사결정을 위해 최적화할 수 있는지 고민하라.
2. 표준화된 S&OP 템플릿을 마련하되 전사적인 비즈니스 목표에 부합되도록 하라.
3. 3단계 S&OP 수준 달성을 위해 CFO가 참여하도록 해라.
4. 우수한 S&OP 프로세스를 위한 통합적인 기술을 갖추도록 하라.

※ 자료원: 전자신문, 2012.6.3

2.3 SCM 구성요소

프로세스 연결의 통합과 관리의 수준은 SCM 구성요소의 수와 수준에 달려 있다. Lambert는 성공적인 SCM을 위한 9개의 구성요소를 제시하였다. 그 구성요소는 물리적/기술적 그룹과 관리적/행동적 그룹으로 나눌 수 있다. 물리적/기술적 그룹은 측정 가능하고 변경하기 쉬우며 다소 유형적인 반면, 관리적/행동적 그룹은 평가나 변경이 어려운 무형의 구성요소들이다. 물리적/기술적 구성요소는 계획과 통제 수단, 업무흐름/활동 구조, 조직구조, 정보/통신 흐름 구조, 상품흐름 구조이며, 관리적/행동적 구성요소는 관리수단, 파워와 리더십 구조, 위험과 보상구조, 기업 문화와 직원의 태도이다.

운영의 계획과 통제는 기업과 공급체인에게 중요한 방향키 역할을 하며, 업무구조는 기업이 어떻게 수행하고 있는지를 보여준다. 조직구조는 개별기업과 공급체인에 대한 것이며, 탈기능적/탈부서적인 프로세스팀의 이용으로 좀 더 프로세스 지향적이 된다. 이러한 팀들이 개별조직의 경계를 넘을 때 공급체인은 더욱 통합된다. 정보/통신 흐름 구조는 조직간 연계되어 공급체인 전체의 효율에 결정적인 영향을 미치며, 가장 중요한 구성요소로서 받아들여진다. 상품 흐름 구조는 공급체인에 걸친 조달, 생산, 유통의 네트워크 구조를 나타낸다. 예컨대, 재고가 감소하면 창고의 수가 줄어들 것이나, 여하튼 재고는 필요하기 때문에 어느 기업은 더 많은 재고를 부담할 수 있다. 따라서 공급체인 네

그림 11-5 SCM의 구성 요소

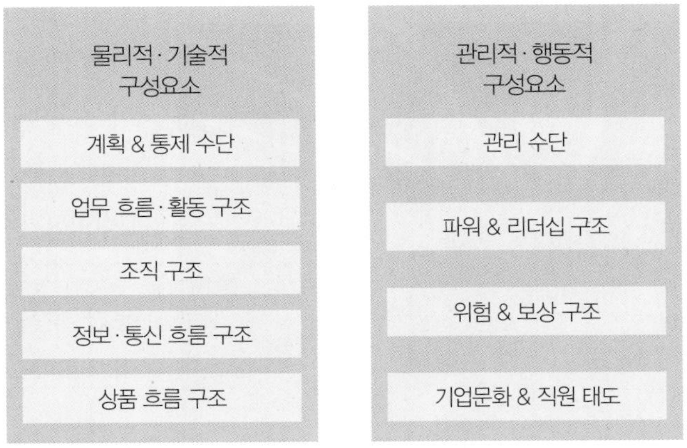

트워크 합리화는 모든 구성 기업에게 함축적인 의미가 있다.

관리 수단은 기업의 철학과 관리 기술을 포함하며, 관리 수준은 기업마다 다르다. 파워와 리더십 구조는 공급체인의 형태에 영향을 미친다. 강력한 리더기업은 공급체인의 방향을 결정하고, 리더기업의 파워 정도는 다른 구성 기업의 참여도 수준에 영향을 미친다. 위험과 보상 구조는 채널 구성 기업의 장기적인 참여에 영향을 미친다. 예컨대, 납품업체에 화재가 발생하였을 때 중심기업과 다른 구성 기업들이 도움을 준다면 납품업체의 참여는 장기화될 것이다. 기업의 문화와 직원의 태도는 결코 과소평가되어서는 안 되며, 어느 정도 서로 융화될 필요가 있다.

03 SCM 구축 프로세스

3.1 SCM 구축 방안

SCM의 구축에 대한 정형화된 방법이나 공식은 없으며, 운영이나 전략에 따라 다양한 형태를 띠고 나타나는 결과도 각기 다르다. 그러나 기본적으로는 세 가지 추진 동력을 중심으로 구축된다.

첫 번째 추진동력은, 기업 내부의 모든 기능에 대한 통합이다. 기업 내부의 전사적인 통합을 달성하기 위해서는 운영과 계획 수립 프로세스의 동시화, 부서 위주에서 전체 프로세스 위주로의 기업 구조 변화, 전사적인 합의 도출 등이 요구된다. 이 단계에서는 JIT(just in time), TQM(total quality management), BPR(business process reengineering) 등과 같은 경영 기법을 이용하여 부서 및 기능간 벽을 허물고 전사적 차원에서 지속적으로 프로세스를 개선하는 데 초점을 둔다.

두 번째 추진동력은, 공급체인상의

모든 기능에 대한 통합이다. 추진 방법과 경영 기법은 기본적으로 첫 번째와 같으며, 다른 점은 통합이 조직의 경계를 넘어 공급체인상의 모든 경영 파트너들로 확장된다는 것이다. 공급체인의 통합을 달성하기 위해서는 기업간 명확한 대화채널, 선진화된 협상 기술, 핵심 경영 프로세스에 대한 지식, 다수의 파트너와 함께 업무를 수행하고 의사결정을 할 수 있는 능력 등을 개발하여야 한다. 또한 부서 및 조직간 프로세스가 원활하고 효과적으로 수행될 수 있도록 프로세스 팀을 구성할 필요가 있다.

세 번째 추진동력은, 공급체인의 전략 개발이다. 부서 및 조직간 통합의 과정이 운영에 초점을 둔 반면, 세 번째 파트너들과 지속적으로 전략을 개발하는 과정이라 할 수 있다. 공급체인의 전략 개발은 새로운 경영 프로세스와 기술의 공동 개발, 부서 및 조직의 핵심 역량 강화, 공급체인상의 고객에 대한 가치 제공 등을 통하여 이루어진다. 또한, 공급체인 전략은 장기적인 관점에서 수행되며, 조직 및 조직원 간 고도의 협조체계 유지, 목표와 프로세스 성과에 대한 명확한 정의 확립, 탁월한 정보 네트워킹 능력 확보 등이 필수적이다.

SCM은 이러한 세 가지 추진동력을 모두 구축하였을 때, 진정한 가치가 있다. 만일 운영 측면만 구축한다면 SCM은 단순한 통합자원관리시스템(ERP)의 수준에서 벗어나지 못한다. 반면, 공급체인상의 운영 통합이 결여되면 공급체인의 전략은 결코 성공하지 못한다. 전형적인 구축 방법은 기업 내부의 통합을 먼저 달성하고, 통합의 범위를 공급체인 상의 모든 파트너로 확장한 후 효과적으로 공유된 전략 개발 체계를 수립하는 것이다. 경우에 따라서는 세 가지 추진동력을 병행하여 동시에 구축할 수도 있다.

3.2 성공적인 SCM 구축 10단계

SCM의 구축 프로세스는 어떤 공식이 있는 것이 아니라 경영환경, 기업의 역량, 기업이 추구하는 목표에 따라 다양하게 전개될 수 있다. 구축 프로세스는 한 단계가 완전히 완성되어야 다음 단계로 진행할 수 있는 것이 아니며, 반드시 순서대로 수행할 필요도 없다. SCM의 구축에서 가장 중요한 것은 경영자의 의지이며, 수행상에 발생하는 문제점들은 지속적인 개선 프로세스를 통해 수정/보완되어야 한다. SCM 구축 프로세스를 대략적으로 10단계로 나누어 살펴 보면 다음과 같다.

표 11-1 SCM 구축 프로세스

단계	구축 프로세스	추진 내용
1단계	교육 프로그램 작성	SCM에 대한 전사적인 이해 교육 대상자에 맞는 프로그램 개발
2단계	공급체인의 비전 확립	현재의 한계를 벗어날 수 있도록 변화 핵심 역량 결합에 의한 기회의 확대 공급체인 전체의 시각에서 미래 조망
3단계	경쟁전략의 평가	현재 전략의 장단점 평가 프로세스 개발 보유자원의 능력 평가
4단계	SCM의 부가가치 창출전략 개발	공급체인의 전략적 방향 설정 인적/기술적 자원 개발 성과측정 및 피드백 메커니즘 확보
5단계	최적의 파트너 구성	최적 파트너 선정 기준 확보
6단계	최고 경영진의 적극 참여 확보	최고 경영진의 역할 명확화
7단계	SCM의 조직 구조 개발	부서간, 기업간 통합 구조 구성 프로세스 팀 설립
8단계	정보네트워크 구성	정보/통신네트워크의 명확화 및 표준화
9단계	SCM 구축 전략 수립	구축 프로세스의 지속적 추진
10단계	SCM 성과측정 방법 개발	성과측정 프로그램, 매트릭스 개발

1) 교육 프로그램 작성

SCM에 대한 교육은 전체 공급체인에 걸쳐 이루어져야 한다. 교육이 제대로 되지 않으면 각 조직의 직원들은 공급체인관리의 전체 프로세스와 업무의 우선순위를 제대로 이해하지 못하고, 부가가치를 창출할 수 있는 프로세스는 간과한 채 공급체인에 별다른 영향을 주지 못하는 사소한 문제의 해결에만 집착하게 된다. 예컨대, 재고관리 담당자는 재고비용의 감소에만 집착하여 수배송 및 서비스 수준을 오히려 떨어뜨릴 수 있다.

교육의 대상자는 크게 3그룹으로 나눌 수 있다. 첫 번째 그룹은 각 조직의 최고 경영진이며, 이들에 대한 교육은 SCM의 개념과 목표에 대한 이해에 초점을 둔다. 두 번째 그룹인 프로세스 팀은 공급체인의 전략을 수행하고 이를 경쟁 우위의 원천으로 변화시키는 일을 하며, SCM의 원리, 팀 관리 기법, 네트워킹 기술에 대한 철저한 지식을 갖추어야 한다. 교육의 목표는 품질관리, 부가가치 창출 관리, 프로세스 혁신에 대한 개념을 융합하는 방법에 초점을 둔다. 세 번째 그룹은 프로세스 팀을 지원하는 인력과 공급체인 프로세스에 직접적인 관련이 없는 나머지 인력이다. 이들은 자신의 일상적인 업무가 어떻게 공급체인의 경쟁력에 영향을 미치는지에 대해 철저히 이해하고 있어야 한다.

2) 공급체인의 비전 확립

SCM 프로젝트를 시작하기 전에 공급체인 전체에 걸쳐 공유된 비전을 확립하는 것이 무엇보다 중요하다. 효과적인 비전을 개발하기 위해 기업들은 전통적인 사고방식과 현재 보유하고 있는 경쟁력의 가치에 대한 한계를 벗어날 수 있도록 변화하여야 한다. 가장 중요한 변화 중 하나는 기업을 프로세스와 핵심역량의 결합체로 보고 기업이 가질 수 있는 기회의 범위를 넓히는 것이다. 또 다른 변화는 개별 기업 하나의 창문이 아니라 공급체인 전략의 스펙트럼을 통하여 미래를 볼 수 있는 능력을 배양하는 것이다. SCM의 전략적인 비전은 기업 내부 및 기업간 마케팅, 상품개발, 제조, 유통기능들이 밀접하게 통합될 때 이루어진다.

3) 경쟁전략의 평가

SCM을 성공적으로 구축하기 위해 기업들은 현재 수행하고 있는 전략의 장점과 단점을 지속적으로 평가할 수 있는 프로세스를 갖추어야 한다. 전략을 효과적으로 평가하기 위해서는 먼저 부가가치 창출 프로세스, 고객 요구에 대한 이해, 경쟁자의 능력 등을 명확히 파악하고, 편재 보유하고 있는 자원의 능력을 평가하여야 한다. 전략 평가의 목적은 가치 창출 전략 매트릭스를 작성하고 향후 지향해야 할 방향을 설정하는 것이다. 예컨대, 공급체인이 저비용 고품질 상품의 제공자일 것인지 아니면 혁신적인 상품 및 서비스 제공자로서 경쟁할 것인지를 결정하는 것이다.

4) SCM의 부가가치 창출전략 개발

부가가치 창출전략의 개발은 공급체인 네트워크의 전략적인 방향을 설정하고 공급체인의 구성원들이 채널 전략을 이해할 수 있도록 해준다. 운영측면에서 부가가치 전략 개발은 기업간 운영의 통합, 품질, 혁신 역량, 비용절감, 유연성과 신뢰성 확대 등에 초점을 둔다. 공급체인 프로세스 측면에서는 채널의 역량과 기술 및 물적 자원의 범위를 확장하고 상호 부족한 능력을 보완하기 위한 제휴에 중점을 둔다. 공급체인의 부가가치 창출은 채널 전반에 걸쳐 인적/기술적 자원을 개발함으로써 실현된다. 운영과 전략적 프로세스의 지속적인 향상을 위해서 성과 측정 및 피드백 메커니즘을 확보하고 있어야 한다.

5) 최적의 파트너 구성

공급체인의 전반적인 비전과 전략이 수립되면, 개별기업들은 최적의 파트너를 선정할 수 있는 기준을 가지고 있어야 한다. 현재의 공급체인 파트너들을 철저히 평가하고 만일 적정한 파트너가 부족하다고 판단되면 다른 공급체인의 기업, 심지어 경쟁자라도 편입시켜야 한다. 여하튼 전체 채널은 시너지를 발생시켜 다음 경쟁 단계로 움직일 수 있는 능력을 갖추어야 한다.

6) 최고 경영진의 적극적인 참여 확보

공급체인의 각 기업 최고 경영진의 적극적인 지원과 참여가 없으면 SCM의 구축은 완성되지 않고, 일부에서만 가능할 것이다. 기업 내부적으로 경영진은 모든 운영의 성과를 지속적으로 향상시키기 위해 TQM, 프로세스 리엔지니어링, 핵심 역량 강화를 지도할 수 있는 준비를 갖추어야 한다. 채널상에서는 다른 파트너와 밀접하게 공동으로 일할 수 있는 준비를 갖춰 기업간 운영의 연계, 상품 공동 개발, 데이터베이스 네트워킹, 공급체인관리 프로세스 팀 설립 및 운영 등을 촉진시켜야 한다.

7) SCM의 조직 구조 개발

SCM은 표면적으로 기업들이 체인처럼 연결되어 있는 형태이지만 실질적으로는 하나의 조직처럼 움직여야 한다. SCM에서 기업의 조직 구조는 수평적이어야 하며, 기능 및 부서간 교류가 보장되어야 한다. SCM은 각 기업의 조직이 계층적이거나 부서간 정보공유가 이루어지지 않는다면 성공적으로 구축되지 않는다. 효과적인 조직은 대화채널의 개방, 부서간 장벽의 철폐, 전체 프로세스에 대한 이해를 유지하기 위해 노력한다. 공급체인 프로세스를 보장하기 위한 프로세스 팀의 설립은 중요하다. 프로세스팀은 채널의 전략적 목표를 달성하고 지속적으로 부가가치 창출의 자원을 개발하기 위해 노력해야 한다. 또한 프로세스 팀은 정보 및 통신기술의 통합을 통하여 전체 채널에 걸친 네트워크 성과의 극대화를 모색해야 한다.

8) 정보 네트워크 구성

공급체인의 참여자들은 정보/통신 기술을 이용하여 공급체인상의 다양한 정보인프라를 효과적으로 연계하고 표준화된 전산 환경을 제공할 수 있는 정보 네트워크를 구축해야 한다. 이러한 정보 네트워크를 통해 개별 기업이 가지고 있는 각기 다른 정보체계에도 같은 응용 프로그램을 이용할 수 있다. 또한 공급체인의 참여자들은 정보/통신 도구를 이용하여 정보인프라스트럭처 설계, 품질관리와 채널 리엔지니어링 프로세스 통제, 공급체인에 대한 학습환경 조성, 프로세스 팀 구성에 초점을 둔 조직의 개발, 데이터베이스 제공 등을 수행할 수 있다.

9) SCM 구축 전략 수립

SCM의 구축은 일정기간에만 하는 것이 아니라 시장에서의 경쟁우위를 지키기 위해 지속적으로 추진하는 부가가치 창출 프로세스이다. 이러한 관점에서 SCM의 구축은 경쟁 시장에서의 우위를 확보하기 위한 관문으로 이해되어야 한다. SCM 구축 프로세스를 유지하기 위해서 부가가치 창출전략, 인적자원, 정보네트워킹, 공급체인 통제 등이 효과적으로 수행되어야 한다.

10) SCM 성과측정 방법 개발

SCM 전략의 지속적인 성공은 효과적인 성과 측정의 개발 및 적용으로 유지될 수 있다. 프로세스 팀은 운영과 전략 측면에서 SCM의 수행에 대한 실질적인 성과 및 상세한 데이터를 보여줄 수 있는 효과적인 성과측정 프로그램이나 매트릭스를 개발하여야 한다. 성과측정은 개별 기업 성과에 너무 초점을 맞추지 말고, 채널 전체의 관점에서 수행되어야 한다. 예컨대, 한 기업에서 비용면에서 유리한 프로세스가 다른 기업에게는 불리하게 적용되고 심지어는 공급체인 전반의 성과를 떨어뜨릴 수 있다. 성과측정은 프로세스와 결과 모두를 대상으로 해야 한다. 프로세스 측정은 주문주기 감소, 비용절감, 학습효과 향상, 인적자원의 능력 등을 대상으로 하고, 결과 측정은 판매 및 수익 증가, 고객만족 증가, 상품설계시간 단축, 시장점유율 증가 등에 초점을 둔다.

연습 문제

1. SCM의 도입배경과 SCM이 궁극적으로 추구하는 가치가 무엇인지에 대해 답하시오.
2. SCM의 성공을 위한 전제조건에 대해 설명하시오.

제12장 물류관리와 제3자물류

1. 물류에 대한 이해
2. 물류에 대한 의사결정
3. 제3자물류

12 물류관리와 제3자물류

제 1 부

유통경로에 대한 개관(제1장)

제조업체의 유통관리

유통경로구조 설계(제2장)
경로구조 및 경로통합(제3장)
경로파워, 경로리더십, 경로갈등(제4장)
유통과 타 마케팅변수의 조화(제5장)
경로성과 평가(제6장)

제 2 부

유통전문업체의 유통관리

소매상과 소매업의 주요 이슈(제7장)
소매업태의 발전(제8장)
소매업체의 유통관리(제9장)
도매상과 도매업의 관리(제10장)

제 3 부

유통관리에 있어서의 전략적 이슈

물류관리와 제3자물류(제12장)
전략적 고객관리(CRM)(제13장)
서비스 산업의 유통관리(제14장)

유통 뉴스 아마존, 유기농 슈퍼 '홀푸드' 미국 전역으로 확대

아마존이 미국 최대 유기농 슈퍼인 홀푸드마켓의 지점을 미국 전역으로 확대할 방침이다.

월스트리트저널(WSJ)은 아마존이 미국 전역에서 홀푸드 지점을 추가 개설할 예정이라고 지난 30일(현지시간) 보도했다. 이같은 계획은 아마존이 홀푸드를 인수한 이후 교외 지역 수요가 빠르게 늘고 있는 상황에서 이를 소화하기 위한 조치로 풀이된다. 자사의 물류 시스템과 연결해 활용하면 어느 지역이든 2시간 내 배달 서비스를 가능하다고 아마존은 판단하기 때문이다.

WSJ는 홀푸드 관계자들이 이미 아이다호주와 남유타주, 와이오밍주 등 아직 지점이 없는 잠재 신규 지역들을 시찰했다고 전했다. 이들 지역의 면적은 4181㎡(약 1265평)로 다른 홀푸드지점들보다 크다. 앞으로 아마존의 물류 배송 시스템과 온라인 주문자들의 상품 수령 등을 위한 공간으로 활용하기 위한 것이다.

홀푸드의 확장으로 유기농 식품 업체들의 경쟁은 더욱 심화할 전망이다. 소비자들이 점차 온라인 쇼핑으로 이동하면서 대형 슈퍼들은 가격 인상을 자제하고 새로운 서비스를 추가하며 치열한 경쟁을 벌이고 있다. 할인 매장을 설치하거나 약국 체인, 편의점 등을 들이면서 판매하는 제품군을 늘리고 있다.

아마존은 경쟁력 제고를 위해 60개 도시에서 프라임 서비스 가입자에게 2시간 내 배달 서비스인 '프라임 나우'를 제공할 계획이다. 홀푸드 매장의 온라인 식료품점 픽업 서비스는 30개 도시에서 실시한다. 앞으로 이같은 서비스들을 홀푸드의 475개 전체 매장으로 확대해 기존 프라임 고객의 충성도를 높이고 신규 고객도 끌어들인다는 계획이다.

아마존은 지난 6월 홀푸드를 135억 달러(약 15조 660억원)에 인수했다. WSJ는 아마존이 계산원 없이 고객이 직접 계산하는 무인시스템 '아마존 고'를 홀푸드에 적용할 가능성도 있다고 전했다.

※ 자료원: 서울신문, 2019.1.1

학 | 습 | 목 | 표

1. 물류의 의의 및 유통관리에서 물적 유통이 차지하는 중요성을 학습하고 이해한다.
2. 물적 유통 의사결정에 포함되는 내용들에 어떤 것들이 있는지 이해한다.
3. 제반 물적 유통활동들이 통합적으로 결정되고 집행되어야 하는 이유를 이해한다.
4. 주문 및 재고 관리의 기능 및 방법에 대해 학습한다.
5. 최적 재고 관리 및 발주를 위한 물류시스템에 대해 학습한다.
6. 운송의 기능과 운송수단별 특성에 대해 학습한다.
7. 보관창고의 기능 및 의사결정시 고려사항을 학습한다.
8. 제3자물류의 개념과 효과에 대해 이해한다.
9. 전자상거래와 제3자물류의 관계에 대해 이해한다.

01 물류에 대한 이해

1.1 물류의 의의와 중요성

1) 물류에 대한 개관

물류(physical distribution logistics: PDM)는 흐름의 과정(the process of flows)이다. 모든 유통경로에서 상품은 최적의 장소, 최적의 시간, 최적의 품질로 최종 사용자에게 전달되어야 한다. 마케팅 분야에서 유통경로는 상품과 가격 및 촉진 등의 조정을 통해 거래를 용이하게 하는 데 그 의의를 두고 있는 반면, 유통경로에서 물류는 상품과 서비스에 대하여 시간과 장소의 이용가능성을 제공해주고 있다는 데 의의를 둘 수 있다. 따라서 물류는 경로상의 물적 흐름을 효율화하는 동시에 가능한 최저비용으로 고객을 만족시킬 수 있는 서비스를 제공해 주어야 한다. 그러나 실무에서 물류는 마케팅 부서와는 다른 별개의 분야로 인지되어 왔다. 즉, 물류관리는 마케팅 결정변수(4P's)의 일부로써 수행되기보다는 기업 전반에 걸쳐 산재되어 일어나고, 점차 그 기능적 역할과 인식에 있어 마케팅과는 별도의 기능으로 취급되어 왔다. 그러나 마케팅 기능과 분리된 물류는 전술적 차원의 업무수행에는 도움을 줄 수 있으나, 지속적이고 장기적인 사업운영을 위한 전략적 차원으로서의 역할을 충분히 소화할 수는 없다.

한편 물류관리의 실상은 기업 업무수행에 있어 주활동이기보다는 지원활동으로 취급되어 오면서 그 중요성이 무시되는 경향을 보이고 있다. 최근 국내기업의 물류비용은 매출액 대비 17%, 국내 총생산비 대비 13%~15%를 나타내고 있다. 이러한 물류비용의 상승은 원가압박의 요인으로 작용하여 기업에게 잠재적인 위협요소로 자리잡게 만들었다. 또한 물류비 상승과 아울러 고객욕구의 다양화 추세는 다품종 소량생산의 주문생산체제를 요구하게 되며 타 경쟁기업보다 상품을 얼마나 빨리, 주어진 시간 내에, 완전한 상품을 제공해 주느냐가 성공의 관건이 되고 있다. 따라서 유통환경의 변화와 유통비용의 상당한 부분을 차지하는 물류비용의 절감은 기업의 경쟁력 제고의 원천과 마케팅의 공격적 무기로서 활용할 수 있다. 또한 물류는 기업전략의 전술적 차원으로 간주되기보다는 기업의 경쟁우위 원천과 기업전략수립의 전략적 관점에서 다루

그림 12-1 물류관리

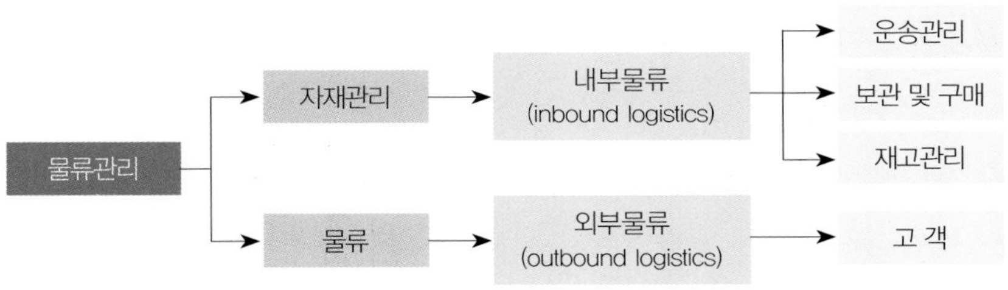

어져야 한다고 본다.

2) 물류의 개념 및 역할

일반적으로 물류관리(physical distribution management)는 공급지로부터 소비지까지의 재화, 서비스 및 이와 관련된 정보의 흐름을 관리하는 데 있다. 이러한 관리는 크게 두 개의 분야로 나눌 수 있는데, 하나는 원자재의 구매과정인 자재관리 사이클(material management cycle)로 볼 수 있으며, 다른 하나는 유통네트워크를 통하여 최종상품을 고객들에게 공급하는 물류 사이클(physical distribution cycle)로 구분된다. 전자의 경우 기업을 주체로 원자재 등의 내부유입에 따른 운송, 보관 및 구매 그리고 재고관리 등의 내부물류(inbound logistics)에 강조를 두는 반면, 후자의 경우 구매자를 중심으로 상품을 구매자에게 잘 전달될 수 있도록 하는 외부물류(outbound logistics)에 초점을 두고 있다. 한편 이러한 물리적인 재화나 서비스의 이동은 상호 분리된 기능간의 원활한 정보교환 또는 이동을 통해 이루어지며, 결국 물류기능의 수행은 기업의 상품을 원하는 최종고객이나 중개상 또는 각 단계별 내부고객의 만족을 위해 일련의 가치사슬선상에서 활동한다고 볼 수 있다.

따라서 [그림 12-2]에서 보듯이 기업은 물류관리를 통해 최종고객이 원하는 장소와 시간에 주문량을 효율적으로 제공하고자 기업 내의 모든 물류의 과정을 부가가치(value-adding)와 경계확산(boundary-spanning)의 과정으로 인식해야 한다. 이는 기업의 경영활동을 조달, 생산 및 판매라는 일련의 시스템으로 볼 때, 기업 전체의 입장에서 물류를 원자재의 조달에서부터 생산단계를 걸쳐 최종 소비자에게 전달되는 과정으로 이해할 수 있기 때문이다. 결국 이러한 과정들은 각각의 단계에서 주어진 역할을 수행할 뿐만 아니라 다음 단계로 넘

그림 12-2 물류의 구성요소

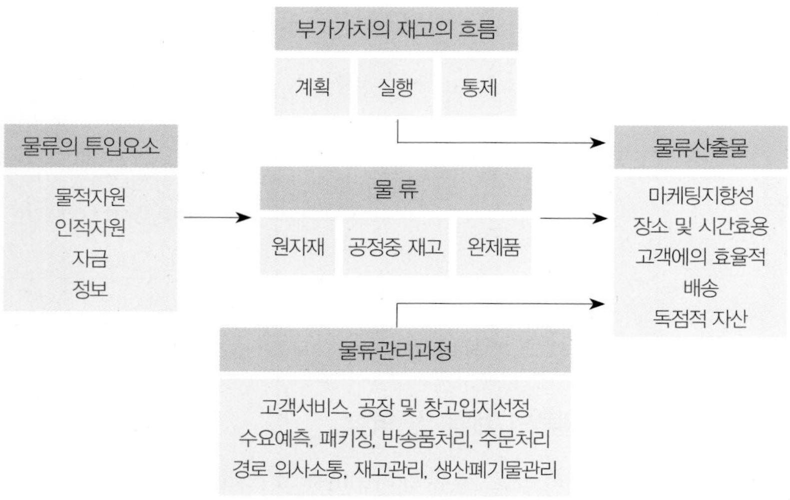

어갈수록 상품의 주어진 가치가 증가하게 된다. [그림 12-3]에서 보듯이 조달물류상 원자재 조달에서 공장까지의 수송 및 배송은 단순한 지역적 가치를 유발하지만 생산물류상의 공정과정과 포장단계를 거치면 완제품을 위한 반제품으로서의 가치를 가지게 되며 결국 판매물류를 통해 최종 고객에게 전달됨으로써 비로소 완전한 가치의 상품으로 활용될 수 있다. 또한 상품의 판매가 이루어진 후 기업들은 배달서비스나 기술적 지원 등의 물류서비스를 통해 경쟁사의 상품에 대한 차별화를 이룸으로써 고객들에게 보다 나은 소유나 형태상의 가치를 창출시킬 수 있다.

한편 물류는 기업 내·외부적으로 분업화되어 있는 기능간의 경계를 조율하는 중재자의 역할로써 그 기능을 수행하기도 한다. 기능간의 상호작용이 발

그림 12-3 물류활동

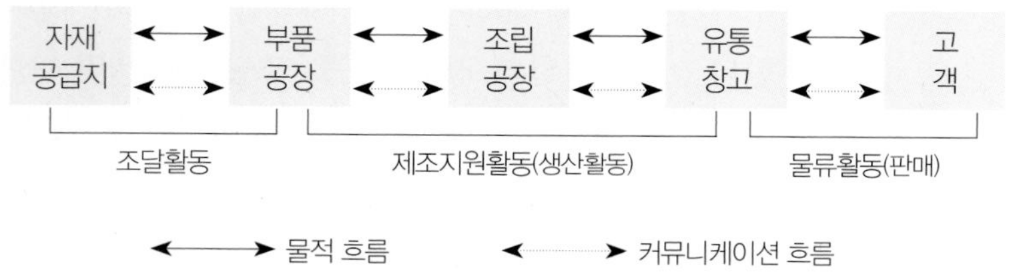

생되는 상황에서 물류는 공급과 수요관리 측면에서 기업내부의 기능들을 통합해 줄 수 있는 매개자 위치에 있으며, 이는 물류가 기업이 수행하는 각 기능간의 관계관리(relation management)와 공급사슬통합(supply-chain integration)을 위한 역할을 담당하고 있음을 의미한다.

3) 물류관리의 중요성

기업은 동종상품간 품질차이가 줄어듦에 따라 질좋은 상품을 공급하는 것만으로는 더 이상 경쟁우위의 확보가 어려우며, 끊임없이 시장에다 경쟁기업보다 먼저 신상품을 출시해야 한다는 강한 압박을 받고 있다. 이러한 경쟁적인 신상품 출시 및 고객서비스 강화의 필요성 증대는 제조업체 또는 도소매업체의 안전재고 수준의 증가, 소량의 빈번한 운송 등을 유발하여 기업의 고질적인 고정비용 상승의 원인이 되고 있다. 기업이 지속적인 경쟁우위를 창출·유지하기 위해서는 고객에게 가장 싸게 상품을 공급하거나 경쟁사가 제공하지 못하는 차별화된 가치를 제공할 수 있어야 하는데, 최근 기업들은 물류관리를 통하여 원가우위와 가치차별화를 달성할 수 있다고 보고, 기업의 주요한 전략적 수단으로 활용하고 있다. 즉, 적절한 상품을 적절한 장소, 적절한 시간, 적절한 양으로 소비자에게 전달하는 기업은 경쟁자에 비해 소비자의 욕구를 보다 잘 충족시킬 수 있으며 이는 물류비용의 감소와 소비자 만족의 증가를 동시에 가능하게 할 수 있기 때문에 마케팅전략에서 중요한 변수로 활용되고 있다.

한편 기업의 마케팅 노력의 부문으로서 물류는 기업의 고객 만족과 전체

그림 12-4 마케팅과 물류관리의 관계

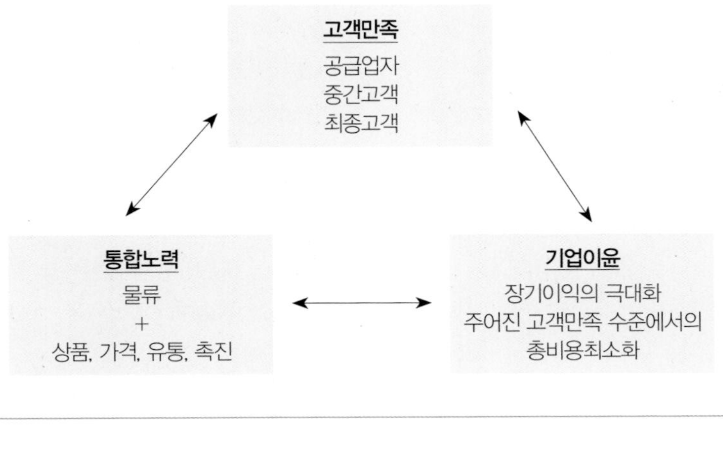

기업의 이익을 성취하는 데 중심적 역할을 수행할 수 있다. [그림 12-4]는 물류관리 측면에서 기업의 마케팅 개념을 나타낸 것이다. 고객만족(customer satisfaction)은 기업의 공급자와 중간고객, 그리고 최종고객에 대하여 시간과 장소의 효용을 극대화한다는 것을 내포한다. 고객서비스를 제공하는 물류의 능력은 수요를 창출하는 마케팅기술과 함께, 시장에서 차별적 우위를 이끌 수 있는 높은 수준의 고객만족을 가져올 수 있다. 이에 대한 통합노력은 기업으로 하여금 그들의 마케팅 활동(상품, 촉진, 가격, 유통)을 조정하여 상승적 결과를 이루도록 해준다.

또한 기업경영에서 물류비용이 차지하는 비중이 매우 클 뿐만 아니라 점점 증가하고 있다는 면에서 물류관리의 중요성이 증가하고 있다. [그림 12-5]는 미국에서의 유통비용 구성요소의 측정치를 보여주고 있다. 그림에서 보듯이 물류는 일반적인 기업에서 사업을 수행하는 데 따른 비용 중 세 번째 위치를 차지하고 있다. 비록 그러한 수치가 다소 단순하면서 제조와 마케팅, 그리고 물류비용간의 정확한 구분 및 할당에 어려움이 있기는 하지만 기업이 물류를 효과적으로 관리해야만 하는 중요한 구성요소라는 점을 보여주는 데는 무리가 없다. 이처럼 비용의 통제는 기업경영의 가장 중요한 고려요소 중 하나이기 때문에 효율적이고 효과적인 물류기능의 통제는 상당한 중요성을 지닐 수 있다.

이러한 중요성을 보다 구체적으로 살펴보면 다음과 같다.

첫째, 물류관리는 단지 물류만의 문제가 아닌 기업의 마케팅 및 유통경로 활동과 전체적인 맥락 속에서 고려되어야 한다. 물류의 독자적인 투자에 그치

그림 12-5 사업운영에서 주요비용의 구성

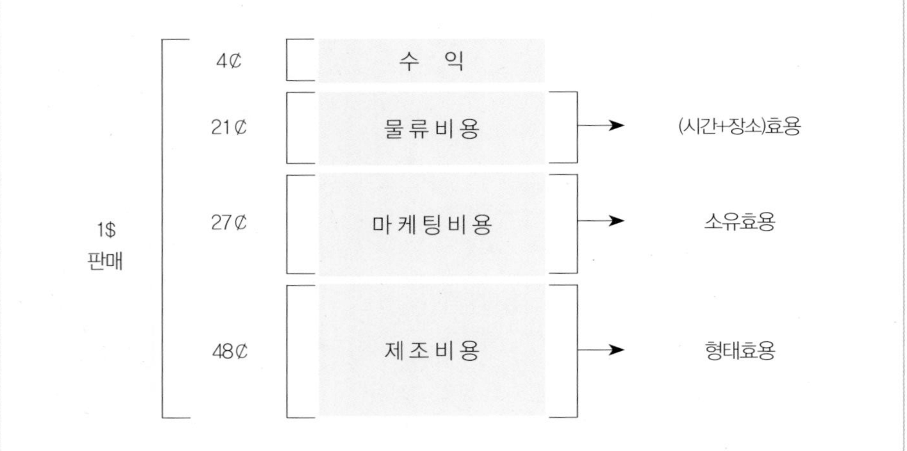

는 것이 아닌 유통 목표와 마케팅 목표와의 일관성을 유지할 때 물류관리의 효과가 달성될 수 있다. 둘째, 하나의 전략적 도구로서 물류의 역할이 증가하고 있는데 기본적인 물류기능인 운송과 보관만의 문제에 국한되는 것이 아니라 경쟁적 우위를 확보함으로써 차별적인 마케팅 활동을 수행할 수 있다. 셋째, 물류관리는 관련기술의 발전과 깊은 관련을 맺는데, 최근의 정보기술과 정보화, 각종 자동화된 물류설비의 발전은 물류활동을 보다 원활하게 수행할 수 있도록 해준다. 넷째, 물류는 더 이상 비용효율화의 문제에만 한정되는 것이 아니라 고객의 욕구를 만족시켜주는 마케팅 및 유통경로의 수요관리 변수로써 의미가 더욱 중요하다. 단순히 투자해야 할 비용의 문제가 아니라 신속한 배송, 안전한 배달 등 고객의 다양화되어가는 욕구를 만족시켜 주는 것으로 물류의 목표가 전환되어야 한다.

1.2 물류활동의 통합

물류관리의 목표는 가능한 한 최소의 물류 총비용으로, 목표로 하는 수준의 고객서비스를 제공할 수 있는 물류시스템을 구축하는 데 있다. 따라서 물류활동을 원활하게 하기 위해서는 그에 따른 제반비용과, 물류를 통해 제공되는 서비스를 하나의 물류시스템상에서 평가하여야 한다. 이러한 목적들은 총비용의 분석(total cost analysis), 비용 상쇄효과(cost trade-off)의 이해, 부문최적화의 제거(zero suboptimization), 그리고 통합적 물류관점(integrated logistics perspective)을 통해 구체적으로 고려될 수 있다.

1) 총비용관점

총비용관점의 주요사항은 물류활용상의 가시적인 비용과 숨겨진 비용을 동시에 고려해야 한다는 것이다. 물류와 관련된 기업의 모든 활동들은 상호의존성이 강하기 때문에 물류에서의 변화는 유기적으로 기업의 다른 활동들에 영향을 미치게 된다. 따라서 개별 활동요소의 비용을 감소시키기보다는 전체적인 비용의 감소방향을 토대로 관리가 이루어져야 한다.

[그림 12-6]은 물류활동에서의 가시적 및 비가시적 비용상황을 나타내고 있다. 그림에서 보듯이 기업 A는 기업 B와 비교하여 가시적인 비용이 현저하게 낮지만, 비가시적인 비용은 그 반대로 상당히 많음을 알 수 있다. 기업 B는

가시적인 비용이 높음에도 불구하고, 총비용을 산정할 때 더 저렴한 결과를 나타낼 수 있다.

물류관리에서 가시적 비용은 창고와 재고비용, 유통 인건비, 운송비 등과 같이 측정이 용이하며 회계자료에서도 어느 정도 객관적인 측정이 가능한 항목들인 반면, 비가시적 물류비용은 고객의 대기시간, 고객의 불만, 재고부족으로 인한 판매의 기회상실, 그리고 물류기반시설 등의 부족으로 인한 생산성의 저하 등과 같이 회계상으로 측정이 곤란한 항목 등을 내포하고 있다.

따라서 비가시적인 비용은 가시적 비용과 역의 관계로 인해 가시적 비용을 줄였을 때 올라가게 되며 총비용의 최적화는 [그림 12-6]과 같이 이 2가지 비용을 합산하여 절충된 부분을 찾는 것이라 할 수 있다. 예를 들어 재고가 적을수록 가시적인 재고의 비용은 떨어지겠지만 재고가 부족하면 이에 따른 판매의 상실, 재구매의 상실, 소비자의 불만 등 여러 가지의 비가시적인 비용이 오르게 되는 것이다.

한편 총비용 개념에 따르면 물류활동에서 유발될 수 있는 비용은 두 가지로 나눌 수 있다. 즉 재고비용과 운송비용으로, 양 비용은 상호간에 영향을 주고받으면서 후술할 비용 상쇄효과의 기회를 제공해준다고 볼 수 있다. 특히 총비용관점을 통한 비용상쇄효과는 최근 기업이 왜 과거의 지역적으로 산재된 재고관리를 소수의 창고를 통해 집중적으로 하는지에 대한 이유를 설명해 준다. 따라서 총비용관점에서 주목할 사항으로 양분된 재고비용과 운송비용은 둘 중 어느 하나의 최소화만으로는 총비용의 절감이 이루어질 수 없다는 것이다. 비

그림 12-6 총비용의 최적화

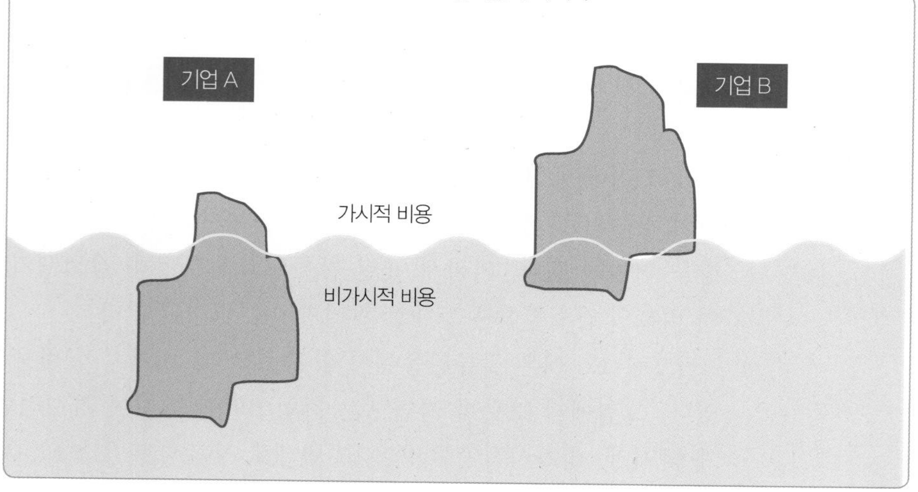

록 두 비용이 어느 한쪽의 증가에 따라 다른 한 쪽의 감소를 유발하는 반비례적 성격을 지니고 있다고 하지만, 각 비용을 창출하는 각 요소를 잘 규합함으로써 양 비용의 상쇄효과를 이루도록 해야 한다. 이에 대한 설명은 비용상쇄에서 자세히 설명하고자 한다.

2) 비용 상쇄효과

물류활동에서의 비용상쇄는 일반적인 현상이라 할 수 있다. 예를 들어 신세계백화점이 고객에 대한 서비스 만족을 실현하기 위해 통신판매 상품에 대한 전국 택배서비스를 무료로 실시한다고 가정할 때, 이러한 활동의 결과는 빈번한 상품의 출고로 인해 신세계백화점의 재고관련비용을 줄여줄 수는 있지만 소량주문이나 택배에 따른 운송비용의 증가를 불러일으킬 수 있다. 따라서 신세계 백화점의 비용상쇄 노력은 택배에 따른 수송비용과 재고비용을 최소화하고자 하며 애초 기대한 고객서비스를 달성하기 위해 물류시스템을 총비용관점에서 재구축하려 할 것이다.

먼저, 운송비용은 창고수가 늘어남에 따라 감소하다가 창고수가 적정 수준을 넘어서면 운송비가 다시 증가한다. 운송비용은 상품 선적량과 운송거리에 의해 결정되는데 총운송비용을 최소화시키고자 하려면 장거리 대량운송을 최대한 늘리는 대신 단거리 소량운송을 최소화해야 한다. 이는 장거리 대량운송이 최대화될 때 수량 및 거리할인을 통해 최소의 운송비용을 가능하게 할 수 있기 때문이다.

한편 재고비용은 재고의 이용가능성과 서비스능력, 그리고 서비스 품질의 제공 수준에 따라 달라지지만 창고의 수가 늘어남에 따라 평균재고비용은 점차적으로 증가하게 된다. 즉, 창고가 계속 추가됨에 따라 각 창고에서 발생되는 재고비용 부담은 점차 감소되지만 총재고비용은 지속적으로 완만하게 증가하게 된다.

이와 달리 운송비용과 재고비용을 합한 총물류비용은 양 비용의 어느 한쪽을 최소화시킴으로써 절감되는 것이 아니라 양 비용의 합을 최소화할 수 있는 적정수의 창고를 유지함으로써 총비용의 최소화를 이루게 한다.

3) 부문최적화의 제거

특정부문의 최적화에 의한 결과는 다른 부문의 성과에 손상을 줄 수 있다. 하나의 기능부서에 의해 수행되는 활동은, 기업 전체의 목적보다는 개별활동의 목적에만 치중하게 되어 부분적인 최적화를 낳을 수 있다. 따라서 기업의 부문최적화의 제거를 위해서는 하나의 기능에 치중하기보다는 동일한 가치사슬 선상에서 여러 기능들이 상호 연계되어 수행되어야 하며, 이는 한 부문에서의 성과가 다른 부문에서의 성과에 영향을 미쳐 결국 전체 성과에 영향을 미칠 수 있음을 의미한다. 예를 들어 재고 수준을 낮추어서 보관비용을 감소시키는 것은 고객서비스 수준을 낮출 수 있다.

또한 재고의 감소를 통해 구색을 감소시키게 되면 적시주문에 대응하는 조직의 능력이 저하될 수도 있다. 상기 신세계백화점의 예에서 보았듯이 택배운송을 통해 고객서비스 수준을 강화하고자 하는 시도는 일시적인 재고비용의 감소와 매출신장에 영향을 줄 수 있지만, 상품판매의 호조에 따라 발생할 수 있는 빈번한 재고반출은 기존 보관중의 재고품에 대하여 재고소진의 가능성을 불러 일으켜 안전재고의 수준을 높여야 하기 때문에 장기적으로는 재고부담비용을 증가시키고, 빈번한 운송으로 인한 운송비용의 상승을 가져올 수 있다. 따라서 부문최적화의 최소화나 제거를 위해서는 관련된 기능간의 지속적인 상호교류가 전제되어야 하며 이는 물류시스템의 통합화를 통해 이루어질 수 있다.

4) 통합 물류시스템 관점

통합 물류시스템으로서 물류의 개념은 유통경로상의 여러 기능을 수행하는데 따른 비용을 전체적 관점에서 관리하도록 확장하는 것이다. [그림 12-7]에서 보듯이 기본적으로 통합 물류관리는 통합시스템으로서 다양한 활동들을 관리하는 것을 의미한다. 대체로 시스템의 통합적 접근을 수용하지 않고 있는 기업에서는, 물류가 자체적인 예산과 독자성 및 독자적 성과 측정치를 가지고 있

그림 12-7 물류의 통합

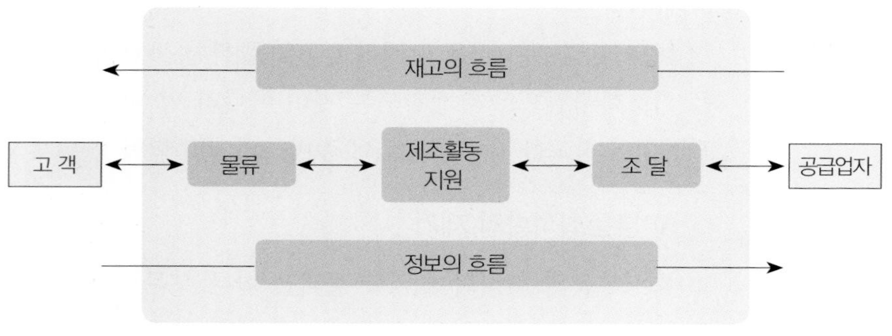

는 각각의 개별 기능들이 서로 분리되어 수행되고 있으며, 이는 결국 각 기능 간의 협력을 통해서만 이룰 수 있는 전체적인 기업의 사업수행을 망칠 수가 있다. 즉, 자재부서는 자재만을 관리하고 생산부서는 생산만을 전담하고 마케팅 부서는 최종상품의 판매만을 관리하는 전통적인 조직으로는 고객들에게 더 낮은 비용으로 높은 서비스를 신속하게 공급할 수 없다. 따라서 기업은 원자재 및 부품의 구매, 최종상품생산 및 재공품 관리, 배송관리업무와 상품의 촉진 및 가격책정, 그리고 이를 고객에게 전달시킬 수 있는 유통활동 등을 고객서비스를 중심으로 통합하여 하나의 총체적 시스템으로서 관리해야 한다.

[그림 12-8]은 그러한 통합물류시스템의 관점을 묘사한 것으로 각각의 기능들은 고객서비스와 유통을 중심으로 상호간에 연결되어 수행될 수 있음을 보여주고 있다. 일반적으로 마케팅 지향적 사고방식은 기업의 성공을 위한 중요한 요소로서, 관리자들은 종종 희소한 자원을 마케팅믹스의 구성요소(상품, 가격, 촉진, 유통)에 할당하여 기업의 시장점유와 수익성을 결정하고자 한다. 이러한 관리는 마케팅믹스의 개별 구성요소에 효율적이고 효과적인 방법을 통해 자원을 할당하거나 그러한 효율성과 효과성을 배가시킬 수 있는 어느 한 구성

그림 12-8 총체적 시스템으로서의 물류관리

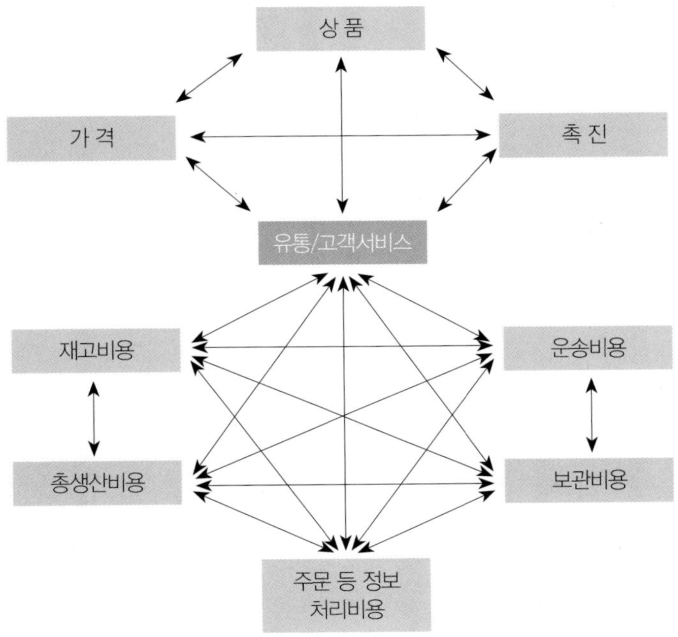

요소 내에 자원을 배분하는 데 투자함으로써 시장에서의 경쟁적 위치를 개선시킬 수 있다.

한편 물류관리에서는 개별활동의 비용보다는 물류의 총비용관점에서 비용을 최소화하고자 노력한다. 개별 활동 비용을 감소하고자 하는 노력은 총비용의 증가를 불러일으킬 수 있다. 따라서 물류의 효율적인 관리를 위해서는 [그림 12-8]에서 보는 것과 같이 물류비용의 전체를 고려해야만 한다. 이는 어느 한 비용의 감소가 지속적으로 또 다른 구성요소의 비용을 증가시키므로, 효과적인 관리와 실질적인 비용감축을 위해서는 물류시스템을 통합적으로 보아야 하며 주어진 기업의 고객서비스 목적에 대해 총비용의 최소화로 이루어져야 한다.

유통 뉴스 **초유의 '물류혁명'...효율성 제고 新기술 접목 앞다퉈**

글로벌 전자상거래 시장, 매년 두자릿수 성장...물류 비즈니스 혁신에 기업들 주목
IoT·빅데이터·AI·로보틱스 등 4차 산업혁명의 주요 기술들 힘입은 新배송경쟁 치열
中 징둥닷컴, 드론 배송 상용화·아마존, 물류혁신 이미지로 美시장점유율 과반 차지

"전자상거래 물류 프로세스 제고 문제,
유통 · 물류 기업 함께 고민 · 해결해야 시장 리드"

▲ 중국 2위 전자상거래 업체 징둥닷컴이 상용화한 소형 드론. 징둥닷컴은 중국 장쑤·산시(陝西)·쓰촨(四川)·하이난(海南) 4개성에서 지난 2017년부터 지금까지 1000회 이상 배송에 성공했다. (사진=JD.com)

'MAGA(Make America Great Again)'. '미국을 다시 위대하게'라는 트럼프 대통령의 정치 구호다. 하지만 미국 경제를 정작 훨훨 날게 만드는 근본적인 힘은 다른 MAGA(Microsoft, Amazone, Google,

Apple)에 있다는 게 미국 경제계의 공통된 인식이다. 이른바 최첨단 정보통신 기술을 바탕으로 고속 성장을 이끌고 있는 실리콘 밸리형 혁신기업들이 주인공이라는 설명이다.

오픈이노베이션, 제조업과 서비스의 결합, 인공지능과 블록체인의 활용, 바이오기술 혁명, 최첨단 IT기술의 오프라인 진출을 통한 유통혁신으로 대표되는 최신의 흐름들은 이들 기업들이 전개하는 시장선점 전략 과정에서 도드라지고 있는 트렌드다. 한마디로 MAGA 기업들은 기존의 제조업 기반 경제에서 서비스가 중심된 신경제로의 패러다임 전환을 주도하며 새로운 가치사슬과 산업 생태계를 일으키고 있다.

주력 산업의 대부분이 중국에 따라잡히고, 신성장동력은 찾지 못해 생존의 벼랑으로 내몰리고 있는 한국 경제의 새로운 돌파구도 결국 '신경제(New Economy)'에서 찾아야 한다는 진단이 나오는 이유다.

뉴시스는 2019년 기해년(己亥年) 새해를 맞이해 '新경제가 희망이다'라는 기획을 통해 한국 경제가 나아가야 할 길을 모색봤다. 새로운 산업과 경제 생태계를 만들고 있는 신기술 11가지 분야를 중심으로 글로벌 동향 탐색과 국내 현황 진단을 통해 우리나라의 신경제 발전 가능성을 짚었다.

지난 2017년 소형 드론 배송을 상용화한 중국 2위 전자상거래 업체 징둥닷컴(京东 · JD.com)은 지금까지 장쑤(江蘇) · 산시(陝西) · 쓰촨(四川) · 하이난(海南) 4개 성에서 1000회 이상 배송에 성공했다. 예전엔 교통 인프라 미비로 일주일 치 물량을 모아 사람이 직접 갔던 지역이었지만, 이젠 한 박스도 소형 드론이 30분 만에 배송이 가능하게 됐다.

징둥닷컴의 대형 드론도 지난 11월에 첫 비행에 성공했다. 'JD 800' 드론은 약 800kg을 물건을 싣고 300~600km 거리의 배송센터와 센터를 왕복한다. 대형 드론은 센터 간 물량을 원활하고 신속히 배분함으로써 재고를 줄이고 회사의 현금 유동성을 높이는 역할을 한다.

구글의 모회사인 알파벳의 자회사 '윙'은 올해 봄 핀란드 헬싱키에서 드론 배송을 시작할 것이라고 밝혔다. '윙'은 이미 호주에서 음식, 의약품, 가정용품 등의 1년6개월간의 시험 배달에 수천번 성공, 본격 서비스 개시에 자신감을 갖고 있다.

글로벌 물류기업과 유통기업들이 물류 비즈니스 혁신에 주목하고 있다.

IT를 활용하여 물류 운영을 효율화하고 비용을 감축하는 데서 나아가, 화주나 최종 소비자의 물류 니즈를 충족시킴으로써 새로운 성장 동력으로 삼고 있다. 이러한 변화는 사물인터넷(IoT), 빅데이터 분석, 인공지능(AI), 로보틱스로 대표되는 4차 산업혁명의 주요 기술들이나 블록체인 등 최신 IT 기술 트렌드에 힘입어 더욱 가속되고 있다.

특히 전자상거래(e-Commerce)의 발달은 더욱 치열한 배송 경쟁을 촉발시켰다. 전자상거래의 약점 중 하나는 소비자의 구매 시점과 실제 상품을 받아보는 시점 사이에 간극이 있다는 것이다. 이 때문에 소비자는 빠른 배송에 대한 니즈를 항상 가지고 있었고, 전자상거래 기업이나 물류 기업들도 배송 소요 시간을 줄이기 위해 상당한 노력을 해왔다.

아마존이 물류센터에서 사용 중인 머신러닝 기반의 물류 이송 로봇 '키바(KIVA)'. 키바는 물류시장에 무인화를 가속화시키는 기폭제가 되면서 많은 물류기업들에게 영향을 끼쳤다.

독일 리서치 기관 스태티스타(Statista)에 따르면, 글로벌 전자상거래 시장은 2017년 2조3040억달러(약 2592조원) 규모에서 매년 20%대 성장을 지속하여 2020년에는 4조1350억달러(4652조원) 규모까지 성장할 것으로 전망된다.

이 같은 전자상거래 시장의 급격한 성장은 유통 기업 뿐만 아니라 물류, 제조기업에게도 새로운 기회를 가져다 주고있다. 시장 규모가 확대되고 경쟁이 치열해질수록 전자상거래가 물류 전반에 미치는 영향력도 점차 커지고 있다.

특히 미국의 '유통공룡'이자 혁신 기업 아마존이 물류에 다양한 시도를 하고 시장 점유율을 높여가면서, 전자상거래 시장의 성장과 함께 물류는 그야말로 핫한 키워드가 됐다.

시장조사업체 이마케터(eMarketer)의 보고서에 따르면, 2018년 아마존의 미국 전자상거래 매출은 전년 대비 30% 증가한 약 2582억달러(약291조원)에 이를 것으로 전망된다. 미국 내 시장 점유율은 약 49%에 이르러 2위 이베이의 점유율 6.6%와는 비교할 수 없는 큰 격차를 보일 것으로 예상된다. 이는 아마존이 무인 점포, 드론 배송, 당일 배송 등 파격적인 서비스를 잇달아 선보이면서 단단한 충성 고객층과 브랜드 파워를 형성했기 때문이다.

전자상거래 시장의 성장으로 촉발된 물류혁명은 해외 직구 · 역직구(Cross-border e-Commerce)에도 영향을 미친다는 점에서 한 국가 간의 경계를 넘어서는 문제다.

전 세계 전자상거래 시장 성장 추이

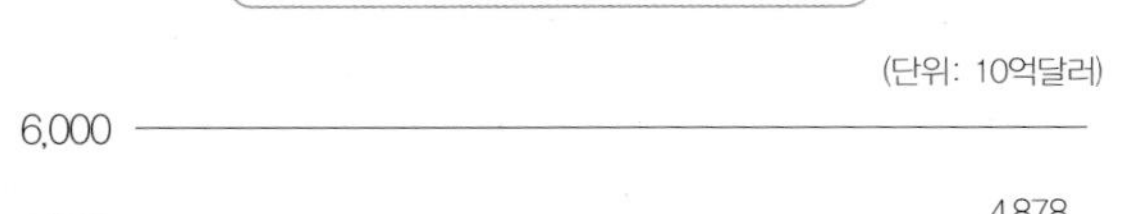

자료: Statista

글로벌 컨설팅 기업 액센츄어(Accenture) 보고서에 따르면, 전세계 해외 직구 · 역직구 시장은 2017년 기준 5300억달러(596조원) 규모에서, 연평균 약 27%씩 성장해 2020년에는 9900억달러(1114조원)에 달할 것으로 전망된다. 2020년까지 전세계 직구 · 역직구소비자는 9억4300만명으로 늘어날 것으로 보인다.

중국 알리바바를 이끄는 마윈 회장은 "2026년 알리바바는 전세계 어디서나 72시간(3일) 내 배송할 수 있는 물류시스템을 갖추게 될 것"이라고 이미 2016년에 호언했다. 이를 위해 알리바바는 5년간 156억달러(17조5000억원)를 투자, 물류 자회사 차이냐오(菜鳥)를 통해 전세계 주요 거점에 스마트 물류 허브 구축과 함께 항공 · 물류회사들과의 협력에도 매진하고 있다.

홍혜림 삼성SDS 연구원은 "전자상거래 시장이 매해 두 자릿수 성장률을 보임에 따라 물류 또한 시장이 성장하고 있으며, 물류 네트워크부터 창고 작업, 운송, 택배(Last Mile Delivery; LMD), 역물류(반품 및 회수. Reverse Logistics) 등 거의 모든 프로세스에 영향을 미치고 있다"고 말했다.

이어 그는 "유통 기업 및 물류 기업들은 빠른 시장 확대로 인해 새로운 성장 기회를 갖게 됐지만 동시에 높은 LMD 물류비, 역물류비와 같은 주요 과제들도 부담하게 됐다"면서 "향후 물류 시장은 다양한 IT 기술을 활용해 생산성을 높이는 방향으로 흘러갈 것이며, 이러한 고민들을 유통기업과 물류 기업이 함께 해결해 간다면 시장을 리드할 수 있을 것"이라고 분석했다.

※ 자료원: 뉴시스, 2019.1.4.

02 물류에 대한 의사결정

생산지로부터 소비지까지 상품의 흐름에 포함된 물류의 기능들은 다양하다. 즉, 고객서비스, 주문처리, 재고관리, 수요예측, 운송, 창고, 자재관리, 조달, 그리고 포장 등의 여러 가지 기능들을 포함하고 있다. 특히 고객서비스는 모든 물류활동 통합의 중심이 된다.

한편 각각의 기능들은 물류관리의 조건을 성취하기 위해 필요한 능력을 창출할 수 있도록 연결되어야 하며, 물류 시스템을 설정할 때 이용가능한 상이한 시스템과 관련된 총유통비용을 산정한 후에 의사결정을 하여야 한다. 물류 시스템에 관련된 주요 의사결정 문제는 다음과 같다.

① 주문을 어떻게 처리해야 하는가?
② 상품을 어디에 보관해야 하는가?
③ 어느 정도의 물량을 보관해야 하는가?
④ 상품을 어떻게 보관해야 하는가?

등으로 구분할 수 있으며, 이는 각각의 해당기능과 관련된 기능간의 상호협력을 도모할 것을 요구한다. 이에 본 절에서는 물류의 의사결정에서 중요한 고객서비스와 주문처리, 재고 및 창고관리 등에 초점을 맞추어 설명하려 한다.

2.1 고객서비스 수준의 의사결정

1) 고객서비스에 대한 개념

고객서비스의 의미는 각각의 기업에 따라 다양하게 정의되고 있으며, 그들의 거래업자와 고객들은 종종 고객서비스에 대한 개념에 대해 매우 다른 견해를 가지고 있다. 대체로 광의의 고객서비스는 물류 시스템이 상품과 사후판매 지원에 대해 얼마나 효과적, 효율적으로 시간효용(time utility)과 장소효용(place utility)을 창출할 수 있도록 수행되고 있는지 측정함으로써 알 수 있다.

고객서비스는 [그림 12-9]에서 보듯이 크게 활동(activity)과 성과 수준(performance), 그리고 경영철학(philosophy of management)의 세 가지 차원에서 살펴볼 수 있다.

먼저 고객서비스를 활동의 차원에서 보면 여기에는 주문처리나 송장, 또는 고객의 불편사항 처리 등의 관리능력을 의미하며 성과 수준의 차원에서는 그러한 활동이 얼마나 정확히 측정될 수 있는지를 의미한다. 마지막으로 경영철학 차원에서의 고객서비스는 고객중심적 마케팅(customer-focused marketing)을 얼마나 철저히 유지하고 있는가 하는 것으로, 이는 기업의 모든 사업분야에 포함된 활동들이 궁극적으로 고객의 만족을 성취하기 위해 수행되고 있다고 지각하는 것에서 출발한다. 이러한 세 가지 차원 모두는 성공적인 고객서비스가 무엇인지 이해하는 데 있어 매우 중요하다.

2) 고객서비스의 구성요소

고객서비스의 제공은 고객들이 원하는 시간과 장소에서 손쉽게 구매할 수

그림 12-9 고객서비스의 정의

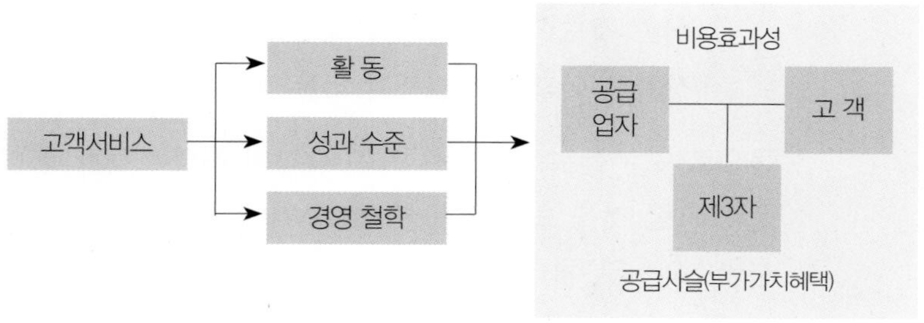

있는 구매의 용이성을 극대화하는 것이다. 고객서비스는 구매자들이 상품이나 서비스를 구매 또는 사용하는 과정에서 영향을 미칠 수 있는 배송빈도나 배송의 신뢰도, 재고수준, 인도시간과 같은 여러 요소들이 결합된 복잡한 개념이다. 따라서 기업이 어떠한 요소에 주로 관심을 갖는지에 따라 고객서비스의 중요도에 정도의 차이를 보일 수 있다.

한편, LaLonde와 Zinszer는 고객서비스의 구성요소를 거래 전, 실제거래, 그리고 사후적 거래 등 세 가지 범주로 나누어 설명하고 있다. 먼저 거래 전 고객서비스 요소는 관련된 회사정책이나 프로그램 등을 의미하며 물류와 직접적인 관련은 없지만 상품 판매에 영향을 미칠 수 있는 서비스를 제공하는 데 있어 분위기를 조성한다고 볼 수 있다. 둘째 실제거래에서의 고객서비스는 고객에게 상품을 배달하는 것과 같이 물류와 직접적으로 관련된 행위로서, 이러한 구성요소들에 의해 기업은 판매에 영향을 받게 된다. 사후적 거래요소로서의 고객서비스는 판매이후 상품에 대한 지원적 행위로 고객이 상품을 사용하기 시작한 이후 발생할 수 있는 고장이나 결함에 대한 수리와 사용에 대한 지원과 부품제공, 법률적 소송의 미연방지를 위한 잠재적 위협요소를 가진 상품의 추적과 불량품의 회수 및 불평·불만의 접수, 그리고 수리기간 동안 구매상품과 동일한 상품의 대여 등을 들 수 있다. 특히 사후적 거래요소들은 구매고객의 향후 구매나 구전효과에 중요한 영향을 미칠 수 있기 때문에 보다 신중한 자세가 필요하다고 볼 수 있다.

고객서비스 수준을 개발하는 데 있어 첫 번째 단계는 [그림 12-10]에서 보여준 요소들 중에서 어떠한 요소가 고객에게 가장 중요한지를 파악하는 것이며 이를 위해 설문지나 면접 등을 통한 고객조사를 들 수 있다. 각각의 개별요소들의 중요성은 기업과 고객, 거래업자, 그리고 산업간에 정도의 차이를 보일 수 있기 때문에 보다 심층적인 분석을 통해 모두에게 공통적인 서비스의 요소를 파악해야 한다. 이러한 중요한 고객서비스 요소가 결정된 뒤에는 다음과 같은 단계를 밟아야 할 것이다.

1단계: 각각의 서비스를 만족시키기 위한 개별요소의 양적인 성과기준이 설정되어야 한다.
2단계: 각각의 서비스에 대한 실제적인 성과가 측정되어야 한다.
3단계: 실제로 제공된 서비스와 기준 간의 차이를 분석해야 한다.
4단계: 발생된 실 제공서비스와 기준 간의 차이를 감소시키기 위한 조정작

그림 12-10 고객서비스의 구성요소

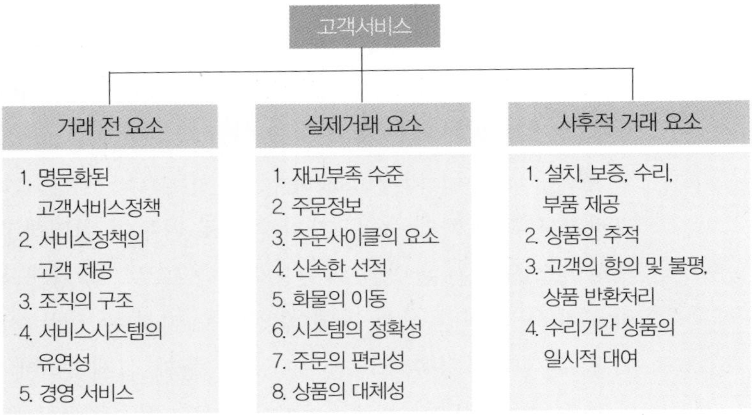

업이 강구되어야 한다.

3) 고객서비스의 측정

고객서비스에 대한 측정은 일반적으로 상품의 이용가능성(availability)의 수준과 고객의 주문주기(order cycle)의 일치성, 그리고 구매자와 판매자 간에 발생하는 의사소통에 의해 측정된다. 먼저 상품의 이용가능성은 특정주문 사이클 내 재고의 이용가능성을 측정한다. 이러한 이용가능성은 재고 중 총 상품수에 대한 재고가 부족한 상품의 수를 비교하는 방법(측정 1)과 주문상품 수에 대한 선적상품 수의 비율(측정 2), 주문상품의 가치에 대한 선적상품의 가치비율(측정 3), 그리고 접수된 전체주문의 비율로써 완수된 선적주문의 수(측정 4)로 측정할 수 있다.

둘째, 주문주기의 일치성에서 주문주기는 고객의 주문시점과 주문한 상품을 인수하는 시점 간의 시차를 의미하는 것으로, 목표로 한 주문주기 시간을 일관되게 성취할 수 있는 능력은 유통경로 내 재고의 양에 영향을 미칠 수 있다. 따라서 주문주기의 속도와 일관성은 경로설계의 주요한 요인으로 활용될 수 있는데 실제 대부분의 고객들은 빠른 서비스보다는 일관된 서비스를 선호하고 있으며 전자는 매우 다양한 주문주기를 가지며 빠른 서비스를 제공하는 것보다 더 많은 재고수준을 계획하는 데 도움을 줄 수 있다.

마지막으로 의사소통은 주문의 위치와 추적, 확인, 상품의 대체 및 부족, 그리고 상품정보 등과 같은 요인들을 고객에게 적시에 제공하는 기업의 능력

그림 12-11 고객서비스의 측정

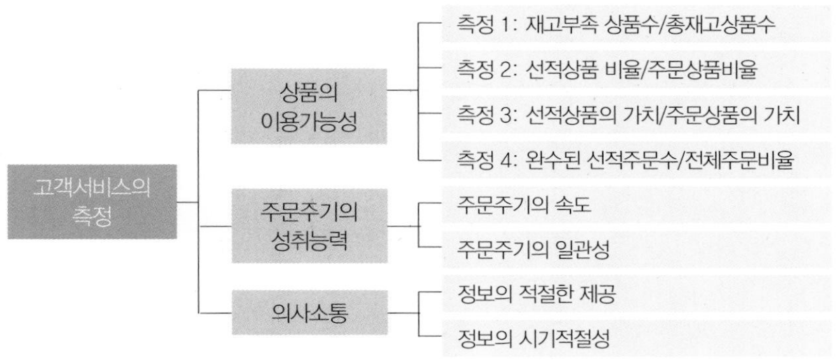

을 의미한다. 좋은 의사소통 시스템을 제공할 수 있는 경로구성원의 능력은 경로설계에서 중요한 요인이 될 수 있다.

2.2 주문처리 수준의 결정

물류는 고객의 주문에서부터 시작되며 기업과 고객은 주문처리과정이 빠르고 정확하게 이루어질 때 상호이익을 얻을 수 있다. 고객주문 주기 또한 주문시점부터 상품이 고객에게 전달되기까지의 시간을 포함한다. 최근 이러한 주문처리는 컴퓨터의 사용이 증가됨에 따라 주문 → 선적 → 청구의 과정이 점차로 단축되고 있는 실정이다.

기본적인 고객주문 주기의 구성을 보면 다음과 같다.

- 주문준비와 이송
- 주문접수와 주문등록
- 주문처리
- 상품선택과 포장
- 주문배송
- 고객배달과 하역

[그림 12-12]는 주문주기와 관련된 흐름도를 보여주고 있다. 그림에서 보듯이 고객의 입장에서 총주문주기는 8일이다. 그러나 많은 제조업자들은 그들 기업내부의 주문주기 부분만을 측정하고 통제함으로써 실수를 저지른다. 즉,

그림 12-12 주문주기

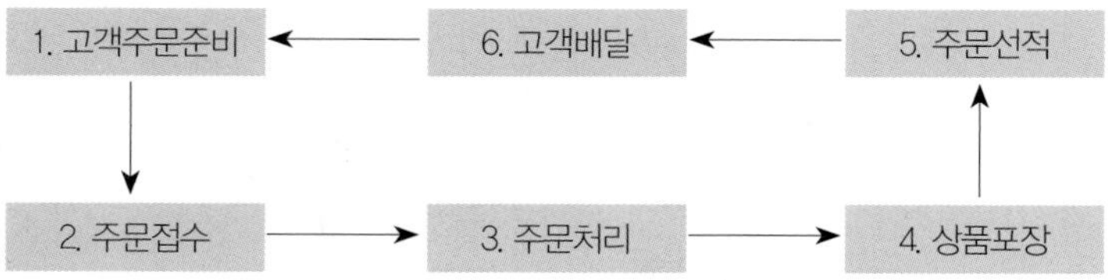

① 주문준비와 이송	1일
② 주문 접수와 주문등록	1일
③ 주문처리	1일
④ 상품선택과 포장	1일
⑤ 주문선적	3일
⑥ 고객배달과 하역	1일
총주문주기	8일

그들은 고객주문의 수주에서 상품의 선적까지의 경과된 기간만을 측정하려는 경향이 있다. 그림에서 볼 수 있듯이 기업내부의 총주문주기는 8일 중 3일에 해당된다. 대체로 자동화된 주문처리 시스템을 보유하지 않은 기업들에게 이러한 기간은 일상적이다. 제조업자에 의해 통제되는 주문주기 중 3일에 대해 효율성을 증가시키는 것은 제조업자의 통제 밖에 있는 나머지 5일의 기간에서 하루를 단축시키고자 하는 비용만큼 상당한 비용을 낳을 수 있다.

그러나 주문처리 방법을 변화시킴으로써 전체 주문주기를 단축시킬 수 있는 기회를 엿볼 수 있다. 진보화된 주문처리 시스템은 전체 주문주기를 2일 정도로 줄여줄 수 있고, 더욱이 개선된 정보의 흐름은 경영자로 하여금 보다 효율적으로 창고업무와 운송업무를 수행할 수 있게 해주며 하루에서 이틀 정도로 주문주기를 단축시킬 수 있다.

2.3 주요 물류정보시스템

1) 자동발주시스템(computer assisted orders: CAO)

CAO는 컴퓨터를 이용하여 주문내역을 작성하기 위해 점포 내 판매데이터 또는 창고 내의 상품 등에 대한 데이터를 이용한다. 점포 또는 물류센터의 컴퓨터를 통해 자동적으로 생성된 주문 내역은 발주 담당자의 확인 과정을 거쳐

그림 12-13 자동발주시스템(CAO)에서 사용되는 전자문서(EDI)와 전자문서 교환 내용

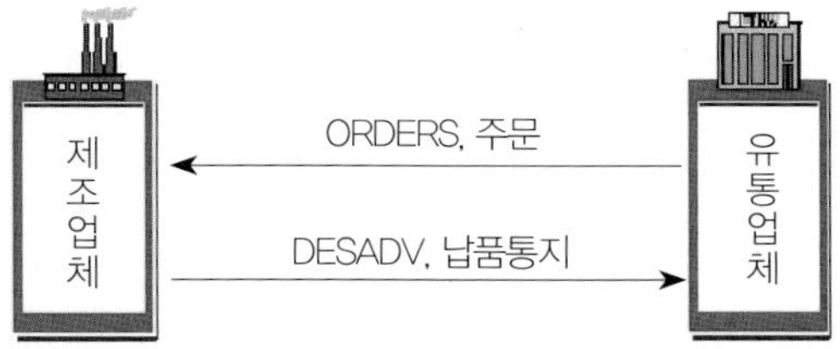

전자문서명	데이터 내역
주문서(Orders)	주문: 상품코드, 주문수량, 납품장소, 일자
발송통지서(Desadv)	납품통지: 상품코드, 납품수량, 납품단위, 납품장소, 일자

전자문서(EDI)로 제조업체에게 전송된다. 이 과정에서 발주 담당자는 매우 중요한 역할을 하게 된다. 즉, 무재고 상품, 기후 조건, 사회적 환경 등을 감안하여 주문량을 조절하고, 주문 모델의 주요 변수를 업그레이드하는 역할을 한다. CAO를 실시함으로써 소비자의 요구에 의해 상품 주문이 이뤄져 결과적으로 보다 효율적인 재고관리가 가능해진다. 이를 위해서 유통업체에서는 단품만이 아니라 물류단위까지를 포함하는 상품 정보를 완벽하게 관리할 필요가 있으며, 점포에서 POS 시스템이 기본적으로 활용되어야 한다. 뿐만 아니라 제조업체와 유통업체에서는 유럽상품코드(european article number: EAN)를 엄격히 준수해야 하며 특히, 판촉상품이나 신상품의 경우 EAN 표준의 엄격한 적용은 더욱 중요하다. EAN-13 바코드는 전 세계적으로 소매점의 상품에 쓰이고 있다.

2) 크로스 도킹(Cross-Docking)

상품의 보관시설이 없는 곳에 상품을 묶음화하여 배송하는 것을 크로스도킹이라고 한다. 배송장소에서는 물류단위에 따른 상품의 납품만을 관리한다. 크로스도킹 장소로 배송되는 모든 상품은 최대한으로 짧은 시간 내에 최종 납품처 또는 소매점포로 재배송된다. 이와 같은 크로스 도킹은 유통업체에 의한 점포별 크로스 도킹, 제조업체에 의한 주문할당 크로스 도킹 등 두 가지 방법에 의해 이뤄질 수 있다.

① **유통업체에 의한 점포별 크로스 도킹:** 이러한 유형의 크로스 도킹에서는 주문이 물류센터와 같이 크로스 도킹이 이뤄진 곳에서 이뤄지며, 이 주문은

납품할 점포와는 무관하게 총납품수량이 주문된다. 배송수량은 소매점포와 구매담당자가 점포의 판매실적에 의거 결정하게 된다. 제조업체는 납품할 상품을 준비하여 배송하고, 인수 시점에서 납품된 상품은 다시 소매점포로 납품되기 위해 점포별로 다시 배송된다. EDI 측면에서 보면, 이 과정은 소매점포의 실제 판매정보에 의해 주문이 주문이 이루어지기 때문에 CAO와 차이가 없다.

② **제조업체에 의한 주문할당 크로스 도킹:** 주문할당 형식의 크로스 도킹은 납품업자인 제조업체가 상품이 납품될 소매점포별로 사전에 상품을 준비하여 배송하는 형태이다. 즉, 배송되는 제품은 개별 점포별로 파렛트화되며, 점포로 납품될 모든 상품은 물류센터로 집결되어 점포별로 분류된 후, 개별 점포로 즉시 재배송된다. 유통업체에서는 주문 내역을 각 점포별로 분류하여 발행하여야 한다. 이와 같은 크로스 도킹에서는 소매점포별로 배송될 상품의 준비가 물류센터와 같은 유통업체의 창고에서 이뤄지는 것이 아니라, 제조업체에서 상품의 배송을 준비하는 단계에서 이뤄지게 된다. 따라서 제조업체는 모든 상품을 하나의 집결지인 물류센터로 배송함으로써, 각 개별 점포로 배송하는 시간을 단축시킬 수가 있다. 이러한 방법은 진열 시간이 짧은 신선제품의 배송에 사용됨으로써 제품의 선반진열시간을 늘릴 수 있다. 또한 셀프서비스점이나 수퍼마켓 등의 중규모의 점포에 상품을 배송하는 경우에도 용이하게 사용될 수 있다. 각 운송단위의 크기를 최적화하기 위해 특정 고객을 상대하는 여러 제조업체가 공동화함으로써 그들의 물류능력을 최대한 효율화할 수도 있다. 이 크로스 도킹 방법은 주로 화장품, 위생제품, 잡화 등 배송되는 양은 적지만 상품종류가 많은 상품에 적합하다.

그림 12-14 유통업체에 의한 점포별 크로스 도킹

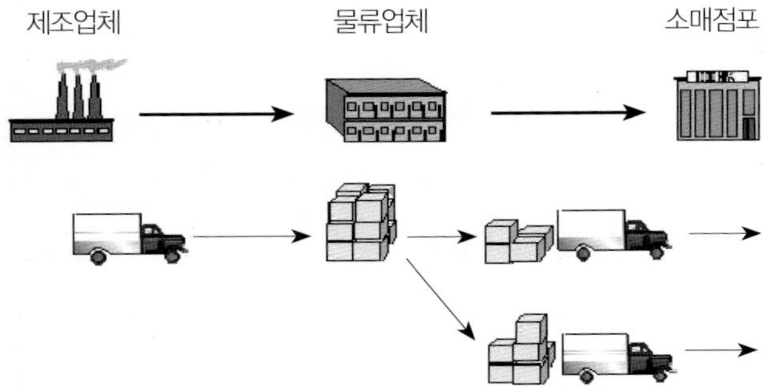

그림 12-15 제조업체에 의한 주문할당 크로스 도킹

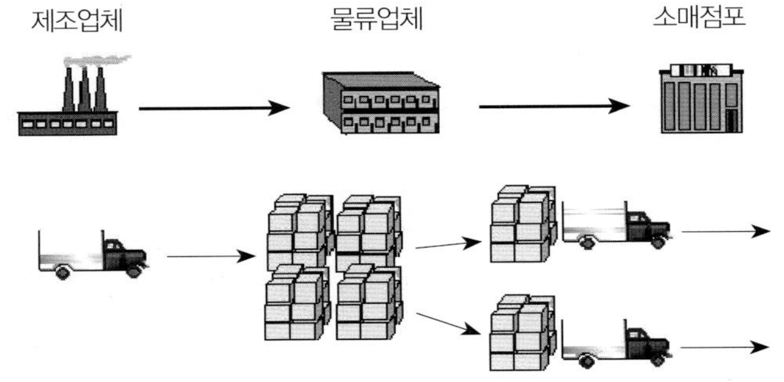

2.4 재고관리 및 통제

재고수준은 소비자 만족에 영향을 미치는 주요 물류 의사결정 중의 하나이다. 유통관리자들은 고객의 주문을 즉시 처리하기 위하여 충분히 재고가 확보되기를 원하나, 많은 재고확보는 비용의 증가를 초래할 수 있다. 따라서 재고에 대한 의사결정은 물류업무 관점에서 매우 높은 위험과 영향을 지니고 있다고 볼 수 있다.

한편 특정상품에 대한 재고의 분류와 미래 판매예측에서 시장이나 어떤 지역으로 연속적인 상품의 선적을 하려는 행위는 물류활동의 수를 결정한다. 즉, 적절한 재고의 분류가 없다면 마케팅은 판매의 손실과 고객만족의 악화를 발견할 수 있을 것이다. 이와 유사하게 재고계획은 제조업자에게도 중요한 측면을 지니고 있다. 예를 들어 원자재의 부족은 제조·생산라인의 일시휴업이나 생산계획의 필요불가피한 작업수정을 발생시킬 수 있으며, 이에 따른 추가적인 경비의 증가와 급기야 완전품에 대한 물량부족 현상의 잠재적인 근원이 될 수 있다. 따라서 고객의 수요에 대처하여 최소의 재고비용으로 적정한 재고 수준을 유지하는 것이 필요하다. 또한 물량으로써의 재고관리뿐만 아니라 품질유지라는 차원에서 재고관리가 병행되어야 할 것이다.

1) 재고관리의 개념

① **재고의 형태와 특성:** 재고를 보유하고 있는 것은 자본투자와 노후의 잠재성으로 인해 위험이 따른다. 즉, 재고에 대한 투자는 여타 상품의 획득이

나 기업의 성과를 개선시켜줄 수 있는 다른 자산으로 전환할 수 없는 특성이 있으며 도난이나 노후화의 가능성도 있기 때문이다. 따라서 재고에 따른 위험의 정도나 특성은 유통경로에서 기업의 위치에 따라 다르게 나타난다는 것을 이해하는 것이 중요하다.

먼저 제조업자의 입장에서 볼 때 재고의 위험은 시간적으로 장기적인 위험부담이라는 특성을 지니고 있다. 제조업자의 재고보유는 원자재와 부품에서 시작하여 공정중(work in process) 그리고 완상품 단계로 이어져 판매시점에서 종결된다. 또한 판매되지 않은 완상품은 종종 도·소매업자에게 가까운 창고로 이전되고 있다. 한편 도매업자 입장에서의 재고위험은 제조업자보다는 덜 하지만, 서로 다른 제조업자로부터 넘겨받은 상품을 소량의 단위로 분류하여 소매업자에게 제공해 주는 특성으로 인해 소매업자보다 단계적으로 깊고 장기적인 위험에 노출되게 된다. 마지막으로 소매업자는 그들의 주요 관심사가 상품의 구매와 판매에 있기 때문에 다양한 상품을 구매하여 최종고객에게 제공하고자 하며 이에 따라 상품의 재고 소진을 막기 위해 일정량의 재고를 유지하고자 한다. 이러한 상황은 재고의 이양과 더불어 직접적인 상품의 수익성에 영향을 미치기 때문에 그들의 마케팅 과정에서 상당한 위험에 노출할 수 있다.

② **재고의 기능:** 재고는 투자된 자본에 대해 최소한의 수익을 제공해야 하는 자산배치(asset deployment)의 주요한 분야이다. 회계전문가들은 일반적인 기업의 손익계산서가 재고자산 보유에 따른 실제비용이나 혜택을 대변해주지 못하기 때문에 측정상의 어려움이 존재할 수 있다고 오랫동안 인지해 왔다. 이러한 정밀한 측정의 부족은 서비스 수준과 업무적 효율성, 그리고 재고수준 사

그림 12-16 재고의 기능

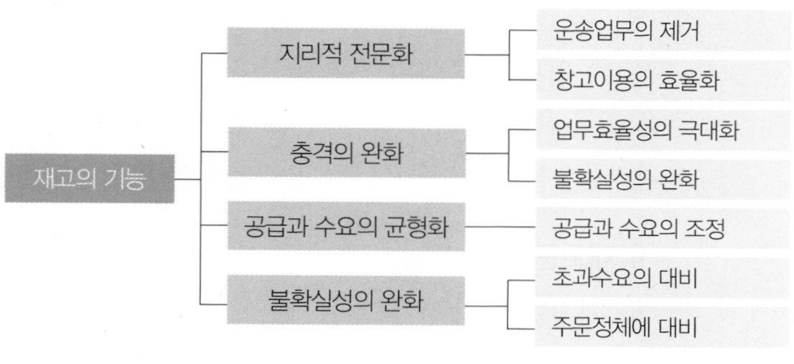

이에서의 비용상쇄효과를 평가하는 데 어려움을 겪게 한다. 이와 함께 대부분의 기업들은 그들이 필요로 하는 재고보다 더 많은 평균재고량을 유지해 왔다. 따라서 재고의 기능이 무엇인지 살펴보는 것은 기업의 재고투자의 필요성과 재고관리와 연관된 각 활동간의 비용상쇄를 누릴 수 있는 기회를 제공해줄 수 있다고 본다.

대체로 재고기능은 크게 지리적 전문화(geographical specialization), 충격완화(decoupling), 공급과 수요의 균형화(balancing), 그리고 불확실성의 완화(buffer uncertainties) 등 4가지로 구분할 수 있다.

- 지리적 전문화: 재고의 기능 중 개별적 업무단위의 특성을 지니고 있는 것으로, 이는 생산요인(전력, 원자재, 용수 등) 등으로 인해 주요 시장과 지리적으로 거리를 둔 제조업체들이 자재운송비의 최소화나 원자재와 부품이용의 편의를 도모하고자 활용하고 있다. 또한 지리적 전문화는 여러 지역에서 제조된 상품들을 단일의 창고로 취합하여 시장의 구색에 맞는 상품을 선적할 수 있게 해준다.
- 충격의 완화: 충격의 완화는 생산 업무간 공정중 재고를 통해 단일 제조시설 내의 업무효율성을 극대화시켜 준다. 즉, 재고는 각 상품이 제조될 수 있도록 해주며 시장수요보다 큰 경제적 규모(lot size)에서 유통될 수 있도록 해준다. 필요에 앞서 생산된 재고는 최소의 화물비용을 가지고 많은 양의 선적을 고객에게 유통할 수 있게 해준다. 따라서 재고는 불확실성으로부터 기업의 업무를 보호할 수 있는 충격완화의 역할을 수행한다.
- 수요와 공급의 균형화: 균형화는 소비와 제조 간 경과된 시간을 고려한다. 즉, 재고의 균형화는 공급능력과 수요를 조정해주는데 균형화의 잘 알려진 예로서, 계절을 타는 농산물(seasonal production)과 연중 계속되는 소비(year-round consumption) 등을 들 수 있다.
- 불확실성의 완화: 안전재고(safety stock) 또는 완화재고(buffer stock) 기능은 수요 또는 보급(replenishment) 등에서 부족분의 편차(variation)를 고려한다. 대부분의 재고계획은 안전재고의 규모를 결정하는 것에 초점을 맞추고 있으며 이러한 안전재고의 필요성은 미래의 판매와 재고의 보충을 고려하는 불확실성으로부터 기인하고 불확실성이 존재하면, 재고의 현 상황을 고수하고자 할 것이다. 안전재고는 두 가지 종류의 불확실성을 방어할 수 있다. 첫째는 상품의 성과주기(performance cycle) 동안 예측을 상회하는 수요이며 둘째는 주문주기상 주문의 수주나 처리 또는 전송에 있어 발생하는 지연(delay) 등을 들 수 있다.

2) 최적주문량의 결정

재고결정에서 첫 번째로 파악해야 할 문제는 주문시기와 주문량이다. 재고

수준이 감소하게 되면 관리자는 어느 수준에서 재주문해야 할 것인가를 결정해야 한다. 이 재고 수준을 주문점이라고 하고 주문처리시간이 길고, 사용률이 높고 서비스 기준이 높을수록 재주문점이 높아야 한다. 최종적인 주문점은 재고부족의 위험과 과잉재고의 비용 사이에 균형을 이루는 점에서 결정된다. 적정주문량은 재고유지비와 주문비, 그리고 재고부족비를 함께 고려하여 결정되는데 각 비용항목들을 합한 총재고비용이 최소가 되는 점이 최적주문량이 된다.

최적주문량은 경제적 주문량(economic order quantity: *EOQ*) 공식을 사용함으로써 알 수 있는데 *EOQ*의 공식은 다음과 같다.

$$EOQ=\sqrt{\frac{2PD}{CV}}$$

P: 주문비용
D: 연간수요량
C: 평균재고유지비(V의 백분율로 표시)
V: 재고품의 단위당 원가

예를 들어 등산배낭을 생산하는 K기업의 연간수요량이 4,800개, 재고품 단위당 원가가 100원이고 평균재고유지비가 재고품 원가의 25%를 차지하며 주문당 발생하는 주문처리비용이 40원일 때의 *EOQ*는 다음과 같다.

$$EOQ=\sqrt{\frac{2(40)(4800)}{(25\%)(100)}}=\sqrt{\frac{384,000}{25}}=124\text{단위}$$

경제적 주문량의 공식은 간단한 수식을 통해 쉽게 최적주문량을 산출할 수 있는 이점을 가지면서 제조업체나 대형 도매업자에 의해 널리 사용되고 있지만, 소매업자들에게는 그리 큰 도움을 주지 못하고 있다. 한편 *EOQ* 공식은 주문비와 재고유지비가 고정된 것으로 보기 때문에 실제 업무에서의 그것과 차이를 보이고 있으며, 이를 결정하는 것이 어려워 공식을 통해 추정된 최적 주문량은 주관적 수치로서 그 객관성을 상실할 수 있다. 또한 최적주문량을 이용한 재고관리는 전체 주문주기에 걸쳐 볼 때, 필요로 하는 재고량보다 더 많은 재고를 유지해야 하기 때문에 측정상의 수치와 실제 필요로 하는 수치가 다를 수 있다.

2.5 운송방법의 선택

물류에서 운송결정은 상품가격, 즉시배달의 정도, 상품도착시의 상태 등에 영향을 미치므로 고객의 만족 수준을 결정하는 요인 중의 하나이다. 따라서 적절하지 못한 운송서비스와 불확실한 운송시간의 문제는 기업에게 필요 이상의 재고 보유와 운송비용의 증가, 그리고 이로 인한 판촉효과의 상실 등 전반적인 물류계획의 차질을 발생시킬 수 있다.

1) 운송수단의 유형과 선택

상품을 창고, 중간상, 고객에게 수송하는 데 있어서 기업이 선택할 수 있는 중요한 운송수단으로는 철도, 해상운송, 트럭, 파이프라인, 그리고 항공수송 등이 있으며 국내 기업의 운송수단으로 트럭운송이 압도적인 비율을 차지하고 있다.

운송수단별 구체적인 사항은 아래와 같다.

먼저 철도는 전체운송에서 차지하는 비중이 점차로 감소하는 운송수단이지만 석탄, 모래, 광물, 농산물, 임산물과 같이 부피가 큰 상품을 수송하는 데 가장 경제적인 수송수단 중의 하나이다. 둘째로 해상운송은 모래, 곡물, 원유, 광물과 같이 부피가 크고 저렴하며 부패성이 없는 상품의 수송에 유용하나, 가장 속도가 느린 수송수단으로 기상조건에 큰 영향을 받는다는 단점이 있다. 셋째, 트럭운송은 이용이 점차로 증가하고 있으며 여러 지점을 연결하거나 운송시간계획을 수립하는 데 있어 상당한 신축성을 가질 수 있다. 특히 트럭은 비교적 고가의 상품을 단거리 수송하는 데 유용하다. 넷째, 파이프라인은 석유나

표 12-1 각 운송수단의 특성에 따른 항목별 우선순위

	운송속도	운송빈도	적시운송 능력	취급상품의 다양성	운송가능 지역	운송비용 (톤/km당)
철도	3	4	3	2	2	3
해상운송	4	5	4	1	4	1
트럭	2	2	2	3	1	4
파이프라인	5	1	1	5	5	2
항공수송	1	3	5	4	3	5

화학물질을 생산지에서 시장으로 운반해 주는 특수한 운송수단이다. 비록 석유, 화학물질 등의 상품을 해상수송을 통해 운송하는 것보다 비용이 비싸지만, 비교적 저렴하고 자사 소유의 상품만을 수송하는 데 있어 유용하다. 마지막으로 항공수송은 운임은 비싸지만 속도가 필수적이거나 원거리의 지역에 운반하려고 할 때 효과적인 운송수단으로 활용할 수 있다. 이러한 항공수송을 이용하는 상품으로 고가의 부피가 작고 부패성이 높은 상품들을 들 수 있다.

이상의 운송수단을 선택하는 데 있어 기업은 속도와 빈도, 의존성, 수용능력, 이용가능성, 그리고 비용 등의 여섯 가지 기준을 통해 가장 적합하고 효율적인 운송수단을 선택해야 한다.

한편 화물추세에 따라 두 가지 이상의 운송수단을 함께 이용하는 기업이 늘어나면서 다양한 형태의 운송수단이 등장하게 되었다. 예를 들어 피기백(piggy back)은 철도와 트럭을 함께 사용하는 수송방식을 의미하고, 피시백(fish back)은 해상운송과 철도를 함께 사용하는 방식이며, 버디백(birdy back)은 트럭과 항공수송을 결합한 수송방식이다.

2) 운송의 기능

운송의 기능은 크게 상품의 이동과 보관으로 나눌 수 있다.

- 상품의 이동: 운송의 주요한 기능은 상품을 가치사슬선상의 각 업무에 이동시켜주는 것이다. 운송은 시간적(temporal), 재무적(financial), 그리고 환경적(environmental) 자원을 이용하기 때문에 상품의 가치를 증강시키고자 할 때 중요한 역할을 담당하고 있다. 따라서 운송의 주요한 목적은 운송비용과 운송 도중의 손실 및 손해비용을 최소화하여 원천지로부터 목적지까지 원자재, 부품, 반상품, 완상품을 이동시켜 주는 것이다.
- 상품의 보관: 운송의 기능 중 일반적으로 잘 인지되지 않는 부분으로 상품의 일시적 보관을 들 수 있다. 예를 들어 창고공간이 부족한 상황에서 운송수단의 이용은 보관의 대안이 될 수 있다. 또한 서울에서 부산으로의 상품운송 중 포항에서 더 많은 상품수요가 발생하거나 여유있는 저장능력을 가지고 있을 때 상품은 대안적으로 부산보다는 포항으로 이동할 수 있다. 이러한 상품의 이동은 전화를 필요로 하며 최근 인공위성 통신의 활용을 통해 본부와 운송수단 간 효율적인 업무활동을 전개하고 있다. 따라서 운송수단에서 상품의 보관은 많은 비용을 유발할 수 있지만 상품의 하역과 선적이나 저장시설의 부족 등을 고려하는 총비용 관점에서 볼 때 유용하다고 볼 수 있다.

3) 운송수단의 의사결정

기업이 자사의 상품이나 원자재 등을 어떻게 어떤 방식으로 운송하느냐에 따라 전체 물류시스템의 흐름이 달라질 수 있다. 따라서 물류에서 운송수단의 선택은 중요한 일환이라 할 수 있다. 운송수단은 매우 다양하며 각 수단마다 장점과 단점이 다르므로 기업은 상황분석을 통하여 적합한 수단을 선택해야 한다. 그 기본절차로 고객의 서비스 요구와 제조업 및 중간상의 유통능력에 의거하여 운송수단이 결정되어야 하며, 추가적으로 기업은 다음과 같은 사항을 고려하여 적절한 수단을 결정할 수 있어야 한다.

먼저 운송수단마다 소요시간이 많은 차이를 보이는데, 운송할 상품이 어떤 종류이냐에 따라 선택할 운송수단은 달라질 수 있다. 예를 들어 네덜란드의 튤립꽃과 같이 상품성이 있는 상품들은 각종 시장에 적기에 배달하기 위해서 이를 수용할 수 있는 비행기로 운송될 필요가 있으며, 반면에 배달시간이 중요하지 않은 상황에서는 비용대비 수익에 따라 여타 운송수단을 사용할 수 있다.

둘째, 신뢰성은 약속된 시간에 얼마만큼 정확히 배달이 가능한지를 의미한다. 신뢰성은 상황에 따라 개념이 다르기 때문에 운송사는 고객의 요구를 철저히 파악해야 한다. 비행기가 가장 빠르지만 연발과 연착이 잦아 약속된 시간을 못 지키는 경우가 발생할 수 있다. 반면 배는 느린 대신 도착하는 날짜가 정확할 수 있다. 그러나 시간이 오해 걸리는 만큼 상품에 있어 파손의 확률이 높아지므로 신뢰성이 떨어질 수 있다. 이러한 신뢰성의 중요한 측면이 바로 모니터(monitoring) 가능성이다. 특히 납품하는 원천이 많을수록 상품이 어디에 있는지를 확인해야 한다.

셋째, 운송수단 선택의 제일 중요한 고려요소는 바로 비용이다. 각각의 수

그림 12-17 운송수단의 의사결정에서 고려해야 할 사항

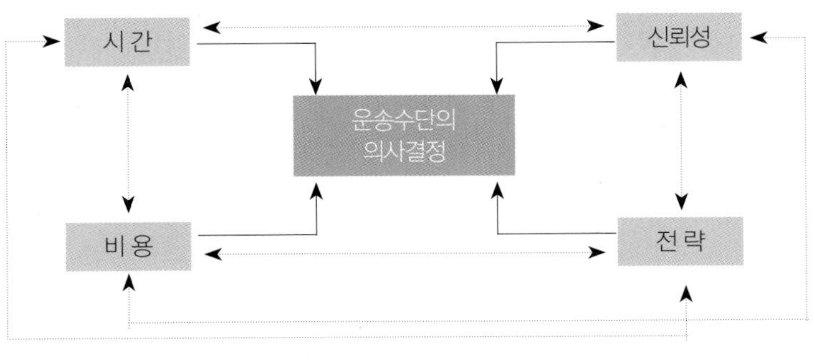

단마다 비용이 다르기 때문에 각 수단의 비용과 이득을 동시에 분석해야 한다. 운송비는 걸리는 시간과 그 이외의 부가되는 서비스에 따라 비용이 책정된다. 예를 들어 비행기는 가장 비싼 운송수단으로 시간이 가장 빠르고 그 외에 냉동 혹은 온도유지 시설의 사용이 가능하다. 이러한 서비스가 요구되는 상황일 때 비행기의 사용은 가능해진다.

마지막으로 비경제적 요인으로서 기업의 전략과 일시적 요구를 생각할 수 있다. 기업의 전략이 비용에 관계없이 고가 수단을 요구할 때, 특히 중요한 시장의 침투상황에서 신뢰성 있는 공급이 필수적일 때 안전한 수송수단을 사용할 수 있어야 한다. 또한 긴급상황에서 긴급운송이 불가피할 때 즉, 자동차회사가 외국시장의 창고에 모든 부품을 유지할 수 있지만 간혹 희귀한 부품이 다른 국가에 있을 때 긴급운송을 통해 해결할 수 있다. 특히 이러한 운송은 이에 따른 홍보효과 또한 크기 때문에 기업은 비용만을 고려한 채 운송수단을 선택해서는 안 된다.

2.6 보관창고의 형태와 위치선정

모든 기업은 생산과 소비의 주기가 대부분 일치하지 않기 때문에 상품을 판매할 때까지 보관해야 할 장소가 필요하다. 이러한 보관기능은 원하는 물량과 시기의 차이를 극복해 줄 수 있다. 따라서 기업이 보유할 최적창고 수를 결정해야 하는데 보관장소가 많다는 것은 고객에게 신속하게 상품을 전달할 수 있다는 의미이다. 그러나 이런 보관창고 수의 증가는 보관비용을 증가시키므로 보관창고의 수는 고객의 서비스 수준과 유통비용 사이의 균형을 이루도록 결정해야 한다.

1) 보관창고의 기능과 혜택

① **보관창고의 기능:** 보관창고의 기능은 크게 세 가지로 구분된다. 즉, 이동(movement), 보관(storage), 그리고 정보의 이동(information transfer)이다.

먼저 이동의 기능은 4개의 하부활동으로 나눌 수 있는데, 수주(receiving)와 이송(transfer), 주문선택(order selection)과 선적(shipping)으로 구분된다. 수주활동은 운송업자로부터 상품의 물리적 하역과 창고재고 기록의 갱신 및 손실의 조사, 그리고 주문과 선적기록에 대한 상거래 확인 등이 포함된다. 이송은

그림 12-18 창고관리의 기능

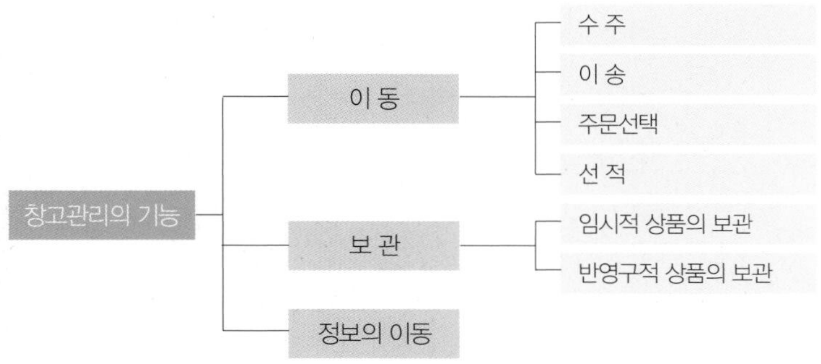

상품을 보관하기 위해 창고로 이동하는 것을 의미하는데 취합과 같은 전문화된 서비스 분야로의 이동과 외부로의 선적에 대한 이동을 포함한다. 한편 고객주문의 선택활동은 취합한 상품을 고객의 요구에 맞게 분류하는 것과 포장하는 것 등을 포함한다. 마지막으로 선적활동은 상품의 선적 및 조립주문을 운송장비로 옮기는 것과 재고기록의 수정, 그리고 선적할 주문의 체크 등이 포함된다.

창고의 또 다른 기능인 보관은 임시적(temporary) 또는 반영구적인(semi-permanent) 상품의 보관을 수행한다. 임시적 보관은 창고의 이동기능을 강조하는 것으로 기본적인 재고보충을 위해 필요한 상품의 보관시에 이루어진다. 반면 반영구적 보관은 보통의 재고보충을 위해 요구되는 것보다 많은 재고를 보관하는 것으로 안전재고로서 언급될 수 있다. 반영구적인 보관의 주요 활용으로서 계절적 수요와 변이성 수요, 과일·고기와 같은 상품의 조절, 그리고 가격할인과 같은 특별행사 등을 들 수 있다.

정보의 이동과 보관기능과 함께 동시에 발생하는 것으로 경영자들은 항상 적시에 정확한 창고활동 관리에 대한 정보를 알아야 한다. 재고수준과 재고를 유지하는 데 따른 입지조건, 내·외부로의 상품선적, 시설공간의 이용, 그리고 창고직원에 대한 정보는 성공적인 창고관리를 위한 기본 토대가 된다.

② **보관창고의 역할:** 창고관리의 혜택은 크게 상품의 취합(consolidation)과 상품 분할(break bulk), 분류(assortment), 상품 처리중의 혼합(intransit mixing), 그리고 제조지원(manufacturing support)으로 구분할 수 있다. 이를 그림으로 표시하면 [그림 12-19]와 같다.

그림 12-19 보관창고의 혜택

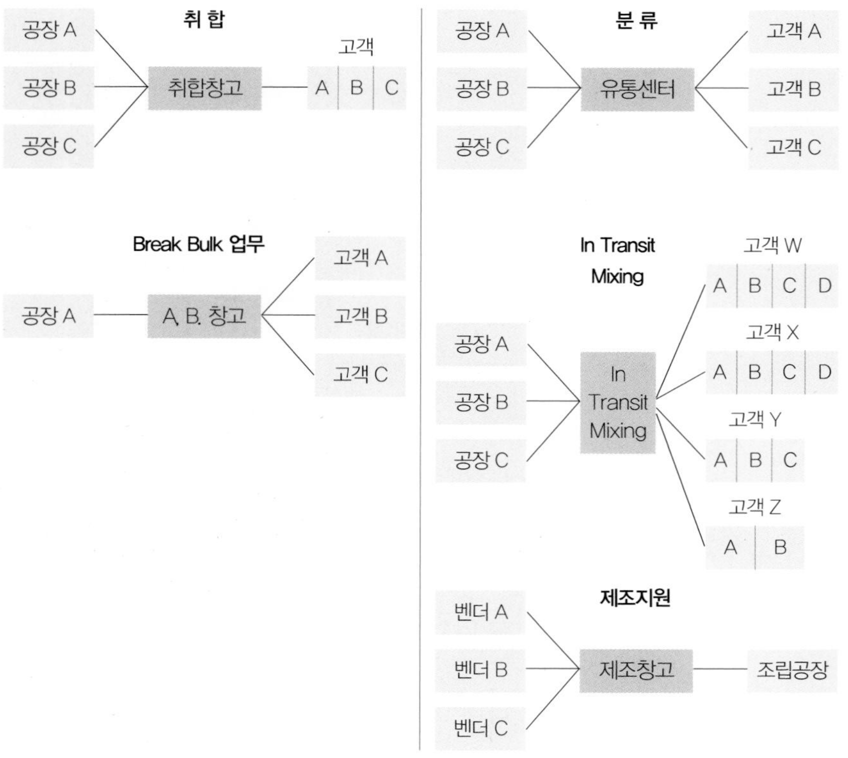

③ **보관창고에 대한 의사결정:** 보관결정에 있어 고려해야 할 점은 보관의 형태와 창고의 위치이다. 일반적으로 이용가능한 보관설비는 제조업자 소유의 설비에 보관하는 것, 도매상 또는 소매상의 창고에 보관하는 것, 전문 창고업자에게 창고를 임대하여 보관하는 것 등의 세 가지로 구분될 수 있다.

먼저 제조업자가 기업소유의 창고에 보관하는 형태는 상품의 수요에 맞게 재고를 보관할 수 있어 유동성을 확보할 수 있고 설비통제의 용이와 정보의 원활한 활용, 그리고 단위당 변동비가 적어 다른 창고에 비해 비용면에서 저렴하다고 할 수 있다. 둘째, 도매상 또는 소매상의 창고에 보관하는 형태는 최종 고객이 원하는 시기에 상품을 공급받기를 원할 때 이를 충족시킬 수 있도록 창고관리를 통제해야 한다는 점에서 특별한 주의가 필요하다. 셋째, 독립적인 전문 창고업자의 설비를 이용할 때는 이에 대한 사용료를 지급해야 하는데 보통 다른 창고형태보다 많은 비용을 지불해야 하는 단점을 가지고 있다.

그러나 창고를 소유하기 어려운 상황이나 갑작스러운 수요의 확대를 예측하고 상품의 일시적 보관이 필요할 때 전문업자의 창고를 이용하여 유연성 있는 창고공간의 확보를 가능하게 해준다는 점에서 창고를 소유하는 것보다 오히려 저렴하다고 볼 수 있다. 결국 경로구성원들은 고객과 상품에 의해 차별화될 수 있는 창고형태의 결합(combination)을 통해 창고의 수와 시장의 요구조건을 만족시켜야 한다. 또한 어떠한 창고를 활용할 것인가에 관계없이 몇 개의 창고를 어디에 설치할 것인지에 대한 입지선정이 필요하다. 이러한 창고의 수와 입지선정에서 유념해야 할 것은 경로구성원이 제공하는 서비스의 수준과 창고가 제공하는 서비스의 수준이 일치되도록 해야 하며 효율적인 창고관리와 서비스 수준을 맞추기 위해 비용적인 측면도 고려해야 할 것이다.

2.7 물류는 기업의 생존 전략

기업에서 물류전략은 부수적인 것이 아니라 필수적인 것이 되었다. 제조회사의 시장 지배력이 유통회사로 옮겨가면서 상품의 판매 가격 결정이나 매출 등의 문제가 더 이상 제조회사에서는 제어할 수 없는 상태가 되었다. 따라서 제조회사는 수익성을 높이기 위해 예전보다 더 많은 노력을 해야만 되는 상황에 직면했다. 유통업체도 마찬가지로 제조업체와 고객 사이에서 최대한의 효율을 이끌어 내기 위해 노력하고 있다. 기업 내에서의 효율적인 자원관리를 위해 ERP(전사적 자원관리)를 도입하고 고객과 접하는 전방위에는 CRM(고객관계관리)을, 생산부문 쪽으로 후방위에는 SCM(공급체인관리) 등을 구축하기 위해 엄청난 투자를 하고 있다.

그리고, 이런 기법이나 시스템들이 제대로 운영되기 위해서는 현장에서 일어나는 정보들을 정확하고 빠르게 파악해야 하고, 이 정보를 바탕으로 상품의 판매 추이와 성향을 분석하고 시기에 맞게 상품의 생산과 판매계획을 수립해야 한다. 그렇지 않으면 주문이 왔을 때 상품이 없어 판매의 기회를 상실하지 않기 위해 공장, 창고, 대리점, 판매점 등 각 부문에서 적정 이상의 재고를 보유하게 되고, 기업에게는 과다한 상품 생산으로 생산비용, 재고관리비용 등 부담이 생기게 되는 것이다. 바로 채찍효과(bullwhip effect, 또는 황소뿔 효과)이다. 비단, 제조, 유통회사뿐만 아니라 우리나라 모든 기업들이 공통적으로 해당되는 사항일 것이다. 이런 기업들의 문제를 해결하는 데 물류는 상당히 중요한 가교 역할을 차지한다. 상품의 생산에서 소비자에게 전달되는 과정까지 어느 한 부분도 물류를 통하지 않고는 이루어질 수 없기 때문이다. 물류의 각 부분에서 재고, 출고, 반품 등의 정보가 정확하고 신속하게 흐르게 되면 기업이 판매실기를 우려해 과잉생산으로부터 일어나는 일련의 현상을 없앨 수 있게 된다. 바로 이런 기업의 물류부문을 전체적으로 대행하면서 효율화를 추구하는 산업이 제3자물류(TPL 또는 3PL)이다.

제3자물류는 기업의 물류부문을 대행해주면서 고객기업이 투자하기 부담스러운 첨단 물류시스템을 제공하고 끊임없는 개선과 효율화로 물류비를 절감해주면서 서비스 수준을 높여주는 역할을 한다. 경쟁회사보다 조금만 뒤처져도 시장에서 퇴출될 위기에 놓이게 되고 글로벌 경쟁시대가 도래하면서 우리나라 기업뿐 아니라 외국 선진기업들과도 경쟁을 하게 되었다. 그래서 기업들은 더욱 경쟁력을 강화하기 위해 노력하고 있다. 지금까지의 기업들은 R&D에 투자하고, 마케팅을 강화하고, 생산원가를 절감하는 등등의 할 수 있는 모든 노력을 기울여 왔다. 그리고 마지막 남은 영역이 물류라고 할 수 있다. 직접 자가물류업무를 수행하든, 전문 물류업체에 아웃소싱을 하든, 이제는 물류전략은 비용절감과 매출증가라는 경쟁력 강화의 한 방법이 되고 있다. 특히, 요즘 같은 경기 침체기에 기업들은 생존을 위한 몸부림을 치고 있으며, 이 시점에서 기업들의 특별한 물류전략은 선택이 아닌 필수, 생존전략이 되고 있다. 제3자물류는 그에 대한 대안이 될 수 있다.

03 제3자물류

3.1 제3자물류의 개념 및 효과

1) 제3자물류의 개념

제3자물류(third party logistics: TPL, 또는 3PL)는 화주기업이 고객서비스 향상, 물류비 절감, 물류활동의 효율성 향상 등의 목표를 달성할 수 있도록 물류사업자가 공급체인상의 물류기능 전체 혹은 일부를 대행, 처리하는 물류서비스로 정의할 수 있다. 이 같은 제3자물류가 기존의 물류아웃소싱과 다른 점은

표 12-2 제3자물류와 물류아웃소싱의 특성 비교

구 분	제3자물류	물류아웃소싱
화주와의 관계	계약기반, 전략적 제휴	거래 기반, 수발주 관계
관계 내용	장기(1년 이상)/협력	일시 또는 수시
서비스 범위	종합물류서비스 지향	기능별 서비스(수송, 보관 등)
정보 공유	필수	불필요
도입 결정 권한	최고 경영층	중간 관리자
도입 방법	경쟁계약	수의 계약

화주기업과 물류사업자 간의 관계가 거래기반관계에서 전략적 제휴관계로 전환되고, 이에 따라 서비스 내용에 있어서도 운송, 보관 등 부분적 물류기능을 대행, 제공하는 정도를 넘어서 효율적인 물류전략, 계획의 제안, 통합물류서비스의 제공 등 보다 긴밀한 관계에서 제공할 수 있는 서비스까지 제공한다는 점이다.

그러나 제3자물류와 물류아웃소싱의 차이점들이 다소 모호하고, 주관적이라는 이유 때문에 일부에서는 단순하게 제1자물류(자가물류), 제2자물류(자회사물류), 제3자물류(물류활동의 외부 위탁)의 분류체계에 근거하여 물류아웃소싱을 제3자물류로 간주하고 있는 듯하다. 이러한 시각에서 본다면 전통적인 물류사업자에 의해 제공되는 물류서비스도 모두 제3자물류의 범주에 속한다고 볼 수 있다.

이 같은 개념상의 혼란을 해소하기 위해 본장에서는 제3자물류를 다음과 같이 구분하고, 이 중에서 2단계, 3단계에 해당하는 물류서비스를 제3자물류로 정의한다. 1단계 제3자물류(이를 물류아웃소싱으로 분류함)는 운송, 보관, 하역, 포장, 정보처리, 유통가공 등 일련의 공급체인에서 요구되는 물류기능을 개별적으로 외부의 물류업체에게 아웃소싱하는 경우이고, 2단계는 배송, 보관 등 여러 물류기능을 일괄적으로 아웃소싱하는 경우[1)]이다. 마지막으로 3단계의 서비스 범위는 2단계와 거의 동일하지만, 운영, 관리 측면뿐만 아니라 물류전략, 계획부문까지 포괄적으로 수행하는 경우이다. 미국의 제3자물류는 1990년대 초반까지만 해도 2단계 수준에 해당하였으나, 전략적 제휴를 기본 철학으로 하는 공급체인관리(supply chain management: SCM)의 확산으로 현재는 3단

1) 단순한 거래기반 위에서 정보공유 없이 기업 내 거의 모든 물류기능, 활동을 물류사업자에게 위탁하는 것이 사실상 불가능하다는 점에서 2단계 제3자물류는 물류아웃소싱과 구별된다.

그림 12-20 제3자물류의 발전과정

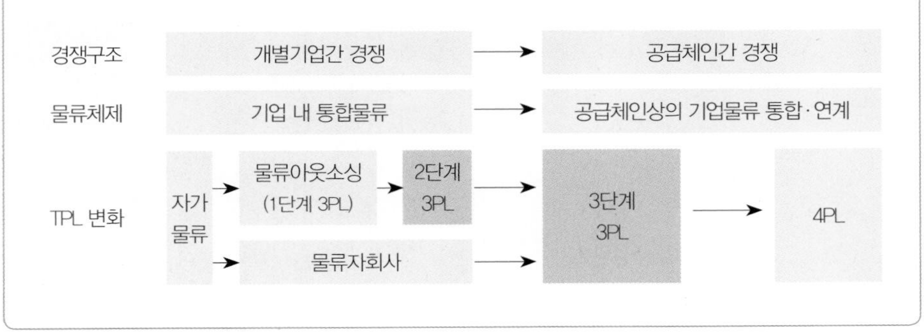

계 수준으로까지 발전한 상태이다.

이처럼 서비스 범위 및 관여 정도에 따라 제3자물류를 단계적으로 구분할 경우에도 제3자물류와 자회사물류(제2자물류) 간의 차이점은 여전히 모호한 것이 사실이다. 자회사물류도 광의로 보면 물류아웃소싱에 해당하기 때문이다. 그러나 자회사물류는 조직, 재무, 인력 등 여러 측면에서 특수한 관계에 있는 모기업의 물류활동만을 위탁 받아 처리하므로 엄격하게 볼 때 물류아웃소싱이라고 볼 수 없을 것이다. 즉, 모기업과 물류자회사 간의 물류활동 위탁에 대한 계약 및 업무관계가 폐쇄적으로 운영되어 기본적으로 다른 물류기업의 참여가 어렵기 때문이다.

이처럼 모기업과의 물류계약 및 업무관계를 폐쇄적으로 운영(내부거래)하거나 또는 모기업이 아닌 다른 기업을 대상으로 물류서비스를 제공하는 비중이 높지 않은 물류자회사를 제3자물류업체로 분류할 수 없을 것이다. 그러나 특정 기업과의 특수관계 때문에 비록 물류자회사로 분류되지만, 다른 물류기업과 동일한 조건하에서 모기업 물류활동의 위탁계약을 체결하거나 모기업이 아

그림 12-21 공급체인 아웃소싱의 발전과정

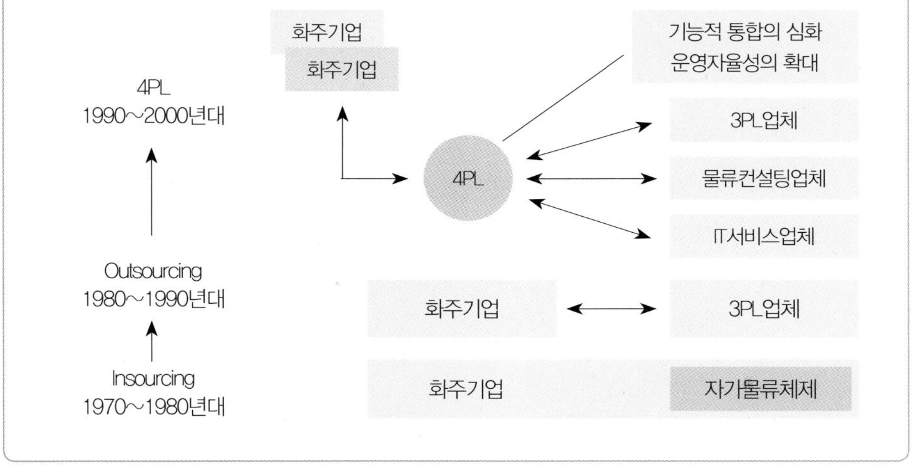

닌 다른 기업에 대해서도 물류서비스를 활발하게 제공하는 물류자회사는 제3자물류업체로 간주할 수 있을 것이다.

한편, 최근에는 공급체인 전체에 대한 물류서비스를 여러 업체로부터 개별적으로 외부 위탁하는 경우보다 한 번의 계약으로 통합된 물류서비스를 제공받기를 원하는 화주기업들이 많아지고 있다. 이 같은 추세에 따라 미국 등 선진국에서 제3자물류는 정보통신업체, 컨설팅업체, 다른 물류업체들과 제휴관계를 맺어 가상조직을 형성하여 공급체인상의 모든 물류기능에 대한 원스톱서비스(one-stop service)를 제공하는 제4자물류로 발전되고 있다.

2) 제3자물류에 의한 물류혁신 효과

제3자물류는 자가물류나 자회사물류를 통한 물류효율화의 한계를 효과적으로 해결할 수 있고, 또 향후 공급체인간 경쟁에서 우위를 차지하기 위해서는 반드시 도입해야 할 과제의 하나이다. 우리 기업들은 1990년대 이후 물류가 경쟁력 강화를 위한 주요 개선대상의 하나로 부각됨에 따라 물류시설, 설비, 인력, 조직을 대폭 확대하는 방법으로 물류효율화를 추진한 경험이 있다. 그러나 지나치게 자가물류에 치중한 결과 이들 요소에 대한 고정투자비의 부담이 오히려 고물류비 구조의 개선에 걸림돌로 작용하는 등 일부 문제점이 나타나는 경우가 없지 않다. 자가물류체제로는 경기변동과 수요의 계절성에 의한 물량의 불안정성, 기업 구조조정에 따른 물류경로의 변화 등에 효율적으로 대처하기 어렵기 때문이다. 실제로 지난 IMF 구제금융 초기 내수경기의 침체로 이 같은 우려가 현실로 나타난 바 있다.

한편, 물류자회사를 이용한 물류체제는 물류비의 정확한 집계, 이에 따른 물류비 절감 요소의 파악, 전문인력의 양성, 경제적인 투자 결정 등 자가물류에 비해 이점이 있는 것이 사실이지만, 물류자회사가 지니고 있는 근본적인 한계점 때문에 가장 합리적인 물류혁신 방안이라고는 볼 수 없다. 물류자회사는 모기업의 물류효율화를 추진할수록 그만큼 수입이 오히려 감소하는 이율배반적 상황에 직면하므로 장기적으로 모기업의 물류효율화에 소극적인 태도로 돌아설 가능성이 있는데, 실제로 물류자회사가 큰 비중을 차지하는 일본의 경우, 물류자회사의 상당수가 모기업의 물류비 절감에 별로 도움이 안 된다는 평가를 받고 있다.

제3자물류는 이 같은 자가물류와 물류자회사의 한계점을 효과적으로 해소할 수 있고, 또 환경 변화에 유연하게 대처할 수 있는 이점이 있다. 특히, 물류산업의 낙후와 비효율이 우리 경제의 고물류비 구조의 주요 원인의 하나로 인식되고 있는 현 상황에서 제3자물류의 활성화는 물류산업의 낙후와 비효율을 극복하여 자생적인 발전 능력을 확보할 수 있는 유일한 돌파구로 받아들여지고 있다.

아래에서는 이 같은 제3자물류의 서비스 유형을 간략히 살펴보고, 외국의 연구 결과를 중심으로 제3자물류의 효과를 정리한다.

① **제3자물류 서비스(외부 위탁 물류활동)의 유형:** 제3자물류의 활용이 활성화되어 있는 미국, 유럽 등의 화주기업들은 운송관리, 창고관리 등의 제3자물류서비스를 주로 이용하고 있는 것으로 파악되고 있다.[2] 한 예로, 포춘지 선정 500대 제조업체를 대상으로 물류관리실태를 조사한 결과와 동일한 조사를 영국 및 유럽 기업을 대상으로 실시한 연구결과에 의하면, 미국 및 유럽의 화주기업들은 운송관리, 창고관리, 혼재/복화, 물류정보시스템, 차량운영/관리 등의 다양한 물류활동을 제3자물류업체에 위탁하여 처리하고 있는 것으로 파악되고 있다.[3] 한편, 이들의 연구와 달리 제3자물류업체를 조사한 연구에 의하면, 제3자물류업체들은 화주기업에게 반드시 제공해야 할 핵심 물류서비스로

2) Factor(1997)에 의하면 화주기업들이 제3자물류업체에 위탁하려는 주요 서비스는 창고관리, 배송네트워크 관리, 정보시스템관리 등이며, 설문 응답기업의 90% 정도가 생산계획, 구매관리, 고객서비스, 주문관리, 공급자관리 등 기업내 핵심 활동에 대해서는 위탁할 계획이 전혀 없는 것으로 나타났다.

3) Peter, Lieb & Randall(1998)의 연구 결과에 의하면, 미국의 제3자물류 이용기업은 1991년 37%에서 꾸준히 증가하여 1997년 65%로 계속적으로 증가하고 있다.

운송관리, 창고관리, 부가가치서비스, 물류정보시스템 등을 들고 있는데, 이들 물류서비스는 화주기업들이 외부 위탁에 의존하고 있는 물류활동과 대부분 일치하고 있다.

② **제3자물류의 기대효과:** 화주기업이 제3자물류업체를 활용할 경우에 얻을 수 있는 이점 또는 효과에 관한 연구는 비교적 많이 이루어져 왔는데, 이들 연구는 상당 부분 일치된 연구결과를 보이고 있다.

화주기업들이 자가물류보다 제3자물류서비스(또는 물류아웃소싱)를 이용할 경우 운송비용의 절감, 자재관리 및 보관비용의 절감, 재고 수준의 감소, 고객요구에 대한 응답시간의 단축, 유통채널에 대한 통제의 향상 등의 효과를 얻을 수 있는 것으로 나타났다. 미국 대기업들의 물류실태에 대해 조사한 Lieb & Randall(1996)의 연구에서도 제3자물류서비스 활용으로 얻을 수 있는 가장 큰 효과로 물류비용의 절감을 꼽고 있다. 그 외 물류전문기술 및 정보기술의 활용, 운영효율성 및 물류생산성의 향상 등을 주요 효과로 들고 있다.

한편, 제3자물류의 장점을 물류서비스를 제공하는 물류업체, 제조업체, 그리고 유통업체의 측면에서 각각 파악하여 다음과 같이 설명할 수 있다. 첫째, 물류업체는 규모의 경제를 이용한 효율성의 증대, 상품포트폴리오 구성으로 상품간 수요 변동의 완화, 물류서비스의 질과 유연성의 향상에 따른 고객 서비스의 향상 등의 효과를 누릴 수 있다. 둘째, 제조업자는 물류체제를 구축하는 데 필요한 자본 투입의 감소, 상품 보관위치의 유연한 선정, 잉여 자원의 고부가가치 사업에 투자, 물류비용의 파악 용이 등의 효과를 얻는다. 셋째, 유통업자는 유통전담직원의 채용, 교육 관련 업무가 감소하고 운수업 면허 및 차량 운행 관련 규제를 받지 않아도 되는 등 자사의 고유업무에 보다 더 집중할 수 있다는 장점을 누리게 된다.

700여개의 제조업체, 180여개의 유통업체, 230여개의 물류업체를 대상으로 물류와 관련한 기업간의 제휴동기(alliance motives)를 분석[4]한 연구에 의하면 지역별(북미, 유럽, 태평양),[5] 산업별로 물류관련 제휴동기를 분석한 결과, 경쟁우위의 확보, 품질개선, 리드타임의 감축, 재고감축 등의 요인이 지역, 산업에 관계없이 가장 중요한 제휴동기인 것으로 나타났다. 다만, 이들 제휴동기

4) Frankel & Whipple(1996)은 제3자물류(물류아웃소싱)는 zero-sum 게임이 아니라 win-win 게임으로서 모든 참여기업이 이를 통해 경쟁우위를 확보할 수 있다는 점에서 물류아웃소싱으로 표현하지 않고 물류제휴(logistics alliance)란 용어를 사용하고 있다.

5) 북미지역(미국, 캐나다), 유럽지역(프랑스, 독일, 네덜란드, 노르웨이, 스웨덴, 영국), 태평양지역(호주, 일본, 한국)

표 12-3 제3자물류서비스의 효과(Sink & Langley(1997))의 연구

물류기능 외주의 효과	응답비율 (%)
물류 외주 비용의 절감	57.7
유연성의 향상	56.3
외주물류서비스 수준의 향상	52.1
인력절감	50.7
핵심 부문에 대한 집중력 강화	38.0
물류활동을 위한 자본비용의 절감	31.0
물류전문인력 활용능력의 강화	26.8
정보통신기술 활용의 개선	19.7

자료원: Sink & Langley(1997)

의 중요도는 산업별, 지역별로 약간의 차이가 있는데, 태평양지역 국가의 경우 보관시설의 제약으로 인해 공급, 수요의 안정성 확보가 북미나 유럽지역 국가들에 비해 더 중요한 것으로 나타났다.

이상의 연구결과를 종합적으로 정리해 보면, 제3자물류를 활용하는 화주기업은 다음과 같은 효과를 얻을 수 있을 것으로 추정된다. 첫째, 화주기업은 제3자물류업체의 고도화된 물류체제를 활용함으로써 자사의 핵심 사업에 모든 경영자원을 집중하여 경쟁력을 강화할 수 있고, 이를 통해 화주기업은 각 부문별로 최고의 경쟁력을 보유하고 있는 기업 등을 통합, 연계하는 공급체인을 형성할 수 있어 공급체인 對 공급체인 간 경쟁에서 유리한 위치를 확보할 수 있게 된다. 둘째, 조직 내 물류기능 통합화와 공급체인상의 기업간 통합/연계화로 자본, 운영시설, 재고, 인력 등의 경영자원을 효율적으로 활용할 수 있고, 또한 리드타임의 단축과 고객서비스의 향상이 가능하다. 셋째, 물류시설/설비에 대한 투자부담을 제3자물류업체에게 분산시킴으로써 유연성 확보와 자가물류에 의한 물류효율화의 한계를 보다 용이하게 해소할 수 있을 것이다.

한편, 화주기업이 얻게 되는 물류혁신 효과와 마찬가지로 물류업체도 제3자물류서비스를 제공함으로써 다음과 같은 효익을 얻을 수 있을 것이다.[6] 첫째, 제3자물류의 활성화는 물류산업의 수요기반 확대로 이어져 규모의 경제효과에 의해 효율성, 생산성 향상을 달성할 수 있게 한다. 물류업체는 이 같은 비용 측면의 효과뿐만 아니라 여러 화주기업의 물류활동을 장기간 운영하는 과정에서 축적할 수 있는 운영, 관리 기술 및 노하우로 전문성을 강화할 수 있고,

6) 제3자물류가 수요자, 공급자 모두에게 win-win 전략이 될 수 있으려면, 물류업체가 얻게되는 효과를 간과해서는 안될 것이다.

이의 효과를 협력관계에 있는 화주기업과 공유할 수 있을 것이다. 둘째, 물류업체는 고품질의 물류서비스를 개발, 제공함에 따라 현재보다 높은 수익률을 확보할 수 있고, 또한 서비스 혁신을 위한 신규 투자를 더욱 활발하게 추진할 수 있을 것이다.

3.2 유통산업 구조변화와 제3자 물류

1) 유통업의 물류혁신 효과

최근 유통산업의 구조변화 및 유통업태간 경쟁이 심화됨에 따라 각 유통업태마다 물류효율화를 통해 경쟁력을 높이려는 노력이 더욱 더 확대되고 있다. 집배송센터 등 물류시설의 정비와 함께 POS시스템, 물류바코드, EDI 등의 물류인프라(물류정보화, 표준화 측면) 확충이 활발하게 전개되고 있는 중이다. 특히, 대형할인점의 급성장, 카테고리킬러의 확장 등에 의한 유통경로의 변화는 새로운 물류체제의 구축을 요구하고 있는 실정이다.

유통업태별로 유통경로의 특성에 가장 적합한 물류혁신 모델이 달라질 수

표 12-4 유통업 관련 제3자물류업의 사업 구조

구 분	서비스 유형 및 물류경로	거래(계약) 대상		주요 거래 품목
		In-Bound	Out-Bound	
물류대행업 도매물류업 (공동물류)	도매(상품매입)/물류서비스 제조업체 → 도소매업 도매점(전문도매) → 소매점	제조업체/도매점 타사(계약관계) 관계사(지분참여)	도소매점 타사 도소매점 자사/가맹점	소비재 (식품류, 잡화류, 생필품 등)
물류대행업 (기업택배)	판매/상품공급 물류대행 서비스 제조업체 → 도소매점 도매점 → 소매점	제조업체/도매점 (계약/거래관계)	도소매점	모든 공산품 (소비재, 산업재)
	납품물류 대행 서비스 제조업체 → 제조업체	제조업체	제조업체	산업재
물류대행업 (일반택배)	배송/배달물류 대행 서비스 제조/유통업체 → 개인고객	제조업체 유통업체 무점포 판매 백화점 할인점 등	일반 소비자	생활용품 전자상품 선물용품 서적/음반 일반/상업서류

자료: 대한상공회의소(1999c)

있으나, 제조업 → (도매업) → 소매 유통점(대형 할인점, 카테고리킬러, 편의점, 수퍼마켓 등)으로 이어지는 유통경로상에서 도매물류업, 물류대행업, 택배업체 등 다양한 형태의 제3자물류업체를 이용하여 물류업무를 위탁 처리할 경우, 자가물류체제를 직접 구축하는 것보다 효과적으로 물류효율화를 실현할 수 있을 것이다. 제3자물류업체를 활용하는 유통업체는 개별 물류시스템 구축에 따른 비용 부담없이 낮은 비용으로도 소량 다빈도 배송과 다양한 상품을 안정적으로 공급 받을 수 있는 등 다음과 같은 다양한 형태로 물류혁신 효과를 얻을 수 있을 것으로 전망된다.

- 유통/물류비용(재고비용 포함)의 감소
- 전국적인 물류망 활용으로 물류부문 투자비 절감
- 물류조직 및 시설의 축소로 고정물류비 절감
- 물류전문업체의 물류 노하우 활용
- 소량 다빈도 배송의 실현
- 물류서비스 개선
- 반품서비스 강화
- 주문 및 검품관리비용의 최소화

2) 유통업에서의 제3자물류 활용

유통업에서 제3자물류서비스의 활용은 유통업태별로 그 형태를 달리하고 있다. 편의점, 수퍼마켓 등 중소 유통업의 경우에는 상품공급, 배송 영업을 동시에 수행하는 도매물류업의 형태로 참여하고 있는 반면, 할인점, 카테고리킬러, 무점포 판매 등의 유통업에서는 배송업무를 전문으로 하는 물류대행업체들이 배송 기능을 대행하고 있다. 특히, 유통산업의 구조변화로 제조업체와 소매점 간의 직거래가 확대되면서 이에 수반하는 물류, 배송업무를 효율적으로 위탁관리해 주는 물류전문업체들의 시장 진출이 활발하게 전개되고 있는 중이다.

제3자물류업체가 유통업체의 물류업무를 효과적으로 대행하려면 집배송센터에서의 재고관리와 유통점 판매실적관리의 통합, 수발주업무의 온라인화(EDI) 등이 필수적이나, 아직 크게 미흡한 실정이다. 더욱이 정확한 재고관리, 판매시점관리(POS)와 업체간 온라인 통합체제를 구축하는 데 있어서 기본적으로 필요한 바코드마저 보급률이 낮은 점도 도매물류업, 물류대행업 등의 형태로 운영되고 있는 제3자물류의 활성화에 걸림돌로 작용하는 요인의 하나이다.

3.3 전자상거래와 제3자물류

전자상거래(B2C)의 초고속 성장은 재래 상거래, 즉 기존 유통업의 사업구조를 크게 변하게 할 뿐만 아니라, 물류 부문에 대해서도 적지 않은 영향을 미칠 것으로 전망된다. 특히, 당초 소비자에 의해 직접 처리되던 유통점과 소비자 간의 물류가 물품공급자[7]의 관리 영역으로 편입되고, 또 이 같은 변화(즉, 상품 매입에 소요되는 시간과 노력의 감소)가 전자상거래의 핵심적인 성장 요인의 하나로 인식되고 있다는 점에서 전자상거래와 연계된 물류는 기존 물류와 상당히 다른 방향으로 전개될 것으로 보인다. 물론, 재래상거래에서도 최종 소비자에게 직접 상품을 배달하는 택배서비스(door-to-door service)가 시행되기도 하지만, 이는 어디까지나 제조/유통업체가 경쟁력 제고 차원에서 전략적으로 선택, 제공하는 부가서비스의 일부일 뿐, 전자상거래처럼 사업자가 의무적으로 제공해야 하는 서비스는 아니라고 할 수 있다.

재래상거래의 경우, 제조업체에서부터 소매유통점에 이르는 물류네트워크가 비교적 단순하고 변화가 거의 없는 반면, 전자상거래와 관련한 물류네트워크는 불특정 다수의 소비자를 독립된 최종 지점(terminal node: 물류활동이 완결되는 최종 단계)으로 포함하기 때문에 매우 복잡할 뿐만 아니라 그 구조가 수시로 변하게 된다.

표 12-5 재래상거래와 전자상거래 간의 물류특성 비교

구 분	전자상거래의 물류	재래상거래의 물류
물류영역	물류센터 → 소비자 최종배송점의 분산, 광역화	물류센터 → 유통점(유통점과 소비자 간 물류는 소비자가 직접 수행) 최종배송점의 제한, 집중화
배송시간	초단축화 배송시간의 사전계획 불가능 배송시간 선택 가능(소비자)	비교적 충분한 리드타임(Lead Time) 배송시간의 사전 계획 사전 계획된 배송시간(고정)
배송물량	최소 1개 단위의 배송	최소 로트(Lot) 단위의 배송
관리방식	가치지향적 관리 체제	비용 절감을 위한 관리체제
물류정보	개별 고객주문 정보 개별 배송 물품의 실시간 추적	유통점의 판매정보(개별 주문 통합)

7) 전자상거래 사업자뿐만 아니라 전략적 제휴에 의해 실질적으로 소비자에게 상품을 직접 공급하는 제조업자, 유통업자 및 물류업자도 이에 포함된다.

이처럼 물품공급자가 관리, 통제해야 하는 물류영역의 확대와 함께 전자상거래 사업 방식의 특성 등을 고려해 볼 때, 전자상거래와 관련한 물류부문은 다음과 같은 방향으로 전개될 것으로 보인다. 첫째, 기존 유통망에 비해 전자상거래가 가격 경쟁력을 확보하기 위해서는 물류부문의 저비용 구조의 구축이 필연적이다. 둘째, 전자상거래를 이용하는 소비자의 특성상 신속하고 신뢰성이 높은 배송서비스가 뒷받침되지 않고서는 전자상거래의 성장을 기대하기 어려울 것이다. 셋째, 재래상거래에서의 물류는 최종 소비자가 누구이든간에 제조업체와 유통업체, 도매 유통점과 소매 유통점 등 기업(조직)과 기업(조직) 간의 내부적인 문제에 해당하므로 수배송 거점 및 수배송 경로의 큰 변화없이 물류체제를 비교적 안정적으로 구축, 운영할 수 있다.

그러나 전자상거래와 관련한 물류의 경우, 최종 소비자의 불확실성 및 분산, 광역화, 배송 상품의 다양화 및 소량화 등의 여러 이유 때문에 효율적인 수배송경로의 구축이 매우 어렵다는 특징이 있다. 즉, 최종 배송점에 해당하는 전자상거래의 최종 소비자가 재래상거래의 소매 유통점과 달리 고정되어 있지도 않고, 배송 물량이 많은 것도 아니므로 효율적인 물류서비스의 제공이 매우 어려운 것이 사실이다.

이상과 같이 전자상거래 환경에 부합할 수 있는 물류부문의 변화 방향은 기존에 비해 훨씬 낮은 물류비용/서비스 가격의 실현, 물류서비스의 높은 신뢰성/신속성 확보, 급격한 시장 변화에 신속하게 적응할 수 있는 물류서비스의 유연성 제고 등으로 정리할 수 있다. 물론, 이 같은 물류부문의 변화 방향은 재래상거래라고 해서 크게 다르지 않겠지만, 그 정도에 있어서는 차원을 달리할 것으로 전망된다.

이 같은 전자상거래의 물류특성상 제조업체, 유통업체, 전자상거래업자 등의 물품공급업자가 직접 물류기능을 수행할 경우, 낮은 물류비용으로 고품질의 물류서비스를 제공하기가 어려울 것이다. 현실적으로 이들 사업자들의 현행 물류체제는 불특정 다수의 소비자를 대상으로 직접 배송서비스를 실시할 수 있는 물류체제(시설, 인력, 운영방식 등을 포함)가 구축되어 있지 않을 뿐만 아니라

아직 각사의 물동량이 자가 물류체제를 구축하기에는 크게 부족하기 때문이다. 다만, 물류사업자가 전자상거래 영업을 겸업하여 자사의 물류체제를 그대로 활용하는 경우에는 예외일 것이다. 실제로 전자상거래가 활성화되어 있는 미국의 경우, 물류사업자가 자사의 물류체제를 활용하여 전자상거래 시장에 진입하였다.

그렇다고 해서 모든 물류사업자가 전자상거래 물류를 처리할 수 있는 것은 아니다. 대화물(大貨物)의 대량 수배송에 치중하고 있는 다수의 물류업체는 전자상거래 물류를 처리할 수 있는 물류체제를 구축하고 있다고 보기 어려운 것이 사실이다. 현실적으로 물류사업자 가운데 소화물의 개인택배 영업을 영위하고 있는 택배업체(또는 제3자물류업체) 정도가 전자상거래 물류업무를 대행할 수 있는 능력을 갖추고 있으며, 우편 및 소포(소화물)의 집화, 배달 업무를 담당하고 있는 공공기관(우체국)도 택배업체와 마찬가지로 전자상거래 물류를 수행할 수 있는 능력 조건을 갖추고 있다고 볼 수 있다.

유통 뉴스 물류와 데이터의 만남…당일 · 새벽 특화 배송 생활화

새로운 유통 서비스가 우리 곁을 찾아온다. 유통가는 IoT, 스마트 원격 제어에 이어 음성인식 · 인공지능, 로봇과 가상현실 등 정보통신 기술을 매장과 서비스에 도입하고 있다. 영화가 현실이 될 2019년, 新유통가의 모습을 가늠해본다.

백화점, 마트 등 오프라인 유통 시장의 성장세가 한풀 꺾였다. 산업통상자원부에 따르면, 오프라인 유통가의 매출 비중은 39.6%로 2017년보다 3.5%포인트 줄어들며 40%선이 무너졌다. 그 자리는 온라인 유통 시장이 가져갔다.

오프라인 유통가는 온라인과의 융합을 시도하는 한편, 장점 강화에 나섰다. 첫걸음은 물류 센터의 운영 효율을 높여 당일, 새벽배송 등을 진행함으로써 온라인 유통가의 특화 배송에 대응하는 것이다. 해외 유통가를 벤치마킹해 배송을 비롯한 서비스 품질을 높이는 소비자 데이터 분석 기술도 도입한다.

◇ 온라인 물류센터, 당일 · 새벽 등 특화 배송 가능케

물류 이동 시간은 곧 배송 시간과 직결된다. 유통 부문에서 돌풍을 일으킨 소셜커머스 업체들은 일찌감치 온라인 물류 센터 구축에 힘을 쏟았다. 업계에서 당일배송을 가장 먼저 실행한 것도 소셜커머스 업체들이다.

신세계그룹은 2019년 온라인 전용 물류센터 NE.O를 비롯한 물류 · 배송인프라에 1조7000억원을 투자한다. 경기 용인과 김포에 각각 세워진 NE.O에는 자동화, 재고관리 및 수요예측 시스템이 적용된다. 이들 시스템은 물류 이동과 배송 효율을 향상, 당일이나 단시간(3시간) 배송을 실현한다.

롯데쇼핑은 계열사별 물류 · 배송 시스템을 통합해 온 · 오프라인 매장 자체를 물류 센터로 활용한다. 롯데쇼핑 오프라인 인프라는 한국에만 1만1000개 이상 세워졌다. 이곳을 배송 거점으로 구축하면 예약, 실시

▲ 롯데프레시센터 모습 / 롯데슈퍼 제공

간 배송 등 다양한 편의를 제공할 수 있다.

온라인 배송 센터 롯데프레시도 롯데쇼핑의 무기다. 롯데프레시는 신선식품뿐 아니라 가공식품, 생활용품 등 각종 상품군을 다룬다. 주문 후 3시간 배송, 아침 7시까지 이뤄지는 새벽배송도 지원한다. 롯데쇼핑은 롯데프레시를 지방으로 확장, 배송의 품과 질을 높일 계획이다.

◇ 해외에서 '신유통' 이끄는 데이터, 한국 유통가도 연구개발

해외 유통가는 데이터를 활용, 특화 배송을 포함한 '신유통'을 구축 중이다. 상품을 마련한 후 유통가를 거쳐 소비자에게 전달하는 것이 아니라, 소비자 수요를 분석 · 예측해 유통가가 상품을 먼저 마련해 제시하는 방식이다. 미국 아마존과 중국 알리바바가 대표적인 예다.

아마존은 풍부한 서비스, 계열사를 통해 소비자 관련 데이터를 모은다. 스마트스피커를 통해 소비자의 연령, 거주 지역, 주문 시간대, 선호 상품 등의 데이터를 모은 후 이를 분석, 가장 알맞은 상품을 선제적으로 추천한다. 특정 지역에서 특정 상품이 자주 판매되는 것으로 나타나면, 그 곳에 물류를 집중해 배송 시간을 대폭 줄인다.

무인 매장 아마존 고도 마찬가지다. 방문자의 얼굴을 인식, 연령과 성별을 파악하고 어느 상품을 가장 많이 샀는지, 어느 매대에서 가장 많이 머물러 관심을 나타냈는지까지 분석한다. 이들 데이터를 활용하면 방문자들이 원하는 상품을 먼저 제안할 수 있다. 이 과정에서 재구매가 일어나고, 재구매는 곧 매출 증가와 소비자 만족도 향상으로 이어진다.

▲ 30분 내 배송 서비스를 안내하는 허마셴성 홈페이지 모습 / 허마셴성 홈페이지 갈무리

미국에 아마존이 있다면, 중국에는 알리바바가 있다. 알리바바는 2013년부터 온 · 오프라인 통합 소비자 빅데이터 분석 플랫폼을 운영 중이다. 이 플랫폼에서 소비자들의 상품 소비, 금융, 서비스 이용 등 풍부한 데이터가 수집 · 분석된다.

알리바바가 2017년 대규모 투자를 단행한 오프라인 유통매장, 허마센성은 물류 센터와 매장, 빅데이터 분석이 융합된 형태로 운영된다. 소비자의 QR코드 구매 데이터를 분석, 지역이나 물류 센터별 인기 상품을 사전에 배분한다. 이 덕분에 허마센성 반경 5㎞ 이내 거주하는 소비자는 주문 후 30분 이내에 상품을 받는다.

한국 유통가도 빅데이터를 분석하고 활용할 조직을 마련했다.

신세계그룹 e커머스 전담조직 SSG닷컴 신설 법인에는 빅데이터 · 인공지능 파트가 있다. 롯데쇼핑e커머스사업본부도 출범 이후 인공지능을 비롯한 정보통신기술 인력을 대거 모집했다. 현대백화점그룹은 아마존 웹서비스의 딥러닝 기술 세이지메이커를 활용한 수요 예측과 재고 관리 기법을 연구한다.

※ 자료원: IT조선, 2019.1.4.

연습 문제

1. 물류의 개념과 구성요소에 대해 설명하시오.
2. 마케팅측면에서 물류의 중요성을 설명하시오.
3. 통합물류시스템 관점에서의 물류의 개념을 설명하시오.
4. 주문주기의 6단계를 실제 사례를 통해 설명하시오.
5. 재고관리 및 발주를 위한 주요 물류시스템에 대해 설명하시오.
6. 재고관리의 개념과 4가지 재고의 기능을 구체적으로 설명하시오.
7. 제3자물류의 등장배경과 이에 의한 물류혁신효과를 설명하시오.
8. 향후 물류 산업의 발전과정을 전망해 보시오.

제13장 전략적 고객관리(CRM)

1. 고객관계관리 개념
2. CRM 구축 방법 및 고려사항
3. CRM 도입효과
4. 유통업체의 CRM 활용 현황

13 전략적 고객관리(CRM)

제 1 부

유통경로에 대한 개관(제1장)

제조업체의 유통관리

- 유통경로구조 설계(제2장)
- 경로구조 및 경로통합(제3장)
- 경로파워, 경로리더십, 경로갈등(제4장)
- 유통과 타 마케팅변수의 조화(제5장)
- 경로성과 평가(제6장)

제 2 부

유통전문업체의 유통관리

- 소매상과 소매업의 주요 이슈(제7장)
- 소매업태의 발전(제8장)
- 소매업체의 유통관리(제9장)
- 도매상과 도매업의 관리(제10장)

제 3 부

유통관리에 있어서의 전략적 이슈

- 물류관리와 제3자물류(제12장)
- **전략적 고객관리(CRM)(제13장)**
- 서비스 산업의 유통관리(제14장)

유통 뉴스 SK플래닛-리바이스, '시럽 월렛' 통해 CRM 서비스 시작

글로벌 브랜드 리바이스도 DMP 플랫폼 활용한 고객 관리

SK플래닛의 모바일 지갑 서비스 시럽 월렛이 글로벌 데님 브랜드 리바이스와 손잡고 패션에 특화된 쇼핑 환경을 반영한 새로운 형태의 CRM(고객 관리) 클럽 리바이스 멤버십을 선보인다고 17일 밝혔다.

이번 리바이스 멤버십은 SK플래닛이 시럽 월렛 디지털 마케팅 플랫폼(Digital Marketing Platform)을 토대로 CRM 서비스를 구현한 것이다. 대표적인 CRM 서비스는 모바일 멤버십 카드, 로열티 프로그램 운영 등이다.

SK플래닛은 리바이스 고객들이 리바이스 브랜드를 더 자주 경험하고 이용할 수 있도록 멤버십 기준을 새롭게 세우고 혜택을 늘려 트렌드와 품질에는 민감하면서도 실용적인 소비를 추구하는 전략형 소비자들을 주 소비층으로 공략할 계획이다.

SK플래닛 시럽 월렛이 새롭게 선보인 '클럽 리바이스 멤버십'은 총 4개군(LVC, 501, Red Tab, Levi's)이다. ▲ LVC 고객은 60만원 이상 ▲ 501 고객은 35만원 이상~60만원 미만 ▲ Red Tab 고객은 15만원 이상 ~35만원 미만 ▲ Levi's 고객은 15만원 미만 구매 시 각 멤버십 혜택을 받을 수 있다. 멤버십 등급은 연중 4회(1월, 4월, 7월, 10월) 3개월 마다 구매 금액에 따라 갱신되며, 직전 1년 누적 결제금액 기준으로 산정된다.

고객들이 할인 혜택을 받을 수 있는 기회도 더욱 다양해졌다. ▲ 구매 금액 2% 마일리지 적립 ▲ 시럽 월렛' '클럽 리바이스 멤버십 카드 발급 시 최초 1회 1만원 두툼 할인쿠폰 증정 ▲ 생일을 맞이한 고객에게는 매년 2만원 두툼 할인쿠폰 증정 ▲ 첫 구매 고객에게 마일리지 5000 포인트 적립 등 실용적인 혜택을 제공한다.

다음 달 20일까지는 시럽 월렛 클럽 리바이스 멤버십 그랜드 오픈을 기념, 신규 가입 고객 대상 스타벅스 아메리카노와 OK캐쉬백 500포인트를 랜덤으로 증정하는 이벤트를 연다.

행사 기간 내 상품 구매 고객에게는 마일리지 2배 적립 혜택과 함께 추첨을 통해 ▲ 플레이스테이션 4 프로(3명) ▲ 호텔 식사권 2매(10명) ▲ 문화상품권 5만원권(100명) 등 경품이 제공된다.

김교수 SK플래닛 제휴영업그룹장은 "SK플래닛이 구축한 클럽 리바이스 멤버십 가입 고객들은 시간과 장소에 구애 받지 않고 실시간으로 리바이스의 다양한 혜택과 정보를 제공받을 수 있게 됐다"면서 "이번 리바이스와의 협력을 계기로 더욱 고도화된 데이터 마케팅을 통해 다양한 기업들과 시너지를 확대할 수 있도록 노력하겠다"고 말했다.

※ 자료원: 키뉴스, 2018.12.17

학 | 습 | 목 | 표

1. CRM의 개념 및 정의에 대해 알아 본다.
2. 기업에서의 CRM 필요성 및 중요성에 대해 이해한다.
3. CRM을 구축하기 위한 방법을 이해한다.
4. CRM 구축시 고려 사항 및 효과에 대해 알아 본다.
5. 국내 유통업체들의 CRM 도입 현황에 대해 알아 본다.

01 고객관계관리 개념

1.1 CRM의 정의 및 목적

1) CRM의 기본 개념

최근에 국내에서도 CRM은 관련 업계의 핫이슈가 되었다. 그러나 CRM에 대한 명확한 정의를 내리는 것은 매우 어려운 일이다. 왜냐하면 많은 연구자와 현업전문가 및 시스템 솔루션 벤더들이 나름대로의 관점에서 CRM을 정의하고 있다. 보다 근본적으로는 CRM이 다이렉트 마케팅으로부터 데이터베이스 마케팅을 거치면서 세분화마케팅, 틈새마케팅, 개별화마케팅, 일대일마케팅, 관계마케팅 등의 개념을 포괄하면서 진화적으로 발전하고 있기 때문이다. 대표적인 CRM의 정의들을 소개하면 다음과 같다.

- 고객에 대한 정확한 이해를 바탕으로 고객이 원하는 상품과 서비스를 지속적으로 제공함으로써 고객을 오래 유지시키고 결과적으로 고객평생가치를 극대화, 수익성을 높일 수 있는 통합된 고객관계관리 프로세스(IBM Korea, 2000)
- 고객전략을 정의하고, 경영자원의 분배를 최적화하며, 고객과 관련된 모든 부분에서 최상의 서비스를 제공하기 위해, 고객의 욕구와 행동 그리고 고객의 수익성을 규명해 가는, 지속적이고 자동화된 프로세스(Ubiz System, 2000)
- 고객의 니즈(Needs)를 최우선으로 하며, 고객을 심도 있게 이해하고, 고객에게 가치를 제공하기 위해서 조직의 모든 능력을 결합하는 과정(Siebel Magazine, 2000)

2) CRM의 정의

고객관계관리(customer relationship management: CRM)란 기업이 보유하고 있는 데이터를 수집·통합·가공·분석하여 고객 개개인의 특성(Individuality)에 맞게 마케팅 활동을 계획·수행·평가·수정하는 일련의 과정이다. 즉, CRM은 고객의 행동양식에 대한 깊은 이해를 바탕으로 기업 경영의 질을 높이기 위한 전략, 조직, 프로세스 및 기술상의 변화과정을 의미한다. 기업들은 다양한 환경변화 요인에 의한 도전을 받고 있다. 고객들은 보다 합리적이고 현명해졌고 또한 개성화 경향의 심화로 고객 자신에 맞는 특별한 서비스를 원하고 있다.

또한 최근 신기술의 발달 및 인터넷 등 정보네트워크 혁명은 기술수준을 평준화시켜 공급자인 기업간의 경쟁을 보다 심화시키고 있다. 그리고 전 세계적 추세인 규제완화 및 산업간 영역붕괴, 즉 은행, 보험, 증권 등의 금융회사간에는 업무영역이 모호해졌고, 대형 백화점은 카드업무를 하고 있으며, 일부 무선 통신회사는 자사의 단말기를 제작하고 있는 등 기업간의 경쟁은 더욱 치열해지고 있다.

기업은 CRM을 통해 고객에 대한 정보를 수집하고, 수집된 정보를 효과적으로 활용해 매출과 수익을 증대시킬 수 있다. 매출증대는 기존 고객의 유지관리, 기존 고객으로부터의 수익성 증대, 수익성이 높은 신규 고객확보를 통해 달성된다. 비용절감은 고객을 과학적으로 분석, 마케팅 활동을 효율적으로 수행함으로써 이뤄진다. CRM은 전략, 조직, 프로세스, CRM 관련 기술, 판매채널, 목표고객 선택 기능, 정보 및 학습화 과정 등 7개 요소로 구성된다.

더구나 정보통신 수단의 발달로 기업과 고객은 기존의 대면접촉, 우편, 전화 이외에도 인터넷, PC통신, 케이블 TV 등 다양한 채널을 통해 접촉할 수 있기 때문에 기업의 입장에서는 이들 채널을 효과적으로 관리하고 일관된 이미지를 고객에 전달해야 한다. 이와 같은 기업환경 변화의 위협 속에서 경쟁력을 유지하며 고객만족을 이루고 매출을 증대시키기 위해서는 신뢰성 있는 고객관계(loyal customer relationship)를 지속적으로 구축해 나가야 한다. 성공하는 마케팅은 고객과의 관계를 구축하는 것이며, 고객과의 지속적인 대화를 통하여 고객에게 더욱 좋은 서비스를 제공하기 위한 장치로서 CRM을 구축하고 관리하는 것이다.

일반적으로 CRM은 업무의 성격상 운영적 CRM(operational CRM)과 분석적 CRM(analytical CRM)으로 나누기도 하고, 업무의 기능상 마케팅, 영업, 서비스로 나누기도 한다. 또 CRM은 단지 front-office의 마케팅, 세일즈, 서비스 영역에만 한정되는 것이 아니라, 고객을 접하는 최일선 접점에서부터 front-office와 back-office를 거쳐 데이터의 완벽한 통합에 이르기까지 하나의 전체적인 통합을 이루어내야 하는 것이다. 때문에 일부분의 솔루션을 가지고 접근하는 시각은 위험할 수밖에 없으며, 기업 전체적인 시각에서의 전략수립이 중요하다.

3) CRM의 목적

CRM의 목적은 기업간 지나친 경쟁에 따른 고객의 이탈, 고객의 불만, 새로운 상품에 대한 마케팅 전개 방법 등 기업의 다양한 고민을 CRM 시스템 구축을 통해 고객으로부터 그 고민을 해결하고자 하는 것이다. 즉 고객을 세분화하여 서비스와 마케팅을 차별화 하는 것이 CRM의 실천 전략인 것이다. 또한 CRM은 대량고객화(mass-customization)를 가능하게 한다. 세분화하여 고객에 접근하는 것이 가능할 뿐만 아니라 시스템적 접근으로 대량의 고객화가 가능하다는 것이다. 이는 CRM 구축으로 인해 기업이 얻는 효익으로서 가장 대표적인 것이다.

고객관계관리시스템은 기존 고객의 특성에 맞는 상품과 서비스를 제공함으로써 고객의 이탈을 방지, 시장점유율을 높일 수 있게 한다. 또한 고객별 수익성을 평가하고 기여도에 따라 적합한 영업전략을 추진하여 고객 포트폴리오를 개선하고 모든 고객군으로부터 이익을 창출할 수 있게 한다. 이러한 연유로 앞으로는 고객관계관리시스템의 수준이 바로 기업의 경쟁력을 결정짓게 될 것이다.

1.2 CRM의 필요성 및 중요성

정보기술의 발전 초기에 기업들은 재무 및 생산관리시스템에 많은 투자를 했다. 그러나 기업가치가 고객으로부터 나온다는 인식이 확산되면서 고객관계관리에 대한 투자가 급속히 늘고 있다. 그 이유는 우선 기업의 운명을 결정지을 수 있는 힘이 고객쪽으로 옮겨졌기 때문이다. 지난 1950~1960년대 공급사슬의 중심축은 기업이었다. 기업의 가장 중요한 자산은 브랜드였다. 이어 1970~1990년대에는 공급사슬의 중심축이 유통업체로 옮겨졌다. 당시는 효과적인 판매망이 기업의 주요 자산이었다. 그러다가 2000년대 들어서 공급사슬의 중심축은 다시 고객으로 옮겨왔다. 고객정보가 기업의 유일한 자산이 되고 있다. CRM에 대한 투자가 늘어나는 두 번째 이유는 고객충성도가 기업 수익의 원천으로 자리잡고 있어서이다. 고객충성도는 거래기간과 밀접한 관련이 있는데, 거래기간이 길어질수록 고객으로부터 나오는 수익은 증가하게 된다. 또한, 고객만족지수가 일정 수준을 넘어서는 순간 기하급수적으로 증가하는 경향을 보이는데 고객만족지수는 고객에 대한 정확한 정보를 바탕으로 맞춤형 상품서비스를 제공함으로써 증가시킬 수 있다.

최근에 고객관계관리의 중요성은 대다수의 기업에서 인식하고 있는 상황이다. 다음에 고객관계관리의 중요성은 아래와 같이 정리할 수 있다.

첫째, 시장점유율보다는 고객점유율에 비중을 둔다. 따라서 기존 고객 및 잠재 고객을 대상으로 고객 유지 및 이탈 방지, 타상품과의 연계판매(cross-sell) 및 수익성이 높은 상품을 판매하기 위한 Up-Sell 등 1:1 마케팅 전략을 통해 고객점유율을 높이는 전략이 필요하다. 이를 위해서는 기업의 고객을 여러 가지 기준으로 분류하는 작업이 선행되어야 한다. 어느 고객이 우리 기업에게 가장 가치 있는 고객인가? 어떤 고객이 다른 회사로 이탈할 가능성이 높은 고객인가? 연계판매가 가능한 대상 고객은 누구인가? 등의 관점에서 기존 고객을 분류하고, 분류된 고객별로 차별적인 마케팅 전략을 집행하기 위해서 고객과의 다양한 접점(contact point)을 활용하며, 고객의 반응 결과를 다시 피드백을 통해 보다 향상된 고객관계관리전략을 수립할 수 있게 된다.

둘째, 고객획득보다는 고객유지에 중점을 둔다. 마케팅활동의 초기에는 더 많은 고객을 획득하기 위해 노력해왔다. 심지어는 정보를 제공해주는 고객들에게는 다양한 상품 및 할인정책을 제시하기도 하였다. 그러나 이제는 바뀌고 있다. 한 사람의 우수한 고객을 통해 기업의 수익성을 높이며, 이러한 우수한 고객을 유지하는 것에 중점을 두고 있다. Mass Marketing을 통해 검증되지 않은 고객들을 획득하기보다는 검증된 한 명의 우수한 고객이 기업에게는 훨씬 더 도움이 되는 것이다.

셋째, 상품판매보다는 고객관계(customer relationship)에 중점을 둔다. 기존 마케팅방향은 모든 소비자를 대상으로 대량생산한 상품을 대량 유통시키고, 대량 촉진을 해왔다. 이는 고객중심이라기보다는 기업의 입장에서 상품을 생산한 것이다. 반면 CRM은 고객의 입장에 맞추는 것이다. 고객과의 관계를 기반으로 고객의 입장에서 상품을 만드는 것이다. 고객이 원하는 상품을 만들고, 고객과의 관계에서 고객의 니즈를 파악하여 그 고객이 원하는 상품을 공급하는 것이다. 이러한 CRM의 전략적 방향은 기업의 성공을 제공한다

특히, e-비지니스 세계에서 고객들은 적극적으로 웹사이트를 탐색한다. 웹은 고객들의 문제나 질문에 귀를 기울이고, 조언, 안내, 추천도 한다. 그뿐 아니다. 웹은 직접 거래를 성사시키기까지 한다. 바로 이런 점이 CRM이 강조되는 이유이다. 상대적으로 소홀히 취급되는 고객은 인근에서 자신의 기호를 알고 접근하는 다른 웹사이트로 바로 이동할 것이다. 반대로 자신에 대한 여러 가지 정보를 바탕으로 원하는 서비스를 알아서 척척 제공해 주는 사이트들은 고객들의 충성도가 높아져 높은 수익을 얻을 것이다. e-비지니스가 고객중심

이라는 의미는 CRM이 e-비지니스의 핵심 활동이라는 말과 같다. 이는 고객과 관련된 부서 또는 업무를 마케팅, 판매, 고객 서비스에서 엔지니어링, 제조, 유통까지 확장할 필요가 있음을 의미한다.

유통 뉴스 유통업계, 시장 트렌드 이끄는 1020 세대에 초점 맞춘 마케팅 활발

최신 유행에 민감하고 빠르게 변화하는 트렌드를 쉽게 받아들이는 1020 세대들이 유통업계에 떠오르는 주력 소비자층으로 각광받고 있다. 특히 태어날 때부터 디지털 시대를 경험해 '디지털 원주민(Digital Native)'라고도 불리는 이 세대는 디지털을 통해 제품 정보, 구매 후기 등 다양한 정보와 지식을 습득하고 이를 토대로 영향력을 발휘하고 있다.

유통업계도 이런 1020 세대들과 소통하기 위해 SNS 채널을 활발히 운영하고, 커뮤니케이션 기회를 늘리는 등 다양한 시도를 하고 있다. 1020 세대를 주 고객층으로 한 브랜드의 경우엔 그들이 많이 방문하는 이커머스 시장에 진출하는 것은 물론 그들의 취향과 관심사를 고려한 콜라보레이션 등을 기획하며 관심을 끌고 있다.

▲ 네파×무신사 다운 스타일링 화보, 스파오×해리포터, 라코스테×디즈니(왼쪽부터)

▲ 오프라인 매장보다는 온라인 편집숍 … 쇼핑 채널을 넓혀라

디지털 문화에 익숙한 세대인 만큼 오프라인 매장보다 온라인 채널을 선호하는 1020 세대. 특히나 각 브랜드의 사이트를 방문해서 여러가지 정보를 얻는 것 보다, 편집숍과 같은 여러 브랜드를 한 눈에 모아놓고 비교, 분석할 수 있는 채널을 좋아한다. 브랜드들도 자신들의 온라인몰과 같은 자사 운영 쇼핑 플랫폼뿐만 아니라 여러 디지털 온라인 시장과 협업을 통해 1020 세대에게 브랜드를 알리려 힘쓰고 있다.

아웃도어 브랜드 네파는 1020 세대에게 가장 영향력 있는 패션 스토어 중 하나인 무신사에 팝업스토어를 오픈, 올 겨울 주력 네파 패딩을 판매했다. 네파의 다양한 패딩을 소개하고, 트렌디하고 세련된 감성을 영타깃들이 선호할만한 컨텐츠로 제작함으로써 1020 세대들에게 한 걸음 더 가까이 다가선다는 계획이다.

특히 네파는 팝업스토어 입점을 기념하여 무신사와 콜라보레이션한 감각적인 화보 및 영상을 공개해 눈길을 끌었다. '댄스 인 더 다크 위드 네파(Dance in the Dark with Nepa)' 라는 컨셉 아래 YG엔터테인먼트 댄서 출신으로 구성된 모델들의 마치 어두운 밤 도심 속에서 스트리트 댄스를 즐기는 듯한 자유롭고 개성 있는 움직임을 화보에 담았다. 최근 1020 세대 사이에서 대세로 떠오르는 쌍둥이 댄서이자 모델 권트윈스(권영득, 권영돈)가 화보에 참여, 스타일리시한 감성을 한층 더했다.

스포츠 브랜드 휠라는 최근 1020 세대들을 위한 다양한 상품을 출시해 사랑을 받고 있다. 하반기 부터는 10대 소비자 1위 쇼핑몰 소녀나라에 입점하면서 더욱 다양한 아이템을 선보이고 있다. 최근에는 할인 쿠폰 증정은 물론 한정판 배터리 및 크리스마스 선물 증정 등 SNS를 통한 다양한 이벤트를 진행해 높은 관심을 받고 있다.

▲ 캐릭터, 색다른 브랜드 등 어디서나 볼 수 없던 콜라보레이션 인기

남들과 똑같은 것을 싫어하고, B급 감성에 환호하는 1020 세대들을 공략하기 위해선 쉽게 접하기 어려웠던 새로운 모습을 보여주는 것이 중요하다. 한정판, 특별 콜라보레이션이 그 방법 중 하나. 최근 많은 브랜드들이 젊은 층을 공략하기 위해 색다른 콜라보레이션을 선보이고 있다.

스파오는 최근 협업 제품들을 연달아 선보이며 핫한 브랜드로 떠오르고 있다. 특히 최근에 출시된 해리포터 협업 제품은 마니아층을 대상으로 한 심층 설문조사를 토대로 좋아하는 캐릭터, 디자인, 색상, 사이즈 등을 철저하게 조사해 샘플을 디자인한 뒤 스파오 페이스북을 통해 온라인 설문을 받았다. 많은 소비자들이 참여한 설문을 토대로 제작된 콜라보레이션 제품은 온라인 상에서도 큰 화제가 되며 높은 인기를 얻었다. 스파오는 해리포터를 비롯 짱구, 김혜자 등 다양한 협업 제품을 꾸준하게 출시하면서 1020 소비자들과 접점을 이어가고 있다.

라코스테는 디즈니와 콜라보레이션을 통해 악어와 미키&미니가 함께하는 디자인의 제품을 출시했고, 리복 클래식은 라인프렌즈의 우주스타 캐릭터 BT21를 적용한 인스타 펌프 퓨리를 출시하는 등 다양한 브랜드에서 업종을 넘어 여러 콜라보레이션을 선보이고 있다.

네파 마케팅본부 정동혁 전무는 "1020 세대는 디지털을 통해 브랜드에 대한 정보를 접하는 것은 물론 주변 사람들과 그 이야기를 공유하고 확산하는 등 디지털 시장에서 막강한 영향력을 키워나가고 있다" 며 "패션, 식음료 등 유통업계는 트렌디한 감성을 유지하고 그들의 라이프 스타일 속으로 자연스럽게 녹아들 수 있도록 디지털을 기반으로 한 마케팅 활동에 주력하는 추세"라고 전했다.

※ 자료원: 시사매거진, 2019.1.3

유통 뉴스 CRM 데이터 정제가 필요한 이유

의도가 아무리 좋아도 결과까지 반드시 좋으라는 법은 없다. 업데이트된 데이터를 저장하는 것이 바로 그렇다.

이론적으로 가능한 신속하게 데이터베이스 트랜잭션을 정제해 테이블을 최신으로 유지하게 되면 데이터 통합이나 시간을 잡아먹는 문제에 대해 걱정할 필요가 없어진다. 하지만 항상 그렇게 간단한 것은 아니다.

실제 클라우드 시스템에서는 느슨하게 연결된 수십 개의 데이터베이스를 가질 수 있다. 일반적으로 업데이트는 수 초에 한 번씩 이루어지지만 약화된 시스템, 새로 고침 또는 쿼터 종료(Quarter End) 보고 등 특정 조건에서 트랜잭션은 1시간 이상이 걸릴 수도 있다. 이것이 그 작동 메커니즘이다.

따라서 느슨하게 연결된 클라우드 시스템에서 가장 먼저 해 야할 일은 모든 시스템의 마지막 단계에서 트랜잭션이 시간순서에 따라 정리되도록 하고 비즈니스 로직이 실제로 몇 시간이나 늦은 '새' 업데이트가 생겼을 때 무엇을 해야 하는지(또는 어떻게 조화를 꾀하는지) 파악하도록 하는 것이다.

자, 이것으로 트랜잭션 테이블(거래, 결제, 송금 등)에는 충분하다고 생각한다. 하지만 일반적으로 회계 콘텐츠를 그리 많이 가지고 있지 않은 CRM 시스템의 핵심은 어떠할까?

CRM 시스템은 다른 기업용 소프트웨어와는 다르다. 데이터 품질의 기준이 다르며 이는 데이터 입력 소스(고객 또는 판매 대리인)와 데이터 업데이트의 주기 때문이다. 일부 개별 기록이 하루에 몇 번이나 변경될 수 있다.

CRM에서 가장 위험한 테이블은 '영업 기회'와 '고객 계약'이다. 영업 기회는 계약이 성사되는 단계로 옮겨갈 수 있으며 고객 계약은 정보 피라미드에서 최상단에 위치하기 때문이다. 따라서 이런 테이블에 대한 업데이트는 접속 제어 시스템(영업 담당자는 이 기록이 특정 상태에 있을 때 해당 영역을 수정하지 못할 수도 있다)과 검증 규칙 또는 어떤 데이터가 변경될 수 있는 조건을 제한하는 코드화된 메커니즘을 통해 매우 조심스럽게 다뤄야 한다.

하지만 이런 제어는 그 트랜잭션을 정제할 필요가 있는 외부 시스템에 대한 응답의 필요성과 균형을 이뤄야 한다. 예를 들어 복잡한 판매 채널을 가질 경우, 이미 CRM 시스템 내에 존재하는 '새로운' 계정을 생성할 필요가 있을지도 모른다. 외부 시스템은 계정을 상이한 이름(법인명과 주소지 이름), 상이한 도시, 이미 확보하고 있는 것과 다른 기타 핵심 정보 등으로 표시할 수 있다. 예를 들면, SK텔레콤과 에스케이텔레콤, SKT 또는 강남구와 강남 등으로 말이다.

같은 문제가 영업 기회 단계에서도 발생할 수 있다. 트랙잭션이 개입할 때는 어떤 버전의 데이터가 더 나은지 알 수도 없으며 차후의 통합을 위해 종종 두 가지 버전의 데이터를 보관해야 할 지도 모른다.

따라서 이미 있을 것으로 생각되는 기록에 대해서는 이를 복제할 것을 추천한다. 기록이 생성되면 후속 평가와 데이터 조화를 위해 영업부나 고객담당 부서에 알림 메시지가 전송돼야 한다. 일반적으로 새로운 기록은 마스터 디테일(Master Detail) 관계에서 기존의 기록을 하부 기록으로 만들어 외부의 시스템이 원하는 데이터의 '사본'을 지속적으로 업데이트 할 수 있으며 회계 시스템이 회계 장부를 결산하는 데 필요한 모든 데이터를 얻을 수 있도록 한다.

이것은 고객명이 거의 동일할 때 내리는 꽤나 간단한 결정이다. 새로운 고객이 ESPN이고 기존 고객이 ABC네트웍스(ABC Networks) 또는 디즈니일 때는 결정을 좀 더 개인적인 판단에 맡겨야 한다. 이들은 모두 같은 회사에 속해 있지만 단일 계정으로 관리해야 할까? 아니면 각각의 계정으로 관리해야 할까? 이 모든 것들은 기업의 규정에 달려있다.

※ 자료원: CIO 매거진, 2012.4.25

02 CRM 구축 방법 및 고려사항

2.1 CRM의 도입단계

CRM은 단계적으로 도입해야 한다. CRM은 세 단계를 거쳐 발전한다고 본다. 고객확보 → 고객유지 → 전략적인 고객관리이다. 우선 고객확보단계는 말 그대로 고객확보에만 신경쓰는 상황이다. 이런 단계의 기업들은 고객유치에만 관심을 기울일 뿐 고객을 어떻게 지켜나갈지에는 별 관심이 없다. 백화점이 고객을 유치하기 위해 카드를 대량으로 발행하는 경우가 이에 속한다고 할 수 있다. 이어 고객유지단계 기업들은 고객확보에서 한걸음 나아가 고객과의 관계 형성 그리고 고객을 어떻게 대하고 고객들과의 비즈니스를 어떻게 할 것인지에 관심을 기울인다. 국내 일부 백화점이 이용실적이 많은 카드회원들을 대상으로 음악회를 연다면 이에 속한다고 할 수 있다.

전략적 고객관리 단계 기업들은 고객을 자산으로 보고 전략을 수립, 시행한다. 고객을 세분화시킨 다음 그에 맞는 차별화된 상품과 서비스를 제공한다. 연간소득 1억원 이상으로서 결혼적령기의 자녀를 두어 가구상품을 구입할 고객, 연간소득 3천만원대의 신혼부부로서 유아자녀용품을 구입할 고객 등으로 백화점이 고객을 분류해 그에 맞는 상품정보를 카드회원에게 보낸다면 이에 속한다고 할 수 있다. 현재 우리나라에서도 이 단계에 진입하고 있다.

물론 CRM을 도입한 기업들이 모두 이 세 단계 중 하나에 속하지는 않는다. 단계 1과 2 중간에 위치할 수도 있고, 어느 것에도 속하지 않을 수도 있다. 하지만, 중요한 것은 CRM을 도입할 때 이러한 3가지 단계를 반드시 순차적으로 거쳐야 한다는 점이다. 어떤 어플리케이션이나 정보기술을 도입하여 1단계에서 3단계로 한 번에 끌어 올리려는 생각은 버려야 한다. 그리고, 전략적 고객관리로 가기 위해서는 CRM에 대한 이해 외에 진정한 고객만족과 이를 바탕으로 한 기업 가치 창조를 이뤄내겠다는 최고 경영자의 의지가 절대적으로 필요하다.

CRM을 도입할 경우, 두 가지를 명심해야 한다. 우선 CRM은 어플리케이션, 시스템, 정보기술만이 아닌 '전략'이라는 사실이다. CRM은 정보, 시스템,

경영, 정책, 프로세스, 그리고 회사의 조직원들이 총체적으로 집결된 기업경쟁 상황에서 고객을 끌어들이고 유지시키는 데 사용되는 전략이다. CRM을 위한 어플리케이션과 정보기술은 그러한 전략을 수행하기 위한 도구로서 조직 내 경영전략의 한 부분에 불과하다.

그 다음으로 CRM은 실무자로부터 출발되어서는 안 된다는 점이다. CRM의 시작은 반드시 최고 경영진이어야 한다. CRM은 경영의 모든 요소를 포함한 하나의 전략이기 때문이다. 콜센터, 혹은 정보관련 매니저(CIO)가 모든 프로세스상의 변화를 주도해서 추진할 수는 없는 것이다. CRM을 성공적으로 도입한 기업의 최고 경영자들은 본인 시간의 40% 이상을 CRM 초기화 프로세스에 기여하고 있다. 따라서 최고 경영자의 의지가 CRM 도입에 꼭 필요하다.

2.2 고객관계관리 적용시 고려사항

1) 고객(customer)

CRM은 고객에 대한 이해를 바탕으로 성립하는 것으로, 가장 중심에 고객을 두어야 한다. 고객을 빠뜨린 CRM은 더 이상 CRM이라 할 수 없다. 과거, 기업의 시각은 시장에 고정돼 있었다. 따라서 기업 성공의 기준은 시장점유율로 평가되었으며, 시장점유율의 제고가 기업의 지상 과제였다. 그러나 이제는 시장점유율이 문제가 아니라 고객점유율이 기업의 성공 기준으로 대두되었다. 어느 고객에게 어느 정도의 비용이 소요되는지조차 모르면서 시장점유율을 올리기 위해 노력하는 것보다는, 자사에 이익이 되는 고객을 분류하고, 실제로 이윤을 가져다 주는 고객에게 자사의 상품과 서비스를 얼마나 판매할 수 있느냐가 기업이윤의 척도가 된 것이다. 이에 기존 고객을 유지하기 위해 고객과의 관계를 설정할 필요성이 대두되었다. 이를 위해 필연적으로 고객을 발견, 정의하고 분류할 필요가 생긴 것이다.

다만, 여기서 말하는 고객이란 CRM을 도입하는 회사에 있어 중요한 고객으로서, 다른 선진업체의 성공사례에 나와 있는 고객이 아니라는 것에 주의해야 한다. 이 점을 간과하고 성공사례를 맹목적으로 따라 하다가, 진정한 고객을 잃어버리는 우를 범할 수도 있다. 고객은 크게 두 종류로 나뉜다. 자사의 상품을 최종적으로 구입해 실생활에 사용하는 최종 소비자와, 자사로부터 상품을 직접 구매해 유통시키는 고객이다. CRM을 적용하기 위해서는 먼저 두 종류의 고객 중 어느 고객까지가 대상이며, 어느 고객이 우선 순위인지에 대한 명확한 정의가 내려져야 한다.

2) 관계(relationship)

먼저 정의된 고객과는 어떤 관계를 가져야 하며 그 관계를 어떻게 유지해야 하는지, 또 지금의 고객들은 자시의 상품에 대해 어떠한 구매패턴을 보이는지, 실제로 목표로 하는 고객층이 원하는 만큼의 매출을 올리고 있는지 등을 고려한다. 아울러 자사 상품에 로열티를 가지고 있는 고객층에 대해서는 어떻게 하면 그 로열티를 유지하도록 유도할 것인지, 또 이미 떠나간 고객에 대해서는 어떤 새로운 관계를 만들어 다시 자사로 유도할 것인지 등 고객의 특성에 맞는 가능한 한 모든 전략들을 고려해야 한다.

3) 관리(management)

고객이 정의되고 관계에 대한 전략이 수립되면, 그러한 활동을 효율적으로 수행하기 위한 관리전략 및 전술이 정의되어야 한다. 고객에 대한 정의와 고객에 대한 관계가 정의되고 관리된다는 것은 곧, 이것에 관한 모든 데이터와 정보가 체계적으로 관리되어야 함을 의미한다. 속성정보와 구매이력, 접촉이력 등 기업이 관계하는 수많은 고객에 대한 다양한 데이터는 테이터웨어하우징 등의 데이터 레지스터리에 분석하기 쉽도록 저장되고, 이 데이터는 마이닝 툴(mining tool)에 의해 분석돼 의미 있는 내용으로 추출된다. 또 고객과의 접점에서는 이러한 데이터들을 쉽게 처리하고, 접점의 사용자가 이용할 수 있는 mobile computing, call center, Sales force automation 등의 IT시스템 등으로 저장된다. 그 밖에 고객과의 관계형성을 위해 회사에서 능동적으로 실행하는 수많은 캠페인 등을 관리하고, 그 결과를 효율적으로 분석, 그로 인해 발생하는 많은 정보와 지식을 점유하기 위한 캠페인 메니지먼트 툴 등도 필요하다. 이러한 여러 가지 구성요소로 이루어져 있는 툴이 CRM 관련 툴이다. 단, 이러한 메니지먼트에 해당되는 정보기술은 반드시 기업 내의 다른 기존의 정보시스템들과 연동 및 통합되어야 한다.

그리고 고객관계관리를 성공적으로 적용하기 위해서는 다음 요인들이 고려되어야 한다.

첫째, 고객을 중심으로 모든 거래 데이터가 통합되어야 한다.

둘째, 고객 분석을 위한 고객의 상세정보가 수집되어야 한다.

셋째, 고객의 정의와 고객그룹별 관리 방침이 수립되어야 한다.

넷째, 고객데이터의 분석 모형 개발 및 모형의 유효성 검증 체제가 갖추어져야 한다.

다섯째, 고객 분석결과를 활용할 수 있도록 제반 업무절차가 정립되고 시행되어야 한다.

여섯째, 고객 분석결과를 마케팅에 활용하기 위하여, 보유 상품 및 서비스의 분류기준이 되고, 고객 분류기준과 대응시킬 수 있어야 한다.

일곱째, 거래에서 발생한 고객데이터 및 외부에서 입수하는 고객데이터를 정련하고, 적시성있게 활용할 수 있도록 데이터의 전송시스템이 제공되어야 한다.

03 CRM 도입효과

CRM의 성공여부는 결국 고객의 입장에서 보다 편리하고 저렴한 비용의 거래가 가능해졌느냐에 달려 있다. CRM의 효과는 고객만족 수준의 증가, 기업 운영비용의 감소, 기업 영업수익의 증가의 세 가지 측면에서 살펴 볼 수 있다.

3.1 고객 만족 수준의 증가

CRM의 기본 사상은 고객의 라이프 스타일 및 구매 행동 분석을 통해 고객을 세분화하는 것이다. 고객 세분화의 기본은 RFM(recency frequency monetary)을 활용해서 수행한다. 즉, 고객의 미래 구매 행위를 예측하는 데 있어 가장 중요한 것이 과거 구매내용이라고 가정하는 시장분석기법이다. RFM은 최근의(recency) 주문 혹은 구매 시점, 특정기간 동안 얼마나 자주(frequency) 구매하였는가, 구매의 규모는 얼마인가(monetary value)를 의미하며, 각 고객에 대한

RFM을 계산한 후 이를 바탕으로 고객군을 정의한 뒤 각 고객군에 대한 차별화된 마케팅 수행을 통해 고객의 만족도를 증가시키는 것이다.

- 고객 가치 산출 및 가치 기준에 따른 고객 등급 정의를 위해 전사 차원의 고객 세분화 원칙(rule)을 정립하고, 등급화에 대한 통합 관리 체계를 구축한다.
- 고객 충성도(loyalty) 증진 방안 및 충성도 프로그램 수행을 통해 지속적인 고객 창출이 가능해진다.
- 고객의 불만이나 추가적인 서비스의 요구 등이 즉각적으로 접수되고 이를 처리하는 과정 또한 통일되고 신속한 대응으로 고객 만족도가 증가한다.

3.2 기업 운영비용의 감소

고객에 대한 최적의 프로모션 수행을 통해 기업 관점에서는 그동안 고객의 욕구에 부합하지 않는 무분별한 판촉 비용 절감을 통한 판매관리비를 절감할 수 있다. 또한, 유통업체와 제조업체의 협업적 프로모션 기획 및 수행을 통한 매출 증대와 이익 증대 효과도 기대할 수 있다.

- 기업 내의 여러 부서간 통합된 정보를 공유함으로써 정확한 업무처리가 가능해지고 처리과정이 단순해짐으로써 오류가 줄어든다.
- 고객관련 정보에 대한 접근이 수월해짐으로써 이를 기반으로 하여 보다 효과적인 의사결정이 가능해진다.

3.3 기업 영업수익의 증가

CRM을 통해 창출될 수 있는 기업 이익은, 그동안 불특정 다수 대상의 마케팅을 지양하고, 명확한 자사의 목표 고객을 정의하고, 그 고객군을 대상으로 마케팅을 전개함으로써, 비(非)낭비적인 비용 및 운영 효율성을 증대시킬 수 있다.

- 고객 만족도의 증가는 결국 고객 유지율의 증가를 가져와 고객 이탈에 따른 손실을 막

아준다.

- 인터넷을 이용한 거래는 기업 영업의 시간적, 공간적 범위를 확대시킴으로써 수익 창출의 폭을 넓혀준다.
- 고객 접점에서의 정보는 즉각적인 분석이 가능해져 시장상황의 변화에 따른 대응을 효과적으로 할 수 있다.
- 인터넷을 이용한 보다 다양한 서비스의 제공은 결국 새로운 판매기회를 창출한다.

04 유통업체의 CRM 활용 현황

4.1 고객 멤버십 현황 및 충성도 프로그램

국내 Big 3 할인점인, 이마트, 홈플러스, 롯데마트의 고객 멤버십 현황 및

표 13-1 국내 Big 3 대형마트의 고객 멤버십 현황(2011년말 기준)

구분	이마트	홈플러스	롯데마트
통합 멤버십 및 점포현황	• 멤버십회원수: 1,700만 – 유효고객수: 850만(12주) • 점포현황 – 대형점: 133개 – SSM: 92개 – 트레이더스: 5개	• 멤버십회원수: 1,700만 – 유효고객수: 638만(8주) • 점포현황 – 대형점: 128개 – SSM: 392개	• 멤버십회원수: 1,350만 – 유효고객수: 250만(월) • 점포현황 – 대형점: 96개
멤버십 및 로열티 프로그램 운영	• 신세계 통합포인트카드 – 계열사 통합포인트 운영 – 계열사 내 적립/사용 가능 – 제휴사 할인 및 증정 – 1,000점 이상 사용가능 – 포인트 유효기간 24개월 • 캐시백 포인트카드 도입 – 선택적 적립/사용(Open형) • 다양한 제휴카드 운영 • 이용실적에 따른 우수고객 제도 운영 – 우수, 일반고객 분류 – 3개월 선정 주기 – 10% 할인쿠폰 제공	• 패밀리카드 – 계열사 및 제휴사 포인트 적립 – 포인트 사용은 분기별 2천점 이상 현금쿠폰 발송 – 현금쿠폰 유효기간 2년 – 홈플러스 매장만 사용 • 캐시백 포인트카드 도입 – 선택적 적립/사용(Open형) • 다양한 제휴카드 운영 • 이용실적에 따른 우수고객 제도 운영 – 최우수, 우수, 일반, 휴면, 이탈고객 분류 – 매월 선정 주기	• 롯데멤버스카드 – 계열사 및 제휴사 포인트 적립 및 할인제공 – 롯데카드 단독 제휴 – 롯데계열사 내에서 사용 • 구매금액 기준 고객등급 분류 및 차별화마케팅 – VIP, 최우수, 우수, 일반 – 6개월 선정 주기 – 차등 포인트 제공 – 생일축하포인트 1천점 – 쿠폰북 제공

충성도 프로그램(loyalty program) 현황은 아래 표에서는 보는 바와 같이, 계열사 및 제휴사 간의 통합 멤버십 체계를 정립하고, 공동 적립 및 사용을 하고 있다. 이를 통해 각 고객군별 맞춤형 마케팅 프로그램 개발 및 운영을 통해 지속적인 고객 매출을 창출하고 있다.

특히, 고객을 구매주기, 구매 규모, 고객의 라이프 스타일에 맞게 고객을 세분화하고, 등급화하여 충성 고객에 대한 마케팅 프로그램 개발 및 이탈 가능 고객에 대한 이탈 방지 등을 위한 다양한 프로그램을 운영하고 있다.

4.2 CRM 시스템 구축 및 운영 현황

이마트는 2011년 전사적으로 "CRM Company"를 선포하고, 모든 경영을 "고객" 중심으로 전환하였다. 이미 2004년부터 CRM 시스템을 구축, 오프라인과 온라인의 고객 정보를 통합하고, 이에 따른 전사적 관점에서 마케팅을 전개하고 있다. 특히, 최근에는 전반적인 유통업체의 매출 성장 정체에 대응하기 위해 점포 단위의 CRM 전개를 하고 있다. 즉, 점포 단위에서 고객 분석, 상권

표 13-2 국내 대형마트 Big 3 고객중심마케팅 추진 현황(2011년말 기준)

구분	이마트	홈플러스	롯데마트
	• 2004년 CRM 도입 – 고객 DW 업데이트 등 • 2009년 CRM 업그레이드 – POS 계산시간 단축 등 • 2010년 CRM 확장 – 온라인 쇼핑몰 연계 • 2011년 CRM 고도화 추진 – 고객중심의 데이터 통합 – 분석시스템(CLAP) 구축 – 고객분석, Segmentation – 상품분석, 구색조정 방안 – 상권 및 프로모션분석	• 2005년 CRM 도입 – 고객 DW 정비, 고객분석 – 상권분석 도입 • 2006년 CRM 고도화 – 통합고객 DW 구축 – 분석시스템(CLAP, 분석 마트) 구축 – 캠페인시스템 구축 – 전단/쿠폰시스템 구축 – POS 쿠폰시스템 도입 – 고객분석 및 Segmentation – 상품분석 및 구색조정방안 – 상권 및 프로모션분석 – 공급업체 분석정보제공 및 공동 프로모션 추진 • 2011년 CRM 고도화 추진 – 모바일 어플리케이션 연계 (SNS 도입, 커머스화)	• 2004년 CRM 도입 • 2008년 CRM 확장 – 물류센터와 연계한 상품분석 시스템 도입 • 2011년 상권분석시스템 도입 – 캠페인과 연계한 Store CRM 추진

분석, 매장 운영 현황 등을 분석하여, 매장 운영 전반에 대해 고객 중심으로 상품 구색과 고객 동선 설계, 진열 배치 등을 전개하고 있다.

또한, 점포 상권 분석을 통해 경쟁 상권 및 경합점에 대한 대응 전략을 수립하는 한편, 기존 점포에 대한 리뉴얼 및 신규 점포 출점시에도 CRM을 활용한 점포 전개 전략을 수립하고 있다.

4.3 글로벌 CRM 사례: 테스코, 월마트

1) 글로벌 선진 사례

글로벌적으로 유통 CRM 선진 사례는 테스코와 월마트를 들 수 있으며, 양사는 [그림 13-1]에서 보듯이 모든 경영의 중심을 고객 가치에 두고 있으며, 이를 위해 다양한 고객 관련 프로그램을 수행하고 있다. 특히, 테스코의 경우 [그림 13-2]와 [그림 13-3]에서 보듯이 다양한 고객관련 지표를 선정하고 이를 관리함으로써, 고객의 충성도 향상 및 고객 관점에서 상품 개발과 상품 운영을 하고 있다. 월마트도 고객을 중심으로 고객에게 생활의 가치를 제공하고, 상품 구색 및 가격 경쟁력을 제고하고 있다.

그림 13-1 테스코와 월마트의 CRM 경영관리 방침

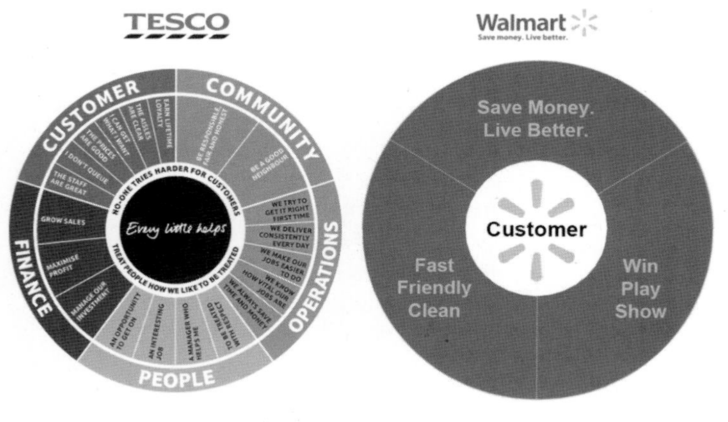

2) 테스코의 CRM 사례

테스코는 평생 충성도 고객 확보, 쾌적한 쇼핑 환경 제공, 고객이 원하는 것은 언제든지 구매 가능하도록 상품 구색력을 강화하는 한편, 가격 정책에 있어서도 최저 가격제보다는 상품 품질 및 경쟁사 대비 가격 경쟁력을 제고시키는 방향으로 고객 정책을 수립하고 있다.

그림 13-2 테스코의 주요 對고객 관련 정책

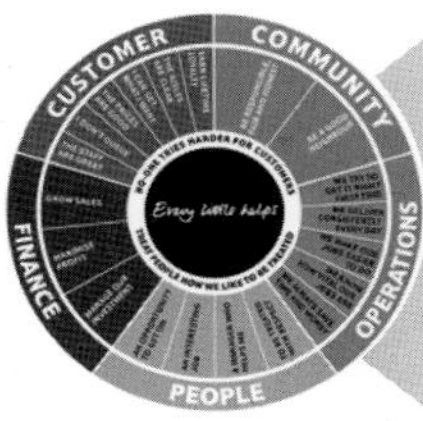

EARN LIFETIME LOYALTY (평생 충성도 고객 확보)	고객으로부터의 한 순간의 이익보다는 Lifetime Loyalty를 통한 장기적인 목표달성을 추구함
THE AISLES ARE CLEAN (쾌적한 쇼핑 환경)	고객이 원하는 편리한 쇼핑 환경을 제공하는 가장 기본적인 요소(basics of shopping)임
I CAN GET WHAT I WANT (고객이 원하는 것은 언제든지 구매 가능)	매니저와 직원들의 가장 주요한 우선순위는 고객들이 언제라도 자기가 원하는 것을 살 수 있도록 하는 것임
THE PRICES ARE GOOD (가격 경쟁력 강화)	단순히 EDLP를 강조하기보다 Value를 고객과 커뮤니케이션하는 데 중점을 둠
I DON'T QUEUE (고객 대기시간 최소화)	'One in Front' 서비스를 확대하고, 이를 위해 자동화된 직원 scheduling system을 구현했음
The STAFF ARE GREAT (최상의 직원 서비스 수준)	모든 직원은 더 나은 고객서비스 제공을 위한 교육(refresher training)을 정기적으로 받음

또한, 고객 서비스 측면에서 고객 대기 시간을 최소화하기 위한 매장 운영 효율성을 고려하는 한편, 직원에 대해서도 보다 나은 고객 서비스를 위한 다양한 교육 프로그램을 실시함으로써, 고객 만족 경영을 실천하고 있다.

특히, 테스코는 고객 정보를 활용하여, 고객 전략, 사업 다각화 전략, 매장 전략, 상품 전략 등을 수립하고 있으며, 이를 통해 목표 고객에게 홍보물을 분기별로 발송하여 테스코의 구매 행동을 유발하는 등 재구매율을 증가시킴으로써 매출 증가를 시키고 있다.

또한, 매출 빈도가 높은 상품과 수익성 높은 상품 위주로 진열 및 배치함으로써, 테스코의 매출 및 이익 극대화를 추구하고 있다.

그림 13-3 테스코의 고객 중심 경영 전략 수립 프로세스

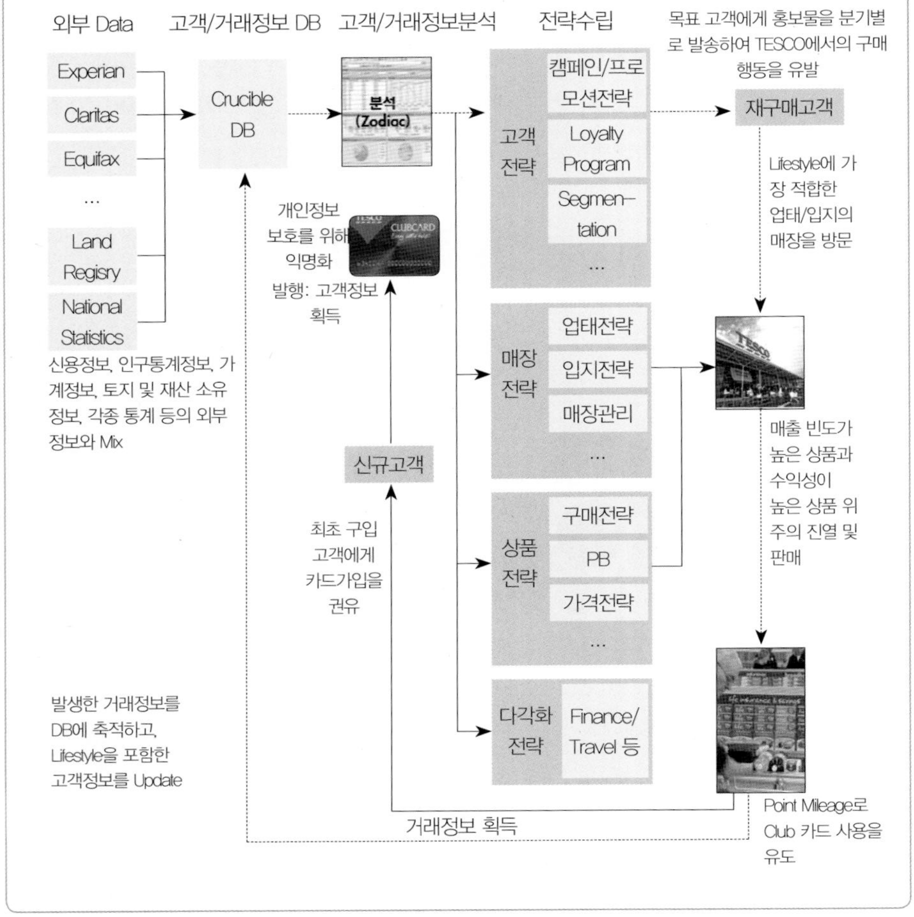

3) 월마트의 CRM 사례

[그림 13-4]에서 보듯이 월마트의 3대 對고객전략은 아래 그림과 같으며, 먼저, 고객에게 구매 비용을 절감시켜 주고 생활의 가치를 제공해 주기 위한 "Save Money Live Better" 전략을 위해, 보다 저렴한 가격대, 고객 요구 수준 및 품질 보증을 강조한 고객 겨냥 마케팅을 수행하고 있으며, 이를 위해 확실한 경쟁사 대비 가격 주도권 확보 및 PB(월마트는 PL이라는 용어 사용, PB와 PL은 동일 개념) 범위를 고객 중심에서 포트폴리오를 구성하고 있다.

또한, 상품 구색 측면에 있어서도, 고객 경험과 매장 최적화, 이익 향상을 위해 "Win-Play-Show" 개념을 도입하여, 경쟁사 대비 확실히 이겨야 하는

그림 13-4 월마트의 對고객 관련 3대 정책

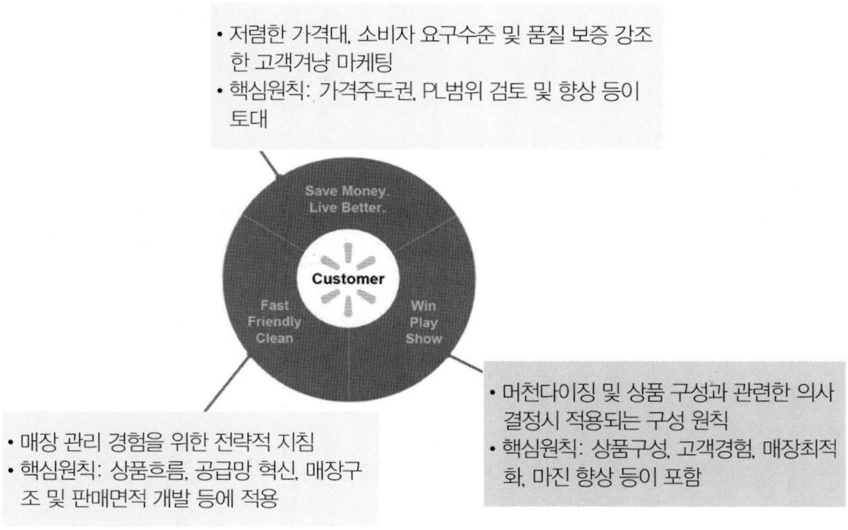

상품 카테고리(Win)와 좀 더 상품 구색을 강화해야 할 상품 카테고리(Play), 단순히 구색 진열을 위한 상품 카테고리(Show)로 구분하여, 상품 경쟁력을 강화하고 있다. 한편, 매장 운영에 있어서도, 고객 중심의 동선을 구성하고, 이를 위해 고객의 매장 경험을 최우선으로 고려하여 매장 구조를 설계하고 있다.

또한, 상품 전개도 고객의 상품 선호도 및 매출 공헌도를 기준으로 다음과 같이 운영하고 있다. 즉, 시장점유율 확대를 적극적으로 추구해서 확실한 경쟁우위를 가져야 하는 상품군(Win)과 성장과 수익 간의 균형을 유지해야 하는 상품군(Play-Sustain)과 지금보다는 더 성장 기회가 있는 상품군(Play-Grow), 상품 운영 효율성에 중점을 두고 구색 위주로 가져가야 하는 상품군(Show)으로 상품을 구분하여 운영하고 있다. 이를 통해 매출 1.3% 향상과 재고 5.8% 감소 등의 효과를 거두었다.

유통 뉴스 국내 IT서비스 시장, 향후 10년간 3%대 저성장 보일 것

2019년 국내 IT서비스 시장 규모가 13조3,400억원에 이를 것으로 전망된다. 전년과 비교하면 3.4% 성장한 규모다.

한국IT서비스산업협회가 개최한 '2019년 IT서비스 시장 및 기술전망 세미나'에서 IT 시장분석기관 KRG

김창훈 부사장은 이 같은 내용이 담긴 '2019년 IT서비스 시장 전망'을 발표했다.

2019년은 2018년에 비해 성장폭이 다소 줄어들 것으로 보인다. 지난해의 경우 빅데이터, 클라우드 등 신 서비스 중심으로의 시장 형성과 중견 기업들의 사업 구조조정 확산 이슈가 어느정도 성장을 뒷받침 해주었다.

하지만 올해의 경우 수출 둔화, 내수 시장 규모 하락 등과 같은 경기 불확실성 및 제조업 경기 악화가 IT서비스 시장 성장을 더디게 할 것으로 예상된다. 다만, 여러 산업 분야에서 디지털 트렌스포메이션이 추진되고 있고, 신사업 발굴을 위한 R&D 투자가 확대되고 있다는 점이 성장에 긍정

KRG 김창훈 부사장은 "국내 IT서비스 시장은 향후 10년 간 3% 대 저 성장이 예상되며, 중국, 일본 등과의 시장 격차도 더욱 커질 것으로 보인다. 따라서 양적인 성장보다는 질적 성장을 도모해야 할 것이다"고 지적했다.

이어 그는 "내수 시장만으로는 성장의 한계가 있기 때문에 동남아시아, 남미 등 외부 시장을 적극 개척할 필요가 있다"고 조언했다.

업종별로 보면, 컨설팅 부분이 7~8%의 성장률을 나타낼 것으로 보인다. 특히 신 사업 분야 도입을 위한 컨설팅 수요 확산이 기대된다.

다음으로 유지보수 부분은 5~6% 성장률이 예상된다. 하드웨어 유지보수 시장은 지속적인 하락세를 이어가지만 SW 유지보수 시장은 활발해질 것으로 내다보고 있다. 성장률이 2.5~3% 수준으로 예상되는 아웃소싱 업종은 계약 방식의 변화, 대형 기업 주도 등이 올해의 주요 동향이다.

산업별로 보면, 공공 부분은 공공 클라우드 시장 경쟁이 본격화되고 대기업 공공입찰 참여가 완화될 것으로 보인다. 금융 부분은 차세대 시스템 구축, 클라우드 시장 본격 개방 등이 주요 동향이다.

제조 부분은 스마트팩토리, 로보틱스 등이 여전히 주요 키워드가 될 것으로 보인다. 특히 IoT, 클라우드 기술 확대에 따라 보안에 대한 중요성도 한층 커질 것으로 예상된다.

유통/물류 부분은 웹과 모바일, 인공지능, 빅데이터를 접목한 개인화 서비스에 초점이 맞춰진다. 실제 월마트(Wallmart), 아마존닷컴(Amazon.com), 자라(ZARA), GS, 롯데 등은 고객 구매 관련 빅데이터를 활용해 차별화 된 개인형 맞춤 서비스를 개발하고 있다.

2019년 IT 서비스 시장에서는 공공/금융 시장 클라우드 개방이 보다 확대될 것으로 보인다. 이와 동시 글로벌 기업과 국내 기업 간 시장 경쟁도 더욱 치열해질 것으로 예상된다. 또한 최근 5G 네트워크 상용화에 따라 IT서비스 분야 역시 통신사와 제휴를 통한 5G 기반 서비스가 등장할 것으로 보인다.

※ 자료원: 헬로티, 2019.1.4

연습 문제

1. CRM의 정의 및 개념에 대해 설명하시오.
2. CRM의 필요성과 중요성에 대해 기술하시오.
3. CRM이 추구하는 가치가 무엇인지에 대해 설명하시오.
4. CRM의 구축 방법에 대해 설명하시오.
5. 유통업체에서 CRM 활용 현황에 대해 설명하시오.

제14장　서비스 산업의 유통관리

1. 서비스의 본질과 특성
2. 서비스 유통관리

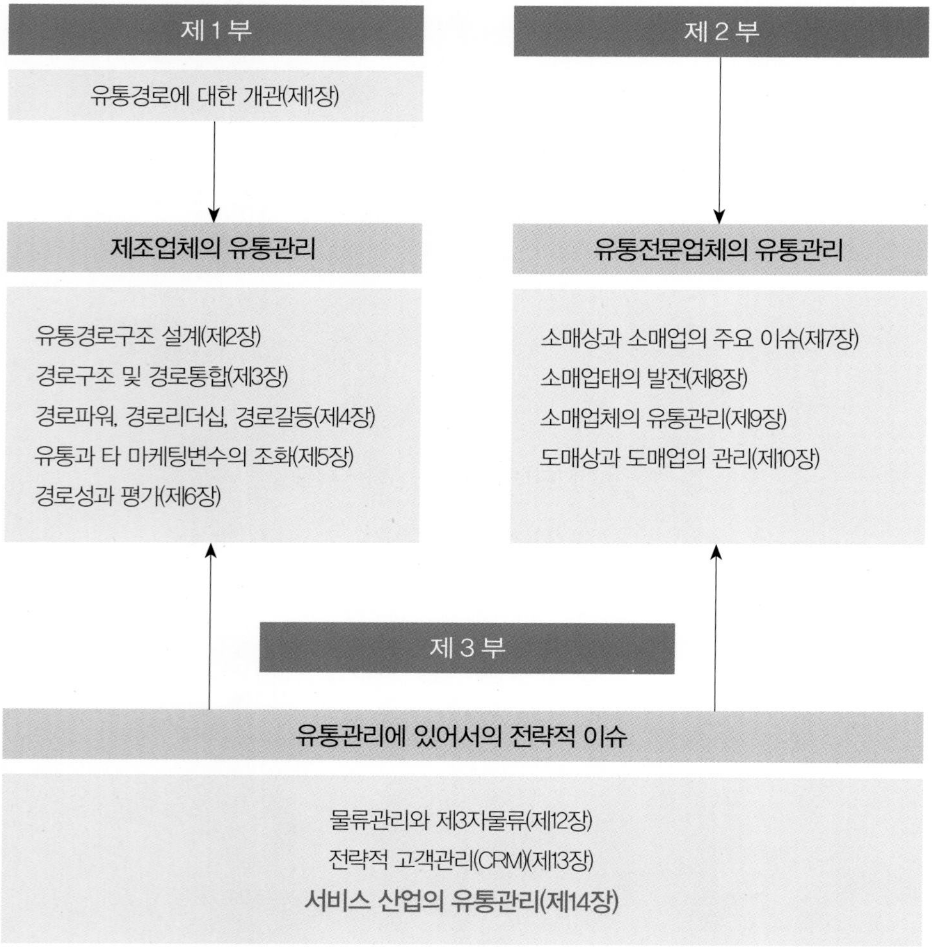
제 1 부
유통경로에 대한 개관(제1장)
제조업체의 유통관리
유통경로구조 설계(제2장)
경로구조 및 경로통합(제3장)
경로파워, 경로리더십, 경로갈등(제4장)
유통과 타 마케팅변수의 조화(제5장)
경로성과 평가(제6장)
제 2 부
유통전문업체의 유통관리
소매상과 소매업의 주요 이슈(제7장)
소매업태의 발전(제8장)
소매업체의 유통관리(제9장)
도매상과 도매업의 관리(제10장)
제 3 부
유통관리에 있어서의 전략적 이슈
물류관리와 제3자물류(제12장)
전략적 고객관리(CRM)(제13장)
서비스 산업의 유통관리(제14장)

유통 뉴스 프랜차이즈 평균 수명 4년 … 그 중 커피전문점이 가장 빨리 문 닫았다

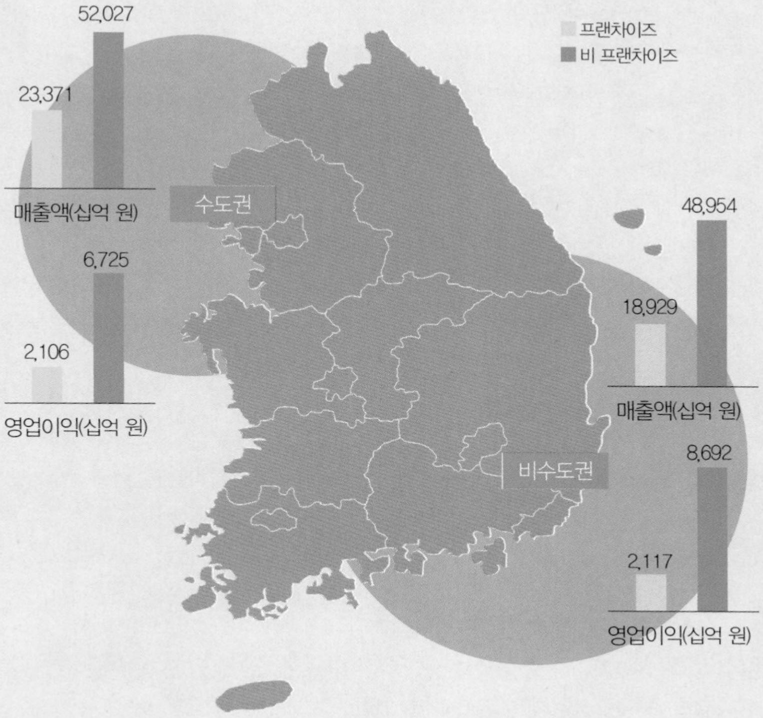

국내 자영업 사업체 중 커피전문점이 최단 기간 폐업하는 것으로 조사됐다. 전체 프랜차이즈 가맹점들의 평균 영업 지속 기간은 4년이다.

통계청이 지난해 12월 발표한 '프랜차이즈와 비프랜차이즈 사업체 비교' 보고서에 따르면 2015년 12월 31일 보고된 사업체 기준 프랜차이즈 업종별 평균 영업 지속기간은 커피전문점이 27개월(2년3개월)로 가장 짧았다. 반면 영업기간이 가장 긴 프랜차이즈 업종은 의약품이 134개월로 커피전문점의 5배가 넘는 것으로 나타났다.

평균적으로 외식 업종의 영업 지속 기간이 짧았다. 외식업 중 커피전문점 다음으로 영업기간이 짧은 업종은 분

외식 통계: 프랜차이즈와 비프랜차이즈 비교 데이터(기준년도 2015년 12월)

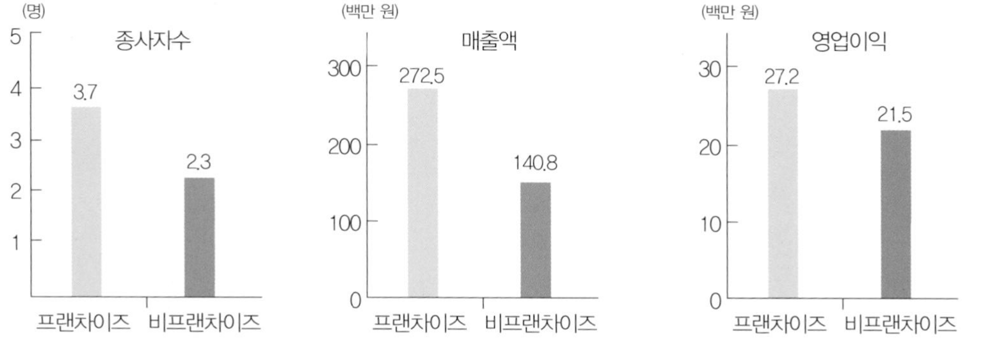

자료: 통계청

식 · 김밥(35개월), 주점(42개월), 한식(43개월) 순이었다. 비 프랜차이즈의 경우에도 커피 전문점이 43개월로 가장 영업 기간이 짧았다. 그 다음으로 일식 · 서양식이 45.2개월 만에 문을 닫았고 피자 · 햄버거는 52개월 간 영업을 지속했다. 가장 높은 업종은 문구점(156개월)이었다.

프랜차이즈와 비 프랜차이즈로 비교했을 때 신규 사업이 아닌 현재 사업을 포함하면 비 프랜차이즈의 영업기간이 길었다. 그 중 한식이 영업 기간 격차가 가장 컸다. 한식은 프랜차이즈 영업 시 평균 43개월간 영업했고 비 프랜차이즈 영업자가 76개월 간 사업을 유지했다. 일식 · 서양식은 각각 40개월과 45개월 영업했다. 다른 업종인 치킨(55/63개월), 피자햄버거(51/52개월)도 비교적 영업기간이 짧았다.

개별 사업체별 실적을 살펴보면 매출액, 영업이익 모두 프랜차이즈가 더 높은 것으로 나타났다. 사업체당 연간 매출액은 프랜차이즈가 평균 2억7300만원으로 비 프랜차이즈 1억4100만원보다 두 배 가량 높았다. 영업이익은 프랜차이즈가 2700만원으로 비 프랜차이즈 2200만원보다 600만원 가량 많았다.

또한 전체적으로 비 프랜차이즈는 사업체당 매출액이 프랜차이즈보다 낮지만 영업이익 비율은 다소 높았다. 이는 프랜차이즈가 비 프랜차이즈보다 사업체당 비용이 많이 발생하는 구조로 이뤄진데 원인이 있는 것으로 파악된다. 개별 매출로 보면 프랜차이즈 가맹점 중 의약품이 9억2100만원으로 가장 높고, 편의점(4억3000만원), 제빵 · 제과(4억원)이 뒤를 이었다. 비 프랜차이즈에서도 의약품(7억4500만원)이 가장 높았다. 그 다음은 일식 · 서양식(3억3200만원), 제빵 · 제과(2억800만원)순이었다.

높은 폐업률에도 불구하고 프랜차이즈 사업체 비율은 비 프랜차이즈에 비해 지속적으로 증가세를 보이고 있다. 비교적 안정적인 수입이 보장되기 때문으로 분석된다.

2015년 12월 31일 기준 프랜차이즈 사업체가 차지하는 비율은 22.1%였다. 1995년 이전 3.8%에 불과했던 것이 꾸준히 비중이 늘어나 2010년 이후 20%대를 유지하고 있다.

※ 자료원: 브릿지경제, 2019.1.1

학 | 습 | 목 | 표

1. 서비스의 개념과 본질에 대해 이해한다.
2. 서비스의 특성에 따른 마케팅 문제에 대해 살펴본다.
3. 서비스 유통경로의 개념과 특성에 대해 알아본다.
4. 서비스 특성에 따른 유통관리의 주안점을 학습한다.

01 서비스의 본질과 특성

1.1 서비스의 정의

지금까지는 마케팅의 대상을 주로 유형의 '상품'으로만 간주한 가운데 유형의 상품에 대한 유통경로전략을 다루었고, 무형의 '서비스'를 대상으로 하는 서비스마케팅은 단지 묵시적으로만 취급하였다. 물론 유형의 상품에 대한 유통경로전략에 적용되는 대부분의 이론이나 기법들이 그대로 무형의 서비스에 대한 유통경로전략에도 적용될 수 있는 것은 사실이지만, 무형의 서비스의 특성으로 인하여 유형의 상품에 대한 유통경로전략과는 다른 접근법을 요한다.

무형의 서비스에 대한 유통경로전략은 소매점의 수와 유형에 대한 결정, 그리고 경로활동을 활성화하는 기타 유통업자의 활용여부에 대한 결정 등이 포함된다. 결국 유통경로전략에서 가장 중요한 주제의 하나는 무형적인 서비스상품의 이용가능성을 높이는 것이다. 이하에서는 먼저 서비스의 정의, 유형 및 특징을 다루고, 나아가 서비스경로의 설계와 관리를 설명하기로 한다.

서비스(service)가 무엇인지에 대한 정확한 개념정의는 그리 쉽지가 않다. 하지만 서비스가 우리 인간생활과 밀접한 관련을 맺고 있는 보편적인 인간활동이라는 점은 누구나 인정하게 된다. 즉, 상품을 구매하는 것처럼 우리는 호텔, 식당, 은행, 영화관, 미용실, 전화국 등에서 수많은 서비스를 구매·이용하고 있다. 이처럼 서비스라는 용어를 일상 사용하면서도 그 개념과 영역에 대해선 아직 명확한 정의가 이루어지지 못하고 있다.

이와 같이 서비스의 정의가 명확하지 못한 것은 서비스라는 용어가 극히 광범위하게 또 때에 따라서 각기 다른 의미로 사용되기 때문이다. 서비스라고 불리우는 개괄적인 의미의 용어에는 상호 이질적인 다양한 서비스가 내포되어 있고 사회발전과 더불어 새로운 서비스가 계속 개발되고 있기 때문에 서비스에 대한 획일적인 정의를 내리는 것은 용이한 일이 아니다.

서비스에 대해 학자들이 내린 정의를 살펴보면 〈표 13-1〉과 같다.

오늘날과 같이 독립적 존재로서의 순수한 서비스산업이 발달하고 있고, 이에 따라 서비스가 다양한 형태로 신속하게 변화·발달되어가는 상황 하에서는

표 14-1 서비스에 대한 정의

학 자	서비스에 대한 정의
P. Kotler	행위 혹은 편익으로서 무형적이며 소유권 이전이 수반되지 않음
미국 마케팅협회	판매를 위해 제공되거나 상품의 판매에 부수되는 행위, 편익, 만족
G. Shostack	시장실체는 유형적인 재화와 무형적인 서비스의 핵으로 형성되어, 전체는 하나의 확실한 지배(dominace)성을 띠고, 단일재화의 고의적 또는 우연적 변화는 그 실체를 완전히 변경시킬 수 있음
J.M. Rathmell	상품이 촉감으로 느낄 수 있는 데 비해, 서비스는 유형상품 이외에 소유권 이전의 대상이 되는 것으로 시장거래를 통해 판매되는 것
R.C. Judd	교환의 대상이 유형의 재화이전 이외의 시장거래물로서 서비스의 영역은 빌린 상품을 소유, 이용하는 권리인 임대상품서비스(rented goods service), 소유상품의 수리 및 개선 등의 소유상품서비스(owned goods service), 경험 및 경험적 소유물인 비상품서비스(non-goods service)로 구분하여 한정함
W.J. Stanton	고객의 요구만족을 제공하는 독립적으로 확인가능하고 본질적으로 무형의 행위
R. Markin	시장거래에서 유형재의 소유권 이전이 교환의 대상이 아닌 상품
E.W. Sasser	대중에 의해 요구되는 어떤 편의와 활동을 공급하기 위한 기구, 설비, 종업원의 조직화된 시스템 혹은 타인을 위한 일이나 의무의 수행
K.J. Blois	한 재화의 형태에서 물리적 변화가 없이 편익과 만족을 낳는 판매를 위해 제공된 활동
T.P. Hill	서비스는 관련 당사자의 합의하에 혹은 그 재화를 소유한 경제단위의 합의하에 인간이나 재화의 상태에 어떤 변화를 초래하게 하는 것
C. Gronroos	고객과 서비스 종업원 간의, 재화간의, 서비스 제공자의 시스템간의 상호작용에서 생기는 일련의 무형적 활동

서비스 자체의 성격을 감안한 정의가 더 바람직할 것이다. 나아가 서비스에 대해서는 고객과의 상호 관계가 극히 중요하므로 고객 중심적인 입장이 정의에 반영되어야 한다. 따라서 서비스는 다음과 같이 정의할 수 있다. 즉, 인적·물적 자원을 동원하여 현재적 및 잠재적 고객에게 편익과 만족을 제공하는 일체의 소유불가능한 가치 및 용역이다. 위의 정의는 다음과 같은 점을 함축하고 있다.

첫째, 사회적인 견지에서 부정적인 효과를 가져오는 활동은 서비스에 포함되지 않는다는 점이다. 예컨대, 살인청부와 같이 파괴적인 결과를 낳는 활동은 탐구의 대상으로서 서비스에 포함되지 않는다.

둘째, 서비스는 경제재이므로 거래 및 교환의 대상이 될 수 있는 활동만이 탐구의 대상이 된다. 따라서 엄마가 아기에게 젖을 먹이는 활동이나 세수시키는 행위는 이에 포함되지 않는다.

셋째, 서비스는 그 궁극적인 목적이 고객의 편익이나 만족제공에 있다. 따라서 이윤, 점유율, 성장 등은 서비스업의 본원적인 기업목표가 아니라 바로 고객만족을 위한 효율적인 기업활동의 결과라고 본다.

넷째, 서비스제공 행위의 형태는 일정한 틀이나 범위의 제약 없이 동태적으로 변화할 수 있다는 점이다.

1.2 서비스의 분류

서비스를 분류하는 데는 많은 제한과 어려움이 있지만 서비스를 구분하여 공통적인 성격을 띤 서비스 집합을 분류해 보는 것은 유용한 일이다. 마치 상품을 내구재와 비내구재로 분류하는 것이 유통경로, 커뮤니케이션전략 등의 구매형태와 상품평가, 구매절차의 연구에 유용한 수단이 되는 것과 같이 서비스 마케팅 담당자에게도 서비스의 분류는 커다란 의미를 갖는다.

서비스를 분류하는 방법에 대해서는 여러 학자들이 다양하게 제시하였으나 만족할 만한 것은 아니었다. 서비스분류가 경영학적인 가치를 가지려면 마케팅 담당자에게 전략적인 통찰력을 제시할 수 있어야 하기 때문이다. 그러므로 효과적인 서비스 분류는 서비스의 일반적인 특성에 중점을 두고 마케팅관리를 위한 암시적인 의미를 분석하는 것이 중요하다.

1) 서비스활동과 받아들이는 주체에 의한 분류

가장 유용한 분류기준은 〈표 14-2〉와 같이 서비스행위를 받는 대상에 따라 사람을 기반(people-based)으로 하는가, 아니면 설비를 기반(equipment-based)으로 하는가 그리고 그 행위가 유형적 행위인가, 아니면 무형적 행위인가에 따라 서비스를 4가지로 분류할 수 있다.

표 14-2 서비스활동의 성격과 받아들이는 주체에 의한 분류

서비스 활동의 성격	서비스를 받아들이는 주체	
	사람	사물
무형 활동	(신체에 대한 서비스) 의료, 여객수송, 미용실, 헬스클럽, 호텔, 식당	(상품이나 소유물에 대한 서비스) 화물운송, 장비수리, 세탁, 토지정리, 잔디깎기
유형 활동	(정신에 대한 서비스) 광고, 경영자문, 교육, 방송, 극장, 박물관, 정보서비스	(무형자산에 대한 서비스) 은행, 법률서비스, 회계, 증권보험, 조사

서비스 마케팅 관리자에게 이런 분류구조가 유용한 이유는 그것이 다음과 같은 문제해결에 큰 도움을 주기 때문이다.

첫째, 고객이 신체적으로 서비스 장소에 나타날 필요가 있는가? (서비스 배달의 전 과정에 고객이 입회하고 있어야 하는가? 계약을 하기 위해서 혹은 종결을 하기 위해서만 나타나도 되는가? 아니면 전혀 나타나지 않고 우편이나 전화를 이용하여도 서비스 배달이 가능한가?)

둘째, 고객이 서비스 배달시 정신적으로 판단하고 느낄 필요가 있는가?

셋째, 서비스를 받음으로써 서비스 행위의 목표가 어떤 방식으로 수정되는가? 그리고 고객이 그런 수정으로 인해 어떤 혜택을 받는가?

이런 분류는 서비스 상품의 본질과 그것이 제공하는 핵심편익을 이해하는 데 큰 도움을 준다.

2) 고객과의 관계에 의한 분류

서비스 조직과 고객 간의 관계가 회원관계이냐 혹은 비공식 관계이냐, 서비스배달이 연속적이냐 혹은 불연속적이냐에 따라서도 서비스를 4가지로 분류할 수 있다.

대부분의 서비스업체는 마케팅전략으로 지속적인 거래를 유지하기 위하여 고객과의 지속적이고 공식적인 관계를 개발하려 한다. 예를 들면 호텔, 헬스클럽 등은 회원제로 관리되고, 라디오와 텔레비전 방송국은 월간 프로그램 가이드를 제공하고 회원제 클럽을 구성하기도 한다. 이와 같이 고객과의 관계에 의해서 서비스를 분류하면 〈표 14-3〉과 같다.

표 14-3 고객과의 관계유형에 의한 분류

서비스 전달 특성	서비스 조직과 고객과의 관계	
	회원관계	비공식관계
연속적 거래	보험, 은행, 전화, 대학, 협회	라디오 방송, 경찰, 발전소
불연속적 거래	장거리 전화, 정기승차권, 연극회원	렌트카, 우편, 극장, 공공교통

3) 서비스 배달에 있어 개인화와 재량에 의한 분류

서비스 배달에서 서비스특성이 어느 정도로 고객의 주문대로 개인화될 수 있는지와 개별적인 고객의 요구를 처리하는 데 있어 서비스 제공자가 발휘하는 재량의 정도를 갖고 서비스를 분류할 수가 있다. 예를 들어 미용실에서 미용사는 고객이 원하는 대로 헤어스타일을 바꿔주어야 하므로 주문화의 정도가 높다. 반면 극장에서는 고객은 이미 만들어진 영화를 관람할 뿐이어서 주문화가 낮다.

이와 같은 서비스 전달과정에 종업원의 판단이 개입되는 영역에 의해서 서비스를 분류하면 〈표 14-4〉와 같다.

표 14-4 고객의 주문화 정도와 종업원의 판단개입 정도에 의한 분류

서비스 종업원의 판단개입정도	서비스가 고객특성에 따라 주문화되는 정도	
	고	저
고	법률, 의료, 건축디자인, 택시	교육, 예방치료
저	전화, 호텔, 은행, 고급식당	대중 헬스, 극장, 패스트푸드

4) 서비스의 수요자에 의한 분류

서비스수요자에 따른 분류는 크게 대 기업서비스, 대 개인서비스, 공공서비스로 나눌 수 있다. 이런 분류는 서비스 수요자의 범위를 임의로 구분하는 문제는 있으나 수요자에 따른 서비스전략 수립에 있어 유용한 지침을 제공한다.

표 14-5 서비스수요자에 의한 분류

분 류		업 종 예
대 기업서비스	상품관련	도매업, 도로화물수송, 해운업, 항공운수업, 창고업
	비상품관련	은행, 보험업, 증권업, 정보서비스업, 광고업
대 개인서비스	상품관련	소매업, 음식점, 자동차소매업, 가구소매업
	비상품관련	보험업, 부동산업, 철도업, 이용업, 영화오락업, 방송업
공공서비스		사회보험, 사회복지 및 기타 정부서비스업

5) 서비스의 추상성 정도에 의한 분류

이는 고객에게 제공되는 서비스가 얼마나 무형적이고 추상적인 요소를 많이 함축하고 있느냐에 따른 것으로 [그림 14-1]과 같이 나타낼 수 있다. 그림에서 보듯이 교육서비스 등은 추상적 가치를 강조하므로 무형적 특성이 높은 반면 패스트푸드와 같은 즉석음식점의 서비스는 음식 자체를 음미하며 즐기는 구체적·유형적 속성이 강한 서비스가 된다.

그림 14-1 서비스의 추상성 정도에 의한 분류

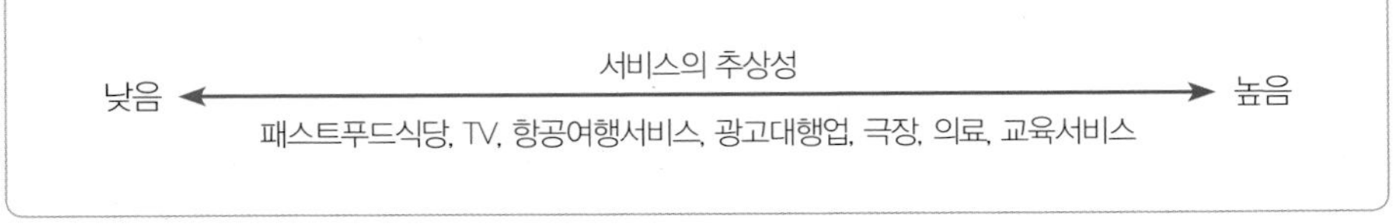

6) 서비스평가의 난이성에 의한 분류

소비자의 서비스의 질적 차원에 대한 평가는 탐색적 품질, 경험적 품질 및 신념적 품질이라는 세 가지 차원에서 이루어진다고 보아, [그림 14-2]와 같이 분류할 수 있다. 법률서비스, 자동차수리, 의료서비스 등은 전문성이 높아 평가가 쉽지 않으므로 고객의 신념적 질이 서비스평가에 강한 영향을 미친다. 반면 음식점, 미용서비스 등은 고객의 기존 신념 및 지식 등으로 어느 정도 평가가 용이해 탐색적 품질 내지 경험적 품질이 고객의 서비스평가에 큰 영향을 미친다는 것이다.

그림 14-2 소비자 평가의 난이성 정도에 의한 분류

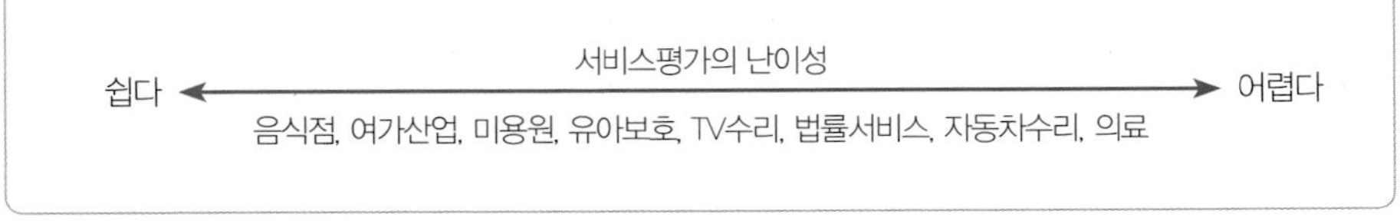

1.3 서비스의 특징

상품이나 서비스는 양자가 모두 고객에게 어떤 종류의 편익이나 만족을 제공하지만 서비스는 유형적인 상품과는 다른 여러 가지 특성을 가진다. 우선 상품과 서비스의 기능적 차이를 간략히 비교해 보면 다음의 〈표 14-6〉과 같다.

이러한 서비스의 특징을 파악하고 상품과의 차이를 밝히는 것은 서비스에 대한 연구의 출발점이다. 그 특성들은 만일 그것이 사실이라면 마케팅믹스를 결정하기 때문에 매우 중요한 의미를 지닌다. 즉, 이러한 서비스특징들은 서비스 마케팅에 있어서 독특한 문제를 제기하며, 그러한 문제에 대응하기 위한 특별한 전략을 필요로 한다. 〈표 14-7〉은 기존의 연구문헌에서 제기된 그러한 문제점과 전략을 요약한 것이다.

표 14-6 서비스와 상품 간의 기능적 차이

기능적 특성	제 품	서비스
개별단위의 정의	엄밀함	광범위함
측정능력	객관적	주관적
생산방식	제조	전달(배달)
분배	생산과 분리	생산과 동시
의사소통	유형적	무형적
가격설정	원가기초	제한된 원가기초
제조업자의 신축성	제한됨	광범위함
시간간격	월, 년	즉시 또는 잠시 후
배달	지속적	가변적
전시기간	1년 혹은 수년	불가능
고객의 시각	표준화	평가를 위해서는 소비해야 함
마케팅	전통적, 외부적	비전통적, 주로 내부적

표 14-7 서비스 특성과 마케팅 문제 및 전략

서비스 특성	결과로서 생기는 마케팅문제	문제해결을 위한 마케팅전략
무형성 (intangibility)	저장불능 특허 등의 보호불가능 쉽게 진열하거나 전달불능 가격설정이 힘듬	유형적 단서 강조 인적자원의 사용증대 구전영향력 이용 강한 조직이미지 창조
비분리성 (inseparability)	소비자가 생산과정에 참여 다른 소비자와 함께 참여 대량생산 불가능	고객접촉요원의 선발 및 훈련강조 고객관리
이질성 (heterogeneity)	표준화와 품질관리가 힘듬	서비스의 산업화 서비스의 고객 특정화
소멸성 (perishability)	서비스의 재고관리가 불가능	변동하는 수요에 대처하는 방안강구 수요와 가용능력을 일치시키기 위해 양자를 동시에 조절

사실상 서비스 마케팅에 대한 초기 연구의 대부분은 서비스특징과 상품과의 차이를 밝히는 데 주력하였다. 서비스의 특징은 서비스의 종류에 따라 매우 다양해질 수 있지만 일반적인 특징을 살펴보면 무형성, 동시성(또는 생산과 소비의 비분리성), 이질성(또는 비일관성 내지 변동성), 소멸성(또는 비보존성) 등이 흔히 언급되고 있다. 그 밖에도 부수적으로 가치판단의 차이성, 현장 수매성, 소유권이전의 불가능성, 가격의 무의미성, 선택의 다변성, 대량생산과 대량판매의 불가능성 및 수급의 협동성 등이 제시되기도 한다.

이하에서는 먼저 언급된 일반적인 특성을 중심으로 서비스특징을 살펴보기로 한다.

1) 무형성(intangibility) – 보이지 않는다

서비스는 실체(objects)가 아닌 수행(performance)이다. 서비스는 그것을 생산·제공하는 것이 유형적 상품과 관련될 수는 있지만(예컨대, 항공서비스에서의 항공기) 대부분의 서비스는 그 자체로는 무형적인 것이다. 따라서 구매자가 대가를 지불하고 서비스를 제공받기 전에는 볼 수도, 느낄 수도, 냄새를 맡고 듣거나 즐길 수가 없다. 또한 구매 후에도 단지 서비스가 제공된 결과에 대한 나름대로의 평가를 가지게 될 뿐 객관적인 증거제시가 어렵다.

이러한 서비스의 무형성은 두 가지 차원에서 파악될 수가 있다. 즉, 그들은 소비자에 의해 만져질 수 없는 물질적 무형성과 정신적으로 이해·파악하기 힘들다는 정신적 무형성이 그것이다. 이것이 서비스는 일단 구매해야만 그 내용이나 가치를 알 수 있어 소비자는 구매 전에는 서비스를 잘못 이해하거나 의문을 가질 수도 있다. 또한 물질적인 실체가 없으므로 소비자의 정보탐색과정이나 상품 평가시 어려움이 많다. 그러므로 서비스제공자는 유형의 상품을 생산·공급하는 것보다는 고객의 신뢰를 확보할 수 있는 수단을 더욱 강구하여야 한다. 나아가 서비스 자체에 대한 촉진활동보다는 서비스가 제공하는 효용을 강조해야 한다.

서비스에 대한 고객의 신뢰를 높일 수 있는 수단들은 매우 다양하나 기본적으로 서비스의 상징적 단서를 강조하거나 서비스의 질이 일관되게 유지되고 있다는 약속을 드러내는 보조적인 수단들로는 다음과 같은 것들이 있다.

첫째, 어떤 기구나 장치 또는 여타 수단으로 서비스의 유형성을 높이는 방법이다. 예컨대, 성형외과 의사가 환자가 수술 후 어떤 모습으로 변할 것인가를 그림으로 보여주는 것은 이에 해당된다.

둘째, 서비스특징 그 자체를 설명하기보다는 서비스에 의해 얻을 수 있는 혜택이나 편익을 강조하는 것이다. 예를 들어, 자기대학에 우수한 학생들을 모집하기 위해 지망생들에게 단순히 캠퍼스생활에 대해 설명하기보다는 자기 대학을 나온 선배들의 활약상을 알려주는 것 등이다.

셋째, 서비스에 고유의 상표명을 붙이는 방법이다. 예컨대, GM사의 Mr. Good Wrench 캠페인 등은 이에 해당된다.

넷째, 유명인사를 이용하여 서비스에 대한 신뢰를 높이는 방법이다.

2) 비분리성(inseparability) – 생산과 소비가 동시에 일어난다

유형의 상품은 보통 제조와 유통과정을 거쳐 소비자에 의해 소비된다. 이에 비해 서비스는 대개의 경우 생산과 소비가 동시에 발생한다. 즉, 서비스 제공자에 의해 제공되는 것과 동시에 고객에 의해 소비되는 성격을 가진다. 상품의 경우에는 생산과 소비가 시간적으로 분리되어 있어, 일단 생산한 후 판매되고 나중에 소비되지만, 서비스의 경우 생산과 동시에 소비되기 때문에 소비자가 서비스 공급에 참여해야 하는 경우가 많다. 그리고 다른 소비자도 서비스 생산과정에 참여하므로 고객들이 형성하는 분위기가 하나의 서비스 내용이 될 수 있다. 또 고객들이 참여하기 때문에 집중화된 대량생산체제를 구축하기 어렵다. 또 상품의 경우에는 구입 전에 소비자가 그 성능이나 품질을 시험해 볼 수 있지만, 서비스의 경우에는 구입 전에는 그런 시험을 할 수가 없다. 또 상품의 경우처럼 사전에 품질을 통제하기가 곤란하다. 비분리성에 따른 여러 가지 문제점을 해결하기 위해서는 고객과 접촉하는 서비스 요원을 신중히 선발하고 철저히 교육해야 한다. 또 고객관리의 중요성을 잊지 말아야 하고 고객이 원활한 서비스를 받을 수 있도록 서비스 시설의 다양한 입지를 제공해야 한다.

3) 서비스 품질의 이질성(heterogeneity) – 표준화가 어렵다

대부분의 서비스는 서비스 제공자의 업무 수행상태와 밀접한 관계를 가지므로 동일한 사람에 의해 제공되더라도 시간 및 고객에 따라 그 질적 수준이 달라질 수 있다. 서비스의 질적 수준을 일관되게 유지하기 위하여 많은 노력을 기울인다 해도 서비스를 표준화하여 이질성을 완전하게 극복한다는 것은 결코 용이한 일이 아니다. 예컨대, 호텔에서 손님을 접대하는 모든 여종업원들에게 똑같은 미소와 친절한 응대를 요구하는 것은 무리인 것이다. 따라서 서비스의 일반적인 내용만 알고 있는 고객의 경우 흔히 타인의 이야기를 듣거나 최상의 서비스 제공자를 선정하는 것과 같은 위험을 경감시키는 행동을 하게 된다.

이러한 서비스 질적 수준의 비일관성을 극복하기 위해서 서비스 제공자는 다음과 같은 수단을 이용할 수가 있다.

첫째, 유능한 서비스요원을 선발, 훈련시켜 서비스품질을 일정 수준 이상 유지하도록 표준화한다.

둘째, 주기적으로 고객만족감시제도를 가동하여, 확인된 고객불만족을 수정하는 조치를 취해야 한다. 이를 위한 수단으로는 제안제도, 불만처리제도, 고객조사, 비교구매 등이 있다. 또한 상품판매에 흔히 이용되는 보증(guarantee)제도의 이용도 고객으로 하여금 제공되는 서비스의 질이 높다는 것을 설득시키는 데 효과가 있다.

4) 서비스 잠재력의 소멸성(perishability) – 판매되지 않은 서비스는 사라진다

서비스는 제공되는 시간이 지나면 소멸되는 것으로 보존성이 없다. 즉, TV 세트는 팔리지 않아도 계속 재고로 남게 되지만, 연주회, 항공기의 빈 좌석은 이용기회가 계속 남는 것이 아니라 영영 사라져 버리는 것이다. 따라서 비록 서비스를 생산·제공할 수 있는 능력이 있더라도 서비스에 대한 수요가 낮게 되면 서비스의 생산능력은 이용되지 못하게 되는 것이다. 만일 수요가 일관되거나 예측이 용이하다면 소멸성은 큰 문제가 되지 않을 수도 있으나 서비스수요는 변동이 심하고 예측이 힘든 경우가 대부분이므로 어려움이 많다.

따라서 서비스 마케팅 관리자들은 수요 및 서비스제공능력의 관리를 통해 소멸성의 문제를 극복해야 한다. 먼저 수요관리전략으로는 다음과 같은 것들이 있다.

첫째, 수요를 미리 파악하고 통제하는 예약제도(reservation system)의 실시

둘째, 조조 할인, 주말 할증 또는 비수기 할인 등과 같은 차별가격의 실시 또는 한가한 시간에만 이용 가능한 쿠폰의 발행

셋째, 대기중인 손님을 위해 보완적인 서비스의 제공(예컨대, 신문, 잡지, 간단한 음료제공 등)

넷째, 이원 가격제(two part pricing)의 실시로 서비스 이용자 또는 등록자가 두 가지 유형의 가격, 즉 고정적인 기본요금(예컨대, 헬스클럽의 회원권발행)과 변동적인 이용요금(예컨대, 테니스장의 사용시간별 요금)을 부담하게 하여 수요예측과 관리를 할 수도 있다. 이러한 가격설정방식은 서비스의 수요를 평준화시키고 소멸성으로 인한 손실을 보전해주는 수단도 된다.

반면, 서비스 제공능력의 관리전략으로는 다음과 같은 것들이 있다.

첫째, 설비 및 인원관리에 있어서 신축적인 방법을 강구한다. 예컨대, 성수기의 과중한 서비스요구를 처리하기 위해 값비싼 설비는 동업자와 공동 구매하여 사용하고 시간제 고용자를 이용한다.

둘째, 서비스수요가 과잉일 경우 제공되는 서비스의 크기를 축소하거나 손쉬운 내용은 고객이 스스로 하게 한다. 예컨대, 고객이 직접 전표나 숙박카드를 기입하거나 미리 서류를 분류하게 하여 고객이 서비스의 일부를 분담하게 한다. 이때 판매자는 서비스의 핵심적인 부분만을 제공하여 전체적인 시간을 단축시킬 수가 있다.

02 서비스 유통관리

2.1 서비스유통경로의 개념과 특성

상품에서 장소(place)의 문제는 유통경로, 배달, 장소, 위치, 커버리지(coverage) 등과 같은 여러 용어로 함께 사용해 왔다. 서비스에서 유통경로를 사용할 때는 개념적인 혼란이 오는데 그 이유는 무형적인 서비스는 서비스를 수행하는 사람과 서비스를 분리해낼 수가 없고 서비스가 생산과 동시에 소멸되어 재고화가 불가능하기 때문이다. 따라서 왜 유통경로나 물적 유통 문제가 생길 수 있느냐 하는 반론이 있을 수 있다.

그러나 서비스 역시 경제적·사회적 유통기능을 담당하는 주체들이 존재함으로써 엄연히 유통경로가 존재하는 것이다. 물론 서비스의 무형성 때문에 상품에서와 같은 확실한 유통체계를 가지고 있지는 못하지만 서비스라 해서 전혀 유통경로나 물적 유통이 없는 것은 아니다. 실제 제한적이긴 하나 렌트 회사, 호텔, 항공사 등에서도 지원용품관리에 있어서 재고문제가 발생한다.

일반적으로 유통경로는 상품이나 서비스를 생산자로부터 소비자로 이전시키는 과정에 참여하는 모든 개인 및 기업의 결합이라 볼 수 있다. 서비스유통경로(service channel of distribution)는 동일한 목표를 가진 상호 관련된 요소들의 집합인 시스템으로서 이런 요소들이 네트워크(network) 혹은 배달시스템(delivery system)을 구성하여 고객에게 서비스를 전달해주는 것이다. 유통경로는 서비스 마케팅과 상품 마케팅의 차이점과 유사성을 더욱 분명하게 해주는 부분이다. 생산자로부터 소비자에 이르는 경로를 유통경로(channel of distribution)라 부르는데, 유형 상품의 경우 이 유통경로가 많은 중간상들을 포함하고 있어 복잡하고 그 수가 많다. 반면에 서비스는 무형성과 소멸성 때문에 상품의 유통경로와는 다른 특성을 갖고 있다.

서비스 마케팅에서 유통경로의 기능은 구매자에게 좀 더 편리하게 서비스를 이용할 수 있게 하는 것이다. 상품과는 달리 서비스는 이전될 수가 없다. 따라서 서비스의 유통경로는 서비스 기업이 구매자에게 가든지 구매자를 서비스 시설로 오게 하는 수밖에 없다. 예를 들어 의사는 직접 환자에게 의료서비스를 제공한다. 변호사나 교수도 직접 고객이나 학생들에게 필요한 서비스를 제공한다. 보험회사는 보험대리점을 통해서 보험서비스를 판매하고 있다. 모든 경우 상품에서보다 훨씬 짧고 직접적인 유통경로를 갖고 있음을 알 수가 있다.

서비스가 상품처럼 광범위한 중간상을 통해 서비스를 배달할 수 없는 이유는 바로 서비스가 갖는 독특한 특성 때문이다. 서비스가 무형적이기에 저장되거나 재고화되지도 못하고 또 수송될 수도 없다. 서비스는 생산과 동시에 소멸되므로 소유권을 이전할 수가 없다. 이런 동시성 때문에 서비스 배달시스템에 고객이 참여하지 않으면 안 된다. 서비스 생산자와 소비자 간의 개인적인 관계는 사용되는 서비스 배달시스템의 유형에 영향을 크게 미치게 된다.

이런 이유 때문에 서비스 유통경로는 상품보다 단순하고 직접적일 수밖에 없다. 상품유통에서는 완전 기능 서비스를 해주는 도매상이 있지만, 서비스에서는 그런 완전 기능도매상을 이용하기가 어렵다. 물론 항공사나 호텔로부터 좌석이나 객실을 사서 그것을 패키지화하여 여행사를 통해 재판매하는 여행도매상 같은 것들이 예외적으로 있기는 하다.

위와 같은 내용을 종합해 보면 서비스유통경로의 길이는, 서비스의 속성상 길어질 수가 없다. 따라서 대부분 직접판매를 한다. 필요에 따라 중간상을 이용하더라도 그 숫자가 적고 그들의 영향력 또한 상품에 비해 훨씬 약하다. 서비스의 유통경로는 단순하고 짧으나 최근에 발달된 여러 가지 매체 덕분에 서비스의 전달방법은 다양하다는 것을 알 수가 있다.

따라서 서비스유통경로는 서비스 생산자가 서비스를 고객에게 직접 혹은 간접적으로 판매할 수 있느냐 하는 여부와, 서비스가 수행되는 장소(위치)에 따라 두 가지로 분류될 수 있다.

2.2 서비스의 유통방법

서비스는 직접적으로 혹은 간접적으로 판매되거나 수행된다. [그림 13-3]처럼 서비스의 유통경로는 직접 판매방식과 간접 판매방식이 있다.

그림 14-3 서비스의 유통경로

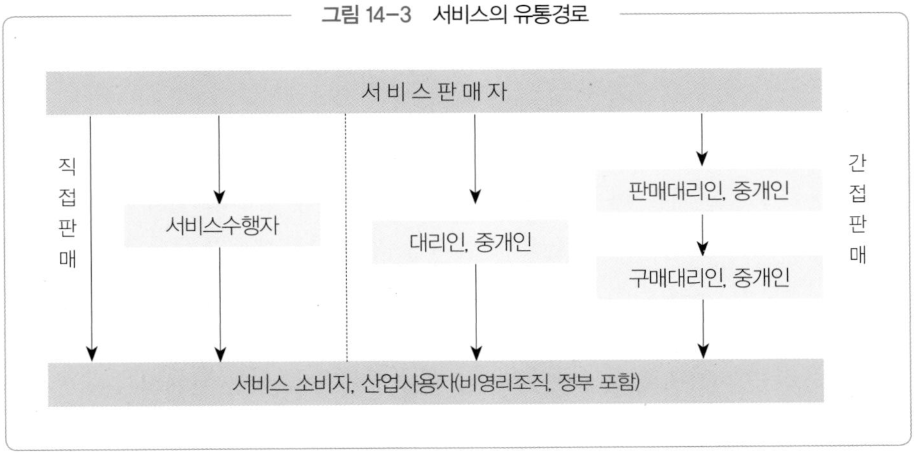

1) 직접 판매

가장 간단한 직접 판매방식은 서비스 판매자에서부터 소비자로 배달되는 경로이며 경영컨설팅, 의료, 법률서비스 등 대부분의 전문서비스나 사업서비스가 이런 방식으로 배달된다. 직접 판매는 생산과 소비의 비분리성 때문에 선택된 방법으로 이와 같은 직접 판매를 하는 이유는 서비스를 직접 통제·관리할 수 있고, 개인적인 접촉을 통해서 서비스를 보다 차별화할 수가 있기 때문이다. 또 직접 판매를 통해서 고객의 현재욕구가 무엇이고 그들의 욕구가 어떻게 변하고 있으며, 경쟁자의 서비스를 어떻게 인식하고 있는지를 쉽게 파악할 수가 있다.

따라서 고객에게 개인적인 서비스를 제공하려는 고급서비스업에서는 고객의 수를 제한하기도 한다.

그러나 직접 판매에 문제점이 없는 것은 아니다. 직접 판매는 판매자에겐 업무가 과중하고 사업을 확장하기가 힘들다. 직접 고객을 상대해야 하므로 감당할 수 있는 시장의 지리적 범위도 한정되고 서비스 기업과 고객을 연결하는 새로운 기술을 사용하기도 힘들다.

2) 간접 판매

간접적인 서비스 판매방식은 판매, 구매자 혹은 양자를 위해 활동하는 중간상을 이용한 경우이다. 이러한 중간상을 서비스 마케팅에서 이용할 때 대리점이나 중개인이 중간상이 된다. 이들은 티켓, 계약서, 보험증권과 같은 유형적 제시물을 발급하거나 서비스유통을 쉽게 만드는 기능을 갖고 있다. 여행사,

부동산 중개인, 보험대리인, 증권대리점 등이 이런 중간상의 예가 된다. 그러나 이들이 수용 가능한 적정 수준의 서비스를 제공하고 있는지를 확인하기 위해 이를 잘 감독해야 한다.

예를 들어 은행은 다양한 금융서비스를 개인이나 조직에게 제공하는데 직접 판매를 하기도 하고 중간상을 이용해서 간접 판매를 하기도 한다. 크레디트카드 이용, 직장인의 월급지급, 자동현금지급기 등은 대표적인 간접 판매가 된다.

서비스가 수행되는 장소에 따라 생길 수 있는 가능성은 고객을 서비스 장소로 가게 하는 방법과 서비스를 고객이 있는 곳으로 옮기는 방법으로 구분된다. 첫 번째 경우인 서비스 시설이 있는 곳으로 고객이 서비스를 받으러 가는 경우는 은행, 병원, 대학과 같은 것으로 서비스 시설의 위치가 마케팅의 핵심관건이 된다. 둘째 서비스를 고객이 있는 곳으로 가져가는 경우는 홈뱅킹이나 가정의 가사도우미, 수리서비스 등에서 볼 수 있는 것이다.

2.3 서비스유통경로의 설계

서비스기업은 유통경로를 구축하는 데 있어 다음과 같은 요인들을 고려하여야 한다.

첫째, 기업은 먼저 서비스상품이 고객에게 제공해야 할 특성들을 정의함으로써 서비스경로시스템에 대한 결정을 용이하게 내릴 수 있도록 해야 한다. 최근 시간과 장소에 구애받지 않고 은행업무를 처리하고자 하는 고객욕구가 커짐에 따라, 은행들은 영업점의 증설을 피하고 기존점포의 업무량을 증가시키지 않으면서 고객에 대한 거래를 원활히 할 수 있도록 복수의 유통경로를 구축하고 있다. 즉, 자동화코너, 홈뱅킹, 폰뱅킹 등을 이용하여 고객이 편리한 시간에 편리한 장소에서 거래를 할 수 있게 함으로써 고객의 서비스 만족도를 높일 뿐 아니라 창구직원에 대한 경비를 대폭 절감할 수 있게 한다.

둘째, 서비스상품의 유통경로를 설계하는 데 있어서 중요한 것은 거래, 촉진, 재무적·정보적 흐름을 통합하는 일이다. 여행, 호텔 및 병원산업 등에서 유통경로기능의 원활한 수행을 위해 전산화된 거래시스템을 도입한 경우를 들 수 있다. AHS사는 ASAP라는 주문시스템을 도입하여 의료기기시장에서 경쟁우위를 구축하였다. AHS와 네트워크로 연결된 각 병원은 컴퓨터를 이용해 필요한 부품을 주문함으로써, 구매된 비품에 대한 재고관리의 번거로움을 덜어

주고 긴급을 요하는 비품의 주문·배달에 소요되는 시간을 단축하였다. 병원경영에 필요한 유용한 정보들도 함께 제공함으로써 거래처의 높은 애호도를 확보하는 것은 물론 매출액도 확대할 수 있었다.

셋째, 고객에게 제공되는 서비스의 질을 고려해야 한다. 항공사, 여행사, 금융회사들은 경쟁사나 관련 서비스회사들과 수평적으로 연계된 유통경로의 구축을 통해 다양한 서비스를 동시에 제공함으로써 서비스 품질을 향상시키고 있다. 가령, 항공사들은 항공화물 운송서비스를 보다 효과적으로 제공하기 위해 다른 항공사, 해운회사, 육상화물 운송회사들과의 운송네트워크를 구축함으로써 최종 고객의 경로서비스욕구를 충족시키고 있다.

넷째, 서비스상품을 판매하는 기업에게 많은 경로대안들이 존재하며 서비스상품 유통과정에서 대리인(agent)이나 브로커(brokers) 등과 같은 다양한 중간상들이 개입되므로 이들을 효과적으로 활용하여야 한다. 예를 들어 항공사는 직접적인 유통경로 이외에 여행사(travel agent)를 이용하여 최종 고객들에게 티켓을 판매할 수 있다.

서비스의 특징인 생산과 소비의 동시발생 및 저장불가능성으로 인해 서비스의 유통경로는 유형상품의 경로에서 흔히 볼 수 있는 수직적 경로시스템보다는 관련 서비스들과의 업무제휴나 여러 지역에 독립된 복수의 소매점을 설립하는 형태의 수평적 경로시스템이 보다 일반적이다.

2.4 서비스경로관리

앞서 설명했듯이 서비스경로관리는 서비스만이 가지고 있는 독특한 특성과 밀접한 관련이 있으므로 이하에서는 서비스의 특성을 중심으로 서비스경로관리를 설명하기로 한다.

1) 무형성(intangibility)과 경로관리

서비스의 무형적 특성은 상품차별화를 어렵게 하는 요인이므로 자사의 서비스를 경쟁사들과 차별화 하는 데 있어 더 많은 창의적 노력이 요구된다. 이러한 특성을 고려하여 서비스기업은 서비스를 유형화하는(즉, 서비스를 구체적으로 떠올릴 수 있도록 하는) 마케팅노력이 필요하다. 예를 들어 매력적인 헤어스타일을 한 남녀의 사진을 보여주는 미용체인점 광고는 모든 고객들에게 동일한 서비스를 제공할 것임을 유형적으로 나타낸다.

마케팅믹스 요인들 중 서비스가 실제로 제공되는 방법(즉 서비스가 판매되는 경로)은 이를 통해 고객들이 서비스를 직접 경험한다는 점에서 서비스의 유형화 및 차별화에 가장 유용한 수단이다. 즉, 서비스기업은 마케팅경로상의 고객접점에서 제공되는 서비스들에 세심한 주의를 기울임으로써 고객편익을 유형화하려는 노력을 해야 한다.

2) 생산 · 소비의 비분리성(inseparability)과 경로관리

서비스는 서비스제공자와 분리될 수 없으므로 서비스와 이를 제공하는 경로도 서로 분리될 수 없다. 소비자가 예금을 하기 위해 은행을 방문할 때 서비스의 제공은 경로를 통해 실현되는 것이다. 그러므로 마케팅경로의 모든 구성요소들이 고객들에게 제공되는 서비스의 품질에 영향을 준다. 주차설비, 서비스 시설로의 접근, 건물 외양, 내부장식, 조명, 청결성 등의 많은 물적 설비(physical facilities) 등이 서비스 질에 영향을 줄 수 있다.

물적 설비와 함께 서비스 품질에 영향을 미치는 중요한 요소는 고객과의 접점에 있는 종업원들이다. 실내장식이 별로 없는 평범한 여행사라고 하더라도 단정한 복장을 하고 친절하고 풍부한 지식을 갖춘 직원에 의해 호의적인 인상을 얻을 수 있는 것이다. 물론 설비와 사람 모두가 이들을 통해 제공되는 서비스와 조화되는 것이 최선이다.

고객의 입장에서 보면 고객과 서비스 제공자 간의 접점에서 제공되는 서비스와 유통경로는 동일한 의미이며, 유통경로상에서 바로 서비스가 제공되는 것이다. 경로를 통해 제공되는 서비스와 서비스 제공자를 분리할 수 없다는 사실은 형편없는 경로(예, 열악한 물적 설비 및 서비스 제공자의 불친절 등)는 고객에게 낮은 품질의 서비스를 제공할 수밖에 없음을 의미한다. 서비스의 이러한 특성은 비록 유통경로 면에서 문제가 있더라도, 품질이 좋거나 가격이 적당하다는 장점에 의해 유통면의 약점이 보완될 수 있는 유형상품의 경우와 차이가 있다.

3) 서비스 품질의 이질성(heterogeneity)과 경로관리

서비스 제공자에 따라 제공되는 서비스의 수준이 다르고 동일한 서비스 제공자도 시간에 따라 다른 수준의 서비스를 제공한다는 사실은 경로에서 제공되는 서비스의 표준화가 어려움을 시사하며, 유통경로상의 서비스 제공자가 바로 표적고객을 만족시킬 수 있는 품질을 결정함을 의미한다.

서비스기업들이 효과적인 경로관리를 통해 완벽한 서비스표준화를 추구하고자 하지만, 서비스제공에 많은 인적 요소가 투입되는 특성으로 인해 이러한 목표의 달성이 매우 어렵다. 복수의 독립가맹점들로 구성된 프랜차이즈조직이 각 가맹점에게 동일한 소매점이 설계되도록 통제할 수 있다고 하더라도, 각 가맹점의 서비스 제공행위를 표준화하는 것은 매우 어려운 과제이다. Sheraton호텔은 본부가 원하는 서비스기준에 따르지 못하는 250개의 호텔가맹점들에 대해 프랜차이즈계약을 취소한 적이 있는데, Sheraton호텔은 엄선된 가맹점들에 대해 신중한 경로관리를 함으로써 숙박산업 내 고급세분시장에서 요구되는 일관성있는 높은 수준의 서비스를 제공하고자 한 것이다.

4) 서비스 잠재력의 소멸성(perishability)과 경로관리

판매되지 않은 서비스는 재고로 저장하여 다음날 판매될 수 없기 때문에 표적 고객들에게 최대한의 서비스판매가 이루어지도록 경로를 설계하여야 한다. 서비스기업은 자사의 서비스를 원하는 표적고객들에게 가능한 한 효율적으로 자사 서비스가 도달될 수 있도록 경로설계를 해야 한다. 이러한 목표를 성취하기 위한 경로구조의 구체적 형태는 제공되는 서비스의 특성에 따라 달라진다. 예를 들어 항공사들은 그들의 서비스를 잠재여행객들에게 최대로 노출시키기 위해 독립여행사를 폭넓게 활용한다. American Airlines은 가장 많은 여행사들이 자사의 컴퓨터화된 예약시스템인 Sabre를 이용하도록 함으로써 제1위의 항공사가 될 수 있었다.

5) 추가적 고려사항

지금까지 서비스의 차별적 특성과 이들이 경로관리에 시사하는 바를 설명하였다. 이하에서는 서비스의 유통경로를 설계·관리하는 데 있어 관심을 두어야 할 추가적인 특성들을 논의하기로 한다.

① **고객관여와 경로관리:** 일부 서비스는 서비스 제공과정에서 고객들의 높은 관여 수준이 요구된다. 예를 들어 미용, 실내장식 등과 같은 서비스들은 성공적인 서비스 제공을 위해 고객들의 적극적인 참여가 요구된다. 그러므로 이러한 유형의 서비스들은 높은 고객관여도가 원활히 이루어지도록 경로설계를 한다. 예를 들어 미용실은 여러 개의 거울을 설치하여 미용서비스의 진행과정을 고객이 직접 확인하도록 함으로써 미용사로 하여금 고객이 원하는 헤어

스타일을 창출하도록 도울 수 있다.

② **짧은 경로길이:** 많은 경우 서비스유통경로는 서비스 제공자로부터 고객에게 바로 판매되는 직접 경로의 형태를 가진다. 이러한 직접 마케팅경로유형에서는 중간상들이 존재하지 않으므로 조직간 관리(interorganizational management)와 같은 전형적인 경로관리문제는 발생되지 않는다. 그러므로 서비스점포(service facility)의 입지결정(market geography), 표적시장의 규모를 고려한 서비스점포의 크기결정(market size), 예상고객들의 특성 및 서비스구매시점과 구매방법에 대한 파악 등과 같은 표적시장의 욕구와 특성과 관련된 경로의사결정이 서비스의 경로설계에서 고려되어야 한다.

서비스기업들은 제조와 소매기능을 함께 수행하므로 소매기능을 스스로 해결하여야 할 것이다. 소규모의 독립서비스기업뿐만 아니라 여러 서비스 소매점들을 갖춘 대규모 서비스 제공자들도 마찬가지로 짧은 경로구조를 가질 수 있다. 일반적으로 서비스업은 제조업에 비해 중간상이 개입하지 않거나, 개입하더라도 훨씬 적은 수의 중간상이 존재하게 된다.

③ **프랜차이즈 경로조직:** 최근 많은 서비스기업들이 자체소유의 소매점보다는 독립중간상들을 이용하여 서비스를 제공하고 있으며, 이를 서비스 프랜차이즈 조직이라고 한다. 프랜차이즈 조직은 서비스의 주요 특징의 하나인 서비스 표준화의 어려움을 해결하는 데 유용한 경로조직이다. 여러 개의 독립서비스소매점으로 구성된 프랜차이즈 조직에서는 가맹점들이 프랜차이즈본부가 원하는 서비스기준을 이행해야 하므로 이는 서비스 표준화를 실현하는 데 매우 효과적인 도구이다.

2.5 서비스유통경로의 갈등관리

서비스기업에서의 갈등은 주로 판매지역, 가격정책, 거래처지원, 중간상의 능력과 자질, 고객 취급 방법, 마진율 등에서 많이 일어난다. 특히 서비스기업의 활동 범위가 지역적인 배분을 통해 이루어졌을 때 경로구성원간에 갈등이 일어나는 경우가 많다. 주유소 신설에 대한 거리규제가 완화되면서 동일회사의 주유소가 지나치게 가까운 거리에 밀집되어 출혈경쟁을 하는 현상을 자주 볼 수 있다. 또한 보험판매라는 서비스산업에 있어 판매담당지역(sales

territory)에 대한 이해상충(활동지역의 중복이나 지역할당에 대한 불만 등)의 문제가 대두되기도 하는데, 이러한 경우는 사원 간에 발생하는 수평적 차원의 갈등은 물론 회사와 사원 간에 발생하는 수직적 차원의 갈등이 동시에 발생하는 경우라고 할 수 있다.

이러한 지역적 기준에 의해 발생하는 서비스 유통경로 내 갈등은 합리적인 보상체계의 구성이나 개방적 시스템의 설계로 극복될 수 있다. 즉, 경로참가자 간에 발생하는 갈등의 소지를 최소화하고 상호이익을 최대화하는 노력을 통해 극복될 수 있다. 미국의 부동산 중개업의 경우, 다른 중개업자가 자신이 담당한 지역의 부동산을 중개하여 수수료 등의 이익을 획득할 때에는 이를 일정비율로 분배함으로써 양자 모두에게 적정 수준의 만족을 제공하고 갈등을 줄여나갈 수 있는 제도가 정착되어 있다.

연습 문제

1. 서비스에 대한 정의를 나름대로 나타내시오.
2. 서비스를 받아들이는 주체에 의해 분류하는 방식에 대해 설명하시오.
3. 서비스와 유형상품의 유통경로 차이를 비교하여 설명하시오.
4. 서비스 유통경로의 갈등 관리에 대해 설명하시오.

참고문헌

이수동/여동기, 소매경영(제4판), 도서출판 창명, 2016.

이베스트투자증권, 2018.11.26.

미래에셋대우, 2018.9.12.

대한상공회의소, 2018년 유통시장 평가 및 2019년 전망, 2018.12.11.

찾아보기